Kohlhammer

Volker E. Amelung, Jörg Sydow und
Arnold Windeler (Hrsg.)

Vernetzung im Gesundheitswesen

Wettbewerb und Kooperation

Verlag W. Kohlhammer

Gesamtherstellung:
W. Kohlhammer Druckerei GmbH + Co. KG, Stuttgart
Printed in Germany

ISBN: 978-3-17-019910-1

Inhaltsverzeichnis

5. Zur Rolle einzelner Netzwerkakteure

Volker E. Amelung, Jörg Sydow und Arnold Windeler

Vernetzung im Gesundheitswesen im Spannungsfeld von Wettbewerb und Kooperation

1 Zentrale Herausforderungen im deutschen Gesundheitssystem – Von »krank nach gesund« zum »Umgang mit Kranksein«?

Das deutsche Gesundheitssystem gehört zu den leistungsfähigsten weltweit (OECD 2006) und genießt international ein sehr hohes Ansehen. Dies ist im Wesentlichen darin begründet, dass der Zugang zu Versorgungsleistungen unabhängig vom Einkommen für alle Bevölkerungsgruppen nahezu gleich ist, das Leistungsspektrum im internationalen Vergleich sehr umfassend ist, die Kosten weitgehend solidarisch getragen werden und Innovationen vergleichsweise schnell in die Regelversorgung aufgenommen werden. Gleichermaßen besteht aber auch kein Dissens, dass das System – und nicht nur die Finanzierung des Systems – dringend grundlegend reformiert werden muss (Amelung 2007). Es ist wenig verwunderlich, dass ein System, das in den letzten Jahrzehnten in wesentlichen Punkten kaum modifiziert wurde (z. B. die Aufrechterhaltung der starren Sektorengrenzen zwischen ambulanter und stationärer Versorgung und der ausgeprägten sektoralen Budgetorientierung) und in dem jede sinnvolle Veränderung von vielen Akteuren und insbesondere den Standesorganisationen gleich als Krise gesehen wird, in einem sich extrem schnell wandelnden Umfeld an seine Grenzen stößt. Die wichtigsten Veränderungen liegen dabei auf drei unterschiedlichen Feldern:

- 46 % aller Erkrankungen in Deutschland sind *chronische Erkrankungen* und es wird davon ausgegangen, dass dieser Anteil bis 2020 auf 60 % ansteigen wird (Gensichen et al. 2006). Bereits jetzt leben in Deutschland mehr als 10 Mio. chronisch Kranke. Die Qualität eines Gesundheitssystems wird sich entsprechend in Zukunft primär daran messen, wie die Versorgung chronisch und meistens auch dazu noch multimorbider Patienten organisiert ist (Schlette et al. 2005). »Vorbild« ist auch hier die USA: Bereits heute fließen 89 % der Ausgaben des staatlichen Programms Medicare (im Wesentlichen die Krankenversicherung der über 65-jährigen Amerikaner) in die Versorgung von Patienten mit drei oder mehr chronischen Erkrankungen. Mit einer durchschnittlichen Krankenhauseinweisungsrate von 17,3 % und durchschnittlich 28,3 Verschreibungen pro Jahr ist das Versorgungsmanagement eine der zentralen Herausforderungen (Anderson/Knickman 2001). Nicht die Einzelleistung, sondern das Ergebnis der gesamten Versorgung ist hier erfolgskritisch (Porter/Theisberg 2006). Vor diesem Hintergrund erklären sich auch die Zahlen aus den USA, dass nur 50 % der Patienten die richtige Versorgung im richtigen Setting zum richtigen Zeitpunkt erhalten (McGlynn et al. 2003). Die hinter chronischen Erkrankungen liegende Wertschöpfungskette, respektive die unterschiedlichen Wertschöpfungsketten, sind ausgesprochen komplex und dadurch gekennzeichnet, dass sie kaum prognostizierbar sind. An der kontinuierlichen Behandlung eines multimorbid chronisch kranken Patienten sind i. d. R. neben den Hausärzten die entsprechenden Fachärzte (z. B. Kardiologen oder Diabetologen), Krankenhausärzte, gegebenenfalls Leistungserbringer der Rehabilitation und parallel hierzu die unterschiedlichen Leistungserbringer von Pflegeleistungen involviert. Die Prozesse verlaufen dabei nicht linear, sondern iterativ und ungesteuert. Somit entsteht die Komplexität nicht nur aus der Zahl unterschiedlicher Akteure, sondern aus der fehlenden Linerarität. Begriffe wie vor- und nachgelagerte Prozesse eignen sich hier nur bedingt, da sie nicht der Logik und dem Verlauf chronischer Erkrankungen mit unterschiedlichen Intervallen entsprechen.

- Zu den großen Herausforderungen heute und vermutlicherweise noch viel stärker in der Zukunft gehören weiter die Themenfelder *psychische Erkrankungen* (insbesondere Depressionen) und *Übergewicht* (Adipositas). Die Weltgesundheitsorganisation (WHO) prognostiziert, dass Depressionen im Jahre 2020 gesamthaft die zweithöchsten Krankheitskosten verursachen (WHO 1996). Insbesondere bei Adipositas (bereits heute haben 66 % der Amerikaner und 49 % der Deutschen einen Body Mass Index von über 25 und sind somit adipös) werden neue Schnittstellen in andere Gesellschaftsbereiche notwendig. Nur wenn in den Kindergärten und Schulen präventiv agiert wird, kann diesem Problem nachhaltig entgegengewirkt werden. Neben den bereits dargestellten Vernetzungsdimensionen chronischer Erkrankungen tritt hier somit noch eine weitere, ausgesprochen komplexe Herausforderung hinzu. Es ist nicht die originäre Aufgabe der Gesundheitsversorgung, gesellschaftliche Entwicklungen (z. B. das Wegbrechen traditioneller Familienstrukturen mit entsprechenden Folgen wie ungesunden Ernährungsgewohnheiten, übermäßigem Fernsehkonsum und mangelnder Bewegung) zu kompensieren und würde die Gesundheitsversorgung auch überfordern. Nichtsdestotrotz muss genau hier angesetzt werden, da nur so nachhaltige Veränderungen möglich sind.
- Die Medizin von heute ist mit der von vor 20–30 Jahren kaum zu vergleichen. Neue Technologien (z. B. minimalinvasive Operationen) und Behandlungskonzepte erfordern andere Kooperations- und Organisationsstrukturen. Der rasante Fortschritt in der Medizin hat gleichermaßen zu einer weitgehenden *Spezialisierung* mit einem erheblichen Zuwachs an Wissen geführt. Spezialisierung wird sowohl vor dem Hintergrund der Effizienzsteigerung, als auch vor dem der Erfüllung von Qualitätsstandards diskutiert. In einem Umfeld, das von Abrechnungen auf der Basis von Diagnostic Related Groups (DRG) geprägt ist, müssen Krankenhäuser sich an optimalen Mengeneinheiten (hier wird anschaulich vom Aufbau von focused factories gesprochen; vgl. Herzlinger 1998 und Casalino et al. 2003) orientieren, um kostendeckend arbeiten zu können. Gleichermaßen gewinnt auch die Diskussion über Mindestmen-

gen aus Qualitätsgründen Bedeutung und der Gemeinsame Bundesausschuss wurde hier beauftragt, derartige festzulegen. Je ausgeprägter der Grad an Spezialisierung ist, desto wichtiger wird die Koordination und Kommunikation mit anderen Leistungserbringern. Die traditionellen Strukturen sind aber eher als hierarchische Inselstrukturen zu verstehen, die nicht auf kooperative Leistungserstellung ausgerichtet sind. Somit befindet sich das Gesundheitssystem in einem gewissen Dilemma: Die Herausforderungen liegen in mehr Integration und dies würde logischerweise den Abbau von Schnittstellen bedeuten. Gleichzeitig müssen aber durch die Notwendigkeit der Spezialisierung sogar neue Schnittstellen generiert werden, da nur so die angestrebte Qualität erzielt werden kann. Trotz der notwendigen Reduzierung von Schnittstellen besteht somit die Notwendigkeit, partiell diese zu erhöhen. Dies bedeutet gleichermaßen, dass die Ausgestaltung der Vernetzungsstrukturen erheblich an Bedeutung gewinnt.

- Die Veränderungen in den genannten Feldern zeigen einen grundlegenden Wandel im Gesundheitswesen an. Wird traditionell die Aufgabe oder die Funktion des Arztes bzw. des Gesundheitswesens darin gesehen, einen kranken Patienten bloß gesund zu machen (Luhmann 2002, S. 149; Amelung 2007), so verschiebt sich die Aufgabenstellung oder zumindest die Aufmerksamkeit im Gesundheitswesen heute grundlegend. In den Mittelpunkt rückt mehr und mehr die zusätzliche Aufgabe, Kranke in ihrem Umgang mit Krankheit zu unterstützen. Diese Herausforderungen, die im Wesentlichen ein Spannungsverhältnis zwischen notwendiger Spezialisierung bei gleichzeitiger populationsorientierter Integration darstellen, sind nicht nur bereits jetzt die wesentlichen Themenfelder. Sie werden nicht nur bereits in den letzten Gesundheitsreformen in den unterschiedlichen Formen adressiert, sondern werden in Zukunft dramatisch an Bedeutung gewinnen. Eine der entscheidenden heute diskutierten Fragen ist, ob und inwiefern die etablierten Institutionen und Formen der Gesundheitsvorsorge bzw. des Gesundheitswesens allgemein den Veränderungen und Herausforderungen gewachsen sind oder ob ein radikaler Umbau notwendig ist. *Eine* der zurzeit am häufigsten ins Auge gefassten Reformrichtungen ist die Entwicklung stärker kollaborativer Formen organisationsübergreifender Leistungserbringung, kurzum: die Vernetzung.

2 Ist Vernetzung wirklich die Antwort?

Tatsächlich ist die Vernetzung der verschiedenen Sektoren und der Leistungserstellung insgesamt bereits eine wesentliche Zielsetzung der letzten Gesundheitsreformen gewesen – und wird es vermutlich auch bleiben. Dabei wird über alle politischen und standespolitischen Lager hinweg die integrierte Versorgung in ihren unterschiedlichen Ausprägungen als eine der zentralen Reformoptionen angesehen. Dissens besteht lediglich über Detailregelungen, nicht aber über die generelle Notwendigkeit einer Vernetzung für die Realisierung einer integrierten Versorgung. Dies verwundert etwas angesichts der nach mehr als 20 Jahren recht differenziert argumentierenden Netzwerkforschung.

2.1 Wie wird Vernetzung in der Gesundheitsforschung und -praxis aufgenommen?

Im Vordergrund der Diskussion in Gesundheitswissenschaft wie -praxis stehen einerseits die Disease Management-Programme (es wird auch von Chroniker-Programmen gesprochen) und die Integrierte Versorgung (nach § 140a–d SGB V). Für ausgewählte Indikationen (Diabetes, KHK, Asthma/COPD, Brustkrebs) hat der Gesetzgeber die Entwicklung von *Disease-Management-Programmen* (DMP) und deren Kopplung an den Risikostrukturausgleich vorgeschrieben. Der Grundgedanke eines DMP ist dabei, auf der Basis möglichst evidenzbasierter Leitlinien, verbindliche Behandlungspfade zu entwickeln. Durch die Kopplung an den Risikostrukturausgleich sind die Anforderungen an die Dokumentation derart hoch, dass viele Leistungserbringer die Programme ablehnen (aber aus finanziellen Gründen trotzdem partizipieren), aber sie auf der anderen Seite für die Krankenkassen existenziell werden. Disease-Management-Programme strukturieren somit die Kooperationsbeziehungen und transformieren medizinische Leitlinien (in der Regel von den jeweiligen Fachgesellschaften entwickelte Behandlungsempfehlungen) in konkrete Ablaufschemata (wer macht was und wann). Fallweise Entscheidungen werden somit in generelle Regelungen überführt und zu der Grundlage einer vertraglichen Beziehung.

Mit dem Gesundheitssystemmodernisierungsgesetz (GMG) hat der Gesetzgeber 2004 erhebliche finanzielle Anreize zum Abschluss von *Integrationsverträgen* geschaffen, die ebenfalls die Vernetzung innerhalb eines Sektors, aber auch sektorenübergreifend fördern (Amelung et al. 2006; Weatherly et al. 2007). Durch die sogenannte Anschubfinanzierung, die je zur Hälfte aus dem ambulanten und stationären Budget ermöglicht wird, wurden erhebliche finanzielle Anreize für eine Vernetzung geschaffen. Der Abbau von administrativen Hürden in Kombination mit finanziellen Anreizen hat dazu geführt, dass sowohl bei den Kassen als auch den Leistungserbringern in den unterschiedlichsten Bereichen neue Kooperationsformen etabliert wurden. Mittlerweile gibt es über 4 000 Verträge zu den unterschiedlichsten Indikationen. Auch wenn viele der Verträge einfache Prozessoptimierungen im Bereich der Endoprothetik, des Implantierens künstlicher Gelenke für die Hüfte, das Knie, die Schulter usw., darstellen, ist in den letzten Jahren ein erheblicher Innovationsprozess in Richtung einer Vernetzung im Gesundheitswesen in Gang gesetzt worden.

Schaut man auf die drei heute in der Gesundheitsforschung diagnostizierten Herausforderungen des Gesundheitssystems, auf die Versorgung chronisch Kranker, den Umgang mit psychischen Erkrankungen (wie Depressionen) und die Themenstellung Übergewicht (Adipositas) sowie auf die Nutzung einer sich spezialisierenden Medizin in einem als ökonomisch wie gesellschaftlich als verträglich angesehenen Rahmen, dann ist eines auffällig: Alle drei Herausforderungen stellen die im Gesundheitswesen bisher vor allem genutzte Form der Leistungserbringung in *einzelnen* medizinischen Einrichtungen wie Krankenhäusern mindestens in zweierlei Hinsicht in Frage. Erstens ist zu fragen, ob nicht andere als medizinische Einrichtungen, beispielsweise Kindergärten, Schulen und Jugend- und Senioreneinrichtungen, stärker als bisher üblich in die Leistungserstellung der Krankenversorgung einzubeziehen sind. Sodann ist zu klären, wie die Leistungserbringung, die mehrere Organisationen einbezieht, zukünftig koordiniert werden soll und welche der möglichen Wege Chancen für eine Weiterentwicklung des Gesundheitswesens eröffnen.

2.2 Was hat die betriebswirtschaftliche und soziologische Netzwerkforschung zu bieten?

Interessiert man sich für die Strukturen der aktuellen Leistungserbringung und Möglichkeiten ihrer positiven Weiterentwicklung im Gesundheitswesen, dann ist eine Bezugnahme auf die in Betriebswirtschaftslehre wie Soziologie betriebene Netzwerkforschung naheliegend. Denn dort wurde eine *Netzwerkperspektive* entwickelt, die gegenüber der traditionellen Fokussierung auf einzelne (medizinische) Einrichtungen eine radikal andere Sichtweise auf das Gesundheitswesen eröffnet: Im Mittelpunkt steht nicht mehr die einzelne, isolierte Einrichtung, das einzelne Krankenhaus oder die einzelne Abteilung in ihm, sondern das Geflecht von Beziehungen zwischen den zumeist organisationalen Akteuren. Zu denken ist beispielsweise an das Geflecht von Beziehungen – das Netzwerk – zwischen stärker in die Krankenversorgung einzubeziehende Kindergärten, Schulen und Senioreneinrichtungen, spezialisierten, beispielsweise mit der Versorgung psychisch Kranker betrauten Einrichtungen oder jenen Organisationen, die gemeinsam eine spezialisierte Leistung nachfragen, sei es von einem bestimmten Labor oder sei es von einem Diagnose- und Behandlungszentrum (vgl. allgemein zur Netzwerkperspektive z. B. Windeler 2001, S. 33 ff.).

Der in Betriebswirtschaftslehre wie Soziologie entwickelten Netzwerkperspektive liegt ein sehr *allgemeiner Netzwerkbegriff* zugrunde, der, wie angedeutet, Netzwerke durch ›Knoten‹ (Akteure) und ›Kanten‹ (Beziehungen) charakterisiert. Dabei wird unterstellt, dass die Beziehungen zwischen den Beteiligten als Ganzes für das Geschehen im Netzwerk elementar sind (Mitchell 1969, S. 1.). Verwendet man diesen allgemeinen Netzwerkbegriff, dann kann man in einem ersten Zugriff beispielsweise die Strukturmuster der Beziehungen zwischen Personen in einer Organisation, etwa in einem Krankenhaus, in einem organisationalen Subsystem, etwa in einer Abteilung eines Krankenhauses oder in dessen Operationssaal, ebenso untersuchen wie jene zwischen Organisationen, zum Beispiel zwischen Zulieferern von Gütern und Dienstleistungen, einem die Leistungen abnehmenden Krankenhaus und nachversorgenden Einrichtungen. Auf diesem allgemeinen Netzwerkbegriff aufsetzend kann man einzelne Strukturmerkmale der Beziehungsgeflechte genauer analysieren. Zu den prominent untersuchten Merkmalen zählen etwa die Dichte des Beziehungsgeflechts als Maß für den Anteil der von dem Spektrum der möglichen Beziehungen tatsächlich realisiert werden oder die Analyse der mehr oder weniger zentralen Positionen in einem Beziehungsgeflecht (vgl. zu dieser strukturellen Netzwerkanalyse z. B. Scott 1990; Kilduff/Tsai 2003; Jansen 2006). Strukturelle Netzwerkforscher nutzen die Bestimmung von Netzwerkstrukturen dazu, Vorhersagen über das Verhalten der einzelnen Netzwerkakteure zu treffen. Ob und inwieweit dieses möglich ist, ist in der Netzwerkforschung jedoch umstritten (vgl. Emibayer/Goodwin 1994; Windeler 2001, S. 91 ff.; Kilduff et al. 2006).

In der betriebswirtschaftlichen und soziologischen Netzwerkliteratur gewinnt seit den achtziger Jahren des letzten Jahrhunderts zudem eine Perspektive an Beachtung, die Netzwerke weniger als Perspektive denn als eine besondere *Form von Governance* betrachtet (Miles/Snow 1986; Powell 1990; Sydow 1992, 2006; Windeler 2001, 2005). Netzwerkforscher rücken im Governancediskurs die Art und Weise der Koordination von Aktivitäten und Beziehungen in den Mittelpunkt der Betrachtung. Sie untersuchen beispielsweise strategische Allianzen von Krankenhäusern auf derselben oder Wertschöfungspartnerschaften von Krankenhäusern mit niedergelassenen Ärzten und Reha-Einrichtungen auf vor- bzw. nachgelagerten Stufen der Wertschöpfungskette (vgl. z. B. Vera 2006). Was die Governanceform des Netzwerks ausmacht und welche Kriterien für die Wahl der einen oder der anderen Governanceform elementar sind, darüber besteht zwischen Governanceforschern keine Einigkeit. So verstehen einige Forscher Netzwerke als eine im Kern hybride Form der Koordination zwischen Markt und Hierarchie (wie Williamson 1991; Sydow 1992), das heißt als eine Form der Koordination, in der gleichzeitig eine Koordination über Preise wie auf Märkten als auch über Hierarchie wie in Organisationen erfolgt, während andere Governanceforscher Netzwerke als eine eigenständige Form der Koordination jenseits von Markt und Organisation sehen (wie Powell 1990; Windeler 2001). Trotz aller Unterschiede im Detail unterscheiden sich Vertreter des Governancediskurses von jenen der strukturellen Netzwerkanalyse allein schon deshalb, weil für sie nur jene Sozialsysteme Netzwerke sind, die sich von Märkten und Organisationen unterscheiden.

Jeseits der Governancefrage, auch darin sind sich im Zweifel Vertreter der Governancerichtung sowie der strukturellen Netzwerkforschung einig, stellt sich die Aufgabe des strategischen wie operativen *Managements* der einmal gewählten Organisationsform ökonomischer Aktivitäten. Dabei geht es um so wichtige Fragen wie die Selektion, Re-Selektion und Deselektion der Netzwerkpartner, aber auch um die erstmalige und dann wiederkehrende Allokation von Ressourcen auf die ausgewählten Partner, die Formulierung und Implementierung von Regeln der Zusammenarbeit im Netzwerken und – last but not least – um die Evaluation des Netzwerks wie der Netzwerkbeiträge zum Erfolg der Partner (vgl. Sydow/Windeler 1994, 1998; Windeler 2001, S. 249 ff.; Sydow 2006). Dabei bildet die Governanceform des Netzwerks einerseits den Rahmen für das Netzwerkmanagement. Andererseits ist dieser Rahmen aber auch vom Netzwerkmanagement bzw. der daraus resultierenden Netzwerkentwicklung entscheidend geprägt. Beispielsweise macht es für den Prozess wie für das Ergebnis der Netzwerkentwicklung einen erheblichen Unterschied, von wem ein »strategisches Netzwerk« (Sydow 1992) geführt wird, etwa von niedergelassenen Ärzten, Reha-Einrichtungen, Pflegediensten oder aber von Krankenhäusern (vgl. z. B. Vera 2006).

Gesundheitsnetzwerke als Netzwerke im Gesundheitswesen stellen sowohl im Verständnis der strukturellen Netzwerkanalyse als auch in den Ansätzen der Governanceforscher *Kontexte ganz spezieller Art* dar, die das Handeln von Krankenhäusern, Ärzten, Diagnose- und Behandlungseinrichtungen sowie von Patienten und anderen Akteuren beeinflussen und – zumindest aus Sicht der strukturationstheoretisch informierten Governanceforschung (vgl. Sydow/Windeler 1998; Windeler 2001) – durch deren Aktivitäten gleichzeitig immer auch beeinflusst werden. Gesundheitsnetzwerke sind aber ihrerseits wiederum in weitere Kontexte eingebunden, nicht zuletzt in das Feld des Gesundheitswesens, das durch die regional, national oder international in diesem Handlungsfeld sich wechselseitig wahrnehmende Konstellation von Akteuren aufgespannt wird (DiMaggio/Powell 1983; Leblebici et al. 1991). Dabei werden zum organisationalen Feld des Gesundheitswesens neben den Organisationen, die wie Arztpraxen oder Krankenhäuser direkt die Leistungen erbringen, in der Regel auch staatliche und ggf. suprastaatliche Stellen gerechnet, welche das Gesundheitswesen regeln. Zuweilen zählen auch soziale Bewegungen, Pharmakonzerne usw. hierzu, wenn sie das, was Gesundheit und Krankheit ist oder sein soll zu ihrem Thema machen und es ihnen gelingt, sich im Feld Gehör zu verschaffen (vgl. hierzu allgemein Hoffman 1999).

Das organisationale Feld des Gesundheitswesens ist insofern für die Wahl der Koordinationsform und die sozialen Praktiken des Handelns im Feld bedeutsam, als sich in diesem spezielle Sicht-, Legitimations- und Handlungsweisen ausbilden, die etwa anzeigen, was im Feld als effiziente und oder bloß adäquate Form der Erbringung einer Gesundheitsdienstleistung gilt (Scott et al. 2000; Meyer 2005). Inwiefern sich organisationale Felder des Gesundheitswesens vor allem noch im Rahmen nationaler, vor allem gesetzlicher Rahmenbedingungen ausgestalten oder sich im Rahmen des internationalen Diskurses um Gesundheitsversorgung aneinander angleichen, ist dabei eine empirische Frage (vgl. Amelung 2007).

Ist nun Vernetzung wirklich *die* Antwort auf die eingangs angesprochenen Herausforderungen? Die zunehmende Zahl von Praxisbeispielen scheint dies zu belegen (vgl. Weatherly et al. 2007, S. 27 ff. sowie auch die in diesem Band dokumentierten Netzwerkfälle). Die Antwort auf diese Frage ist dennoch alles andere als einfach und variiert mit den jeweiligen konkreten Aufgabenstellungen, den beteiligten Akteuren und den kontextuellen Rahmenbedingungen des Netzwerks im Feld sowie in der Gesellschaft. So stellt sich beispielsweise die bedeutsame Frage, inwiefern die Zusammenarbeit in strategischen oder regionalen Netzwerken zum Ausschluss von oder zum erschwerten Zugang zu Gesundheitsleistungen für andere führt. Insbesondere schließt der Zusammenschluss von Akteuren im Netzwerk nicht gleich eine Verbesserung des Handlungsvermögens der sich zusammenschließenden Akteure ein. Bündeln starke und fähige Akteure ihr Handlungsvermögen auf intelligente Art und Weise, so ist das eher zu erwarten, als wenn sich eher schwache und inkompetente Akteure in Netzwerken zusammenschließen; zumal wenn dies dann auch noch in einer alles andere als intelligenten Art und Weise geschieht. Vor dem Erfolg von Vernetzung steht auf jeden Fall ein hartes Stück Netzwerk*arbeit*, das heißt die Arbeit, im Rahmen eines Netzwerkmanagements die Praktiken der am Netzwerk beteiligten Organisationen wirklich so aufeinander abzustimmen, dass sie produktiv ineinandergreifen, die Stärken verstärken und die Schwächen abschwächen. Erst so kann es beispielsweise durch Vernetzung gelingen, dass das auch und gerade im Gesundheitswesen allenthalben zu verortende strukturelle Beharrungsvermögen auch unter Einbeziehung vorhandener Organisationen überwunden werden kann oder aber tatsächlich auf die Injektion von Neuen von Außen angewiesen bleibt (vgl. Ingram 1998).

3 Kooperation und Wettbewerb in Gesundheitsnetzwerken

Für ein solches Netzwerkmanagement bedarf es erheblicher Kapazitäten und Kompetenzen (vgl. – schon mit Bezug auf Gesundheitsnetzwerke – Ferlie/Pettrigrew 1996). Dies soll hier an nur einem Beispiel illustriert werden: dem für Netzwerke charakteristischen Spannungsverhältnis von Kooperation und Konkurrenz (vgl. Sydow 2006, S. 417 ff.), das mit dem Begriff der »Coopetition« auch im Gesundheitsbereich eher verdunkelt als erhellt wird (vgl. Eiff 2002). Obwohl für Netzwerke, zumindest aus einer Governanceperspektive, die kollaborative Zusammenarbeit zwischen den Akteuren kennzeichnend ist, bleiben Wettbewerbsmomente auf verschiedenen Ebenen erhalten, ja wird Wettbewerb als Option von den Akteuren im Netzwerk sogar explizit mitgeführt. Praktisch geschieht dies, indem die Beziehungen zu den Netzwerkunternehmungen immer mal wieder dem sogenannten Markttest unterworfen werden; beispielsweise wenn von einem Krankenhaus oder einem integrierten Versorgungszentrum ein Alternativangebot eingeholt und auf dessen Grundlage sodann mit dem Stammlieferant in Preis(nach)verhandlungen eingetreten wird. Noch reflexiver wird Wettbewerb in Kooperationsbeziehungen zwischen beschaffendem Krankenhaus und einem Lieferanten von zum Beispiel Labordienstleistungen eingeführt, wenn von einer Single-Sourcing- auf eine Dual-Sourcing-Strategie umgestellt, mit anderen Worten eine Lieferbeziehung zu einem zweiten Stammlieferanten aufgenommen und die Auftragsvolumina zwischen diesen beiden Lieferanten nach Wettbewerbskriterien verteilt werden (vgl. dazu ausführlicher Sydow/Möllering 2004, S. 156 ff.).

Kooperation und Wettbewerb koexistieren in Netzwerken noch auf anderen Ebenen. Kooperiert zum Beispiel ein Krankenhaus mit einem anderen in einem Funktionsbereich, kann es durchaus mit derselben Organisation in einem anderen Funktionsbereich im scharfen Wettbewerb stehen. Schließlich kann sich in der Zeit eine zunächst sehr wettbewerbliche Beziehung zwischen zwei Krankenhäusern in eine Kooperationsbeziehung wandeln – und umgekehrt. In beiden Fällen ist zu erwarten, dass die in der Vergangenheit gewonnenen Erfahrungen auf die aktuelle Kooperations- bzw. Wettbewerbspraxis im Sinne eines »history matters« ebenso einwirken wie die Erwartungen an die zukünftige Gestalt der Beziehungen. Auf jeden Fall dürfte davon auszugehen sein, dass das Verhältnis von Kooperation und Kompetition für eine Organisation umso schwieriger zu handhaben ist, je bedeutsamer die im Netzwerk zu erfüllende Aufgabe für die eigene Existenz ist. Ist die Domänenüberlappung relativ gering, stellt sich diese Problematik für die einzelnen Organisationen als eher klein dar (vgl. dazu Sydow/Möllering 2004, S. 239 ff.).

Das hier in seiner Vielschichtigkeit bloß angedeutete Spannungsverhältnis von Kooperation und Konkurrenz ist im Gesundheitswesen gegenwärtig besonders brisant.

Der Grund ist, dass dieses organisationale Feld erst seit wenigen Jahren lernt, was Wettbewerb für Organisation und Gesellschaft überhaupt heißt. Die Zunahme von Wettbewerb im Gesundheitsbereich wird auch als Vermarktlichung beschrieben (etwa auch von *Philipp Hessinger* in diesem Band). Das ist insofern zutreffend, als ökonomische Orientierungen und vor allem Preise stärker in den Fokus der Reform und der Ausgestaltung des Gesundheitswesens rücken. Wenn unsere Diagnose stimmt, koordinieren die an der Leistungserbringung beteiligten Akteure ihre Aktivitäten gleichwohl in bedeutendem Maße in Netzwerken, was den Gebrauch von marktlichen Mechanismen wie etwa Preisvergleiche bekanntlich nicht ausschließt. Bevor der Lernprozess mit den neuen Herausforderungen im Gegenstandsbereich, den neuen Wettbewerbsanforderungen und Experimenten mit neuen Koordinationsformen abgeschlossen ist, wird das Feld durch die angesprochenen politischen Reformen auf die das Spannungsverhältnis kennzeichnende Gleichzeitigkeit von Kooperation und Konkurrenz umgestellt. Die in anderen Feldern bzw. Branchen bereits in Ansätzen verbreitete Rede von einem »Netzwerkwettbewerb« (Gomes-Casseres 1996) mag in die Debatte über die Vernetzung im Gesundheitswesen über kurz oder lang noch eine bislang nicht gekannte zusätzliche Schärfe hineinbringen, zumal ein solcher Wettbewerb zwischen Gesundheitsnetzwerken die Konkurrenz zwischen einzelnen Organisationen in konkreten Netzwerkkooperationen nicht ersetzen, sondern ergänzen würde.

4 Vorschau auf die Beiträge dieses Bandes

Seit mehr als zehn Jahren verfolgt der Gesetzgeber nunmehr eine konsequente Politik der Förderung von Einzelverträgen und somit auch von mehr Kooperation und Wettbewerb in Netzwerken. In den einzelnen Reformschritten wurden Schritt für Schritt Rahmenbedingungen geschaffen, die neue Versorgungsformen ermöglichten. Dabei sollte das Augenmerk nicht nur auf die einzelnen Reformen gelegt werden, sondern vielmehr auf die generelle Entwicklungsrichtung. Diese sind durch vier wesentliche Entwicklungsrichtungen gekennzeichnet:

1. den Versuch, die starren Sektorengrenzen aufzulösen. Hierzu gehören neben der integrierten Versorgung nach Sozialgesetzbuch (SGB) V140a–d und den Disease-Management-Programmen auch die größere personalpolitische Flexibilität (Doppeltätigkeit ambulant-stationär) durch das Vertragsarztrechtsänderungsgesetz (VÄndG).
2. die stärkere Integration unterschiedlicher Professionen. Beispielsweise gehört hierzu die Einbindung der Pflege in die integrierte Versorgung oder die Schaffung von interdisziplinären Palliativ-Care-Stützpunkten durch das Gesetzliche Krankenversicherung-Wettbewerbsstärkungsgesetz (GKV-WSG).
3. die Schaffung von mehr Verhandlungsspielraum für Einzelverträge, beispielsweise bei den so genannten Rabattverträgen oder der Ausschreibung von Versorgungsaufträgen nach § 73c.

4. die Gestaltung von gesetzlichen Rahmenbedingungen (§ 53 SGB V), die es den Krankenkassen ermöglichen und sogar einfordern, unterschiedliche Leistungen anzubieten. So müssten die Kassen ihren Versicherten die Option anbieten, eine hausarztzentrierte Versorgung wählen zu können. Über die Wahltarife könnten weitere Gestaltungsoptionen angeboten werden wie beispielsweise Selbstbehalttarife, Kostenerstattungstarife, Beitragsrückerstattungstarife und Tarife für die Zuwahl bestimmter Arzneimittel.

Folgende Abbildung stellt die wesentlichen Entwicklungen der Gesetzgebung und ausgewählte neue, zunehmend netzwerkartige Organisationsformen, die daraufhin entstanden sind, dar:

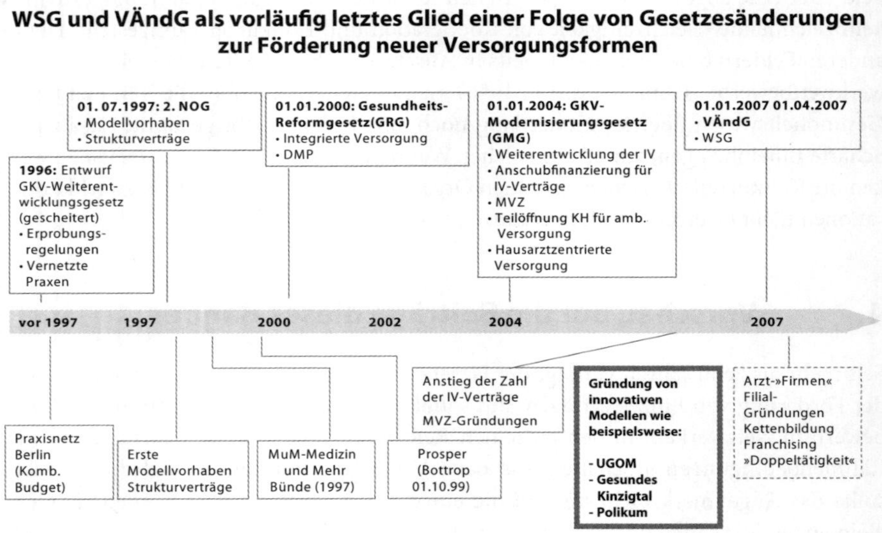

Abb. 1 Die Vernetzung fördernde Gesetzgebungen

Im vorliegenden Band werden die zentralen Charakteristika und Herausforderungen dieser neuen Versorgungsformen dargestellt. Insbesondere das Verhältnis zwischen Kooperation und Wettbewerb ist hierbei ein zentraler Aspekt. Hier gilt es, Begriffe, die auch zwischen den unterschiedlichen wissenschaftlichen Disziplinen und Settings sehr unterschiedlich definiert werden, zu klären und einen gemeinsamen Rahmen zu bilden. Insbesondere im Verständnis von Netzwerkstrukturen und Integration bestehen zwischen der Gesundheitsökonomie, den Wirtschaftswissenschaften und der Soziologie erhebliche Unterschiede, die häufig aber nicht offensichtlich sind und zu Missverständnissen führen. Dies liegt im Wesentlichen auch daran, dass das Forschungsfeld bisher kaum bearbeitet wurde und somit Grundlagenarbeit geleistet werden muss. Im Folgenden sollen einige ausgewählte Aspekte aus den einzelnen Beiträgen exemplarisch herausgestellt werden.

Im ersten Teil dieses Bandes wird zuerst auf *Grundprobleme von Vernetzung* eingegangen. Hier ist es entscheidend, zuerst ein tieferes Verständnis für die Grundstruktur des Arzt-Patienten-Verhältnisses und seiner Entwicklung in der Geschichte zu bekommen. Diese Aufgaben übernehmen *Cornelius Schubert* und *Werner Vogd* in ihrem Beitrag. Vor dem Hintergrund einer soziologischen Analyse der organisierten Krankenbehandlung gehen sie insbesondere auf die Fragen von Kontrolle, Macht und Identität in der Krankenbehandlung in Netzwerken ein. Ebenfalls aus soziologischer Sicht beschäftigt sich *Philipp Hessinger* in seinem Beitrag intensiv mit den grundlegenden Fragen von Markt, Hierarchie und Netzwerken. Er eröffnet Argumentationslinien zur Erklärung von neuen Organisationsformen der Gesundheitsversorgung und diagnostiziert, dass das deutsche Gesundheitswesen an einem Scheideweg stehe zwischen hochtechnisierten Kranken- und Klinikkomplexen mit einem Kranz peripherer Agenturen auf der einen Seite und stärker koorperativen Formen des Miteinanders auf der anderen Seite. Abgerundet wird dieser erste Teil über Grundprobleme der Gesundheitsversorgung durch den Beitrag der Soziologen *Holger Pfaff, Christoph Kowalski* und *Oliver Ommen.* Ausgehend von Überlegungen zu Versorgungsrationalitäten im Gesundheitswesen diskutieren sie Modelle zur Integration und Koordination in Versorgungssysteme, die in einem Modell der polykoordinierten Versorgung münden.

Der zweite Teil widmet sich dem *institutionellen und informationstechnologischen Rahmen. Stefan Greß und Klaus Stegmüller* zeigen auf, wie sich der Handlungsspielraum für die Akteure in den letzten Jahren kontinuierlich erhöht hat. Allerdings ist das Bild ausgesprochen komplex und selbst für Experten sind die Regelungen, die häufig auch in unterschiedlichen Büchern des Sozialgesetzbuches (z. B. SGB V und SGB XI) fixiert sind, kaum noch zu überschauen. Es entsteht das Bild eines Flickenteppichs, der zum Teil auch nicht kompatibel ist. *Nils Hellrung, Reinhold Haux, Hans-Jürgen Appelrath* und *Wilfried Thoben* gehen anschließend auf die zentrale Bedeutung der Informationstechnologie ein und zeigen deren Einsatzmöglichkeiten. Die Informationstechnologie stellt bei nahezu allen erfolgreichen Modellen der integrierten Versorgung quasi das Rückgrat dar. Netzwerkorganisationen zeichnen sich durch Kommunikation und Koordination einzelner Teilleistungen aus. Der Einsatz von sektorenübergreifenden Lösungsansätzen ermöglicht, genau diese zentralen Herausforderungen zu meistern. *Peter Conrad* und *Raimund Geene* diskutieren die Innovationsfähigkeit in der Gesundheitspolitik am Beispiel der Gesundheitsförderung bei sozial Benachteiligten und verdeutlichen die Rolle der Netzwerkbildung in diesem Prozess. Die Komplexität der Steuerung von Netzwerken wird sehr eindrücklich von *Claudia Diederichs* und *Friedrich Wilhelm Schwartz* beispielhaft im Bereich der Prävention aufgezeigt. Eine Vielzahl unterschiedlicher Akteure aus ganz unterschiedlichen Bereichen und häufig mit ganz unterschiedlichen Zielen gilt es zu koordinieren und zu steuern. *Johannes Schoder* und *Peter Zweifel* zeigen dann, welche Länder für derartige Managed-Care-Ansätze geeignete Rahmenbedingungen aufweisen.

Im dritten Teil geht es anschließend um die *Kernthemen der* intra*organisationalen Vernetzung.* Quasi als Grundlage für die interorganisationale Vernetzung, gilt es zuerst die intraorganisationalen Strukturen zu verstehen und zu steuern. *Christof Schmitz* und

Peter Berchtold stellen am Beispiel einer umfangreichen Studie aus der Schweiz dar, wie das Führungsverständnis von Chefärzten und Krankenhausmanagern ist und welche Bedeutung Subkulturen in diesen Organisationen haben. *Johannes Rüegg-Stürm, Harald Tuckermann, Silke Bucher, Jürgen Merz* und *Widar von Arx* argumentieren entsprechend, dass zuerst die internen Strukturen geschaffen sein müssen. Wie dieses funktionieren kann zeigt *Jonas Schreyögg* an einem Bespiel aus den USA. Der Veteran Health Administration gelang ein beeindruckender Turnaround, in dem konsequent auf die Vernetzung der internen Strukturen gesetzt wurde, dabei allerdings auch Kooperationen mit Externen eingegangen werden.

Der vierte Teil thematisiert konkrete Praxisbeispiele interorganisationaler Vernetzung. Sowohl im integrierten Versorgungssystem »Gesundes Kintzigtal«, wie *Achim Siegel, Ulrich Stößel, Detlev Geßner, Franziska Beckebans, Helmut Hildebrandt, Christopher Hermann, Alf Trojan und Holger Pfaff zeigen, als auch – dies zeigen Rainer Zeichhardt und Hanswerner Voss* – beim UGOM werden komplette Bevölkerungsgruppen versorgt. Auf der Basis einer Capitation-Vergütung wird dort die gesamte Versorgung neu gestaltet. Erfolgsparameter sind nun Gesunderhaltung nicht mehr Krankheit. Weniger revolutionär, aber nicht weniger bedeutend sind Ansätze, die einzelne Wertschöpfungsprozesse optimieren. Hierzu gehören beispielsweise das kardiologische Netzwerk in der Schweiz, das von *Ulrike Burkhardt, Stephan Burla und Stefan Osswald* vorgestellt wird, oder die Optimierung der Schnittstellen stationär-reha, wie sie *Ansgar Klemann* analysiert. Den vierten Teil des Bandes beschließend diskutieren *Kurt Promberger und Felix Piazolo* mit dem Franchising eine netzwerkförmige Organisationsform ökonomischer Aktivitäten, die bislang im Gesundheitswesen noch sehr selten genutzt wird.

Im abschließenden fünften Teil werden ganz unterschiedliche Aspekte der *Vernetzung aus der Sicht verschiedener Netzwerkakteure* aufgezeigt. *Ingo Bode* zeigt, wie sich Netzwerkorganisationen aus Sicht einer AOK darstellen und analysiert Handlungsoptionen. *Andreas Kottmeier, Wolfgang Reuter* und *Britta Biendara* betrachten aus Sicht einer privaten Krankenversicherung sowohl deren nationale Netzwerkinitiativen (Unternehmen Gesundheit), als auch die internationalen Aktivitäten, die weit über das hinausgehen, was in Deutschland zurzeit machbar ist. *Barbara Erbe, Christel Lauer* und *Sigrid Lange* sehen in Compliance Assistenten eine Möglichkeit, die Therapietreue von Patienten zu verbessern und auf diese Art und Weise Netzwerkbeziehungen zu stabilisieren. In den sich daran anschließenden Beiträgen wird gezeigt, wie aus der Perspektive unterschiedlicher Akteure Netzwerkstrukturen aufgebaut werden können. Der Bogen spannt sich hierbei von gezieltem Einweisermanagement, das von *Bejamin Behar* und *Reinhard Wichels* diskutiert wird, über Optionen von Universitätskliniken, die von *Joachim Kartte* und *Oliver Rong* herausgearbeitet werden, bis hin zu Medizinischen Versorgungszentren für die Versorgung psychisch Kranker, die *John N. Weatherly* untersucht. Zuvor zeigen noch *Lars Schweizer* und *Barbara Bernhard* anhand einer kleinen empirischen Studie die sich zwischen Markt und Hierarchie ergebenden strategischen Optionen öffentlicher Krankenhäuser; danach arbeitet *Konstantin Beck* kritische Erfolgsfaktoren der Entwicklung von Health Maintenance Organisationen und Hausarztmodellen in der Schweiz heraus.

5 Vernetzung im Gesundheitswesen: Quo vadis?

Insgesamt geben die Beiträge dieses Bandes einen recht umfassenden Überblick über den Stand der Forschung und Praxis der Vernetzung im Gesundheitswesen; ein Überblick, der – verglichen mit der Netzwerkforschung und -praxis in anderen Bereichen – sicherlich noch nicht sehr weit entwickelt ist. Tatsächlich hat die betriebswirtschaftliche und soziologische Netzwerkforschung, von Ausnahmen abgesehen (z. B. Oliver/Montgomery 1996; Provan/Milward 1995; Provan et al. 2002; Raaj 2007), das Gesundheitswesen als wichtiges und attraktives Forschungsfeld bislang eher selten und wenn, dann eher am Rande, entdeckt (z. B. Ferlie/Pettigrew 1996; Georg 2007; Knight/Pye 2007). Umgekehrt lässt die Forschung zum Gesundheitsmanagement die Organisationsform des Netzwerks bislang noch weitgehend unbeachtet. Aber dass hier mehr als ein Anfang gemacht ist, zeigt sich außer in den in diesem Band dokumentierten Fällen am Beispiel einzelner Studien (vgl. Hasnain-Wynia et al. 2003; Lemieux-Charles et al. 2005) sowie darin, dass die *HealthcarePapers* dem Thema immerhin ein Sonderheft gewidmet haben, in dem ein Leitbeitrag (Huerta et al. 2006) zum Thema von zehn Autoren – Praktikern sowie anderen Wissenschaftlern – kommentiert wird.

Für die Praxis des Gesundheitswesens lässt sich erwarten, dass sich die Organisationsform des Netzwerks – in der einen oder anderen Ausgestaltung – rasch verbreiten wird. Dies mag zwar zur Lösung einiger der dringendsten Probleme des Gesundheitswesens beitragen, gleichzeitig aber ist zu erwarten, dass mit der Verbreitung der Netzwerkform neue Probleme auftreten. Zumindest ist das Gesundheitsmanagement neu gefordert, hat es doch bislang mit dieser Organisationsform ökonomischer Aktivitäten eher wenig praktische Erfahrung sammeln können. Hinzu kommt: Selbst wenn die Vorteile einer Vernetzung – und des mit ihr notwendig verbundenen Spannungsverhältnisses von Kooperation und Wettbwerb – offensichtlich sind, ist sie noch lange nicht hergestellt bzw. eingeführt. Vielmehr gilt es das in den verschiedenen (Sub-)Feldern sowie in den Organisationen des Gesundheitswesens zu findende Beharrungsvermögen zu überwinden. Zu diesem Zweck müssen die unterschiedlichen Interessen und Abhängigkeiten, die damit einhergehenden Machtdifferenziale und Widerstände (Rodríguez et al. 2003), aber auch die immer noch unzureichenden Anreizmechanismen und Netzwerkmanagementkompetenzen durch Gestaltung eines entsprechenden, eben diese Ausgangsbedingungen in den Blick nehmenden Prozesses »reflexiver Netzwerkentwicklung« (Windeler 2001) gehandhabt – im wahrsten Sinne des Wortes gemanagt – werden.

Literaturverzeichnis

Amelung, V.E. (2007): Managed Care – Neue Wege im Gesundheitsmanagement. Wiesbaden.
Amelung, V.E./Meyer-Lutterloh, K./Seiler, R./Schmid, E./Weatherly, J.N. (2006): Integrierte Versorgung und Medizinische Versorgungszentren – Von der Idee zur Umsetzung. Schriftenreihe des Bundesverbandes Managed Care e. V. Berlin.
Amelung, V.E./Janus, K. (2006): Veränderte Marktstrukturen für Ärzte im ambulanten Sektor. In: Gesundheit und Gesellschaft Wissenschaft 6 (3), S. 26–35.
Anderson, G./Hussey, P.S. (2000): Population aging – A comparison among industrialized countries. In: Health Affairs 19 (3), S. 191–203.
Anderson, G./Knickman, J.R. (2001): Changing the chronic care system to meet people's needs. In: Health Affairs 20 (6), S. 146–160.
Casalino, L.P./Devers, K.J./Brewster, L.R. (2003): Focused factories? Physician-owned specialty facilities. In: Health Affairs 22 (6), S. 56–67.
DiMaggio, P./Powell, W.W. (1983): The iron cage revisited: Institutional isomorphism and collective rationality in organizational fields. In: American Sociological Review 48 (2), S. 147–160.
Eiff, W. v. (2002): Von der Konkurrenz zur »Coopetition«. In: Klinikmanagement aktuell 71 (5), S. 44–49.
Emirbayer, M./Goodwin, J. (1994): Network analysis, culture, and the problem of agency. In: American Journal of Sociology 99 (6), S. 1411–1454.
Ferlie, E./Pettigrew, A. (1996): Managing through networks: Some issues and implications for the NHS. In: British Journal of Management 7 (special issue), S. S81–S99.
Gensichen, J./Muth, C./Butzlaff, M./Rosemann, T./Raspe, H./Müller de Cornejo, G./Beyer, M./Härter, M./Müller, U.A./Angermann, C,E./Gerlach, F.M./Wagner, E. (2006): Die Zukunft ist chronisch – Das chronic care modell in der deutschen Primärversorgung. Übergreifende Behandlungsprinzipien einer proaktiven Versorgung für chronische Kranke. In: Zeitschrift für ärztlioche Fortbildung und Qualität im Gesundheitswesen 100 (10), S. 365–374.
Georg, A. (2007): Kooperationsnetze in der Gesundheitswirtschaft. In: Becker, T./Dammer, I./Howaldt, J./Killich, S./Loose, A. (Hrsg.): Netzwerkmanagement. Mit Kooperation zum Unternehmenserfolg. 2. Aufl. Berlin etc., S. 181–194.
Gomes-Casseres, B. (1996): The alliance revolution. Cambridge, Mass.
Hasnain-Wynia, R./Bazzoli, G.J./Alexander, J.A./Shortell, S.M./Conrad, D.A./Chan, B./Zukoski, A.P./Sweney, J. (2003): Members' perceptions of community care network partnerships' effectiveness. In: Medial Care Research and Review 60 (4), S. 40S–62S.
Herzlinger, R. (1998): Market driven health care – Who wins who looses in the transformation of America's largest service industry. Cambrigde, Mass.
Hoffman, A.J. (1999): Institutional evolution and change: Environmentalism and the U.S. chemical industry. In: Academy of Management Journal 42 (4), S. 351–371.
Huerta, T.R./Casebeer, A./VanderPlaat, M. (2006): Using networks to enhance health services delivery: Perspectives, paradoxes and propositions. In: HealthcarePapers 7 (2), S. 10–26.
Ingram, P. (1998): Changing the rules: Interests, organizations, and institutional change in the U.S. hospitality industry. In: Brinton, M.C. (Hrsg.): The new institutionalism in sociology. New York, S. 258–276.
Jansen, D. (2006): Einführung in die Netzwerkanalyse. 3. Aufl. Wiesbaden.
Kilduff, M./Tsai, W. (2003): Social networks and organizations. London etc.
Kilduff, M./Tsai, W./Hanke, R. (2006): A paradigm too far? A dynamic stability reconsideration of the social network research program. In: Academy of Management Review 31 (4), S. 1031–1048.

Knight, L./Pye, A. (2007): The search for network learning: Some practical and theoretical challenges in process research. In: Gössling, T./Oerlemans, L./Jansen, R. (Hrsg.): Inside networks. Cheltenham, S. 163–191.

Leblebici, H./Salancik, G.R./Copay, A./King, T. (1991): Institutional change and the transformation of interorganizational fields: An organizational history of the U.S. radio broadcasting industry. In: Administrative Science Quarterly 36 (3), S. 333–363.

Lemieux-Charles, L./Chambers, L.W./Cockerill, R./Jaglal, S./Brazil, K./Cohen, C./LeClair, K./Dalziel, B./Schulman, B. (2005): Evaluating the effectiveness of community-based dementia care networks. In: Gerontologist 45 (4), S. 456–464.

McGlynn, E.A./Asch, S.M./Adams, J.L./Keesey, J./Hicks, J./DeCristofaro, A.H./Kerr, E.A. (2003): The quality of health care delivered to adults in the United States. In: New England Journal of Medicine 348 (26), S. 2635–2645.

Meyer, J.W. (2005): Weltkultur. Wie die westlichen Prinzipien die Welt durchdringen. Frankfurt a.M.

Miles, R.E./Snow, C.C. (1986): Organizations: New concepts for new forms. In: California Management Review 28 (2), S. 62–73.

Mitchell, J.C. (1969): The concept and use of social networks. In: Mitchell, J.C. (Hrsg.): Social networks in urban situations. Manchester, S. 1–50.

North, D.C. (2005): Understanding the process of economic change. Princeton/Oxford.

OECD (2007): Health data 2006. Paris.

Oliver, A.L./Montgomery, K. (1996): A network approach to outpatient service delivery systems: Resource flow and system influence. In: Health Service Research 30, S. 771–783.

Porter, M./Teisberg, E.O. (2006): Redefining health care – Creating value-based competition on results. Boston, Mass.

Powell, W.W. (1990): Neither market nor hierarchy: Network forms of organization. In: Staw, B.M./ Cummings, L.L. (Hrsg.): Research in Organizational Behavior 12. Greenwich, Conn., S. 295–336.

Provan, K.G./Milward, H.B. (1995): A preliminary theory of network effectiveness: A comparative study of four community mental health systems. In: Administrative Science Quarterly 40, S. 1–33.

Provan, K.G./Milward, H.B./Isett, K.R. (2002): Collaboration and integration of community-based health and human services in a nonprofit managed care system. In: Health Care Management Review 27 (1), S. 21–32.

Raaj, D. van (2007): Organizing control processes in Dutch health care networks – Towards a typology of network control. Dissertation. Universität Tilburg.

Rodríguez, C./Langley, A./Béland, F./Denis, J.-L. (2003): Manageinga cross boundaries in health care: The forces for change in inertia. In: Paulsen, N./Hernes, T. (Hrsg.): Managing boundaries in organizations. Basingstoke, S. 147–168.

Schlette, S./Knieps, F./Amelung, V.E. (Hrsg.)(2005): Versorgungsmanagement für chronisch Kranke. Bonn etc.

Scott, J. (1990): Social network analysis. A handbook. London.

Scott, W.R./Ruef, M./Mendel, P.J./Caronna, C.A. (2000): Institutional change and healthcare organizations: From professional dominance to managed care. Chicago.

Sydow, J. (1992): Strategische Netzwerke. Evolution und Organisation. Wiesbaden.

Sydow, J. (2006): Management von Netzwerkorganisationen – Zum Stand der Forschung. In: Sydow, J. (Hrsg.): Management von Netzwerkorganisationen. 4. Aufl. Wiesbaden, S. 373–473.

Sydow, J./Möllering, G. (2004): Produktion in Netzwerken. München.

Sydow, J./Windeler, A. (1994): Über Netzwerke, virtuelle Integration und Interorganisationsbeziehungen. In: Sydow, J./Windeler, A. (Hrsg.): Management interorganisationaler Beziehungen. Vertrauen, Kontrolle und Informationstechnik. Opladen, S. 1–21.

Sydow, J./Windeler, A. (1998): Organizing and evaluating interfirm networks – A structurationist perspective on network management and effectiveness. In: Organization Science 9 (3), S. 265–284.

Vera, A. (2006): Strategische Allianzen im deutschen Krankenhauswesen – Ein empirischer Vergleich von horizontalen und verikalen Koopertionen. In: Zeitschrift für Betriebswirtschaft 76 (1), S. 835–865.

Weatherly, J.N./Seiler, R./Meyer-Lutterloh, K./Schmid, E./Lägel, R./Amelung, V.E. (2007): Leuchtturmprojekte Integrierter Versorgung und Medizinischer Versorgungszentren – Innovative Modelle der Praxis. Berlin.

WHO (1996): The global burden of disease. Cambridge, Mass.

Weatherley, J.N./Seiler, R./Meyer-Lutterloh, K./Schmidt, E./Lägel, R./Amelung, V.E. (Hrsg.)(2007): Leuchtturmprojekte Integrierter Versorgung und Medizinischer Versorgungszentren. Berlin.

Williamson, O.E. (1990 [1985]): Die ökonomischen Institutionen des Kapitalismus. Tübingen.

Williamson, O.E. (1991): Comparative economic organization: The analysis of discrete structural alternatives. In: Administrative Science Quarterly 36 (2), S. 269–296.

Windeler, A. (2001): Unternehmungsnetzwerke. Konstitution und Strukturation. Wiesbaden.

Windeler, A. (2005): Netzwerktheorien: Vor einer relationalen Wende? In: Zentes, J./Swoboda, B./Morschett, D. (Hrsg.): Kooperationen, Allianzen und Netzwerke. Grundlagen – Ansätze – Perspektiven. Wiesbaden, S. 211–233.

Cornelius Schubert und Werner Vogd

Die Organisation der Krankenbehandlung. Von der privatärztlichen Konsultation zur vernetzten Behandlungstrajektorie

»The debate about healthcare policy is implicitly or explicitly, a debate about the best fiscal and administrative mechanisms for controlling the cost and the quality of care«
(Freidson 1975, S. 6)

Zusammenfassung

Von der privatärztlichen Praxis des frühen 19. Jahrhunderts bis zu den Gesundheitsnetzwerken des angehenden 21. Jahrhunderts hat sich die Organisationsform der Krankenbehandlung grundlegend gewandelt. In diesem Wandlungsprozess bleiben aber auch zentrale Spannungen über die Zeit bestehen, die sich je nach Gesundheitssystem unterschiedlich äußern. Diese Grundprobleme werden im historischen Abriss analysiert und in den jeweiligen gesellschaftlichen Kontext eingebettet, die Konfliktlinien aufgezeigt und Auswirkung auf Arzt und Patient diskutiert. Im zweiten Teil werden die Grundprobleme auf die Behandlung in Netzwerken übertragen und vor dem Hintergrund einer soziologischen Netzwerkbetrachtung besonders auf die Fragen von Kontrolle, Macht und Identität eingegangen. Aus dieser Perspektive werden auch die Möglichkeiten und Grenzen von modernen Abrechnungsmodellen wie dem DRG System kritisch diskutiert.

1 Einleitung

Die Leistungserbringung im Gesundheitswesen kann unterschiedlich koordiniert werden. Dies lässt sich sowohl im historischen wie auch im internationalen Vergleich unschwer erkennen. In diesem Beitrag wird die aktuelle Debatte um eine Neuausrichtung der Gesundheitsversorgung in Deutschland und weltweit vor dem Hintergrund der historischen Entwicklungslinien diskutiert, um zentrale Problemfelder aufzuzeigen. Die Auseinandersetzung mit der Krankenbehandlung als einer der zentralen Institutionen westlicher Gesellschaften reicht weit über den Bereich der Medizin hinaus. Einige Wissenschaften haben hierzu Bindestrichgebiete, wie etwa die Medizinsoziologie, Medizingeschichte oder die Gesundheitsökonomie, ausgebildet, um Besonderheiten der Gesundheitsversorgung Rechnung zu tragen. Ebenso befassen sich andere Bereiche, wie die Juristerei über das Gesundheitsrecht als auch eine große Anzahl von Ingenieuren und Informatikern, mit den Abläufen der Krankenversorgung.

Wir möchten an dieser Stelle die verschiedenen Organisationsformen der ärztlichen Leistungserbringung aus einer *soziologischen* Perspektive rekonstruieren. Es geht um die Grundfragen und Grundprobleme der organisierten Krankenbehandlung im Spannungsfeld zwischen sozial konstituierten und biografisch singulären Krankheitsverläufen sowie um professionelle Behandlungspraktiken und der Form ihrer Koordination in Arztpraxen und Kliniken bis hin zu Gesundheitsnetzwerken. Hierzu möchten wir zunächst herausarbeiten, wie vier unterschiedliche – für die organisierte Leistungserbringung allerdings sehr relevante – Beziehungsgrößen im historischen Verlauf verwoben sind, indem wir sie von der Geburt der Klinik an bis heute verfolgen. Im Zusammenhang mit der Diskussion um eine Neuausrichtung der Formen der Leistungserbringung und der Koordination im Gesundheitswesen sind hier zuerst zwei übergreifende gesellschaftliche Bereiche zu nennen, die nur auf den ersten Blick wenig mit der medizinischen Versorgung zu tun haben:

- die *Politik* als der gesellschaftliche Bereich, in dem der rechtliche Rahmen für die Gesundheitsversorgung und die Ausbildung der dort Tätigen mit Blick auf die jeweils erwünschter Ziele geregelt wird;
- die *Wirtschaft* als der gesellschaftliche Bereich, aus welchem nicht nur über die bekannten Versicherungsleistungen Finanzierungschancen im Gesundheitswesen geregelt werden, zunehmend erfolgt dort auch ein Teil der Gesundheitsversorgung selbst.

Im Gesundheitswesen selbst und an der konkreten Leistungserbringung stärker beteiligt lassen sich zwei Bereiche identifizierten, die mit der Etablierung der modernen organisierten Gesundheitsversorgung in einem Spannungsverhältnis stehen:

- die *medizinische Profession*, die als Gruppe wissensbasierter Experten die Leitprofession des Gesundheitswesens bildet und diese Domäne primär kontrolliert;
- die *bürokratische Administration*, die als Gruppe verwaltungstechnischer Experten die Koordination und Abrechnung der Einzelleistungen kontrolliert, sei es in der hierarchisch integrierten Organisation eines Krankenhauses oder in der neueren Form der Netzwerkkoordination.

Alle vier Bereiche finden ihren Niederschlag in der konkreten Ausformung der Beziehung zwischen Arzt und Patient. Zum einen in der *Arzt-Patient-Interaktion*, wo im persönlichen Austausch zwischen zwei Individuen spezifische Behandlungsoptionen ausgehandelt werden und zum anderen im *Arzt-Patient-Verhältnis*, in welchem sich die generalisierten gesellschaftlichen Erwartungen an beide Parteien widerspiegeln.

Mit der hier vorgestellten Differenzierung lässt sich ein Bild zeichnen, das Krankenbehandlung im historischen Verlauf zugleich als einen politisch, wirtschaftlich wie auch professionell beeinflussten Prozess versteht, als ein Geschehen, das seine Dynamik sowohl über direkte Interaktion als auch über bürokratische und netzwerkförmige Koordination gewinnt. Allgemein sind hier Prozesse der Politisierung und Ökonomisierung der Krankenbehandlung in unterschiedlichen Gemengelagen zu verzeichnen, in denen das Spannungsfeld von medizinischer Profession und bürokratischer Administration in spezifischer Weise zutage tritt. Die historische Rekonstruktion erlaubt eine differenzierte Betrachtung dieser Gemengelagen, entsprechend der dann – je nach gesellschaftlichem Zusammenhang – bestimmte Beziehungsgrößen in den Vordergrund treten und andere verblassen. Auf diesem Wege werden auch die gesellschaftlichen Konstellationen deutlich, die im 21. Jahrhundert den Netzwerkbegriff (erneut) prominent werden lassen, und die überhaupt erst dazu geführt haben, dass sich staatliche Kontrollversuche auf das Gesundheitswesen erstrecken. Die staatlich organisierte Form der Gesundheitsversorgung ist aus dieser Perspektive ein Phänomen der Moderne, welches erst durch das Anwachsen der Städte, die Ausdehnung der industriellen Produktionsweise, den aufkommenden Gemeinsinn des Bürgentums, wie auch dem Wunsch des Staates nach gesunden und starken Staatsbürgern und Soldaten in den gesellschaftlichen Diskurs eintrat und erst hierüber als zentrale Aufgabe des Staates erkannt wurde. Gleichzeitig erwachsen aus der staatlichen Kontrolle des Gesundheitswesens die bekannten Problembereiche und bis heute bestehenden Konfliktlinien zwischen den Beteiligten der organisierten Krankenbehandlung.

Wir beginnen unseren Beitrag zunächst mit dem Blick auf den historischen Ursprung der modernen Krankenbehandlung. Das staatliche Krankenhaus rückt hier ins Zentrum der Aufmerksamkeit, während der Patient wie auch der Arzt als Subjekte in den Hintergrund treten. Das schafft Raum für die Ausbildung professioneller Macht und macht das Spannungsfeld zwischen bürokratischer Administration und medizinischer Profession zu einem prominenten Thema. Als Gegenbewegung lässt die Aufwertung des Individuums in der liberalen Gesellschaft und den modernen Emanzipationsbewegungen nach dem Zweiten Weltkrieg das Patientensubjekt wiederum zentraler auf der Bühne des Gesundheitswesens werden. Im zweiten Teil des Beitrags betrachten wir die aktuellen organisatorischen Entwicklungen in der Krankenversorgung und die hiermit aufgeworfenen Probleme, welche neben der bürokratischen Koordination auch netzwerkförmige Organisationsformen als Lösungen erscheinen lassen. Denn erst die unter dem Stichwort »Ökonomisierung der Medizin« verhandelten Prozesse führen zu jenen komplexen Lagen, die die Netzwerkidee in einer neuen Form prominent werden lassen.

2 Grundprobleme der organisierten Krankenbehandlung

Von der Geburt der Klinik an bis heute stehen die inhärenten Spannungen einer bürokratisch/professionellen Koordinationsform im Zentrum der Gesundheitsversorgung (vgl. Mintzberg 1991, S. 183 f.). Die Kontrolle der ärztlichen Arbeit, der Diagnose und

Therapie, wird dadurch zu einem zentralen Topos der organisierten Krankenversorgung, denn hier keimt die für die Behandlung (sowohl in Krankenhäusern wie in Gesundheitsnetzwerken) relevante Differenz zwischen Entscheidungen aufgrund professioneller Beurteilung oder administrativer Anordnungen. Darüber hinaus ist die Geschichte der organisierten Krankenbehandlung eng mit den politischen, rechtlichen, ökonomischen und sozialen Gegebenheiten der einzelnen Nationalstaaten verquickt, die sich mit der Ausbildung moderner Gesundheitssysteme beauftragt sahen (vgl. Hafferty/McKinlay 1993). Das Krankenhaus als gesellschaftliche Institution bildet den Kristallisationspunkt der verschiedenen Sphären, indem in der immer auch wirtschaftlich zu gestaltenden Leistungserbringung die Fragen von Moral und Legitimität, Ideologie oder Klientenbezug besonders aufscheinen (Hasenfeld 1992).

2.1 Die Geburt der Klinik – Vom privaten Krankenbett ins staatliche Krankenhaus

Bis zu Beginn des 19. Jahrhunderts fanden die universitär ausgebildeten Ärzte ihre Klientel hauptsächlich in der wohlhabenden Gesellschaft, während die ärmere Bevölkerung Linderung bei den anderweitig Heilkundigen, vom Bader über den Barbier bis zur Hebamme, suchte. Die mittelalterliche Caritas hielt zudem noch mehr oder weniger organisierte Hospitäler bereit, in denen die Mittellosen gepflegt wurden (s. Rohde 1974, S. 57 ff.). Von Seiten der Ärzte gab es kaum Bestrebungen, diese lukrative Arbeitsteilung aufzuheben. Gleichzeitig wurde praktischen Tätigkeiten, wie beispielsweise denen des chirurgischen Handwerks, wenig Stellenwert zugemessen. Für die Ärzte dieser Zeit war das sogenannte *Krankenexamen* im Rahmen der privatärztlichen Konsultation im Hause des Patienten die anerkannte Form der Leistungserbringung (Lachmund 1997, S. 27 ff.). Die Form der Krankenbehandlung stand vor allem im Kontext von *Interaktion* – das längere ärztliche Gespräch mit dem Erkrankten, eventuell auch mit den Angehörigen stand im Vordergrund – einer sich zunehmend als *Profession* verstehenden Ärzteschaft. Der universitär ausgebildete Arzt begegnete seinem oft ebenso gebildeten Patienten auf Augenhöhe und suchte die Anerkennung als »Gelehrter« seines Fachs. In diesem Wechselspiel wurde nicht nur die Identität des Patienten geschaffen, ebenso trat durch die Praxis des Krankenexamens eine bestimmte soziale Definition des Arztes hervor.

Diese Form der Gesundheitsversorgung wandelte sich zu Anfang des 19. Jahrhunderts mit der »Geburt der Klinik« (Foucault 1988) grundlegend. Die Einrichtung von Krankenhäusern zur allgemeinen Krankenbehandlung lief zunächst der etablierten privatärztlichen Praxis zuwider, zumal hiermit auch eine grundlegende Reform der medizinischen Ausbildung verbunden war. Die bisherige Form eines Lehrlingsverhältnisses zwischen dem erfahrenen Arzt und seinen Adepten wurde zugunsten universitärer Lehrkrankenhäuser aufgelöst, in denen der Patient nicht mehr als individueller und kompetenter Gesprächspartner galt, sondern als ein *Fall*, als beispielhafter, aber ebenso *ent-individualisierter Träger* einer spezifischen Krankheit (ebd., S. 75). Diese Veränderungen fallen auch in eine Zeit, als universitär ausgebildete Ärzte versuchten, der Scharlatanerie von kaum bis wenig ausgebildeten, selbst ernannten Heilkundigen durch staatlich verankerte Regulierung Einhalt zu gebieten.[1]

Die neue Selbstfindung und Konsolidierung der ärztlichen Profession findet ihre Resonanz in den Bestrebungen der Politik, das Gesundheitswesen kontrollieren zu wollen. Schon während der Revolution in Frankreich wurden zentrale Einrichtungen wie »Regierungshäuser für das Gesundheitswesen« in großen Städten und ein »Hof für das Gesundheitswesen« in Paris gefordert (Foucault 1988, S. 46). Die Verquickung von Medizin und dem Staatsapparat, der die Medizin kontrolliert und legitimiert, wurde in Frankreich in den Jahren der Revolution durchaus heftig, aber immer mit Blick auf die Herstellung des *Gemeinwohls* für den Bürger diskutiert. Ein Blick auf die Geschichte Preußens zeigt andererseits, dass die Einführung des modernen Gesundheitssystems und seiner Krankenhäuser in Deutschland in engem Zusammenhang zu sehen sind mit dem *königlichen Wunsch* nach überlegenen und starken Staatsbürgern und Soldaten (vgl. Dross 2004). So führten durchaus unterschiedliche politische Vorstellungen gleichwohl zu ähnlichen Entwicklungslinien im Gesundheitswesen und der Organisationsform der medizinischen Versorgung. Die Organisation der Krankenversorgung ist demnach eng an die Entwicklung moderner Gesellschaften geknüpft und wurde hiermit für die Politik zu einem zentralen Kontrollbereich. Die Auswirkung der kapitalistischen Produktionsweise auf die Gesundheit (Marx 1968, S. 245 ff.) und die gesundheitlichen Zustände in den großen Städten (Engels 1972, S. 256 ff.) wurden nun zu einem wichtigen gesellschaftlichen Thema, zu einem Politikum.

Die staatliche Kontrolle überschneidet sich dabei teilweise mit den Interessen der Ärzte und Patienten, gleichwohl werden im Zuge des staatlichen Zugriffs auf Gesundheit und Krankheit Brüche sichtbar, was sich deutlich an der *Verteilung* der finanziellen Ressourcen zeigt. Die Frage der Finanzierung dieser frühen organisierten Krankenversorgung kann hier nicht weiter thematisiert werden. Es genügt zu sagen, dass zwar schon 1794 im preußischen allgemeinen Landrecht eine staatliche Fürsorgepflicht erkennbar ist. Gleiches gilt unter den deutlich anderen Umständen der Revolution auch für Frankreich, jedoch waren die Ärzte auf ihre Privatpraxis angewiesen und die ersten Krankenhäuser auf Spenden, öffentliche Sammlungen, Zahlungen aus kommunalen Kassen sowie frühen Versicherungsformen (vgl. Labisch/Spree 2001). Die Finanzierung der Krankenversorgung war allerdings auch schon zu dieser Zeit ein heftig diskutiertes Thema. In Deutschland wurde bekanntlich die staatlich geregelte Finanzierung über gesetzliche Krankenkassen mit dem Krankenversicherungsgesetz von 1883 eingeführt, mit dem nicht mehr nur die Armen versorgt werden sollten, sondern insbesondere auch die gewerblichen Arbeiter einen Anspruch auf medizinische und finanzielle Sachleistungen bekamen. In den anderen Industrienationen wurden funktional ähnliche Finanzierungsmodelle entwickelt.

1 Siehe für Frankreich Foucault (1988, S. 80), für den deutschsprachigen Raum Lachmund (1997, S. 37) und den etwas später einsetzenden Initiativen in den USA Starr (1982, S. 79 ff.).

Allgemein treten in dieser Phase eine deutliche Politisierung des Gesundheitswesens und die damit einhergehenden Professionalisierung der Ärzteschaft in den Vordergrund. Gleichsam kann man hier kaum von einer Ökonomisierung des Gesundheitswesens sprechen, da die Restrukturierung der Leistungsfinanzierung nur wenig Einfluss auf die Kontrolle der Leistungserbringung hat. Vielmehr beginnt sich in dieser Konstellation das Spannungsfeld zwischen bürokratischer Administration und medizinischer Profession aufzuspannen.

2.2 Die Geburt des Krankenhausarztes – Die Reifizierung der professionellen Macht

Die staatstragende Funktion der Krankenhäuser legt ihre Organisationsform gewissermaßen nahe. Die Etablierung des modernen Gesundheitssystems verkörpert in vorbildlicher Weise Max Webers Idealtypus der *bürokratischen Herrschaft* und der mit ihr entstehenden bürokratischen Organisationen (Weber 1990, S. 125 ff.).[2] Treibend für die Entwicklung des Gesundheitssystems war – zumindest im preußisch geprägten Deutschland und in modernen Begriffen formuliert – der Erhalt und Schutz der menschlichen Arbeitskraft. Mit dem allmählich Struktur annehmenden Gesundheitssystem und der hiermit verbundenen Konzentration der Krankenbehandlung auf das Krankenhaus entstanden ein neues Verhältnis der Ärzte zu ihren Patienten und hiermit auch ein neues Selbstverständnis der Ärzte. Die bürokratische Administration rückt in den Vordergrund der Behandlung im Krankenhaus, während die individuelle Arzt-Patient-Interaktion nur noch beiläufig mitvollzogen wird. Der Arzt ist nicht mehr der Vertraute des Erkrankten und seiner Familie, sondern ein distanzierter Experte, der einem (mehr oder weniger) anonymen Patienten gegenübersteht. Sein Arbeitsfeld verlagert sich vom häuslichen Bett des Patienten in das Krankenhaus bzw. die ambulante ärztliche Praxis. Die bürokratisch organisierte Gesundheitsversorgung lässt dabei nicht nur den *individuellen* Patienten, sondern auch den *individuellen* Arzt in den Hintergrund treten. Das Krankenhaus wird zum Sinnbild wie zum konkreten Ort der medizinischen, gesellschaftlichen und politischen Wandlungsprozesse des 19. Jahrhunderts.[3]

Für die ärztliche Profession bedeutete dies jedoch keinen Machtverlust. Im Gegenteil, sie konnte sich nun in der Rolle des unverzichtbaren wissensbasierten Experten einrichten, der weitgehend unwidersprochen und jenseits staatlicher Fremdkontrolle die Indifferenzzonen medizinischen Wissens kontrolliert. Die bürokratische Behandlung im

2 Weber (1990, S. 127) nimmt sogar dezidiert Privatkliniken und Ordenskrankenhäuser als Beispiele derselben Bürokratie, sowohl in erwerbswirtschaftlichen als auch in karitativen Betrieben.

3 Ebenso fühlten sich viele Ärzte des 19. Jahrhunderts als Protagonisten einer medizinischen Grundversorgung der Bevölkerung politisch verantwortlich, wie es auch in Rudolf Virchows Ausspruch »Die Medicin ist eine sociale Wissenschaft, und die Politik ist weiter nichts, als Medicin im Großen« deutlich wird (Virchow 1848).

Krankenhaus entsprach sowohl der neuen Form der ärztlichen Ausbildung an Universitäten und universitären Lehrkrankenhäusern als auch dem modernen Krankheitsverständnis, nachdem der ehemals individuelle Patient nun als anonymer Träger spezifischer Symptome einer jeweiligen Krankheit gesehen wird. Mit der Einführung des Krankenhauses konnte die professionalisierte Ärzteschaft auf einen Streich sowohl die Konkurrenz durch nicht universitär ausgebildete Heiler unterbinden als auch das lebensweltliche Laienwissen der Patienten entwerten.

Organisationssoziologische Betrachtungen heben die Bedeutung des Expertenwissens als eine relevante Ungewissheitszone hervor, über deren Kontrolle Macht in Organisationen ausgeübt werden kann (Crozier/Friedberg 1979). Die Machtquelle »medizinisches Expertenwissen« als Ressource im zentralen Funktionsbereich der Gesundheitsversorgung kontrollieren zu können, sichert die dominante Stellung des Ärztestandes auch im Angesicht bürokratischer Organisationen. In diesem Sinne war auch Talcott Parsons (1951, S. 429 ff.) mit seiner Analyse der modernen Medizin auf der Höhe seiner Zeit, denn Medizin erscheint hier in der Tat als ein grundlegender Wertkomplex, der ein asymmetrisches Gefüge von Rollen und Komplementärrollen gestaltet. Dies wiederum kann nur dann funktionieren, wenn die Ärzte treuhänderisch den Wert Gesundheit vertreten, also gerade dadurch Legitimität wie auch berufliche Identität gewinnen, indem sie ihre professionelle Sphäre von der Wertstruktur von Politik und Wirtschaft unterscheiden konnten. Wenngleich mit der Ausdifferenzierung der Medizin die Bedeutung des einzelnen Arztes zugunsten von Organisationen zurücktrat, schien die Medizin trotz aller Kritik an den hiermit verbundenen Asymmetrien lange Zeit der Parson'schen Beschreibung zu folgen.[4]

Unter diesem Blickwinkel sehen wir auch, dass die Bürokratisierung des Gesundheitswesens die Handlungsfähigkeit der Ärzte sowohl einschränkt als auch erweitert. So konnten die Ärzte mit der neu gewonnenen professionellen Identität ihrerseits massiven Einfluss auf die Ausgestaltung des Gesundheitswesens nehmen. An dieser Stelle sei etwa auf die gestärkte Position gegenüber den Krankenkassen verwiesen, denn mit Verweis auf ihren Expertenstatus können die Ärzte in diesem Zusammenhang nun zweigliedrig argumentieren: Die eigenen Handlungen werden durch die auf der medizinischen Expertise beruhende, paternalistische Anwaltschaft für den Patienten legitimiert, wodurch im gleichen Atemzug die Freiheit von Fremdkontrolle durch Krankenkassen oder Politik gefordert wird – und man konnte dem nicht wirklich ernsthaft etwas entgegensetzen. So stark die Ärzteschaft auch von der bürokratischen Organisation des Gesundheitswesens profitierte, etwa durch den Ausschluss nicht universitär ausgebildeter Heilberufe, so keimte doch von Anfang an eine Differenz zwischen der professionellen Selbstkontrolle der Ärzte und der bürokratischen Kontrolle der anderen Stakeholder der Krankenversorgung auf. Nicht zuletzt die Ärztestreiks des Jahres 2006 zeigen, dass dieses Spannungsfeld noch immer aktuell ist (für eine generelle Diskussion

4 Homolog hierzu beschreibt Goffman (1973) das Krankenhaus dann als totale Institution.

um Strukturen und Problemen der »Organisation der Professionals« s. Mintzberg 1991, S. 183 ff.).[5]

Dass sich medizinische Dienstleistungsbetriebe einer vollständigen Durchbürokratisierung erwehren, liegt im Gegenstand selbst begründet: »Man darf nicht vergessen, dass sich die Arbeit im Krankenhaus nicht durchgängig in ähnlich geplanten, auf die Dauer gleichsam geruhsamen und wenig erregten Bahnen abspielt wie etwa die in einem durchrationalisierten Industriebetrieb oder in einer keinerlei wirklichem Druck ausgesetzten Verwaltungsstelle« (Rohde 1974, S. 264). In der Medizin müssen auf Basis von Ungewissheit Entscheidungen getroffen werden (Fox 1957). Die technischen und hochgradig arbeitsteiligen Prozesse erzeugen ihrerseits Schnittstellenprobleme, die nur durch menschliche Expertise bearbeitet werden können (Strauss et al. 1985; Badura/Feuerstein 1994; Vogd 2004), und nicht zuletzt tritt der Patient selbst als Unsicherheitsfaktor in den Prozess ein (Siegrist 1978).[6] Das Grundproblem der Unsicherheit in der Diagnose bildet über die Epochen hinweg den Kern der professionellen Autonomie, die durch wissenschaftliche Autorität abgesichert wird. Die Gestaltung der nachfolgenden Behandlungsschritte hingegen entzieht sich zunehmend der professionellen Kontrolle. Waren dies ehemals die durch Expertise ausgebildeten Behandlungsroutinen der Ärzte selbst, so finden sich heutzutage durch klinische Forschung hervorgebrachte Standardverfahren oder Diagnostic Related Groups (DRG) adaptierte Behandlungspfade für einzelne Krankenhausstationen. Dieser administrativen Optimierungslogik wird nicht zuletzt noch die Forderung nach einer patientenorientierten Versorgung hinzugefügt, was die ärztliche Behandlungsfreiheit ebenfalls bedroht.

2.3 Die Wiedergeburt des Individuums – Zwischen Compliance und Partizipation

Neben den Fragen der Kontrolle und Macht im Gesundheitswesen bleibt zu schauen, wie sich die Identitäten der zentralen Akteure, Arzt und Patient, über die Zeit wandeln. Die wohlhabenden Patienten des ausgehenden 18. Jahrhunderts waren dem Privatarzt

5 Eliot Freidson (1970, 1975) hat die widerstreitenden Modi sozialer Kontrolle als Kernproblem eines organisierten Gesundheitswesens thematisiert. Die tief liegenden Wurzeln des Problems sind daher auch schon seit Längerem Anlass zur Diskussion. So wird beispielsweise in der Zeitschrift »Der Krankenhausarzt« zum Auftakt des ersten deutschen Krankenhaustages 1958 in Köln sowohl für die ambulante wie auch für die stationäre Behandlung herausgestellt: »Die Brücke des erforderlichen gegenseitigen Vertrauens zwischen dem Arzt und seinem Kranken stellt allein die *ärztliche Persönlichkeit* her, nach welcher der Kranke von heute mehr denn je sich sehnen muß!« (Raftopoulo 1958, S. 98). Im nächsten Abschnitt fordert der Autor dann mit Blick auf das Gesundheitswesen: »Von der Neuordnung der Sozialversicherung in Deutschland erwartet auch das Krankenhauswesen eine völlige politische Entflechtung und die Möglichkeit freier Entwicklung nach den Gesetzen der tatsächlichen Morbidität und der wandelnden Struktur des Volkes in sozialer wie in soziologischer Hinsicht«.

6 Siehe zum Berufsmodell der medizinischen Experten-Dienstleistung auch Goffman (1973, S. 305 ff.).

durchaus ebenbürtige Klienten und die Ärzte definierten die Behandlung am Krankenbett im Rahmen eines Hausbesuchs als ihre zentrale Aufgabe. Erst die anonyme Behandlung im Krankenhaus schuf die Asymmetrie zwischen dem aktiv behandelnden Arzt und dem passiv die Behandlung erduldenden Patienten. Das Verhältnis von Arzt und Patient war dominiert vom »Halbgott in Weiß«, der wiederum eingebunden war in das ihn umgebende Gesundheitswesen. Über 100 Jahre wurde dieses Modell kaum in Frage gestellt. Erst nach dem Zweiten Weltkrieg wurde dem Patienten eine aktivere Rolle zugestanden, nicht zuletzt auch als Folge der in den Nürnberger Ärzteprozessen aufgearbeiteten Menschenversuche. Nun erst wurde das Prinzip des »informed consent«, also der Einwilligung des formell aufgeklärten Patienten in die Behandlung, zum juristischen Standard. Entgegen der kollektivistischen Vorstellung bekam der Patient jetzt individuelle Rechte. Formalrechtlich war der Patient nun selbst entscheidungsfähig, mit Blick auf die asymmetrische Rollengestaltung in der Praxis jedoch *de facto* in der Regel weiterhin vom Arzt abhängig.

In Form der vom Patienten geforderten Folgsamkeit (oft formuliert als »compliance«) wird das kooperative Verhalten von Patienten als Teil der Arzt-Patienten-Beziehung zwar aufgenommen, aber hier handelt es sich vom Grundsatz her um eine wenig selbstbestimmte Form der Kooperation. Vielmehr soll der Patient treu den Behandlungsrichtlinien und Therapievorschlägen folgen. Dass sich eine Vielzahl von Patienten nur in seltenen Fällen genau an die ärztlichen Vorgaben hält, ist ebenso ein bekanntes wie problematisches Phänomen im Gesundheitswesen (vgl. dazu auch den Beitrag von *Barbara Erbe, Christel Lauer* und *Sigrid Lange* in diesem Band). Nicht selten wird die ungenügende Therapietreue von Seiten der Ärzte mit Blick auf entstehende Gesundheitsschäden und steigende Kosten angeprangert (Deutsches Ärzteblatt vom 11.03.2005, S. A-704). In solch einem Verständnis sieht sich der aufrichtige Arzt dem verschlagenen Patienten gegenüber, bei dem der Erstere den Letzteren durch geschulte Gesprächsführung zur Einhaltung der Therapiemaßnahmen zu bewegen versucht. Auch wenn in diesem Zusammenhang gerne vom Behandlungsteam und von kooperativen Beziehungen zwischen Arzt und Patient gesprochen wird, so bildet ein auf professioneller Autonomie und vormundschaftliche Kontrolle basierendes asymmetrisches Verständnis von Arzt und Patient oftmals den Kern der Forderung nach mehr Compliance.

Ursprünglich durch die Bürgerrechtsbewegungen der 1960er-Jahre formuliert, durch die liberale Politik einer individualisierten Gesellschaft aufgegriffen und unter ökonomischen Gesichtspunkten als »Kundenfreundlichkeit« reformuliert, wurden seit den 1970ern stärker kooperative Modelle eingefordert. Formate wie etwa das »shared descision making« (SDM) oder »evidence-based patient choice« können als medizinale Äquivalente eines allgemeinen Partizipationstrends in den westlichen Industrienationen gesehen werden, die den Patienten nun mehr Kompetenz und Wahlfreiheit zuschreiben (Edwards/Elwyn 2001; Scheibler 2004).

Die Kombination aus Selbsthilfegruppen, frei im Internet verfügbaren Informationen, essayistischen Aufarbeitungen medizinischer Fragen durch die Medien, öffentlichen Rankings etc. führt zu Situationen, in denen sich Patienten und Ärzte vermehrt nicht nur juristisch oder ideell, sondern auch de facto wieder als ernst zu nehmende

Gesprächspartner gegenübertreten können. Für den professionalisierten Arzt, wie für jeden Experten, dessen Status hauptsächlich durch den Zugang zu einem exklusiven Wissensgebiet geregelt ist, birgt dies durchaus schwierige Aspekte. Zum einen wird das Alltagswissen und Empfinden der Laien gegenüber der wissenschaftlichen Erkenntnis des Arztes aufgewertet, zum anderen muss der Arzt mehr auf sein Gegenüber als Individuum eingehen und kann dieses nicht mehr als anonymen Krankheitsträger verallgemeinernd behandeln. Die *Interaktion* kommt wieder mit ins Spiel.[7] Der Behandlungsprozess wird hierdurch vor allem komplizierter, denn der informierte, kompetente und selbstsichere Patient gestattet es weniger leicht, die ärztlichen Interessen als Interessen des Patienten erscheinen zu lassen (Maynard 1992).

3 Organisierte Krankenbehandlung in Netzwerken

Sind Behandlungsnetzwerke ein nächster Schritt in der Ökonomisierung aber auch der Politisierung von Krankheit? Stärken oder schwächen sie die Autonomie von Ärzten oder Patienten? Vor dem Hintergrund der zuvor genannten Problemfelder müssen diese Fragen aus der Verflechtung von Politik, Recht, Ökonomie, Technik, Medizin und Gesellschaft beantwortet werden. Dabei ist für die aktuelle Diskussion vor allem interessant, inwieweit Behandlungsnetzwerke in diese Prozesse eingreifen.

Wenn wir den Blick auf die jüngere Geschichte der Gesundheitsversorgung lenken, dann fallen neben der Patientenemanzipation vier weitere Bewegungen auf, die unter den Stichworten »Ökonomisierung«, »Rationalisierung«, »Effizienz« und »Vernetzung« verhandelt werden. Mit Blick auf die Austarierung der Balance von medizinischer Profession, Patienteninteressen und bürokratischer Organisation sind auch hier wieder einige Verschiebungen festzustellen. So sehen etwa Scott et al. (2000) mit Blick auf die Verhältnisse in den USA einen Übergang von einer Periode, in der gleiche Zugangschancen zum Gesundheitswesen staatlich hergestellt wurden, zu den aktuellen Formen effizienzgeleiteter Modelle, die markt- und betriebswirtschaftliche Kontrollmechanismen integrieren (Covaleski et al. 1993). In Deutschland wurde diese Diskussion spätestens mit der Einführung der DRGs aktuell, jenem Abrechnungsinstrument, das in Verbindung mit einem computergestützten Controlling erlaubt, medizinische Dienstleistungen als Waren in Rechnung zu stellen. Bevor wir auf diese Instrumente sowie deren gesellschaftliche Einbettung und Konsequenzen ausführlicher eingehen werden, ist neben der privatärztlichen Praxis und dem bürokratischen Krankenhaus zunächst

7 Hier sei nur noch angemerkt, dass auch der SDM-Diskurs darauf hinweist, dass es keine Patentrezepte für die Arzt-Patient-Beziehung gibt. Manche Patienten wünschen eine rein biomechanische Reparatur ihres Körpers durch den Experten, ohne selbst in den Prozess der Entscheidungsfindung eingebunden sein zu wollen, während andere gerne mehr Beteiligung wünschen. Die Unterschiede können je nach sozialer Lage und Krankheitsbild recht deutlich sein.

das *Netzwerk* als aktuell intensiv diskutierte Organisationsform der Krankenbehandlung ausführlicher vorzustellen.

3.1 Soziologische Netzwerkbetrachtung der organisierten Krankenversorgung

Aus organisationssoziologischer Perspektive sind Netzwerke eine dritte Form der Steuerung, die anderen Koordinationsmechanismen folgt als die Organisation oder der Markt (Powell 1990). Kennzeichnend für Netzwerke sind Muster wechselseitigen Austausches zwischen Organisationen oder Einzelpersonen, die längerfristigen Bestand haben als die punktuellen Tauschkontakte isolierter Marktteilnehmer,[8] jedoch flexibler sind als die rigiden Dienstwege von bürokratischen Organisationen. Netzwerke scheinen demnach in gewisser Weise einen »Dritter Weg« neben denen des Marktes und der Bürokratie darzustellen. Gewendet auf das Gesundheitssystem bedeutet dies eine Abkehr von der bisher vorherrschenden Koordinationsform der bürokratisch-hierarchischen Organisation (des integrierten Krankenhauses), was aber nicht direkt zu einer Verkehrung ins Gegenteil der marktförmigen Koordination – im Sinne von Patienten als Kunden – führen muss. Indem sie die Stärken ohne die Schwächen kombiniert, bietet die netzwerkförmige Koordination anscheinend ein auf die Bedürfnisse von Ärzten und Patienten besser angepasstes Modell – und die steigende Anzahl von Klinikverbünden und Praxisnetzen erscheint wie eine empirische Bestätigung dieses Befundes. Jedoch sind Netzwerke kein Allheilmittel und wir wollen nun zuerst einmal ihren Besonderheiten mit Blick auf die medizinische Versorgung nachgehen.

Für den Bereich der Ökonomie hat Powell drei zentrale Komponenten von Netzwerken herausgearbeitet (ebd., S. 323 ff.): das *Know-how*, das *Erfordernis der Schnelligkeit* und das *Vertrauen*. Speziell in wissensintensiven Bereichen spielt das *Know-how* der Beschäftigten eine besondere Rolle, das – und dies ist wichtig – immer auch eine Form des impliziten Wissens (Polanyi 1983) darstellt. Das Know-how von Experten basiert auf jahrelanger Ausbildung, Training und Erfahrung, es ist personengebunden und lässt sich schlecht systematisieren (vgl. dazu die Diskussion um Expertensysteme bei Rammert et al. 1998). Im Unterschied zu den Organisationsabteilungen in der Ökonomie kann der Arzt allerdings prinzipiell, und dies war, wie wir gesehen haben früher üblich, relativ problemlos als eigenmächtiger und eigenständiger Akteur agieren (vgl. Freidson 1988, S. 87 ff.). Ebenso hat der Arzt direkten Kontakt mit seinem »Klienten«, der von ihm eine schnelle und sichere Heilung erwartet. Mit Blick auf die Frage des Wissenstransfers erscheinen Netzwerke für die hochgradig arbeitsteilige Medizin zugleich als Problem wie auch als Lösungsangebot. Insbesondere die hochtechnisierte Medizin wirft, wie etwa Badura und Feuerstein (1994, S. 211 ff.) herausgearbeitet haben, eine Schnittstellenproblematik auf, die auf formaler Ebene zu einer (Des-)Integration der

8 Ob sich diese neo-klassische Idealvorstellung des Marktes soziologisch durchhalten lässt, ist allerdings stark zu bezweifeln (vgl. u. a. Burt 1983; Callon 1986; Abolafia 1996; White 2002).

medizinischen Handlungsstrukturen sowohl im Krankenhaus selbst als auch zwischen verschiedenen Einrichtungen führt. Die hiermit entstehenden Unsicherheiten können oftmals nicht mehr durch bürokratische Organisation, sondern nur über persönliche Netzwerke der beteiligten Wissensagenten bewältigt werden, in denen Experten wissen, auf welche Weise sie sich auf andere Experten verlassen können.[9]

Die zweite von Powell angeführte zentrale Komponente von Netzwerken in der Ökonomie ist die *Anforderung der Schnelligkeit* der Anpassung an eine zunehmend dynamische Umwelt. Ärzte sind heute mit einer doppelten Dynamik konfrontiert. Auf der einen Seite wandeln sich die Abrechnungsmodalitäten und juristischen Rahmenbedingungen, auf der anderen Seite die medizinischen Wissensbestände und die Wissensbestände der Patienten. Das wissenschaftliche/technische Wissen der Medizin nimmt schon heute Ausmaße an, die kein einzelner Arzt überblicken kann. Mit zunehmend ausgereiften diagnostischen Verfahren werden auch die Krankheitsbilder selbst und ihre Behandlung immer komplexer und schließlich bieten neue Medien wie das Internet den Patienten eine stetig wachsende Ressource, Erkenntnisse über die eigene Krankheit zu gewinnen. Gerade im Angesicht chronischer Krankheiten stößt der praktizierende Mediziner dann schnell an seine Grenzen (Strauss 1979, S. 97 ff.). In der Doppelorientierung der Medizin am administrativen Rahmen und am internen Wissenszuwachs besteht eine höhere Komplexitätslage als in den meisten anderen Feldern der Wirtschaft und vielleicht sind aus diesem Grund Netzwerke in steigendem Maße im Gesundheitswesen zu finden. So schützen Netzwerke die Ärzte beispielsweise auf der einen Seite vor einer freien, marktlichen Arztwahl durch die Patienten, um auf der anderen Seite über genügend Flexibilitätsreserven zu verfügen, mit den Idiosynkrasien problematischer Patienten umgehen zu können.

Last not least weist Powell auf die Rolle des *Vertrauens* in Netzwerken hin. Die Vorbedingungen für Vertrauen seien besonders dann gegeben, wenn die Akteure einen konsensuellen (professionellen) Hintergrund teilen würden, was für Ärztenetzwerke sicherlich anzunehmen ist. Unter dem Schutz der professionellen Autonomie werden Ärzte meist nur von anderen Ärzten kontrolliert und so sollten nach Powell in diesem Bereich besonders häufig Netzwerke anzutreffen sein. Unter dieser Prämisse wäre dann allerdings zu fragen, wer denn genau im Gesundheitswesen mit wem kooperiert und mit wem diese Kooperationspartner im Wettbewerb stehen.

An sich sind Modelle, in denen Ärzte in Form von Netzwerken miteinander kooperieren, nichts Neues. So hat Freidson schon in seinem 1975 erschienenen Buch »Doctoring together« sogenannte »Medical Groups« beschrieben. Ziel einer solchen Gruppe ist es, die sowieso in urbanen Räumen vorhandene Kompetenz und Spezialisierung von Ärzten zu koordinieren, um dem (dazu berechtigten) Patienten eine kostengünstige

9 In diesem Zusammenhang sind auch die neuerlichen Bestrebungen zur Einrichtung von medizinischen Versorgungszentren in der Tradition nicht zuletzt der ostdeutschen Polikliniken im Rahmen der Gesundheitsreform interessant, da in ihnen die Vernetzung unter einem Dach stattfindet.

Behandlung auf hohem Niveau zu verschaffen. Freidson untersucht in seiner Studie unter anderem die Überweisungspraktiken und entdeckt, dass diese nicht allein technischen Notwendigkeiten folgen, sondern »soziale Konventionen und institutionelle Arrangements reflektieren, die zu einer bestimmten Zeit an einem bestimmten Ort durch die Beteiligten ausgehandelt« wurden (ebd., S. 75, Übersetzung C.S.). Die Allgemeinärzte der Gruppe beispielsweise waren nicht nur Gatekeeper oder Rezeptionisten, die die Patienten weitervermittelten, sie sollten darüber hinaus die diversen Behandlungsleistungen interpretieren, koordinieren und managen. Es findet demnach keine bürokratische, sondern eine professionelle Selbstkontrolle der medizinischen Leistung – und das ist hier entscheidend – in Gruppen von Medizinern statt. Schon Freidson erkennt hier folgerichtig, dass die Form der Organisation der Arbeit die Art der Arbeit selbst beeinflusst: Der Arzt verhält sich auf Grundlage des von ihm bewahrten professionellen medizinischen Know-hows und der Eingebundenheit in eine Gruppe von Ärzten anders als der Händler und der Bürokrat. Wir sehen – im Einklang mit Powells These, dass sich netzwerkartige Koordination speziell für besonders wissensintensive Bereiche eignet –, dass die praktische Koordination professioneller wissensbasierter Dienstleistungen weder rein marktlicher noch bürokratischer Kontrolle unterliegt, sondern, wie im Beispiel der Überweisungen, den intern ausgehandelten Verfahren der Ärzte selbst folgt. Die Netzwerkperspektive hebt die Bedeutung der Beziehungszusammenhänge zwischen den Ärzten hervor, gleichzeitig wird deutlich, dass der Kern der ärztlichen Profession, die (erfahrungs-)wissensgebundene Praxis selbst, unabhängig von der jeweiligen Organisationsform der Leistungserbringung professionelle Autonomie behält (vgl. etwa für die Industrie Bauer et al. 2002; Böhle et al. 2002). Allerdings bleibt in Netzwerken die autonome ärztliche Entscheidung nicht unbeobachtet, sondern wird in der integrierten Versorgung während der abgestimmten Behandlung durch die anderen Spezialisten wahrgenommen.

Mit Powell stellt das Netzwerk nun eine eigenständige Form der *Governance* neben Markt und Hierarchie dar. Netzwerke dabei sind eine Organisationsform, die zwar hochflexibel auf Problemlagen reagieren kann, doch sie sind von außen kaum zu kontrollieren (vgl. Sydow/Windeler 2000). Dies liegt daran, dass die sie konstituierenden Identitäten emergente Einheiten darstellen, die, wenn jedoch einmal konstituiert, ihrerseits sowohl versuchen, ihre Netzwerkpartner zu kontrollieren, als auch sich selbst der Kontrolle durch die anderen zu entziehen.[10] Auch die professionelle Kontrolle beinhaltet, wie die bürokratische, eine Form der koordinierenden Planung verschiedener Einzelaktionen auf ein bestimmtes Ziel hin. Die Organisierung medizinischer Dienstleis-

10 Hier ist zu betonen, dass die Bindungen zwischen den Knoten nicht formal, etwa als Zahl von Verknüpfungen, sondern nur semantisch bestimmt werden können. White spricht hier von »stories« (White 1992, S. 65 f.). Ob beispielsweise eine nachsorgende Einrichtung bereit ist, einen Problempatienten von einem kooperierenden Krankenhaus aufzunehmen, hängt aus dieser Perspektive nicht zuletzt davon ab, welche *Geschichten* über ebendiese Einrichtung kursieren.

tungen beinhaltet daher immer ein Moment der Standardisierung, was wiederum dem Kern der professionellen Autonomie widerspricht.

Die schon angesprochene Schnittstellenproblematik (Badura/Feuerstein, 1994, S. 211 ff.) kristallisiert sich in der modernen Gesundheitsversorgung besonders an den technisch-administrativen Kopplungen vernetzter Behandlungsverläufe heraus, wofür die Debatte um die elektronische Gesundheitskarte ein deutliches Zeichen ist. Betrachtet man das Gesundheitswesen dahingehend aus einer Netzwerkperspektive, so zeigt sich, dass die technischen Artefakte, allen voran die *Patientenakte*, keine neutrale Rolle in der Koordination von Gesundheitsdienstleistungen haben (vgl. zur Patientenakte Garfinkel 1967, S. 186 ff.; Freidson 1975, S. 167 ff.; Berg 1996; Berg/Bowker 1997; Heath/Luff 2000).[11] Sie sind Medien der Kommunikation und der Informationsspeicherung, in denen bestimmte Vorstellungen und Konzeptionen als technisch gehärtete Verfahren eingeschrieben sind (Latour 1992; Joerges/Czarniawska 1998). Ob nun zwischen Arzt und Krankenkasse oder zwischen Arzt und Patient, technische Artefakte prägen die Beziehungen im Netzwerk als Vermittler (Callon 1991, 1992). Ebenso können bestimmte Standards und Formulare auch direkt auf die professionelle Praxis behandelnder Ärzte einwirken, was besonders im Falle der *Evidence Based Medicine* (EBM) zu beobachten ist (Vogd 2002). Betrachtet man Netzwerke im Gesundheitswesen, so muss aus Netzwerkperspektive immer auch die technische Infrastruktur als relevante Kategorie mit einbezogen werden. In diesem Sinne wird im letzten Abschnitt dieses Kapitels mit Blick auf das deutsche Gesundheitswesen zu analysieren sein, wie die aktuellen Tendenzen zur Ökonomisierung, Rationalisierung und Technisierung miteinander verflochten sind.

3.2 Kontrolle, Macht und Identität in vernetzten Behandlungstrajektorien

Im Folgenden gehen wir darauf ein, wie sich *Behandlungstrajektorien* (s. Strauss 1993, S. 52 ff.) aus einer Netzwerkperspektive allgemein verändern. Dazu werden wir die im zweiten Abschnitt aufgeworfenen Problembereiche der staatlichen Kontrolle, der professionellen Macht und der Identität von Ärzten und Patienten erneut aufgreifen und um die Thematik der technischen Infrastruktur von Behandlungsnetzwerken erweitern.

Die von verschiedener Seite gestellte Diagnose vom Übergang zur Netzwerkgesellschaft suggeriert, dass qualitative Veränderungen identifizierbar sind, die für einen veränderten – eben mehr netzwerkförmigen – Bearbeitungsmodus organisationaler Kontingenzen sprechen. Castells (2003) wie auch Baecker (2007) sehen den Computer

11 Als aktuelle Studie ist hier die Arbeit von Alexandra Manzei zur technisierten Medizin zu nennen. Vor dem Hintergrund der Einführung von DRGs und EBM untersucht sie die Dokumentationspraxis auf bundesdeutschen Intensivstationen, wobei etwa die erfahrenen Ärzte die Protokolle der Neulinge oft nachbearbeiten denn, so das Zitat einer Oberärztin: »Die dokumentieren sich sonst in Teufels Küche«.

als das Medium, das die vermuteten Veränderungen möglich wie auch notwendig werden lassen. Rechenmaschinen, die zum einen selbst Knotenpunkte der Informationsproduktion darstellen (als »Mitrechner«) und zum anderen in Echtzeit Informationen zwischen einander entfernten räumlichen Knotenpunkten austauschen lassen, führen, so die Argumentation, zu einer gewaltigen Explosion verfügbarer Informationen und den hiermit verbundenen Kontrollmöglichkeiten und Abwehrstrategien (vgl. Zuboff 1988; Ortmann et al. 1990). Beispielsweise sind nun Datenbanken medizinischen Wissens, Rankings der beliebtesten Krankenhäuser sowie die Diskurse der Selbsthilfegruppen potenziell von jedem im Internet abrufbar und dies mag den einen oder anderen Patienten als aktiven Mitspieler im Behandlungsnetzwerk stärken und möglicherweise zur sanften Neu-Adjustierung der Arzt-Patient-Beziehung führen. Ebenso sind die neueren Formen des Qualitätsmanagements wie auch die Implementierung der EBM nur auf Basis von Datenbanksystemen möglich. Weiterhin ermöglichen erst die neuen Accounting-Technologien die Einführung von Marktelementen in Organisationen, die sich hiermit tendenziell von einer bürokratischen Organisation in Richtung eines Netzwerks wandeln, in dem Akteure situativ, leistungsbezogen und nun auch abrechnungstechnisch um sich wandelnde Problemkonstellationen und Behandlungstrajektorien gruppiert werden können.

Gleichermaßen sind nun auch zwischen Krankenkassen und Leistungsanbietern problembezogene Arrangements verhandelbar. Man denke hier etwa an die Idee der Disease-Management-Programme, in denen einzelne Kassen mit unterschiedlichen Akteurgruppen spezifische Behandlungsprogramme zu verwirklichen suchen. An dieser Stelle sind einige Bemerkungen zur Effizienz und Rationalität solcher Arrangements nötig. Auf einer eher grundlagentheoretischen Ebene ist zu betonen, dass die Parameter, welche das Controlling jeweils zum Vergleich heranzieht, keine Rationalität an sich darstellen. Der Computer rechnet zwar korrekt mit Daten, doch die Datenselektion selbst ist kontingent und nicht durch eine per se gegebene Rationalität gedeckt. Auch hier sehen wir wieder die von Mintzberg (1991, S. 183 ff.) hervorgehobene Differenz zwischen Verwaltungseinheiten und den Einheiten, die auf medizinischem Wissen basieren. Dass Krankenhausabteilungen ihre Performance auf Basis von Liegezeiten als Verwaltungsgrößen vergleichen, heißt dabei nicht, dass längere Liegezeiten in jedem Fall gegenüber kürzeren ökonomisch von Nachteil sein müssen. Denkbar wäre beispielsweise auch, dass die für die Beschleunigung notwendige Ausdehnung medizinischer Größen, wie etwa diagnostische Prozeduren, den Prozess insgesamt teurer werden lässt (vgl. Bodenheimer 2005; s. Vogd 2006, S. 272 f.). Jedes Controlling hat das Problem, dass es selbst unter dem Blickwinkel reiner ökonomischer Funktionalität über keine objektiven Kriterien verfügt, wie man Daten produziert, selektiert, aggregiert, in Bezug auf die Zeitdimension verrechnet und nicht zuletzt bewerten kann (Lavoie 1987; Boland 1989; Baecker 1992).

Ökonomische Steuerungsprozesse sind zwar entsprechend der konventionellen Beschreibung weiterhin als ein sich Abarbeiten an der Differenz von »ist« und »soll« zu verstehen, doch diese Prozesse hängen davon ab, dass *bestimmte* Daten mit anderen *ausgewählten* Daten verglichen werden, um dann in einer *festgelegten* Rechenprozedur neue Daten zu erzeugen. Ökonomisches Controlling erzeugt auf diese Weise auf der einen Seite eine Faktizität, denn die produzierten Daten haben allein schon aufgrund der »Kraft des Faktischen« eine Orientierungsfunktion – andere Daten als diese gibt es nicht –, um weitere Überlegungen und Bewertungen anschließen zu können. Über die Institutionalisierung EDV-basierter Lösungen werden dann bestimmte Pfade der Datengenerierung und -verteilung auf Dauer gestellt.

Aus netzwerktheoretischer Sicht ist nicht per se mit einer höheren ökonomischen Rationalität zu rechnen. Vielmehr ist hier festzustellen, dass mit den neuen Technologien auf der einen Seite erst die ökonomische Zurichtung des Krankenhauses möglich wird, um dann auf der anderen Seite als Reaktion mit ökonomischen Kontrollversuchen der unterschiedlichen Netzwerkpartner rechnen zu können. Das ökonomische Spiel wird gleichsam gestartet, ohne jedoch von vornherein wissen zu können, wer die Gewinner und wer die Verlierer sind. Auch hier lohnt wieder der Blick auf die USA als dem diesbezüglich wohl dynamischsten Gesundheitssystem. Dass in den USA an die 31 % der Kosten einer stationären Behandlung für Verwaltungsaufgaben anfallen (gegenüber 16,7 % in Kanada), hat wohl seine Ursache auch in den immens gestiegenen Ansprüchen an Kontrolle und Gegenkontrolle durch die wirtschaftlichen Akteure, die mit der betriebswirtschaftlichen Zurichtung des Krankenhauses erst entstanden sind (Himmelstein et al. 1996; Woolhandler et al. 2003). Auch in ökonomischer Hinsicht werden die Dinge nun komplex, was ihrerseits wieder netzwerkförmige Bearbeitungsformen nahelegt.

In unserem Zusammenhang ist abschließend etwas ausführlicher auf das gesundheitsökonomische Steuerungsinstrument der DRGs einzugehen, jenem Instrument der Leistungserfassung und Abrechnung, das zunehmend den medizinischen Arbeitsalltag mitbestimmen wird.

Innerhalb der Betriebswirtschaftslehre bestand – im Prinzip schon seit den 1920er-Jahren – ein Streit darüber, ob man Medizin überhaupt im Sinne von Waren fassen könne (Samuel et al. 2005). Auch die Ökonomen, welche grundsätzlich von einem Warencharakter der Medizin ausgingen, hatten das Problem, dass sie praktisch nicht wussten, wie sich alltagspraktisch Gesundheitsdienstleistungen in einer sinnvollen Weise bilanzieren ließen. Verwaltungsgrößen wie bezahlte Liegezeiten oder spezifische Behandlungsprozeduren eignen sich nicht als Messgrößen zur Bestimmung des Wertes von Waren im Sinne von Gesundheitsdienstleistungen. Trotz der prinzipiellen Grenzen, die sich aus der Integration von individuellen Kunden in den organisierten Dienstleistungserstellungsprozess bei der Krankenbehandlung ergeben, hat es doch immer wieder Versuche einer Objektivierung der Beurteilung von Gesundheitsdienstleistungen gegeben. Nicht erst seit Ivan Illichs (1995) »Nemesis der Medizin« ist bekannt, dass Medizin auch paradoxe Effekte haben kann. In diesem Sinne entwickelte Robert Fetter an der Yale University dann auch in den 1970er-Jahren das System der DRGs als Instrument der Qualitätssicherung gerade *nicht* aus einer betriebswirtschaftlichen Perspektive (Fetter et al. 1991). Aus der Ingenieursperspektive bestand das Ziel dieses Vergleichsinstruments vor allem darin, die Prozessqualität eines Krankenhauses zu beurteilen und verbessern zu können. Fetters Lösungsansatz bestand darin, ein statistisches Konstrukt zu bilden, beispielsweise alle Gallenoperationen zu einer Gruppe zusammenzufassen, um nun die Summe der Behandlungsfälle einer jeweiligen Gruppe durch die Summen bestimmter Ergebnisparameter teilen zu können – etwa der Zahl von postoperativen Blutungen. Mit den auf diesem Wege errechneten Mittelwerten lag nun ein Instrument in der Hand, verschiedene Krankenhäuser einem Vergleich unterziehen zu können, um dann bei signifikanten Unterschieden nachzuschauen, was auf der Prozessebene den entscheidenden Unterschied macht. Ursprünglich waren die DRGs also als Mittel zum Qualitätsmanagement und noch nicht als Abrechnungsinstrument gedacht.

Die Gesundheitsökonomie, die bislang nur theoretisch darüber spekulieren konnte, ob Gesundheitsdienstleistungen eine Ware seien, konnte die DRG-Technologie jedoch nun als Medium nutzen, eine neue Klasse von Waren zu erfinden. Der Warencharakter der nun entstehenden Produkte entstand jedoch – dies ist wichtig für unser Verständnis – nicht durch die Medizin, sondern durch die Politik, die erst über das Recht das Produkt DRG geschaffen hatte:

»Erst indem die von den Ingenieuren zu einem anderen Zweck entwickelten DRGs durch den Gesetzgeber ein Preis angeheftet wurde, konnte sich die medizinische Praxis in ein betriebswirtschaftlich messbares Produkt verwandeln. Erst das Gesetz hat also ein Produkt, für das es noch keinen Markt gab, mit einem Markt verbunden, welcher noch kein Produkt hatte. Der nun legalisierte Markt mit den DRGs hat nun eine schillernde Revolution in der Health Care Finanzierung geschaffen, welches das Gesundheitssystem gleich einer Feuersbrunst überrannt hat. Die DRGs führten zum Wachstum und zur Stärkung einer Reihe anderer Innovationen, wie krankenhausspezifischer Verträge und Zusatzversicherungen, und spezieller Organisationen, welche ihren Service nun auf dem Markt anbieten können.« […] »Das ursprüngliche Ziel, die Gesundheitsausgaben zu reduzieren, wurde nicht erreicht. […]. Auch wenn die DRGs bislang weder zu einer Kostensenkung noch zu einem unmittelbaren Durchgriff auf die Praxis der medizinischen Entscheidungsfindung geführt haben, zeigt sich doch ein symbolischer Gewinn für die Protagonisten der Liberalisierung der Gesundheitsmärkte« (Samuel et al. 2005; Übersetzung W.V.).

Die Verschachtelung von Ökonomie und Politik führt hier zu den rechtlichen Konstrukten der DRGs, die nun als Preiseinheit in Bezug auf eine Gesundheitsdienstleistung fungieren und entsprechend kompetitiv auf dem Markt gehandelt werden, *ohne* dabei jedoch unmittelbar auf Medizin durchgreifen zu können. Um es hier netzwerktheoretisch zu wenden: Das DRG-System, sobald einmal als technisches Medium ökonomisch rechtlicher Prozesse implementiert, fungiert nun seinerseits als unterbestimmter Teil eines Netzwerks, um das sich weitere Prozesse organisieren können (vgl. Timmermans/Berg 2002). DRGs stellen in diesem Sinne »leaky black boxes« dar, eben diese »knowledge objects« (Lowe 2001), um die hierum sich Netzwerke aus Anbietern, Leistungsnehmern und Leistungsfinanzierern gestalten, die ihrerseits komplizierte Arrangements entfalten, Kooperationen aufbauen, Lasten zu Ungunsten anderer verschieben und Durchgriffe von anderen Institutionen auf die eigenen Prozesse abwehren.

Während das alte Krankenhaus – wenngleich als inoffizielle gesellschaftliche Funktion – nicht nur Diagnose, Isolation und Therapie, sondern auch die sozialen Indikationen Pflege, Sterbebegleitung zu leisten hatte, verteilen sich diese Aufgaben nun in Behandlungsnetzwerken, die aus unterschiedlichen Organisationen und Einzelakteuren gebildet werden (s. für die diesbezüglich weiter ausdifferenzierten Verhältnisse in den USA Scott et al. 2000). Die Krankenhäuser werden zwar weiterhin allein schon aus technischen und administrativen Gründen ein Zentrum der Krankenbehandlung darstellen, bilden aber nun nicht mehr unbedingt eine organisatorische Einheit, die den Behandlungsprozess als Ganzes integriert. Letztere erscheint nun institutionell zergliedert (etwa indem dann vorbereitende Diagnostik, Akutbehandlung, nachsorgende Pflege und palliativ gelindertes Sterben jeweils von verschiedenen institutionellen Trägern übernommen werden oder Belegärzte die Infrastruktur des Krankenhauses anmieten).

Entgegen dem gesundheitsökonomischen Common Sense lässt sich die Gesundheitsökonomie durch das DRG-System nicht kontrollieren (vgl. Power 1997). Vielmehr stellen die DRGs ein Medium dar, an dem nun unterschiedliche Akteure netzwerkartig zusammenfinden, um sowohl zu versuchen, wechselseitig Kontrolle auszuüben, als auch jeweils ihre eigene Identität eben diesen Kontrollversuchen entgegensetzen zu können. So mögen die Ärzte dann das DRG-System ausbeuten lernen, um weiter ihre teure Medizin zu betreiben, um hierdurch wieder ihre eigene professionelle Identität in neuer Form rekonsolidieren zu können (vgl. Vogd 2006). So mag das Krankenhausmanagement lernen, Profite zu steigern, indem Folgelasten an ambulante Einrichtungen ausgegliedert werden, während die Krankenkassen beginnen, ihrerseits Kontrollen durchzuführen, die jedoch nicht die Praxis, sondern nur die Dokumentation der Praxis treffen können. Die ärztlichen Interessenverbände wiederum beginnen zu begreifen, DRGs als Instrument zu nutzen, an denen sich Forderungen nach Leistungsausweitung anschließen lassen. Und die Pflegekräfte beginnen zu ahnen, dass man sich einer betriebswirtschaftlichen Zurichtung nicht in jedem Fall erwehren sollte, da Leistungserfassungssysteme auch genutzt werden können, um die eigene Stellung im Kampf gegen Ärzte und Verwaltung zu stärken.

In gesundheitlichen Versorgungsnetzwerken könnten sich die sozialen Kompetenzen der beteiligten Akteure, etwa der Ärzte, dann nicht mehr darauf beschränken, damit umgehen zu können, was im Treffraum ihrer Organisation der Fall ist. Es würde nicht mehr ausreichen, einen praktischen Sinn für die Relevanzen, Machtspiele, Wissensstrukturen in ihrer Organisation zu gewinnen. Vielmehr ginge es auch darum, in Netzwerken zurechtzukommen, also mit Kontrollversuchen von außen umzugehen und umgekehrt auf die Partner des Netzwerkes Kontrolle auszuüben. Gleiches gilt nun für Patienten und ihre Angehörigen, die sich nun nicht mehr auf Sicherheiten verlassen können (auch wenn diese nur in verlässlichen hierarchischen Beziehungen bestand), sondern sich selbst als aktiver Teil eines Behandlungsnetzwerkes und der hiermit verbundenen Aushandlungsprozesse zu verstehen haben. Die Entkoppelung findet nun nicht nur – wie von den Neo-Institutionalisten beschrieben (Meyer/Rowan 1977) – zwischen den einzelnen Sphären innerhalb einer Organisation statt, sondern geschieht in einem Netzwerk verteilter, jeweils autonom entscheidender Organisationen, wobei die DRG-Technologie wesentlich Anteil an der Vermittlung dieser Prozesse hat.

Die durch die DRGs und die ihnen nachfolgenden Controlling-Instrumente hervorgebrachte betriebswirtschaftliche Zurichtung erzeugt vor allem eins: höhere ökonomische Komplexitätslagen, die – wenn man netzwerktheoretischen Überlegungen folgt – nicht mehr (nur) durch formale Organisation bewältigt werden können. Vielmehr stimulieren die neuen Anforderungen Netzwerkcharakteristika, d. h. Behandlungschancen, Finanzierungsoptionen und die Frage welcher (Kooperations-)Partner welches Risiko zu tragen bereit ist. Denn diese Charakteristiken stehen nun nicht mehr *per definitionem* fest, sondern sind situativ auszuhandeln. Ob man beispielsweise einer kooperierenden Einrichtung einen Problempatienten zumuten kann, hängt dann etwa auch davon ab, welches Verhältnis man zu diesem Patienten hat, zu Mitarbeitern eben dieser Einrichtung und dem, was man sich von dieser und diesem selbst zumuten lässt. Genau in diesem Sinne erscheint der andere dann als eigenständige Identität, die nämlich nicht per Anordnung alles mit sich machen lässt, sondern einem Arrangement nur zustimmt, wenn er seinerseits den Prozess zu kontrollieren glaubt. Gerade die hiermit verbundene Flexibilität erlaubt es weiterhin, den ethisch komplexen Sachlagen medizinischer Entscheidungsprozesse gerecht zu werden, welche unter den heutigen Verhältnissen nicht nur unsichere Wissenslagen, sondern auch die flüssigen Finanzierungsmodi und hochgradig individualisierte Patienten zu berücksichtigen haben. Freidson (2001) kam in seinen letzten Analysen zu dem Schluss, dass moderne Medizin gleichzeitig den Ökonomismus, Professionalismus und den Bürokratismus auf die Spitze treiben wird. Wir stimmen dieser Diagnose zu, gehen aber mit Blick auf unsere Analysen noch einen Schritt weiter und stellen fest, dass die hierdurch entstehenden Komplexitätslagen darüber hinaus zum einen netzwerkförmige Organisationsformen prominent werden lassen. Zum anderen ist zu erwarten, dass das Individuum in seinen Idiosynkrasien über formale Rollenbeschreibungen hinaus an Bedeutung gewinnt – denn Netzwerke operieren auf Basis der Identitäten, die sie selbst erzeugt haben.

4 Fazit: Vernetzte Behandlungstrajektorien – Problem und Lösung zugleich

Die Argumentationslinie der vorangegangenen Ausführungen zeichnet die Krankenbehandlung *zugleich* als einen wirtschaftlichen, professionell wie auch politisch beeinflussten Prozess, der seine Dynamik sowohl über Interaktion, bürokratische als auch über netzwerkförmige Koordinationsformen gewinnt. Der geschichtliche Blick hat gezeigt, dass je nach historisch-gesellschaftlichem Kontext andere Organisationsformen prominent werden, die grundlegenden Konfliktfelder aber bestehen bleiben: Professionelle Eigendynamik, Ansprüche nach staatlicher Steuerung, Verteilungsgerechtigkeit, Berücksichtigung der Patientenindividualität und betriebs- bzw. volkswirtschaftliche Effizienz stellen durchgängig ein konfliktreiches Feld dar. Betrachten wir dazu die gesundheitlichen Herausforderungen des angehenden Jahrhunderts (chronische Erkrankungen, alternde Gesellschaften und Zivilisationskrankheiten wie Depression und Adipositas), so scheinen die Anforderungen an die Rationalität eines modernen Gesundheitswesens der Quadratur des Kreises zu gleichen:

- Man möchte das Gesundheitsverhalten der Bürger ändern, hat aber ebendiese in ihrer Individualität ernst zu nehmen. Ein totalitärer sozialmedizinischer Durchgriff, wie in den 1920er-Jahren, ist politisch mit guten Gründen nicht mehr durchsetzbar. Der Befund, dass die moderne Medizin nur marginal zu der verlängerten Lebenserwartung industrialisierter Gesellschaften beiträgt (vgl. McKeown 1976) und dass sie vermutlich auch nur zu wenigen Prozent an der Heilung sozial konstituierter Krankheiten beteiligt ist, lässt sich nicht in trivialer Weise im Sinne der WHO-Bemühungen in eine gesündere Nation, Stadt oder Kommune ummünzen, denn dies würde die Veränderung der Form der Gesellschaft einschließen müssen (vgl. Vogd 2005). Dass sich soziale und gesundheitliche Ungleichheit überlagern und die Erstere als Erklärung für Letztere anzusehen ist (vgl. Richter /Hurrelmann 2006), würde für die Steuerungsmöglichkeiten in letzter Instanz bedeuten, die Variablen entweder vollkommen voneinander abzukoppeln (im Sinne einer rein privatwirtschaftlich organisierten Gesundheitsversorgung) oder (im Sinne eines Bürgergeldes) die Gesundheitsversorgung in einer staatlich kontrollierten Daseinsversorgung aufgehen zu lassen.
- Man möchte ein System der integrierten Krankenbehandlung rational und ohne Schnittstellenverluste organisieren, sieht sich dabei aber einer immensen Ausdifferenzierung von Disziplinen, Wissensgebieten und Versorgungsstrukturen gegenüber, deren Einzellogiken kaum mehr überschaubar sind. Die Fragmentierung der ärztlichen Behandlungsleistung wird im Rahmen der Vernetzung weiter vorangetrieben. Hatte der Privatarzt Anfang des 19. Jahrhunderts noch einen privilegierten Zugang zum Patienten, so zeigt sich heute, dass ein Arzt immer nur einer unter vielen ist. Diese Dynamik wird durch die Ausdifferenzierung der medizinischen Wissensbestände und die Spezialisierung der fachärztlichen Zuständigkeiten noch verstärkt. Die computerbasierte Vernetzung allein ist hierfür keine Lösung. Erstens werden die politischen Debatten auf das Terrain der IT-Infrastruktur ausgedehnt, um die jeweiligen Interessen in die Computernetzwerke einzuschreiben. Zweitens werden mit der Etablierung einer neuen Infrastruktur auch immer neue Schnittstellenprobleme geschaffen.
- Man möchte Systemveränderungen, bleibt aber weiterhin vom Lobbyismus der unterschiedlichen (standesärztlichen) Interessengruppen abhängig. So ist mit der Gesundheitsreform von 2000 weder die sektorale Abschottung der Monopolanbieter angerührt, noch die Frage eines anderen Umgangs mit der pharmazeutischen Industrie thematisiert.
- Man möchte die Kostenexplosion der Gesundheitsausgaben in den Griff bekommen, sieht sich aber neuen Koalitionen von Patienten und Ärzten gegenüber (»Ärztestreiks«), die sich gemeinsam einer Rationierung von Leistungen erwehren. Mit dem Ziel, die Kosten zu senken, setzt man auf Konkurrenz der Leistungsanbieter, um hierdurch jedoch Akteure zu schaffen, die nun aus ökonomischen Gründen nach Leistungsausdehnung streben. Das DRG-System hebelt nicht Rohdes medizinsoziologischen Befund aus, dass »das Verhältnis zwischen freier Praxis und Krankenhaus vor allem dann ›stimmt‹, wenn das, was der Krankenkasse berichtet wird, nicht stimmt« (Rohde 1974, S. 451 f.).

Dass die grundlegenden Konflikte der organisierten Krankenbehandlung in Zukunft verschwinden, kann bei einer solch komplexen Verflechtung von Akteuren, Organisationen und Institutionen nicht erwartet werden. Auch mit Blick auf die amerikanischen Verhältnisse ist nicht zu erwarten, dass die derzeit propagierten netzwerkförmigen Lösungen das Gesundheitssystem insgesamt effizient oder einfach nur preiswerter machen werden. Vielmehr sehen wir zuerst nur eine Verschiebung von der Politisierung und Professionalisierung der Medizin im 19. und 20. Jahrhundert hin zur Ökonomisierung und erhöhtem Verwaltungsaufwand, die uns in Form des Accounting und Controlling vermehrt im Gesundheitswesen gegenübertreten.

Aber warum sind Netzwerke derzeit so attraktiv? Die eine Antwort wurde hier mit Powell schon gegeben: Sie erlauben flexible, angepasste Lösungen, was in Anbetracht einer sich zugleich individualisierenden, technisch und wissenschaftlich ausdifferenzierenden und in auch ökonomisch zunehmend diversifizierenden Medizin vielleicht sogar die einzige Form darstellt, um mit den hiermit verbundenen vielfältigen Kontingenzen umgehen zu können, die in der medizinischen Praxis aus der jeweiligen individuellen und gesellschaftlichen Situation von Arzt und Patient heraus entstehen (Parsons 1951, S. 439 ff.). Im Spannungsfeld der Rechte und Pflichten, die mit der Rolle als Patient und Arzt verbunden sind,[12] ermöglichen Netzwerke zudem eine an lokale und situative Aushandlungsprozesse angepasste Vorgehensweise. Mit im Spiel sind hier auch die Krankenkassen, die Arzneimittelhersteller und die Produzenten von Medizingeräten. All diese Parteien haben keinen bzw. nur geringen Anlass nach »Systemveränderung« zu rufen, da der Status Quo ein relativ hohes Maß an Gesundheit und Verdienstmöglichkeiten bietet. Und speziell die Wehklagen der Ärzte und ihrer Standesvertreter verweisen häufiger auf die gute alte Zeit, als dass sie ihre professionelle Autonomie zur Umgestaltung und Neuorientierung der von ihnen selbst verwalteten Bereiche nutzen. Gesundheitsnetzwerke können in diesem Fall – metaphorisch gesprochen – als Fischernetz dienen, um besonders dicke Fische zu fangen und so auch unter den vermeintlichen Vorgaben der Kostensenkung gewinnbringend zu arbeiten.

Die zweite Antwort ist eine Politische: Die derzeitigen Versuche, den solidarischen Versorgungsgedanken zu reformieren, stehen im Kontext einer bestimmten Form von Governance, nämlich der zunächst im angloamerikanischen Raum, dann aber auch in Kontinentaleuropa zunehmend attraktiver erscheinenden Bewegung des New Public Managements (NPM). Diese trat mit dem Reformversprechen an, staatliche Dienstleistungen zu modernisieren, indem gezielt Marktelemente und moderne Managementmethoden bei gleichzeitiger (externer) Qualitätskontrolle eingeführt werden. Sie steht im Kontext einer bestimmten gesellschaftlichen Doktrin, die – so attraktiv und unbe-

12 Der Patient hat aus strukturfunktionalistischer Sicht das Recht, sich aus den normalen Gratifikationszusammenhängen zu lösen und nicht selbst für seine Erkrankung verantwortlich gemacht zu werden. Er ist gleichzeitig dazu verpflichtet, an Heilung interessiert zu sein und kompetente Hilfe zu suchen sowie deren Ratschläge zu befolgen. Der Arzt muss seinerseits auf das Wohlergehen des Patienten achten und sich an die höchstmöglichen Behandlungsstandards halten. Dafür darf er ungestraft den Patientenkörper verletzen.

zweifelbar sie zurzeit erscheint – einer Programmatik folgt, deren gesamtgesellschaftliche Rationalität im strengen wissenschaftlichen Sinne bislang nicht bewiesen und wohl auch nicht beweisbar ist (Power 1997, S. 92).[13]

Worin würde aber nun für die Politik die eigentliche Leistung der unter den aktuellen Begrifflichkeiten diskutierten Veränderungen der Gesundheitsversorgung liegen? Unterhalb der offiziellen Programmatik von Kosteneffizienz und Verteilungsgerechtigkeit erzeugen Netzwerke neue dynamische Lagen, in denen die verschiedenen, in der Regel nicht zu vereinbarenden Ansprüche von Medizin, Ethik, Wirtschaft und Sozialpolitik situativen Arrangements zugeführt werden können. Die eigentliche Leistung des NPMs für das Gesundheitswesen im Allgemeinen und dem System der DRGs im Besonderen läge dann darin, Konflikte zu entpolitisieren, indem sie diese in die dynamischen Beziehungen von Netzwerken verlagern, deren Knotenpunkte ihre Identität durch wechselseitige Kontrollversuche gewinnen.

Die sozialpolitisch brisanten Fragen der Rationierung rücken dabei weitgehend aus dem öffentlichen Blick, da ihre Entscheidung nun auf die in der Regel intransparenten Verhältnisse von Einzelfällen verlegt werden, in denen nun fallspezifisch zu entscheiden ist, wo an Betreuung gespart werden kann und wo zusätzliche Bemühungen angesagt sind. Was wir derzeit sehen, wäre dann – so die Vermutung – vor allem eine Problemverschiebung im Sinne eines »Displacement« (Knudsen 2007). Wenn die vorangegangenen Überlegungen zutreffen, entdecken wir hier mit Blick auf die Selbstbeschreibung von Gesundheitspolitik und Gesundheitsökonomie einen weiteren »modernen Mythos der Medizin« (Saake/Vogd 2007), nämlich den Glauben, dass Rationalisierung ohne Rationierung möglich ist.

Literaturverzeichnis

Abolafia, M.Y. (1996): Making markets. Opportunism and restraint on Wall Street. Cambridge.

Badura, B./Feuerstein, G. (1994): Systemgestaltung im Gesundheitswesen. Zur Versorgungskrise der hochtechnisierten Medizin und den Möglichkeiten ihrer Bewältigung. Weinheim.

Baecker, D. (1992): The writing of accounting. In: Stanford Literatur Review 9, S. 157–158.

Baecker, D. (2007): Studien zur nächsten Gesellschaft. Frankfurt a.M.

Bauer, H.G./Böhle, F./Munz, C./Pfeiffer, S./Woicke, P. (2002): Hightech-Gespür. Erfahrungsgeleitetes Arbeiten und Lernen in hoch technisierten Arbeitsbereichen. Bielefeld.

13 Vielmehr lässt NPM aus organisationssoziologischer Sicht insbesondere zwei Klassen von Folgeproblemen erwarten, die in der Literatur unter den Begriffen *colonization* und *decoupling* diskutiert werden (Power 1997, S. 94 ff.). Im ersten Fall kommt es zu paradoxen Effekten, wenn die ›reformierten‹ Organisationen nun Leistungskriterien folgen, die der Qualität der eigentlichen Dienstleistung widersprechen. Beispielsweise kommt es zur Entwertung des professionellen Kernbereichs zugunsten der Surrogatparameter, die dem Controlling unterliegen. Im zweiten Fall bearbeiten die Zielakteure die vorgegebenen Kriterien im Modus des ›als ob‹. Es entsteht ein zusätzlicher bürokratischer Mehraufwand, der inhaltlich wie auch funktional vom eigentlichen Kerngeschäft abgekoppelt ist.

Berg, M. (1996): Practices of reading and writing: The constitutive role of the medical record in medical work. In: Sociology of Health and Illness 18, S. 499–524.

Berg, M./Bowker, G.C. (1997): The multiple bodies of the medical record. Toward a sociology of an artifact. In: The Sociological Quarterly 38, S. 513–537.

Bodenheimer, T. (2005): High rising health care costs. Part 2: Technology Innovation. In: Annals of Internal Medicine 142, S. 932–937.

Böhle, F./Bolte, A./Drexel, I./Dunkel, W./Pfeiffer, S./Porschen, S. (2002): Umbrüche im gesellschaftlichen Umgang mit Erfahrungswissen. Theoretische Konzepte, empirische Befunde, Perspektiven der Forschung. München.

Boland, R.J. (1989): Beyond the objectivist and subjectivist: Learning to read accounting as text. In: Accounting, Organizations and Society 14, S. 591–604.

Burt, R.S. (1983): Corporate profits and cooptation. Networks of market constraints and directorate ties in the American economy. New York.

Callon, M. (1986): The sociology of an actor-network: The case of the electric vehicle. In: Callon, M./Law, J./Rip, A. (Hrsg.): Mapping the dynamics of science and technology. Sociology of science in the real world. London, S. 19–34.

Callon, M. (1991): Techno-economic networks and irreversibility. In: Law, J. (Hrsg.): A sociology of monsters? Essays on power, technology and domination. London, S. 132–161.

Callon, M. (1992): The dynamics of techno-economic networks. In: Coombs, R./Saviotti, P./Walsh, V. (Hrsg.): Technological change and company strategies. London, S. 72–102.

Castells, M. (2003): Der Aufstieg der Netzwerkgesellschaft. Opladen.

Covaleski, M.A./Dirsmith, M.W./Michelman, J.E. (1993): An institutional theory perspective on the DRG framework, case-mix accounting systems and health-care organizations. In: Accounting, Organizations and Society 18, S. 65–80.

Crozier, M./Friedberg, E. (1979): Macht und Organisation. Die Zwänge kollektiven Handelns. Königstein.

Dross, F. (2004): Krankenhaus und lokale Politik 1770–1950. Das Beispiel Düsseldorf. Essen.

Edwards, A./Elwyn, G. (Hrsg.)(2001): Evidence-based patient choice. Inevitable or impossible? Oxford.

Engels, F. (1972): MEW Band 2. Lage der arbeitenden Klasse in England. Berlin.

Fetter, R.B./Brand, D.A./Gamache, D.E. (1991): DRGs: Their design and development. Ann Arbor.

Foucault, M. (1988): Die Geburt der Klinik. Eine Archäologie des ärztlichen Blicks. Frankfurt a.M.

Fox, R.C. (1957): Training for uncertainty. In: Merton, R.K./Reader, G./Kendall, P.L. (Hrsg.): The student-physician. Introductory studies in the sociology of medical education. Cambridge, S. 207–241.

Freidson, E. (1970): Profession of medicine. A study of the sociology of applied knowledge. New York.

Freidson, E. (1975): Doctoring together. A study of professional social control. New York.

Freidson, E. (1986): Professional powers. A study of the institutionalization of formal knowledge. Chicago.

Freidson, E. (1988): Profession of medicine. A study of the sociology of applied knowledge. Chicago.

Freidson, E. (2001): Professionalism. The third logic. Cambridge, Mass.

Garfinkel, H. (1967): Studies in ethnomethodology. Englewood Cliffs.

Goffman, E. (1973): Asyle. Über die soziale Situation psychiatrischer Patienten und anderer Insassen. Frankfurt a.M.

Hafferty, F.W./Mckinlay, J.B. (Hrsg.)(1993): The changing medical profession. An international perspective. New York.

Hasenfeld, Y. (1992): The nature of human service organisations. In: Hasenfeld, Y. (Hrsg.): Human services as complex organizations. Newbury Park, S. 3–23.

Heath, C./Luff, P. (2000): Documents and professional practice: ‚Bad' organisational reasons for ‚good' clinical records. In: Heath, C./Luff, P. (Hrsg.): Technology in action. Cambridge, S. 31–60.
Himmelstein, D.U./Lewontin, J.P./Woolhandler, S. (1996): Who administers? Who cares? Medical administrative and clinical employment in the United States and Canada. In: American Journal of Public Health 86, S. 172–178.
Illich, I. (1995): Die Nemesis der Medizin. Die Kritik der Medikalisierung des Lebens. 4. Aufl. München.
Joerges, B./Czarniawska, B. (1998): The question of technology, or how organizations inscribe the world. In: Organization Studies 19, S. 363–385.
Knudsen, M. (2007): Structural couplings between organisations and function systems – Looking at standards in health care. In: Cybernetics and Human Knowing 14 (2), S. 111–131.
Labisch, A./Spree, R. (Hrsg.)(2001): Krankenhaus-Report 19. Jahrhundert. Krankenhausträger, Krankenhausfinanzierung, Krankenhauspatienten. Frankfurt a.M.
Lachmund, J. (1997): Der abgehorchte Körper. Zur historischen Soziologie der medizinischen Untersuchung. Opladen.
Latour, B. (1992): Where are the missing masses? Sociology of a few mundane artefacts. In: Bijker, W./Law, J. (Hrsg.): Shaping technology – building society. Studies in sociotechnical change. Cambridge, S. 225–259.
Lavoie, D. (1987): The accounting of interpretations and the interpreation of accounts: The communicative function of »the language of business«. In: Accounting, Organizations and Society 12, S. 579–604.
Lowe, A. (2001): Casemix accounting systems and medical coding – Organisational actors balanced on »leaky black boxes«. In: Journal of Organizational Change Management 14, S. 79–100.
Marx, K. (1968): MEW Band 23: Das Kapital. Berlin, S. 245–320.
Maynard, D.W. (1992): On clinicans co-implicating recipients' perspective in the delivery of diagnostic news. In: Drew, P./Heritage, J. (Hrsg.): Analyzing talk at work: An introduction. Cambridge, S. 331–359.
McKeown, T. (1976): The modern rise of population. London.
Meyer, J.W./Rowan, B. (1977): Institutionalized organizations. Formal structure as myth and ceremony. In: American Journal of Sociology 83, S. 340–363.
Mintzberg, H. (1991): Mintzberg über Management. Führung und Organisation, Mythos und Realität. Wiesbaden.
Ortmann, G./Windeler, A./Becker, A./Schule, H.-J. (1990): Computer und Macht in Organisationen. Mikropolitische Analysen. Opladen.
Parsons, T. (1951): The social system. New York.
Polanyi, M. (1983): The tacit dimension. Gloucester.
Powell, W.W. (1990): Neither market nor hierarchy. Network forms of organization. In: Staw, B.M./Cummings, L.L. (Hrsg.): Research in organizational behavior 12. Greenwich, Conn., S. 295–336.
Power, M. (1997): The audit society. Rituals of verification. Oxford.
Raftopoulo, J.A. (1958): Wandlungsmöglichkeiten und Bedeutung des Krankenhauswesens von heute. In: Der Krankenhausarzt 31, S. 95–100.
Rammert, W./Schlese, M./Wagner, G./Wehner, J./Weingarten, R. (Hrsg.)(1998): Wissensmaschinen. Soziale Konstruktion eines technischen Mediums. Das Beispiel Expertensysteme. Frankfurt a.M.
Richter, M./Hurrelmann, K. (Hrsg.)(2006): Gesundheitliche Ungleichheit. Grundlagen, Probleme, Perspektiven. Wiesbaden.
Rohde, J.J. (1974): Soziologie des Krankenhauses. Zur Einführung in die Soziologie der Medizin. 2. Aufl. Stuttgart.

Saake, I./Vogd, W. (Hrsg.)(2007): Moderne Mythen der Medizin – Studien zur organisierten Krankenbehandlung. Wiesbaden.
Samuel, S./Dirsmith, M.W./McElroy, B. (2005): Monetized medicine. From the physical to the fiscal. In: Accounting, Organizations and Society 30, S. 249–278.
Scheibler, F. (2004): Shared decision-making. Von der Compliance zur partnerschaftlichen Entscheidungsfindung. Bern.
Scott, W.R./Ruef, M./Mendel, P.J./Caronna, C.R. (2000): Institutional change and healthcare organizations. From professional dominance to managed care. Chicago.
Siegrist, J. (1978): Arbeit und Interaktion im Krankenhaus. Vergleichende medizinsoziologische Untersuchungen in Akutkrankenhäusern. Stuttgart.
Starr, P. (1982): The social transformation of American medicine. New York.
Strauss, A.L. (1979): Where medicine fails. New Brunswick.
Strauss, A.L. (1993): Continual permutations of action. New York.
Strauss, A.L./Fagerhaugh, S./Suczek, B./Wiener, C. (1985): Social organization of medical work. Chicago.
Sydow, J./Windeler, A. (Hrsg.)(2000): Steuerung von Netzwerken – Konzepte und Praktiken. Wiesbaden.
Timmermans, S./Berg, M. (2002): The gold standard. The challenge of evidence-based medicine and standardization in health care. Philadelphia.
Vogd, W. (2002): Professionalisierungsschub oder Auflösung ärztlicher Autonomie. Die Bedeutung von Evidence Based Medicine und der neuen funktionalen Eliten in der Medizin aus system- und interaktionstheoretischer Perspektive. In: Zeitschrift für Soziologie 31, S. 294–315.
Vogd, W. (2004): Ärztliche Entscheidungsprozesse des Krankenhauses im Spannungsfeld von System- und Zweckrationalität: Eine qualitativ rekonstruktive Studie unter dem besonderen Blickwinkel von Rahmen (»frames«) und Rahmungsprozessen (»framing«). Berlin.
Vogd, W. (2005): Medizinsystem und Gesundheitswissenschaften. Rekonstruktion einer schwierigen Beziehung. In: Soziale Systeme 11 (2), S. 236–270.
Vogd, W. (2006): Die Organisation Krankenhaus im Wandel. Eine dokumentarische Evaluation aus Perspektive der ärztlichen Akteure. Bern.
Weber, M. (1990): Wirtschaft und Gesellschaft. Grundriß der verstehenden Soziologie. Tübingen.
White, H.C. (1992): Identity and control. A structural theory of social action. Princeton.
White, H.C. (2002): Markets from networks. Socioeconomic models of production. Princeton.
Woolhandler, S./Campbell, T./Himmelstein, D.U. (2003): Costs of health care administration in United States and Canada. In: The New England Journal of Medicine 349, S. 768–775.
Zuboff, S. (1988): In the age of the smart machine. The future of work and power. New York.

Philipp Hessinger

Soziale Konstruktion von Märkten und integrierte Versorgung – Rationalitätskonflikte in der aktuellen Reorganisation des Gesundheitswesens

Zusammenfassung

Das deutsche Gesundheitswesen steht derzeit vor einem grundlegenden Reorganisationsprozess, der einerseits auf eine Dezentralisierung der großen Einheiten, zum anderen auf die Möglichkeit »selektiver Vertragsabschlüsse« zwischen den neuen Partnern abzielt. In dieser Hinsicht geht es in diesem Bereich – nach einer langen Phase der staatlichen Dominanz – um so etwas wie die »soziale Konstruktion von Märkten«. Die zentrale These dieses Aufsatzes ist, dass diese gesellschaftliche Aufgabe keineswegs im Sinne einer neoliberal inspirierten Vermarktlichung und Privatisierung des Gesundheitswesens verstanden werden sollte. Vielmehr sind in diesem Bereich – neben der reinen Marktlogik – noch andere Handlungslogiken auszumachen, die auf divergente Erfolgsstandards verweisen. Im Umriss erkennbar sind dabei zwei unterschiedliche Entwicklungspfade: Zum einen die Emergenz »hierarchischer Inselstrukturen« im Sinne einer konkurrenzorientierten Verknüpfung von Marktlogiken und industriellen Handlungslogiken, zum anderen ein nachhaltiger und populationsorientierter Entwicklungspfad, der auf Kooperation der Beteiligten setzt und eine Verknüpfung von interpersonellen und industriellen Handlungslogiken intendiert.

1 Gesundheitsversorgung im Umbruch

In allen entwickelten Industrienationen steht das Gesundheitswesen derzeit unter Veränderungsstress. Wesentliche Faktoren des Wandels sind:

- die veränderte demografische Situation, der steigende Anteil alter Menschen an der Gesamtbevölkerung und die damit einhergehende Bedeutung chronischer Krankheiten;
- der nach wie vor ungebrochene medizinisch-technische Fortschritt und der durch ihn bedingte Komplexitätsdruck in den organisatorischen Strukturen;

- eine gesundheitspolitische Debatte, in der Forderungen nach »Patientenorientierung«, »Krankheitsprävention« und »Gesundheitsförderung« einhergehen mit kritischen Tönen im Hinblick auf die Effizienz einer hochtechnisierten Medizin;
- schließlich das Interesse der Trägerorganisationen der Sozialversicherungen und der öffentlichen Hand an »Kostendämpfung«.

Diese Wandlungsfaktoren werden in unterschiedlicher Weise in den institutionellen Rahmenbedingungen und Regelwerken des Gesundheitssektors wirksam. So sah schon das »Gesundheitsstrukturgesetz« von 1992 (Henke et al. 1995) Formen der Budgetierung und Kostendeckelung vor, um Krankenhäuser und Kassenärzte zum sparsamen Handeln zu motivieren (Stollberg 2001; Bandelow 1998). Nachdem der Entwurf des Jahres 1999 zur weiteren Ausgestaltung dieses Gesetzes auf den massiven Protest der Ärzteverbände stieß, beschritt das darauf folgende »Gesundheitsmodernisierungsgesetz« einen neuen Weg. An die Stelle des alten Finanzierungssystems (das auf der Vergütung der erbrachten Leistungen nach einem Punktesystem basierte, zum Beispiel Tagessätze pro Patient im Krankenhaus), trat nun ein neuer ziel- und ergebnisorientierter Finanzierungsmodus in Form der »Fallpauschale« bzw. der »Komplexpauschale«.[14] Das derzeit in Deutschland praktizierte Modell orientiert sich dabei am Vorbild des australischen Gesundheitswesens. Insgesamt betrachtet ist auf internationaler Ebene ein Trend in Richtung auf die Einführung eines fallbezogenen Finanzierungsmodus auszumachen (Murray 1994). Dieses System, das 2003 in einigen Optionskrankenhäusern eingeführt wurde, ist seit 2004 für alle Krankenhäuser verbindlich (Klauber et al. 2004).

Die unmittelbare Konsequenz ist, dass sich die verschiedenen Organisationen und Akteure im Gesundheitssystem zunehmend zu der autonomen Übernahme ökonomischer Risiken herausgefordert sehen. Denn einerseits trägt der Leistungserbringer das Risiko der durch die Eingangsdiagnose nicht gedeckten Kosten, andererseits kann er im Falle einer positiven Differenz von Leistung und Fallpauschale diesen »Ertrag« einbehalten. Diesem neuen Konzept entsprechen Arbeits- und Verfahrensweisen, die stärker nach Aufgaben- und Objektbereichen (anstatt nach Verfahrensarten) differenziert sind. Das betrifft etwa die »Diagnosis Related Groups« (DRGs), die mit einzelnen Krankheitsfällen betraut sind, oder »Disease-Management«-Konzepte, die auf die Behandlung chronischer Krankheiten ausgerichtet sind. Was die Umweltdimension des organisatorischen Handelns anbelangt, so erzeugt dieser neue Finanzierungsmodus einen gewissen Druck in Richtung auf die Zielkoordination der einzelnen Leistungsträger innerhalb der jeweiligen Behandlungsketten (vgl. Thompson/McEwen 1957).

---

14 Das System der Fallpauschalen betrifft im Wesentlichen Akutkrankheiten, vergütet wird der gesamte Krankheitsverlauf, wofür eine Pauschalsumme zur Verfügung gestellt wird. Das System der »Komplexpauschale« betrifft demgegenüber chronische Krankheiten, vergütet werden in dieser Hinsicht größere Behandlungsblöcke.

Unverkennbar ist weiterhin die Tendenz, ausgehend von einem Begriff der »Patientenorientierung« die langfristigen und präventiven Aspekte der Gesundheitsversorgung zu betonen (Feuerstein/Badura 1991). Dieses – gewandelte – Gesundheitsverständnis steht in Beziehung zu dem verbreiteten Interesse an Kostendämpfung und gesteigerter Leistungseffizienz. Devisen wie »gesünder älter werden« oder »alleingelassene Patienten sind teure Patienten« machen diesen Nexus sinnfällig. Ein wesentliches Moment dieses Prozesses ist die Veränderung der typischen Krankheitsbilder, d. h. die Abnahme der Bedeutung von Akutkrankheiten und die Zunahme der Bedeutung von chronischen Krankheiten sowie des damit einhergehenden Bedeutungsverlustes des »Akutkrankenhauses«. Hinzu kommt die Neuinterpretation des Gesundheitsbegriffs, die auf die »aktiv betriebene Herstellung und Erhaltung der sozialen, psychischen und körperlichen Aktionsfähigkeit eines Menschen« zielt (Hurrelmann 1988, S. 17). All das bedingt eine deutliche Aufweitung der Handlungshorizonte über jenen Bereich hinaus, den die klassische Medizin ins Auge fasst. »Ganzheitliche Patientenorientierung« in diesem Sinne unterstellt einen »systemischen« Ansatz der Krankenbehandlung, in dem die verschiedenen Stadien der Behandlung, angefangen von der Überweisung durch den Hausarzt, über die Versorgung in einem Akutkrankenhaus bis hin zum Aufenthalt in einer Rehabilitationseinrichtung (und weitergehender Formen der ambulanten Versorgung) miteinander verknüpft sind (vgl. Robert Bosch Stiftung 2000; Strauss/Corbin 1988).

Ihren organisatorischen Niederschlag findet diese Tendenz in dem Konzept »integrierter Netzwerke der Gesundheitsversorgung« (nach §§ 140 a–h SBG V). Zentrales Kennzeichen dieser Reorganisationstendenzen ist die Schaffung integrierter Versorgungsstrukturen auf lokaler Ebene, wobei die Herausbildung von Spezialisierungsprofilen mit überregionaler Geltung zur Entstehung übergreifender Netze beitragen kann und soll. Mit Blick auf die Verhältnisse in den USA definieren Shortell et al. derartige »integrated service networks« wie folgt: »These entities combine the organization, financing, and delivery of health care in ways that respond to the demographics and economics that prevail in different regions of the country. Ultimately, the system should provide appropriate care in a seamless continuum that uses limited resources most effectively« (Shortell et al. 1994, S. 46). Daneben findet derzeit eine Reorganisation des ambulanten Sektors mittels der zunehmenden Einrichtung sogenannter »Medizinischer Versorgungszentren« statt. Hierbei handelt es sich um fachübergreifende, ärztlich geleitete Einrichtungen, in denen Ärzte entweder als Angestellte oder als Vertragspartner tätig sind. Gefördert wird der Aufbau von MVZs (nach § 95 SGB V) gerade deswegen, weil sie für die Behandlung von Chronikern viele Vorteile bieten.

Nachdem diese Prozesse in den USA Ende der 80er Jahre an Fahrt gewonnen haben, kam es hier Mitte der 90er zu einer Stockung. Nach Meinung kompetenter Beobachter führte eine im Wesentlichen marktgetriebene Logik zu verstärkten Fusions- und Konzentrationsprozessen in der Branche, um so die Marktpräsenz der einzelnen Anbieter zu erhöhen. Die primäre Stoßrichtung der Veränderung zielte daher auf die horizontale Handlungsebene und den Aufbau von Krankenhausketten (Multihospital-Systems) (Shortell et al. 2000, S. 247). Der Aufbau vertikaler Strukturen entlang einer patientenorientierten Behandlungskette ging demgegenüber eher schleppend voran.

2 »Managed Care« als Veränderungsimpuls

Der Begriff »Managed Care« steht für keine festgelegte Methoden oder irgendeine feststehende Lehrmeinung. Eher handelt es sich hier um so etwas wie einen Instrumentenbaukasten für die Reorganisation des Gesundheitswesens mit dem Ziel, *marktförmigen* Verhaltens- und Denkweisen zum Durchbruch zu verhelfen (Amelung et al. 2006, Amelung 2007). Immerhin lassen sich grob drei Handlungskomplexe identifizieren:

1. Die Ermöglichung von »selektiven Vertragsabschlüssen« zwischen Versicherungsträgern und Versorgungsanbietern, wodurch eine gewisse Konkurrenz unter den Letzteren entsteht.
2. Ausgehend von der Integration der Finanzierung – etwa entsprechend dem skizzierten System der Fallpauschalen – die Ermöglichung der Integration der Leistungserstellung (integrierte Versorgung).
3. Die Anwendung von verschiedenen Managementinstrumenten, insbesondere die von Qualitätsleitlinien und Behandlungsleitfäden.

In den USA dominierten – wie schon gesagt – bis weit in die 1990er Jahre horizontal angelegte Handlungslogiken. Auf der vertikalen Achse kam es dann im gleichen Zug zum Aufbau von Strukturen integrierter Versorgung in Form von »Paketangeboten«, die entweder von einem Versorgungsunternehmen »aus einer Hand« organisiert werden (als »Health Maintenance Organisations« (HMO)) oder in etwas lockerer Form als »Preferred Provider Organisation« (PPO) (Haubrock et al. 2000, S. 17 ff.). Die sehr deutliche Einschränkung der Wahlfreiheit der Patienten im Falle der HMOs führte dann ab Mitte der 1990er Jahre dazu, dass die Versicherungsträgers (in den USA sind das nicht die Krankenkassen, sondern meistens die Unternehmen) weniger restriktive Angebote im Rahmen der PPOs zu bevorzugen begannen (Jacobs/Schulz 2005). Ein wesentlicher Aspekt dieses Wandels war, dass die Organisationsform im Rahmen eines Unternehmens (oder einer Unternehmensgruppe), wie im Falle der HMOs, zunehmend abgelöst wurde durch Formen »virtueller Integration« im Rahmen von Anbieter-Netzwerken. Zum einen zielt nun das Konzept integrierter Versorgung – aus der Patientenperspektive gesehen – darauf, ein möglichst »nahtloses Gewebe« der Betreuung zu schaffen. Zum anderen kommt aber dadurch ein organisatorischer Aspekt ins Spiel, der für so etwas wie den Einzug einer *industriellen* Rationalisierungslogik im Gesundheitswesen steht. Kontinuierliche Behandlungsketten legen nämlich Formen des Prozessmanagements nahe, die in der Industrie weit verbreitet sind. So weist etwa der Gesundheitsökonom von Eiff (1998) im Rahmen des von ihm entwickelten Modells des »Geschäftsprozess-Managements« für das Krankenhauswesen auf die entscheidende Bedeutung der Beschleunigung des Kapitalumschlags hin. Voraussetzungen für eine Organisationsstrategie dieser Art sind freilich gut ausgebaute Informations- und Kommunikationsnetze in der Versorgungskette, die so etwas wie das »Rückgrat« dieser Struktur darstellen.

Die nur sehr zögerlichen Fortschritte in Richtung auf integrierte Versorgung im Rahmen von Managed-Care-Konzepten haben nun in den USA zu einer Debatte über »populationsorientierte« Angebotsformen der Gesundheitsversorgung geführt (Purchasing Population Health) (Shortell et al. 2000; Kindig 1997). Der Ausgangspunkt dafür ist eine Analyse potenziellen Marktversagens in diesem Bereich. Kindig zufolge zeichnet sich der Gesundheitsbereich durch extreme Informationsasymmetrien zwischen den potenziellen Kunden und den »medizinisch informierten« Anbietern aus (ebd., S. 32 ff.). Dazu kommt ein Moment eingeschränkter Wahlfreiheit seitens der Kunden, die in ihrer Eigenschaft als Patienten oft nicht allzu hohe Suchkosten in Kauf nehmen können und wollen. Aus all diesen Gründen führt Preiskonkurrenz in diesem Bereich zu keinen eindeutigen Qualitätsverbesserungen. Anders ausgedrückt: Um einen wirklichen Erfolgsmaßstab in die Hand zu bekommen, ist es notwendig, nicht nur die Kosten des Einzelfalls zu betrachten (wie das typischerweise im Rahmen von »Managed Care«-Initiativen geschieht), sondern gruppierte Fälle unter variablen und komplexen Umständen. Kindig plädiert in dieser Hinsicht – durchaus in Anlehnung an die schon in den 80ern von Illich (1975/1995) vorgetragenen Institutionen-Kritik des Gesundheitswesens – für die Etablierung von ergebnisbezogenen Messstandards, die es erlauben, den Gesundheitsstatus ganzer Populationen zu erfassen (Kindig 1997, S. 6). Nur so ist es seiner Meinung nach möglich, den in den Managed-Care-Systemen angelegten gleichzeitigen Gefahren der Unterversorgung und der Fokussierung des Angebots auf die profitablen Leistungssegmente zu entgehen. Die zentrale Fragestellung aus dieser Perspektive ist also: Steigt der Gesundheitswert bei steigenden Gesundheitsinvestitionen? Alle Indikatoren sprechen dafür, dass das etwa im Hinblick auf das amerikanische Gesundheitssystem nicht der Fall ist (ebd., S. 38).

Aus dieser Perspektive gesehen geht es um zweierlei: Erstens ist es notwendig, die Anreizsysteme so zu verändern, dass die Steigerung des Gesundheitswertes besonders schlecht gestellter Populationen belohnt wird – und nicht einfach die Steigerung von Spitzenwerten in vergleichsweise gut gestellten Bereichen und Populationssegmenten. Von spezifischer Bedeutung sind in dieser Hinsicht auch gerade die nicht-medizinischen Determinanten des Gesundheitsstatus – wie zum Beispiel Umweltbedingungen, Gesundheitsbewusstsein etc. So gesehen geht es also um die Herstellung eines Nexus zwischen Qualitätsverbesserung und Kostenersparnissen. Zum Zweiten handelt es sich hier um die Implementation einer neuen *interpersonell* angelegten Handlungslogik, die sich auf eine gesamte Population bezieht und nicht mehr ausschließlich auf die individuelle Arzt-Patienten-Beziehung, wie in der traditionellen ärztezentrierten Versorgungsstruktur Anfang des 20. Jahrhunderts.

3 Die soziale Konstruktion von Märkten im Gesundheitswesen

Es lohnt sich in dieser Hinsicht, die Veränderungen, die die medizinisch-therapeutische Handlungslogik durchlaufen hat, etwas näher auszuleuchten. Anfang des 20. Jahrhunderts war das ärztlich-therapeutische Wissen im Kern eine »Kunst« (vgl. Stichweh 2000; Parsons 1963). Die interpersonelle Beziehung von Arzt und Patienten war in dieser

Epoche von zentraler Bedeutung, – freilich in dem eingeschränkten Sinne einer traditional und berufsständisch begründeten einseitigen Dominanz von Seiten des Arztes. Die zunehmende Entwicklung der Medizin als Wissenschaft führte dann zu einer zunehmenden Durchdringung dieses professionellen Kunstwissens durch wissenschaftlich-technische Methoden und Erkenntnisstandards. Im Kern blieb aber bis weit in die 60er Jahre die starke Bedeutung der interpersonellen Beziehung von Arzt und Patient – im Hinblick auf die Anwendung dieses Kunstwissens – erhalten, und das sowohl im Bereich der privatärztlichen Betreuung als auch im Fall der Versorgung im Krankenhaus. Durch die Einführung von Managed Care kommt es nun zu einer Veränderung dieser Beziehung, welche man mit dem aus der Industriesoziologie stammenden Terminus »Abstraktifizierung« bezeichnen könnte. Das heißt, der individuelle Patient wird zunehmend zu einem Datenträger im Sinne eines durch gewichtete Abweichungen definierten Durchschnittsfalls (vgl. Vogd 2006, S. 62 ff.). Im Falle der industriellen Rationalisierung von Behandlungsketten kommt ein Moment der Zeitökonomie zu diesem basalen Abstraktifizierungsakt hinzu. Populationsorientierte Modelle versuchen im Gegenzug, die interpersonelle Dimension in der Gesundheitsversorgung wiederzugewinnen – freilich jetzt nicht mehr im Rahmen einer traditionellen Arzt-Patienten-Beziehung, sondern im Rahmen eines vielfältigen und veränderbaren Netzes von Gesundheitsaktivitäten der verschiedensten Art, innerhalb dessen die Patientenbeteiligung deutlich aufgewertet wird.

Aus diesen Überlegungen lassen sich zwei Schlussfolgerungen ableiten: erstens haben wir es mit einer grundlegenden Umformung der medizinisch-therapeutischen Handlungslogik zu tun. Zum Zweiten lässt sich die durch Managed Care angestoßene – und möglicherweise im Rahmen populationsorientierter Konzepte »aufgefangene« Entwicklungslinie – als ein in sich zusammenhängender (wenngleich auch mit Widerspruch behafteter) Prozess der sozialen Konstruktion von Märkten im Gesundheitswesen begreifen.

Um diesen Prozess zu verstehen, ist es freilich notwendig, sich von einem von Walras und Pareto orientierten Auktionator-Modell von Märkten, welches auf perfekte Konkurrenz und eindeutige Optimum-Standards abhebt, zu lösen. In der u. a. von White, Storper, Favereau, Eymard-Duvernay, Thévenot und Salais angestoßenen französisch-amerikanischen Debatte über eine »Ökonomie der Konventionen« wird demgegenüber von einer Mehrzahl »viabler« Märkte ausgegangen. White unterscheidet in dieser Hinsicht drei Typen viabler Märkte: gewöhnliche Märkte (»ordinary markets«), industrielle Märkte (»advanced markets«) und interpersonelle Märkte (»paradox markets«) (White 2002a, S. 96). Die basale Voraussetzung von Marktviabilität wird dabei in der Existenz eines *kontinuierlichen* Marktschemas gesehen, welches zum einen aus einem beständigen Güterzustrom (W) und einem damit korrespondierenden Zustrom von Einkommen (Y) resultiert. Die Position des Einzelanbieters (K) ergibt sich dann aus ihrer spezifischen Stellung (sowohl flussaufwärts, als auch flussabwärts) in den Wertschöpfungsketten.

Dieses Modell der »Märkte durch Netze« wurde in der französischen Debatte nun durch Überlegungen ergänzt, die die Produkt- und Konsumentenorientierung miteinbeziehen und davon ausgehend auch die strategischen Handlungs- und Produktionslogiken von Einzelunternehmen (Favereau et al. 2002; Storper/Salais 1997). In den Worten von White: »Märkte sind Qualitätskonventionen, flussabwärts gesehen« (White 2002b). In der Terminologie von Storper und Salais kann man in dieser Hinsicht »vier Welten der Produktion« unterscheiden, wobei drei dieser Welten im Wesentlichen identisch sind mit Whites »viablen Märkten« (ebd., S. 26 ff). Die vierte Welt der »wissenschaftlichen Ressourcen« ist hingegen zum Aufbau viabler Marktstrukturen offensichtlich ungeeignet. In letzterem Fall ist aufgrund der Orientierung an überraschenden Neuerungen nämlich nicht der Aufbau eines kontinuierlichen Marktschemas möglich. Bezogen auf das Gesundheitswesen ist der letzte Bereich im Wesentlichen mit dem medizinisch-technischen Forschungskomplex identisch, welcher sich an den Universitätskliniken und den großen medizinischen Forschungsinstitutionen herausgebildet hat. Auch die drei anderen, viablen Märkte und die ihnen entsprechende Produktionslogik lassen sich leicht den skizzierten Entwicklungslogiken in der Reorganisation des Gesundheitswesens zuordnen: die »Managed Care«-Tendenz entspricht einer »einfachen kommerziellen Marktlogik«, integrierte Versorgung – insofern sie auf Formen des »Geschäftsprozess-Managements« abzielt – entspricht einem Übergang zu einer »industriellen Marktlogik«, während populationsorientierte Modelle auf die Implementation einer »interpersonellen Marktlogik« hinauslaufen. Die folgende Abbildung zeigt diese vier unterschiedlichen Handlungslogiken im Überblick, wobei die drei viablen Märkte von der Handlungslogik des medizinisch-wissenschaftlichen Komplexes abgehoben werden.

Storper und Salais zufolge lassen sich dabei zwei elementare Grundtypen von Handlungen unterscheiden: zum einen die soziale Konstruktion von Märkten und zum anderen die soziale Konstruktion von Technologien, wobei letztere wiederum indirekt auf erstere verweist (Storper/Salais 1997, S. 26 f.). Die soziale Konstruktion von Märkten kann zunächst in einer »Konsolidierungsstrategie« bestehen, die eine bessere Vorhersehbarkeit der Produktentwicklung (z. B. mittels Produktplattformen) anstrebt. In diesem Sinne lassen sich Orientierungen auf »generische Produkte« als Konventionen der Marktgestaltung deuten. Die Definition von Krankheiten als eine Art »generischem Produkt« liegt dabei dem Konzept der Fall- und Komplexpauschalen zugrunde. Der Orientierung auf »bestimmte Produkte« entsprechen hingegen Konventionen der Marktanpassung. Die soziale Konstruktion von Technologien kann sich an der Entscheidungsalternative zwischen Skalen- und Varietätsökonomien orientieren. Dem entsprechen wieder bestimmte Verhaltenskonventionen: zum einen die Orientierung auf Größenwachstum unter Inkaufnahme von technischen Rigiditäten, zum anderen flexible Spezialisierung. Beide Konventionen der Technologiegestaltung verweisen wiederum produktmarktseitig auf die beiden Konventionen der Standardisierung und Spezialisierung. (Behandlungen auf Basis von Behandlungsleitfäden stehen etwa für Standardisierungstendenzen; auf den Einzelpatienten bezogene Behandlungen sind hingegen Ausdruck von »Spezialisierung«.) Produktstandardisierungen ermöglichen zwar Skalenerträge, eröffnen aber keine Perspektive der Kontaktaufnahme mit den Konsumenten. Spezialisierungsstrategien können hingegen Produzenten die Chance eröff-

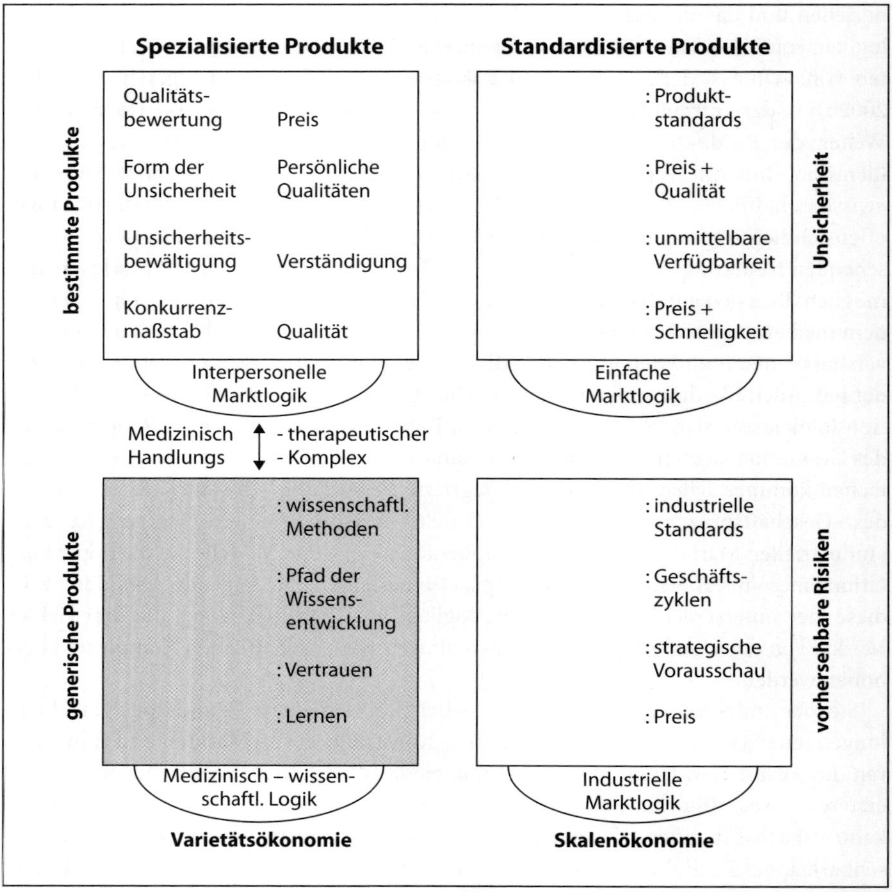

Abb. 2: Markt- und Handlungslogiken im Gesundheitswesen (in Anlehnung an Storper/Salais 1997)

nen, sich qualifizierte Urteile unter Zuhilfenahme von implizitem Wissen über die Marktgegebenheiten zu bilden, um so ihre Reaktionsfähigkeit zu erhöhen.

Die Grundidee dieses Schemas besteht dabei darin, dass jede dieser »vier Welten der Produktion« um einen bestimmten Produkttyp gruppiert ist. Die Antizipation der entsprechenden Verhaltensweisen ermöglicht, dass bestimmte Unsicherheiten eingegangen werden, die günstigstenfalls in vorhersehbare Risiken transformiert werden können. Daraus entsteht dann ein Geflecht von wechselseitigen Erwartungen und Konventionen, welches auf den spezifischen Kompetenzen der Akteure basiert. Die konkreten »Welten der Produktion« sind deswegen auch immer Welten von Objekten.

Es ist wichtig, in diesem Kontext, die Maximierungsgesichtspunkte dieser Marktlogiken noch etwas genauer herauszuarbeiten (vgl. Favereau et al. 2002, S. 232 ff.). White zufolge implizieren »einfache Marktlogiken« (ordinary markets) sinkende Erträge in quantitativer und qualitativer Hinsicht. Im Falle »industrieller Marktlogiken« (advanced markets) ist hingegen über eine weite Strecke mit steigenden Erträgen zu rechnen, die sich aus mengenbedingten Kostendegressionen (Skalenerträgen) ergeben. Aber auch hier haben wir es im Falle von Qualitätsverbesserung mit sinkenden Erträgen zu tun, d. h. steigende Qualität ist kostentreibend. Das zentrale Unterscheidungsmerkmal interpersoneller Marktlogiken (White's »paradox markets«) ist nun, dass das hier gerade nicht so ist: d. h. steigende Qualität ist mit sinkenden Kosten verbunden. Kindigs Modell des populationsorientierten Gesundheitsversorgungsangebots lässt sich dabei als Variante dieser grundlegenden Vermarktungslogik verstehen: Durch immer bessere Angepasstheit der Gesundheitsversorgung an die populationsspezifischen Bedarfe, durch die Verdichtung der Information und der interpersonellen Beziehungen in diesem Zusammenhang und durch die Mitberücksichtigung – qualitativ neuer – nicht-medizinischer Determinanten für die gesamte Gesundheitssituation lässt sich der gesamte »Gesundheitswert« verbessern – und das u.U. eben auch bei gleichen und sinkenden Kosten. Kindig weist nun darauf hin, dass im Prinzip das von ihm vorgeschlagene Modell mit den institutionellen Gegebenheiten des US-amerikanischen Gesundheitswesens perfekt vereinbar sei. Implizit wird von ihm aber davon ausgegangen, dass es im Falle des »Kollektivguts Gesundheit« quantitative »Schwellenwerte« (Illich 1975/1995) im Hinblick auf die Reichweite des Solidarprinzips gibt, deren Unterschreitung Kosteneinsparungen durch Qualitätsverbesserung verhindert. Er unterstreicht in diesem Kontext, dass das US-amerikanische Gesundheitssystem, welches einem großen Teil der Bevölkerung bisher keinen echten Versicherungsschutz bietet, weltweit betrachtet eines der am wenigsten leistungsfähigen Systeme ist (Kindig 1997, S. 38). Anders ausgedrückt: Kosteneinsparungen durch eine Nachhaltigkeit der Gesundheitsversorgung setzt eine möglichst umfassende Populationsorientierung des Gesundheitssystems insgesamt betrachtet voraus.

Dies alles ist gleichsam ein Blick von oben auf die derzeitige Umstrukturierung des Gesundheitswesens. Um einen Blick »von innen« heraus zu bekommen, empfiehlt es sich freilich, aus der Perspektive der medizinisch-therapeutischen Handlungslogik die derzeit stattfindenden Veränderungsprozesse auszuleuchten. Aus dieser Perspektive wird dann sehr schnell deutlich, dass eben diese Veränderungsprozesse keineswegs in sich widerspruchsfrei, sondern äußerst konfliktbeladen und komplex sind.

4 Der Konflikt zwischen medizinisch-therapeutischer und managerialer Rationalität – Alte Einsichten, neue Probleme?

Im Gutachten des Sachverständigenrats (2001) wird neben der Bedarfs- auch auf die Kostenseite des Angebots der Gesundheitsleistung hingewiesen und von einem »Zielkonflikt« zwischen »Beitragsstabilität« einerseits und einer bedarfsgerechten und qualitativ hochwertigen Gesundheitsversorgung andererseits ausgegangen. Der Sachverständigenrat wiederholt an dieser Stelle eine alte Einsicht, die Rohde in seiner klassischen

Studie so auf den Punkt bringt: »Dem Patienten sind (1) die beste Diagnose und Therapie sowie (2) die beste seinem Zustand, seiner Lage entsprechende pflegerische Fürsorge bereitzustellen und zu vermitteln … ohne Rücksicht auf die Zahlungskräftigkeit der Klientel.« Gleichzeitig soll aber all das mit dem Bestreben vereinbar sein, »den wirtschaftlich finanziellen Bestand der Anstalt zu erhalten und zu sichern« (Rohde 1962, S. 323 f.). Daraus ergebe sich ein Muster von »Innenspannungen« im Krankenhaus, das in der Beziehung zweier Funktionskreise zum Ausdruck kommt: »Man kann wohl sagen, dass die entscheidende Spannungsfront irgendwo zwischen dem Funktionskreis der Medizin und der Verwaltung verläuft. Es gibt schlechterdings kein Krankenhaus, in dem dieser Konflikt nicht der Möglichkeit nach vorhanden wäre« (a.a.O.). Dieses Konfliktmuster steht in enger Beziehung zu bestimmten professionspolitischen Aspekten des Arztberufes. Parsons (1963, S. 26) hat beispielsweise darauf aufmerksam gemacht, dass Ärzte spezifische »vested interests« im Hinblick auf die Ausgestaltung der Patientenbeziehung haben. Diese wird vorzugsweise in einen »personalen«, »intimen« und »privaten« Kontext verortet. Das wiederum eröffnete den Ärzten die Chance, nicht nur in medizinisch-therapeutischer, sondern auch in finanzieller Hinsicht die »Definitionshoheit« in Hinblick auf die Ausgestaltung dieser Beziehung zu erlangen. So sehr sich nun die Situation von Krankenhausärzten von der Situation der frei praktizierenden Ärzte unterscheiden mag – zunächst bestand auch von dieser Seite das Interesse, die verschiedenen Dimensionen der Patientenrolle nach autonomen Kriterien zu definieren und so als »Publikumsrolle« zu verankern. Im Hinblick auf die »mikropolitische« Dimension der Krankenhausorganisation bedeutet das, dass die Berufsgruppe der Ärzte lange Zeit in der Lage war, diese zentrale »Grenzstelle« der Organisation zu kontrollieren. Scott et al. (2000, S. 178 ff.) sprechen in dieser Hinsicht mit Blick auf die Verhältnisse in den USA von einer Ära der »berufsständischen Dominanz des Gesundheitswesens«, die etwa bis Mitte der 60er Jahre andauerte. Die Analyse Rohdes bezieht sich im Wesentlichen auf dieselbe Periode. Zudem lenkt Rohde aber mit seinem Begriff der »Innenspannungen« der Krankenhausorganisation den Blick auf die immanenten Zielkonflikte dieses Organisationstyps. Diese resultieren aus so etwas wie einer »Doppelzugehörigkeit« zu unterschiedlichen Funktionssystemen, dem Gesundheitssystem zum einen, dem politischen bzw. dem wirtschaftlichen System zum anderen. Der zentrale Zielkonflikt war dabei gleichsam institutionalisiert in Form der »Doppelspitze« in der traditionellen Krankenhausorganisation, einer der medizinisch-technischen Leitungsspitze und parallel dazu einer administrativen Leitungsspitze (Heydebrandt 1973).

In neueren Managementansätzen, die auf eine industrielle Handlungslogik abzielen, wird nun oft davon ausgegangen, dass es möglich ist, derartige Zielkonflikte aufzulösen. Das unterstellt ein Mehr an Reflexivität und Selbstbeobachtung in den organisatorischen Beziehungen (d. h. im Luhmann'schen Sinne: gesteigerte systemische Selbstreferenz), über deren Zustande-Kommen man freilich wenig erfährt. »Bisher galt die Maxime: ›Qualität kostet Geld‹, ›Innovationen beanspruchen Zeit und Geld‹, ›eine kürzere Verweildauer ist nur mit zusätzlichen Kapazitäten sicher zu stellen‹ usw. Das neue Management-Paradigma fordert: ›höhere Qualität und patientenwirksame Innovationen (z. B. minimale invasive Verfahren, ambulantes Operieren) sind in kürzerer Zeit mit tendenziell sinkenden Kosten zu realisieren‹ und ›eine kürzere Verweildauer wird mit weniger Kapazität durch bessere Organisation erreicht« (von Eiff 1998, S. 14). Wie immer es auch damit bestellt sein mag: Von zentraler Bedeutung ist in diesem Kontext die innere Beziehung des Konzepts der »Patientenorientierung« zu dem der »integrierten Behandlungskette«.

Neue amerikanische Untersuchungen belegen, dass gerade die derzeitige Umformung des medizinisch-therapeutischen Funktionskreises mit der Implementation einer derartigen industriellen Handlungslogik unmittelbar zusammenhängt (Scott et al. 2000). Die Autoren bezeichnen dabei die derzeitige »Epoche« in der Entwicklung des Gesundheitssystems als die der »managerialen Kontrolle und des Marktmechanismus«. Den Beginn dieser Ära datieren sie für die USA ab 1983. Abgelöst wird dadurch die Ära der »staatlichen Einmischung« (1966–1982), die der Ära der »professionellen Dominanz« (1945–1965) folgte (ebd., S. 166 ff.). Scott et al. weisen etwa in dieser Hinsicht darauf hin, dass sich derzeit die Spezialisierung der ärztlichen Berufe entlang jener Linien entwickelt, die durch die klinische und technische Praxis vorgegeben werden (Scott et al. 2000, S. 228).

5 Die Einführung einer industriellen Prozesslogik im Gesundheitswesen

Die organisatorische Herausforderung der Schaffung integrierter Behandlungsketten findet eine gewisse Entsprechung in neueren Managementkonzepten, die seit den 80er Jahren in weiten Teilen der Industrie angewandt werden. Diese zielen zum einen auf eine vertikale Vernetzung zwischen »Zulieferern« und »Anwendern«, zum anderen auf einen Abbau von Bürokratie und Hierarchie. In der jüngeren Debatte über die Neuorganisation des Krankenhaussektors wird oft auf eine gewisse Parallelität der Entwicklungen hingewiesen. »Meine These ist, dass einzelne Elemente von Lean Production wie ›Organisation vor Technik‹, ›Mensch vor Technik‹, ›Delegation der Verantwortung auf die unterste Ebene‹ und ›Kontinuierlicher Verbesserungsprozess‹ durchaus Denkanstöße zu Gestaltung des humanen Krankenhauses der Zukunft geben können … Ziel ist es, einen Anstoß zur Reaktivierung der Idee des Laienpotentials und der Idee der Humanisierung zu geben und Diskussionen hierüber anzuregen …« (Pfaff 1994, S. 65, vgl. Pfaff 1997).

Die Idee der Etablierung einer »Versorgungskaskade« im Rahmen eines krankenhausspezifischen »*Geschäftsprozessmanagements*« ist davon scheinbar nicht weit entfernt. »Ein wichtiges Merkmal eines Gesundheitszentrums ist seine Prozessfähigkeit; die Fähigkeit nämlich, alle für einen bestimmten Fall erforderlichen Ressourcen mit dem bestmöglichen Know-how zeitnah zu aktivieren und dabei den Anspruch einer ganzheitlichen Patienten- und Angehörigenbetreuung im Rahmen der Versorgungskaskade zu garantieren« (von Eiff 1998, S. 15). Ähnlich wie in der Industrieorganisation geht es auch in der des Krankenhauses darum, die Diversität möglicher Fälle und Krankheitsbilder beherrschbar zu machen und in dieser Hinsicht »fallbezogene Risiken« einzugehen (von Eiff 2001). Lean-Production steht so gesehen nicht nur für eine reine Industrialisierungslogik im Sinne von Storper und Salais, sondern sie schließt auch ein Moment »flexibler Spezialisierung« mit ein. Nur mittels einer den Einzelfall (d. h. den Patienten) berücksichtigenden Rationalisierungsmethode ist es nämlich überhaupt denkbar, Industrialisierungsmethoden ins Krankenhaus hineinzutragen. Gleichwohl bleibt der Patient so etwas wie eine sperrige Größe, d. h. die Arzt-Patienten-Beziehung ist in einer unhintergehbaren Weise interpersonell angelegt. Die Standardisierung der »Qualität« der einzelnen Leistungen in der Handlungskette wird dabei zum eigentlichen »Knackpunkt« dieses Rationalisierungsmodells. Denn nur wenn es gelingt, Nullfehler-Qualität zu gewährleisten, ist es möglich, einerseits Varietät zuzulassen und andererseits die Kontinuität der Behandlungs- und Prozessfolge zu gewährleisten. Das heißt die »Prozessfähigkeit« der Krankenhausorganisation bedingt klare Qualitätsstandards und ein ausgeprägtes Qualitätsbewusstsein der Mitarbeiter. Deswegen sind Rationalisierungskonzepte im Gesundheitsbereich, die darauf abzielen, kontinuierliche Behandlungsketten in integrierten Versorgungskaskaden zu schaffen, in hohem Maße davon abhängig, dass es gelingt, Störquellen in den Griff zu bekommen. Dabei darf zudem nie aus den Augen verloren werden, dass die Patientenperspektive – unabhängig davon, dass sie aus der Organisationsperspektive zunächst als »zentrale Störquelle« in den Blick gerät – einen moralisch-ethischen Eigenwert besitzt. Die Frage ist nun: Lässt sich das Patientenrisiko als zentrale Unsicherheitszone der Krankenhausorganisation in einer ähnlichen Weise wie in der Industrie zu einem Ansatzpunkt der Rationalisierung »umdefinieren« (vgl. Womack et al. 1991)? Es sind in dieser Hinsicht vor allem zwei strategische Vorgehensweisen auszumachen, die auch in der derzeitigen Diskussion über neue Formen des Krankenhausmanagements eine Rolle spielen:

Zum einen eine gestiegene Interaktionsintensität der Arbeitsprozesse, die ein Abschmelzen von Hierarchie und – im Gegenzug – »dialogorientierte« Formen der Arbeitsorganisation und Patientenkommunikation erlauben. Eine derartige Vorgehensweise zielt auf eine Stärkung der Logik der interpersonellen Beziehungen.

Zum anderen eine Logik, die die Beherrschung von Marktrisiken in den Vordergrund stellt. So gesehen geht es darum, die fokale Organisation in dieser Hinsicht »abzupuffern«, indem man die Risiken auf schwächere Kooperationspartner verlagert. Eine derartige Vorgehensweise entspricht einer eng geführten Verbindung von industrieller Logik und Marktlogik.

6 Verknüpfungen von Marktlogik und industrieller Prozesslogik

Ein Schlaglicht auf diese Problematik wirft eine kleine empirische Studie über die Schnittstellengestaltung in einem Netzwerk der kardiologischen Versorgung (Staender/Bergner 1997). Die Autoren beschreiben die gegebene empirische Netzwerkstruktur als relativ lose Kopplung zwischen einem Herzzentrum (in dem invasive Diagnostik, intensivierte Therapien und Herzoperationen durchgeführt werden) und einem angrenzenden Bereich, der durch die Allgemeinen Krankenhäuser (die für die Notfallversorgung zuständig sind) und die niedergelassenen Ärzte gebildet wird. In diesem Fall bildet das Herzzentrum (und hier insbesondere das Kathederlabor und der OP-Bereich) so etwas wie den »technischen Kern« des Netzwerkes (vgl. Thompson 1967), um den eine Reihe von peripheren Organisationen und Leistungsbereichen gruppiert sind. Die Dominanz dieses technischen Kerns macht sich nun zum einen in der Existenz eines »zentralen ablauforientierten Prinzips« bemerkbar, von dem ausgehend beispielsweise die Pflegestandards entwickelt werden. Zum anderen beobachten die Autoren gleichzeitig eine Tendenz zur Abwertung interaktionsintensiver Leistungen, wie die Sekundärprävention. Badura und Feuerstein (1994, S. 12) kritisierten dabei schon in den frühen 90ern eben diese Tendenz zur »Abwertung interaktionsintensiver Diagnose und Therapie«, eine »Abwertung aller nicht-medizinischen Aufgabengruppen, insbesondere der Pflegearbeit« sowie eine »Abwertung der Subjektivität und der Individualität der Patienten und ihrer Beiträge zur Krankheitsbewältigung«. Demgegenüber ließe sich ihnen zufolge durch interaktionsintensive therapeutische Leistungen, wie zum Beispiel eine»ausführliche auf die persönliche und soziale Situation eines chronisch Kranken zugeschnittene Beratung (ebd., S. 17) ein erheblicher Gesundheitsgewinn erzielen.

In dieser kleinen Studie wird deutlich, worum es im Rahmen einer industriell angelegten Handlungslogik eigentlich geht – um die Kontinuierung von Flüssen und Prozessen, nicht um die Optimierung interpersoneller Kontakte. Von zentraler Bedeutung ist hier der aus der Organisationssoziologie stammende Terminus des »technologischen Kerns«. Thompson hat dabei in einer klassischen Studie (in Anschluss an Parsons) aufgezeigt, dass Organisationen qualitativ unterschiedliche Handlungsebenen umfassen, die in unterschiedlicher Weise von Unsicherheiten tangiert sind und deswegen ein unterschiedliches Maß an »rationaler Geschlossenheit« aufweisen: die *operativ-technische* Handlungsebene, die *manageriale* und die *institutionelle* Handlungsebene (Thompson 1967, S. 14 ff.). Da nun in operativ-technischer Hinsicht die Möglichkeit der Schaffung eines geschlossenen rationalen Systems am größten ist (während das auf der managerialen Ebene schon weniger und auf der institutionellen kaum möglich ist), haben Organisationen ein Interesse daran, ihren technologischen Kern gegen äußere Unsicherheiten abzupuffern. Möglich ist das etwa durch die »lose Kopplung« der Aktivitäten im »technologischen Kernbereich« mit jenen, die an der Input- oder der Output-Seite platziert sind (etwa mittels der Einrichtung Materiallagern oder Produktmagazinen oder vielleicht sogar mittels weitergehender managerialer Initiativen in Form von Verkaufspolitiken oder Rationierungen).

Auch innerhalb des technischen Bereichs gibt es nun gewisse Abstufungen im Hinblick auf das Maß an innerer Geschlossenheit, welches sich aus dem spezifischen Gegenstandsbezug der betreffenden Technologien ergibt. Das höchste Maß an rationaler Geschlossenheit lässt sich durch die Verwendung von »Verkettungstechnologien erreichen (wie z. B. dem Fließband. In diesem Fall ist die Indifferenz gegenüber dem Produktionsgegenstand am größten). Die Verwendung von sogenannten »Verknüpfungstechnologien« (wie z. B. Telefonnetzen, die auf eine bestimmte Population bezogen sind) geht schon mit einem geringeren Maß an rationaler Geschlossenheit einher. Sogenannte

»Intensivtechnologien« charakterisiert ein noch geringeres Maß an rationaler Geschlossenheit (wie z. B. therapeutische Techniken, die unmittelbar auf einen spezifischen Gegenstand gerichtet sind). Im Bereich der Medizintechnik findet diese Typologie in etwa ihre Entsprechung in der Unterscheidung zwischen »organzentrierten« Medizintechnologien (Chirurgie), die dem Typus der »Verkettungstechnologien« entsprechen und krankenhausspezifischen Informations- und Kommunikationstechniken, welche auf eine bestimmte organisatorische Population ausgerichtet sind und damit dem Typus der »Verknüpfungstechnologien« korrespondieren. Schließlich sind »methodenorientierte« und »therapeutische« Techniken (wie z. B. Röntgenologie, Nuklearmedizin oder Anästhesie, welche sich auf den Einzelpatienten richten) eindeutig »Intensivtechnologien« (vgl. Badura/Feuerstein 1994, S. 102). Die zentrale Neuerung im medizinischen Produktionsprozess ist nun die umfassende Einführung von Verknüpfungstechnologien – in Form von Informations- und Kommunikationstechnologien – durch die eine lückenlose Verknüpfung der patientenbezogenen Daten und damit eine Kontinuierung des Produktionsprozesses möglich wird.

Der medizinische Produktionsprozess hat traditionell immer in weiten Teilen den Charakter einer Intensivtechnologie gehabt. »Durch teils direkte Kontakte mit dem Patientenkörper hat medizinische Technik auch eine ›organische‹ Dimension und damit Unschärfebereiche, in denen Technisches und Nicht-Technisches funktional verstrickt, der Handlungserfolg technischer Abläufe unberechenbaren Einflüssen ausgesetzt ist. Diese Unberechenbarkeit hat neben biophysischen vor allem psychosoziale und emotionale Hintergründe, die in der Persönlichkeit der Patienten, seiner krankheitsbedingten Situation, der subjektiven Wahrnehmung dieser Situation, seinem Konfliktbearbeitungspotenzial, sowie seiner aktuellen Befindlichkeit und Verhaltensorientierung angelegt sind. In diesem Fall spielt der Patient als Person nicht nur eine medizinisch wichtige, sondern auch eine institutionell nicht bzw. nur illusionär hintergehbare Rolle als Mitproduzent im Behandlungsprozess« (ebd., S. 93 f.). Anders ausgedrückt: Das Maß an rationaler Geschlossenheit in der Verwendung der Technologien war in der traditionellen Krankenhausorganisation eher gering ausgeprägt.

Feuerstein zufolge waren deswegen lange Zeit für den Einsatz von Medizintechnologie in den deutschen Krankenhäusern nicht so sehr *operativ-technische* sondern eher *institutionelle* Handlungsaspekte von prägender Bedeutung: »einzelne Techniken (können, Ph.H.) nicht losgelöst von ihren systemischen Integrationen reflektiert werden, denn sie sind in ihrer Genese, ihrer konkreten Gestaltung, den Bedingungen ihres Einsatzes und ihrer praktischen Verflechtung mit nicht-technischen Handlungsabläufen durch eine Vielzahl limitierender Normen, orientierender Leitbilder, funktionaler Kopplungen, tradierter Rollenstrukturen und Sozialkontexten geprägt« (ebd., S. 106). In diesem doppelten Sinne konnte im Hinblick auf die traditionelle Krankenhausstruktur von so etwas wie einem einheitlichen technologischen Kern nicht die Rede sein.

Die entscheidende Voraussetzung der Implementation einer industriellen Handlungslogik bestand dann so gesehen darin, in dieser Hinsicht die integrierenden Kräfte zu stärken. Gerade in dieser Hinsicht sind »Managed Care«-Praktiken von zentraler Bedeutung für das Vorantreiben dieses Prozesses. Das wiederum neutralisiert tendenziell den von Rohde beschriebenen Zielkonflikt, »das in der bundesdeutschen Krankenhausorganisation weitgehend ungelöste Problem der institutionellen Zielintegration, des Auseinanderdriftens der ökonomischen und medizinischen Kompetenzbereiche, verbunden mit einem Ungleichgewicht in der Verteilung von Gestaltungsmacht« (ebd., S. 100). Aus dieser Perspektive gesehen wird dann aber deutlich, dass eine vor allem zeitökonomisch (und im Sinne von v. Eiff am Prozessfluss) ausgerichtete Strategie der Integration des technologischen Kerns des Krankenhauses nicht ganz unproblematisch ist. Die kleine Studie von Staender und Bergner (1997) zeigt in dieser Hinsicht, dass diese Integration im Bereich der kardiologischen Versorgung mittlerweile zwar in einigen Bereichen einigermaßen gelungen zu sein scheint, andererseits aber auch zur Abwertung der interpersonellen Handlungsdimension in der Krankenhausarbeit erheblich beiträgt.

Die daraus folgenden Konsequenzen – nämlich die Unterordnung der medizinisch-therapeutischen Handlungslogik unter eine neue industrielle Handlungslogik – wird in einer jüngeren medizinsoziologischen Arbeit sehr plastisch aufgezeigt. Diese Studie beschäftigt sich mit den Veränderungen der Arbeit von Krankenhausärzten im Zuge der Einführung des Fallpauschalensystems (und der dazugehörigen Informationstechnologie). Gerade in den Bereichen der Krankenhausarbeit, in denen bisher eine interpersonelle Orientierung von zentraler Bedeutung war, wie zum Beispiel in der Arbeit von Internisten (weniger im Falle der Arbeit von Chirurgen), wurde die Arzt-Patienten-Beziehung im Zuge der neueren Rationalisierungsprozesse entscheidend geschwächt. »In gewisser Hinsicht gleicht der Akt, die medizinischen und organisatorischen Anforderungen in Balance zu halten, nun einem schwierigen Tanz auf dem Hochseil, der im Laufschritt zu vollziehen ist. Man muss Lücken in Kauf nehmen, personelle Diskontinuitäten überbrücken, hat weniger Zeit für Informationsübergaben und hat das hiermit verbundene Risiko- und Fehlermanagement zu betreiben, um die zwangsläufig entstehenden Brüche korrigieren zu können. Unter dem Primat kurzer Liegezeiten geschehen diese Prozesse in einem wesentlich reduzierten Zeitfenster. Entsprechend der nicht-hintergehbaren medizinischen Orientierung geschieht hier unter dem Strich nicht weniger Medizin, sondern schnellere Medizin« (Vogd 2006, S. 255). Die Folge, so der Befund dieser Studie, ist eine deutliche »Rationierung« – oder anders ausgedrückt: eine Verflachung – der Kontakte zwischen Arzt und Patienten.

7 Auf dem Weg zu einem populationsorientierten Modell? – Zwei alternative Veränderungsstrategien

Die Frage ist nun, ob ausgehend von den durch »Managed Care« angestoßenen Veränderungsimpulsen eine Wiedergewinnung der interpersonellen Dimension in den medizinisch-therapeutischen Beziehungen möglich ist. Entwickelte Formen integrierter Versorgung und populationsorientierte Konzepte der Gesundheitsversorgung (die in dieser Hinsicht von zentraler Bedeutung sind) basieren auf netzwerkförmigen Handlungs- und Organisationsstrukturen. Es ist deswegen sinnvoll, an dieser Stelle jene organisations- und wirtschaftssoziologischen Ansätze zu prüfen, die die Entwicklung interorganisatorischer Netze als eine Art organisatorische »Veränderungsstrategie« (Friedberg) begreifen. Gemeint ist damit, dass es keine universellen Regeln und kein allgemeines Handlungsprinzip gibt, von dem ausgehend man ein Veränderungsvorhaben auf den Weg bringen und steuern könnte (Friedberg 1995, S. 329 ff.). Das heißt, organisatorische Veränderungen lassen sich nicht in Begriffen von unmittelbar akteursbezogenen Maximierungs- und Optimierungslogiken beschreiben. Der Wert einer Veränderungsstrategie beweist sich vielmehr im Hinblick darauf, wie sie die »Strukturierung des betreffenden Akteurssystems« in einem gewünschten Sinne beeinflussen kann. Im Zentrum steht also nicht der organisatorische Kontext oder das empirische System der Akteure, sondern die Veränderungsstrategie selber, insofern sie die »innere Struktur und die Steuerungsmechanismen des zu verändernden Systems« adäquat erkennt und begreift (ebd., S. 330). Von hier ausgehend lässt sich das Problem der Verknüpfung heterogener Handlungs- und Vermarktungslogiken organisationspraktisch denken.

In dieser Hinsicht ist Ortmanns (1995) Analyse kooperativer Interfirmen-Beziehungen in Lean-Production-Netzwerken von großem Interesse. Ortmann zeigt nämlich, dass die kontinuierliche Realisierung von Produkt- und Prozessinnovationen nur im Rahmen einer kooperativen Spielstruktur in der Zusammenarbeit der beteiligten fokalen Automobilunternehmen und ihrer Zulieferer denkbar ist, wobei sich diese Spielstruktur gleichsam Zug um Zug entwickelt. Herrschen hingegen konkurrenzorientierte Beziehungen zwischen beiden Partnern vor, so wird der Zulieferer der Möglichkeit kooperativer Preisanpassungen nach oben misstrauen und von Anfang an überhöhte Preise für sein Produkt fordern. Anstelle eines kooperative angelegten Spiels, welches die gemeinsame Verbesserung der Wertschöpfung im Rahmen eines Prozesses kontinuierlicher Preisanpassung ermöglicht, entsteht dann ein Spiel, welches auf die Preisanpassung der Zulieferprodukte nach unten zielt, wodurch Zug um Zug die Zulieferunternehmen durch das Fokalunternehmen immer mehr »in die Zange« genommen werden. Eine kooperative erzielbare Verbesserung der gemeinsamen Wertschöpfung entschwindet damit nach und nach aus dem Blick der Beteiligten. Derartige »Spiele« lassen sich auch als »Veränderungsstrategie« im Sinne Friedbergs deuten. Innerhalb dieser werden dabei »Regeln« generiert, die unterschiedliche Typen von »Ressourcen« ins Blickfeld rücken: die (einseitige) Nutzung von »autoritativen Ressourcen« im Falle *kompetitiv* angelegter Spiele und die Nutzung »allokativer« Wertschöpfungsressourcen im Falle *kooperativ* orientierter Spiele. Ortmann greift hier auf die Begrifflichkeit zurück, mit der Giddens Prozesse der »Strukturierung« beschreibt. Wichtig ist, dass eben diese Ressourcen nicht unabhängig von den gegebenen und sich entwickelnden Regeln »ins Spiel gebracht« werden können. Die von *Volker E. Amelung, Jörg Sydow* und *Arnold Windeler* im Einleitungsbeitrag dieses Bandes skizzierten *»hierarchischen Inselstrukturen«* in vielen Bereichen des Gesundheitswesens entsprechen dabei *kompetitiven* Spielstrukturen, während der zweite Typus einer *kooperativ* angelegten Spielstruktur auf so etwas wie eine *Sphärenintegration* im Rahmen integrierter Versorgungsnetzwerke zielt.

Der organisationstheoretisch orientierte Ansatz der Netzwerkforschung von Ortmann, Sydow und Windeler sieht die Entwicklung von »Unternehmungsnetzen« nun als einen auf mehreren Ebenen stattfindenden Prozess der »Strukturierung« von Aktivitäten (Windeler 2001, S. 151 ff.). Das empirische Forschungsinteresse richtet sich aus dieser Perspektive auf die Entstehung »strategischer Netze«, die sich durch diese – allmähliche Entwicklung – gemeinsamer Ziele der Netzwerkakteure auszeichnen (Sydow 1992, S. 136).

Ein zweiter Ansatz ist eher marktsoziologischer Provenienz. In dieser Hinsicht kommen Netzwerkstrukturen in den Blick, die nicht notwendigerweise auf gemeinsame Ziele der Netzwerkakteure zurückgeführt werden müssen, sondern auf die Kombination unterschiedlicher Markt- und Handlungslogiken hinweisen. Der sogenannte Embeddedness-Ansatz von Granovetter und Powell (Granovetter 1985; Powell 1990) lässt sich dabei relativ leicht mit einem Konzept der »sozialen Konstruktion von Märkten« verbinden (Hessinger 2003; McGuire et al. 1993; Barth 1963). Eben diese »soziale Konstruktion von Märkten« lässt sich dann etwa ausgehend von dem von Barth entwickelten Begriff der »Inkorporierung« plausibel machen (Hessinger 2003, S. 99 ff., 1995, S. 179 ff.). Barth macht nämlich darauf aufmerksam, dass Transaktionen (als »Zwei-Personen-Beziehungen«) in der Regel in relativ beständige *Mehrpersonen-Beziehungen* eingebettet sind (Barth 1981, S. 85). Zur Kooperation der Akteure untereinander kommt es dann, wenn sich Nicht-Null-Summen-Spiele ergeben, die in eine gemeinsame Welt von Objekten eingebettet sind (vgl. Thévenot 1985; Hessinger et al. 2000, S. 126 ff.).

Genau besehen hat nun der strukturationstheoretische Ansatz der Netzwerkforschung auch eine marktsoziologische Seite. Sydow unterscheidet in dieser Hinsicht zwei verschiedene Ansatzpunkte für organisatorische Veränderungsstrategien, die zum Aufbau von interorganisatorischen Netzwerken führen: die Quasi-Externalisierung und die Quasi-Internalisierung von Aktivitäten. »Quasi-Externalisierung« bezieht sich auf eine Entscheidung gegen Eigenfertigung und für Fremdbezug und den Aufbau netzwerkförmiger Koordinationsmuster in diesem Rahmen (Sydow 1992, S. 105 ff.). Sydow führt in diesem Kontext die »vertikale« und »horizontale« Abspaltung sowie die »Ausgliederung von Managementfunktionen« als drei verschiedene Optionen an. In der derzeitigen Situation des Gesundheitswesens steht etwa das Leasing von OP-Kapazitäten eines Krankenhauses durch ambulante Ärzte für eine Form der »horizontalen Abspaltung«, die Auslagerung von Nachsorge- und Beratungsaktivitäten eines Krankenhauses in den Rehabilitationsbereich für eine »vertikale Abspaltung« und schließlich die Übertragung einer Zuweisungs- und »Schleusenwärter«-Funktion (Gate-Keeper-Funktion) an ambulante Ärzte (im Rahmen eines Konzeptes integrierter Versorgung) für eine »Ausgliederung von Managementfunktionen«.

Ausgehend davon lassen sich nun im Hinblick auf die aktuelle Situation im Gesundheitswesen zwei unterschiedliche Veränderungsstrategien voneinander abheben. Die erste mögliche Strategie hat ihren Ansatzpunkt in der *Quasi-Externalisierung* der Aktivitäten des Krankenhausbereichs in die vor- und nachgelagerten Bereiche. Aus dieser Perspektive geht es also zunächst um den Abbau von bürokratischen Überkapazitäten sowie um die »Abpufferung des technologischen Kerns« der Krankenhausorganisation im Rahmen einer möglichst kontinuierlichen Zusammenarbeit in der Behandlungskette. Eine derartige – im Wesentlichen technikgetriebene – Entwicklung kann u.U. zu einer Abschiebung des »Sozialballastes« vom Krankenhaus in den Reha-Bereich bedeuten, bei gleichzeitiger »Rationierung« der Arzt-Patienten-Kontakte im Krankenhaus selber (vgl. Vogd 2006, S. 118). Darüber hinaus kann es in dieser Hinsicht zu einer Risikoabwälzung nach außen kommen, wobei ein zunehmend flexibilisiertes und marktförmig organisiertes Angebot an Dienstleistungen im ambulanten Bereich quasi als Auffangnetz benutzt wird. Diese Veränderungsstrategie zielt also auf eine Verknüpfung einer industriellen Handlungslogik im eigentlichen Krankenhausbereich mit einer Marktlogik in den vor- und nachgelagerten Bereichen.

Die zweite mögliche Strategie hat ihren Ansatzpunkt in der *Quasi-Internalisierung* von Märkten durch die zunehmende Ausdehnung der Wertschöpfungstiefe im Rahmen eines populationsorientierten Konzeptes der Gesundheitsversorgung. Die Pointe einer derartigen Strategie liegt dann darin, dass hier Qualitätsverbesserungen im Sinne einer größeren Nachhaltigkeit der Gesundheitsversorgung u.U. zu Kosteneinsparungen (oder zumindest zu deutlicher Kostendämpfung) führen können. Dem entspricht eine »interpersonelle Handlungslogik« im Sinne von Storper und Salais (im Rahmen von Whites »paradox markets«). Voraussetzung dafür ist freilich, dass eben diese interpersonell angelegte Handlungslogik eines populationsorientierten Konzepts mit der industriellen Handlungslogik integrierter Versorgungsnetze in Einklang gebracht wird, anders ausgedrückt: dass eine Verknüpfung mit dem Konzept »integrierter Versorgung« gelingt.

Die zentrale Innovation – so die Idee von Kindig – ist in diesem Kontext die Einführung eines ergebnisbezogenen Indikators, durch den sich die »Gesundheitswerte« einer spezifischen Population messen lassen (Kindig 1997, S. 43 ff.). Die Entwicklung eines derartigen Indikators, der sich auf die (spezifisch gewichtete) durchschnittliche Lebenserwartung beziehen sollte (health adjusted life expectancy), ist allerdings ein langer Prozess. Das heißt, er impliziert letztlich die umfassende Kenntnis aller gesundheitsrelevanten Bestimmungsfaktoren. Die Zukunftsvision besteht nun darin, dass jene Systeme Bonuspunkte bekommen, die die größte Verbesserung der Gesundheitswerte der betreffenden Population erzielen. Die Gemeinschaften mit den schlechtesten Gesundheitswerten ziehen deswegen tendenziell Investitionen an. Die basale Innovation besteht damit in einer Ablösung eines Modells der Preiskonkurrenz (wie es im Rahmen von Managed Care vorgesehen ist) durch ein Modell der Ergebniskonkurrenz.

Um den von Kindig angestrebten Typus einer Integration von »industriellen« und »interpersonellen« Handlungslogiken besser zu verstehen, ist es sinnvoll, die Überlegungen von Callon sowie die von Storper und Salais zur »sozialen Konstruktion von Märkten« mit einzubeziehen. Im Zentrum steht dabei die Vorstellung der Entwicklung gemeinsam geteilter Objektwelten und eines gemeinsamen Produktmarkt-Raums. In dieser Perspektive sind Konkurrenzverhältnisse (seien es nun Verhältnisse monopolistischer oder perfekter Konkurrenz) *die Folge* und nicht (wie die Neoklassik unterstellt) die Voraussetzung der Entstehung von Industrien und Industriestrukturen (vgl. McGuire et al. 1993). Storper und Salais zufolge sind dabei konkrete Produkte das Resultat der erfolgreichen Verflechtung unterschiedlicher Handlungsstränge und Konventionen (Storper/Salais 1997, S. 42). Callon hilft darüber hinausgehend zu verstehen, wie die Verflechtung unterschiedlicher Handlungs*logiken* im Sinne einer Sphärenintegration unterschiedlicher »Welten der Produktion« möglich ist. Anders als die Neoklassik, aber ähnlich wie Weber, hebt Callon die eigenständige Bedeutung von »kalkulativen Agenturen« als institutionalisierte Formen von »Erwerbsrechnung« hervor und verweist insbesondere auf das Moment von »sozialem Kampf« in der Durchsetzung eben dieser (Callon 1998, S. 4; Weber 1985, S. 58). Anders ausgedrückt: dem Messinstrument »Return on Investment« entspricht ein anderer Typus kapitalistischen Wirtschaftens als einer »Shareholder-value Optimierung«, und der Übergang von einem zum anderen Konzept impliziert »sozialen Kampf« im Weber'schen Sinne. Die Grundidee von Callon besteht nun darin – durchaus in Anschluss an Granovetter (Granovetter 1985) – Akteure und Netzwerke als zwei Seiten einer Medaille zu betrachten. Ausgehend von dieser »Akteur-Netzwerk-Theorie« (vgl. Latour 1996) lässt sich dann die soziale Konstruktion von Märkten als ein Prozess betrachten, in dessen Verlauf verschiedene kalkulative Agenturen und ihre sich überlappenden Teilnetze in ein übergreifendes Netzwerk integriert werden. Dabei kann dann eine der anderen kalkulativen Agenturen über- bzw. untergeordnet werden (Callon 1998, S. 32 ff.). In Kindigs Konzept wird dabei eine Unterordnung des Konzepts der Fallpauschale (als der einer industriellen Handlungslogik entsprechenden Rechnungsmodus) unter das Messinstrument der »health adjusted life expectancy« (welches einer interpersonellen Handlungslogik entspricht) angestrebt. Dem korrespondiert eine Neujustierung der Konkurrenzverhältnisse von einer Konkurrenz *zwischen* den unterschiedlichen Akteuren im Rahmen einer je gegebenen Versorgungsstruktur hin zu *kooperativen* Beziehungen eben dieser Akteure. Dabei verlagert sich die Konkurrenz auf den übergreifenden Rahmen integrierter, regionaler Versorgungsnetzwerke untereinander und wird von nationalen »Health Outcome Trusts« reguliert und in Gang gebracht.

Auch Kindigs Idee der zunehmenden Internalisierung externer Gesundheitsfaktoren lässt sich ausgehend von Callons Theorie erläutern und plausibilisieren. Callon zeigt nämlich auf, dass kalkulative Agenturen einer institutionellen »Rahmung« bedürfen, die die Ausgrenzung von »Externalitäten« ermöglicht, oder anders ausgedrückt: die Ausgrenzung jener allgemeinen Folgekosten und Nutzenverbesserungen, die »nicht in Rechnung gestellt« zu werden brauchen (ebd., S. 16 ff.). Derartige Rahmungen sind nun aber tendenziell immer wieder von »Überflutungen« bedroht, da in jedem Markt »Grenzobjekte« existieren, durch welche die bestehenden Rahmungen und Externalisierungen infrage gestellt werden können. (Konkurrierende Automobilunternehmen können etwa die Produkte ihrer Konkurrenten kaufen und analysieren, wodurch letztere zu »Grenzobjekten« werden.) Callon spricht in dieser Hinsicht auch von der Möglichkeit von »Objektverflechtungen« und »Objektkarrieren« (ebd., S. 18). Im Rahmen des Gesundheitswesens kann nun der »Patient« in diesem Sinne als ein »Grenzobjekt« begriffen werden. Patienten sind eben nicht nur »Kunden« (z. B. von Behandlungen, die auf Basis von Fallpauschalen abgerechnet werden), sondern sie sind der Erlebnis- und Handlungsmittelpunkt eines übergreifenden Netzwerks von Gesundheits- und Krankheitserfahrungen. Die handlungsrelevanten Aspekte dieser Sichtweise wurden insbesondere von Strauss und Corbin ausgehend von dem Begriff der »Krankheitstrajektorie« entwickelt, welcher auf die Probleme in der Betreuung chronisch Kranker Bezug nimmt (Strauss/Corbin 1988). Von entscheidender Bedeutung ist in dieser Hinsicht eine deutliche Auswertung interpersonell angelegter Betreuungs- und Versorgungsangebote. So gesehen ist ein Chronikerpatient so etwas wie ein »Grenzobjekt« par excellence. Kindigs Idee zielt nun darauf, den Prozess der Beobachtung derartiger Grenzobjekte (etwa im Sinne von Krankheitstrajektorien) gleichsam auf Dauer zu stellen. Die soziale Konstruktion von Märkten wird so gesehen zu einem Prozess der permanenten Sphärenintegration. Kostenrelevante Qualitätsverbesserungen resultieren dann aus der systematischen Mitbeobachtung und Eingemeindung jener Externalitäten, welche im Rahmen eines Systems von Fallpauschalen zunächst ausgeblendet werden müssen.

Die institutionelle Struktur, die der von ihm skizzierten Umdirigierung entspricht, zeichnet sich durch eine lokale Integration von Krankenhäusern und ambulanten Ärztenetzen aus, wobei vor- und nachgelagerte Bereiche wie Rehabilitation, Pflegedienste, Zahnarztpraxen, Langzeitpflege etc. mit einbezogen sind. Kindig skizziert dabei einen Drei-Phasen-Prozess von einer Dauer von etwa drei bis vier Jahren für die erste Phase und jeweils zehn Jahren für die zweite und dritte Phase (ebd., S. 149 ff.), während derer das betreffende Netz immer neue Elemente »inkorporieren« soll.

In der ersten Phase geht es um die Initiierung öffentlicher Debatten und um die Akzeptanz eines populationsorientierten Modells der Gesundheitsversorgung durch die Bevölkerung und die Agenten und Institutionen »vor Ort«. Während dieser Phase müssen überdies umfangreiche empirische Erhebungen über den Gesundheitsstatus der Bevölkerung stattfinden.

In der zweiten Phase können strukturbezogene Aktionen (wie z. B. die Reduktion der invasiven Eingriffe), prozessbezogene (wie z. B. Verkürzung der Patienten-Wartezeiten) und ergebnisbezogene (wie z. B. die Bekämpfung von Krankheitsursachen) noch unverbunden nebeneinanderstehen. Die Veränderung von Netzwerken erfordert nämlich nicht zwingend die Verfolgung in sich abgestimmter Zweck-Mittel-Handlungen. Was zählt ist die Verbesserung der Gewebestrukturen (d. h. der Netzwerkmorphologie) (vgl. Hessinger 2003, S. 123 ff.).

In der dritten Phase geht es schließlich um die Einbeziehung der nicht-medizinischen Determinanten der Gesundheitsversorgung – wie zum Beispiel der spezifische Einfluss von Arbeitsbedingungen, Umwelt, Bildung, Familie oder Sport. Erst jetzt lässt sich abschätzen, welche spezifische Verbesserung der Gesundheitssituation der Bevölkerung je investiertem Euro zu erzielen ist. Kindig bezieht sich hier ausdrücklich auf die von Shortell et al. ins Spiel gebrachte Idee von »Community Health Management Systems«, die die Gesundheitseffekte der verschiedenen Lebensbereiche beobachten und koordinieren (Shortell et al. 2000, S. 263 ff.). In längerer Perspektive sollen dann auf nationaler Ebene »Health Outcome Trusts« gebildet werden, die die Verantwortung für derartige intersektorale Initiativen übernehmen, Investitionen anregen und das Grenzmanagement zwischen den verschiedenen Lebensbereichen gestalten helfen.

8 Zusammenfassung und Ausblick

Folgt man diesen Überlegungen, so steht auch das deutsche Gesundheitswesen derzeit an einem Scheideweg, welcher sich als Rationalitätskonflikt zweier unterschiedlicher Veränderungsstrategien fassen lässt. Denkbar ist zum einen, dass die betreffenden Akteure die ihnen nunmehr gesetzlich eingeräumten Freiräume nutzen, um die derzeit schon existierenden »hierarchischen Inselstrukturen« einzelner hochtechnisierter Krankenhaus- und Klinikkomplexe durch einen Kranz peripherer Betreuungs- und Dienstleistungsagenturen zu ergänzen. Eine derartige Veränderungsstrategie zielt auf ein dualistisch angelegtes Konzept der Verknüpfung und Kopplung unterschiedlicher Sphären, wobei die periphere Sphäre gleichsam als Kosten- und Flexibilitätspuffer des zunehmend industrialisierten und hochtechnisierten Kernbereichs fungiert. Diese Strategie der »Quasi-Externalisierung« impliziert ausgeprägt kompetitive Beziehungen zwischen dem zentralen und dem peripheren Bereich (und innerhalb des letzteren) und es basiert weiterhin auf Nutzung billiger Arbeitskraft im peripheren Sektor (derzeit vor allem mit osteuropäischem Migrationshintergrund).

Während diese Strategie einen kurzfristigen Erwartungshorizont der Beteiligten unterstellt, ist eine auf umfassende Sphärenintegration angelegte Veränderungsstrategie eher langfristig orientiert. In diesem Fall eines kooperativen Miteinanders der verschiedenen Sektoren und Organisationen wird die Beobachtung und schrittweise Eingemeindung von »Grenzobjekten« und »Externalitäten« in einen kontinuierlichen Prozess der sozialen Konstruktion von Märkten zu einer permanenten Aufgabe von allen Beteiligten. Derartige populationsorientierte Perspektiven können sich zunächst durchaus ausgehend von inner- und zwischenorganisatorischen Abstimmungsprozessen ergeben, die die zwischenorganisatorische Einbettung des Fallpauschalen-Systems betreffen. Soll es aber tatsächlich zu der Durchsetzung einer neuen Logik kommen, so impliziert dies im Sinne Kindigs und Shortells eine öffentliche Debatte und einen entsprechenden Politikwechsel. Das betrifft insbesondere eine grundlegende Umstellung der etablierten Messverfahren auf ergebnis- und populationsbezogene Messgrößen (also einen zweiten entscheidenden Reformschritt).

Die Reformdebatte in der Bundesrepublik über die Zukunft des Sozialstaats und die an ihr beteiligten »Reformwerkstätten« sind derzeit freilich noch immer einem »neoliberal« eingefärbten Einheitsdenken verpflichtet. Dieses mag die Existenz unterschiedlicher »Welten der Produktion« und damit entsprechender Rationalitätskonflikte nicht anerkennen und unterstellt in jedem Fall die Überlegenheit der Marktlogik gegenüber alternativen Handlungslogiken. Der durch diese Simplifizierungen notwendig erzeugte Komplexitätsüberschuss im Reformprozess wird dann typischerweise durch nachgeschobene Standardisierungs- und Industrialisierungslogiken »abgearbeitet«. Das heißt es handelt sich hier gleichsam um einen verschobenen Rationalitätskonflikt. Insbesondere die bisherigen Ergebnisse der Reformprozesse im Bereich der Arbeitsmarktpolitik und der Bildungs- und Wissenschaftspolitik geben in dieser Hinsicht zu denken. So gesehen entspricht die zuerst skizzierte dualistische, konkurrenzorientierte und kurzfristig angelegte Veränderungsstrategie, die von »hierarchischen Insellösungen« ausgeht, dem derzeitigen gesellschaftspolitischen Klima. Andererseits sprechen die spezifischen Bedingungen des Gesundheitswesens – insbesondere das für diesen Bereich typische hohe Maß an moralisch-ethischem Reflexionsvermögen – dafür, dass die Problemkomplexität der hier anstehenden Reformprozesse nicht so leichtfertig reduziert wird, wie es im Hinblick auf andere Bereiche geschah. Für die allmähliche Durchsetzung ganzheitlicher, auf kostenrelevante Qualitätsverbesserungen orientierter, kooperativer durchgeführter Veränderungsstrategien besteht so gesehen eine realistische Chance.

Literaturverzeichnis

Amelung, V.E./Meyer-Lutterloh, K./Schmid, E./Seiler, R./Weatherly, J. (2006): Integrierte Versorgung und Medizinische Versorgungszentren. Von der Idee zur Umsetzung. Berlin.

Amelung, V.E. (2007): Managed Care. Neue Wege im Gesundheitsmanagement. 3. Aufl. Wiesbaden.

Badura, B./Feuerstein, G. (1994): Systemgestaltung im Gesundheitswesen. Weinheim und München.

Bandelow, N. (1998): Gesundheitspolitik. Der Staat in der Hand einzelner Interessengruppen? Opladen.

Barth, F. (1963): The role of entrepreneur in social change in Northern Norway. Oslo.

Barth, F. (1981): Models reconsidered. In: Barth, F.: Process and form in social life. Selected essays of Frederik Barth. Vol. 1. S. 76–109.

Berger, S./Piore, M. (1980): Dualism and discontinuity in industrial society. London und New York.

Callon, M. (1998): Introduction. The embeddedness of economic markets in economics, in: Callon, M. (Hrsg.): The laws of the markets. Oxford und Mulder, S. 1–57.

Eiff, W. von (1998): Outsourcing oder Re-Sourcing – Kernkompetenz ist die Managementfähigkeit. In: Krankenhaus-Umschau 10, S. 714–725.

Eiff, W. von/Ziegenbein, G. (2001): Geschäftsprozessmanagement: Methoden und Techniken für das Management von Leistungsprozessen im Krankenhaus. Gütersloh.

Favereau, O./Biencourt, O./Eymaid-Duvernay, F. (2002): Where do markets come from? From (quality) conventions! In: Favereau, O./Lazega, E. (Hrsg.): Conventions and strutcures in economic organisation. Markets, networks and hierarchies. Cheltenham, U.K. und Northampton, USA, S. 213–352.

Feuerstein, G./Badura, B. (1991): Patientenorientierung durch Gesundheitsförderung im Krankenhaus. Düsseldorf.

Friedberg, E. (1995): Ordnung und Macht. Dynamiken organisierten Handelns. Frankfurt a.M. und New York.

Granovetter, M. (1985): Economic action and social structure: The problem of embeddedness. In: American Journal of Sociology 91 (3), S. 481–510.

Haubrock, M./Hagmann, H./Nerlinger, T. (2000): Managed Care. Integrierte Versorgungsformen. Bern etc.

Henke, K.D./Ade, C./Lutz, P. (1995): Der Krankenhaussektor im Gesundheitsstrukturgesetz. In: Zeitschrift für Gesundheitswissenschaft 3 (1), S. 6–20.

Hessinger, P. (1995): Dominanz und Balance in industriellen Netzwerken. In: Fischer, J./Gensior, S. (Hrsg.): Netzspannungen. Trends in der sozialen und technischen Vernetzung von Arbeit. Berlin, S. 157–185.

Hessinger, P. (2003): Vernetzte Wirtschaft und ökonomische Entwicklung. Organisatorischer Wandel, Institutionelle Einbettung, Zivilgesellschaftliche Perspektiven. Opladen.

Hessinger, P./Eichhorn, F./Feldhoff, J./Schmidt, G. (2000): Fokus und Balance. Aufbau und Wachstum industrieller Netzwerke. Opladen.
Heydebrandt, W. (1973): Hospital bureaucracy – A comparative study of organisations. New York.
Hurrelmann, K. (1988): Sozialisation und Gesundheit. Somatische, psychische und soziale Risikofaktoren im Lebenslauf. Weinheim und München.
Illich, J. (1995/1975): Die Nemesis der Medizin. Die Kritik der Medikalisierung des Lebens. München.
Jacobs, K./Schulze, S. (2005): Managed Care und integrierte Versorgung in den USA – Erfahrungen und Lehren für die Diskussion in Deutschland. In: Klauber, J./Robra, B.P./Schellschmidt, H. (2006): Krankenhausreport 2005. Stuttgart und New York, S. 81–97.
Kindig, D. (1997): Purchasing population health. Paying for results. Ann Arbor.
Klauber, J./Robra, B.P./Schellschmidt, H. (2004): Krankenhausreport 2003. Schwerpunkt: GRDs im Jahre 1. Stuttgart und New York.
Klauber, J./Robra, B.P./Schellschmidt, H. (2006): Krankenhausreport 2005. Schwerpunkt: Wege zur Integration. Stuttgart und New York.
Latour, B. (1996): On actor-network theory. In: Soziale Welt 47, S. 369–381.
McGuire, P./Granovetter, M./Schwartz, M. (1993): Thomas Edison and the social construction of the early electricity industry in America. In: Swedberg, R. (Hrsg.): Explorations in economic sociology. New York, S. 213–246.
Murray, M. (1994): Physician payment reform in the United States. In: Zeitschrift für Gesundheitswissenschaft 2 (3), S. 196–207.
Ortmann, G. (1995): Formen der Produktion, Organisation und Rekursität. Opladen.
Ortmann, G./Schnelle, W. (2000): Medizinische Qualitätsnetze – Steuerung und Selbststeuerung. In: Sydow, J./Windeler, A. (Hrsg.): Steuerung von Netzwerken. Konzepte und Praktiken. Opladen, S. 206–233.
Parsons, T. (1963): Social change and medical organisation in the United States. In: Annals of the American Academy of Political and Social Science 346, S. 21–33.
Pfaff, H. (1994): Lean-Production – ein Modell für das Krankenhaus? Gefahren, Chancen, Denkanstöße. In: Zeitschrift für Gesundheitswesen 2 (1), S. 61–80.
Pfaff, H. (1997): Das lernende Krankenhaus. In: Zeitschrift für Gesundheitswissenschaft 5 (4), S. 323–341.
Powell, W. (1990): Neither market nor hierarchy: Network forms of organisation. In: Research in Organisational Behaviour 12, S. 295–336.
Robert Bosch Stiftung (Hrsg.)(2000): Pflege neu denken. Die Zukunft der Pflegeausbildung. Stuttgart.
Rohde, J.J. (1962): Soziologie des Krankenhauses. Stuttgart.
Scott, W.R./Ruet, M./Mandel, P./Carona, C. (2000): Institutional change and healthcare organisations. From professional dominance to managed care. Chicago und London.
Shortell, S./Gillies, R./Anderson, D. (1994): The new world of managed care: Creating organized delivery systems. In: Health Affairs 13, S. 46–64.
Shortell, S./Gillies, R./Anderson, D./Erickson, K.M./Mitchell, J.B. (2000): Remaking health care in America. The evolution of organized delivering systems. San Francisco.
Staender, J./Bergner, E. (1997): Schnittstellen in der kardiologischen Versorgung. In: Zeitschrift für Gesundheitswissenschaft 5 (4), S. 343–357.
Stichweh, R. (2000): Professionen im System der modernen Gesellschaft. In: Merten, R. (Hrsg.): Systemtheorie Sozialer Arbeit. Neue Ansätze und veränderte Perspektiven. Opladen, S. 29–38.
Stollberg, G. (2001): Medizinsoziologie. Bielefeld.
Storper, M./Salais, R. (1997): Worlds of production. The action frameworks of the economy. Cambridge, Mass. und London.

Strauss, A./Corbin, J. (1988): Shaping a new health care system. The explosion of chronic illness as a catalyst for change. San Francisco und London.

SVR-Sachverständigenrat (2001): Bedarfsgerechtigkeit und Wirtschaftlichkeit. Sondergutachten 2000/2001 – Band I/Band II. Kurzfassung. Bonn.

Sydow, J. (2001): Management von Unternehmensnetzwerken – Auf dem Weg zu einer reflexiven Netzwerkentwicklung? In: Howaldt, J./Kopp, R./Flocken, P. (Hrsg.): Kooperationsverbünde und regionale Modernisierung. Wiesbaden, S. 79–101.

Sydow, J. (1992): Strategische Netzwerke. Evolution und Organisation. Wiesbaden.

Thévenot, L. (1985): Les investissement de forme. In: Conventions économiques. PUF, S. 21–71.

Thompson, J. (1967): Organisations in action. New York.

Thompson, J./McEwen, W. (1958): Organisational goals and environments: Goal setting as an interaction process. In: Sociological Review 23, S. 23–31.

Vogd, W. (2006): Die Organisation Krankenhaus im Wandel. Eine dokumentarische Evaluation aus Sicht der ärztlichen Akteure. Bern.

Weber, M. (1985): Wirtschaft und Gesellschaft. Studienausgabe. 5. Aufl. Tübingen.

White, H. (2002a): Markets from networks. Socioeconomic models of production. Princeton.

White, H. (2002b): Conclusion: quality as a system property. Downstream. In: Favereau, O./Lazega, E. (Hrsg.): Conventions and strutcures in economic organisation. Markets, networks and hierarchies. Cheltenham, U.K. und Northampton, USA, S. 329–345.

Windeler, A. (2001): Unternehmensnetzwerke. Konstitution und Strukturation. Opladen.

Womack, J./Jones, D./Ross, D. (1991): Die zweite Revolution in der Automobilindustrie. Frankfurt a.M. und New York.

Holger Pfaff, Christoph Kowalski und Oliver Ommen

Modelle zur Analyse von Integration und Koordination im Versorgungssystem

Zusammenfassung

Im Mittelpunkt dieses Beitrags stehen vier Konzepte und Modelle, die zur Analyse des gesundheitlichen Versorgungssystems dienlich sein können. Das Konzept der Versorgungsrationalitäten beschreibt die Prinzipien, die die Gestalt des Behandlungsprozesses prägen und den Grad der Integration festlegen. Im Desintegrationsmodell werden die Ursachen und Folgen mangelnder Integration betrachtet und Strategien zur Verminderung der Desintegration vorgestellt. Das Quadranten-Modell der Integration erlaubt eine Analyse der Koordinationsformen in der Krankenversorgung. Es basiert auf Arbeiten von Ouchi und Habermas und unterscheidet vier Typen der Handlungskoordination: Markt, Hierarchie, Clan und Netzwerk. Das Modell der polykoordinierten Versorgung schließlich postuliert, dass die Modernisierung des Gesundheitssystems mit einer Zunahme der Kombination dieser vier Koordinationstypen (Polykoordination) einhergeht. Die These ist, dass die Krankenversorgung durch das Polykoordinationsprinzip an Flexibilität und Integrationskraft gewinnt. Beide Konzepte, das Quadranten-Modell der Integration und das Konzept der Polykoordination, können genutzt werden, um die vorhandenen Vernetzungsformen im Gesundheitssystem, wie zum Beispiel Ärztenetze und integrierte Versorgungssysteme, zu analysieren und zu typisieren.

1 Das Konzept der Versorgungsrationalitäten

Die Versorgung der Patienten kann unterschiedlichen Rationalitäten unterliegen. Für die Gestaltung des gesundheitlichen Versorgungsprozesses sind die medizinisch-psychosoziale, die ökonomische und die organisationale Rationalität relevant (Pfaff et al. 2005).

Wird der gesundheitliche Versorgungsprozess nach dem Prinzip der medizinisch-psychosozialen Rationalität organisiert, so werden die Versorungsstrukturen und -prozesse so gestaltet, dass die Ziele langes Leben (medizinische Rationalität) und hohe Lebensqualität bzw. Wohlbefinden (psychosoziale Rationalität) optimiert werden. Durch eine bestmögliche medizinische und psychosoziale Betreuung und Behandlung sollen diese beiden Ziele erreicht werden. Wird der Versorgungsprozess nach diesem

Prinzip gestaltet, entsteht eine optimale Versorgungskette. Dies erreicht man durch die Berücksichtigung der Erkenntnisse der evidenzbasierten Medizin und durch die Anwendung evidenzbasierter Leitlinien. Je mehr die Behandlung nach evidenzbasierten Leitlinien erfolgt, desto mehr kommt die medizinisch-psychosoziale Rationalität zur Geltung.

Die Versorgungsstrukturen und -prozesse können auch nach dem Prinzip der ökonomischen Rationalität organisiert werden. In diesem Fall wird der Versorgungsprozess so organisiert, dass Wirtschaftlichkeit und Effizienz erhöht werden. Wir unterscheiden dabei das Prinzip der einzelwirtschaftlichen Rationalität von dem der prozesswirtschaftlichen Rationalität. Von einzelnen Versorgungsorganisationen (Einzelwirtschaft) erbrachte Leistungen können für das jeweilige Unternehmen einzelwirtschaftlich sinnvoll sein, ohne dass dies für den Gesamtprozess zuträglich sein muss. Die Aneinanderreihung einzelwirtschaftlich optimierter Prozesssegmente ergibt nicht automatisch einen effizienten Gesamtprozess. In einem segmentierten Versorgungssystem kann die Gesamteffektivität des Behandlungsprozesses dann zum Beispiel leiden, wenn die Segmente nicht aufeinander abgestimmt sind, die Wirkungen sich gegenseitig aufheben und doppelte Versorgungsleistungen erbracht werden. Im Idealfall ist der Behandlungsprozess aus ökonomischer Sicht so optimiert, dass sowohl die einzelwirtschaftlichen Organisationen (z. B. das Krankenhaus) profitieren als auch die Krankenkassen, die für den gesamten Behandlungsprozess weniger Kosten aufwenden müssen. Die Gestaltung der Versorgung nach dem Prinzip der ökonomischen Rationalität kann dazu führen, dass das Prinzip der medizinisch-psychosozialen Rationalität nicht voll zur Geltung gebracht werden kann. Ein klassisches Beispiel für einen derartigen Zielkonflikt ist der strukturelle Konflikt zwischen kaufmännischer Leitung und ärztlicher Leitung in einem Krankenhaus.

Das Prinzip der organisationalen Rationalität kommt als drittes Prinzip im Versorgungsprozess dann zum Tragen, wenn der Prozess so organisiert wird, dass die Eigeninteressen der am Behandlungsprozess beteiligten Organisationen und ihrer Mitglieder berücksichtigt werden. Die organisationale Rationalität kann, muss aber nicht mit der einzelwirtschaftlichen Rationalität übereinstimmen. Eine Übereinstimmung ist gegeben, wenn die Mitglieder einer Organisation Eigeninteressen verfolgen, die auch der Gesamtorganisation dienen. Keine Übereinstimmung ist gegeben, wenn zum Beispiel das Interesse am Arbeitsplatzerhalt der Mitarbeiter eines Krankenhauses oder das Interesse eines Chefarztes am Status- und Machterhalt dazu führt, dass ökonomisch sinnvolle Strategien (z. B. Schließung nicht rentabler Abteilungen) nicht verfolgt werden. Um ein Beispiel aus der Praxis zu nennen: Wenn zwei Kliniken, die zu einem gemeinsamen Träger gehören, es nicht schaffen, ein gemeinsames Brustzentrum zu etablieren, weil die Chefärzte der beiden senologischen Abteilungen dieser Kliniken nicht zusammenarbeiten können und/oder wollen, hat nicht die ökonomische Vernunft gesiegt (einzelwirtschaftliche Rationalität), sondern das Einzelinteresse einzelner Organisationsmitglieder bzw. Abteilungen. Ein weiterer potenzieller Zielkonflikt besteht zwischen der organisationalen Rationalität und der prozesswirtschaftlichen Rationalität. Besonders im Fall der Übereinstimmung von einzelwirtschaftlicher und organisationaler Rationalität wird es schwer, der prozesswirtschaftlichen Rationalität im Versorgungsprozess Geltung zu verschaffen. Setzt sich das Prinzip der organisationalen Rationalität generell durch, so erschwert dies in der Regel die Gesamtoptimierung des Versorgungsablaufs.

Wie kann angesichts dieser verschiedenen Rationalitäten eine Optimierung der Gesamtversorgung gewährleistet werden? Eine optimale, langfristig tragfähige Versorgung der Patienten setzt voraus, dass der gesamte Behandlungsprozess sowohl der medizinisch-psychosozialen Rationalität als auch der prozesswirtschaftlichen Rationalität genügt. Eine suboptimal integrierte Behandlung wird dann wahrscheinlicher, wenn sich im Versorgungssystem die einzelwirtschaftliche und/oder die organisationale Rationalität durchsetzt. Dieser zweite Fall ist in dem segmentierten Versorgungssystem in Deutschland bisher gegeben. Das »Spannungsfeld von Wettbewerb und Kooperation« (vgl. auch den Beitrag von *Volker E. Amelung, Jörg Sydow* und *Arnold Windeler* in diesem Band) kann demnach auch als Spannung zwischen der einzelwirtschaftlichen Rationalität (Wettbewerb) einerseits und der prozesswirtschaftlichen und medizinisch-psychosozialen Rationalität andererseites (Kooperation) begriffen werden.

2 Das Desintegrationsmodell der Versorgung

Das Desintegrationsmodell der Versorgung bietet einen allgemeinen Rahmen zur Erklärung der Ursachen und Folgen der Desintegration im Versorgungssystem.

Desintegrationstreiber

Im Rahmen dieses Modells werden die Ursachen der Desintegration als Desintegrationstreiber bezeichnet. Darunter verstehen wir Faktoren, deren Eliminierung zu einer stärkeren Integration der Versorgungsprozesse führt, wie zum Beispiel die Kostenträgervielfalt (Krankenkassen, Rentenversicherung, Unfallversicherung), die Organisationsvielfalt (Hausarztpraxen, Facharztpraxen, Akutkliniken, Rehakliniken, unterschiedliche Krankenkassen) und die Budget- oder Fallpauschalenorientierung in den Organisationen (z. B. DRG). Die Problematik der unzureichenden Abstimmung und Vernetzung der Versorgungsabläufe ist bereits seit längerem Gegenstand der Diskussion um die Zukunft des Gesundheitswesens. Dies gilt umso mehr vor dem Hintergrund ständig steigender Gesundheitsausgaben bei gleichzeitiger Zunahme des Wettbewerbs zwischen den Akteuren und einer Zunahme chronischer Erkrankungen. Langfristige Behandlungen unter Einbeziehung einer Vielzahl von Versorgungsakteuren erfordern Abstimmung und Kohärenz der einzelnen Behandlungskonzepte. Durch die starke Segmentierung im deutschen Gesundheitssystem kommt es nicht selten zu Abstimmungsproblemen zwischen den beteiligten Akteuren. Hierfür sind neben ökonomischen Interessen (siehe einzelwirtschaftliche und organisationale Rationalität) nicht zuletzt die unterschiedlichen Werte- und Deutungsmuster der Versorgungsakteure (z. B. Hausarzt vs. Facharzt) verantwortlich. Die verschiedenen Versorgungsdienstleister verfolgen jeweils eigene ökonomische und wertebezogene Interessen, die zwar nicht grundsätzlich im Gegensatz zu den Interessen der jeweils anderen Akteure stehen müssen, insgesamt jedoch eine Integration eher erschweren als erleichtern.

Die Desintegration der Versorgung

Die Desintegrationstreiber bestimmen den Grad der Desintegration der Versorgung. An den Schnittstellen zwischen den einzelnen Akteuren kann es zu Versorgungsdiskontinuitäten kommen. Dazu zählen zum Beispiel Medikamentierungsbrüche und eine Unterbrechung der sorgenden Beobachtung (continuity of care). Dies kann erhebliche Konsequenzen für die Patienten haben. Ein weiteres Problem des segmentierten Gesundheitssystems ist, dass es keine Instanz gibt, die den Gesamtprozess der Behandlung einer Person im Blick hat und diesen steuert. Der »Wertschöpfungsprozess« liegt in vielen Händen und kann daher nicht wirklich grundsätzlich optimiert werden (Pfaff 1994). Eine zentrale Herausforderung an ein zeitgemäßes und dauerhaft leistungsfähiges Gesundheitssystem ist, die Versorgung zu intergrieren und »aus einem Guss« zu gestalten. Die Schnittstellen zwischen den Sektoren sollten, wenn sie durch Auflösung der Sektoren nicht abgeschafft werden können, wenigstens so gestaltet werden, dass sich daraus keine Versorgungsdiskontinuitäten ergeben.

Die Desintegration kann anhand des Grads der Nicht-Kohärenz des Behandlungsprozesses auf der medizinischen, psychosozialen, technischen, ökonomischen und organisationalen Ebene festgemacht und gemessen werden. Ein Behandlungsprozess ist *medizinisch integriert*, wenn alle medizinisch notwendigen Prozessschritte an der richtigen Stelle, zur richtigen Zeit, von der richtigen Fachkraft und in der richtigen Art und Weise erfolgen. Dies ist in der Regel dann der Fall, wenn es eine umfassende evidenzbasierte Leitlinie zum Gesamtbehandlungsprozess gibt und diese vollständig in die Versorgungsstrukturen und -prozesse implementiert ist. Beispiele für Desintegration auf der medizinischen Ebene sind Diskontinuitäten in den Versorgungsprozessen wie zum Beispiel Versorgungsabbrüche (z. B. keine Weiterversorgung durch den Hausarzt) oder ein Medikamentierungsstopp nach der Entlassung aus dem Akutkrankenhaus (z. B. wegen Urlaub des Haus- oder Facharztes). Ein Behandlungsprozess ist *psychosozial integriert*, wenn die Lebensqualität und das Wohlbefinden des Patienten Richtschnur des Behandlungsprozesses sind und alle beteiligten Fachkräfte sich so abstimmen, dass diese beiden Ziele erreicht werden können. Ein Versorgungsprozess ist *technisch integriert*, wenn der Gesamtprozess EDV-technisch erfasst und auf elektronischem Wege koordiniert werden kann. Der Behandlungsprozess ist *ökonomisch integriert*, wenn der gesamte Behandlungsprozess einer einheitlichen Rechnungslegung unterliegt und sämtliche Ausgaben und Einnahmen zentral erfasst und gesteuert werden können. Ein Behandlungsprozess ist *organisational integriert*, wenn der Gesamtprozess in der Hand und Verantwortung einer Organisation liegt.

In den verschiedenen Vernetzungs- und Versorgungsmodellen, wie zum Beispiel den Modellen der integrierten Versorgung, sind diese Ebenen der Integration oft unterschiedlich ausgeprägt und unterschiedlich miteinander verbunden. Dieser Sachverhalt kann im Rahmen der Versorgungsanalyse genutzt werden, um die in der Praxis vorhandenen Versorgungsmodelle klassifizieren und typisieren zu können. Oft müssen zur Verwirklichung einer vollständigen Integration bestimmte Integrationsebenen zuerst bearbeitet werden. So wird in vielen Modellen der integrierten Versorgung zunächst die technische Integration angestrebt, um auf diese Weise die Grundlage für eine medizinische Integration legen zu können. Ein Beispiel hierfür ist das IV-Modell »Gesundes Kinzigtal« (vgl. auch den Beitrag von *Achim Siegel, Ulrich Stößel, Detlef Geßner, Franziska Beckebans, Helmut Hildebrandt, Christopher Hermann, Alf Trojan* und *Holger Pfaff* in diesem Band).

Desintegrationsfolgen

Je desintegrierter die Versorgung auf der medizinischen, psychosozialen, technischen, ökonomischen und/oder organisationalen Ebene ist, desto eher werden sich vor allem auf der Seite des Patienten und des Kostenträgers negative Folgen einstellen. Diese Folgen ergeben sich beim Patienten vor allem im Bereich der Ergebnisqualität. Indikatoren hierfür sind zum Beispiel die 30-Tage-Mortalitätsrate, die Wiedereinweisungsrate pro Jahr nach Akutkrankenhausentlassung und die Anzahl der Arbeitsunfähigkeitstage. Die Folgen der Desintegration für den Kostenträger machen sich vor allem im Bereich der Kosten der Krankenversorgung bemerkbar. Beispiele hierfür sind das Krankengeld, die Medikamentierungskosten und generell die Gesamtbehandlungskosten. Zu den wesentlichen Desintegrationsfolgen zählen daher eine geringe Ergebnisqualität und eine geringe Wirtschaftlichkeit der Behandlung (s. Abb. 3).

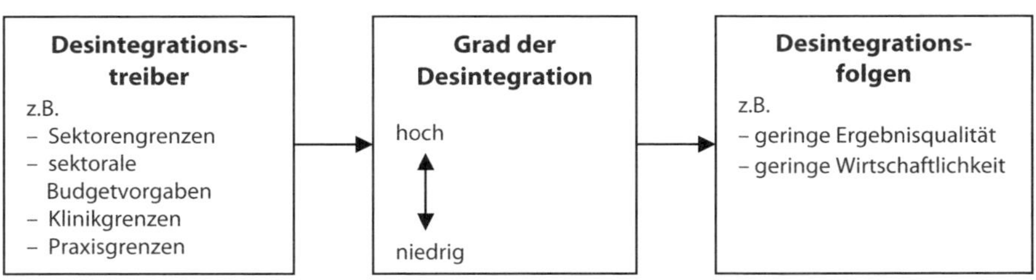

Abb. 3: Das Desintegrationsmodell

Gegenstrategien

Es gibt drei Wege der Beseitigung oder Abschwächung des Desintegrationsproblems (Pfaff et al. 2005): treiberminimierende, effektmodifizierende und desintegrationsfolgenminimierende Strategien (s. Abb. 4).

Treiberminimierende Strategien sind Interventionen, die die Beseitigung der Ursachen der mangelnden Integration zum Ziel haben. Dies ist der radikalste und wirkungsvollste Weg zur Reduzierung der Desintegration und ihrer Folgen. Die Schaffung eines staatlichen Gesundheitssystems oder die private Organisation der Versorgungskette aus

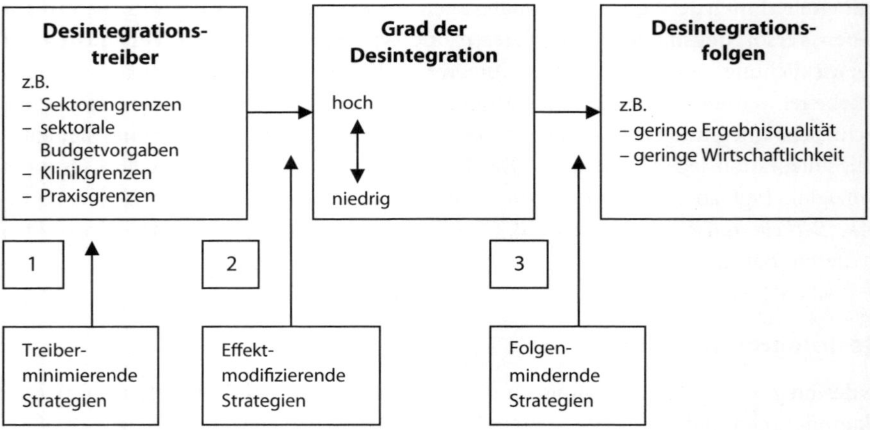

Abb. 4: Strategien gegen die Desintegration

einer Hand wären Beispiele für Strategien, die die Ursachen der Desintegration zum Ziel haben und auf Hierarchie als Koordinationsprinzip setzen. Ob der daraus resultierende radikale Abbau der Desintegration eine optimierte Versorgung der Patienten zur Folge hat, hängt u. a. davon ab, inwieweit der auf diese Weise geschaffene Versorgungsprozess nach dem Prinzip der medizinisch-psychosozialen Rationalität organisiert ist.

Im Rahmen der *Strategie der Minimierung der Treiberfolgen (effektmodifizierende Strategien)* bleibt die Segmentierung der Versorgung grundsätzlich bestehen. Es wird jedoch versucht, über kooperative, vertragliche und kommunikative Maßnahmen ein Mindestmaß an Integration sicherzustellen. Die negativen Wirkungen der Segmentierung werden auf diese Weise abgeschwächt, ohne die Segmentierung selbst aufzuheben. Die gesetzlich verankerte »integrierte Versorgung« gehört in diese Kategorie der Strategien gegen die Desintegration. Die integrierte Versorgung ist als ein Versuch zu werten, trotz vorhandener Desintegrationstreiber den Grad der medizinischen, psychosozialen, technischen, ökonomischen und organisationalen Desintegration gering zu halten. Ein Beispiel hierfür ist die Einrichtung von Tumorboards in Krebszentren (z. B. Brustzentren). Ziel des Tumorboards ist es, gemeinsam im interdisziplinären Team, dem zum Beispiel Pathologen, Onkologen, Radiologen und Chirurgen angehören, zu einer einheitlichen, abgestimmten Behandlung zu kommen. Trotz weiterhin vorhandener Arbeitsteilung zwischen den Fachdisziplinen (Desintegrationstreiber) soll durch das Tumorboard sichergestellt werden, dass die beste Therapie zur Anwendung kommt und diese in abgestimmter Weise erfolgt.

Den dritten Interventionstyp zur Verbesserung der Intergrationsprobleme bezeichnen wir als *Strategie der Minimierung der Desintegrationsfolgen (folgenmindernde Strategien)*. Hierbei wird weder die Ursache der fehlenden Vernetzung der Versorgungsabläufe noch die Desintegration selbst zum Ziel der Intervention, sondern die negativen Folgen der Desintegration. Interventionen dieser Art sind meist nur auf einzelne Organisationen und Segmente bezogen. Beispiele hierfür sind Maßnahmen zur Abmilderung der Folgen der Medikamentierungsumstellung (z. B. aktive Beobachtung) sowie die Nutzung der Technik zur Überwachung des Körperzustands des Patienten (z. B. Telemonitoring). Eine weitere Klasse von Strategien zur Beherrschung der Desintegrationsfolgen beinhaltet Maßnahmen zur Verbesserung der Versorgungsqualität in den einzelnen Segmenten. Hierzu zählen zum Beispiel das klinische Qualitätsmanagement, das medizinische Controlling und das klinische Risikomanagement.

Während die Umsetzung ursachenbezogener Strategien zur Vermeidung der Desintegration meist an den politischen Eigeninteressen der Akteure im Gesundheitswesen scheitert, ist die Reichweite und die Wirksamkeit der die Desintegrationsfolgen mindernden Strategien begrenzt. Derzeit scheinen daher die Strategien zur Minderung der Wirkung der Desintegrationsursachen am vielversprechendsten zu sein.

3 Das Quadranten-Modell der Integration

Eine effektive und effiziente Koordination der hochspezialisierten Versorgungsakteure führt – so die zentrale These – zu einer Verminderung der Desintegration im System der Kranken- und Gesundheitsversorgung. Wie kann eine solche Form der Koordination sichergestellt werden?

Aufbauend auf den Arbeiten von Ouchi und Price (1993) und Habermas (1987a, 1987b) und der Diskussion um das normative und interpretative Paradigma in der Soziologie (Dawe 1970; Wilson 1973; Stryker/Statham 1985) wird im Folgenden argumentiert, dass es vier grundsätzliche Formen der integrierenden Koordination der Versorgungsakteure gibt. Diese ergeben sich aus der Kombination der Dimensionen Normierung der Handlungskoordination und Entsprachlichung der Handlungskoordination (vgl. Abb. 5).

		Grad der Entsprachlichung der Koordination	
		Sprachliche Koordinationsmedien	Entsprachlichte Koordinationsmedien
Grad der Normierung der Koordination	hoch	**Integration durch Einverständnis** **»Clan«**	**Integration durch Macht** **»Hierarchie«**
	niedrig	**Integration durch Verständigung** **»Netzwerk«**	**Integration durch Geld** **»Markt«**

Abb. 5: Das Quadranten-Modell der Integration

Die Handlungskoordination kann erstens mehr oder weniger normiert sein. Ist sie stark normiert, spielen Werte, Normen und Rollen eine herausragende Rolle bei der Koordination der Akteure. Diese werden von den neuen Mitgliedern meist vorgefunden und stehen nur unter bestimmten Bedingungen zur Disposition. Ist die Handlungskoordinierung durch wenig Werte, Normen und Regeln geprägt, haben die Akteure mehr Freiräume bei der Gestaltung der Koordination.

Die Handlungskoordinierung kann zweitens durch ein Mehr oder Weniger an sprachlicher Kommunikation erreicht werden. Auf diesen Punkt hat Habermas mit der Unterscheidung zwischen Sozial- und Systemintegration aufmerksam gemacht. Die Begriffe System- und Sozialintegration bezeichnen unterschiedliche Formen der Handlungskoordinierung. Während bei der Sozialintegration die Koordinierung des Handelns »über den Konsens der Beteiligten« zustande kommt, geschieht dies bei der Systemintegration »über funktionale Handlungszusammenhänge« (Habermas 1987b, S. 278). Systemintegrative Mechanismen setzen an den Handlungseffekten an, während sozialintegrative Mechanismen über die Handlungsorientierungen der Beteiligten wirken. Die Formen der sozialen Integration sind konsensabhängig und setzen persönlichen Kontakt voraus. Die systemintegrativen Formen der Vergesellschaftung basieren dagegen auf Anonymität. Während die sozialintegrative Handlungskoordinierung auf der Sprache basiert, kommt die sozialsystemische Handlungskoordinierung ohne Sprache aus und ersetzt sie durch entsprachlichte Kommunikationsmedien wie Geld und Macht (Habermas 1987b). Kombiniert man beide Dimensionen, so gelangt man zum Norm-Kommunikation-Modell der Handlungskoordinierung.

Dichotomisiert man beide Dimensionen und unterscheidet man zwischen geringer und starker Normierung des Handelns sowie entsprachlichter und sprachlicher Kommunikation, so erhält man vier Quadranten. Nach diesem Quadrantenmodell der Integration gibt es folgende Formen der integrierenden Handlungskoordinierung:

1. Integrierende Koordinierung der Akteure über starke Handlungsnormierung und entsprachlichte Kommunikationsmedien;
2. Integrierende Koordinierung der Akteure über geringe Handlungsnormierung und entsprachlichte Kommunikationsmedien;
3. Integrierende Koordinierung der Akteure über starke Handlungsnormierung und sprachliche Kommunikationsmedien;
4. Integrierende Koordinierung der Akteure über geringe Handlungsnormierung und sprachliche Kommunikationsmedien.

Die ersten beiden Quadranten repräsentieren die Systemintegration und sind gekennzeichnet durch entsprachlichte Kommunikationsmedien wie Macht und Geld. Das Kommunikationsmedium Macht korrespondiert mit dem Koordinationsprinzip der Hierarchie und damit auch mit dem Organisationsprinzip der bürokratischen Organisation (Habermas 1987a, 1987b). Die Hierarchie in Form der bürokratischen Organisation ist nach Ouchi und Price eine mögliche Form der sozialen Koordination von Handlungen. Ihr wichtigster Kontrollmechanismus ist die Regel bzw. die Norm. Die Regel kann sich darauf beziehen, wie eine Arbeit zu erledigen ist (z. B. Regeln zur Befolgung von Leitlinien) oder welche Ziele (z. B. Senkung der 30-Tage-Mortalitätsrate) zu erreichen sind (Ouchi/Price 1993). Aus diesem Grund gehört die Hierarchie mit dem Koordinationsmedium der Macht in den Quadranten, in dem die Koordinierung durch hohe

Handlungsnormierung und entsprachlichte Kommunikationsmedien sichergestellt wird.

Das entsprachlichte Kommunikationsmedium Geld ist Kernbestandteil des Koordinationstyps des Marktes (Habermas 1987a, 1987b). Der Markt basiert auf dem Kontrollmechanismus des Preises und dem Eigeninteresse der Akteure. Kann der Preis einer Leistung perfekt bestimmt werden und ist volle Information im Markt vorhanden, erfolgt eine implizite Koordination der Akteure. Die Motivation der Akteure ist durch das Eigeninteresse gegeben (Ouchi/Price 1993). Da der Markt nur mit wenigen Rahmenregeln auskommt, ist eine geringe Handlungsnormierung gegeben. Diese Form der kollektiven Handlungskoordinierung kann somit dem Quadranten »geringe Handlungsnormierung und entsprachlichte Kommunikationsmedien« zugeordnet werden.

Unter einem Clan versteht man eine kulturell homogene Organisation, in der die meisten Mitglieder ein gemeinsames Set an Werten und Zielen sowie ein gemeinsames Set an Meinungen darüber haben, wie die Arbeit zur Erreichung dieser Werte und Ziele zu koordinieren ist (Ouchi/Price 1993). Das zentrale Mittel der Koordination ist im Clan die totale Sozialisierung des Clanmitglieds durch sozialisationsorientierte Personaleinstellungen (z. B. nur Absolventen bestimmter Universitäten) und werteorientierte Sozialisierung in der Organisation (z. B. frühzeitige »Einnordung« der Neuen). Entscheidend für die Einordnung des Clans in das Quadrantenmodell ist, dass die Entscheidungsprozesse innerhalb des Clans konsensorientiert erfolgen. Konsensorientiertes Handeln ist das Grundmerkmal der sozialintegrativen Koordinationsformen. Der Konsens der Beteiligten als Basis der Sozialintegration kann entweder normativ gesichert oder kommunikativ erzielt werden (Habermas 1987b). Da sich Clans über das Prinzip der Sozialisierung und damit über die Internalisierung von Werten und Normen koordinieren, wird der Konsens im Clan normativ gesichert. Daher kann der Koordinationstypus des Clans dem Quadranten »hohe Normierung und sprachliche Kommunikationsmedien« zugeordnet werden.

Das Norm-Kommunikation-Modell der Koordinierung weist darauf hin, dass es aus systematischen Gründen neben den drei von Ouchi und Price genannten Prinzipien Markt, Hierarchie und Clan noch eine vierte Form der Koordination geben muss. Diese vierte Form ist aus unserer Sicht das Netzwerk. Es kann sich dabei sowohl um Netzwerke von Organisationen (z. B. Versorgungsinstitutionen) als auch um Netzwerke innerhalb von Organisationen handeln. In sozialen Netzwerken erfolgt die Koordination über das Prinzip der Verständigung. Wie in Clans ist die Grundlage der Koordination der Konsens zwischen den Akteuren. Er wird jedoch im Netzwerk über aktive Verständigung erreicht und nicht über vorgegebenes Einverständis: »Verständigung bedeutet die Einigung der Kommunikationsteilnehmer über die Gültigkeit einer Äußerung; Einverständnis die intersubjektive Anerkennung des Geltungsanspruchs, den der Sprecher für sie erhebt« (Habermas 1987b, S. 184). In Netzwerken erfolgt somit die Abstimmung – im Gegensatz zum Clan – durch Erarbeitung eines Konsenses.

4 Das Modell der polykoordinierten Versorgung

Eine effektive und effiziente Koordination der hochspezialisierten Versorgungsakteure kann nach dem Norm-Kommunikation-Modell der Koordinierung prinzipiell mittels aller vier Formen – Markt, Hierarchie, Clan oder Netzwerke – hergestellt werden. Diese vier Typen sind zwar – was die Funktion der Integration betrifft – prinzipiell funktional äquivalent, weisen aber unterschiedliche Vor- und Nachteile auf. Diese Vor- und Nachteile bringen es mit sich, dass eine spezifische Koordinationsform (z. B. Hierarchie) in einem Kontext zwar hoch geeignet ist, aber in einem anderen Kontext nicht. Da sich die moderne Versorgung dadurch auszeichnet, dass sich die Kontexte fortwährend verändern und gar zu einem Zeitpunkt verschiedene Kontexte gleichzeitig gegeben sein können (z. B. der Kassen-, Patienten-, Krankenhaus- und Praxenkontext), wird der Zwang groß, diese Koordinationsprinzipien zu kombinieren und so die Nachteile des einen Prinzips durch die Vorteile des anderen auszugleichen.

Die Modernisierung der Krankenversorgung geht daher – so die zentrale These – mit einer Zunahme des Prinzips der Polykoordination einher. Von Polykoordination sprechen wir dann, wenn die Handlungen der Akteure mittels der Kombination mehrerer Kommunikationsmedien abgestimmt werden. Eine polykoordinierte Versorgung liegt vor, wenn die Handlungen der Akteure im Versorgungssystem mittels der Kombination mehrerer Koordinationsprinzipien wie zum Beispiel Macht, Geld, Einverständnis und Verständigung abgestimmt werden. Der Begriff der polykoordinierten Versorgung kann sich sowohl auf eine einzelne Versorgungsorganisation (z. B. Krankenhaus) als auch auf ein Netzwerk von Versorgungsinstitutionen (z. B. Netzwerk der integrierten Versorgung) beziehen. Die Individualiät der verschiedenen Versorgungssysteme ergibt sich dadurch, dass jedes in der Regel eine besondere Mischung der vier Grundformen aufweist. Das jeweilige Mischverhältnis macht die Besonderheit des jeweiligen Versorgungssystems aus. Die zentrale Frage lautet: Wie teilen sich die getätigten Koordinierungen auf die vier verschiedenen Koordinationsformen auf? Bei wie vielen getätigten Koordinierungen ist auf das Koordinationsprinzip der Hierarchie zurückgegriffen worden? Wir groß ist der Anteil der Koordinierungen, die über den internen Markt abgewickelt wurden? Wie viele der getätigten Koordinierungen erfolgten über Konsensbeschlüsse in Sitzungen? Diese Fragen stehen im Zentrum der Analyse der Handlungskoordination von Versorgungssystemen. Wir gehen davon aus, dass die polykoordinierte Versorgung das Versorgungsprinzip der Zukunft sein wird. Mehrere Gründe sprechen aus unserer Sicht dafür.

Erster Grund: Optimierungspotenzial durch Nachteilsausgleich

Ein Hauptgrund ist, dass die polykoordinierte Versorgung die einzige Form der Handlungskoordination darstellt, mit deren Hilfe man die Nachteile der einen Koordinationsform durch die Vorteile der anderen ausgleichen kann. Dadurch steckt in der polykoordinierten Versorgung ein Optimierungspotenzial im Vergleich zur einfach koordinierten Versorgung. Dieses Potenzial auszuschöpfen, wird in Zeiten knapper Kassen und steigender Ansprüche immer bedeutsamer.

Der Vorteil der Hierarchie liegt zum Beispiel in der hohen Ambiguitätstoleranz. Die Hierarchie kommt mit weniger Informationen und mehr Unsicherheit aus als der Markt. Der Nachteil der Hierarchie liegt jedoch darin, dass sie Abhängigkeitsverhältnisse schafft, die Motivation der Mitarbeiter beeinträchtigt und einen extrem hohen Grad an Spezialisierung erfordert. Der Markt dagegen kommt ohne Vorgesetzte und ohne Kontrolle aus (Ouchi/Price 1993). Das Problem des Marktes beginnt dort, wo der Preis für eine Leistung nicht exakt bestimmt werden kann, keine volle Information über die Preise der Konkurrenz vorhanden ist und hohe Transaktionskosten (z. B. Kosten von Vertragsabschlüssen) gegeben sind. Der Vorteil des Clans liegt in seiner hohen sozialen Bindekraft. Der Nachteil des Clans besteht darin, dass er ein hohes Maß an Homogenität der Mitglieder und an Stabilität der Bedingungen benötigt, einen hohen Sozialisationsaufwand mit sich bringt und einen geringeren Grad an Flexibilität und Innovation aufweist. Der Vorteil des Netzwerks ist seine Flexibilität. Der Nachteil der Netzwerkkoordination wiederum besteht darin, dass ein hoher expliziter Kommunikationsaufwand nötig ist. Der Übergang vom normativ gesicherten Konsens (Clan) zum kommunikativ erzielten Konsens (Netzwerk) bringt nach Habermas (1987a) einen Mehraufwand an Kommunikation zur Sicherung des Konsenses und zur Abwehr von Dissensrisiken mit sich. Übertragen auf die Versorgungsrealität in der Bundesrepublik bedeutet ein über sprachliche Verständigung hergestellter Konsens zumeist die Durchführung einer Reihe von Sitzungen, die beispielsweise die Anpassung nationaler Leitlinien an die lokalen Gegebenheiten oder die Verbesserung der Qualität (z. B. Qualitätszirkel der Ärzte) zum Ziel haben können. Der Vorteil der Netzwerkkoordination ist, dass sie mit wenigen Regeln und Normen auskommt und daher hoch flexibel ist.

Zweiter Grund: Widersprüchlichkeit und Vielgestaltigkeit der Modernisierung erfordert differenzierte Koordinationsformen

Ein weiterer Hauptgrund für das Vordringen des Prinzips der Polykoordination ist, dass die Modernisierung der Versorgung mit widersprüchlichen Anforderungen (z. B. Professionalisierung vs. Deprofessionalisierung; Standardisierung vs. Individualisierung) einhergeht, die eine Kombination der Koordinationsformen geraten erscheinen lassen. So stellen zwar Leitlinien ein Element der Professionalisierung dar, gleichzeitig aber deprofessionalisieren sie den einzelnen Mediziner, weil er aufgrund der Leitlinie tendenziell weniger autonom entscheiden kann. Durch Leitlinien und Behandlungspfade werden die Versorgungsprozesse standardisiert, obwohl gleichzeitig politisch der Anspruch erhoben wird, die Patientenautonomie und -partizipation zu fördern und die Behandlung zu individualisieren. Dies wird deutlich am Beispiel des Vordringens des Prinzips der partizipativen Entscheidungsfindung (shared decision making). Standardisierung und Individualisierung sind jedoch Entwicklungen, die nicht unbedingt zueinander passen (Pfaff/Scheibler 2006). Ebenfalls nicht zueinander passen die Zukunftstrends Standardisierung und Flexibilisierung.

Alle diese mit der Modernisierung der Versorgung einhergehenden, widersprüchlichen Anforderungen benötigen komplexe Antworten. Diese kann die polykoordinierte Versorgung eher liefern als eine Versorgung, die nur auf einer Koordinationsform (z. B. Hierarchie) beruht. So kann eine Standardisierung der Versorgung eher über die Elemente Clan und Hierarchie sichergestellt werden als über die Elemente Netzwerk und Markt. Ein höheres Maß an Flexibilität wird dagegen eher erreicht, wenn die Elemente »Netzwerk« und »Markt« gestärkt werden. Individualisierung der Versorgung als Modernisierungstrend setzt Mitsprache des Patienten voraus (shared decision making) und ist daher eher im Modus der Verständigung möglich. Die Schaffung von Leitlinien und deren lokale Anpassung setzen ebenfalls einen durch Verständigung erzielten Konsens voraus. Ist die Leitlinie etabliert, wird sie entweder hierarchisch bestimmt als Regel eingeführt (z. B. innerhalb des Krankenhauses) oder sie wird über Sozialisierungs- und Internalisierungsprozesse zum normativen Konsens einer Ärztegemeinschaft (Clan).

Dies alles zeigt, dass moderne Versorgungsorganisationen und -netzwerke nur bedingt ohne eine Mischung der genannten Koordinationsformen auskommen können. Angesichts der Modernisierung der Versorgung muss die reine Hierarchie ebenso abdanken wie der reine Markt. Sie kommen beide – allein angewandt – mit der Widersprüchlichkeit der Modernisierung nicht zurecht.

Dritter Grund: Expertenorganisationen können weder hierarchisch noch marktförmig optimal geführt werden

Krankenhäuser und Arztpraxen sind Expertenorganisationen. Sie werden von Fachexperten wie Ärzten, Pflegekräften, Physiotherapeuten und Laborfachkräften geprägt. Experten, die einen hohen Professionalisierungsgrad aufweisen, haben in der Regel ein hohes Maß an Autonomie im Beruf und wollen ihre Arbeit selbst regulieren. Expertenorganisationen tun sich schwer mit dem Hierarchieprinzip, da dies die Autonomie einschränkt. Das Marktprinzip kommt dem professionellen Experten eher entgegen. Ein Merkmal von Expertentum ist das Handeln auf der Basis eines Expertenkonsenses (z. B. peer review). Dieser muss, wenn es sich um neues Wissen handelt, über Verständigung erzeugt werden (kollektiv geschaffener Konsens). Bei bewährtem Wissen herrscht meist normativer Konsens vor. Expertenorganisationen können aus diesen Gründen – besonders in Zeiten hoher Innovationsgeschwindigkeit – nicht allein über die Prinzipien Markt oder Hierarchie gesteuert und koordiniert werden. Diese Elemente müssen um Elemente des normativen und kollektiv geschaffenen Konsenses ergänzt werden.

5 Integrierte Versorgung als polykoordinierte Versorgung

Das Quadranten-Modell der Integration kann zum einen genutzt werden, um zu erklären, weshalb manche Modelle der vernetzten Versorgung scheitern und manche erfolgreich sind. Es kann aber auch dazu genutzt werden, die in der Praxis vorhandenen Modelle der integrierten Versorgung und der Versorgungsnetzwerke zu beschreiben und zu typisieren.

Im Rahmen der integrierten Versorgung (IV) versuchen die Akteure zum Beispiel, den Gesamtprozess der Behandlung nach prozesswirtschaftlichen und medizinisch-psychosozialen Kriterien zu organisieren, ohne alles in die Hand einer hierarchischen Organisation (Koordinationsprinzip Hierarchie) zu legen. Meist haben wir es mit einem interorganisationalen Netzwerk von medizinischen Akteuren (z. B. Krankenhaus, Rehaklinik, Hausarzt, Facharzt, Pflegeeinrichtung) zu tun, in dem die Koordination sowohl über Verständigungsprozesse läuft als auch über vertraglich vereinbarte Geldtransfers zwischen marktförmigen Kooperationspartnern. Modelle der integrierten Versorgung zeichnen sich durch eine formale Vernetzung von Marktteilnehmern (Haus- und Facharztpraxen) aus, sodass die Koordinationsprinzipien des Netzwerks und des Marktes vorherrschend sind. Das Koordinationsprinzip der Hierarchie kommt zum einen innerhalb der einzelnen Versorgungsorganisationen zum Tragen (z. B. der Arztpraxis) und zum anderen in Form der zentralen Koordinationsinstanz, zum Beispiel der IV-Managementgesellschaft. Innerhalb der einzelnen Versorgungsorganisationen (Praxen oder Kliniken) ist die Verwendung des entsprachlichten Kommunikationsmediums Macht weiterhin das Mittel der Wahl. Zwischen den Sektoren und zwischen den Versorgungsorganisationen kommen sowohl Elemente der Sozial- als auch der Systemintegration infrage. Die IV-Verträge zielen zum Beispiel meist darauf ab, den beteiligten Akteuren und Organisationen geldwerte Vorteile zu verschaffen. Die Vernetzungsaktivitäten in Form der oft stattfindenden regelmäßigen Treffen jedoch verfolgen das Ziel, die Verständigung zwischen den Versorgungsakteuren voranzutreiben. Das vierte Element des Quadranten-Modells, das Clan-Element, ist in vielen Modellen der integrierten Versorgung bisher nur in rudimentärer Form vorhanden (vgl. Abb. 6).

		Grad der Entsprachlichung der Koordination	
		Sprachliche Koordinationsmedien	Entsprachlichte Koordinationsmedien
Grad der Normierung der Koordination	hoch	Clan: –	Hierarchie: +
	niedrig	Netzwerk: +++	Markt: ++

Abb. 6: Polykoordination in der integrierten Versorgung: Hypothese zum derzeitigen Stand

Die zentrale These in Bezug auf die Modelle der integrierten Versorgung lautet, dass der Einbau von Clan-Elementen in ein Versorgungsnetzwerk einen entscheidenden Erfolgsfaktor darstellt. Ein Problem vorhandener Praxismodelle der integrierten Versorgung ist, dass sie ein geringes Sozialkapital aufweisen und daher kaum Clan-Elemente enthalten. Dies kann den Grad der sozialen Integration unter das Mindestmaß an sozialem Zusammenhalt drücken. Sind kaum Clan-Elemente enthalten, so ist das Versorgungsnetz aufgrund fehlenden sozialen Zusammenhalts in seinem Bestand bedroht. Gelingt es einem IV-Netzwerk nicht, Clan-Elemente in Form von Wertbindung, Organisationskultur, Sozialkapital und Sozialisation einzubauen, wird es instabil bleiben und langfristig nicht erfolgreich sein. Dies liegt unter anderem daran, dass der hohe Kommunikationsaufwand zur Erreichung eines Konsenses auf Dauer von den Ärzten nicht zu leisten ist. Aus diesem Grund ist es in IV-Netzwerken notwendig, zunehmend auch auf Formen des normativ gesicherten Konsenses, wie sie im Clan üblich sind, zurückzugreifen. Dies wäre zum Beispiel dann der Fall, wenn die selbst geschaffene oder übernommene Leitlinie von allen Beteiligten so verinnerlicht wird, dass sie zum selbstverständlichen und normativen Maßstab des kollektiven Handelns im IV-Netzwerk wird. Weitere Maßnahmen zur Stabilisierung von IV-Netzwerken könnten darin bestehen, ein Wir-Gefühl unter den Mitgliedern zu erzeugen und mittels Einigung auf gemeinsame Leitbilder eine Wertbindung vorzunehmen. Dies kann dann als eine Form der ausgehandelten Ordnung (Strauss et al. 1963) solange bestehen bleiben, bis das Kollektiv zu dem Schluss kommt, dass die alten Regeln nicht mehr funktionieren und neue Regeln aufgestellt werden müssen.

Das Quadranten-Modell der Integration erlaubt es, für jedes Versorgungsnetzwerk in der Praxis den konkreten Mix der vier Koordinationsprinzipien zu bestimmen. Sind alle vier Koordinationsformen in gleichem Umfang vorhanden, so sprechen wir von einer polykoordinierten Versorgung. Dominiert die Macht als Koordinationsprinzip, sprechen wir von einer hierarchiekoordinierten Versorgung. Steht das Geld als Koordinationsmedium im Vordergrund, so sprechen wir von einer marktkoordinierten Versorgung. Wird die Koordinierung vornehmlich durch Verständigung hergestellt, so haben wir es mit einer netzwerkkoordinierten Versorgung zu tun. Wird das Handeln der Versorgungsakteure über das gemeinsame Einverständnis koordiniert, so ist eine clankoordinierte Versorgung gegeben.

Die Bedeutung des Clan-Elements für die transsektorale Kommunikation und Koordination wird deutlich, wenn man das Interaktions-Modell der Schnittstellenkooperation (Ommen et al. 2007) heranzieht (vgl. Abb. 7). Dieses Modell besagt, dass die Versorgungsqualität eine Funktion von Interaktions- und Kooperationsqualität (z. B. zwischen Krankenhaus- und Hausarzt) ist. Die Beziehungsqualität kann durch mehr oder weniger großes Vertrauen, Sympathie, Antipathie und Solidarität gekennzeichnet sein. Eine funktionierende Abstimmung innerhalb eines integrierten Versorgungsnetzes ist zwar auch unter Mißtrauens- und Antipathiebedingungen möglich, verursacht aber zusätzliche Absicherungskosten (z. B. Schriftlichkeit der Vorgänge zwecks Absicherung und Dokumentation der Absprache) und macht ein Versorgungssystem medizinisch weniger effektiv und wirtschaftlich weniger effizient. Stimmt die Beziehungsqualität zwischen den Versorgungsakteuren, ist ein wirtschaftlicher und medizinischer Erfolg wahrscheinlicher, weil dies sowohl die Interaktionsqualität als auch die Kooperationsqualität günstig beeinflusst.

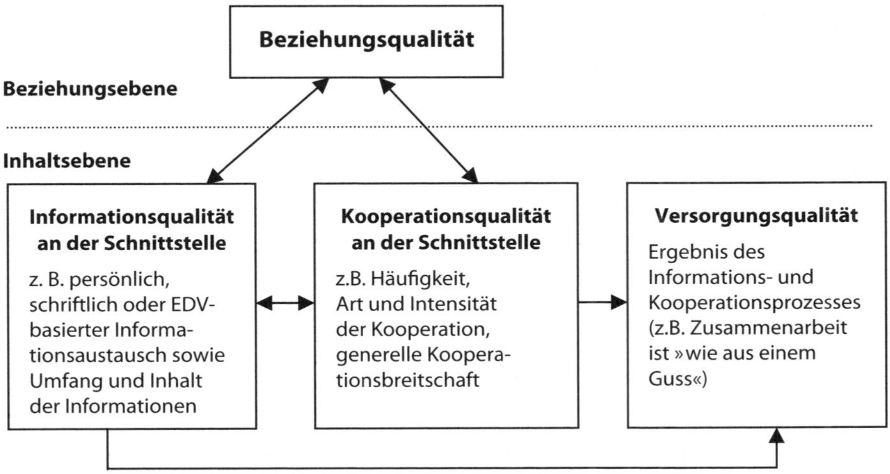

Abb. 7: Das Interaktions-Modell der Schnittstellenkooperation nach Ommen et al. 2007

6 Schlussfolgerungen

Die in diesem Beitrag vorgeschlagenen analytischen Konzepte ermöglichen es, die verschieden vorfindbaren (integrierten) Versorgungsstrukturen und -prozesse zu analysieren und Gestaltungsvorschläge für neue Konzepte der Versorgung zu machen. Zur Analyse der Versorgung kann insbesondere das vorgestellte Quadranten-Modell der Integration herangezogen werden. Für jedes Versorgungsnetzwerk, jedes Ärztenetzwerk und jede Versorgungsorganisation kann auf dieser Basis der konkrete Mix der vier Koordinationsformen bestimmt werden. Unsere These ist, dass die derzeitigen Praxismodelle der integrierten Versorgung unter einem Mangel an Clan-Elementen leiden. Diese gefährdet ihre innere Stabilität. Um diese Gefahr zu verhindern, werden zukünftige IV-Modelle neben den Elementen Netzwerk, Markt und Hierarchie auch das Clan-Element berücksichtigen müssen. Formen der Polykoordination werden daher in Zukunft an Bedeutung gewinnen.

Literaturverzeichnis

Dawe, A. (1970): The two sociologies. In: British Journal of Sociology 21, S. 207–218.

Habermas, J. (1987a): Theorie des kommunikativen Handelns. Bd. 1. Handlungsrationalität und gesellschaftliche Rationalisierung. 4. Aufl. Frankfurt a.M.

Habermas, J. (1987b): Theorie des kommunikativen Handelns. Bd. 2. Zur Kritik der funktionalistischen Vernunft. 4. Aufl. Frankfurt a.M.

Ommen, O./Ullrich, B./Janssen, C./Pfaff, H. (2007): The ambulatory-stationary interface in medical health care. Problems, model of explanation, and possible solutions. In: Medizinische Klinik 102, S. 913–917.

Ouchi, W.G./Price, R.L. (1993): Hierarchies, clans, and theory-Z – A new perspective on organization-development. In: Organizational Dynamics 21, S. 62–70.

Pfaff, H. (1994): Lean Production – ein Modell für das Krankenhaus? Gefahren, Chancen, Denkanstöße. In: Zeitschrift für Gesundheitswissenschaften 2, S. 61–80.

Pfaff, H./Janßen, C./Kuch, C./Scheibler, F. (2005): Integrierte Versorgungsformen aus stationärer Perspektive. In: Badura, B./Iseringhausen, O. (Hrsg.): Wege aus der Krise der Versorgungsorganisation. Beiträge aus der Versorgungsforschung. Bern, S. 99–114.

Pfaff, H./Scheibler, F. (2006): Versorgung und Versorgungsqualität im Krankenhaus. Standardisierung und Individualisierung als Trends. In: Kölner Zeitschrift für Soziologie und Sozialpsychologie. Köln, S. 432–443.

Strauss, A./Schatzman, L./Ehrlich, D./Bucher, R./Sabshin, M. (1963): The hospital and its negotiated order. In: Freidson, E. (Hrsg.): The hospital in modern society. New York und London, S. 147–169.

Stryker, S./Statham, A. (1985): Symbolic interaction and role theory. In: Lindzey, G./Aronson, E. (Hrsg.): Handbook of Social Psychology 1. New York, S. 311–378.

Wilson, T.P. (1973): Theorien der Interaktion und Modelle soziologischer Erklärung. In: Arbeitsgruppe Bielefelder Soziologen (Hrsg.): Alltagswissen, Interaktion und gesellschaftliche Wirklichkeit. Reinbeck, S. 54–79.

Stefan Greß und Klaus Stegmüller

Gesetzliche Spielräume zur Entwicklung neuer Versorgungskonzepte – Eine systematische Analyse der einschlägigen Regelungen und deren Entwicklung

Zusammenfassung

Der Gesetzgeber schwankt zwischen zwei Steuerungsansätzen bei der Förderung neuer Versorgungskonzepte. Der eine Steuerungsansatz lässt den Vertragspartnern vergleichsweise viele Freiheiten bei der Entwicklung von neuen Versorgungskonzepten. Beim zweiten Steuerungsansatz geht der Gesetzgeber von der Überlegenheit spezifischer Steuerungsansätze aus und verpflichtet die Vertragspartner zu entsprechenden Vereinbarungen – oder gibt die Verhandlungslösung zu Gunsten einer Zulassungslösung auf.

Die gesetzlichen Regelungen zur Entwicklung neuer Versorgungskonzepte gleichen keinem konsistenten Konzept, sondern eher einem regulatorischen Flickenteppich. Die entsprechenden Vorschriften sind kreuz und quer im SGB V verteilt. Darüber hinaus gibt es extrem unterschiedliche Regelungen in den verschiedenen Versorgungsbereichen.

Der Gesetzgeber berücksichtigt – und hier ist in den letzten Jahren ein politischer Lernprozess zu erkennen – bei der Entwicklung neuer Versorgungskonzepte zunehmend den Koordinierungsbedarf mit dem kollektiven Vertragswerk der konventionellen Versorgung. Dies betrifft insbesondere den finanziellen Bereinigungsbedarf in den Kollektivbudgets zur Vermeidung von Doppelfinanzierungen.

1 Einleitung

Die Diskussion um die Entwicklung und die Verabschiedung des Wettbewerbsstärkungsgesetzes für die Gesetzliche Krankenversicherung (GKV-WSG) war vor allem von Finanzierungsfragen dominiert. Neben der Einführung des Gesundheitsfonds und anderer Regelungen auf der Finanzierungsseite enthält das Gesetz, das dem Namen nach den Wettbewerb in der gesetzlichen Krankenversicherung stärken soll, aber auch eine Reihe von Regelungen auf der Leistungsseite. Durch diese Regelungen soll es den Vertragspartnern zunehmend ermöglicht werden, sowohl intra-sektoral (innerhalb eines

Versorgungssektors) als auch inter-sektoral (die Versorgungssektoren integrierend) innovative Versorgungskonzepte weiterzuentwickeln. Der Gesetzgeber trägt damit der sektoralen Zersplitterung und den daraus resultierenden Versorgungsproblemen innerhalb des deutschen Gesundheitssystems Rechnung. Gleichzeitig schreibt die derzeitige Regierung eine Entwicklung fort, die sich auch schon unter den vorherigen Regierungen abgezeichnet hat: Die Vertragspartner – Krankenkassen und Leistungserbringer – erhalten unterhalb der Kollektivvertragsebene zunehmend Instrumente, um innovative Versorgungskonzepte zu entwickeln. Insbesondere die Regelungen zur integrierten Versorgung haben in diesem Zusammenhang eine bislang ungekannte Dynamik in der Entwicklung von Versorgungskonzepten ausgelöst.

Insofern können die mit dem GKV-WSG verbundenen Regelungen von Seiten des Gesetzgebers als das bis dato letzte Glied gesetzlicher Auf- und Anforderungen zur Vertiefung und Verstetigung von »Vernetzungen« der Leistungserbringerseite verstanden werden. Vor dem Hintergrund der persistenten demografischen Transition der Gesellschaft sowie der weiter zunehmenden Chronifizierung des Morbiditätspanoramas und den damit vielfältig verbundenen Herausforderungen, vor die sich das komplexe, in Deutschland stark gegliederte gesundheitliche Versorgungssystem und seine darin wirkenden Akteure gestellt sehen, verbindet der Gesetzgeber mit dieser erneuten Initiative die Vorstellung, dass mit der Überwindung der im internationalen Vergleich hierzulande noch vergleichsweise wenig ausgeprägten intersektoralen Kooperation, der Stärkung einer sektorübergreifenden Vernetzung und Optimierung der Schnittstellen zwischen den Sektoren eine optimale Behandlung und ein effizienterer Einsatz der Mittel gewährleistet werden kann. Insbesondere auch und gerade mit Blick auf die regionale Versorgungssituation, die bis dato vorrangige Ebene neuer Versorgungsformen, sind in mindestens dreifacher Weise Entwicklungspotenziale zu konstatieren: hinsichtlich eines Ausbaus interdisziplinär orientierter und hinreichend flexibler Kooperationsformen einschließlich unterstützender Anreizstrukturen, hinsichtlich eines problemadäquaten Zielbezugs medizinischer und gesundheitlicher Interventionen einschließlich der dafür notwendigen qualifikatorischen und personellen Ressourcen sowie schließlich hinsichtlich einer Schließung der nach wie vor bestehenden Informationslücken über geeignete, an veränderten Nutzerrealitäten orientierte qualitativ hochwertige Versorgungsangebote (Amelung et al. 2006; Pfaff et al. 2003; SVR 2002; SVR 2007).

Zielsetzung dieses Beitrags ist es erstens, die einschlägigen Regelungen in den Reformgesetzen der vergangenen Jahre bis hin zum GKV-WSG in ihrer Entwicklung darzustellen. Zweitens sollen diese Regelungen im Hinblick auf ihre Konsistenz und vor allem im Hinblick auf die von ihnen ausgehenden Anreize für die Vertragspartner beurteilt werden. Wegen der Vielzahl der entsprechenden Regelungen würde eine umfassende Analyse den hier zur Verfügung stehenden Rahmen sprengen (vgl. ausführlich Cassel et al. 2006a). Wir beschränken uns daher erstens auf Regelungen, die den Vertragspartnern neue Handlungsmöglichkeiten unterhalb der Kollektivvertragsebene im Rahmen von Selektivverträgen eröffnet haben – was etwa die Möglichkeit zur Einrichtung von Medizinischen Versorgungszentren im GKV-Modernisierungsgesetz ausschließt. Zweitens betrachten wir lediglich solche Regelungen, die die ambulante ärztliche Versorgung und die stationäre Versorgung direkt betreffen – was etwa die Arzneimittel- und Hilfsmittelversorgung außen vor lässt.

Der Beitrag besteht demzufolge aus zwei Hauptteilen. Im ersten Teil werden die angesprochenen Reglungen im Überblick beschrieben. Im zweiten Hauptteil werden zunächst Kriterien für die Beurteilung der Regelungen entwickelt und diese Kriterien dann auf die gesetzlichen Reglungen angewandt. Ein kurzes Fazit fasst die wesentlichen Schlussfolgerungen aus unserer Analyse zusammen.

2 Gesetzliche Spielräume zur Entwicklung neuer Versorgungskonzepte – Vom GKV-Gesundheitsreformgesetz 2000 bis zum GKV-Wettbewerbsstärkungsgesetz 2007

Erste Ansätze zur Öffnung für selektive Vereinbarungen über die Leistungserbringung finden sich bereit im Zweiten GKV-Neuordnungsgesetz von 1997 (Modellvorhaben nach §§ 63 ff. SGB V und Strukturverträge nach § 73a SGB V). Allerdings waren beide Formen der Öffnung noch gänzlich von entsprechenden kollektiven Vereinbarungen abhängig. Erst im GKV-Gesundheitsreformgesetz 2000 wurde erstmals ein Zusammenhang zwischen inhaltlichen Öffnungen gegenüber dem Kollektivsystem und selektiven Gestaltungsmöglichkeiten der Vertragspartner hergestellt. Zentrales Instrument hiefür war die Möglichkeit zur Einrichtung von integrierten Versorgungsverträgen nach §§ 140a–d. SGB V. Auch bei weiteren Instrumenten gab es eine gewisse Öffnung des Systems von Kollektivverträgen. So wurde durch das GKV-Gesundheitsreformgesetz 2000 die vorherige enge Bindung von Modellvorhaben an Verträge mit Kassenärztlichen Vereinigungen (KVen) und der Kassenärztlichen Bundesvereinigung (KBV) nach § 64 SGB V gelockert. Hingegen ist der Gesetzgeber zumindest im GKV-Gesundheitsreformgesetz für die integrierte Versorgung noch bei der Dominanz des kollektiven Konzepts geblieben, indem – soweit es um die ambulante Versorgung ging – wesentliche Gestaltungselemente nur aufgrund eines Rahmenvertrages als Teil des Bundesmantelvertrages und damit nur auf der Basis kollektiver Einigung oder Schlichtung geschlossen werden konnten. Insofern ist es nicht überraschend, dass die integrierte Versorgung zunächst kaum eine praktische Rolle im Versorgungsgeschehen spielte (Cassel et al. 2006a).

Eine stärkere Umgestaltung in Richtung auf selektive Gestaltungsmöglichkeiten der Vertragspartner hat erst das GKV-Modernisierungsgesetz 2004 gebracht. Dieses Gesetz hat durch die Änderung der Vorschriften über die integrierte Versorgung sowie die Einführung und Änderung weiterer Vertragsmöglichkeiten eine ganze Anzahl von Optionen für selektives Vertragshandeln von Kassen und Leistungserbringern oder von Gruppen derselben geschaffen bzw. umgestaltet. Zu nennen sind hier erstens die fundamentalen Änderungen bei den gesetzlichen Regelungen zur integrierten Versorgung – vor allem der Verzicht auf die oben angesprochenen Rahmenverträge und die so genannte Anschubfinanzierung. Folge war eine ungekannte Dynamik der Entwicklung von integrierten Versorgungsverträgen (Amelung 2007; Weatherly et al. 2006). Zweitens hat der Gesetzgeber mit dem GKV-Modernisierungsgesetz 2004 vor allem durch die hausarztzentrierte Versorgung nach § 73b SGB V und Verträge mit Krankenhäusern nach § 116b SGB V den Vertragspartnern neue selektivvertragliche Instrumente an die Hand gegeben.

Die Dynamik bei der Gestaltung der gesetzlichen Rahmenbedingungen für die selektivvertragliche Entwicklung von Versorgungskonzepten hat ihren vorläufigen Endpunkt im GKV-Wettbewerbsstärkungsgesetz 2007 gefunden. Der Gesetzgeber hat die Regelungen zur integrierten Versorgung hier nur geringfügig modifiziert. Allerdings wurden die Regelungen zur hausärztlichen Versorgung nach § 73b SGB V und die Verträge mit Krankenhäusern nach § 116b SGB V erheblich modifiziert und mit der Neufassung des § 73c SGB V die Möglichkeiten zur selektivvertraglich organisierten ambulanten ärztlichen Versorgung deutlich erweitert. Diese Regelungen werden auf der Grundlage des aktuellen Gesetzesstandes hier ausführlicher dargestellt, um sie im nächsten Abschnitt vor allem im Hinblick auf die von ihnen ausgehenden Anreizwirkungen für die Vertragspartner zu analysieren.

2.1 Hausarztzentrierte Versorgung nach § 73 b SGB V

Die Regelungen nach § 73b SGB V wurden im GKV-WSG komplett neu gefasst. Danach müssen die Krankenkassen ihren Versicherten eine besondere hausärztliche Versorgung (hausarztzentrierte Versorgung) anbieten (Abs. 1).

Der Gesetzgeber definiert eine Reihe von inhaltlichen Anforderungen an die hausarztzentrierte Versorgung. So müssen die Hausärzte an strukturierten Qualitätszirkeln zur Arzneimitteltherapie teilnehmen, und die Behandlung muss nach für die hausärztliche Versorgung entwickelten evidenzbasierten Leitlinien erfolgen. Außerdem ist ein auf die besonderen Bedingungen einer Hausarztpraxis zugeschnittenes Qualitätsmanagement einzurichten (Abs. 2).

Für die Versicherten ist die Teilnahme an der hausarztzentrierten Versorgung weiterhin freiwillig. Die Teilnehmer verpflichten sich gegenüber ihrer Krankenkasse, ambulante fachärztliche Behandlungen mit Ausnahme der Leistungen der Augenärzte und Frauenärzte nur auf Überweisung des Hausarztes in Anspruch zu nehmen. Der Versicherte ist an diese Verpflichtung und an die Wahl seines Hausarztes mindestens ein Jahr gebunden. Näheres regeln die Krankenkassen in ihren Satzungen (Abs. 3).

Potenzielle Vertragspartner für die Krankenkassen sind nicht nur an der hausärztlichen Versorgung teilnehmende vertragsärztliche Leistungserbringer bzw. deren Gemeinschaften und medizinische Versorgungszentren, sondern auch kassenärztliche Vereinigungen – soweit sie von den oben genannten Gemeinschaften dazu ermächtigt werden. Ein Anspruch auf Vertragsschluss besteht nicht. Soweit die hausärztliche Versorgung im Rahmen der besonderen hausärztlichen Versorgung durchgeführt wird, ist der Sicherstellungsauftrag der Kassenärztlichen Vereinigungen eingeschränkt (Abs. 4).

Gegenstand der hausarztzentrierten Versorgung dürfen nur solche Leistungen sein, über deren Eignung als Leistung der gesetzlichen Krankenversicherung der Gemeinsame Bundesausschuss noch keine ablehnende Entscheidung getroffen hat (Abs. 5). Die

Vertragspartner der Gesamtverträge haben die Gesamtvergütungen entsprechend der Zahl der an der hausarztzentrierten Versorgung teilnehmenden Versicherten sowie dem in den Verträgen vereinbarten Inhalt der hausarztzentrierten Versorgung zu bereinigen. Kommt eine Einigung über die Bereinigung nicht zustande, können die Krankenkassen als Vertragspartner das Schiedsamt anrufen (Abs. 7).

2.2 Besondere ambulante ärztliche Versorgung nach § 73c SGB V

Bei den Regelungen zu der besonderen ambulanten ärztlichen Versorgung handelt es sich um ein komplett neues Element im SGB V. Danach können die Krankenkassen ihren Versicherten die Sicherstellung der ambulanten ärztlichen Versorgung durch Abschluss von Selektivverträgen anbieten. Gegenstand der Verträge können Versorgungsaufträge sein, die sowohl die versichertenbezogene gesamte ambulante ärztliche Versorgung als auch einzelne Bereiche der ambulanten ärztlichen Versorgung umfassen (Abs. 1).

Für die Versicherten ist die Teilnahme freiwillig. Teilnehmer dürfen nur die vertraglich gebundenen Leistungserbringer und andere ärztliche Leistungserbringer nur auf deren Überweisung in Anspruch zu nehmen. Der Versicherte ist an diese Verpflichtung mindestens ein Jahr gebunden. Näheres regeln die Krankenkassen in ihren Satzungen (Abs. 2).

Potenzielle Vertragspartner für die Krankenkassen sind vertragsärztliche Leistungserbringer bzw. deren Gemeinschaften, medizinische Versorgungszentren und kassenärztliche Vereinigungen. Ein Anspruch auf Vertragsschluss besteht auch hier nicht. Der Sicherstellungsauftrag wird bei Vorliegen entsprechender Verträge analog zu den Regelungen zur hausarztzentrierten Versorgung eingeschränkt (Abs. 3). Gleiches gilt für die Regelungen zum Leistungsumfang (Abs. 4) und zur Bereinigung der Gesamtvergütung (Abs. 6).

2.3 Ambulante Behandlung im Krankenhaus nach § 116b SGB V

Die Neuregelungen im GKV-WSG zur ambulanten Behandlung im Krankenhaus für hochspezialisierte Leistungen stellen insofern einen Sonderfall dar, weil der Gesetzgeber hier entgegen dem Trend den Vertragspartnern selektivvertragliche Kompetenzen zur Gestaltung von Versorgung wieder entzogen hat. Nach der Neuregelung werden Krankenhäuser zur Erbringung hochspezialisierter Leistungen zugelassen, wenn sie im Rahmen der Krankenhausplanung des Landes auf Antrag des Krankenhausträgers unter Berücksichtigung der vertragsärztlichen Versorgungssituation dazu bestimmt worden sind (Abs. 2). Gleichzeitig müssen die Krankenkassen die von den zugelassenen Krankenhäusern erbrachten Leistungen vergüten (Abs. 5). Eine Bereinigung der Gesamtvergütung ist – im Gegensatz zu den Regelungen zur hausarztzentrierten Versorgung und zur besonderen ambulanten Versorgung – hier nicht vorgesehen. Der Gesetzgeber begründet die Neuregelung damit, dass die Krankenkassen die mit GKV-Modernisierungsgesetz eingeführte Möglichkeit zum Abschluss von Verträgen über die ambulante Erbringung hochspezialisierter Leistungen sowie zur Behandlung seltener Erkrankungen und Erkrankungen mit besonderen Krankheitsverläufen kaum genutzt hätten. Zukünftig würde daher die Vertragskompetenz der Krankenkassen entfallen (Gesetzesbegründung zum GKV-WSG). Dabei ist allerdings zu berücksichtigen, dass der Gesetzgeber in der alten Fassung des § 116b SGB V keine Regelungen zur Bereinigung der Gesamtvergütung vorgesehen hatte und die Krankenkassen daher die Doppelfinanzierung von ambulanten Leistungen in einem ambulanten *und* einem stationären Setting befürchten mussten.

2.4 Integrierte Versorgung nach § 140a–d SGB V

Die Regelungen zur integrierten Versorgung nach dem Stand des GKV-Modernisierungsgesetzes 2004 – die als bekannt vorausgesetzt werden – wurden durch das GKV-Wettbewerbsstärkungsgesetz modifiziert, aber nicht grundsätzlich verändert. Schon durch das Vertragsarztrechtsänderungsgesetz wurde am Ende des Jahres 2006 die Anschubfinanzierung bis Ende 2008 verlängert. Der Gesetzgeber hat im GKV-WSG im Wesentlichen vier Modifizierungen zur integrierten Versorgung vorgenommen.

Erstens gilt zukünftig, dass die für die ambulante Behandlung im Rahmen der integrierten Versorgung notwendige Versorgung mit Arzneimitteln durch Verträge nach § 130a SGB V (Rabattverträge) erfolgen soll (§ 140a SGB V).

Zweitens haben die Krankenkassen nunmehr die Möglichkeit, Verträge mit zugelassenen Pflegeeinrichtungen und Pflegekassen nach dem SGB XI zu schließen, um damit eine die Versicherungszweige übergreifende Leistungserbringung im Rahmen von Verträgen zur integrierten Versorgung zu ermöglichen. Die Kranken- und Pflegekassen haben jeweils ihre Leistungen im Rahmen ihrer Zuständigkeit zu finanzieren (§ 140b SGB V).

Drittens wird die Verwendung der Mittel aus der Anschubfinanzierung neu geregelt. Danach dürfen Mittel der Anschubfinanzierung nur noch für ambulante und stationäre Leistungen verwendet werden. Dies gilt nicht für Altverträge, die vor dem 1. April 2007 abgeschlossen wurden. Außerdem müssen die Krankenkassen gegenüber den KVen und den Krankenhäusern die Verwendung der einbehaltenen Mittel darlegen (§ 140d SGB V). Mit dieser Regelung soll eine Subventionierung anderer Leistungsbereiche durch die Vertragsärzte und die Krankenhäuser vermieden werden (Gesetzesbegründung).

Viertens werden die Vorschriften zur Bereinigung der Gesamtvergütung im ambulanten Bereich an die oben beschriebenen Bereinigungsregelungen in § 73b und § 73c angepasst (§ 140d SGB V).

3 Gesetzliche Spielräume zur Entwicklung neuer Versorgungskonzepte – Eine Bewertung

3.1 Beurteilungskriterien

Die oben diskutierten Regelungen, die durch das GKV-WSG teilweise grundsätzlich überarbeitet worden sind, werden hier vor allem im Hinblick auf die folgenden drei Kriterien beurteilt:

- Bereinigung der Kollektivvergütungen,
- Integration der Versorgung und Vernetzungsimpulse,
- Spielräume der Vertragspartner.

In der Vergangenheit hat sich gezeigt, dass die *Bereinigung der Kollektivvergütungen* eine der zentralen Voraussetzungen dafür ist, dass Krankenkassen überhaupt daran interessiert sind, innovative Versorgungskonzepte zu finanzieren. Die Vergütung vertragsärztlicher Leistungen erfolgt durch die Gesamtvergütung, durch die ihrerseits die von der KV zu bewerkstelligende Sicherstellung der vertragsärztlichen Versorgung abgegolten wird – nicht aber einzelne Leistungen von Vertragsärzten. Insofern bedarf es hier einer genaueren Betrachtung, inwieweit selektivvertragliche Leistungen so der vertragsärztlichen Versorgung zugeordnet werden können, dass Doppelfinanzierungen vermieden werden können. Wenn dies nicht geschieht, dann werden miteinander konkurrierende Krankenkassen es tunlichst vermeiden, Verträge abzuschließen – seien sie noch so innovativ –, die zu zusätzlichen Ausgaben und damit zu höheren Beitragssätzen führen würden. Zu fordern ist daher, dass beim Abschluss von Selektivverträgen die Gesamtvergütungen um denjenigen Betrag zu bereinigen sind, den die selektiv erbrachten Leistungen im kollektiven Vertragssystem gekostet hätten (vgl. ausführlicher Cassel et al. 2006a; Schulze 2007).

Weniger offensichtlich ist das Problem der Doppelfinanzierung in der stationären Krankenhausversorgung. Denn hier sind die Krankenhäuser unmittelbar die Vertragspartner der Krankenkassen. Auch hier ist die Vergütung zwar budgetiert, jedoch richten sich die Budgets – mit Verzögerungen und Anpassungsregelungen für einen gleitenden Übergang – letztlich nach den Leistungsmengen im jeweiligen Krankenhaus (Cassel et al. 2006a). Kollektiv wirksam – sogar unter Einbeziehung der PKV – sind Verträge über Krankenhausvergütungen allerdings auf der Seite der Nachfrager (vgl. ausführlicher Hucke et al. 2008; Leber et al. 2008).

Zweites Beurteilungskriterium ist das *Integrationspotenzial und Impulse der Vernetzung*, das die jeweilige gesetzliche Regelung für die Ausgestaltung der gesundheitlichen Versorgung hat. Der Sachverständigenrat für Gesundheit hat wiederholt konstatiert, dass Über-, Unter- und Fehlversorgung im deutschen Versorgungssystem vor allem durch die organisatorischen, finanziellen und institutionellen Schranken zwischen den Versorgungssektoren bedingt sind (Sachverständigenrat für die Begutachtung der Entwicklung im Gesundheitswesen 2007; Sachverständigenrat für die Konzertierte Aktion im Gesundheitswesen 2002). Gesetzliche Spielräume zur Entwicklung von Versorgungskonzepten müssen sich daher zwingend daran messen lassen, inwieweit sie die Vertragspartner dazu in die Lage versetzen, die angesprochenen Schranken zwischen den Sektoren zu überwinden. Damit soll nicht in Abrede gestellt werden, dass es auch innerhalb der Versorgungssektoren Optimierungspotenzial gibt – etwa im Verhältnis zwischen der hausärztlichen und der fachärztlichen Versorgung bzw. in der Aufgabenteilung zwischen den Gesundheitsberufen.

Drittes Beurteilungskriterium ist das Innovationspotenzial, das die jeweilige gesetzliche *Regelung für die Ausgestaltung der gesundheitlichen Versorgung* hat. Dieses Innovationspotenzial ist umso größer, je mehr Freiräume der Gesetzgeber den Vertragsparteien bei der Entwicklung und Ausgestaltung von Versorgungskonzepten gibt. Umgekehrt ist das Innovationspotenzial gering, wenn der Gesetzgeber enge Vorgaben für die Ausgestaltung von Versorgungskonzepten macht und die Vertragspartner lediglich mit der Umsetzung dieser Vorgaben betraut sind.

3.2 Bereinigung der Kollektivvergütungen

Aus den Regelungen des GKV-WSG wird deutlich, dass der Gesetzgeber die Bereinigungsproblematik zumindest teilweise erkannt und daraus Schlussfolgerungen gezogen hat. In der hausarztzentrierten Versorgung und der besonderen ambulanten Versorgung sehen die gesetzlichen Regelungen eine Bereinigungspflicht vor. Am einfachsten fällt die Bereinigung sicherlich, wenn im Rahmen der besonderen ambulanten ärztlichen Versorgung die gesamte ambulante Versorgung aus dem Kollektivsystem herausgelöst wird. Auch die Bereinigung der hausarztzentrierten Versorgung wird nach Inkrafttreten der ebenfalls im GKV-WSG beschlossenen Honorarreform einfacher werden, wenn hausärztliche Versorgung über das bisherige Maß hinaus stärker über Pauschalen vergütet werden wird. Problematischer ist die Bereinigung von Teilleistungen, da die Vorgaben zur Bereinigung relativ allgemein gehalten sind. Einigen sich die Verhandlungspartner nicht auf eine Bereinigung, ergibt sich darüber hinaus das Problem, dass in den Schiedsämtern auf der Kassenseite nicht nur die betroffenen Krankenkassen, sondern auch deren Konkurrenten über den Bereinigungsanspruch verhandeln müssen. Eine pauschale Bereinigung – analog den Regelungen zur Anschubfinanzierung in der integrierten Versorgung – hätte in der hausarztzentrierten Versorgung und der besonderen ambulanten ärztlichen Versorgung die Bereinigung deutlich erleichtert und für eine Initialzündung gesorgt. Völlig außen vor bleibt die Bereinigung dagegen bei der Finanzierung ambulanter Leistungen im Krankenhaus gemäß § 116b SGB V. Die Krankenkassen werden zur Finanzierung dieser durch zugelassene Krankenhäuser erbrachten Leistungen verpflichtet, ohne dass eine Bereinigung der Gesamtvergütung erfolgt.

Die Dynamik bei der Entwicklung von Versorgungskonzepten im Rahmen der integrierten Versorgung gemäß § 140a–d SGB V ist nicht zuletzt auf die pauschale Bereinigung – die so genannte Anschubfinanzierung – zurückzuführen. Allerdings hat sich der Zeitraum der Anschubfinanzierung als zu kurz erwiesen. Derzeit ist die Anschubfinanzierung bis Ende 2008 befristet. Dieser zeitliche Planungshorizont ist insbesondere für solche Vorhaben, die ein umfangreicheres Investitionsvolumen voraussetzen – und gerade diese Verträge versprechen besondere Qualitäts- und Effizienzpotenziale – noch immer zu eng. Damit besteht die Gefahr, dass solche Projekte wegen mangelnder Investitionssicherheit nicht umgesetzt werden bzw. die Dynamik bei der Entwicklung von integrierten Versorgungskonzepten nach Auslaufen der Anschubfinanzierung merklich abebbt (Cassel et al. 2006b).

3.3 Integration der Versorgung und Vernetzungsimpulse

Das Integrationspotenzial der hausarztzentrierten Versorgung und der besonderen ambulanten ärztlichen Versorgung beschränkt sich im Wesentlichen auf die Integrationspotenziale innerhalb der ambulanten ärztlichen Versorgung. An den organisatorischen, finanziellen und institutionellen Schranken *zwischen* den Versorgungssektoren ändern diese gesetzlichen Regelungen nichts. Das soll aber nicht heißen, dass nicht ein erhöhter Koordinierungsbedarf *innerhalb* der ambulanten ärztlichen Versorgung notwendig wäre – beispielsweise zur besseren Koordination zwischen haus- und fachärztlicher ambulanter Versorgung und zur verbesserten Koordination zwischen den Gesundheitsberufen. Dennoch ist vor zu hohen Erwartungen an die verpflichtend von den Vertragspartnern einzuführende hausarztzentrierte Versorgung zu warnen: Konflikte zwischen Hausärzten, die Selektivverträge zu Lasten der KV abschließen wollen, und zwischen Fachärzten, die dies zu vermeiden suchen werden, sind vorprogrammiert. Höher scheint das tatsächliche Integrationspotenzial daher in der besonderen ambulanten ärztlichen Versorgung, wenn Haus- und Fachärzte gemeinsam die Gestaltung von Versorgungskonzepten jenseits des Kollektivsystems anstreben. Weitergehende Impulse, beispielsweise im Hinblick auf eine Vertiefung und Verbreiterung regionaler Netzwerkbildungen sind aus der hausarztzentrierten Versorgung kaum zu erwarten.

Vergleichsweise hoch ist das Integrationspotenzial für die ambulante Behandlung von Krankheiten nach § 116b SGB V. Die dort in Abs. 3 festgelegten so genannten Katalogkrankheiten umfassen hochspezialisierte Leistungen, seltene Erkrankungen und Erkrankungen mit besonderen Krankheitsverläufen – darunter Diagnostik und Versorgung von Patienten mit onkologischen Erkrankungen, mit multipler Sklerose, mit Anfallsleiden und mit HIV/Aids. Gerade für Patienten mit diesem Krankheitsspektrum ist die Integration der Versorgung anzustreben. Es bleibt allerdings auch hier abzuwarten, inwieweit der Steuerungsansatz über die Krankenhausplanung eher in der Lage ist, dieses Integrationspotenzial zu realisieren als die Verhandlungslösung mit Krankenkassen und Krankenhäusern.

Definitionsgemäß sind das Integrationspotenzial und mögliche Vernetzungsimpulse für integrierte Versorgungsformen auch bei den Verträgen nach § 140a–d SGB V sehr hoch. Die Masse der abgeschlossenen Verträge hat zwar bisher einen vergleichsweise geringen Integrationsgrad, der nicht zuletzt aus der damit verbundenen Etablierung neuer Konkurrenzsituationen herrührt. Allerdings zeigen eine Reihe von »Leuchtturmprojekten« zum einen, dass Projekte zur populationsbezogenen Vollversorgung in der Entwicklung sind und dass zweitens auch Projekte mit einem geringeren Integrationsgrad durchaus ihre Berechtigung haben (Weatherly et al. 2006).

3.4 Spielräume für Vertragspartner

Große Unterschiede gibt es bei den hier angesprochenen gesetzlichen Regelungen im Hinblick auf die Spielräume für Vertragspartner. In der hausarztzentrierten Versorgung sind die Spielräume – zumindest im Vergleich zur besonderen ambulanten ärztlichen Versorgung – relativ gering. Die Vertragspartner können frei festlegen, wie die teilnehmenden Leistungserbringer vergütet werden, und auch bei den Leistungen selbst gibt es einen Spielraum, der über die Regelungen im Kollektivvertrag hinausgeht. Die Krankenkassen haben darüber hinaus einen Gestaltungsspielraum dabei, wie eng die Bindung der teilnehmenden Versicherten an den hausärztlichen Leistungserbringer zu interpretieren ist. Dennoch macht der Gesetzgeber eine Reihe von Vorgaben, wie die hausarztzentrierte Versorgung auszugestalten ist – vor allem im Hinblick auf Fortbildungsmaßnahmen, leitliniengestützte Behandlungen und Qualitätsmanagement. Letztlich besteht die wesentliche Einschränkung der Spielräume für die Krankenkassen im obligatorischen Angebot der hausarztzentrierten Versorgung: Die Freiheit, entsprechende Verträge nicht zu schließen, besteht nicht. Im Gegensatz dazu ist der Abschluss von Verträgen für die besondere ambulante ärztliche Versorgung freiwillig, und auch die Vorgaben des Gesetzgebers für die Ausgestaltung sind wesentlich weniger umfassend als bei Verträgen für die hausarztzentrierte Versorgung.

Tab. 1: Gesetzliche Spielräume zur Entwicklung neuer Versorgungskonzepte – Überblick
Quelle: Eigene Darstellung

Gesetzliche Regelung	*Bereinigung der Kollektivvergütungen*	*Integrationspotenzial/Vernetzungsimpulse*	*Spielräume für Vertragspartner*
Hausarztzentrierte Versorgung (§ 73b SGB V)	ja, aber keine Anschubfinanzierung	nur ambulant	gering
Besondere ambulante ärztliche Versorgung (§ 73c SGB V)	ja, aber keine Anschubfinanzierung	nur ambulant	hoch
Ambulante Behandlungen im Krankenhaus (116b SGB V)	nein	hoch	keine
Integrierte Versorgung (§ 140a SGB V)	ja, mit Anschubfinanzierung bis 2008	hoch	hoch

Spielräume für Vertragspartner gibt es definitionsgemäß nach § 116b SGB V keine mehr, weil der Gesetzgeber die Verhandlungslösung zu Gunsten der Zulassungslösung aufgegeben hat. In der integrierten Versorgung hat der Gesetzgeber die zunächst vorgesehene Einschränkung in der Verwendung von Mitteln der Anschubfinanzierung aufgegeben. Zunächst war im ersten Arbeitsentwurf des GKV-WSG vorgesehen, dass Mittel der Anschubfinanzierung nur noch für Verträge mit bevölkerungsbezogener Flächendeckung verwendet werden sollten. Von diesen Plänen hat der Gesetzgeber im Laufe des Anhörungsverfahrens Abstand genommen. Allerdings hat der Gesetzgeber präzisiert, dass Mittel der Anschubfinanzierung nur noch für die ambulante und stationäre Versorgung verwendet werden dürfen – und damit die vergleichsweise weiten Spielräume der Vertragspartner eingeengt. Tabelle 1 fasst die zentralen Aussagen im Überblick zusammen.

4 Fazit

Die Entwicklung von neuen Versorgungskonzepten ist nur möglich, wenn der Gesetzgeber den Vertragspartnern hinreichenden Spielraum zur Vereinbarung innovativer Versorgungsansätze lässt. In den letzten Jahren hat der Gesetzgeber diesen Gestaltungsspielraum substanziell erweitert. Aus der Analyse der einschlägigen Regelungen und deren Entwicklung vom GKV-Gesundheitsreformgesetz 2000 über das GKV-Modernisierungsgesetz 2004 bis hin zum GKV Wettbewerbsstärkungsgesetz 2007 lassen sich drei zentrale Schlussfolgerungen ziehen.

Erstens schwankt der Gesetzgeber zwischen zwei Steuerungsansätzen. Der eine Steuerungsansatz lässt den Vertragspartnern vergleichsweise viele Freiheiten bei der Entwicklung von neuen Versorgungskonzepten – beispielsweise in der integrierten Versorgung und – neu – in der so genannten besonderen ambulanten ärztlichen Versorgung. Beim zweiten Steuerungsansatz geht der Gesetzgeber von der Überlegenheit spezifischer Steuerungsansätze aus und verpflichtet die Vertragspartner zu entsprechenden Vereinbarungen bzw. gibt das Verhandlungsmodell zu Gunsten des Zulassungsmodells auf. Dies betrifft vor allem die hausarztzentrierte Versorgung und ambulante Versorgung im Krankenhaus.

Zweitens folgen die gesetzlichen Regelungen zur Entwicklung neuer Versorgungskonzepte keinem konsistenten Konzept, sondern gleichen eher einem regulatorischen Flickenteppich, der zwischen den spannungsgeladenen Steuerungsmotiven Kooperation und Konkurrenz changiert. Die entsprechenden Vorschriften sind kreuz und quer im SGB V verteilt. Darüber hinaus gibt es extrem unterschiedliche Regelungen in den verschiedenen Versorgungsbereichen.

Drittens – und hier ist in den letzten Jahren ein politischer Lernprozess zu erkennen – berücksichtigt der Gesetzgeber bei der Entwicklung neuer Versorgungskonzepte zunehmend den Koordinierungsbedarf mit dem kollektiven Vertragswerk der konventionellen Versorgung. Dies betrifft insbesondere den finanziellen Bereinigungsbedarf in den Kollektivbudgets zur Vermeidung von Doppelfinanzierungen – allerdings sind die entsprechenden Vorschriften noch nicht konkret genug, um den Widerstand gegen solche Bereinigungen überwinden zu können.

Literaturverzeichnis

Amelung, V.E. (2007): Integrierte Versorgung – von Pilotprojekten zur »wirklichen« Regelversorgung. In: Gesundheits- und Sozialpolitik 1–2, S. 10–13.

Amelung, V.E./Meyer-Lutterloh, K./Seiler, R./Schmid, E./Weatherly, J.N. (2006): Integrierte Versorgung und Medizinische Versorgungszentren – Von der Idee zur Umsetzung. Berlin.

Cassel, D./Ebsen, I./Greß, S./Jacobs, K./Schulze, S./Wasem, J. (2006a): Weiterentwicklung des Vertragswettbewerbs in der gesetzlichen Krankenversicherung. Vorschläge für kurzfristig umsetzbare Reformschritte. Gutachten im Auftrag des AOK-Bundesverbandes. Bonn etc.

Cassel, D./Ebsen, I./Greß, S./Jacobs, K./Schulze, S./Wasem, J. (2006b): Vertragswettbewerb: Zu kurz gesprungen. In: Gesundheit und Gesellschaft 9 (10), S. 42–45.

Hucke, D./Kuntz, L./Wuttke, R. (2008): Selektive flexible Budgets für den Übergang vom Kollektiv- zum Selektivvertrag. In: Klauber, J./Robra, B.-P./Schellschmidt, H.: Krankenhaus-Report 2007. Krankenhausvergütung – Ende der Konvergenzphase? Stuttgart, S. 107–19.

Leber, W.-D./Malzahn, J./Wolff, J. (2008): Elektiv wird selektiv. Gründzüge eines wettbewerbsorientierten, nach Leistungen differenzierten Ordnungsrahmens für Krankenhäuser ab dem Jahr 2009. In: Klauber, J./Robra, B.-P./Schellschmidt, H.: Krankenhaus-Report 2007. Krankenhausvergütung – Ende der Konvergenzphase? Stuttgart, S. 81–106.

Pfaff, H./Schrappe, M./Lauterbach, K.W./Engelmann, U./Halber, M. (Hrsg.)(2003): Gesundheitsversorgung und Disease Management: Grundlagen und Anwendungen der Versorgungsforschung. Bern etc.

Sachverständigenrat für die Konzertierte Aktion im Gesundheitswesen (2002): Bedarfsgerechtigkeit und Wirtschaftlichkeit. Gutachten 2000/2001, Band III: Über-, Unter- und Fehlversorgung. Baden-Baden.

Sachverständigenrat für die Begutachtung der Entwicklung im Gesundheitswesen (2007): Kooperation und Verantwortung. Voraussetzungen einer zielorientierten Gesundheitsversorgung. http://www.svr-gesundheit.de/Startseite/Langfassung.pdf

Schulze, S. (2007): Gesundheitsreform und Vertragswettbewerb: Auswirkungen der zentralen finanzierungs- und leistungsseitigen Neuregelungen des GKV-WSG auf die Möglichkeiten zum Abschluss von Selektivverträgen zwischen Krankenkassen und Leistungsanbietern. In: Göpffarth, D./Greß, S./Jacobs, K./Wasem, J. (Hrsg.): Jahrbuch Risikostrukturausgleich 2007 – Gesundheitsfonds. St. Augustin, S. 273–306.

Weatherly, J.N./Seiler, R./Meyer-Lutterloh, K. (2006): Leuchtturmprojekte Integrierter Versorgung und Medizinischer Versorgungszentren. Berlin.

Nils Hellrung, Reinhold Haux, Hans-Jürgen Appelrath und Wilfried Thoben

Informationsmanagement für vernetzte Versorgungsstrukturen

Zusammenfassung

Einrichtungsübergreifende Informationssysteme gelten als eine zentrale Komponente für die effiziente Umsetzung vernetzter Versorgungsstrukturen. Angesichts ihrer Komplexität auf organisatorischer und technischer Ebene sollten einrichtungsübergreifende Informationssysteme durch ein systematisches Informationsmanagement geplant, gesteuert und überwacht werden. Der Beitrag beschäftigt sich mit der aktuellen Situation einrichtungsübergreifender Informationssysteme, die durch ausgeprägte technische Heterogenität sowie einem Nebeneinander zahlreicher Vernetzungsinitiativen auf unterschiedlichen Ebenen geprägt ist. Organisatorische Aspekte werden vor dem Hintergrund der Koexistenz von Wettbewerb und Kooperation in vernetzten Versorgungsstrukturen diskutiert. Der Beitrag schließt mit einer Darstellung regionaler Initiativen des einrichtungsübergreifenden Informationsmanagements.

1 Einleitung

Die Umsetzung vernetzter Versorgungsstrukturen ist eng verbunden mit der Entwicklung einrichtungsübergreifender Informationssysteme. Die Versorgung eines Patienten involviert viele unterschiedliche, teilweise hoch spezialisierte Akteure. Angesichts der Komplexität des medizinischen Wissens ist es praktisch unmöglich, verlässliche diagnostische, therapeutische oder andere Entscheidungen zu treffen, ohne dabei Zugriff auf relevante Daten zu haben (Lenz et al. 2005; Haux 2006). Durch die Zunahme chronischer Erkrankungen verstärkt sich die Notwendigkeit, einzelne Maßnahmen aufeinander abzustimmen und Informationsbarrieren zwischen den Beteiligten abzubauen (Alexander et al. 2003). In neuen Versorgungsmodellen, wie der integrierten Versorgung (§ 140 SGB V) oder Disease-Management-Programmen (§ 137 SGB V) werden daher einrichtungsübergreifende Behandlungsleitlinien und standardisierte Dokumentationswerkzeuge eingeführt, deren effiziente Gestaltung ohne den Einsatz von Informations- und Kommunikationstechnologie nur bedingt möglich ist (Haas 2006). Einrichtungsübergreifende Informationssystemarchitekturen werden zu strategischen

Instrumenten für Institutionen des Gesundheitswesens, die entscheidend ihre zukünftige Stellung in Versorgungsnetzwerken beeinflussen.
Ein wesentlicher Vorteil der elektronischen gegenüber der (immer noch stark verbreiteten) papierbasierten Informationsverarbeitung liegt in der orts- und zeitunabhängigen Verfügbarkeit einmal aufgenommener Daten (Haux et al. 2004). Dies ist eine wichtige Voraussetzung für die Kontinuität des Versorgungsprozesses, sowohl innerhalb einer Gesundheitseinrichtung, als auch einrichtungsübergreifend (Lenz et al. 2005; Hellesø/Lorensen 2005). Als wichtige Komponente der einrichtungsübergreifenden Kommunikation wurde beispielsweise der elektronische Austausch von Arztbriefen und Befunden zwischen dem stationären und ambulanten Sektor in mehreren Projekten adressiert und der positive Einfluss auf die Prozessqualität dargestellt (Schabetsberger et al. 2005; Machan et al. 2006; Bergmann et al. 2007).

Neben den beschriebenen positiven Wirkungen von Informationssystemen des Gesundheitswesens stellt die Informationsverarbeitung auch einen bedeutenden Kostenfaktor dar (Haux et al. 2004). In Großbritannien wurden für die Modernisierung der nationalen Gesundheitsinformationssystemarchitektur in einem Zeitrahmen von zehn Jahren 9,2 Milliarden Euro veranschlagt (Humber 2004). Für die Einführung der elektronischen Gesundheitskarte in Deutschland sind derzeit 1,4 Milliarden Euro geplant (EKG 2007). Werden nicht nur die reinen Investitionen in Soft- und Hardware betrachtet, so werden die Kosten für sämtliche informationsverarbeitende Aktivitäten (Erfassen, Suchen, Übertragen) im Gesundheitswesen auf bis zu 20 % der Gesamtausgaben und mehr geschätzt (Dietzel/Winter 2002).

Angesichts der dargestellten Bedeutung von Gesundheitsinformationssystemen ist es unerlässlich, diese systematisch zu planen, zu steuern und zu überwachen. Die inhaltliche Herausforderung für das Informationsmanagement in vernetzten Versorgungsstrukturen besteht dabei vor allem in der *ausgeprägten Heterogenität* aktueller Informationssystemarchitekturen (Lenz 2005; Kuhn et al. 2006). Daneben ist ungeklärt, welche Organisationsformen für das einrichtungsübergreifende Informationsmanagement geeignet sind, um einerseits die Einzelinteressen der Beteiligten zu berücksichtigen, andererseits aber die Entwicklung von Informationsinseln zu verhindern.

In diesem Beitrag wird daher zunächst die aktuelle Situation der rechnergestützten Informationsverarbeitung im Gesundheitswesen dargestellt. Anschließend werden wichtige internationale und nationale Standardisierungsinitiativen beschrieben, deren Ziel in der Entwicklung interoperabler Kommunikationsstandards liegt. Einige ungeklärte organisatorische Aspekte des einrichtungsübergreifenden Informationsmanagements werden im dritten Abschnitt behandelt, bevor abschließend einige Beispiele der zunehmend relevanten Informationsmanagementstrukturen vorgestellt werden, die sich mit der systematischen Entwicklung regionaler Informationssystemarchitekturen beschäftigen.

2 Heterogenität, Standards und Vernetzungsinitiativen

Die Grenzen von Informationssystemen sind derzeit immer noch vor allem durch organisatorische Grenzen vorgegeben. *Einrichtungsübergreifende* Informationssystemarchitekturen lassen sich als Ansammlung mehr oder weniger gut organisierter Informationsinseln beschreiben, zwischen denen Informationen zumeist papierbasiert ausgetauscht werden (Haux 2006). Kommunikationsstandards zur Integration heterogener Anwendungssysteme sind derzeit intersektoral kaum abgestimmt (Kuhn et al. 2006). Im Folgenden werden die wichtigsten Standards des stationären sowie des ambulanten Sektors kurz vorgestellt.

2.1 Kommunikationsstandards im stationären Sektor

Im stationären Bereich ist oft eine komplexe und heterogene Infrastruktur im Einsatz. Die wichtigsten Aufgaben der Informationsverarbeitung sind dabei die Sammlung und adäquate Präsentation aller relevanten Informationen zu einem Patienten. Diese Aufgaben werden in der elektronischen Gesundheitsakte zusammengefasst, wobei nur selten eine zentralisierte Architektur zum Einsatz kommt. Die Daten werden zumeist in den Anwendungssystemen, in denen sie produziert wurden, vorgehalten und in Spezialsystemen archiviert.

Das rechnerbasierte Informationssysteme des Klinikums Braunschweig (1539 Betten und 53 000 stationäre Patienten jährlich) beispielsweise umfasst ca. 35 größere Anwendungssysteme sowie ca. 20 Server, 1200 Arbeitsstationen und 800 Drucker. Abbildung 8 illustriert die Informationssystemarchitektur nach der $3LGM^2$-Methode (Winter et al. 2003). Dargestellt ist die logische Werkzeugebene, auf der die wichtigsten Anwendungssysteme und sowie deren Kommunikationsschnittstellen modelliert werden.

Die ausgeprägte Heterogenität ist unter anderem auf die lange Lebenszeit medizinischer Großgeräte (z. B. Computertomographen) sowie auf historisch gewachsene »best-of-breed«-Lösungen für hochspezialisierte klinische Anwendungen zurückzuführen. Der krankenhausinterne Informationsaustausch basiert vor allem auf den Standards HL7, DICOM und EDIFACT.

HL7 (Health Level Seven) ist ein internationaler, nachrichtenbasierter Kommunikationsstandard für den Austausch von Daten zwischen Systemen im Gesundheitswesen (HL7V2 2007). Der Standard wurde ursprünglich in den USA entwickelt, inzwischen wird er jedoch in sehr vielen Ländern mit teilweise länderspezifischen Anpassungen verwendet. Neben dem zurzeit im klinischen Umfeld am häufigsten anzutreffenden Version 2.x-Zweig des Standards existiert mit der Version 3 erstmals ein dem Standard zugrunde liegendes Informationsmodell, das so genannte Reference Information Model (RIM).

Weiterhin hat sich *DICOM (Digital Imaging and Communications in Medicine)* als der weltweit offene, auch in Europa akzeptierte formale Standard zum Austausch von Bildern in der Medizin etabliert, in dem sowohl die Formate zur Speicherung von

Sicherheitssystem in Netzen und verteilten Systemen und Datensicherung

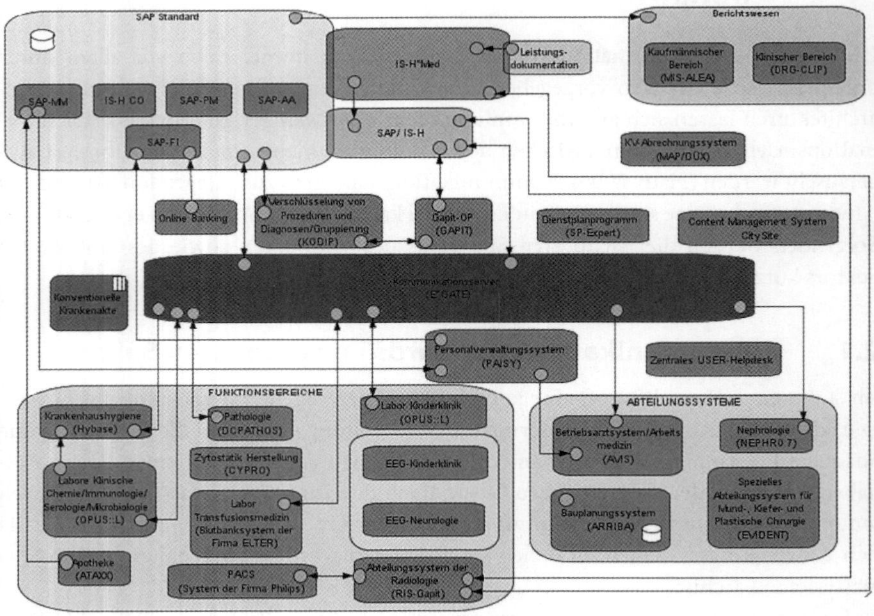

Abb. 8: Logische Werkzeugebene des Braunschweiger Krankenhausinformationssystems (Stand 2005)

Bilddaten selbst als auch das Kommunikationsprotokoll zum Austausch der Bilder standardisiert sind (DICOM 2007). Im klinischen Umfeld ist DICOM von fast allen Herstellern akzeptiert und in den bildgebenden Systemen wie zum Beispiel digitalen Röntgengeräten oder Computertomographen umgesetzt, wodurch Interoperabilität erreicht wird.

Im administrativen Bereich wird zudem weiterhin *EDIFACT* (Electronic Data Interchange For Administration, Commerce and Transport) eingesetzt (Lenz et al. 2005). Als zentraler Baustein wird oft ein Kommunikationsserver eingesetzt, der als »Kommunikationsdrehscheibe« zwischen den verschiedenen Systemen fungiert.

2.2 Kommunikationsstandards im ambulanten und niedergelassenen Sektor

In der Mehrzahl der Praxen niedergelassener Ärzte werden Praxisverwaltungssysteme eingesetzt. Sie dienen der Verwaltung von Patientenstammdaten sowie der Leistungserfassung und der Abrechnung mit den Kassenärztlichen Vereinigungen. Einige Praxisverwaltungssysteme erlauben auch die medizinische Dokumentation, die digitale Archivierung und Befundung ist derzeit jedoch die Ausnahme. Die Kommunikationsstandards für Praxisverwaltungssysteme sind vor allem durch die Vorgaben der Kassenärztlichen Vereinigungen geprägt und entsprechend national ausgerichtet. Je nach Anwendungsgebiet kommen Formate wie Abrechungsdatenträger (ADT), Behandlungsdatenträger (BDT) oder Labordatenträger (LDT) zum Einsatz (Kassenärztliche Bundesvereinigung 2007).

Auch im niedergelassenen Bereich gibt es Ansätze, den (inter-)sektoralen Austausch von Nachrichten und strukturierten Dokumenten im medizinischen Kontext zu standardisieren. In diesem Zusammenhang sind insbesondere zwei Aktivitäten zu nennen: *D2D (Doctor to Doctor)* ist eine Kommunikationsplattform, die im Rahmen der Telematik-Initiative der Kassenärztlichen Vereinigung Nordrhein entwickelt wurde und dort sowie bei den Kassenärztlichen Vereinigungen Baden-Württemberg und Bayern serverseitig betrieben wird (D2D 2007). Mit der D2D-Plattform können beispielsweise Abrechnungen, Arztbriefe, Überweisungen oder Krankenhauseinweisungen elektronisch und Online abgewickelt werden. Vom Verband Deutscher Arztpraxis-Softwarehersteller e. V. (VDAP) wurde der systemunabhängige Kommunikationsstandard *VCS (VDAP Communication Standard)* entwickelt, der vom Deutschen Institut für Normung e. V. (DIN) publiziert ist (DIN PAS 1011 2001). Der VCS-Standard ist als verteilte Lösung konzipiert und die elektronische Kommunikation zwischen Arztpraxen zur Übermittlung von Befunden wird durch Punkt-zu-Punkt-Verbindungen gewährleistet.

2.3 Standardisierungsinitiativen

Auf internationaler sowie auf nationaler Ebene existiert eine Vielzahl von Initiativen, die sich mit der Standardisierung von Informationssystemen des Gesundheitswesens, insbesondere von elektronischen Gesundheitsakten, befassen. Während international insbesondere die Aktivitäten rund um die elektronische Patientenakte zu betonen sind, konzentrieren sich die nationalen Aktivitäten auf den niedergelassenen Bereich.

2.4 Internationale Initiativen

Ein wesentlicher Baustein zur Verbesserung der intersektoralen Kommunikation ist die Bereitstellung einer elektronischen Gesundheitsakte (EGA). Hierzu hat es in den letzten Jahren eine Vielzahl von Ansätzen gegeben, von denen im Folgenden die wichtigsten dargestellt werden sollen (Eichelberg et al. 2005; Eichelberg et al. 2006), die z.T. bereits als zertifizierte Standards anerkannt sind:

Die *Clinical Document Architecture (CDA)* von HL7 definiert Struktur und Semantik medizinischer Dokumente zum Zweck der Kommunikation (CDA 2004). CDA Dokumente sind in XML kodiert, die Elemente und Datentypen solcher XML-Dokumente sind aus dem HL7 Reference Information Model der Version 3 abgeleitet. Durch die Persistierung der Nachrichten kann eine Patienten-spezifische Gesundheitsakte aufgebaut werden. Die Extension des *Digital Imaging and Communications in Medicine* Standards für strukturierte Berichte (DICOM Structured Reports – SR) definiert ein klinisches Dokument in Form eines Baums mit Relationen zwischen festgelegten Informationen an seinen Blättern. Zusammen mit anderen Teilen des DICOM Standards (Kommunikation und Speicherung der Dokumente) kann eine Gesundheitsakte aufgebaut werden (Hussein et al. 2004). Das bemerkenswerteste Konzept, das durch das derzeit von der *openEHR* Stiftung betreute Projekt eingeführt wurde, sind die so genannten Archetypen (openEHR 2007). In der untersten Modellebene von openEHR ist ein generisches Datenmodell angesiedelt, das zwar für den medizinischen Sektor spezialisiert, jedoch insgesamt sehr einfach gehalten ist. Mit Archetypen können nun Schablonen auf diesen Datenstrukturen definiert werden, um exakt die Bedürfnisse zur Repräsentation der medizinischen Sachverhalte abzubilden. Es wird derzeit aktiv daran gearbeitet, das Referenzmodell sowie die Archetypen mit dem im nächsten Abschnitt vorgestellten EHRcom zu verheiraten. *EHRcom* bzw. der *CEN prEN 13606 Standard* (CEN) beschreibt die Struktur einer Elektronischen Gesundheitsakte durch die fünf Teile des Standards: Referenzmodell, Archetypen, Referenz-Archetypen, Sicherheit und Austausch-Modelle. Das Referenzmodell beschreibt die logischen Blöcke einer Gesundheitsakte (Folders, Compositions, Sections, Entries, Clusters, Elements and Data Values) sowie ihre hierarchische Struktur (Kalra 2004). Abbildungen des bereits veröffentlichten Teils des endgültigen Standards EN 13606-1 (Referenzmodell) zum openEHR und dem HL7 Referenzmodell sowie die Verwendung des openEHR Archetypen-Konzeptes versprechen eine verbesserte Interoperabilität für die Zukunft. Die Initiative Integrating the Healthcare Enterprise (IHE) verfolgt das Ziel, typische Arbeitsabläufe im Gesundheitswesen zu modellieren und die zugehörigen Transaktionen zwischen medizinischen Computersystemen unter Verwendung international akzeptierter Standards eindeutig festzulegen (IHE 2007). *IHE Cross-enterprise Document Sharing (IHE XDS)* beschreibt die Kommunikation von Dokumenten zwischen verschiedenen Institutionen. Basis dafür ist die Definition einer Patient Identity Source um die Identität eines Patienten bei nicht-eindeutiger Patienten-ID sicherzustellen, die Definition eines Document Repository für die Zwischenspeicherung der verschiedenen Dokumententypen und die Definition eines Document Registry, das Verweise auf die Dokumente in den Document Repositories verwaltet. Außerdem legt XDS eine Verzeichnisstruktur fest sowie ein drei-stufiges Sicherheitssystems (Audit Trail and Node Authentication – ATNA).

3 Nationale Initiativen

Bei den Initiativen auf nationaler Ebene ist zunächst das Projekt *SCIPHOX (Standardized Communication between Information Systems in Physician Offices and Hospitals using XML)* der deutschen HL7-Gruppe zu nennen (SCIPHOX 2007). Das Projekt wurde mit dem Ziel gestartet, die Kommunikation zwischen dem niedergelassenen und stationären Bereich zu fördern. Diese Bemühungen werden zwischenzeitlich unterstützt durch zahlreiche andere Projekte mit ähnlichen Intentionen. Das SCIPHOX-Projekt liefert die Spezifikation für einen Kommunikationsstandard, der auf übergeordneten internationalen Standards wie XML basiert und dabei die gewonnenen Erfahrungen der beiden bislang parallel entwickelten Domänen xDT und HL7 berücksichtigt. Die zweite Initiative stammt vom *Verband der Hersteller von IT-Lösungen im Gesundheitswesen e. V. (VHiTG)*, in dem sich die wichtigsten Hersteller von Software und kompletten IT-Lösungen für das klinische Gesundheitswesen als Mitglieder zusammengeschlossen haben (VHiTG 2007). Neben dem klinischen Sektor vertritt der Verband inzwischen auch einige Hersteller von Software für den niedergelassenen Bereich. Zu den Zielen des Verbandes zählen die politische Einflussnahme und Mitgestaltung und der Auf- und Umbau von Standards. So wurde im Mai 2005 die Initiative »Intersektorale Kommunikation« ins Leben gerufen, die sich mit dem intersektoralen Austausch von Nachrichten und strukturierten Dokumenten im medizinischen Kontext befasst. Das Ziel ist es, ausgewählte Behandlungsprozesse zu untersuchen, und im Kontext der integrierten Versorgung den Austausch von Daten zwischen ambulantem und stationärem Sektor zu ermöglichen. Ein wesentliches Merkmal ist, dass die Ergebnisse frei von Lizenzen und Zertifikaten sind und öffentlich zur Verfügung gestellt werden. Derzeit sind der elektronische Arztbrief, die eindeutige Patientenidentifikation und die Auftrags- und Terminkoordinierung Gegenstand der Arbeit der VHiTG-Initiative intersektorale Kommunikation.

In Deutschland haben sich außerdem in den letzten Jahren eine Reihe von unterschiedlichen Aktivitäten um das Projekt *bIT4health (better IT for better health)* und der dort entwickelten Telematik-Infrastruktur angesiedelt. Konkret werden in dem Projekt, durchgeführt von IBM Deutschland, dem Chipkartenhersteller ORGA, SAP, InterComponentWare sowie dem Fraunhofer-Institut für Arbeitswirtschaft und Organisation, eine Rahmen- und eine Lösungsarchitektur realisiert, welche sehr detailliert die angestrebten Funktionen und grundsätzlichen Anforderungen an die Infrastruktur sowie notwendige Schnittstellen und Probleme spezifiziert. Basierend auf den Vorgaben der Rahmenarchitektur wird innerhalb eines Forschungs- und Entwicklungsvorhabens durch ein Konsortium von Instituten der Fraunhofer-Gesellschaft eine »Spezifikation der Lösungsarchitektur zur Umsetzung der Anwendungen der elektronischen Gesundheitskarte« entwickelt (Caumanns et al. 2006). Dieses Projekt ist in ein übergeordnetes Projekt zur Einführung der elektronischen Gesundheitskarte eingegliedert, das die gematik (Gesellschaft für Telematikanwendungen der Gesundheitskarte) gGmbH durchführt.

4 Organisatorische Aspekte einrichtungsübergreifender Informationssysteme

Als »Enabler«-Technologie (Krcmar 2005) tragen einrichtungsübergreifende Informationssysteme zur Veränderung organisatorischer Grenzen bei. Die Wechselwirkungen zwischen neuen Möglichkeiten des Informationsaustausches und neuen Organisationsformen stellen komplexe Anforderungen an das Informationsmanagement im Gesundheitswesen.

Ungelöst ist zunächst die Frage der inhaltlichen und infrastrukturellen *Verantwortlichkeit für interorganisatorische Informationssystemarchitekturen*. Shabo (2006a) erörtert anhand dieser zwei Dimensionen verschiedene Modelle für lebenslange elektronische Gesundheitsakten und diskutiert ihre Eignung, langfristig vollständige Gesundheitsinformationen zu erstellen und zu unterhalten. Patientengeführte Gesundheitsakten, die in Deutschland bereits kommerziell angeboten werden, entsprechen demnach zwar dem Verständnis des Patienten als Eigentümer seiner Daten. Allerdings weisen sie in Bezug auf die Vollständigkeit sowie die Akzeptanz durch Leistungserbringer wesentliche Schwächen auf. Außerdem ist unklar, mit welchen psychologischen Gefahren ein ungefilterter Zugang zu den eigenen medizinischen Daten verbunden sein kann. Gegen die Führung langfristiger Akten durch Gesundheitseinrichtungen sprechen neben der dargestellten technischen Komplexität der Vernetzung Schwierigkeiten der eindeutigen Patientenidentifikation sowie der Wechsel der verantwortlichen Leistungserbringer im Laufe eines Lebens. Shabo entwirft daher das Modell der *independent health banks*, die als unabhängige und kommerziell geführte Unternehmen Gesundheitsakten verwahren und berechtigten Personen zur Verfügung stellen, wobei die Zugriffsrechte durch den Patienten gesteuert werden (Shabo 2006b).

Während die Ziele des Informationsmanagements in einzelnen Organisationen idealtypisch aus den Unternehmenszielen abgeleitet werden sollen (Brigl et al. 2005), besteht für Mechanismen des Interessensausgleichs in Gesundheitsnetzwerken erheblicher Forschungsbedarf. Gesundheitsnetzwerke können als hybride Organisationsformen, d. h. als eine Mischform aus marktlichen und hierarchischen Koordinationsmechanismen aufgefasst werden (Janus/Amelung 2005; Amelung/Janus 2006). Die für Netzwerke charakteristischen Widersprüche aus Kooperation und Wettbewerb, Risiko und Vertrauen sowie Autonomie und Interdependenz (Klein 1996) lassen sich auf einrichtungsübergreifende Informationssysteme übertragen. Moderner IT wird das Potential zugeschrieben, sowohl fixe als auch variable Transaktionskosten zu senken (Picot et al. 2003). Insbesondere Standardisierungen, wie zum Beispiel durch die oben beschriebenen medizinischen Kommunikationsstandards, senken den Spezifitätsgrad medizinischer Informationen. Effiziente Informationsverarbeitung mit großen und komplexen Datenmengen wird daher auch in nicht-hierarchischen und räumlich verteilten Organisationsformen möglich (Fleisch 2001).

Durch gemeinsame Investitionen in einrichtungsübergreifende Informationssysteme (Hirnle 2006) und vertikale elektronische Integrationsbeziehungen (Hong 2002) entstehen zusätzliche Abhängigkeiten zwischen den Netzwerkpartnern. Dies ist insofern relevant, als dass die Netzwerkteilnehmer neben den gemeinsamen Zielen auch individuelle, teils divergierende Interessen verfolgen. Chi und Holsapple (2005) identifizieren acht Motive, die eine Organisation zu der Teilnahme an einer elektronischen Vernetzung bewegen können. Im Vordergrund der Argumentation innerhalb des Gesundheitswesens steht das *efficiency motive*, d. h. der Wunsch einer Organisation, ihre interne und interorganisatorische Effizienz zu steigern (z. B. bei Bergmann et al. 2007 und Schabetsberger et al. 2005). Das Ziel, gemeinsame Interessen zu verfolgen, die Zusammenarbeit zu verstärken, wird als *reciprocity motive* bezeichnet. Dem gegenüber steht das *asymmetry motive*. In diesem Fall wird ein einrichtungsübergreifendes Informationssystem verwendet, um Kontrollmöglichkeiten über andere Organisationen auszubauen. Ähnlich argumentieren Gallivan und Depledge (2003), die neben dem kollaborativen Zweck insbesondere die verstärkten Möglichkeiten der gegenseitigen Kontrolle untersuchen. Während viele Autoren einrichtungsübergreifende Informationssysteme als Katalysator für den Aufbau gegenseitigen Vertrauens betrachten, stellen sie gerade die vertrauenshemmende Wirkung gegenseitiger Kontrollmechanismen in den Vordergrund. Eine systematische Untersuchung dieser Motive in Bezug auf das Gesundheitswesen hat bislang nicht stattgefunden. Insbesondere die Einführung von Kontrollmechanismen, zum Beispiel für das Qualitätsmanagement in integrierten Versorgungsnetzwerken, scheint jedoch eine wichtige Erfolgsbarriere für einrichtungsübergreifende Informationssysteme darzustellen.

5 Regionale Initiativen des einrichtungsübergreifenden Informationsmanagements

Die bisherigen Ausführungen haben die komplexen Anforderungen an das Informationsmanagement in vernetzten Versorgungsstrukturen aufgezeigt. Das einleitend dargestellte Potenzial moderner Informationssystemarchitekturen kann nur umgesetzt werden, wenn diese nicht durch entkoppelte Einzelprojekte entstehen, sondern an regionalen Strategien ausgerichtet sind. Dies führt zunehmend zur Ausbildung von koordinierenden IT-Einrichtungen auf Ebene der Bundesländer. Dabei stehen neben der Ausarbeitung technischer Rahmenbedingungen insbesondere auch der Einbezug und die Stärkung der regionalen Gesundheitswirtschaft im Vordergrund. Der Entwicklungsstand solcher Initiativen lässt sich durch den Fortschritt landesweiter Planungen und der konkreten Umsetzung beurteilen (s. Tab. 2).

Regionale Initiativen (Stufe 1 und 2) mit der Identifikation der Relevanz des Themas für die Versorgungsqualität und die regionale Gesundheitswirtschaft. Beispielhaft sei hier das »*Kompetenzzentrum Gesundheitswirtschaft e. V.*« *(GewiNet)* genannt, welches eine gemeinsame Einrichtung von Unternehmen, Kliniken, Ärzten, Hochschulen und Kommunen im Raum Weser-Ems darstellt und durch das das Innovationsnetzwerk RIS »Regionale Innovationsstrategie Weser-Ems« gefördert wird. GewiNet versteht sich dabei als regionales Netzwerk in der Gesundheitswirtschaft und möchte die strukturierte Vernetzung zwischen regionalen Unternehmen und regionalen Hochschulen und zwischen regionalen Unternehmen untereinander fördern sowie als Interessenvertretung für die Unternehmen der Gesundheitswirtschaft und die am Thema Gesundheit ausgerichteten Hochschuleinrichtungen fungieren. Dabei werden konkrete Ziele verfolgt, wie die Schaffung und Sicherung von Arbeitsplätzen in der regionalen Gesundheitswirtschaft, die Stärkung und der Ausbau regionaler medizinischer und therapeutischer Versorgungsqualität und -sicherheit, die Bindung von Patienten in der Region und die Stärkung von Forschung und Ausbildung im Gesundheitssystem an den Hochschulen. Das Leitungsangebot von GewiNet umfasst Service- und Beratungsdienstleistungen

Tab. 2: Statusbewertung landesweiter IT-Initiativen

Stufe 1 Bewusstsein	Stufe 2 Regionale Aktivitäten	Stufe 3 Landesführung	Stufe 4 Landesweite Planung	Stufe 5 Landesweiter Plan	Stufe 6 Landesweite Implementierung
Anerkennung der Notwendigkeit des regionalen oder landesweiten Informationsmanagements	regionale oder kommunale Informationsmanagement-aktivitäten	politische Anweisung zur Initiierung des Informationsmanagements	landesweite Planung ausformuliert und koordinierte Aktivitäten zur Umsetzung	landesweite IT-Strategie inklusive Prioritäten formuliert	landesweite IT-Strategie wird umgesetzt
noch keine koordinierten landesweiten Aktivitäten	noch keine koordinierten landesweiten Aktivitäten	landesweite Planung formuliert	Strukturen zur Umsetzung eingeführt	an die Öffentlichkeit kommuniziert	zentrale Meilensteine bereits erreicht

für Kliniken, Ärzte und Unternehmen, wie zum Beispiel Innovationsförderung und -beratung, Projektplanung und -management, Kontakt-Anbahnung zwischen Unternehmen, Vermittlung von Experten und freien Forschungskapazitäten.

Neben der städtischen und regionalen Ebene wird das Thema aber auch auf Landesebene als Zukunftsthema gesehen und durch entsprechende Initiativen unterstützt (Stufe 3). So wurde im Jahre 2006 durch das Niedersächsische Ministerium für Wirtschaft, Arbeit und Verkehr die Kommunikationsplattform »*eHealth.Niedersachsen*« zur Erschließung des Wirtschaftspotenzials von eHealth im Rahmen der wachsenden Gesundheitswirtschaft für mittelständische Unternehmen in Niedersachsen gegründet. Ziel von eHealth.Niedersachsen ist es, den Einsatz von IuK-Technologien unter besonderer Berücksichtigung der Chancen der Vernetzung im Gesundheitswesen zu unterstützen und damit zugleich Impulse für die niedersächsische Wirtschaft zu setzen. Durch die Vernetzung und gemeinsame Vermarktung der unterschiedlichen Akteure, insbesondere der Anbieter im Mittelstand, soll der Wirtschaftsstandort Niedersachsen nachhaltig gestärkt und der Bekanntheitsgrad niedersächsischer IT-Unternehmen auf überregionalen und internationalen Märkten erhöht werden.

Als sehr fortgeschritten (Stufe 6) kann die Initiative des Landes Nordrhein-Westfalen bezeichnet werden. 2003 wurde die Landesinitiative *eHealth.nrw* der Öffentlichkeit vorgestellt, in der die IT-Projekte des Gesundheitswesens in Nordrhein-Westfalen gebündelt werden. Zu den Aktivitäten gehören unter anderem der Aufbau einer landesweiten IT-Infrastruktur, Modellprojekte zur elektronischen Gesundheitsakte, sowie ein Landesgesundheitsportal. Umgesetzt werden die Aktivitäten durch das Zentrum für Telematik im Gesundheitswesen GmbH (ZTG), das in Form einer Public-Privat-Partnership von führenden Informations- und Kommunikationstechnologie-Anbietern,

Institutionen und Organisationen des Gesundheitswesens sowie Forschungsunternehmen in Zusammenarbeit mit der Landesregierung gegründet wurde.

In der »eHealth Resolution« der World Health Organization (World Health Organization 2005) haben sich die Mitgliedsstaaten zu der Entwicklung um Umsetzung langfristiger Informationsstrategien verpflichtet. Dabei sollen unter dem Einbezug privater und öffentlicher Unternehmen der IT-Industrie Gesundheitseinrichtungen bei der Gestaltung einrichtungsübergreifender Informationssysteme unterstützt werden.

Die derzeit entstehenden Initiativen des einrichtungsübergreifenden Informationsmanagements sollten daher zu regionalen Koordinationszentren ausgebaut werden, die im Sinne einer offenen Public-Private-Partnership langfristig von Interessensvertretern aus den Bereichen Leistungserbringung, Politik, Wirtschaft und Patienten getragen wird. Als gemeinsame Plattform werden die Koordinationszentren mit Kompetenzen zur Festlegung von Richtlinien bezüglich der IT-Basisinfrastruktur, aber auch als Impulsgeber für neue IT-basierte Versorgungsmodelle sowie als Evaluationszentrum ausgestattet. Eine weitere Aufgabe liegt in der Erkennung und Weitervermittlung nationaler und internationaler technologischer Trends, um den Beteiligten einen Rahmen für Weiterentwicklungsmöglichkeiten zu geben.

6 Zusammenfassung und Ausblick

Die Frage, ob die an vernetzte Versorgungsstrukturen gerichteten Erwartungen der Qualitätssteigerung und Kostensenkung erfüllt werden können, ist eng verbunden mit der erfolgreichen Umsetzung einrichtungsübergreifender Informationssysteme. Derzeit werden auf unterschiedlichen Ebenen technische und organisatorische Maßnahmen getroffen, die jedoch nur selten miteinander abgestimmt werden. Unsere Einzelfallanalyse mehrerer Gesundheitsnetzwerke (Hellrung et al. 2007) hat ergeben, dass systematisches Informationsmanagement derzeit nur begrenzt stattfindet, da meist weder entsprechende Kompetenzen eingebunden, noch ausreichende Ressourcen für das Informationsmanagement zur Verfügung gestellt werden. Einrichtungsübergreifende Informationssysteme, größtenteils Portalsysteme sind auf einzelne Anwendungsfälle, wie zum Beispiel den netzwerkspezifischen Ablauf der Dokumentation zur integrierten Versorgung, ausgerichtet. Eine Abstimmung zwischen den Netzwerkpartnern findet jedoch kaum statt, sodass eine lokale Datenintegration nicht vorkommt und Dokumentationsaktivitäten für das integrierte Versorgungsnetzwerk redundant zur Dokumentation in Praxisverwaltungssystemen oder stationären Informationssystemen durchgeführt werden müssen. Verfügbare Schnittstellen werden nur in Ausnahmefällen genutzt, sodass die Informationen, die in den Gesundheitsnetzwerken erhoben werden, nicht außerhalb des Netzwerkes verfügbar sind und erneut Informationsinseln entstehen. Ein zukünftiges Informationsmanagement muss daher auch kleineren und neuen vernetzten Versorgungsstrukturen skalierbare Lösungen unter Einbezug relevanter Methoden zur Datenintegration zur Verfügung stellen. Dies gilt umso mehr, als dass die Vernetzung von niedergelassenen Ärzten und Krankenhäusern nur den ersten Schritt der informationstechnischen Unterstützung des gesamten Versorgungskontinuums darstellt. Der Einbezug außerhalb der klassischen Gesundheitseinrichtungen erhobener Daten, zum Beispiel durch sensorerweiterte Informationssysteme im häuslichen Umfeld, wird eine zunehmend wichtige Rolle spielen (Bott et al. 2007).

Literaturverzeichnis

Alexander, J.A./Lee, S.Y./Bazzoli, G.J. (2003): Governance forms in health systems and health networks. In: Health Care Management Review 28, S. 228–242.

Amelung, V.E./Janus, K. (2006): Modelle der integrierten Versorgung im Spannungsfeld zwischen Management und Politik. In: Klauber, J./Robra, B.-P./Schellschmidt, H. (Hrsg.): Krankenhausreport 2005. Stuttgart und New York, S. 13–26.

Bergmann, J./Bott, O.J./Pretschner, D.P./Haux, R. (2007): An e-consent-based shared EHR system architecture for integrated healthcare networks. In: International Journal of Medical Informatics 76, S. 130–136.

Bott, O.J./Marschollek, M./Wolf, K.-H./Haux, R. (2007): Towards new scopes: Sensor-enhanced regional health information systems. In: Methods of Information in Medicine 46, S. 476–483.

Brigl, B./Ammenwerth, E./Dujat, C./Gräber, S./Große, A./Häber, A./Jostes, C./Winter, A. (2005): Preparing strategic information management plans for hospitals: A practical guideline SIM plans for hospitals. In: International Journal of Medical Informatics 74, S. 51–65.

Caumanns, J./Weber, H./Fellien, A./Kurrek, H./Boehm, O./Neuhaus, J./Kunsmann, J./Struif, B. (2006): Die eGK-Lösungsarchitektur – Architektur zur Unterstützung der Anwendungen der elektronischen Gesundheitskarte. In: Informatik Spektrum 29, S. 341–348.

CDA (2004): The HL7 Version 3 Standard: Clinical document architecture. Release 2.0, ANSI Standard.

Chi, L./Holsapple, C.W. (2005): Understanding computer-mediated interorganizational collaboration: A model and framework. In: Journal of Knowledge Management 9, S. 53–75.

DICOM (2007): Digital imaging and communications in medicine. NEMA Standards Publication PS 3. National Electrical Manufacturers Association. Rosslyn VA USA 2007. URL: http://medical.nema.org/dicom/2007. Letzter Zugriff: 22.10.2007.

Dietzel, G.T.W./Winter, S.F. (2002): Ein neues Gesundheitswesen durch eHealth? In: Jäckel, A. (Hrsg.): Telemedizinführer Deutschland 2003. Ober-Mörlen, S. 16–21.

DIN PAS 1011 (2001): Verband der Hersteller von IT-Lösungen für das Gesundheitswesen e. V. URL: http://www.vhitg.de. Letzter Zugriff: 22.10.2007.

D2D (2007): Telematik Arbeitsgemeinschaft der bundesdeutschen Kassenärztlichen Vereinigungen. URL: http://www.d2d.de. Letzter Zugriff: 22.10.2007.

Eichelberg, M./Aden, T./Riesmeier, J./Dogac, A./Laleci, G.B. (2005): A survey and analysis of electronic healthcare record standards. In: ACM Computing Surveys 37, S. 277–315.

Eichelberg, M./Aden, T./Riesmeier, J./Dogac, A./Laleci, G.B. (2006): Electronic health records standards – A brief overview. In: Salem, M.A./El-Hadidi M.T. (Hrsg.): Information processing in the service of mankind and health: ITI 4th International Conference on Information and Communications Technology (ICICT 2006), S. 7–19.

EKG (2007): Die elektronische Gesundheitskarte. URL: http://www.die-gesundheitskarte.de. Letzter Zugriff: 22.10.2007.

Fleisch, E. (2001): Das Netzwerkunternehmen: Theorien, Strategien und Prozesse zur Steigerung der Wettbewerbsfähigkeit in der »Networked Economy«. Berlin.

Gallivan, M./Depledge, G. (2003): Trust, control and the role of interorganizational systems in electronic partnerships. In: Information Systems Journal 13, S. 159–190.

Haas, P. (2006): Gesundheitstelematik. Berlin.

Haux, R. (2006): Individualization, globalization and health. About sustainable information technologies and the aim of medical informatics. In: International Journal of Medical Informatics 75, S. 795–808.

Haux, R./Winter, A./Ammenwerth, E./Brigl, B. (2004): Strategic information management in hospitals – An introduction to hospital information systems. Berlin.

Hellesö, R./Lorensen, M. (2005): Inter-organizational continuity of care and the electronic patient record: A concept development. In: International Journal of Nursing Studies 42, S. 807–822.

Hellrung, N./Bogenstahl, C./Gründler, M./Gusew, N./Schultz, C./Spekker, H./Gemünden, H.G./Haux, R./Thoben, W. (2007): Transinstitutionelle Informationssysteme in der integrierten Versorgung – Zehn Fallanalysen. In: Wichmann, H.E./Zapf, A. (Hrsg.): Abstractband des Kongresses für Medizin und Gesellschaft. Augsburg, S. 127–128.

Hirnle, C. (2006): Bewertung unternehmensübergreifender IT-Investitionen – Ein organisationsökonomischer Zugang. Wiesbaden.

Hong, I.B. (2002): A new framework for interorganizational systems based on the linkage of participant's roles. In: Information & Management 39, S. 261–270.

Hussein, R./Engelmann, U./Schröter, A./Meinzer, H.-P. (2004a): DICOM structured reporting: Part 1. Overview and characteristics. In: Radiographics 24, S. 891–896.

Hussein, R./Engelmann, U./Schröter, A./Meinzer, H.-P. (2004b): DICOM structured reporting: Part 2. Problems and challenges in implementation for PACS workstations. In: Radiographics 24, S. 897–909.

HL7V2 (2007): Health Level Seven Inc. URL: http://www.hl7.org. Letzter Zugriff: 22.10.2007.

Humber, M. (2004): National program for information technology. In: British Medical Journal 15, S. 1145–1146.

IHE (2007): Integrating the healthcare enterprise. IT infrastructure technical framework revision 4.0, 08/2007. URL: http://www.ihe.net/Technical_Framework/index.cfm. Letzter Zugriff: 22.10.2007.

Janus, K./Amelung, V.E. (2005): Integrated health care delivery based on transaction cost economics: Experiences from California and Cross-National Implications. In: Advances in Health Care Management 5, S. 117–156.

Kalra, D. (2004): CEN prEN 13606, draft standard for Electronic Health Record Communication, and its introduction to ISO TC/215. Document CEN/TC 251/WG I/N04-52.

Kassenärztliche Bundesvereinigung (2007): xDT – Synonym für elektronischen Datenaustausch in der Arztpraxis. URL: http://www.kbv.de/ita/4274.html. Letzter Zugriff: 30.10.2007.

Klein, S. (1996): Interorganisationssysteme und Unternehmensnetzwerke. Wiesbaden.

Krcmar, H. (2005): Informationsmanagement. 4. Aufl. Berlin.

Kuhn, K.A./Wurst, S.H.R./Bott, O.J./Giuse, D.A. (2006): Expanding the scope of health information systems. In: Yearbook of Medical Informatics 2006, S. 43–52.

Lenz, R. (2005): Information management in distributed healthcare networks. In: Härder, T./Lehner, W. (Hrsg.): Data management in a connected world: Essays dedicated to Hartmut Wedekind on the occasion of His 70th Birthday. Berlin etc., S. 315–334.

Lenz, R./Beyer, M./Meiler, C./Jablonski, S./Kuhn, K.A. (2005): Informationsintegration in Gesundheitsversorgungsnetzen. In: Informatik-Spektrum 28, S. 105–119.

Machan, C./Ammenwerth, E./Schabetsberger, T. (2006): Evaluation of the electronic transmission of medical findings from hospitals to practitioners by triangulation. In: Methods of Information Medicine 44, S. 225–233.

openEHR (2007): The openEHR Foundation. URL: http://www.openehr.org. Letzter Zugriff: 22.10.2007.

Picot, A./Reichwald, R./Wigand, R.T. (2003): Die grenzenlose Unternehmung. 4. Aufl. Wiesbaden.

SCIPHOX (2007): Arbeitsgemeinschaft SCIPHOX GbR mbH. URL: http://sciphox.hl7.de. Letzter Zugriff: 22.10.2007.

Schabetsberger, T./Ammenwerth, E./Andreatta, S./Gratl, G./Haux, R./Lechleitner, G./Schindelwig, K./Stark, C./Vogl, R./Wilhelmy, I./Wozak, F. (2005): From a paper-based transmission of discharge summaries to electronic communication in health care regions. In: International Journal of Medical Informatics 75, S. 209–215.

Shabo, A. (2006a): A global socio-economic-medico-legal model for the sustainability of longitudinal electronic health records. Part 1. In: Methods of Information in Medicine 45, S. 240–245.

Shabo, A. (2006b): A global socio-economic-medico-legal model for the sustainability of longitudinal electronic health records. Part 2. In: Methods of Information in Medicine 45, S. 498–505.

VCS (2001): Deutsches Institut für Normung: VCS Kommunikationskonzepte für das Gesundheitswesen. DIN PAS 1011, Ausgabe 03/2001. Berlin.

VHiTG (2007): Verband der Hersteller von IT-Lösungen für das Gesundheitswesen e. V. URL: http://www.vhitg.de. Letzter Zugriff: 18.12.2007.

Winter, A./Brigl, B./Wendt, T. (2003): Modeling hospital information systems (Part 1): The revised three-layer graph-based meta model 3LGM2. In: Methods of Information in Medicine, S. 544–551.

World Health Organization (2005): eHealth Resolution. 58th World Health Assembly, Resolution 28. 25. Mai 2005. WHO. Genf.

Peter Conrad und Raimund Geene

Politikantizipation durch Netzwerkbildung? – Zur Innovationsfähigkeit in der Gesundheitspolitik am Beispiel der Gesundheitsförderung bei sozial Benachteiligten

Zusammenfassung

Am Beispiel des Kooperationsverbundes »Gesundheitsförderung bei sozial Benachteiligten« wird gezeigt, wie sich Gesundheitsförderung erfolgreich entwickeln lässt. Dieses heute bestehende Netzwerk ist polyzentrisch angelegt, wird flankiert durch eine lebendige Datenbank, eine Internetplattform, regionalisierte Arbeitskreise und konsentierte Qualitätskriterien (»Good Practice«). So gelingt es, das vorhandene Wissens- und Innovationspotential der einzelnen Akteure auszuschöpfen und für die Gesundheitsförderung bei sozial Benachteiligten zu nutzen. Zum einen hat der Prozess der Netzwerkbildung dazu beigetragen, dass sich die Angebotspalette der verschiedenen Akteure des Netzwerks vereinheitlicht, ohne an Flexibilität einzubüßen. Hier gewinnen Good-Practice-Beispiele ihre Bedeutung, sie dienen als anregende Leitideen. Zum anderen kann die Netzwerkbildung auch Mittel der Politikantizipation und Politikimplementation sein. Sie übernimmt wichtige Service- und Dienstleistungsfunktionen für die einzelnen Netzwerkpartner, stabilisiert durch vereinheitlichte Strukturen und bietet eine inhaltliche Rahmenorientierung gemäß dem gesetzlichen Anspruch der Soziallagenorientierung in der Gesundheitsförderung. Offen bleibt bislang, welchen Entwicklungspfad die weitere Netzwerkbildung einschlagen wird.

1 Einführung

Die Untersuchung der Arten, Formen und Funktionen von Netzwerkbildung sind Teil betriebswirtschaftlicher, soziologischer und politikwissenschaftlicher Governance-Forschung. Im Gesundheitswesen wird die Handhabung divergierender Interessen in diesem Zusammenhang als Ausdruck eines Neokorporatismus beschrieben (vgl. Gäfgen 1988). Die spezifische Organisation der Interessenaushandlung zeichnet sich auch in Politikfeldern ab, die institutionell noch nicht oder gerade erst ausgereift sind. Am Beispiel der AIDS-Politik der 1980er und 1990er Jahre konnte diese These nachgezeichnet werden (vgl. Geene 2000). Ein aktuell ausreifendes Politikfeld bildet die Gesundheitsförderung. Sie hat sich in den letzten Jahren über eine Vielzahl von Netzwerken entwickelt, über die sich unterschiedlichste Akteure miteinander verknüpft haben. Damit stellt sich dann auch die Frage, ob eine weitgehend informell geprägte Netzwerkstruktur die »eigentümliche Rationalität des Neokorporatismus« (Lehmbruch 1988, S. 23) um eine stärkere Politikantizipation erweitert, da sie nicht nur Politikdurchsetzung im klassischen Sinne der Korporatismusanalyse impliziert, sondern eine besondere Form der Einwandvorwegnahme darstellt.

In unserer Analyse betrachten wir mit dem bundesweiten Kooperationsverbund »Gesundheitsförderung bei sozial Benachteiligten« wie sich eine Form des kollektiven Handelns herausbildet, ohne dass bislang eine entsprechende rechtliche Etablierung stattgefunden hat. Es kommt zum verstärkten Einsatz vernetzter Koordinationsformen, wofür im Wesentlichen zwei miteinander zusammenhängende Gründe verantwortlich sind. Einerseits bildet der Kooperationsverbund eine Alternative zu vorherrschenden kodifizierten Formen der Institutionalisierung von Netzwerken. Offenbar findet eine hierarchiefreiere und flexiblere Form bei den Akteuren besonderen Anklang. Andererseits umfasst der Verbund Akteure, deren jeweilige Ziele zum Teil deutlich divergieren. Um abgestimmtes Handeln zu ermöglichen und Kooperationsrenditen zu erwirtschaften, scheinen strukturell flexible Netzwerke besonders geeignet zu sein. Die heterogenen Interessen der verschiedenen Mitglieder können artikuliert werden und es wird zumindest indirekt möglich, politische Akteure zu adressieren, die Lösungen in diesem Handlungsfeld auch institutionell vorantreiben. Außerdem können die neuen Organisationsformen dazu beitragen, bisherige Handlungsdefizite der Gesundheitsförderung bei sozial Benachteiligten abzubauen.

Auf der Grundlage von Handlungsbedingungen, die durch gesetzliche Regelungen noch nicht bereits vorformatiert sind, werden im Folgenden Strukturen und Prozesse der Netzwerkbildung und Netzwerkarbeitsweise im Gesundheitswesen exemplarisch herausgearbeitet. Dies geschieht am Beispiel des besagten Kooperationsverbunds. Besondere Berücksichtigung finden des Weiteren die Landesvereinigungen für Gesundheit. Hieran lässt sich besonders gut verdeutlichen, wie sich kollektives Handeln trotz unterschiedlicher Interessenlagen organisieren und auf übergeordnete Zielvorstellungen ausrichten lässt. An der Darstellung der Entwicklung des Verbundes soll gezeigt werden, wie sich Gesundheitsförderung in einer Situation entfaltet, die durch starke symbolische Aufladung bei gleichzeitig politisch diffusen Rahmenbedingungen charakterisiert ist.

2 Historischer Hintergrund und organisatorische Entwicklungen

2.1 Ottawa-Charta 1986 und veränderte Gesetzeslagen ab 1989

Mit der Ottawa-Charta der Weltgesundheitsorganisation wurde das Konzept der Gesundheitsförderung 1986 weltweit propagiert. Auf diesem Hintergrund wurden den gesetzlichen Krankenkassen in Deutschland durch das Gesundheitsreformgesetz 1989 (§ 20 des neu geschaffenen Sozialgesetzbuch V) die entsprechende Zuständigkeit für gesundheitsförderliche Maßnahmen übertragen. Allerdings zeigte sich, dass die Bevölkerungsgruppe mit dem höchsten Präventionsbedarf, die Zielgruppe der sozial Benachteiligten, weitgehend verfehlt wurde (vgl. Kirschner et al. 1995). Dies führte zu einer veränderten Programmstruktur, in der der Gesetzgeber die Zuständigkeit im Neuordnungsgesetz von 1997 auf betriebliche Gesundheitsförderung begrenzte. Eine erneute Veränderung des gesetzlichen Auftrags vollzog sich nach der Regierungsübernahme durch die Koalition von SPD und Bündnis 90/Die Grünen. Der umfassende Ansatz zur Gesundheitsförderung wurde präzisiert und in § 20 des SGB V im Rahmen der Gesundheitsreform 2000 neu gefasst. Erstmals werden jetzt zielgruppenspezifische, primärpräventive Maßnahmen vorgesehen, die insbesondere einen Beitrag zur Verringerung sozial bedingter Ungleichheit von Gesundheitschancen leisten sollen. Die Präzisierung der Zielgruppen im Rahmen des gesetzlichen Auftrags und die Vorgabe spezifischer Herangehensweisen, um diese im Sinne des Setting-Ansatzes der WHO adäquat anzusprechen, waren aber nicht von dem erhofften Erfolg begleitet. Der Gesetzgeber zeigte sich wiederholt und aus unterschiedlichen Gründen unzufrieden mit der Umsetzung. Daher wurde erneut die Verabschiedung eines Präventionsgesetzes vorgesehen und im Koalitionsvertrag der zweiten rotgrünen Bundesregierung vereinbart.

Ziel war diesmal nicht eine veränderte Policy, sondern die strukturelle Stärkung des skizzierten Ziels des Soziallagenbezuges. Beabsichtigt war, zusätzliche Träger der Sozialversicherungen einzubeziehen, Mittel zu erhöhen und Maßnahmen zu intensivieren und stärker zu koordinieren. Um dies umzusetzen, wurde im Jahre 2003 durch das Gesundheitsministerium ein umfangreicher Gesetzentwurf vorgelegt, der in der Fachöffentlichkeit kontrovers diskutiert wurde. Die Kostenträger kritisierten den Entwurf trotz vielfacher Änderungen, eine auf Initiative der Gesundheitsministerkonferenz 2004 entstandene Bund-Länder-Arbeitsgemeinschaft hingegen einigte sich trotz der Bedenken auf einen abschließenden Gesetzestext. Er wurde 2005 vom Deutschen Bundestag in dritter Lesung verabschiedet. Da sich der Deutsche Bundestag aber vorfristig auflöste, kam es nicht zu einer Beschlussfassung der Zweiten Kammer, dem Bundesrat. Deshalb konnte das Gesetz keine Rechtskraft erlangen.

In einem weiteren Anlauf zur Regelung der Gesundheitsförderung hat die seit 2005 regierende Koalition aus CDU/CSU und SPD erneut vereinbart, ein Präventionsgesetz vorzulegen. Dessen Prämissen und Zielorientierung sind bislang jedoch nicht hinreichend geklärt (vgl. dazu z. B. Altgeld et al. 2006a; Rosenbrock/Gerlinger 2006). Man muss daher aktuell von einem rechtlichen und organisatorischen Schwebezustand der Gesundheitsförderung ausgehen, wobei die damit zusammenhängenden Probleme persistieren. Dieser weiter bestehende Problemdruck dürfte mit dafür ausschlaggebend gewesen sein, dass sich verschiedenste Akteure in diesem Bereich um neue Lösungsmöglichkeiten bemüht haben, indem sie soziale Netzwerke etablieren und zu unterschiedlichen Zwecken nutzen.

2.2 Netzwerkbildung im Gefolge der Ottawa-Charta

Da eine gesetzliche Regelung zur soziallagenbezogenen Gesundheitsförderung wegen der bereits angesprochenen Probleme bislang nicht zustande kam, hat sich unter diesen prekären Bedingungen in den vergangenen Jahren eine Vielzahl von Netzwerken im Gesundheitsbereich etabliert. Man kann diese Formationen als niedrigschwellige Reaktionen von Betroffenen deuten, um gepaart mit den Aktivitäten engagierter Wissenschaftler die Gesundheitsförderung bei sozial benachteiligten Bevölkerungsgruppen voranzutreiben und bestehende Angebote auch durch neue Organisationsformen zu verknüpfen, um sie so zu optimieren.

Derartige Kooperationsformen, wie sie heute mit dem Netzwerkkonzept beschrieben und untersucht werden, besitzen im Handlungsfeld der Gesundheit lange Tradition. Dies lässt sich an Institutionen verdeutlichen, die teilweise schon seit vielen Jahrzehnten existieren und zumindest netzwerkähnlich konfiguriert waren. So feierte die Landesvereinigung für Gesundheit in 2005 bereits ihr 100jähriges Bestehen, die Bundesvereinigung blickte im gleichen Jahr auf ihren 50. Jahrestag. Diese Vereine entstanden bereits zu einem Zeitpunkt, als sich das Handlungsfeld noch unspezifischer unter Begrifflichkeiten wie »Volkswohlfahrt« oder später »Gesundheitsbildung« oder »Gesundheitsaufklärung« konstituierte (vgl. Altgeld et al. 2006b). Funktional gesehen sind heute gegenüber den historisch gewachsenen Formen aber erhebliche Veränderungen zu beobachten. Der Verbreitungsgrad von Netzwerken hat sich deutlich erweitert, die Breite ihrer Einsatzgebiete zugenommen und die Ziele, die von den partizipierenden Akteuren verfolgt werden, wurden stark ausgeweitet.

Am Beispiel des Kooperationsverbundes Gesundheitsförderung bei sozial Benachteiligten lässt sich die Funktionsveränderung von Netzwerken zeigen. Das Gros der heute 13 Landesvereinigungen für Gesundheitsförderung (in drei Bundesländern bestehen keine entsprechenden Gremien mehr) ist seit 1989 und unter Bezugnahme auf die Ottawa-Charta entstanden, auch die älteren Einrichtungen beziehen sich heute explizit darauf. Im Zuge der Verstärkung der Gesundheitsförderung kam es zu weiteren Einrichtungen von Netzwerken auf Bundesebene, wie beispielsweise dem inzwischen mit der Bundesvereinigung fusionierten Deutschen Forum Prävention und Gesundheitsförderung, der Konsensplattform gesundheitsziele.de – jeweils auf Initiative und in Finanzierung durch das Bundesministerium für Gesundheit – sowie dem Netzwerk Plattform Ernährung und Bewegung e. V., das auf Initiative des Bundesministeriums für Verbraucherschutz, Ernährung und Landwirtschaft und unter Mitwirkung von Anbietern von Lifestyleprodukten und der Lebensmittelindustrie ins Leben gerufen wurde.

2.3 Grundlegende Bedingungen für eine Netzwerkbildung in der Gesundheitsförderung

Der Gesetzgeber definiert Gesundheitsförderung im SGB V, § 20 (1) als normativen Auftrag mit dem Ziel, sozial bedingte Ungleichheiten zu verringern. Die Umsetzung dieses Auftrags ist allerdings mit einigen Schwierigkeiten behaftet, wofür unterschiedliche Gründe verantwortlich sind. Die zur Gruppe der »sozial Benachteiligten« zusammengefassten Versicherten werden von den Krankenkassen eher als »schlechte Risiken« betrachtet. Es handelt sich um einen Personenkreis, der mit großer Wahrscheinlichkeit nur geringe Einnahmen verspricht, aber hohe Ausgaben mit sich bringt. Diese, für den einzelnen Kostenträger ungünstige Risikocharakteristik konnte auch durch die bisherigen (Re-)Formen des Risikostrukturausgleiches nicht behoben werden. Soziale Benachteiligung ist offenbar mit ökonomischer Benachteiligung eng korreliert. Selbst bei der künftigen Einnahmenivellierung im Rahmen des projektierten Gesundheitsfonds (gemäß GKV-Wettbewerbsstärkungsgesetz 2007) bleibt das erhöhte Ausgabenrisiko, sodass das Stigma einnahmeschwacher Versicherter als »schlechte Risiken« bestehen bleiben wird. Dies wirkt zumindest mittelbar negativ auf die Bereitschaft potenzieller Akteure, sich an solchen Vorhaben zu beteiligen (vgl. Rosenbrock/Gerlinger 2006).

Für eine Analyse der Leistungseigenschaften von Netzwerken im Bereich der Gesundheitsförderung hat es unter anderem zur Folge, dass man das Set an Kriterien um außerökonomische Perspektiven erweitern muss, wenn man den Nutzen von Maßnahmen beurteilen will. Dies geschieht über die Hinzunahme sozialer und gesellschaftlicher Beurteilungskriterien (vgl. Ewers 1998). Auch Netzwerke sind sinnvollerweise aus einer solchen Stakeholder-Perspektive zu analysieren und ihre Leistung entsprechend nach mehreren Dimensionen zu bewerten. Dadurch können die spezifischen Probleme einer Erfolgsmessung sozialer Netzwerkstrukturen im Bereich der Gesundheitsförderung angemessener erfasst werden. Neue Lösungsansätze lassen sich gewinnen, um sie weiter auszugestalten. Nicht verhehlen darf man dabei, dass eine so angelegte, sozioökonomische Beurteilungsperspektive vor der besonderen Schwierigkeit steht, die Gewichte der einzelnen Kriterien festlegen zu müssen, weil sonst kein vernünftiges Urteilen möglich ist. Einerseits gilt es, den sozialpolitischen Auftrag der Gesundheitsförderung zu erfüllen, andererseits müssen einzelbetriebliche, ökonomische Zielvorstellungen grundsätzlich akzeptiert werden. Wie diese mit der gesellschaftlich übergeordneten, sozialpolitischen Setzung bruchlos oder konfliktfrei in Übereinstimmung gebracht werden können, ist jedenfalls bislang nicht einvernehmlich geklärt.

Der allgemeine Auftrag der Ottawa-Charta, gesunde Lebenswelten zu schaffen, gerät in Widerspruch zum Versichertenprinzip der Kostenträger. Die einzelne Institution wird zu Leistungen verpflichtet, deren notwendigerweise anfallende Kosten den einzelwirtschaftlichen Erfolg mindern, obwohl sie sich nicht auf die eigenen Beitragszahler beziehen. Dies hängt unter anderem damit zusammen, dass sich die jeweiligen Mitglieder von Lebenswelten (sog. »Settings« wie Schulen, Betriebe, Stadtteile) als Bezugspersonen nicht strikt nach der Mitgliedschaft bestimmter Träger von Leistungen im Rahmen der Sozialversicherung zuordnen lassen. Einfache Verrechnungen müssen daher scheitern.[15] Die sich aus diesen Zuordnungsunschärfen ergebenden ökonomischen Nachteile – die wirtschaftlichen Belastungen für den einzelnen Leistungsträger – müssen daher abgefangen werden, wenn dem gesetzgeberischen Auftrag einer soziallagenorientierten Gesundheitsförderung dennoch entsprochen wird. Organisiert werden kann dies über kassenartübergreifende Ausgleichs- oder Steuerungsmechanismen. Dies hat das Bundesversicherungsamt hinsichtlich der Prävention 2003 ausdrücklich bestätigt (vgl. Rosenbrock 2004). Auch im Entwurf des gescheiterten Präventionsgesetzes (vgl. Hommes 2005) und im Vorschlag der Kassen der gesetzlichen Krankenversicherungen, die die Gründung einer Stiftung Prävention und Gesundheitsförderung vorsah (vgl. Voss 2005), wurden diese Gedanken aufgegriffen und ein entsprechendes Organisationsmodell vorgeschlagen. Das Organisationskonzept wurde allerdings gedeckelt, da eine Begrenzung der Mittel auf 150 bzw., im Vorschlag der Gesetzlichen Krankenversicherungen (GKV) deutlich weniger, auf 35 Mio. € pro Jahr, vorgesehen war, um weiterhin einen erheblichen Teil der Mittel für Einzelmaßnahmen der jeweiligen Träger für die Gesundheitsförderung einsetzen zu können.[16] Dieser Bereich ist für die Krankenkassen deswegen bedeutsam, weil ihre Leistungen durch das SGB V und die daraus abgeleiteten Steuerungsgremien (z. B. Gemeinsamer Bundesausschuss) genau vorgeschrieben sind.

Aufgrund dieser systematischen Mittelbegrenzung entstehen nur geringe Spielräume, um sich im Wettbewerb herauszuheben und über Alleinstellungsmerkmale gegenüber konkurrierenden Anbietern zu profilieren. Beispielsweise könnten nun Kurse zur Gesundheitsförderung zu einem solchen Instrument entwickelt werden, um das Neukundengeschäft anzuregen oder bereits Versicherte stärker an ihren jeweiligen Anbieter zu binden. Selbst wenn wissenschaftliche Studien die Wirksamkeit von Kursen der primären Prävention durch Krankenkassen immer wieder infrage stellen (so jedenfalls Rosenbrock/Michel 2007) – und sich damit ein Widerspruch zum Wirksamkeitsgebot des SGB V § 1 andeutet – existiert bislang jedenfalls ein stillschweigender Konsens, diese Aktivitäten der Kassen zu dulden und weiterhin zu ermöglichen (vgl. Kickbusch 2006).

---

15 Nicht ohne Grund kommen innovative Beispiele der Umsetzung noch am ehesten aus dem Bereich der Betriebskrankenkassen, da diese z.T. noch angebunden an große Konzerne (als Setting) wirken. Beispielhaft dafür können die Aktivitäten der Siemens-Betriebskrankenkasse stehen, die einen großen Anteil der Siemens-Beschäftigten versichert hat und über diesen großen Versichertenkreis auch im sozialen Umfeld des Konzerns im Ortsteil Siemensstadt (Berlin-Spandau) wirken können. Da jedoch seit dem Gesundheitsstrukturgesetz 1994 Wahlfreiheit in der GKV besteht, muss diese Form der Bindung eher als Relikt aus alten Zeiten gelten, die zwar im konkreten Einzelfall hohe Bindungswirkung erzielen kann, im Regelfall aber nicht reproduzierbar ist.

16 Gerechnet wurde im Rahmen des Präventionsgesetzes mit einem jährlichen Gesamtvolumen von 250 Mio. € (vgl. Rosenbrock/Gerlinger 2006).

3 Gesundheitsförderung bei sozial Benachteiligten als Beispielfall der Netzwerkbildung

Netzwerke können als relativ reversible und fluide Kooperationsformen beschrieben werden, auf die das Management als zusätzliche Handlungsressourcen zurückgreifen kann, um soziales Handeln zu koordinieren. Typisch für soziale Netzwerke ist, dass sie sich aus Interaktionen speisen, die zu einer Strukturbildung führen und Kontakte verdichten oder verfestigen. Dies ist besonders wichtig, weil Freiwilligkeit und Vertrauen der Netzwerkpartner stark ausgeprägt sein müssen, damit Kooperationsrenditen entstehen können. Allerdings wächst durch die Netzwerkbildung auch die Gefahr, dass an die Stelle vormals autonomer Einzelbetriebe jetzt kollektivierte Aktivitäten im Netzwerkverbund entstehen und die Identität des einzelnen Akteurs in Folge verschwimmt oder gar verloren geht.

Unterschieden werden of hierarchische und heterarchische Typen von Netzwerken. Wird das Netzwerk hierarchisch reguliert, so geht dessen Führung klar von einer oder mehrerer seiner Mitgliedsorganisationen aus. Akteure, die eine solche strategische Führung übernehmen, werden auch als fokal bezeichnet, das gesamte Netzwerk entsprechend als »strategisch« charakterisiert, da es über den fokalen Akteur gesteuert wird (vgl. Sydow 1992). Heterarchische Netzwerke hingegen sind solche, in denen alle Beteiligten in strategischen Führungsfragen gleichberechtigt sind. Diese Art von Netzwerken wird – in Abgrenzung zum fokalen Typus – daher auch als polyzentrisch bezeichnet. Polyzentrische Netzwerke zeichnen sich durch ihre verteilte Entscheidungsstruktur aus; die Koordination wird durch alle Akteure des Netzwerks gemeinsam geleistet. Dabei kann die Koordination zeitweilig auf andere Mitglieder im Netzwerk delegiert werden und durch Gremien oder Komitees erfolgen.

Die räumliche Nähe der Akteure kann bei beiden Typen von Netzwerken eine Rolle spielen, weil so eine Vertrauensbasis zwischen den Beteiligten leichter entwickelt werden kann, die eine Koordination ohne explizite vertragliche Regelungen erlaubt (vgl. Rautenstrauch et al. 2003).

Im Zuge der Diskussion um das Präventionsgesetz ist seit 2002 der Kooperationsverbund »Gesundheitsförderung bei sozial Benachteiligten« (im Folgenden: Kooperationsverbund) als ein aus Sozialversicherungen, Verbänden und Bundes- und Landesvereinigungen für Gesundheitsförderung bestehendes Netzwerk entstanden (vgl. Lehmann 2006). Der Verbund entwickelte sich aus einem Expertenworkshop im September 2001, der auf die Initiative der Bundeszentrale für gesundheitliche Aufklärung (BZgA) zurückging und untersuchen sollte, wie sich die Soziallagenorientierung im neu gefassten § 20 des SGB V realisieren lassen kann. Zentral für die weitere Entwicklung war die Einschätzung, dass ein Erfolg der soziallagenbezogenen Gesundheitsförderung weniger eine Funktion der Kenntnisse der Interventionsmethoden, sondern vielmehr eine Funktion der systematischen Interventionsberichterstattung ist. Da sich die Berliner Landesvereinigung Gesundheit Berlin e. V. schon seit einigen Jahren in diesem Themenfeld bewegt und profiliert hatte,[17] führte sie im Sommer 2002 eine Erhebung durch, in deren Ergebnis eine umfangreiche Datenbank mit 2600 Projekten sowie ausführliche Projektdarstellungen und diverse Fokusauswertungen entstanden sind (vgl. dazu im Überblick Lehmann 2006).

Letztlich entstand aus dieser Erhebung zu den Maßnahmen und Projekten der Gesundheitsförderung bei sozial Benachteiligten die programmatische Grundlage für die Initiative zur Entwicklung des Kooperationsverbundes. Aus der sehr hohen Zahl der gemeldeten Projekte wurde das große Interesse deutlich, das grundsätzlich an einem Informations- und Wissensaustausch in der Gesundheitsförderung bestand. Als eine wesentliche Nebenbedingung, um diesen Informations- und Wissensaustausch erfolgreich organisieren zu können, erwies sich dann dessen Formbestimmtheit. Das Interesse galt nahezu ausschließlich einer systematischen, nicht hierarchischen, selbstgesteuerten und transparenten Form des Austauschs und der Möglichkeit zum wechselseitigen, nicht bevormundenden Lernen. Damit war die Leitidee einer polyzentrischen, heterarchisch organisierten Zusammenarbeit nahe liegend, wenngleich auch der Netzwerkbegriff anfänglich für die Weiterentwicklung der Zusammenarbeit noch keine systematische Rolle spielte.

3.1 Beginnende Strukturbildung

Der Kooperationsverbund ist für die Untersuchung von Netzwerkbildungen insofern besonders interessant, als er an die bestehende Struktur der Landesvereinigungen für Gesundheitsförderung unmittelbar anknüpft, sich aus ihnen heraus als eigenständige Form entwickelt hat.[18] Der anschließende Prozess lässt sich grob umreißen als Ineinandergreifen technologischer Organisationsmittel mit sozialen Organisationsformen, ohne dass eine einheitliche Leitung oder eine gezielte Planung dafür vorgelegen hätte. Der Prozess der Herausbildung eines Netzwerks, so wie er sich zum gegenwärtigen Zeitpunkt darstellt, entfaltete sich entsprechend der unterschiedlichen Sachlogiken der

17 Insbesondere durch die jährliche Durchführung des Kongresses »Armut und Gesundheit«, der sich heute zum größten Public-Health-Forum in Deutschland entwickelt hat (vgl. Geene 2004).

18 Motiviert vom großen Erfolg dieser initialen Zusammenarbeit vereinbarten BZgA und Gesundheit Berlin aufbauende Anschlussprojekte in Form einer Internet-Plattform, der Regionalisierung des Prozesses und der Qualitätsentwicklung über Good Practice (vgl. Lehmann 2006). Sie erfolgten jedoch nicht mehr in Form von Aufträgen, sondern vielmehr als Zuwendungen. Dadurch konnte die straffere Form der Auftraggeberrolle durch die BZgA in eine flexiblere Projektförderung (als Fehlbedarfsfinanzierung) übergeleitet werden. Bei einer solchen Finanzierung erfolgt – anders als bei einem Auftrag – keine Übertragung des geistigen Besitzes. Für die wissenschaftliche Begleitung des Kooperationsverbundes und der Entwicklung von Qualitätskriterien richtete die BZgA einen Beratenden Arbeitskreis ein, der 2003 übereinstimmend Good-Practice-Kriterien entwickelte. Sie wurden in der Folge auch in die Leitlinien der GKV für die Durchführung von Setting-Aktivitäten übernommen (vgl. Kooperationsverbund 2007).

Akteure. Hinzutreten mussten allerdings materielle und ideelle Ressourcengeber, um die Konzeption einer soziallagenbezogenen Gesundheitsförderung mit Startkapital, Sozialkapital und Engagement auszustatten und voranzubringen.

Die Vergegenständlichung der Idee eines flexibel organisierten Netzwerks erfolgte dann zuerst auf technologischer Ebene. Dafür stand eine online zugängliche »lebendige Datenbank«. Mit ihrer Hilfe konnte erste Markttransparenz im unübersichtlichen Feld der Gesundheitsförderung erzeugt werden (vgl. Lehmann 2006). Erweitert wurde diese technologische Netzwerkkomponente durch eine Internet-Plattform (www.gesundheitliche-chancengleichheit.de). Daran koppelten sich nach und nach soziale Organisationsformen an, die als regionalisierte Arbeitskreise aufgebaut wurden. Auch sie hatten das Ziel, vorhandenes, aber separat gelagertes Wissenskapital durch Netzwerkbildung besser zu nutzen und auszubauen. Allerdings waren Diskurs und persönlicher Kontakt sehr viel stärker ausgeprägt, als dies für eine Datenbank oder eine Internetplattform der Fall sein kann. Offenbar gab es eine Fülle von Fragestellungen, die sich zwar über Datenbanken und Internet-Recherchen in den Grundstrukturen erschließen ließen, aufgrund ihrer faktischen Vielgestaltigkeit aber schneller durch Interaktionen über face-to-face (Meetings) oder voice-to-voice (Telefonate) Kontakte geklärt werden konnten. An diesen Regionalen Knoten in den Bundesländern beteiligen sich neben der BZgA und den Landesvereinigungen auch Krankenkassen (insb. AOKen, BKKen und der Verband der Ersatzkassen) sowie einzelne Landesministerien.

Ausgangspunkt der sozialen Netzwerkbildung war zunächst das halbjährlich stattfindende, informelle Koordinationstreffen der Geschäftsführer/innen der Bundes- und der Landesvereinigungen für Gesundheit in Deutschland.[19] Dabei spielte die höhere Formalisierung der Kontakte durch die Vereinigungen sicher eine Rolle, wenngleich sie letztlich zwiespältig ist. Einerseits entstand durch die Koordinationstreffen ein deutlich höherer Bindungscharakter als im Kooperationsverbund. Andererseits nahm die Handlungsfreiheit ab, da ein relativ hoher Konsensbildungsdruck herrschte.

Die Landesvereinigungen sind in sich autonome Organisationen und ihre Zusammenkunft auf der Bundesebene war zunächst rein informell. Ähnlich der hohen Autonomie der einzelnen Bundesländer im Rahmen des Föderalismus, insistieren auch die Landesvereinigungen jeweils auf ihrer landesspezifischen Kompetenz und Funktion, noch genährt durch die Zuordnung des Gesundheitswesens in die Zuständigkeit der Länder.[20]

Durch die Verknüpfung in Form regionaler Knoten ließ sich aber erstmals ein verbindlicher Rechtszusammenhang zwischen den Landesvereinigungen mit Gesundheit

---

19 Bundes- wie Landesvereinigungen sind als eingetragene Vereine organisiert. Die Mitgliedschaften setzen sich aus Körperschaften und Einzelpersonen zusammen. Neben den Ministerien sind zumeist auch die Krankenkassen sowie Wissenschafts-, Wohlfahrts- und Berufsverbände und freie Träger (zahlendes) Mitglied. Die Zahl der Mitglieder schwankt zwischen 30 und 150.

20 Trotz der konkurrierenden Gesetzgebung gemäß Art. 74 GG ist das Gesundheitswesen, insbesondere im Bereich der Gesundheitsförderung und Prävention, weitestgehend Ländersache.

Berlin als Auftraggeber und den kooperierenden Landesvereinigungen als Auftragnehmer etablieren. Zwar hat die ungleiche Rechtsstellung zwischen den Schwesterorganisationen auf der Arbeitsebene mitunter zu internen Reibungen geführt. Gleichzeitig aber bildeten die Kooperationsverträge und die darin geregelten Ressourcenverteilungen eine feste Grundlage, um zu ersten gemeinsamen Aktivitäten aller Bundesländer in diesem Feld zu kommen. Seit Anfang 2007 sind nun alle Landesvereinigungen in diese Form der Zusammenarbeit eingebunden und das Ziel einer Flächendeckung erreicht (vgl. SVR 2007). Die Ressourcenausstattungen in den einzelnen Bundesländern variieren allerdings nach wie vor erheblich. Angesichts der vielfältigen Aufgaben einer soziallagenbezogenen Gesundheitsförderung müssen sie insgesamt als zu gering eingeschätzt werden.

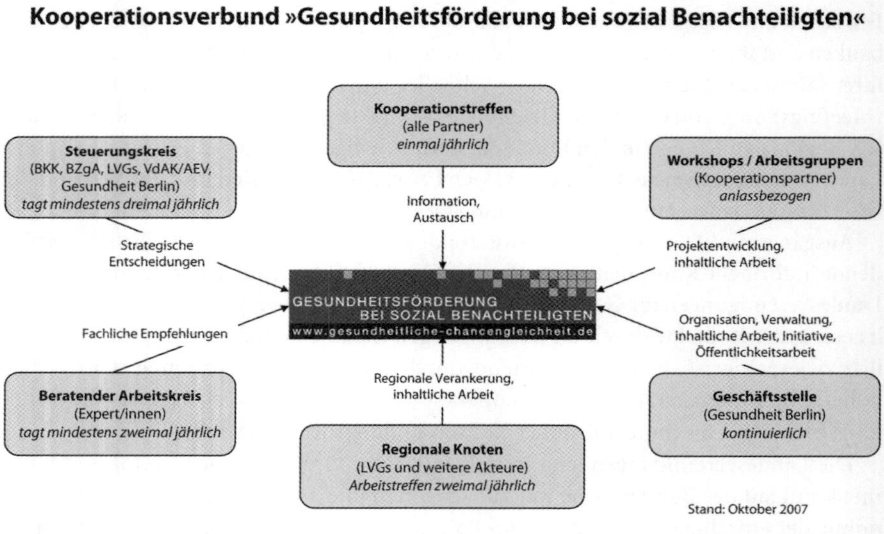

Abb. 9: Organigramm des Kooperationsverbundes (Stand Oktober 2007)

3.2 Legitimations- und Steuerungsprobleme des Netzwerks

Die Diversität der Akteursinteressen ist offensichtlich erheblich und führt zu deutlichen Legitimations- und Steuerungsproblemen sowohl des Netzwerks als auch im Netzwerk selbst. Bei den bisherigen 46 Mitgliedern des Kooperationsverbundes handelt es sich zum einen um Organisationen, die bereits an zentraler Stelle im Gesundheitswesen tätig sind und die Gesundheitsförderung eher als zusätzliche oder richtungsändernde Aufgabe wahrnehmen. Dazu zählen u. a. die gesetzlichen Krankenkassen, die Bundesärztekammer und die Wohlfahrtsverbände. Daneben sind – neben der BZgA als zuständiger Bundesoberbehörde für die gesundheitliche Aufklärung – mit der Bundes- und den Landesvereinigungen für Gesundheit auch Akteure im Netzwerk, für die Gesundheitsförderung ihr eigentliches institutionelles Ziel, mithin Schlüssel- und Kernaufgabe ist. Teilweise werden von diesen Akteuren, die auch zu den ursprünglichen Initiatoren des Netzwerks gehörten, heute Fragen nach der Legitimität einer Mitgliedschaft und der Funktionsbedeutung der eigenen Mitarbeit aufgeworfen. Zentriert ist dies um eine mögliche Alibifunktion. Denn die bloße Mitgliedschaft im Netzwerk könnte für sich genommen bereits als Ausweis ausreichender Aktivität im Rahmen der soziallagenbezogenen Gesundheitsförderung herangezogen werden und weitere – eigentlich notwendige – Maßnahmen damit eher als unnötig erscheinen lassen.

Hier bestimmen zwei Argumentationsmuster die Netzwerklegitimation. Auf der einen Seite ist eine stärker regulierte Präventionslandschaft auch für die Identität der Institutionen problematisch. Die Bundes- und Landesvereinigungen sind als Non-Governmental Organizations (NGOs) definiert. Folgt man modernen wohlfahrtsstaatlichen Konzepten (Wohlfahrtspluralismus/»welfare mixes«), so kommt dieser Art der Koordination und Steuerung eine Schlüsselrolle zu, die auch in vielfältigsten Modellfällen häufig erprobt und immer wieder als Mittel zur Modernisierung gesellschaftlicher Prozesse empfohlen wurde (vgl. Dingeldey 2006). Aus der Binnensicht der Landesvereinigungen enthält diese strukturelle Vorreiterposition für die gesellschaftliche Modernisierung aber nur wenig direkten Nährwert.

Dafür sind im Wesentlichen zwei Gründe verantwortlich.

- Der erste liegt darin, dass die diffuse Verankerung – die als Modernisierungspotenzial gesehen gerade ihre spezifische Stärke ausmacht – als prekär empfunden wird. Tatsächlich fehlt es an jeglicher auch juristisch verbindlicher Funktionsverankerung. Die Landesvereinigungen finden bislang in keinem einzigen Sozialgesetz, weder auf Bundes- noch auf Länderebene, Erwähnung. Ihre Mitwirkungsformen sind informell und entsprechend unabgesichert. Rechtlich betrachtet hat man es mit Vereinen zu tun, die nur der eigenen Mitgliedschaft verantwortlich sind und deren Satzungsinhalte und Strukturen durch die Vereinsmitglieder in den Mitgliederversammlungen im Rahmen der vereinsrechtlichen Grenzen autonom bestimmt werden. Damit entfallen aber auch wesentliche Einflusschancen. Für die hoheitliche Steuerung von Mitteln auf der Grundlage eines Präventionsgesetzes kommen sie nur schwer infrage, da sie keinen entsprechenden Kontroll- und Aufsichtspflichten unterliegen, wie man sie im para-staatlichen Bereich (z. B. bei den Sozialversicherungsträgern), bei Verbänden oder Körperschaften (z. B. Ärztekammern, Kassenärztlichen Vereinigungen) kennt. Eine weitergehende Institutionalisierung bietet allerdings auch keinen befriedigenden Ausweg aus dem Dilemma. Zwei der drei bisherigen Handlungsdomänen der Landesvereinigungen (nämlich Koordination und Qualitätsentwicklung) würden durch eine weitergehende Institutionalisierung der Gesundheitsförderung infrage gestellt. Diese Tätigkeiten müssten dann auf einer einwandfrei geregelten gesetzlichen Grundlage abgewickelt werden, wodurch notwendige Spielräume zur

Erprobung innovativer Ansätze unnötig stark begrenzt würden.[21] Nur die dritte, bisher zentrale Aufgabe der Landesvereinigungen, die Entwicklung von Modellprojekten, könnte noch erhalten bleiben und dann durch zu erwartenden verstärkten Mittelzufluss an Bedeutung gewinnen. Doch auch hier ergibt sich ein klassisches Dilemma aus vielfältigen Akteursinteressen und kooperativer Netzwerkbildung, die sich als Konkurrenz um knappe Netzwerkressourcen darstellt. Je stärker Modellprojekte an Bedeutung gewinnen, desto mehr verschärft sich die Konkurrenz unter den Mitgliedern des jeweiligen Netzwerks. Neben den Körperschaften und öffentlichen Trägern wie Ministerien, Gesundheitsämtern, Krankenkassen oder Berufsverbänden sind auch freie Träger und freigewerbliche Organisationen Mitglied in den Landesvereinigungen, die in einem wachsenden Handlungsfeld der Gesundheitsförderung von einem Mittelzuwachs profitieren möchten. Je stärker eine Landesvereinigung Modellprojekte akquirieren muss, um an Mittel zu kommen, damit die eigene Funktionsfähigkeit aufrechterhalten werden kann, desto mehr verstärkt sich der netzwerkinterne Verteilungskampf. Dadurch wiederum wächst die Gefahr, dass sich die beispielgebende heterarchische Netzwerkkonzeption aushöhlt, zu einer durch eine fokale Organisation gesteuerten Konzeption mutiert oder das Netzwerk insgesamt zerfällt.

- Der zweite Grund ist darin zu sehen, dass öffentliche Programmatik und gesundheitspolitisches Handeln zunehmend auseinanderklaffen. Schon seit über zwanzig Jahren wird der Bedeutungszuwachs der Gesundheitsförderung proklamiert. Subjektiv sehen die der Gesundheitsförderung verschriebenen Vereinigungen die Entwicklung aber viel stärker als fortlaufenden Abwehrkampf gegen drohende Kürzungen oder gar Auflösungen. Besonders einschneidend ist hier die Erfahrung der weitgehenden Streichung der Gesundheitsförderung aus dem Leistungskatalog der Krankenkassen im Zuge des Neuordnungsgesetzes 1997, der alle Beteiligten in eine massive Krise stürzte. Auch die Auflösungen der Landesvereinigungen in Brandenburg und Baden-Württemberg sowie die mehrjährig geplante (aber letztendlich gescheiterte) Alternativgründung in Berlin (vgl. Kleiber 2001) oder die Verlagerung der Koordinationsaktivitäten auf eine Landesgesundheitskonferenz wie in Nordrhein-Westfalen (vgl. Welteke et al. 2000) sind konkrete Beispiele einer Beschneidung der Möglichkeiten. Hinzu kommt das knappe Scheitern des Präventionsgesetzes. Insoweit hat sich die Zielorientierung der Landesvereinigungen an einer langsamen Konsolidierung auf Nebenfeldern und der gesunden Skepsis gegenüber den Ankündigungen von einschneidenden Veränderungen als zutreffend erwiesen. Ihre Orientierung an kleinen, machbaren Schritten ist von daher gut nachvollziehbar.

---

21 Bei der Rechtsformenwahl gibt es Spielräume. Möglichkeiten liegen beispielsweise in einer Stiftung auf Bundesebene oder in Gründungen von Arbeitsgemeinschaften der Kostenträger auf Länderebene analog SGB V (vgl. Rosenbrock/Gerlinger 2006).

Perspektivisch bliebe noch das weiter zu erschließende Tätigkeitsfeld der berufspolitischen Vertretung der Gesundheitsförderer als Legitimationsbasis. Hier muss man allerdings sehen, dass es bereits besetzt wird durch verschiedene Wissenschafts- und Berufsverbände (wie die sog. »Präventologen«, die wissenschaftlichen Fachorganisationen im Bereich Public Health, Sozialmedizin und Prävention; vgl. dazu Geene/Kolbe 2004).

3.3 Zwischenresümee: Mixed Blessings

Fasst man die Beweggründe der Akteure zu einer Mitarbeit im Netzwerk zusammen, so kann man eine gewisse Überforderung durch die Ansprüche der soziallagenbezogenen Gesundheitsförderung festhalten. Das Netzwerk des Kooperationsverbundes hilft ihnen dabei, hier eine Umgehensweise zu finden, die die normativen Vorgaben antizipiert, ohne existenzielle Fragen des eigenen Fortbestehens oder die Hoheit über die eigenen Finanzen zu berühren. Der Output des Netzwerks scheint auf den ersten Blick eher gering zu sein. Seine Aktivitäten sind vom Wirkungslevel her unterhalb des angestrebten Ziels einer bevölkerungsbezogenen Verbesserung des Gesundheitszustands anzusiedeln, wie sie vom Präventionsgesetz eigentlich angestrebt werden. Bei einem zweiten Blick treten die Wirkungen des Netzwerks aber sehr viel deutlicher hervor. Im Unterschied zu manchen wesentlich ambitionierteren Projekten – wie beispielsweise dem Gesetzgebungsverfahren – ist ein langsamer, aber beharrlicher Fluss an Ergebnissen zu konstatieren, die sich als konkrete Operationalisierung der Soziallagenorientierung darstellen. Unter diesen sozio-ökonomischen Gesichtspunkten erfährt die Gesundheitsförderung in Deutschland durch die Netzwerkbildung daher eine Stützung.

Ein weiterer wichtiger Aspekt zeigt sich im Bereich der ›Fertigungstiefen‹ der bereitgestellten Dienstleistungen in der soziallagenbezogenen Gesundheitsförderung. Nach dem anfänglichen Scheitern der Gesundheitsförderung aufgrund der starken Mittelschichtorientierung (vgl. Kirschner et al. 1995), das in der weitgehenden Streichung aus dem Sozialgesetzbuch im Zuge der Neuordnungsgesetze 1996 kulminierte, bildete sich der von der WHO proklamierte Setting-Ansatz als bevorzugtes Modell der Gesundheitsförderung heraus (vgl. Rosenbrock 2004). Im Entwurf des Präventionsgesetzes fand sich diese Konzeption beispielsweise unter der Überschrift »Gesundheitsförderung in Lebenswelten«. In der Praxis der Gesundheitsförderung wurde diese komplexe Idee zumeist aber durch unterkomplexe Interventionen ersetzt und eigentlich angestrebte Ziele wurden verfehlt. Verhaltenspräventiv orientierte Kursangebote oder Aufklärungsschriften sind zwar leichter zu implementieren, können aber die eigentliche Zielsetzung nur ansatzweise erreichen. Dafür sind hochkomplexe Organisationsveränderungen im Sinne gesunder Lebenswelten notwendig.

Die gemeinsame Verpflichtung im Kooperationsverbund führte dazu, dass die Soziallagenorientierung nunmehr ein Leitziel aller Aktivitäten der Netzwerkpartner bildet. Gerade der informellen Netzwerkbildung ist es zu verdanken, dass es zu einer hohen Politikantizipation kommen konnte. Hinsichtlich des Umfanges und der Verknüpfung von Leistungen einer soziallagenbezogenen Gesundheitsförderung (Stichwort: Fertigungstiefe) wird sich erst zukünftig entscheiden lassen, inwieweit hier eher von einer Einwandvorwegnahme oder konkreten, an den Zielgruppen orientierten Umsetzungen, zu sprechen ist. Jedenfalls lässt sich der sozialpolitische Inhalt der Soziallagenorientierung symbolisch auch als Einwandvorwegnahme besetzen. Gesetzlichen Maßnahmen könnte die Legitimation entzogen werden und die vom Gesetzgeber gewünschte Breitenwirkung auf sozial benachteiligte Bevölkerungsgruppen in der Gesundheitsförderung würde nicht erreicht.

Überträgt man die eingangs dargestellte netzwerktheoretische Differenzierung auf den hier behandelten Bereich, so muss man feststellen, dass sich zu den anfänglich heterarchischen Strukturen einer rein freiwilligen und gleichberechtigten Teilnahme Fokalisierungstendenzen einstellen. Verantwortlich dafür ist die bereits angesprochene Mehrfachzielsetzung, wie sie sich in der Netzwerkbildung im Kooperationsverbund für die unterschiedlichen Akteure darstellt.[22] Am Beispiel der Gesetzlichen Krankenkassen kann man dies verdeutlichen. Durch ihre Teilnahme beschaffen sie sich notwendige Legitimation im Hinblick auf ihren sozialpolitischen Auftrag. Sie erhalten dadurch eine Basis, um diesen Auftrag bei sehr begrenztem Ressourceneinsatz abzuarbeiten. Dies zeigt sich darin, dass nicht nur die im Entwurf des Präventionsgesetzes vorgesehenen Mittel unterschritten werden. Selbst die im eigenen Stiftungsvorschlag für die Fondbildung avisierten 35 Mio. € pro Jahr werden bislang nur zu einem Bruchteil in den Kooperationsverbund eingespeist. Das zeitgleich von den Krankenkassen beschlossene Budget von 50 Cent je Versichertenjahr für außerbetriebliche Settings (vgl. Stuppardt 2008) wird nicht über den Kooperationsverbund verausgabt. Die Mittel sind den Einzelkassen als interne Budgetgröße aufgegeben, die sie für eigenständig zu konzipierende Maßnahmen verwenden. Trotz dieser erkennbaren ökonomischen Minimallösung erzeugt das Netzwerk aber auch für andere Akteure Nutzen. Ähnlich wie die Krankenkassen stehen auch andere Institutionen wie die Sozialversicherungsträger, die Ärzteschaft, Institutionen des Sports oder auch die Wohlfahrtsverbände unter einem gewissen öffentlichen Druck, sich in der Gesundheitsförderung stärker zu engagieren. Das Netzwerk bietet schon heute die Möglichkeit, die neuesten Entwicklungen in diesem dynamischen Bereich kennen zu lernen und sich mit den zentralen Akteuren im Feld auszutauschen. Erleichtert wird dieser Lernprozess durch den unbürokratischen, niedrigschwelligen Zugang, da für eine Mitgliedschaft im Netzwerk lediglich die Unterzeichnung der sehr allgemeinen Grundsatzerklärung notwendig ist, aber keine Mitgliedsbeiträge anfallen und keine Selbstverpflichtungen abzugeben sind (vgl. Kooperationsverbund 2007).

22 Allerdings wird dies in der Binnenlogik der Netzwerksteuerer so nicht unbedingt wahrgenommen. Bestes Beispiel dafür ist, dass im Steuerungskreis des Kooperationsverbundes neben BZgA, Krankenkassen und Gesundheit Berlin auch eine Landesvereinigung vertreten ist, die als Vertreterin der Auftragnehmer mit den Förderern sowie Auftraggebern ihrer Auftraggeberin Gesundheit Berlin in formaler Gleichberechtigung sitzt. Es wird im weiteren Verlauf zu prüfen sein, inwieweit dies Ausdruck des diffusen Selbstfindungsprozesses des Netzwerks ist oder eher ein Beispiel für eine Vielebenenstruktur, die nur im Rahmen von Netzwerkbildung möglich ist.

4 Theoretische Einordnung der Netzwerkcharakteristik des Kooperationsverbundes

Die Erkenntnisse der Netzwerkforschung lassen sich in unterschiedlichem Umfang auf den Kooperationsverbund anwenden. Unter Beschreibungsaspekten kann man die jetzt stärkere Bündelung der zuvor eher informell verknüpften Landesvereinigungen als beginnende Ausdifferenzierung einer Netzwerkstruktur interpretieren. Diese ›flexible Verfestigung‹ äußert sich zum einen in einer zunehmenden Vereinheitlichung der Angebotspalette der verschiedenen Akteure des Netzwerks (im Hinblick auf die Mittel der Koordination, die Modellprojekte und das Vorgehen zur Qualitätsentwicklung). Sie erstreckt sich zum anderen auch auf die inhaltliche Orientierung, wenn z. B. Good-Practice-Kriterien als Leitideen vorgeschlagen bzw. verwendet werden. Die sich darin zeigende Identitätsbildung und präzisere Selbstdefinition hat wesentlich dazu beigetragen, bisherige juristische und teilweise inhaltlich unklare Anbindungen der Landesvereinigungen zu reduzieren. Allerdings darf es hierdurch nicht zur formalen Standardisierung im Vorgehen und Angebot führen. Um solche Sorgen vor Autonomieverlusten bereits im Ansatz zu verringern, werden die vertraglichen Beziehungen von Gesundheit Berlin mit den anderen Landesvereinigungen – ebenso wie alle weiteren Finanzvereinbarungen im Kooperationsverbund – weitgehend nur für kurze Zeiträume geschlossen. Der Regelumfang ist ein Jahr. Ergänzend bestehen weitere Sicherungsmechanismen der einzelnen Landesvereinigungen. Um ihre spezifischen Kernkompetenzen zu erhalten, können bestimmte Arbeitsmethoden und Vorgehensweisen aus dem eigenen Katalog ausgeschlossen werden.[23] Ausstiegsoptionen und Wahlfreiheiten werden demnach bewusst eingeräumt, um Kooperationsbereitschaften und Bindungsabsichten nicht zu strangulieren. Die bisherige Verstetigung und der höhere Organisationsgrad durch die vernetzte Arbeit haben dazu beigetragen, dass die Zugehörigkeit zum Verbund mit entsprechenden Kooperationsrenditen verbunden ist. Dieser starken Sogwirkung kann sich keine Landesvereinigung entziehen.

Die einzelnen Landesvereinigungen erzeugen sehr spezielle Dienstleistungen, die hier unter dem Oberbegriff der Gesundheitsförderung zusammengefasst werden. Insoweit ist zu fragen, wie sich dieser Prozess der Leistungserstellung durch die Netzwerkbildung verändert, wie sich diese Netzwerkleistungen dann auf die soziallagenbezogene Gesundheitsförderung auswirken und wie es in deren Folge wiederum dazu kommt, dass sozial bedingte Ungleichheit reduziert wird. Die oben beschriebene Auswirkung des Agenda-Settings der Soziallagenorientierung leistet hier einen unverzichtbaren, aber nicht ausreichenden Beitrag. Um einen Vorteils-Nachteilsvergleich methodisch abgesichert belegen zu können, müsste dieser schon ausreichend komplexe Zusammenhang von Leistungen und Resultaten dann als Netzwerkleistung mit der Summe der

---

23 Beispielsweise führt die Landesvereinigung für Gesundheit Sachsen-Anhalt eine unter Copyright gesetzte Auditierung gesunder Schulen und gesunder Kitas mit Lizenzverträgen an anderen ostdeutschen Landesvereinigungen durch.

bisherigen Einzelleistungen der jeweiligen Landesvereinigungen verglichen werden. Dazu fehlen bislang aber weitgehend einschlägige Daten (vgl. Conrad/Hucker 2007).

Wir müssen uns daher an dieser Stelle mit der Darstellung einiger Argumente bescheiden, ohne auf empirische Belege quantitativer Art rekurrieren zu können. Demnach erfolgt eine »systemische Rationalisierung« (Baethge/Oberbeck 1986; vgl. auch Windeler 2001, S. 69 ff.) durch Netzwerkbildung in zweierlei Hinsicht: zum einen entsteht sie im Rahmen der Arbeitsteilung im Netzwerk selbst, zum anderen aber auch innerhalb der einzelnen Landesvereinigungen. Es kommt auch in beiderlei Hinsicht zur Übertragung von Inhalten, Aufgaben, Informationen und Macht, einmal sozusagen auf der Landesebene, zum anderen im Rahmen des Netzwerks. Diese Netzwerksteuerung lässt sich insgesamt mit den beiden Typen hierarchischer und heterarchischer Art nicht ausreichend präzise beschreiben. Denn in der internen Kommunikation und in der Außendarstellung wirken die Netzwerke weitgehend polyzentrisch organisiert. Die Mitgliederversammlungen bilden jeweils das höchste beschlussfassende Organ, sie setzen Vorstand, Beiräte und Arbeitskreise ein. Die Arbeitskreise werden von unterschiedlichen Netzwerkmitgliedern geleitet und koordiniert, ihre Ergebnisse wiederum in die Netzwerkorgane eingespeist. Gesteuert werden die gesamten Vereinigungen in der Regel von der hauptamtlichen Geschäftsführung, die im Auftrag des Vorstandes die normativen Vereinsinteressen und die der Mitglieder bündelt und umsetzt. Tatsächlich aber ist der fokale Aspekt stark ausgeprägt. Nicht zuletzt besteht eine hohe Abhängigkeit von den jeweiligen Zuwendungen, die auf der Landesebene zumeist von den jeweiligen Ministerien geleistet werden, auf der Bundesebene vom Ministerium (Bundesvereinigung) bzw. durch ihre nachgeordnete Behörde, der Bundeszentrale für gesundheitliche Aufklärung (vgl. Kooperationsverbund 2007).

5 Abschließende Einschätzungen

Für den Bereich der Gesundheitsförderung macht eine rein ökonomische Erfolgs- oder Wirkungsbetrachtung von Netzwerkstrukturen augenscheinlich aus mehreren Gründen nur begrenzt Sinn. Ein bloß betriebswirtschaftlich ausgerichteter Vorteils-Nachteilsvergleich dieser Organisationsform mit anderen Instrumenten sozialer Koordination verkennt, dass das Feld der Gesundheitsförderung bislang nur einen Promillebereich der Ausgaben der Gesetzlichen Krankenkassen insgesamt ausmacht. Außerdem werden, wenn es denn um marktgängige Produkte der Gesundheitsförderung im Rahmen von Netzwerkstrukturen geht, bislang am ehesten noch solche aus dem Bereich des sog. ›Wellness‹ verhandelt. Sie aber werden tendenziell aus dem gesetzlich verpflichtenden Angebotskatalog ausgegrenzt, den die Leistungsträger anbieten.

Netzwerktheoretisch besonders interessant sind zwei Aspekte:

- zum einen sind es die Handlungs- bzw. Ausgestaltungsspielräume, die sich aus dem Wechselspiel von Fremd- und Selbststeuerungsmöglichkeiten im korporatistischen Geflecht des Gesundheitswesens ergeben;

- zum anderen ist zu fragen, inwieweit eine Netzwerkbildung durch Einwandvorwegnahmen im Zuge erwartbarer oder wahrscheinlicher gesetzlicher Vorgaben beeinflusst wird. Diese Gefahr ist den Akteuren des Netzwerks überaus bewusst und artikuliert sich als deutliche Sorge vor einer ›Kollektivierung‹. Tatsächlich scheint keiner der Akteure bereit, für den ›kollektiven Traum‹ einer nachhaltigen Stärkung der Gesundheitsförderung in Deutschland die eigene organisationale Struktur in Gefahr zu bringen. Zu deutlich steht die Gefahr des Identitätsverlustes und eingeschränkter einzelwirtschaftlicher Autonomie vor Augen.

Mit ihrer Netzwerkbildung tragen die Akteure über die Grenzen ihres eigenen Aufgabengebietes zum Erfolg ihrer Einzelinstitutionen bei. Sie nutzen dies – wie im unternehmerischen Zusammenhang auch (vgl. Sydow 1995) – zum Aufbau bzw. Ausbau von sozialem Kapital, zur Informationsgewinnung, um die Steuerungsfähigkeit zu erhöhen oder als Lobby-Basis, um Gesundheitsförderung zu popularisieren.

Die Netzwerkbildung hat sich im hier untersuchten Beispielfall auch als Mittel von Politikantizipation und Politikimplementation erwiesen. Sie zeichnet sich durch eine Vielzahl vertrauensbildender Aktivitäten aus, die sich auf der unmittelbaren Arbeitsebene vollziehen. Sie übernimmt wichtige Service- und Dienstleistungsfunktionen für die einzelnen Netzwerkpartner, sorgt für bedeutsame Stabilisierung durch vereinheitlichte Strukturen und bietet eine inhaltliche Rahmenorientierung gemäß dem gesetzlichen Anspruch der Soziallagenorientierung in der Gesundheitsförderung.

Offen bleibt bislang, welchen Entwicklungspfad die weitere Netzwerkbildung einschlagen wird. Einerseits korrespondieren heterarchische Strukturen offensichtlich gut mit den Erwartungen vieler Akteure, andererseits sind Einflussnahmen von Ressourcengebern unverkennbar, die zu einer stärker hierarchischen und vermachteten Netzwerkkonfiguration neigen.

Für die weitere Netzwerkforschung im Bereich der Gesundheitsförderung lassen sich aus dem hier dargestellten Beispielfall mehrere Anregungen gewinnen:

- Genauer zu untersuchen sind die Auswirkungen unterschiedlicher Zielsysteme von Netzwerkakteuren auf Funktionsfähigkeit, Stabilität und Formwandel von Netzwerken im Gesundheitswesen. Die institutionellen Akteure und die betrieblichen Entscheidungsträger entstammen hier sowohl dem Unternehmungsbereich, aber auch Non-Profit-Organisationen. Aus diesen inhaltlichen Unterschieden in den Zielen und Interessen der Akteure entstehen besondere Abstimmungs-, Steuerungs- und Managementherausforderungen.
- Im vorliegenden Fall geht es im Weiteren um Dienstleistungen, deren Herstellkosten im Wesentlichen beitragsfinanziert sind, für die sich keine klaren Angebotspreise ermitteln lassen und die Mitglieder des Netzwerks sowohl in Konkurrenz- als auch Kooperationsbeziehungen stehen. Eine solche hochkomplexe Situation fügt sich ersichtlich nicht den theoretischen Standardzuordnungen, zumal eine faktortheoretische Aufschlüsselung dieser Art von Netzwerkproduktion bislang kaum betrachtet wurde (vgl. dazu grundsätzlich Corsten 1990).

- Von großem Interesse ist eine weitergehende Analyse auch unter dem politikwissenschaftlichen Aspekt der Ausreifung und Institutionalisierung des Handlungsfeldes der Gesundheitsförderung, das durch die fortlaufenden Diskussionen um ein bundesdeutsches Präventionsgesetz von hoher Aktualität ist. Mosebach/Walter (2006, S. 20 f.) analysieren das Scheitern des Präventionsgesetzes mit Blick auf einen Neuanfang wie folgt: »Eine erfolgreiche politische Steuerung basiert also letztendlich darauf, dass es gelingt, eine begünstigende Akteurskonstellation politisch zu organisieren«. Weiter bemerken sie unter Verweis auf die Governance-Forschung von Bandelow (2003) und Scharpf (2000): »Vertrauen, reziprokes Handeln und gemeinsame Wertüberzeugung können zu einem effektiven und effizienten Interorganisationsmanagement beitragen«. Diesen richtigen Erkenntnissen fehlt jedoch noch die praktische Dimension, also die für richtig erkannten Wege nicht nur zu proklamieren, sondern auch konkret zu beschreiten. Darin kommt sicher eine ebenso markante wie anregende Differenz zum Ausdruck, die sich zwischen theoretischem Diskurs und konkretem Netzwerkaufbau am Beispiel des Kooperationsverbundes zeigt. Mosebach/Walter (2006, S. 21) legen hier einen hohen Maßstab an, wenn sie schreiben: »Der parlamentarische Entscheidungsfindungsprozess und die nachfolgende Implementierung des Gesetzes zur Stärkung der gesundheitlichen Prävention können Hinweise geben, ob die Gesundheitspolitik zukunftsfähig und zu einem auf Prävention und Gesundheitsförderung setzenden Paradigmenwechsel fähig ist.«

Auch wenn wir dieser Einschätzung der kommenden gesetzgeberischen Diskussion als einer Grundsatzfrage des sozialen Sicherungssystems folgen, bleibt hier die erfolgsentscheidende Umsetzung seltsam unterausgeleuchtet. Sie vollzieht sich über handelnde Akteure und verlangt nach einem klaren Subjektbezug. Erst unter dieser Perspektive, der Artikulation und Bündelung der Interessen der Akteure und ihren Netzwerken, eröffnet sich die konkrete Gestaltungsmöglichkeit für die vom Gesetzgeber bereits seit 2000 intendierte soziallagenbezogene Gesundheitsförderung. Der weitere Verlauf wird zeigen, ob der Erfolg einer Reform eher durch die normative Kraft der Gesetzgebung erreicht wird oder es nicht doch viel mehr auf eine Politikantizipation durch Netzwerkbildung ankommt, in der die Akteure zentrale Bedeutung haben.

Literaturverzeichnis

Altgeld, T./Geene, R./Glaeske, G./Kolip, P./Rosenbrock, R./Trojan, A. (2006a): Prävention und Gesundheitsförderung – Ein Programm für eine bessere Gesundheits- und Sozialpolitik. Diskussionspapier der Friedrich Ebert-Stiftung. Bonn.

Altgeld, T./Bächlein, B./Deneke, C. (Hrsg.)(2006b): Diversity-Management in der Gesundheitsförderung. Zielgruppen und Zielgruppengenauigkeit im Wandel. Frankfurt a.M.

Baethge, M./Oberbeck, H. (1986): Die Zukunft der Angestellten. Frankfurt a.M. und New York.

Bandelow, N. (2003): Chancen einer Gesundheitsreform in der Verhandlungsdemokratie. In: Aus Politik und Zeitgeschichte B33/34, S. 14–20.

Conrad, P./Hucker, T. (2007): Evaluation der Tätigkeiten des Kooperationsverbundes »Gesundheitsförderung bei sozial Benachteiligten«. Evaluation im Auftrag der BZgA. Hamburg.

Corsten, H. (1990): Betriebswirtschaftslehre der Dienstleistungsunternehmung. 2. Aufl. München und Wien.
Dingeldey, I. (2006): Aktivierender Sozialstaat und sozialpolitische Steuerung. In: Aus Politik und Zeitgeschichte 8/9, S. 3–9.
Ewers, M. (1998): Pflegequalität. Arbeitsbuch für die ambulante Pflege bei Aids. Hannover.
Gäfgen, G. (Hrsg.)(1988): Neokorporatismus und Gesundheitswesen. Baden-Baden.
Geene, R. (2000): AIDS-Politik. Ein Krankheitsbild zwischen Medizin, Politik und Gesundheitsförderung. Frankfurt a.M.
Geene, R. (2004): Armut und Gesundheit. In: Luber, E./Geene, R. (Hrsg.): Qualitätssicherung und Evidenzbasierung in der Gesundheitsförderung. Frankfurt, S. 155–164.
Geene, R./Kolbe, M. (2004): Wer koordiniert die Gesundheitsförderung? Welche Rolle können die Landesvereinigungen spielen? Unveröffentlichtes Arbeitspapier. Berlin.
Hommes, M. (2005): Aktuelle und zukünftige Rahmenbedingungen der Primärprävention. In: Geene, R./Steinkühler, J. (Hrsg.): Strategien und Erfahrungen – Mehr Gesundheit für Alle. Die BKK-Initiative als ein Modell für soziallagenbezogene Gesundheitsförderung. Bremerhaven, S. 59–66.
Kickbusch, I. (2006): Die Gesundheitsgesellschaft. Megatrends der Gesundheit und deren Konsequenzen für Politik und Gesellschaft. Hamburg.
Kirschner, W./Radoschewski, M./Kirschner, R. (1995): § 20 SGB V – Gesundheitsförderung, Krankheitsverhütung, Untersuchung zur Umsetzung durch die Krankenkassen. St. Augustin.
Kleiber, D. (Hrsg.)(2001): Gesundheitsziele und Strategien der Gesundheitsförderung für Berlin. Forschungsberichte 9. München und Wien.
Kooperationsverbund Gesundheitsförderung bei sozial Benachteiligten (2007): Gesundheitliche Chancengleichheit verbessern. Köln.
Lehmann, F. (2006): Kooperationsverbund zur Realisierung der Gesundheitsförderung bei sozial Benachteiligten in Deutschland. In: Richter, M./Hurrelmann, K. (Hrsg.): Gesundheitliche Ungleichheit. Grundlagen, Probleme, Perspektiven. Wiesbaden, S. 423–438.
Lehmbruch, G. (1988): Der Neokorporatismus der Bundesrepublik im internationalen Vergleich und die ‚Konzertierte Aktion im Gesundheitswesen'. In: Gäfgen, G. (Hrsg.): Neokorporatismus und Gesundheitswesen. Baden-Baden, S. 11–32.
Mosebach, K./Walter, U. (2006): Was vermag der Staat? Möglichkeiten und Grenzen politischer Steuerung in der Prävention und Gesundheitsförderung. In: Essers, M./Gerlinger, T./Herrmann, M./Hinricher, L./Lenhardt, U./Seidler, A./Simon, M./Stegmüller, K. (Hrsg.): Jahrbuch für Kritische Medizin. Bd. 41: Prävention. Hamburg, S. 8–24.
Rautenstrauch, T./Generotzky, L./Bigalke, T. (2003): Kooperationen und Netzwerke. Lohmar und Köln.
Rosenbrock, R. (2004): Primäre Prävention zur Verminderung sozial bedingter Ungleichheit von Gesundheitschancen – Problemskizze und ein Politikvorschlag zur Umsetzung des § 20 Abs. 1 durch die GKV. In: Rosenbrock, R./Bellwinkel, M./Schröer, A. (Hrsg.): Primärprävention im Kontext sozialer Ungleichheit. Wissenschaftliche Gutachten zum BKK-Programm »Mehr Gesundheit für alle«. Bremerhaven, S. 7–149.
Rosenbrock, R./Gerlinger, T. (2006): Gesundheitspolitik. Eine systematische Einführung. Bern.
Rosenbrock, R./Michel, C. (2007): Primäre Prävention. Bausteine für eine systematische Gesundheitssicherung. Berlin.
Scharpf, F.W. (2000): Interaktionsformen. Akteurszentrierter Institutionalismus in der Politikforschung. Opladen.
Stuppardt, R. (2008): Stärkung der Primärprävention und Gesundheitsförderung durch unbürokratische Organisation und aufgabengerechte Finanzierung – Die Position der Gesetzlichen

Krankenversicherung. In: Kirch, W./Badura, B./Pfaff, H. (Hrsg.): Prävention und Versorgungsforschung. Heidelberg, S. 435–450.

Sachverständigenrat zur Begutachtung der Entwicklung im Gesundheitswesen (2007): Kooperation und Verantwortung. Voraussetzungen einer zielorientierten Gesundheitsversorgung. Gutachten 2007. Stuttgart.

Sydow, J. (1992): Strategische Netzwerke. Wiesbaden.

Sydow, J. (1995): Netzwerkbildung und Kooptation als Führungsaufgabe. In: Kieser, A./Reber, G./Wunderer, R. (Hrsg.): Handwörterbuch der Führung. 2. Aufl. Stuttgart, Sp. 1622–1635.

Voss, K.D. (2005): Mehr Gesundheit für Alle. In: Geene, R./Steinkühler, J. (Hrsg.): Strategien und Erfahrungen – Mehr Gesundheit für Alle. Die BKK-Initiative als ein Modell für soziallagenbezogene Gesundheitsförderung. Bremerhaven, S. 9–18.

Welteke, R./Menke, R./Brand, H. (2000): Das NRW-Gesundheitszielkonzept im europäischen und internationalen Vergleich. In: Geene, R./Luber, E. (Hrsg.): Gesundheitsziele. Planung in der Gesundheitspolitik. Frankfurt a.M., S. 91–106.

Windeler, A. (2001): Unternehmungsnetzwerke. Wiesbaden.

Claudia Diederichs und Friedrich Wilhelm Schwartz

Vernetzung in der Prävention auf dem Weg zu einer »Public Health Policy«

Zusammenfassung

Angesichts der zunehmenden Bedeutung von chronischen Erkrankungen, der wachsenden Ungleichheit von Gesundheitschancen zwischen den sozialen Schichten sowie der steigenden Mitverantwortung des einzelnen Menschen für seine eigene Gesundheit ist es dringend erforderlich, den Stellenwert der Prävention im Gesundheitssystem auch in Zukunft weiter zu stärken. Nach einer kurzen Begriffsdefinition von Prävention und ihren rechtlichen Grundlagen bietet der Beitrag daher eine strukturierte Übersicht über den aktuellen Stand der Prävention, politische und systembedingte Herausforderungen bei ihrer Umsetzung sowie Schwierigkeiten bei der Finanzierung von präventiven Maßnahmen. Weiterhin wird die Rolle der Ärzte im Gesundheitssystem sowie ihre Beziehung zu Patienten im Hinblick auf Chancen für eine Förderung der Prävention beleuchtet. Abschließend werden Lösungsansätze mit dem titelgerechten Schwerpunkt auf Vernetzung und Kommunikation präsentiert.

1 Einleitung

Gesundheit ist ein zentraler Begriff in heutigen Gesellschaften. Ihr Erhalt und die Sicherung von individueller Lebensqualität und Leistungsfähigkeit stellen nicht nur hohe Anforderungen an die Gesellschaft und an das von ihr bereitgestellte Versorgungssystem, sondern auch an den einzelnen Menschen im Sinne einer mündigen Mitverantwortung für die eigene Gesundheit (Stöckel/Walter 2002). Diese gesellschaftliche Aufgabe und individuelle Verantwortung bei der Mitwirkung in der Prävention und Behandlung von Erkrankungen sowie der Vermeidung von Folgeschäden wird vor allem durch die steigende Lebenserwartung und die zunehmende Bedeutung von chronischen Krankheiten wichtig, deren Entstehung und Verlauf zu einem wesentlichen Teil vom Betroffenen selbst mitbeeinflussbar sind. So ließen sich beispielsweise durch die Modifikation von verhaltensbedingten Risikofaktoren über 80 % der koronaren Herzkrankheiten vermeiden (Stampfer et al. 2002). Auch im Hinblick auf die wachsende Ungleichheit von Gesundheitschancen zwischen den sozialen Schichten ist eine Förderung und Weiterentwicklung von präventiven Angeboten vor allem aus dem nicht-medizinischen Bereich, wie zum Beispiel Ernährungs- und Bewegungsprogramme, sinnvoll.

Trotz zahlreicher wissenschaftlicher Beweise für den Nutzen von primärpräventiven Maßnahmen hat die Prävention im deutschen Gesundheitssystem jedoch bis heute nicht den Stellenwert wie in vielen anderen europäischen Ländern erreicht. Die Ursachen dafür sind vielfältig und sollen im folgenden Beitrag diskutiert werden. Am Ende werden Lösungsvorschläge mit besonderem Bezug zum Schwerpunktthema dieses Buches – Vernetzung und Kommunikation – angeboten.

Zum besseren Verständnis erfolgt zunächst eine Einführung zum Konzept der Prävention und ihren gesetzlichen Grundlagen in Deutschland.

2 Das Konzept der Prävention

Nicht nur im allgemeinen Verständnis, sondern auch in wissenschaftlichen Texten zeichnet sich die Verwendung des Begriffs Prävention durch seine Heterogenität aus. Vor diesem Hintergrund ist es für eine klare Argumentation hilfreich, die verschiedenen Dimensionen von Prävention eindeutig zu definieren und auch gegenüber dem Begriff Gesundheitsförderung abzugrenzen.

Gesundheitsförderung zielt auf die Verbesserung der körperlichen und geistigen Gesundheit sowohl von einzelnen Menschen als auch der gesamten Bevölkerung. Sie umfasst alle Maßnahmen, die durch eine Stärkung der individuellen oder kollektiven Gesundheitsressourcen den Erhalt der Gesundheit sichern (Rosenbrock 2004a). Im Sinne der Ottawa-Charta von 1986 liegt die »Verantwortung für Gesundheitsförderung [...] nicht nur beim Gesundheitssektor, sondern bei allen Politikbereichen und zielt über die Entwicklung gesünderer Lebensweisen hinaus auf die Förderung von umfassendem Wohlbefinden hin« (WHO 1986). Damit ist Gesundheitsförderung als eine gesamtgesellschaftliche Aufgabe zu verstehen, die alle Lebensbereiche miteinschließt. Ihre erfolgreiche Umsetzung erfordert daher ein effektives Zusammenwirken von Institutionen nicht nur im Gesundheitssektor, sondern in allen politischen, wirtschaftlichen und sozialen Bereichen.

Im Gegensatz dazu versucht Prävention durch zielgerichtete Maßnahmen gesundheitliche Schädigungen zu verhindern. In Abhängigkeit vom Zeitpunkt der präventiven Intervention wird zwischen Primär-, Sekundär- und Tertiärprävention unterschieden. Beim gesunden Menschen wird die Vermeidung, beziehungsweise Verringerung von gesundheitsschädigenden Expositionen sowie von individuellen Risiken, wie zum Beispiel die Reduzierung des Alkoholkonsums, als Primärprävention bezeichnet. Weiterhin zählen Impfungen, die Anwendung von Sonnenschutzmitteln sowie die Anschnallpflicht im Auto zu den primärpräventiven Maßnahmen (Walter et al. 2003).

Bei der Sekundärprävention steht der symptomlos erkrankte Mensch im Mittelpunkt. Sie umfasst alle Aktivitäten zur Entdeckung von Krankheiten im Frühstadium oder zur wirksamen Frühbehandlung. Beispiele hierfür sind die Ernährungsberatung von Diabetes Mellitus-Patienten, Untersuchungen zur Erkennung von Herzkreislauf-Erkrankungen sowie die Mammographie. In jüngerer Zeit wird auch die Prävention von Zweitereignissen nach Ersterkrankungen, zum Beispiel ein zweiter Myokardinfarkt, als Sekundärprävention bezeichnet.

Die Tertiärprävention beinhaltet die erfolgreiche Therapie einer symptomatisch gewordenen Erkrankung mit dem Ziel, Folgeschäden zu vermeiden oder abzumildern. Darunter werden beispielsweise Rückenschulungen nach einem Bandscheibenvorfall oder die Verbesserung der Beweglichkeit nach einer Knieoperation verstanden (Walter et al. 2003).

Im allgemeinen Sprachgebrauch bezieht sich der Begriff Prävention häufig nur auf Maßnahmen zur individuellen Vorbeugung und Früherkennung von Krankheiten. Dieses Verständnis von Prävention ist aus wissenschaftlicher Sicht zwar sehr eingeschränkt, es spiegelt jedoch auch die aktuellen gesellschaftlichen Vorstellungen von einer steigenden Selbstverantwortung des einzelnen Menschen für seine Gesundheit wider.

In der Wissenschaft werden präventive Maßnahmen jedoch nicht nur hinsichtlich ihres Interventionszeitpunktes differenziert, sondern in allen drei Stadien werden grundsätzlich auch zwei unterschiedliche Interventionsstrategien angewendet. Zum einen können einzelne Menschen oder ganze Bevölkerungsgruppen zu einer Veränderung ihres Verhaltens angeregt werden, um damit eine positive Wirkung auf ihre Gesundheit zu erzielen. Klassische Beispiele für die sogenannte Verhaltensprävention sind ein Beratungsgespräch durch den Hausarzt zur Tabakentwöhnung.

Im Gegensatz dazu zielt die Verhältnisprävention auf eine Modifikation der biologischen, technischen oder sozialen Umwelt, um die Rahmenbedingungen für eine Verbesserung der Gesundheit zu schaffen. Die Erhöhung von Tabaksteuern sowie das aktuelle Gesetz zum Schutz von Nichtrauchern sind zum Beispiel den verhältnisbezogenen Maßnahmen zuzurechnen.

Präventionsmaßnahmen können sich zudem an verschiedene Zielgruppen richten. Die Abgrenzung zwischen den einzelnen Gruppen ist fließend und wird durch die zunehmende Selektion bei gleichzeitig steigendem Krankheitsrisiko und einer höheren Intensität und Komplexität der Intervention bestimmt (Walter et al. 2003). Bevölkerungsbezogene Strategien sind für jeden nützlich und mit einfachen Mitteln umsetzbar. Hierzu zählen beispielsweise die bundesweite Kampagne »Sport tut gut« oder die Helmpflicht bei Motorradfahrten.

Hochrisikostrategien hingegen zeichnen sich durch ihre individuelle Anpassung an die Bedürfnisse von Menschen mit sehr hohen Erkrankungsrisiken aus. Hierzu gehören spezielle Ernährungsprogramme für übergewichtige Kinder oder persönliche Beratungsgespräche für schwangere Frauen mit positivem HIV-Status.

Die folgende Abbildung 10 bietet eine Übersicht über die Klassifizierung von Präventionsmaßnahmen mit anschaulichen Beispielen. Die Präventionsmaßnahmen werden jeweils getrennt nach dem Zeitpunkt der Intervention (mittelgraue Spalte), nach der Zielgruppe (dunkelgraue Spalte) sowie nach dem Strategieansatz (hellgraue Zeile) dargestellt.

	Verhaltensprävention	Verhältnisprävention	
Primä-prävention	Hausarztgespräch zur Verringerung des Tabakkonsums	Einrichtung von Sportmöglichkeiten	Individuum ▼ ▼ ▼ Bevölkerung
	Kampagne »Sport tut gut«	Anschnallpflicht im Auto, Tabaksteuer	
Sekundär-prävention	Individuelle Ernährungsberatung bei Diabetes Mellitus	Regelungen zu Vorsorgeuntersuchungen Mammographie	Individuum ▼ ▼ ▼ ▼ Bevölkerung
	Informationen zum Nutzen von Vorsorgeuntersuchungen	Beschriftungspflicht für Lebensmittel, die für Diabetiker ungeeignet sind	
Tertiär-prävention	Änderung des Lebensstils	Disease-Management-Programme	Individuum ▼ ▼ ▼ Bevölkerung
	Kampagnen gegen die Ausgrenzung von HIV-Infizierten	Behindertengerechte Nahverkehrsmittel	

Abb. 10: Beispiele für die unterschiedliche Klassifizierung von Präventionsstrategien

Präventionsmaßnahmen, die sich auf der individuellen Ebene an Personen mit hohem Erkrankungsrisiko richten, werden bevorzugt von ärztlicher beziehungsweise klinischer Seite durchgeführt. Die intensiven Interventionen richten sich an einen sehr kleinen Teil der Bevölkerung, aber mit hoher Wirkung auf die Lebenszeit oder Lebensqualität des Individuums.

Im Gegensatz dazu verfolgen Bevölkerungsstrategien das Ziel, einen möglichst großen Teil der Population in einen gesundheitlich günstigeren Bereich zu verschieben. Viele Menschen müssen eine präventive Maßnahme durchführen, wie zum Beispiel Impfungen, der direkte Nutzen für die einzelne Person ist jedoch gering. Falls jedoch das gesundheitliche Risiko der gesamten Bevölkerung, das heißt einer sehr großen Anzahl von Menschen, (wenn auch nur minimal) verringert wird, kann die Bevölkerungsstrategie mehr gerettete Fälle erzeugen als komplexe Interventionen bei einer kleinen Anzahl von Menschen. Dies wird auch als das Präventionsparadox bezeichnet.

Im folgenden Text wird einheitlich der Begriff Prävention verwendet, der gesundheitsfördernde Maßnahmen mit einschließt.

3 Rechtliche Grundlagen der Prävention

Die gesetzlichen Grundlagen für Prävention und Gesundheitsförderung sind in verschiedenen Büchern des Sozialgesetzbuches (SGB) oder auch außerhalb des SGB festgeschrieben (Walter 2004). Zu den Letzteren zählen beispielsweise viele Maßnahmen der Verhältnisprävention, wie die Lebensmittelüberwachung, die Verkehrssicherheit oder die Trinkwasseraufbereitung, die von der Bevölkerung häufig als selbstverständlich wahrgenommen und eher nicht dem klassischen medizinischen Präventionsgedanken zugeordnet werden.

Die Leistungen zur Verhütung von Krankheiten und ihre Finanzierung werden in verschiedenen Büchern des SGB geregelt. So ist es nach SGB VII Aufgabe der gesetzlichen Unfallversicherung, mit allen geeigneten Mitteln Arbeitsunfälle und Berufskrankheiten sowie arbeitsbedingte Gesundheitsgefahren zu verhüten (§ 1). Prävention wird im SGB V als gesetzliche Aufgabe der Krankenkassen definiert (§ 20). Sie sind verpflichtet, für präventive Maßnahmen einen Betrag von 2,56 € pro Jahr und Versicherter, zuzüglich 0,51 € für die Förderung von Selbsthilfeorganisation zur Verfügung zu stellen (§ 20). Weiterhin ist zum Beispiel der Anspruch auf zahnprophylaktische Maßnahmen bei Kindern (§§ 21–22), medizinische Vorsorgeleistungen wie Schutzimpfungen (§ 23) und mit speziellem Fokus auf Mütter und Väter (§ 24) sowie allgemeine Gesundheitsuntersuchungen (§ 25) gesetzlich festgelegt. Tertiärpräventive Maßnahmen, wie die Förderung von wirksamen und effizienten Patientenschulungen für chronisch Kranke, sind ebenfalls geregelt (§ 20).

Präventiven Maßnahmen wird dabei sowohl im SGB XI als auch im SGB XI eine vorrangige Stellung eingeräumt, um den Eintritt einer Behinderung oder chronischen Krankheit zu vermeiden oder den Eintritt von Pflegebedürftigkeit zu verhindern. Neben den gesetzlich festgelegten Ansprüchen der Versicherten wird im SGB I aber auch die Mitverantwortung der Bürger und ihre Pflicht zur Mitwirkung sowohl in der Behandlung als auch in der Prävention von Krankheiten betont (§§ 60–62).

4 Aktuelle Herausforderungen

Trotz dieser rechtlichen Grundlagen konnte die Prävention bislang noch nicht den Stellenwert der anderen drei Bereiche im Gesundheitssystem, nämlich Kuration, Rehabilitation und Pflege, erlangen. Im Jahr 2005 scheiterte der Versuch der rot-grünen Bundesregierung, ein »Gesetz zur Stärkung der gesundheitlichen Prävention« auf den Weg zu bringen, und damit Prävention als eigenständige Säule im Gesundheitssystem zu etablieren (Rosenbrock 2005). Zwar existieren vielfältige Ansätze, Prävention stärker in der Gesellschaft zu verankern, ein übergreifender gesetzlicher Rahmen fehlt in Deutschland jedoch bis heute.

Die Formulierung von verbindlichen und einheitlichen Präventionsstrategien und -zielen sowie die Festlegung von Verantwortlichkeiten sind jedoch gerade in einem stark segmentierten Gesundheitssystem von großer Bedeutung. Bedingt durch den Föderalismus werden präventive Aufgaben in Deutschland sowohl auf Ebene des Bundes und der Länder als auch innerhalb einzelner Kommunen durchgeführt. Zusätzlich zu dieser horizontalen Segmentierung existieren unterschiedliche Organisationsformen, wie staatliche Institutionen, öffentlich-rechtliche Körperschaften sowie freie Träger und ihre Einrichtungen. Die Folge ist ein ausgeprägter Pluralismus der Trägerschaft. So gibt es neben der öffentlichen Gesundheitsversorgung mit engagierten Arztpraxen, Apotheken und einzelnen Kliniken, Geschäftsstellen der Krankenkassen, Betriebe, Selbsthilfegruppen, Landesvereinigungen für Gesundheit, Verbraucherzentralen und Landesuntersuchungsämter bis zu Bundesministerien und untergeordneten Behörden eine große Vielzahl von gesundheitsbezogenen Institutionen und Akteuren (s. Abb. 11).

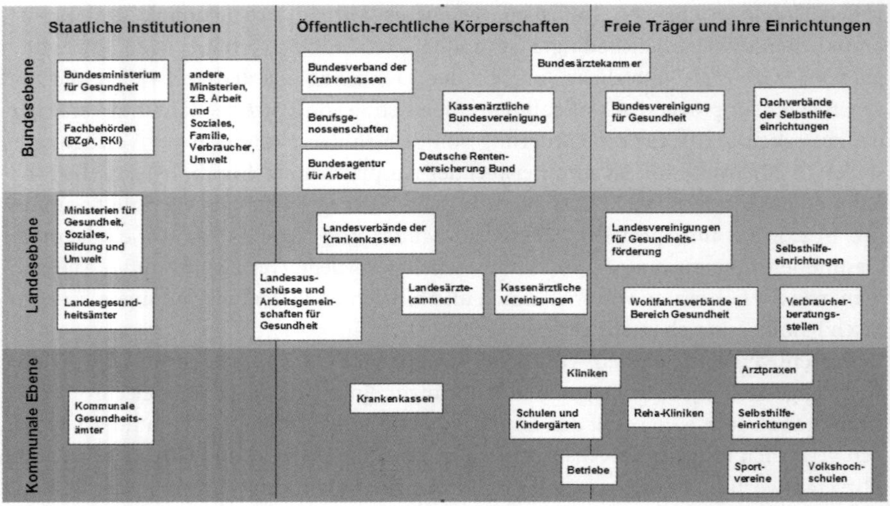

Abb. 11: Strukturen und Institutionen der Präventionspolitik (modifiziert nach Walter/Schwartz 2003)

Eine Vernetzung zwischen den Einrichtungen und verschiedenen Ebenen findet – aufgrund eines fehlenden Gesamtkonzeptes und mangelnder Steuerungsstrukturen – allerdings meist nicht statt. Darüber hinaus sind im SGB die Verpflichtungen zur Kooperation zwischen den einzelnen Kostenträgern bislang unzureichend geregelt und übergreifende freiwillige Rahmenvereinbarungen existieren kaum.

Präventive Angebote werden dabei nicht nur von einer Vielzahl von Trägern organisiert, sondern auch ihre Finanzierung erfolgt aus unterschiedlichen Quellen. Die sich in vielen Bereichen überschneidende Prävention häuslicher Gewalt, die Suchtprävention, Kriminalprävention und Unfallprävention werden beispielsweise aus Mitteln verschiedener Ministerien auf Bundes- und Landesebene, Unfallversicherung, Stiftungen sowie Lotterieeinnahmen finanziert. Auch dies führt dazu, dass präventive Maßnahmen häufig nebeneinander organisiert und wenig aufeinander abgestimmt sind.

Allerdings gibt es auch Beispiele für eine erfolgreiche Umsetzung von präventiven Maßnahmen durch die gesetzliche Zusammenführung von verschiedenen Partnern. So konnte die Mundgesundheit bei Kindern in den vergangenen Jahren erheblich verbessert werden. 1994 hatten in Deutschland Kinder im Alter von 12 Jahren durchschnittlich 2,44 kariöse, fehlende oder gefüllte bleibende Zähne – ein im europäischen Vergleich sehr schlechtes Ergebnis. Durch die Einführung von individual- und gruppenprophylaktischen Maßnahmen in Kindergärten und Schulen, die weitreichende Kooperationen unter anderem zwischen dem öffentlichen Gesundheitsdienst, Zahnärzten sowie Bildungs- und Betreuungseinrichtungen erforderten, konnte dieser Wert bis zum Jahr 2004 um etwa 60 % auf 0,98 gesenkt werden (Deutsche Arbeitsgemeinschaft für Jugendzahnpflege 2004).

Auch die betriebliche Gesundheitsförderung verdeutlicht die Wirksamkeit von übergreifenden und zielgerichteten Interventionen. Durch die gesetzlich im SGB V und VII festgelegt Kooperation zwischen gesetzlicher Kranken- und Unfallversicherung konnte der Schutz vor arbeitsbedingten Gesundheitsgefahren erheblich ausgebaut werden.

In finanzieller Hinsicht spielt die Prävention im deutschen Gesundheitssystem bislang ebenfalls eine nur untergeordnete Rolle. Bei durchschnittlichen Behandlungskosten von 2700 € pro Kopf lagen die Ausgaben für Prävention bei unter 3 € pro Kopf im Jahr 2002 (Böcking et al. 2007). Auch das ursprünglich im Rahmen des neuen Präventionsgesetzes vorgesehene Budget von circa 400 Millionen € für präventive Maßnahmen, an dem sich alle Sozialversicherungsträger einschließlich der privaten Krankenversicherung beteiligten sollten, ist im Vergleich zum Gesamtbudget der gesetzlichen Krankenkassen von 136 Milliarden € sowie gesundheitsbezogene Gesamtausgaben von 239 Milliarden € im Jahr 2003 eher unbedeutend (Robert Koch-Institut 2006). Diese Ausgabenverteilung ist aus historischer Sicht erklärbar, da das primäre Ziel eines solidarisch finanzierten Gesundheitssystems in erster Linie der schnellen Wiederherstellung der Arbeitsfähigkeit galt und weniger auf langfristige Modifikation des Verhaltens oder der Lebensverhältnisse ausgerichtet war.

Ein Kernproblem der Prävention ist daher, dass präventive Maßnahmen erst in der Zukunft wirken. Da die Finanzierung des deutschen Gesundheitswesen durch die gesetzliche Krankenversicherung aber im Wesentlichen auf einem Umlageverfahren basiert, bei dem die Einnahmen und Ausgaben jährlich abgeglichen werden, bestehen nur sehr geringe Anreize für präventionsbezogene Investitionen in der Gegenwart (Böcking et al. 2007). Zwar versuchen die Krankenkassen, ihre Mitglieder beispielsweise durch sogenannte freiwillige Bonusprogramme dazu zu motivieren, an Vorsorge- oder Früherkennungsuntersuchungen teilzunehmen, eine verbindliche Mitwirkungspflicht besteht jedoch nicht. Als Gegenleistung erhalten die Versicherten lediglich Prämien oder einen Nachlass bei ihren Krankenkassenbeiträgen.

Diese Programme konzentrieren sich zudem in der Regel auf sekundärpräventive Maßnahmen, deren Nutzen aus objektiver medizinischer Sicht bislang nicht eindeutig belegt ist. Dies gilt unter der Annahme, dass die Vorsorge- und Früherkennungsuntersuchungen diagnostisch hinreichend sicher und ohne gesundheitliche Risiken Krankheiten im Frühstadien aufzeigen, deren weiterer spontaner Verlauf kein hohes Maß an Unsicherheit birgt und deren therapeutische Beeinflussung eine überlegene Wirkung für den Betroffenen zeigt.

Effektive verhaltensbezogene Primärprävention, die nach heutiger wissenschaftlicher Einschätzung ein viel größeres Potenzial zur Verbesserung der Gesundheit zeigt (Adami et al. 2001), wird von Seiten der Sozialversicherungsträger hingegen kaum gefördert. So nahmen im Jahr 2003 lediglich 1,7 % der gesetzlich Krankenversicherten an Kursen zu den Schwerpunktthemen Ernährung, Bewegung und Stress teil (Arbeitsgemeinschaft der Spitzenverbände der Krankenkassen 2005). Mit den Angeboten werden zudem eher

Menschen mit einem gesundheitsbewussten Lebensstil angesprochen, die meistens nicht zu den Risikogruppen gehören.

Dies gilt sowohl für die versicherten Bürger als auch für Ärzte und andere Berufsgruppen im Gesundheitswesen. Insbesondere in Bezug auf die niedergelassenen Hausärzte, zu denen mehr als 65 % der Bevölkerung mindestens einmal im Jahr Kontakt haben (GEK 2006), werden vorhandene primärpräventive Potenziale bislang nicht ausreichend ausgeschöpft. Hausärzten wird im Hinblick auf ihre medizinischen Kenntnisse eine hohe Kompetenz und Glaubwürdigkeit bei Fragen zur Gesundheitsförderung zugesprochen (Harris 1996). Aufgrund des meist langen, vertrauensvollen Verhältnisses zwischen Patienten und ihren Hausärzten werden daher persönliche Beratungsgespräche heute als eine wirkungsvolle Maßnahme anerkannt, um Verhaltensänderungen anzuregen (Russel 2005). Darüber hinaus ist der Gesundheitszustand der Patienten zum Zeitpunkt der hausärztlichen Inanspruchnahme oftmals eingeschränkt, was eine erhöhte Bereitschaft zur Verhaltensänderung mit sich bringt (Rumpf et al. 1999).

Die ökonomischen Anreize innerhalb des Vergütungssystems führen jedoch immer noch zu einer Bevorzugung medikamentöser Therapien zuungunsten einer patientenorientierten Versorgung mit einem Schwerpunkt auf Beratung und Kommunikation. So kann eine individuelle Patientenberatung bislang nur pauschal über die einmalige hausärztliche Grundvergütung pro Behandlungsfall oder über allgemeine Beratungsleistungen geltend gemacht werden. In Deutschland stehen dem Hausarzt durchschnittlich nur etwa 7 Minuten pro Patientenkontakt zur Verfügung (Deveugele et al. 2002). Damit ist die Möglichkeit, neben der Diagnosestellung und Therapieentwicklung den Patienten hinsichtlich einer Änderung seines Verhaltens oder seiner Lebensverhältnisse zu beraten, begrenzt. Auch in den USA hat empirische Forschung gezeigt, dass nur eine Viertel der Patienten das Eingangsgespräch mit dem Arzt ungestört beenden kann (Rhodes et al. 2004). Auch aus Sicht der Ärzte stellt die fehlende Zeit die größte Barriere für individuelle präventive Beratungsgespräche mit dem Ziel der gesundheitsförderlichen Verhaltensänderung dar (Ulbricht et al. 2006). Darüber hinaus fehlen systematische Handlungsorientierungen sowie entsprechende Schwerpunkte in der Berufsausbildung der Ärzte.

5 Lösungsansätze

Trotz unzureichender gesetzlicher und struktureller Rahmenbedingungen konnten in den vergangenen Jahren aber auch einige Fortschritte im Bereich der Prävention erzielt werden. Ein Beispiel für die erfolgreiche Etablierung eines übergreifenden Netzwerkes ist das »Deutsche Forum Prävention und Gesundheitsförderung«, in dem sich seit 2002 fast alle relevanten korporatistischen Akteure für die Koordination von gesundheitlichen Projekten zusammenfinden. Ende November 2007 wurde das Netzwerk in die seit 1954 bestehende »Bundesvereinigung für Prävention und Gesundheitsförderung e. V.« aufgenommen. Durch den Zusammenschluss, der mittlerweile 125 Mitgliedsverbände umfasst, sollen die zivilgesellschaftlichen Kräfte im Bereich Prävention gebündelt und ihre Koordination und Vernetzung auf Bundesebene verbessert werden (Bundesministerium für Gesundheit 2007).

Darüber hinaus bietet das Projekt »www.gesundheitsziele.de« eine gute partizipative Plattform zur Formulierung von konkreten Gesundheitszielen und von Vorschlägen zu ihrer Priorisierung. In Zukunft ist es daher wichtig, den Ausbau von bundes- und landesweiten Netzwerken für die Konzeption und gemeinsame Umsetzung von präventiven Maßnahmen weiter zu fördern. Zusätzlich zur institutionenübergreifenden Kooperation ist es wichtig, Prävention und Gesundheitsförderung als Grundwerte auf der Basis eines breiten gesellschaftlichen Konsens zu verbessern. Dies ist durch eine intensive und fachlich geführte Diskussion mit und in der Bevölkerung möglich (Scriba 2004).

Im Hinblick auf die wachsende, sozial bedingte Ungleichheit von Gesundheitschancen sollten in Zukunft zielgruppenspezifische Präventionsmaßnahmen sowie die gesundheitsförderliche Entwicklung der Lebenswelt selbst ins Zentrum der Bemühungen gestellt werden. Bislang bleiben zentrale Bereiche und Zielgruppen wie zum Beispiel die spezifische Prävention von Pflegebedürftigkeit, präventive Strategien im Alter und bei Arbeitslosen zum größten Teil unberücksichtigt. Insbesondere sozial benachteiligte Bevölkerungsgruppen werden von effektiven verhaltensorientierten Präventionsangeboten, wie Programme zur Stressbewältigung, zur Gewichtsreduktion oder Rückenschulungen bislang nur unzureichend angesprochen (Richter et al. 2002).

Vor diesem Hintergrund besteht dringender Bedarf, durch gesetzliche Vorgaben die präventiven Maßnahmen und Strategien der verschiedenen Zweige der Sozialversicherung zu bündeln und gemeinsame Ziele zu vereinbaren Dieser Bedarf wurde auch im Ende November 2007 von der Bundesregierung neu vorgelegten Entwurf für ein Gesetz zur Stärkung der Gesundheitsförderung und Prävention erkannt. Die Koordination von zielgerichteten und qualitätsgesicherten Maßnahmen soll durch die Gründung eines nationalen Präventionsrates, in dem Bund, Länder und kommunale Spitzenverbände vertreten sind, erfolgen.

Darüber hinaus ist auch eine Konkretisierung der Aufgaben, Umfang und Art der Zusammenarbeit der einzelnen Akteure auf Bundesebene notwendig. Bestehende Kooperationen sollten weiter ausgebaut und Synergieeffekte vermehrt genutzt werden. Auf dieser Ebene sollten auch verbindliche Maßstäbe, Kriterien und Verfahren der Qualitätssicherung festgelegt werden.

Darüber hinaus ist es wichtig, die Finanzierung von Prävention auf eine sichere und nachhaltige Basis zu stellen. Daran sollten sich nicht nur die gesetzlichen Sozialversicherungsträger, sondern auch die privaten Kranken- und Rentenversicherungsträger beteiligen. Weiterhin sind öffentliche Träger stärker einzubinden.

Die Zusammenarbeit zwischen Ärzten und nichtärztlichen Professionen sowohl innerhalb einzelner Einrichtungen als auch zwischen den einzelnen Sektoren des Gesundheitswesens muss weiter ausgebaut und verbessert werden. Ein gutes Beispiel für eine professionenübergreifende Kooperation ist das gemeinsam von der Bundesärztekammer und dem Landessportbund entwickelte Konzept »Rezept für Bewegung«, das dem Arzt praktische Anleitungen gibt, den Patienten über das vertraute Instrument Rezept für eine Teilnahme an Bewegungsprogrammen zu motivieren (Henke 2006).

Mit speziellem Fokus auf das Gesundheitswesen sollte überall dem Grundsatz gefolgt werden, dass die Organisationen, Einrichtungen, Leistungen oder Leistungsketten die bestmögliche Sicherung der Behandlungsergebnisse gewährleisten. Die noch vorherrschenden sektorisierten Interessen sollten hinter diesem ergebnisorientierten Optimierungsgebot zurücktreten. In der Praxis bedeutet dies, dass dort wo ein integrierter Behandlungsverlauf für ein bestmögliches Ergebnis nötig ist, dieser weder zeitlich noch institutionell unterbrochen werden darf. Das von der Politik geförderte Konzept der Integrierten Versorgung (IV) kann daher insbesondere bei komplexen Behandlungsverläufen und chronischen Erkrankungen zu mehr Qualität, optimierten Abläufen und weniger Schnittstellen und damit zu einer verbesserten Versorgung führen.

Insgesamt betrachtet beschränkt sich die aktuelle Diskussion zur Prävention in Deutschland zu sehr auf eine Verbesserung im Verhaltensbereich und bezieht sich vor allem auf die alltägliche Ernährung, Bewegung, Infektionen und psychische Probleme wie Drogen, Alkohol, Depression und Essstörungen. Mindestens ebenso wichtig ist es jedoch, den Präventionsgedanken stärker in der gesamten Gesellschaft zu verankern und in den individuellen Alltag und verschiedene Lebensbereiche zu integrieren. Die erfolgreiche Umsetzung der betrieblichen Gesundheitsförderung – im Sinne des Settingansatzes – könnte in diesem Zusammenhang als Modell dienen.

Zur Förderung von beratungs- und kommunikationsintensiven Präventionsmaßnahmen bei niedergelassenen Ärzten sollte das Vergütungssystem an diese neuen Herausforderungen angepasst werden. Denkbar wäre zum Beispiel auch die stärkere Einbindung von anderen Gesundheitsprofessionen, die innerhalb der Praxen sowohl individuelle als auf gruppenspezifische Präventionsangebote durchführen. Als Vorbild könnte hier die erfolgreiche Etablierung der flächendeckenden Individualprophylaxe bei Zahnärzten dienen.

Der Ausbau der gesetzlichen Rahmenbedingungen und gesundheitsfördernden Strukturen sollte immer mit der Stärkung der Eigenkompetenz des Einzelnen einhergehen. Diese Forderung gewinnt vor allem angesichts des wachsenden Mitspracherechts und der Verantwortung der Patienten für ihre eigene Gesundheit an Bedeutung. Nur durch die Vermittlung von unabhängigem, grundlegendem medizinischem Wissen sowie von Kenntnissen über Prävention, Patientenrechte und Unterstützungsinstanzen können die Bürger auf diese neuen Anforderungen vorbereitet werden und lernen, sich in ihrer neuen Rolle als Konsumenten im Gesundheitswesen zurechtzufinden. Die neu gegründete Patientenuniversität an der Medizinischen Hochschule greift diesen Bildungsbedarf auf und könnte als Modell auch in anderen Städten Deutschlands etabliert werden.

Die erfolgreiche Umsetzung der präventiven und gesundheitsfördernden Maßnahmen sind angesichts der beschriebenen gesundheitspolitischen und gesellschaftlichen Herausforderungen wichtige Schritte auf dem Weg zu einer »Public Health Policy«

Literaturverzeichnis

Adamie, H.O./Day, N.E./Trichopoulos, D./Willett, W.C. (2001): Primary and secondary prevention in the reduction of cancer morbidity. In: European Journal of Cancer 37 (8), S. 118–127.

Arbeitsgemeinschaft der Spitzenverbände der Krankenkassen (2005) Dokumentation 2005 – Leistungen der GKV in der Primärprävention und Betrieblichen Gesundheitsförderung gemäß § 20 Absatz 2 und 2 SGB V (http://www.dnbgf.de/fileadmin/texte/Downloads/uploads/dokumente/2007/Dokubericht_2005.pdf).

Böcking, W./Lenz, G./Trojanus, D./Kirch, W. (2007): Prävention, Lebenserwartung und Ausgaben für Gesundheit – Generierung einer Hypothese, was Deutschland von Japan lernen kann. In: Deutsche Medizinische Wochenzeitschrift 132, S. 2217–2229.

Bundesministerium für Gesundheit (2007): Bundesvereinigung Prävention und Gesundheit wird weiter gestärkt. Pressemitteilung Nr. 103, 21.11.2007. (http://www.diegesundheitform.de/presse/pressemitteilung/pdf/2007_4/pmnr_103_FusionBVPraevGesundheitstfoerd.pdf).

Deutsche Arbeitsgemeinschaft für Jugendzahnpflege (2004): Epidemiologische Begleituntersuchungen zur Gruppenprophylaxe 2004 – Gutachten. Deutsche Arbeitsgemeinschaft für Jugendzahnpflege. Bonn.

Deveugele, M./Derese, A./van den Brink-Muinen, A./Bensing, J./De Maeseneer, J. (2002): Consultation length in general practice: Cross sectional study in six European countries. In: British Medical Journal 31 (325), S. 472.

Harris, M.I. (1996): Medical care for patients with diabetes. Epidemiologic aspects. In: Annals of Internal Medicine 124, S. 117–122.

Henke, R./Kunstmann, W. (2006): Gesundheitsberatung als ärztliche Aufgabe. In: Prävention und Gesundheitsförderung 1, S. 115–120.

GEK (2006): GEK-Report ambulant ärztliche Versorgung 2006. Gmünder Ersatzkasse. Schwäbisch Gmünd.

Rhodes, K.V./Vieth, T./He, T./Miller, A./Howes, D.S./Bailey, O./Walter, J./Frankel, R./Levinson, W. (2004): Resuscitating the physician-patient relationship: Emergency department communication in an academic medical center. In: Annals of Emergency Medicine 44 (3), S. 262–267.

Richter, M./Brand, H./Rössler, G. (2002): Sozioökonomische Unterschiede in der Inanspruchnahme von Früherkennungsuntersuchungen und Maßnahmen der Gesundheitsförderung in NRW. In: Das Gesundheitswesen 64, S. 417–423.

Robert Koch-Institut (2006): Gesundheit in Deutschland 2006. Gesundheitsberichterstattung des Bundes. Berlin.

Rosenbrock, R. (2004a): Prävention und Gesundheitsförderung – gesundheitswissenschaftliche Grundlagen für die Politik. In: Gesundheitswesen 66, S. 152–164.

Rosenbrock, R. (2004b): Primäre Prävention zur Verminderung sozial bedingter Ungleichheit von Gesundheitschancen – 13 Befunde und Empfehlungen zur Umsetzung des § 20 Absatz 1, SGB V durch die GKV. Bundesverband der Betriebskrankenkassen. Essen.

Rosenbrock, R. (2005): Das deutsche Präventionsgesetz 2005 – Ein gescheiterter Anlauf (http://www.forum-gesundheitspolitik.de/dossier/PDF/Rosenbrock-Praeventionsgesetz.pdf).

Rumpf, H.J./Hapke, U./Meyer, C./John, U. (1999): Motivation to change drinking behavior: Comparison of alcohol-dependent individuals in a general hospital and a general population sample. In: General Hospital Psychiatry 21, S. 348–353.

Russell, G.M. (2005): Is prevention unbalancing general practice? In: The Medical Journal of Australia 183, S. 104–105.

Scriba, P.C./Schwartz, F.W. (2004): Bewegung. Prävention und Gesundheitsförderung – Wege zur Innovation im Gesundheitswesen. In: Internist 2004 (45), S. 157–165.

Stampfer, M.J./Hu, F.B./Manson, J.D./Rimm, E.B./Willett, W.C. (2002): Primary prevention of coronary heart disease in women through diet and lifestyle. In: The New England Journal of Medicine 243 (1), S. 16–22.

Stöckel, S./Walter, U. (2002): Prävention im 20 Jahrhundert – Grundriss und Prolog. In: Stöckel, S./ Walter, U. (Hrsg.): Prävention im 20. Jahrhundert. Weinheim, S. 11–24.

Ulbricht, S./Meyer, C./Schumann, A./Rumpf, H.J./Hapke, U./John, U. (2006): Provision of smoking cessation counseling by general practitioners assisted by training and screening procedure. In: Patient Education and Counselling 63, S. 232–238.

Walter, U. (2004): Wahrnehmung rechtlicher präventiver Regelungen und Implikationen für ein übergreifendes Präventionsgesetz. In: Gesundheitswesen 66, S. 69–75.

Walter, U./Schwartz, F.W. (2003): Prävention: Institutionen und Strukturen. In: Schwartz, F.W./ Badura, B./Busse, R./Leidl, R./Raspe, H./Siegrist, J./Walter, U.: Das Public Health Buch. München und Jena, S. 254–268.

Walter, U./Schwartz, F.W./Robra, B.P./Schmidt, T. (2003): Prävention. In: Schwartz, F.W./Badura, B./Busse, R./Leidl, R./Raspe, H./Siegrist, J./Walter, U.: Das Public Health Buch. München und Jena, S. 189–214.

WHO (1986) Ottawa-Charta zur Gesundheitsförderung http://www.euro.who.int/AboutWHO/ Policy/20010827_2?language=German

Johannes Schoder und Peter Zweifel

Managed-Care-Konzepte und Lösungsansätze – Ein internationaler Vergleich aus schweizerischer Sicht

Zusammenfassung

In diesem Beitrag werden die fünf Standardkriterien der Wirtschaftstheorie zur Beurteilung von Wirtschaftssystemen verwendet, um den Beitrag von Managed Care zur Performance des deutschen, niederländischen und US-amerikanischen Gesundheitswesens zu messen.

Den größten Beitrag zur Performance leistet Managed Care in den Gesundheitswesens der USA und den Niederlanden. Die *Health Maintenance Organization* in den USA und das Hausarztmodell in den Niederlanden schneiden mit 10 bzw. 9 von 15 Punkten am besten ab. Besonders die marktwirtschaftlichen Rahmenbedingungen tragen zu diesem günstigen Ergebnis bei. Im deutschen Gesundheitswesen erreichen dagegen die »strukturierten Behandlungsprogramme« lediglich 4 von 15 möglichen Punkten. Nicht nur die engmaschige Regulierung, sondern die mangelnde Rücksicht auf die Präferenzen der Versicherten sowie mangelnde Anreize der Leistungserbringer, an diesem Programm teilzunehmen, tragen zum ungünstigen Abschneiden bei.

1 Problemstellung

In nahezu allen Industrieländern steigen die Gesundheitsausgaben an. Die Schweiz gibt 11,6 Prozent ihres Bruttoinlandsprodukts für Gesundheit aus und wird nur noch von den USA mit 15,3 Prozent übertroffen (OECD 2006). Die Frage, wie eine qualitativ hochwertige Versorgung auch in Zukunft für alle gesichert werden kann und wie das öffentliche Gesundheitswesen dafür zu organisieren und finanzieren ist, wird von Land zu Land unterschiedlich beantwortet. Ein verbreiteter Lösungsansatz ist die Einführung neuer Versorgungsmodelle; dazu gehören prominent die *Managed Care* (MC)-Konzepte. Ihre Grundidee besteht darin, die Krankenversicherer vermehrt zu »klugen Einkäufern« (*prudent purchasers*) von medizinischen Leistungen zu machen. In der Schweiz wurden bereits 1996 die gesetzlichen Rahmenbedingungen für die Einführung von MC geschaffen.

Die vorliegende Studie untersucht, ob der Einsatz von MC die Performance (verstanden als Leistungs-Kosten-Verhältnis) des Gesundheitswesens in Deutschland, den Niederlanden und den USA verbessert. Dazu wird das jeweils wichtigste MC-Element ausgewählt und anhand eines Analysekonzepts bewertet. Als Bewertungsmaßstab dienen fünf Kriterien, wie sie zur Beurteilung von Wirtschaftssystemen (Fritsch et al. 2003) verwendet werden.[24]

Der Beitrag gliedert sich in drei Abschnitte, Abschnitt 2 stellt den analytischen Rahmen und die verwendeten Bewertungskriterien vor; Abschnitt 3 beschreibt das Gesundheitswesen der Vergleichsländer, stellt die eingesetzten MC-Formen dar und bewertet das jeweils zentrale Element anhand der fünf Kriterien; in Abschnitt 4 werden daraus Schlussfolgerungen abgeleitet.

2 Analytischer Rahmen und Bewertungskriterien

2.1 Die drei grundlegenden Vertragsbeziehungen

Ein Gesundheitswesen lässt sich im Wesentlichen durch die in Abbildung 12 dargestellte Dreiecksbeziehung beschreiben. Die teilnehmenden Akteure sind die Bürger (die mit einer bestimmten Wahrscheinlichkeit zu Patienten werden), die Krankenversicherer (bei einem öffentlichen Gesundheitsdienst übernimmt der Staat die Rolle des Versicherers) sowie die Leistungserbringer (Ärzte, Krankenhäuser, Hersteller von Hilfs- und Heilmitteln).

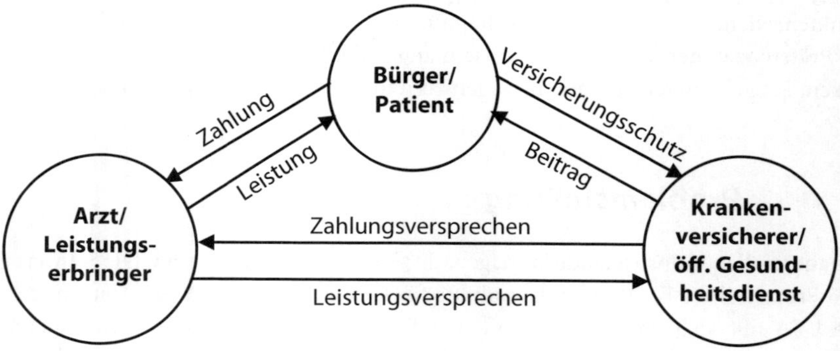

Abb.12: Die vertraglichen Beziehungen im Gesundheitswesen
Quelle: In Anlehnung an Zweifel (2006)

24 Diese Fragestellung wurde auch in einer Studie behandelt, die von den Verfassern im Auftrag der VIPS (Vereinigung Pharmafirmen in der Schweiz) unter dem Titel »Managed Care – Ein internationaler Vergleich mit Lehren für die Schweiz« durchgeführt wurde.

Besonders bei der Beziehung zwischen Patient und Leistungserbringer ergeben sich Informations- und Anreizprobleme. Von den Leistungserbringern wird erwartet, dass sie ihre Fähigkeiten und Kenntnisse stets für und nie gegen die gesundheitlichen Interessen ihrer Auftraggeber einsetzen. Diese sogenannte Sachwalterbeziehung (engl. *principal-agent relationship*) enthält aber einen Interessenskonflikt – allein schon deshalb, weil der Patient lieber weniger als mehr für Krankenversicherungsbeiträge und ärztliche Leistungen aufwendet, während das Einkommensinteresse des Arztes in die entgegengesetzte Richtung zielt. Dieser Konflikt erhält durch die Informationsasymmetrie zu Lasten der Patienten eine besondere Problematik. Patienten können meist nur schwer beurteilen, ob das Behandlungsergebnis dank der Leistung des Arztes oder wegen zufälliger Einflüsse zustande gekommen ist. Der Arzt kann seinerseits diese Informationsasymmetrie ausnutzen und medizinisch nicht unbedingt notwendige Leistungen verschreiben, ohne mit Konsequenzen rechnen zu müssen (Finsterwald 2004; Zweifel 1998).

Je nach Land übernehmen unterschiedliche ergänzende Sachwalter die Aufgabe, die Informationsasymmetrie zu verringern oder deren Konsequenzen zu mildern. In Deutschland waren dies ursprünglich die Kassenärztlichen Vereinigungen; im Zuge der Gesundheitsreformgesetze übernehmen jedoch zunehmend die Träger der Gesetzlichen Krankenversicherung zusammen mit den Politikern diese Aufgabe. Man erwägt zurzeit die flächendeckende Einführung von MC im Interesse der Beitragssatzstabilität. In der Schweiz wird die Rolle des ergänzenden Sachwalters eher von den sozialen Krankenversicherern ausgefüllt, deren Verhalten demjenigen privater Unternehmen unter dem Druck des Wettbewerbs ähnelt. Entsprechend bieten manche von ihnen MC-Verträge an, um mit niedrigeren Beiträgen Marktanteile zu gewinnen. MC hat unter diesen Bedingungen die Bedeutung einer Innovation, mit der sich ein ergänzender Sachwalter im Wettbewerb profilieren kann (Zweifel 1998).

2.2 Formen von Managed Care

Viele der heute praktizierten MC-Formen unterscheiden sich nur graduell. In den USA – dem Ursprungsland von MC – haben sich v. a. die folgenden drei Formen von MC etabliert: *Health Maintenance Organization* (HMO), *Preferred Provider Organization* (PPO) und *Independent Practice Associatio*n (IPA). Sie unterscheiden sich vor allem durch Art und Umfang der Integration von Versicherung und Bereitstellung der medizinischen Versorgung. Die HMO weist dabei den höchsten Integrationsgrad auf, indem der Versicherer die Bereitstellung der medizinischen Versorgung vollständig übernimmt. Bei der PPO und der IPA ist der Integrationsgrad von Versicherung und Leistungsbereitstellung weniger umfassend. Allen drei Formen gemeinsam ist der Aufbau von Netzwerken, in denen Ärzte, Krankenhäuser, Physiotherapeuten und weitere Anbieter medizinischer Leistungen organisiert sind. Dabei haben die Versicherten bei Anbietern außerhalb des Netzes eine deutlich höhere Kostenbeteiligung als innerhalb des Netzes (Felder 2003).

Die MC-Organisationen unterscheiden sich auch in Bezug auf die MC-Instrumente, die zur Anwendung kommen (vgl. Tab. 3). So ist für die IPA charakteristisch, dass die beteiligten Hausärzte eine Gatekeeper-Funktion übernehmen, d. h. dass die erste Konsultation immer beim Hausarzt stattfinden muss, der dann die weitere Behandlung festlegt. Als weiteres Instrument zur Qualitätssicherung und Kostenkontrolle dient das sogenannte *Disease Management*, mit dessen Hilfe die Gesundheitsversorgung von Patientengruppen über den gesamten Krankheitsverlauf und über Sektorgrenzen hinweg koordiniert und optimiert werden kann (vertikale Integration der Behandlungskette, Amelung 2007). Bei allen drei MC-Organisationen kommt das *selective contracting* zur Anwendung. Dies bedeutet, dass die Versicherer nicht mehr mit allen Leistungserbringern einen Vertrag abschließen müssen, sondern gezielt einzelne auswählen können.

Mit der Bildung von Netzwerken im Rahmen dieser verschiedenen Konzepte entstehen aber auch neue Probleme. Divergierende Interessen der beteiligten Akteure, schwer zurechenbare Verantwortlichkeiten und ein größerer Koordinationsaufwand erzeugen zusätzliche Organisationskosten (Sydow 2006).

Tab. 3: Übersicht über die MC-Instrumente

Instrumente zur Qualitätssicherung und Kostenkontrolle:	– Gatekeeping – Disease und Case Management – Positivlisten – Praxisrichtlinien	– Qualitätsmanagement – Utilization Review und Management – Evaluationsverfahren
Instrumente zur Vertrags- und Vergütungsgestaltung:	– Selektives Kontrahieren – Bonus-/Malus-Systeme – Wahltarife	– Selbstbeteiligung – Kopf-, Fallpauschalen – Budgetierung

Quelle: In Anlehnung an Amelung (2007)

Letztlich hängt die Akzeptanz und Verbreitung von MC sowie die Bildung von Netzwerken wesentlich davon ab, ob sich die Marktteilnehmer (Versicherer und Leistungserbringer sowie Versicherte/Patienten) daraus einen Vorteil versprechen. Nur diejenigen Kooperationen, die auch im Wettbewerb bestehen, führen letztlich zu einer besseren Performance des Gesundheitssystems. Ideal sind daher Rahmenbedingungen, die sowohl dem Anbieter als auch dem Nachfrager medizinischer Leistungen eine freie Wahl zwischen MC- und MC-freien Produkten garantieren. Eine staatliche Regulierung wie die flächendeckende Einführung oder die Subventionierung einzelner MC-Formen kann dagegen zu einem Wohlfahrtsverlust führen.

2.3 Bewertungskriterien

Die vielfältigen Ausprägungen von MC erschweren die Abschätzung des jeweiligen Beitrags zur Performance des Gesundheitswesens. Im Rahmen dieser Darstellung wird ein Ansatz aus der Theorie der Wirtschaftssysteme gewählt, in der fünf Kriterien zur Beurteilung der Performance von Wirtschaftssystemen verwendet werden (Fritsch et al. 2003). Diese Kriterien lassen sich in modifizierter Form wie folgt auf das Gesundheitswesen anwenden (Zweifel 2006).

(1) Präferenzgerechte Versorgung

Die Leistungen des Gesundheitswesens sind auf die Wünsche der Versicherten/Patienten abzustimmen. Im Gesundheitswesen ergibt sich allerdings die Schwierigkeit, dass die Präferenzen für Gesundheitsleistungen stark vom Gesundheitszustand der Individuen abhängen. Ökonomisch gesprochen ist die Zahlungsbereitschaft für bestimmte Gesundheitsleistungen hoch im Falle einer entsprechenden Erkrankung und gleich Null im gesunden Zustand. Risikoaverse Individuen werden gegen die Unsicherheit des Krankheitseintritts und der Kostenfolgen von Krankheit einen Versicherungsvertrag abschließen wollen, der auch die zustandsbedingte Zahlungsbereitschaft in einen festen Beitrag zusammenfasst. Sie können ihre Präferenzen über die Art der medizinischen Behandlung durch den Kauf entsprechend ausgestalteter Versicherungsverträge Ausdruck verleihen. Dies bedingt jedoch die Existenz unterschiedlicher Versorgungsmodelle.

(2) Produktionstechnische Effizienz

Dieses Kriterium fordert, dass die präferenzgerechten Leistungen zu den geringst möglichen Kosten (dazu zählen insbesondere auch Organisationskosten, die bei der Bildung von Netzwerken anfallen) bereitgestellt werden. Dies gilt sowohl für die medizinischen Leistungen der Ärzte und Krankenhäuser als auch für die Versicherungsleistungen der Krankenversicherer.

(3) Anpassungsfähigkeit

Dieses Kriterium verlangt, dass Veränderungen in den Präferenzen und Produktionsmöglichkeiten immer wieder zu Anpassungen in der Leistungserbringung führen. Namentlich der rasche Wandel der Medizintechnologie fordert laufend Anpassungen. Neue Versicherungsmodelle sollen auf veränderte Knappheiten reagieren und Anreize zu einer effizienten Allokation von Gesundheitsleistungen geben. Diese Anpassungen werden im Gesundheitswesen jedoch häufig durch Tarife verzögert, die Knappheiten kaum abbilden und zudem erst nach langwierigen Verhandlungen angepasst werden.

(4) Dynamische Effizienz

Mit der dynamischen Effizienz sind die Produkt- und Prozessinnovationen angesprochen. Produktinnovationen statten die Leistungen mit neuen Eigenschaften aus; die erhöhte Zahlungsbereitschaft der Patienten ermöglicht höhere Absatzpreise und Kosten der Leistungserstellung. Dagegen geht es bei den Prozessinnovationen darum, eine gleichbleibende Leistung zu reduzierten Kosten herzustellen. Dynamische Effizienz verlangt, dass beide Innovationsarten in einem ausgewogenen Verhältnis zueinander stehen. Im Gesundheitswesen ist diese Mischung allerdings zugunsten der Produktinnovation verzerrt. Verantwortlich dafür ist die Krankenversicherung in ihrer heutigen Ausgestaltung (Zweifel 2007).

(5) Leistungsgerechte Einkommensverteilung

Dieses Kriterium besagt, dass es keine Einkommen geben soll, die nicht auf Leistung beruhen (sogenannte monopolistische Renten). Denn sonst würden im Gesundheitswesen auch jene Leistungserbringer belohnt, die sich nicht an den Präferenzen der Patienten orientieren, nicht zu einem optimalen Kosten-Nutzen-Verhältnis produzieren, es an Anpassungsfähigkeit mangeln lassen oder ein ungünstiges Verhältnis von Produkt- und Prozessinnovationen vertreten. Damit gefährdet eine Einkommensverteilung, die (z. B. wegen Schutz vor Konkurrenz) nicht auf Leistung beruht, das Erreichen der vorher genannten Kriterien.

3 Bewertung von Managed Care in drei Ländern

In diesem Abschnitt werden Deutschland, die Niederlande und die USA herausgegriffen und der jeweilige Beitrag von MC zur Performance ihres Gesundheitswesens abgeschätzt. Dabei handelt es sich um jeweils unterschiedliche Kombinationen von MC-Instrumenten; um jedoch nicht den Rahmen dieses Beitrags zu sprengen, beschränkt sich die Bewertung anhand der im Abschnitt 2.3 angeführten Kriterien auf jenes MC-Element, das im betreffenden Land in besonderem Maße zum Zuge kommt. Da die Auswirkungen von MC auf die drei grundlegenden Vertragsbeziehungen (vgl. Abschnitt 2.1) nur vor dem Hintergrund des Status Quo vor der Einführung von MC beurteilt werden können, wird der Analyse eine Kurzbeschreibung der nationalen Rahmenbedingungen vorangestellt.

3.1 Deutschland

3.1.1 Rahmenbedingungen des deutschen Gesundheitswesens

Das Gesundheitswesen in Deutschland ist durch ein gegliedertes Versicherungssystem gekennzeichnet, mit einer sektoralen Trennung zwischen ambulantem und stationärem Bereich. Ergänzende Sachwalter sind neben den Trägern der Gesetzlichen Krankenversicherung (GKV) auch die Träger der Privaten Krankenversicherung (PKV). Allerdings können sich nur diejenigen Bürger vollständig privat versichern, deren Einkommen über einer staatlich festgelegten Versicherungspflichtgrenze liegt (Bundesministerium für Gesundheit, BMG 2007).[25]

3.1.2 Bewertung von Managed Care in Deutschland

Das GKV-Gesundheitsreformgesetz (GRG) 2000 sowie das Gesundheitsmodernisierungsgesetz (GMG) 2004 bilden die rechtlichen Rahmenbedingungen für eine dauerhafte Umsetzung von MC-Konzepten, die in Deutschland auch als integrierte Versorgung (Soziales Gesetzbuch V, insbesondere §§ 140a–d) bezeichnet werden. Unter

25 Da diese Bevölkerungsgruppe weniger als 10 Prozent der Bevölkerung ausmacht, beschränkt sich die weitere Darstellung auf die GKV.

integrierter Versorgung wird die Schaffung von Versorgungsstrukturen verstanden, mit denen die bisher strikte Aufgaben- und Budgetaufteilung zwischen ambulantem und stationärem Bereich beseitigt werden soll. Die Krankenkassen können dabei die Kassenärztlichen Vereinigungen umgehen und direkt mit einzelnen Ärzten und Krankenhäusern Verträge abschließen, die auch neue Regelungen für die Leistungsvergütung enthalten, wie z. B. die Übernahme von Budgetverantwortung durch die beteiligten Leistungserbringer (Wiechmann 2003; Bundesministerium der Justiz 2006). Neben zahlreichen Modellvorhaben (dazu Weatherly et al. 2007) werden vom Bundesministerium für Gesundheit das Hausarztmodell, das medizinische Versorgungszentrum sowie besonders das strukturierte Behandlungsprogramm besonders gefördert.

Die strukturierten Behandlungsprogramme sind speziell für chronisch Kranke entwickelte Versorgungsmodelle, die eine verbesserte Koordination der einzelnen Behandlungsschritte ähnlich den *Disease Management* Programmen in den USA gewährleisten sollen. Bisher wurden dafür vom Gesetzgeber vier Krankheiten ausgewählt. Mit dem GMG 2004 erhielten die Krankenkassen die Möglichkeit, ihren Versicherten für die Teilnahme an solchen Programmen eine Beitragsreduktion zu gewähren. Als Anreiz erhalten die teilnehmenden Krankenkassen eine Zahlung aus dem Risikostrukturausgleich (Seitz/Fritz 2005).

Im Folgenden werden die strukturierten Behandlungsprogramme auf der Grundlage der fünf beschriebenen Kriterien für die drei Vertragsbeziehungen im Gesundheitswesen bewertet, und zwar mit 1 Punkt für eine Verbesserung, −1 Punkt für eine Verschlechterung und 0 Punkten bei Ausbleiben einer Änderung im Vergleich zum Status quo.

(A) GKV – Versicherter/Patient

Eine *präferenzgerechte Versorgung* ist deshalb nur begrenzt möglich, weil der Gesetzgeber festlegt, welche Krankheiten in ein strukturiertes Behandlungsprogramm aufgenommen werden sollen; dabei haben die Patienten keine Mitgestaltungsmöglichkeit. Immerhin stellen diese Programme eine zusätzliche Versorgungsoption dar, die von den Patienten freiwillig gewählt werden kann. Die *produktionstechnische Effizienz* bleibt hingegen unverändert. Zwar dürfen Einsparungen an die Patienten in Form einer Beitragsreduktion weitergegeben werden; diese sind jedoch oft gering, da ihnen zusätzliche Ausgaben wie bspw. Investitionen in die gemeinsame IT-Infrastruktur gegenüberstehen. Die Anreize für eine Teilnahme bleiben damit gering. Die zahlreichen Vorschriften des Gesetzgebers verzögern außerdem eine schnelle Anpassung an sich ändernde Rahmenbedingungen, sodass die strukturierten Behandlungsprogramme die *Anpassungskapazität* nicht verbessern. Dagegen wird die *dynamische Effizienz* tendenziell gefördert, indem Kassen ein größeres Interesse an Prozessinnovationen erhalten. Gelingt es ihnen nämlich, die zusätzlichen Behandlungskosten unter die versprochenen Zahlungen aus dem Risikostrukturausgleich zu drücken, erzielen sie Gewinne, die sie einbehalten können. Das Kriterium *leistungsgerechte Einkommensverteilung* schließlich wird nicht besser erfüllt als im bisherigen Gesundheitssystem. Zwar erhöht sich für die Versicherten die Transparenz, indem sie wissen, dass nur ausgewiesene Leistungserbringer von den

Krankenversicherern für die entsprechende chronische Krankheit unter Vertrag genommen werden. Wegen der mangelnden Attraktivität der Programme haben die Leistungserbringer aber kaum Anlass, ihr Leistungs-Kosten-Verhältnis zu verbessern, um sich für die Programme qualifizieren zu können. Sie haben die Gewähr, auch ohne Teilnahme an einem solchen Programm ihr bisheriges Einkommen zu erzielen (Seitz/Fritz 2005).

(B) GKV – Leistungserbringer
Die Träger der GKV können Ärzte auswählen, welche die jeweilige chronische Krankheit besonders effizient behandeln und insofern ihre Aufgabe als Einkäufer zugunsten ihrer Kunden besser wahrnehmen. Allerdings ist fraglich, ob sie effizient arbeitende Ärzte für die Teilnahme gewinnen können, wenn deren Behandlungsfreiheit durch die Vorgabe von Leitlinien stark eingeschränkt wird, während sie auch ohne Teilnahme an einem strukturierten Behandlungsprogramm zum gleichen Tarif abrechnen können. Insofern ändert sich an der *präferenzgerechten Versorgung* nichts. Zwar erlaubt das selektive Kontrahieren den Versicherern, Verträge mit ineffizient arbeitenden Ärzten zu kündigen. Da diese jedoch zum gleichen Tarif auch außerhalb des Programms abrechnen können, stellt dies keine wirkliche Sanktion dar. Darüber hinaus können sogar zusätzliche Transaktionskosten durch das Aushandeln individueller Verträge entstehen und die *produktionstechnische Effizienz* möglicherweise verringern. Die zahlreichen bürokratischen Regelungen erschweren zudem eine schnelle Anpassung der Verträge zwischen GKV und Leistungserbringer, sodass es zu keiner Verbesserung der *Anpassungskapazität* kommt. Immerhin könnten die Behandlungsrichtlinien Prozessinnovationen im Hinblick auf eine optimierte Versorgung bestimmter Behandlungsgruppen begünstigen und so die *dynamische Effizienz* verbessern. Da die Leistungserbringer auch weiterhin nicht nach ihrer Leistung entlohnt werden, bleibt die Bedingung der *leistungsgerechten Einkommensverteilung* so wenig erfüllt wie zuvor.

(C) Leistungserbringer – Versicherter/Patient
Wer sich für die Teilnahme an einem strukturierten Behandlungsprogramm entscheidet, darf nur jene Ärzte aufsuchen, die sich daran beteiligen. Immerhin wählt er diese Option freiwillig, was einer *präferenzgerechten Versorgung* entspricht. Ob diese Programme die *produktionstechnische Effizienz* steigern ist jedoch fraglich, da i. d. R. die teilnehmenden Ärzte wie in der konventionellen Versorgung keine Budgetverantwortung übernehmen. Zum anderen kommt es nur dann zu einer sinnvollen, d. h. effizienzsteigernden Kooperation zwischen den Ärzten, wenn die Anreize stimmen; dies ist nur dann der Fall, wenn sie einen Nutzen aus der Zusammenarbeit erzielen. Die geringen finanziellen Anreize motivieren die Leistungserbringer zudem kaum, nach Behandlungsalternativen mit einem günstigeren Leistungs-Kosten-Verhältnis zu suchen, sodass keine Verbesserung der *Anpassungskapazität*, der *dynamischen Effizienz* und der *leistungsgerechten Einkommensverteilung* zu erwarten ist.

Tab. 4: Bewertung des strukturierten Behandlungsprogramms (Deutschland)

Kriterien / Vertragsbez.	GKV-Patient	GKV-LE[a]	LE-Patient	Σ	Max.
Präferenzgerechte Versorgung	1	0	1	**2**	3
Produktionstechnische Effizienz	0	0	0	**0**	3
Anpassungskapazität	0	0	0	**0**	3
Dynamische Effizienz	1	1	0	**2**	3
Leistungsgerechte Einkommensverteilung	0	0	0	**0**	3
Gesamtpunktzahl	2	1	1	**4**	15

[a] LE: Leistungserbringer

Quelle: Eigene Darstellung

Insgesamt ergeben sich die in der Tabelle 4 eingetragenen Effekte. Die Verbesserungen konzentrieren sich auf die Beziehung zwischen GKV-Trägern und Patienten. Es sind die Kriterien *präferenzgerechte Versorgung* und *dynamische Effizienz*, die durch strukturierte Behandlungsprogramme gefördert werden. Insgesamt werden vom maximal möglichen Verbesserungspotenzial (15 Punkte) nur gerade 4 Punkte realisiert.

3.2 Niederlande

3.2.1 Die Rahmenbedingungen des niederländischen Gesundheitswesens

Um die Effizienz des Gesundheitswesens zu steigern, wurde das niederländische Gesundheitswesen mit der Gesundheitsreform im Januar 2006 (*Zorgverzekeringswet*) stärker marktwirtschaftlich ausgerichtet. Die wesentliche Neuerung war die Verschmelzung der sozialen (gesetzlichen) und privaten Krankenversicherung zu einem Gesamtsystem. Alle Bürger mussten unabhängig von ihrem Einkommen mit einem Träger dieses Systems eine Grundversicherung abschließen. Damit wurden die privaten Krankenversicherer (PKV) zu den zentralen ergänzenden Sachwaltern. Die Beiträge der Grundversicherung setzen sich je zur Hälfte aus einer einkommensunabhängigen Pro-Kopf-Prämie und einer einkommensabhängigen Komponente[26] zusammen. Dabei können die Versicherer verschiedene Vertragsformen anbieten, wie z. B. Verträge mit unterschiedlich hohem Selbstbehalt oder sogenannte Contracted-care-Verträge, bei denen nur die Leistungen der unter Vertrag stehenden Leistungserbringer gedeckt sind.[27] Für

26 Im Jahr 2006 lag die einkommensunabhängige Prämie zwischen 1000 und 1100 Euro. Die einkommensabhängige Prämie für Arbeitnehmer betrug 6,5 Prozent des Bruttoeinkommens (Ministry of Health, Welfare and Sport 2006).

27 Zudem gibt es die Möglichkeit Kollektivverträge abzuschliessen, bei denen ein Prämienrabatt von maximal 10 Prozent gewährt werden darf.

alle Verträge gilt eine Beitragsrückerstattung bei Leistungsfreiheit während eines Jahres. Allerdings sind dem Wettbewerb zwischen den Krankenversicherern Grenzen gesetzt, indem nur die Hälfte der Prämien beeinflussbar sind, und dies auch nur innerhalb eines vorgegebenen Rahmens (Becker et al. 2007).

Anders als in Deutschland und der Schweiz (dort mit MC-Option als Ausnahme) müssen die Krankenversicherer nicht mehr mit allen Leistungserbringern einen Vertrag abschließen, sondern können sie frei auswählen. Ein Teil der Tarife ist allerdings gesetzlich festgelegt; im stationären Bereich gilt dies sogar für 90 Prozent aller Leistungen. Im ambulanten Bereich erfolgt die Vergütung der Hausärzte mit einem staatlich vorgegebenen Höchsttarif, der sich aus Kopfpauschale pro Patient/Fall und Einzelleistungsvergütung zusammensetzt (Staeck 2006; Becker et al. 2007).

Das Hausarztmodell, bei dem jeder Versicherte bei einem Hausarzt seiner Wohnregion eingetragen ist und diesen im Falle einer Erkrankung zwingend kontaktieren muss, ist Standard im ambulanten Bereich. Der Zugang zum Krankenhaus setzt eine ärztliche Überweisung voraus; die Wahl des Krankenhauses kann der Patient treffen, der allerdings je nach Art der Behandlung zum Teil erhebliche Wartezeiten in Kauf nehmen muss (Exter et al. 2004; Becker et al. 2007).

3.2.2 Bewertung von Managed Care in den Niederlanden

Die Krankenversicherer müssen (im Unterschied zu Deutschland) für den Einsatz der MC-Instrumente *Gatekeeping* und selektives Kontrahieren nicht erst spezielle Verträge abschließen. MC ist vielmehr Teil der konventionellen Versorgung. Vor diesem Hintergrund wird im Folgenden das Hausarztmodell bewertet.

(A) PKV – Versicherter/Patient

Grundsätzlich führt ein Hausarztmodell durch die Einschränkung der Arztwahl zu einer Verschlechterung der *präferenzgerechten Versorgung*. Bei gegebener Vertragsfreiheit kann der Versicherer allerdings besonders effiziente Ärzte unter Vertrag nehmen und so als ergänzender Sachwalter die Informationsasymmetrie zwischen Patient und Arzt mildern. Unter dem bestehenden Wettbewerbsdruck müssen sie erzielte Kosteneinsparungen in Form niedrigerer Prämien an die Versicherten weitergeben, was die *produktionstechnische Effizienz* begünstigt. Zwar ist ein umfangreicher Pflichtleistungskatalog vom Gesetzgeber vorgegeben, doch können die Versicherer zusätzliche Leistungen aufnehmen und so den sich ändernden Präferenzen der Versicherten gerecht werden, womit sich die *Anpassungskapazität* erhöht. Dabei kommt es aber kaum zu einer Begünstigung von Prozessinnovationen, sodass sich die *dynamische Effizienz* nicht verbessert. Zwar könnten die unterschiedlichen Kostenbeteiligungen beim Hausarztmodell zu einem sorgfältigeren Umgang mit medizinischen Leistungen beitragen; doch diese Optionen werden von den Versicherten bislang kaum genutzt (Becker et al. 2007). Das Kriterium *leistungsgerechte Einkommensverteilung* wird daher nicht besser erfüllt.

(B) PKV – Leistungserbringer
Als gewinnorientierte Unternehmen haben die Versicherer ein Interesse, besonders kostengünstig arbeitende Hausärzte unter Vertrag zu nehmen. Da jedoch die Bürger ihre Verträge jährlich wechseln können[28], müssen die teilnehmenden Hausärzte auf die Präferenzen der Patienten verstärkt eingehen und ein angemessenes Leistungs-Kosten-Verhältnis gewährleisten. Damit wird die *präferenzgerechte Versorgung* verbessert. Weil die Hausärzte außerhalb des Hausarztmodells nicht zum gleichen Tarif abrechnen können, stehen sie in einem stärkeren Wettbewerb um Leistungsverträge. Der Wettbewerbsdruck führt dazu, dass die Hausärzte vermehrt Verträge akzeptieren, die sie auch in die ökonomische Verantwortung nehmen. Dies wirkt sich positiv auf die *produktionstechnische Effizienz* aus. Der Wettbewerb dürfte ebenfalls eine schnellere Verbreitung und Anwendung innovativer Behandlungsmethoden bewirken. Dazu tragen auch die mehrmals im Jahr durchgeführten obligatorischen Qualitätszirkel bei. Insgesamt wird die *Anpassungskapazität* begünstigt. Die Übernahme von Budgetverantwortung veranlasst die Ärzte, nicht nur auf Produkt-, sondern auch auf Prozessinnovationen zu setzen. Damit wird ein ausgeglicheneres Verhältnis zwischen Produkt- und Prozessinnovationen erreicht und die *dynamische Effizienz* gesteigert. Der Wettbewerb zwischen den Hausärzten (nicht aber Fachärzten und Krankenhäusern) führt dazu, dass viele Leistungserbringer mit einem ungünstigen Leistungs-Kosten-Verhältnis nicht dauerhaft von den Versicherern unter Vertrag genommen werden. Folglich verbessert sich die *leistungsgerechte Einkommensverteilung.*

(C) Leistungserbringer – Versicherter/Patient
Die Auswahl der Leistungserbringer wird durch die Reform 2006 im niederländischen Gesundheitswesen generell auf bestimmte Ärzte beschränkt und bedeutet eine Verschlechterung der *präferenzgerechten Versorgung.* Durch die Gatekeeper-Funktion der Hausärzte kann die Behandlung dafür besser koordiniert und gesteuert werden. Zudem tragen freiwillig übernommene Behandlungsrichtlinien zu einer gezielten Behandlung bei und verhindern Fehldiagnosen (Baur et al. 2001). Im Gegensatz zu Deutschland hat der niederländische Hausarzt (je nach Vergütung seiner Leistungen) eher einen Anreiz, diese Effizienzreserven auch zu realisieren und zu einer höheren *produktionstechnischen Effizienz* beizutragen. Werden dabei innovative Behandlungsmethoden schneller umgesetzt, profitiert auch der Patient davon, sodass das Kriterium *Anpassungskapazität* tendenziell besser erfüllt wird. Die *dynamische Effizienz* sowie die *leistungsgerechte Einkommensverteilung* bleiben hingegen unverändert.

28 Im ersten Jahr nach der Reform 2006 wechselten 20 Prozent der Versicherten ihre Versicherung (Douven et al. 2007).

Tab. 5: Bewertung des Hausarztmodells (Niederlande)

Kriterien / Vertragsbez.	PKV[a]-Patient	PKV[b]-LE	LE-Patient	Σ	Max.
Präferenzgerechte Versorgung	1	1	−1	**1**	3
Produktionstechnische Effizienz	1	1	1	**3**	3
Anpassungskapazität	1	1	1	**3**	3
Dynamische Effizienz	0	1	0	**1**	3
Leistungsgerechte Einkommensverteilung	0	1	0	**1**	3
Gesamtpunktzahl	**3**	**5**	**1**	**9**	15

[a]PKV: Privater Krankenversicherer
[b]LE: Leistungserbringer

Quelle: Eigene Darstellung

Insgesamt ergeben sich die in Tabelle 6 vorgenommenen Wertungen. Im Unterschied zu Deutschland (vgl. Tab. 4) hat die Reform von 2006 auch die Beziehung zwischen Krankenversicherern und Leistungserbringern auf eine neue Grundlage gestellt. Es ist deshalb weniger die *präferenzgerechte Versorgung*, die in höherem Ausmaß realisiert wird, sondern vielmehr die Kriterien *produktionstechnische Effizienz* und *Anpassungskapazität*. Von 15 möglichen Punkten erreichen die Niederlande 9 Punkte.

3.3 USA

3.3.1 Rahmenbedingungen des amerikanischen Gesundheitswesens

In den USA gibt es keine staatlich organisierte Gesundheitsversorgung für alle Bürger. Vielmehr ist es (von wichtigen Ausnahmen abgesehen, s. u.) Sache des Einzelnen, eine Krankenversicherung abzuschließen. Dies erklärt den hohen Anteil von Nichtversicherten von 15,9 Prozent der Bevölkerung. Die meisten der unter 65-Jährigen sind über ihren Arbeitgeber versichert, das sind 59,5 Prozent der Bevölkerung. Dabei handelt der Arbeitgeber stellvertretend für seine Arbeitnehmer Verträge mit Krankenversicherern aus, die heute fast ausschließlich MC-basiert sind.[29] Die Prämien hängen vom Durchschnittsrisiko der Arbeitnehmer und der Unternehmensgröße ab. Selbstständige und Angestellte kleiner Unternehmen müssen individuellen Versicherungsschutz mit deutlich höheren Prämien akzeptieren.

Für Bürger, deren Einkommen unter der Armutsgrenze liegt, gibt es das staatliche Programm *Medicaid* (13 Prozent der Bevölkerung), das vom Bund und den Bundesstaaten finanziert wird. Im ebenfalls staatlich finanzierten Programm *Medicare* (13,7 Prozent der Bevölkerung) sind hauptsächlich die über 65-Jährigen Rentner versichert. Da es im Gegensatz zu den anderen Ländern keine gesetzlich garantierte Grundversorgung

29 Dies hängt u. a. mit steuerlichen Gründen zusammen: Die Beiträge zur Krankenversicherung über den Arbeitgeber werden nicht versteuert (Cutler/Zeckhauser 2000).

gibt, unterscheidet sich der Leistungskatalog je nach Krankenversicherer. Ein gewisser Qualitätsstandard wird aber durch die Veröffentlichung verschiedener Krankenhaus- und HMO-Rankings gewährleistet. (DeNavas-Walt et al. 2006; National Committee for Quality Assurance 2007).

Zwischen Versicherern und Leistungserbringern besteht kein Kontrahierungszwang; die Versicherer können also mit den Leistungserbringern frei verhandeln und alternative Vergütungsformen wie bzw. Kopfpauschalen vereinbaren. Zur Begrenzung der stark steigenden Kosten wurden MC-Konzepte entwickelt, wie etwa der Aufbau von Netzwerken mit Ärzten, Apotheken, Labors, Physiotherapeuten, aber auch mit Krankenhäusern (Schulenburg/Greiner 2000). Stationäre Leistungen werden über das sogenannte *Prospective Payment System* (PPS) vergütet, das im Wesentlichen mit Fallpauschalen (*Diagnosis Related Groups*, DRGs) arbeitet.

Entsprechend der Ausgestaltung der Versicherungsverträge unterscheidet sich der Zugang zu den Leistungserbringern. Bei einer *Health Maintenance Organization* (HMO) ist die Arztwahl am stärksten eingeschränkt: Die Versicherten können nur jene Ärzte aufsuchen, die auf der Liste der HMO stehen. Die *Preferred Provider Organization* (PPO) erlaubt dagegen auch die Konsultation von Leistungserbringern außerhalb des Netzwerkes, belastet aber die Versicherten i. d. R. mit einer höheren Kostenbeteiligung. Die *Independent Practice Association* (IPA) schreibt einen Hausarztbesuch vor, der allein den Zugang zu den Fachärzten oder zu einer stationären Behandlung gewährt (Lehmann 2003).

3.3.2 Bewertung von Managed Care in den USA

In den USA wurden bereits 1849 die ersten Verträge zwischen Arbeitgebern und Ärzten geschlossen, in denen sich die Ärzte verpflichteten, eine bestimmte Anzahl von Personen gegen einen im Voraus festgelegten Betrag medizinisch zu versorgen (Friedman 1996). Allerdings war in fast der Hälfte der Bundesstaaten lange Zeit die freie Arztwahl vorgeschrieben, was die Einführung der meisten MC-Formen verhinderte. Die ständig steigenden Gesundheitsausgaben führten dann zu einer Lockerung bzw. Aufhebung dieser Bestimmungen. Der *HMO-Act* von 1973 hob schließlich alle Gesetze auf, die MC im Wege standen, stellte Startkapital für neue HMOs bereit und verpflichtete die großen Firmen, ihren Angestellten mindestens eine HMO anzubieten (Breyer et al. 2005). In den 1980er Jahren verbreitete sich MC rasch und wurde zur dominierenden Versicherungsform in den USA (Cutler/Zeckhauser 2000). Die durch die MC-Maßnahmen erhofften Einsparungen traten zwar ein, doch ist eine wachsende Zahl von Bürgern und Leistungserbringern mit den starken Einschränkungen insbesondere der Arztwahl unzufrieden (Hsiao 2002). Im Folgenden wird die HMO bewertet.

(A) PKV – Versicherter/Patient

Solange die Versicherten die HMO als eine von mehreren Optionen von ihrem Arbeitgeber zur Auswahl bekommen, können sie entsprechend ihren Präferenzen wählen. Der *HMO-Act* lässt allerdings auch zu, dass nur eine HMO-Option angeboten wird. In diesem Fall sind die Arbeitnehmer praktisch in eine MC-Alternative eingeschlossen und müssen den Versicherer als zentralen ergänzenden Sachwalter akzeptieren. Insgesamt wird dadurch die *präferenzgerechte Versorgung* verschlechtert. Da die Krankenversicherer im Wettbewerb um Versicherte/Arbeitgeber stehen, haben sie großes Interesse, ihre Kosten niedrig zu halten (insbesondere auch die Organisationskosten) und Einsparungen in Form geringerer Prämien an ihre Kunden weiterzugeben. Damit wird die *produktionstechnische Effizienz* begünstigt. Eine Anpassung an sich ändernde Rahmenbedingungen (z. B. bei neuen Behandlungsmethoden) ist schnell möglich, da die Versicherung zum großen Teil entscheidet, welche Maßnahmen bezahlt und welche nicht bezahlt werden. Allerdings bieten HMOs nicht immer die neuesten (und meist teureren) Behandlungsverfahren an. Wenn die Versicherten dafür hinreichend durch eine niedrigere Prämie entschädigt werden (was nicht immer zutrifft), wird das Kriterium *Anpassungskapazität* besser erfüllt. Der Wettbewerbsdruck bedingt, dass die HMOs vermehrt auf Prozessinnovationen setzen; sie korrigieren damit die versicherungsinduzierte Verzerrung zugunsten der Produktinnovationen und fördern so die *dynamische Effizienz*. Die Einheitsprämien (engl. *community rating*) der Krankenversicherung über den Arbeitgeber schwächen allerdings die Eigenanstrengungen der Patienten. Risikogerechte Prämien bestehen nur bei den individuell abgeschlossenen Verträgen, sodass insgesamt das Kriterium der *leistungsgerechten Einkommensverteilung* nicht besser erfüllt wird.

(B) PKV – Leistungserbringer

Dank Verhandlungsfreiheit können die Versicherungen die effizientesten Leistungserbringer unter Vertrag nehmen; das Kriterium *präferenzgerechte Versorgung* wird somit besser erfüllt. Da die Leistungserbringer in einer HMO meist über Kopfpauschalen entlohnt werden und an Kosteneinsparungen partizipieren, haben sie Anreize, kostengünstig zu arbeiten. Der Wettbewerbsdruck unter den Krankenversicherern sichert dabei die Qualität und hält zusätzlich anfallende Organisationskosten, die durch das selektive Kontrahieren entstehen können, tief. Insgesamt kommt es zu vermehrter *produktionstechnischer Effizienz*. Da die Leistungserbringer um Verträge mit den Versicherungen konkurrieren, müssen sie auf dem neuesten Stand der Medizin sein, was die *Anpassungskapazität* gewährleistet. Sofern die Leistungserbringer auch an Kosteneinsparungen partizipieren können, haben sie ein Interesse an Prozessinnovationen, was die *dynamische Effizienz* fördert. Der Wettbewerb zwischen den Leistungserbringern sollte dazu führen, dass Leistungserbringer mit einem ungünstigen Leistungs-Kosten-Verhältnis aus dem Gesundheitsmarkt verdrängt werden. Das Kriterium einer *leistungsgerechten Einkommensverteilung* wird dadurch besser erfüllt.

(C) Leistungserbringer – Versicherter/Patient

Wenn Beschäftigte eine HMO aus verschiedenen Alternativen wählen können, verbessert dies die *präferenzgerechte Versorgung*. Ist diese Bedingung nicht erfüllt, stellt sich die Frage, ob die Reduktion der Nettoprämie (nach Zuschuss des Arbeitgebers) genügt, um sie zum Verzicht auf die freie Arztwahl zu bewegen. Die Versicherten haben nur dann ein Interesse an Einsparungen, wenn sie auch davon profitieren. Dies tun sie jedoch insofern, als der Arbeitgeber meist nur den günstigsten Vertrag (üblicherweise der HMO-Vertrag) bezahlt. Damit stehen aber auch die Leistungserbringer unter Druck, ein günstiges Leistungs-Kosten-Verhältnis zu erreichen, mit der Folge einer verbesserten *produktionstechnischen Effizienz*. Werden innovative Behandlungsmethoden schneller angewandt, profitiert auch der Patient davon, vorausgesetzt die Krankenversicherung übernimmt die Leistungen. Das Kriterium der *Anpassungskapazität* wird daher nur tendenziell besser erfüllt. Die *dynamische Effizienz* bleibt unverändert, denn die Patienten haben auch innerhalb der HMO immer noch die Möglichkeit, einen Leistungserbringer auszuwählen, der nicht auf Prozessinnovationen setzt. Ein HMO-Vertrag schränkt zwar die Wahl der Leistungserbringer ein, doch Krankenversicherer können es sich nicht erlauben, solche mit ungünstigem Leistungs-Kosten-Verhältnis unter Vertrag zu nehmen, wollen sie in der Konkurrenz um Arbeitgeber und deren Beschäftigte bestehen. Die *leistungsgerechte Einkommensverteilung* wird daher verbessert.

Tab. 6: Bewertung der HMO (USA)

Kriterien / **Vertragsbez.**	**PKV[a]-Patient**	**PKV[b]-LE**	**LE-Patient**	$\sum$	**Max.**
Präferenzgerechte Versorgung	−1	1	1	**1**	3
Produktionstechnische Effizienz	1	1	1	**3**	3
Anpassungskapazität	1	1	0	**2**	3
Dynamische Effizienz	1	1	0	**2**	3
Leistungsgerechte Einkommensverteilung	0	1	0	**2**	3
Gesamtpunktzahl	**2**	**5**	**3**	**10**	15

[a]PKV: Privater Krankenversicherer
[b]LE: Leistungserbringer

Quelle: Eigene Darstellung

Insgesamt ergeben sich die folgenden Bewertungen. Da die HMO die Beziehung zwischen Krankenversicherer und Leistungserbringer neu gestaltet, wird vor allem das Kriterium der *produktionstechnischen Effizienz* begünstigt, aber auch die anderen Kriterien mit Ausnahme der *präferenzgerechten Versorgung*. Von den möglichen 15 Punkten erreicht die HMO 10.

Trotz dieser hohen Bewertung hat das US-amerikanische Gesundheitswesen in der öffentlichen Diskussion einen schlechten Ruf. Dies ist im Wesentlichen darauf zurückzuführen, dass ein bedeutender und zunehmender Teil der Bevölkerung (insbesondere einkommensschwache Personen und Familien) ohne Versicherung ist. Innerhalb der staatlichen *Medicaid* besteht keinerlei Wahlfreiheit; entsprechend wenig wird auf die Präferenzen dieser Patienten Rücksicht genommen.

4 Schlussfolgerungen

In der Wirtschaft müssen sich die Anbieter an den Wünschen der Nachfrager orientieren, weil Vertragsfreiheit herrscht. Die Nachfrager können ihre Vertragspartner frei wählen, und die Anbieter sind einem Wettbewerb um die besten Produkte und Vertragsbedingungen ausgesetzt. Demgegenüber sind die Vertragsbeziehungen im Gesundheitswesen von politisch gesetzten Regulierungen wesentlich mitbestimmt (Zweifel/Breuer 2002).

In den USA und den Niederlanden haben die Krankenversicherer Vertragsfreiheit und können sich entsprechend als sorgfältige Einkäufer von medizinischen Leistungen zu Händen ihrer Klientel betätigen. Außerhalb von *Medicaid* und *Medicare* sind in den USA auch die Ärzte und Krankenhäuser frei bei ihrer Entscheidung, wie sie die Leistungen erbringen. In den Niederlanden bestehen dagegen gesetzliche Vorgaben, welche Leistungen wie zu vergüten sind. Unter diesen Rahmenbedingungen führen die betrachteten MC-Elemente der USA (die HMO) und der Niederlande (das Hausarztmodell) zu den besten Ergebnissen im Hinblick auf die *Effizienz* und *Anpassungskapazität*.

Die Vertragsbeziehungen im deutschen Gesundheitswesen sind stärker reguliert als in den USA oder den Niederlanden. Wegen dieser ungünstigen Rahmenbedingungen fällt der Beitrag der strukturierten Behandlungsprogramme zur Verbesserung der Performance des Gesundheitswesens vergleichsweise gering aus. Bürokratische Vorschriften, welche nicht zu einer höheren Transparenz beitragen, fehlende Mitgestaltungsmöglichkeiten auf Seiten der Patienten und Krankenversicherer sowie mangelnder Wettbewerb um Leistungsverträge zwischen den Leistungserbringern führen dazu, dass namentlich die *produktionstechnische Effizienz*, die *Anpassungskapazität* und die *leistungsgerechte Einkommensverteilung* durch diese Programme nicht gefördert werden. Dies schließt nicht aus, dass andere MC-Elemente in höherem Maße zur Performance des deutschen Gesundheitswesens beitragen könnten. Die Chancen dafür stehen allerdings nicht besonders gut, denn die hier vorgelegte Analyse begründet die Vermutung, dass MC nur dann zum Tragen kommt, wenn die Rahmenbedingungen einem Wettbewerb im Gesundheitswesen zulassen.

Literaturverzeichnis

Amelung, V.E. (2007): Managed Care. Neue Wege im Gesundheitsmanagement. 4. Aufl. Wiesbaden.

Baur, R./Heimer, A./Wieseler, S. (2001): Health care systems and reform efforts: An international comparison. In: Böcken, J./Butzlaff, M./Esche, A. (Hrsg.): Reforming the health sector. Gütersloh, S. 23–136.

Becker, K./Brändle, A./Zweifel, P. (2007): Das Discrete-Choice-Experiment. In: Böcken, J./Janus, K./Schwenk, U./Zweifel, P. (Hrsg.): Neue Versorgungsmodelle im Gesundheitswesen. Gütersloh, S. 38–151.

Breyer, F./Zweifel, P./Kifman, M. (2005): Gesundheitsökonomik. 5. Aufl. Berlin etc.

Bundesministerium der Justiz (2006): Soziales fünftes Gesetzbuch - Gesetzliche Krankenversicherung. http://www.gesetze-im-internet.de/sgb_5/index.html.

Bundesministerium für Gesundheit (2007): Die Gesundheitsreform. Infographiken. http://www.diegesundheitsreform.de/presse/infografiken/index.html?param=st.

Cutler, D.M./Zeckhauser, R.J. (2000): The anatomy of health insurance. In: Culyer, A.J./Newhouse, J.P. (Hrsg.): Handbook of health economics. Amsterdam und New York; S. 564–643.

DeNavas-Walt, C./Proctor, B./Lee,C. (2006): Current Population Reports, P60-231, Income poverty and health insurance coverage in the United States: 2005 - Current Population Reports U.S. Government Printing Office, issued August 2006.

Douven, R./Esther, M./Pomp, M. (2007): Reform der Krankenversicherung in den Niederlanden. In: Die Volkswirtschaft 3, S. 31–33.

Exter, A./Hermans, H./Dosljak, M./Busse, R. (2004): Health care systems in transition. Netherlands. Reihe: HiT country profiles. European Observatory on Health Systems and Policies. WHO Regional Office for Europe.

Felder, S. (2003): Managed Care: Low reputation but most effective. In: DICE-Report Journal for Institutional Comparisons 1 (3), S. 15–19.

Finsterwald, D. (2004): Managed Care - Pionierland Schweiz. Schriftenreihe der Schweizerischen Gesellschaft für Gesundheitspolitik (SGGP) Nr. 75. Bern.

Friedman, E.S. (1996): Capitation, integration and managed care: Lessons from early experiments. In: JAMA 275, S. 957–962.

Fritsch, M./Wein, T./Ewers, H.-J. (2003): Marktversagen und Wirtschaftspolitik. 5. Aufl. München.

Hsiao, W. (2002): Erfahrungen mit staatlicher und privater Regulierung im US-amerikanischen Gesundheitswesen. In: Managed Care. Schweizer Zeitschrift für Managed Care und Care Management 8, S. 13–15.

Jacobs, K./Schulze, S. (2006): Vertragswettbewerb. Mehr Freiheit bei der Partnerwahl. In: Gesundheit und Gesellschaft 7, S. 36–41.

Lehmann, H.-J. (2003): Managed Care. Kosten senken mit alternativen Krankenversicherungsformen. Dissertation Universität Zürich.

Ministry of Health, Welfare and Sport (2006): Health insurance in the Netherlands - The new health insurance system from 2006. Den Haag.

National Committee for Quality Assurance (2007): HEDIS 2007 Measures. http://web.ncqa.org/tabid/176/Default.aspx.

OECD (2006): OECD Health Data 2005. Paris.

Schulenburg, J.-M.G.v.D./Greiner, W. (2007): Gesundheitsökonomik. 2. Aufl. Tübingen.

Seitz, R./Fritz, N. (2005): Managed Care in der Gesetzlichen Krankenversicherung. Umsetzung eines theoretischen Konzepts. In: Zeitschrift für öffentliche und gemeinwirtschaftliche Unternehmen, Beiheft 33, S. 47–68.

Staeck, F. (2006): Spielregeln des niederländischen Reformmodells. In: Ärztezeitung Online.

Sydow, J. (2006): Management von Netzwerkorganisationen - Zum Stand der Forschung. In: Sydow, J. (Hrsg.): Management von Netzwerkorganisationen, 4. Aufl. Wiesbaden, S. 387–437.

Weatherley, J.N./Seiler, R./Meyer-Lutterloh, K./Schmid, E./Lägel, R./Amelung, V.E. (2007): Leuchtturmprojekte Integrierter Versorgung und Medizinischer Versorgungszentren - Innovative Modelle der Praxis. Berlin.

Wiechmann, M. (2003): Managed Care. Grundlagen, internationale Erfahrungen und Umsetzung im deutschen Gesundheitswesen. Wiesbaden.

Zweifel, P. (1998): Managed care in Germany and Switzerland: Two approaches to a common problem. In: Pharmacoeconomics 14 (1), S. 1–8.

Zweifel, P. (2006): Building a competitive insurance system: Switzerland's strategy for managed-care healthcare. In: Pharmacoeconomics 24 (2), S. 109–117.

Zweifel, P. (2007): The theory of social health insurance. In: Foundations and Trends in Microeconomics 3 (3), S. 183–273.

Zweifel, P./Breuer, M. (2002): Weiterentwicklung des deutschen Gesundheitssystems. Gutachten im Auftrag des Verbands Forschender Arzneimittelhersteller e. V. Zürich.

Christof Schmitz und Peter Berchtold

Managing Professionals – Führung im Krankenhaus[30]

Zusammenfassung

Der Beitrag berichtet von einem Forschungsprojekt, das die Führungsverständnisse von deutschschweizer Spitalmanagern und Chefärzten erfragte. Die unterschiedlichen Verständnisse der beiden Berufsgruppen bezüglich Führung verdeutlichen die Differenz in der Kultur zweier wichtiger Subsysteme von Spitälern. Diese ist aufschlussreich, wenn es um Vernetzung geht, denn Vernetzung ist immer auch mit der Überbrückung kultureller Vielfalt beschäftigt. Eine Nicht-Beachtung oder zu geringe Sorgfalt an dieser Stelle kann sich leicht mit dem Scheitern von Vernetzungsinitiativen rächen.

1 Einführung

Die europäischen Gesundheitswesen stehen vor vielfältigen Herausforderungen: die medizinische Entwicklung generiert immer neue diagnostische und therapeutische Möglichkeiten, die demografische Entwicklung steigert die Komplexität der Krankheiten, Leistungsempfänger stellen höhere Ansprüche an Behandlung und Betreuung bzw. deren Qualität während zeitgleich Ressourcenverknappung und Kostendruck stetig zunehmen (z. B. Amelung 2007; Boos 2004; Juhasz 2004; Wiechmann 2003). Insbesondere auf Seiten der Leistungserbringer, allen voran der Krankenhäuser, münden diese Herausforderungen in einen – gegenüber früher – steigenden Steuerungs- und Managementbedarf (Boos 2004). Dies will nicht heißen, dass früher nicht gesteuert und gemanagt wurde. Seit langem schon waren beispielsweise Leistungsvergütung administrierten Preisen, die Zulassung zu Medizin- und Gesundheitsberufen strikten (Standes-)Regeln oder Krankenhäuser der Aufsicht durch übergeordnete (meist kantonale) Gremien unterworfen. Diese traditionelle Steuerung im Gesundheitswesen bestand im Wesentlichen aus der Durchsetzung berufsständischer oder standespoliti-

---

30 Diese Studie ist in Zusammenarbeit mit Nada Endrissat und Werner R. Müller, Wirtschaftswissenschaftliches Zentrum der Universität Basel Abteilung 'Organisation, Führung und Personal', Rosshofgasse 2, CH-4051 Basel, durchgeführt worden.

scher Regeln und administrativer Kontrollen durch den Staat als Gesetzgeber und Finanzquelle bzw. durch die Versicherer. Die Steuerung von und in Versorgungseinrichtungen – ob Einzelpraxis oder Spitalinstitution – basierte in weiten Teilen auf Selbstorganisation: Das Leistungsprofil einer Klinik beispielsweise wurde stark durch das Kompetenzprofil und die Interessen des Chefarztes bestimmt. Wechselte der Chef, wechselte auch das Profil.

2 Mehr Steuerung und Management?

Der Ruf nach und die Ansprüche an Steuerung und Management haben aus den erwähnten Gründen in den letzten zwei Jahrzehnten auf allen Ebenen des Gesundheitssystems und insbesondere in Krankenhäusern drastisch zugenommen (z. B. Berchtold/Michel-Alder 2003; Schmitz 2004), so zum Beispiel:

- Prozesse werden optimiert und Kernprozesse vermehrt auf wissenschaftliche Basis gestellt (z. B. im Rahmen von Disease- oder Case-Management, Evidence-based Medicine),
- Professionelle werden auf explizite Qualitätsstandards verpflichtet (z. B. im Rahmen von Outcome-Messungen),
- Patientenbehandlung ist immer mehr eine komplexe interdisziplinäre Kooperationsaufgabe zwischen verschiedenen Fachspezialisten und Professionen,
- neue Organisationsformen und Führungsarchitekturen überlagern traditionelle Klinikstrukturen (z. B. organspezifische Departemente an Universitätskrankenhäusern, Spitalleitungen mit CEO),
- Preisschilder kleben nicht mehr an einzelnen Leistungen, sondern als Pauschalen an ganzen Behandlungsabläufen (z. B. DRG, Fallpauschalen) oder ganzen Organisationseinheiten (z. B. Globalbudgets),
- zunehmende Ressourcenknappheit schafft ethische Dilemmata am Krankenbett (z. B. implizite Rationierung).

Solche Veränderungen und Herausforderungen rütteln an den traditionellen Rollenverständnissen insbesondere der Mediziner. Sie erfahren diese Veränderungen als realen Kontrollverlust (Atun 2003) und sehen ihre Einflusssphäre als auch ihre (professionelle) Autonomie eingeschränkt (Vogd 2002; Davies/Harrison 2003). Nicht erstaunlich also, dass solche Entwicklungen in vielen Krankenhäusern und anderen Versorgungseinrichtungen zu einer teils heftigen Ablehnung des Managements durch die Mediziner geführt haben (z. B. Doolin 2001; Edwards et al. 2002). Die weitere Ökonomisierung des medizinischen Kerngeschäfts – beispielsweise im Rahmen der DRG-Fallkostenvergütung – könnte diese Ablehnung noch erheblich zuspitzen.

Zusätzlich zu diesen Herausforderungen, die wesentlich die krankenhausinternen Einflussgeflechte betreffen, kommen noch die Vernetzungserfordernisse nach außen durch die Entstehung neuer Kooperationen (z. B. Zusammenschlüsse von Krankenhäusern, neue Formen der Notfallversorgung durch Zusammenführen von regionalen

Notfalldiensten und stationären Notfallstationen etc.). Die Uneinheitlichkeit dieser Entwicklungen und ihre Wirkungen und Nebenwirkungen sorgen für gehörige Komplexität. Deren Missachtung kann sich mit der Erzeugung weiterer unbeabsichtigter aber umso folgenschwerer Nebenwirkungen rächen.

3 Bedeutung der Professionen

Zurück zum Krankenhaus: was steckt hinter diesem sich immer wieder einstellenden Antagonismus zwischen Medizin und Management, was hinter dem damit verbundenen Ringen um Einfluss und Macht. Davies et al. (2000) verweisen beispielsweise auf die professionskulturellen Unterschiede, die durch die (unterschiedliche) Sozialisation (während der Ausbildung) und später durch die berufliche Tätigkeit die Selbstverständnisse der Mediziner und Manager prägen. Krankenhäuser sind Organisationen, deren Kerngeschäft von Professionen bzw. Professionals (Mediziner, Pflege) betrieben wird. Professionals zeichnen sich in der Regel dadurch aus, dass sie hochspezialisiert ausgebildet und in ihrer Profession sozialisiert werden bzw. ihre Arbeit innerhalb professionseigenen Regeln und Riten erledigen (z. B. Mintzberg 1998). Aufgrund ihres Spezialwissens – das für Außenstehende kaum durchschaubar oder nachvollziehbar ist – bleibt den Professionals in der Regel die Kontrolle ihrer Arbeit selbst überlassen, wodurch sie ein großes Maß an Autonomie in der Berufsausübung in Anspruch nehmen (z. B. Mintzberg 1991, 1998). Professionelle Organisationen verzichten tendenziell auf ›Führung‹ in einem hierarchischen Sinn, da die Gesamtkoordination über festgelegte Fertigkeiten, Normen und Regeln der Profession erfolgt. Die Profession stellt die notwendige Struktur und Koordination zur Verfügung (Mintzberg 1998). An die Stelle von hierarchischer Führung tritt »die immer neue Inszenierung des professionellen Selbstbildes« (Baecker 2003, S. 285).

Die Arbeit von Professionals zeichnet sich neben hoher Autonomie auch durch eine hohe Differenzierung aus, weshalb professionelle Organisationen häufig mit Koordinationsproblemen zwischen den einzelnen Bereichen zu kämpfen haben (Mintzberg 1991). Glouberman und Mintzberg (2001) zeigen nach mehrjähriger Beobachtung des Spitalalltags, dass Krankenhäuser wesentlich durch die vier Subsysteme Cure, Care, Control und Community, die außerordentlich stark differenziert sind, gekennzeichnet sind (Abb. 13).

Cure, die Mediziner, und Care, die Pflegenden, arbeiten beide im operativen Kerngeschäft der Behandlung und Betreuung von Patienten. Und trotzdem trennen ganz unterschiedliche Grundverständnisse diese beiden Subsysteme: Mediziner profilieren sich in ihren Fachdisziplinen, kontrollieren Behandlungsentscheide und orientieren sich gerne außerhalb des Spitals, beispielweise an ihrer Fachdisziplin. Die Pflegenden widmen sich vor allem den Betreuungsprozessen, koordinieren vieles rund um den Patienten und orientieren sich vor allem innerhalb der Organisation. Control, das Management, ist zuständig für die Gesamtsteuerung und kontrolliert Ressourcen – Budget, Betten, Stellen. Das der Gesamtorganisation vorgesetzte Gremium (Community) ist als Repräsen-

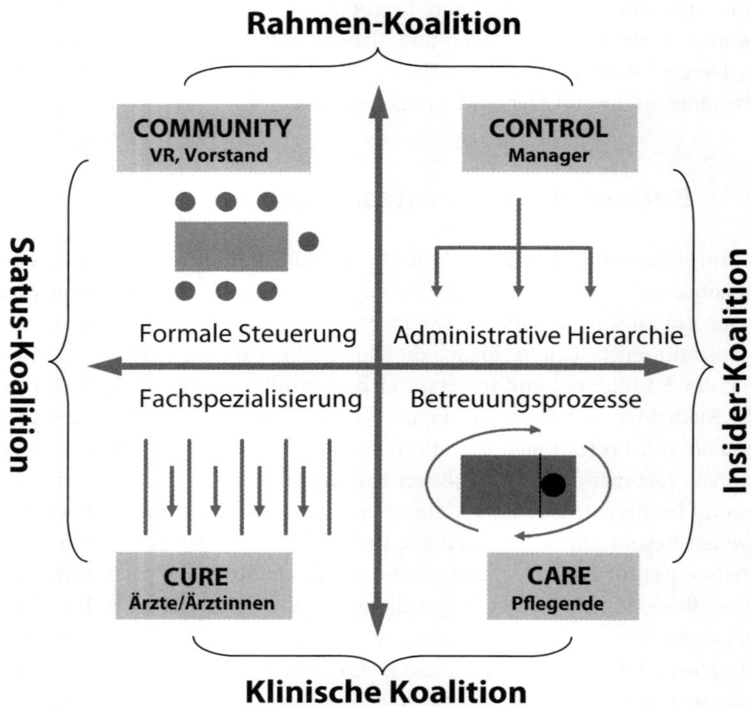

Abb. 13: Differenzierte Subsysteme im Krankenhaus

tant der Öffentlichkeit zur Aufsicht verpflichtet und bildet gleichzeitig die formale Verbindung zur Außenwelt.

Die je eigenen Selbstverständnisse, Kulturen, Hierarchiebezüge und Orientierungen, welche diese vier Subsysteme charakterisieren, sind ausgeprägt und kraftvoll. Sie mögen auf den ersten Blick als relativ stereotype Kategorisierungen erscheinen, gewinnen aber unmittelbar Farbe und Reichhaltigkeit, wenn man die konkreten Erfahrungen der Krankenhaus-Akteure ins Spiel bringt. Diese Differenzierungen sind auch in empirischen Arbeiten beispielsweise von Degeling et al. (2003) eindrücklich nachgewiesen worden. Diese Studien in England, Wales, Neuseeland sowie Australien zeigen, in welch hohem Maß professionsspezifische Orientierungen – unabhängig von ihrer nationalen Identität – bestimmend sind.

Die jeweiligen Selbstverständnisse der Subgruppen differenzieren. Gleichzeitig ist diese Verschiedenartigkeit nicht statisch, sondern wird zum Beispiel in »Koalitionen« dynamisch gelebt (Glouberman/Mintzberg 2001): Ärzte verbünden sich zum einen mit Pflegenden, wenn es um klinische Anliegen (»Klinische Koalition«) geht. Sie bilden zum anderen gerne eine »Status-Koalition« mit beispielsweise Verwaltungsräten des Spitals oder anderen einflussreichen Personen des öffentlichen Bereichs, um ihren Interessen und Anliegen Kraft zu verleihen. Die Manager bilden eine »Rahmen-Koalition« mit

Verwaltungsrat bzw. Vorstand des Spitals, um beispielsweise Budgetvorgaben oder andere Rahmenbedingungen durchzusetzen, oder aber eine »Insider-Koalition« mit den Pflegenden, die sich wiederum häufig gegen die Ärzte richtet. Die schwächste Verbindung bzw. die größte Distanzierung liegt in den Diagonalen zwischen Cure und Control (bzw. Care und Community) als bildhafte Darstellung des potenziellen Antagonismus zwischen Medizin (Ärzten) und Management.

4 »The same everywhere«

Ein wissenschaftliches Vorprojekt ist diesen Unterschieden zwischen Medizin und Management bzw. den Fragen nachgegangen, wie sich betriebswirtschaftliche Kalküle mit den spezifischen medizinischen Aufgaben, Technologien und Kulturen in Krankenhäusern verbinden und welche Entwicklungen sich aktuell beobachten lassen (Schmitz 2004). Befragt wurden ärztliche Direktoren in der Schweiz, in Deutschland und in England. Ärztliche Direktoren sind, insbesondere in großen Häusern, schwergewichtig mit Managementaufgaben beauftragt. Sie müssen deshalb im Regelfall ausreichend mit dieser Perspektive identifiziert sein und gleichzeitig über einen hohen und unmittelbaren Bezug zu den Medizinern verfügen. Die Ergebnisse dieses Vorprojekts waren grundsätzlich identisch zu den vorgängig beschriebenen Studien: Mediziner zu managen bedeutet nicht nur eine spezielle Führungsaufgabe, wie sie generell für das Management von Experten bzw. die Führung professioneller Organisationen zutrifft. Es handelt sich um eine ausgesprochen *prekäre* Aufgabe. »Prekär« meint, dass die Akzeptanz- und Legitimationsbasis des Managens fortlaufend neu zu generieren ist, da es sich um eine eigentliche Grenzüberschreitung handelt, die sorgsam zu handhaben ist (Schmitz 2004). Die in weiten Teilen übereinstimmenden Resultate aller Studien sind insofern bedeutsam, als dass diese prekäre Grundverfasstheit sowie die prinzipiell kritischen Punkte im Aufeinandertreffen von Management und Medizin (Ressourcenbezug von Entscheidungen, Gesamtperspektiven, Systematisierungen von Prozessen etc.) in allen untersuchten Ländern gleichermaßen gelten.

5 Studienkonzept

Der konzeptionelle Ausgangpunkt unserer Forschungsfrage war die Erkenntnis, dass Führung nicht universellen Gesetzen folgt, die in Techniken gegossen und damit »richtig« umgesetzt werden können. Angemessener ist ein Verständnis von Führung als kulturelle Praxis, die sich nach den lokalen und weitgehend impliziten Alltagstheorien und Perspektiven der Menschen richtet, welche Führung praktizieren (Müller 2005). Diese Alltagstheorien und Perspektiven sind stark durch die jeweiligen sozialen Felder – in unserem Fall der Medizin und des Managements in Schweizer Krankenhäusern – geprägt. Wissenschaftliche Führungskonzepte (wie beispielsweise das Total Quality Management), die in anderen Kontexten entstanden sind, erweisen sich oft als nicht anschlussfähig und damit letztlich bedeutungslos (z. B. Lozeau et al. 2002). Es ist daher wichtig, genau zu verstehen, was Führung für die jeweilige Person bzw. für die jeweilige Profession bedeutet.

Das Hauptaugenmerk unserer Forschung lag daher auf der Erkundung der individuellen und kollektiven Annahmen und Vorverständnisse über Führung. Konkret bedeutet dies, dass wir versucht haben, sowohl bei Medizinern wie auch bei Krankenhausmanagern Antworten auf Fragen der folgenden Art zu finden:

- Welches sind die Hauptthemen und Anliegen in der Führungswelt des Mediziners resp. des Managers im Spital?
- Welche subjektiven Führungstheorien, -verfahren, -methoden und -instrumente werden in Anspruch genommen? Welche Beziehungsverständnisse, -qualitäten und -dynamiken verbergen sich dahinter?
- Wo sehen die Führenden ihre Legitimation zur Führung?
- Was wird unter »Führungserfolg« verstanden?
- Welche »Funktionalitäten« resp. »Kosten« sind je mit diesen Führungsverständnissen verbunden?

Zur Rekonstruktion der Führungs- und Beziehungsverständnisse von Medizinern und Spitalmanagern bot sich ein qualitativer Forschungsansatz an: das narrative Interview, bei welchem es nicht um Antworten auf konkrete Fragen, sondern um Führungserfahrungen in Form von Geschichten geht. Die Gesprächspartner bringen ihre Perspektiven, Gesichtspunkte und Deutungen zum Ausdruck, indem sie Erlebnisse, Handlungsabläufe, Personen, eigene und fremde Reaktionen schildern. Wir haben 15 verschiedene Krankenhausmanager aus verschiedenen Institutionen und 15 verschiedene Chefärzte aus ebenfalls unterschiedlichen Institutionen – alle in der Schweiz – und unterschiedlichen Fachrichtungen interviewt. Die Auswertung der Interviews und deren Validierung erfolgten in mehreren Schritten. Nach der Kontaktaufnahme wurden narrative Interviews durchgeführt. Im ersten Auswertungsschritt wurde das Interview von den jeweiligen Projektmitarbeitern allein ausgewertet. Ziel war es, am Ende eine Liste mit ungefähr 6–12 Themen aufzustellen. Ein Thema entspricht einem Anliegen der Interviewperson, das etwas über das Selbstverständnis der Person aussagt und innerhalb des Interviews in mehreren Passagen aufscheint und an konkreten Textstellen festzumachen ist.

Nach dieser Einzelauswertung trafen sich jeweils mindestens zwei Projektmitarbeiter, um die jeweiligen Einzelauswertungen des Interviews zu besprechen. Durch den Vergleich der beiden unabhängig voneinander erarbeiteten Auswertungen konnte der Einfluss persönlicher Themen und Standpunkte des Auswerters minimiert werden.

In einem dritten Schritt traf sich das Projektteam und diskutierte bzw. konsolidierte die Auswertungen, welche im Anschluss daran den Interviewpartnern zurück gemeldet wurden. Die Interviewpersonen hatten die Möglichkeit, zu der Interpretation Stellung zu nehmen.

Im letzten Schritt wurde die Aggregation der Führungsverständnisse nach Berufsgruppen vorgenommen. Ziel war es, Gemeinsamkeiten und wiederkehrende Themen innerhalb der verschiedenen Führungsverständnisse einer jeden Berufsgruppe zu identifizieren und auf diese Weise zu einem *berufsgruppenspezifischen Führungsverständnis* zu kommen. Dargestellt wurden diese wiederum als Themenlandschaften, die einen Überblick über das professionsspezifische Führungsverständnis der Krankenhausmanager resp. Chefärzte geben (s. Abb. 14 und 15).

6 Die Führungsverständnisse

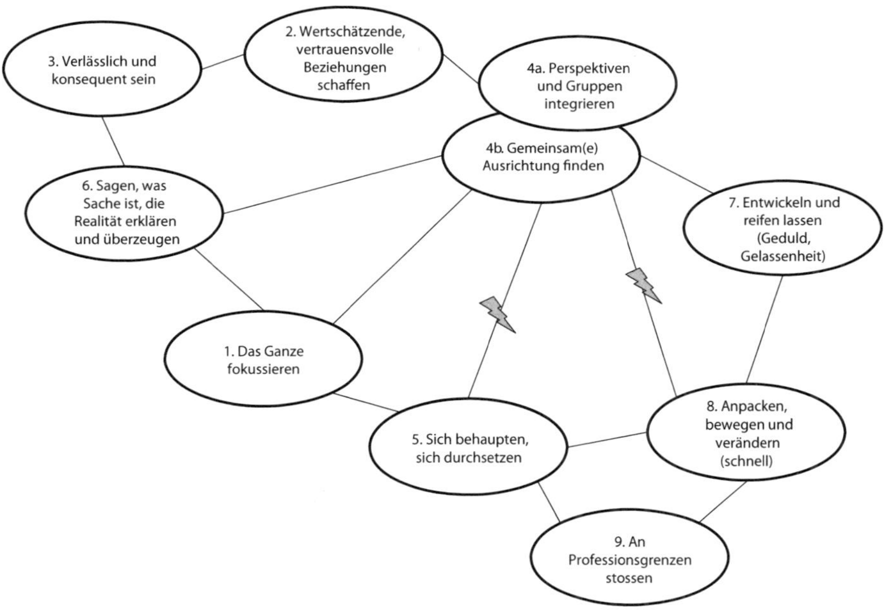

Abb. 14: Themenlandschaft Führungsverständnis Krankenhausmanager

Die *Krankenhausmanager* sehen sich zuständig und verantwortlich für das Krankenhaus in seinem politischen Umfeld und für seine Zukunft als Ganzes, und dies insbesondere aus einer wirtschaftlichen und strategischen Perspektive. Sie bilden damit ein Gegengewicht zur lokalen und fallgetriebenen, operativen Orientierung der professionellen Kader. Führung bedeutet für sie weitgehend Beziehungsgestaltung, erstens um sich selber und ihren Anliegen das erforderliche Gewicht und die notwendige Akzeptanz zu verschaffen, zweitens um die professionellen Führungskräfte des Krankenhauses bei der Wahrnehmung der übergeordneten Belange zu engagieren, und drittens um die fragmentierten und komplizierten professionellen Strukturen zu vereinfachen und zu integrieren. Sie versuchen, sich durch eine klare und konsequente Linie und durch verbindliches Handeln das Vertrauen und den Respekt der Mitarbeiter zu erwerben. Zudem trachten sie danach, Integration und Ausrichtung der Organisation durch die

Gestaltung von partizipativen und konsultativen, engagierenden Prozessen zu bewerkstelligen oder aber durch sachliches und transparentes Entscheiden zu überzeugen und den eigenen Standpunkt durchzusetzen. Die Krankenhausmanager sehen sich einer ausgeprägten professionellen Kultur und einer heterogenen komplizierten Struktur sowie einem schwierigen politischen Umfeld gegenüber. Daraus ergibt sich eine eigenartige Ambivalenz zwischen der Betonung einer gelassenen und geduldigen Gestaltung von Entwicklungsprozessen einerseits und dem Durchsetzen von aus ihrer Sicht notwendigen raschen Veränderungen andererseits.

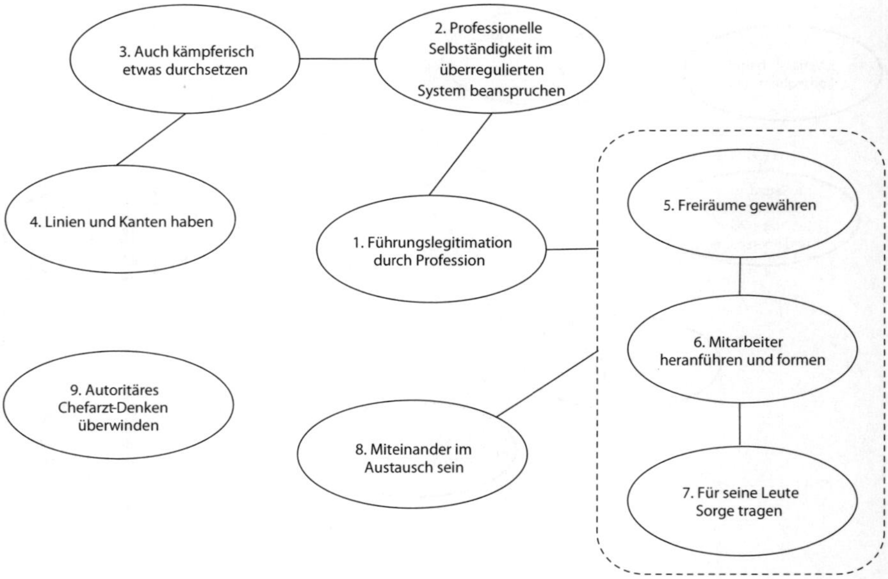

Abb. 15: Themenlandschaft Führungsverständnis Chefärzte

Die *Chefärzte* sehen sich – aufgrund ihrer professionellen Kompetenz – zuständig und verantwortlich für das eigentliche Kerngeschäft des Krankenhauses der qualifizierten Patientenbehandlung. Ihre Perspektive ist deshalb keine institutionelle, sondern eine fallbezogene und disziplinäre. Sie erbringen ihre Leistung, indem sie selber praktizieren, nicht zuletzt auch um ihre eigene Professionalität aufrecht zu erhalten, sowie durch die Führung ihrer Klinik als Pool von weiteren professionellen Mitarbeitenden. Führung bedeutet für sie im Kern den Einsatz ihrer Mitarbeitenden bei gleichzeitiger Entwicklung derer Professionalität, indem sie ihnen über und in der Praxis die erforderlichen Werte, Einstellungen, Kenntnisse und Fähigkeiten vermitteln – oder ihnen allenfalls ermöglichen, sich diese anzueignen. Zu dieser »erzieherischen« Führungsaufgabe sehen sie sich vor dem Hintergrund ihrer eigenen langjährigen Professionalisierungsgeschichte und den damit erworbenen überlegenen Qualifizierungen wie auch aufgrund ihres klaren persönlichen Standortes legitimiert. Ihre ausschließliche Legitimation begründet den Anspruch auf Selbständigkeit in ihrem Leistungsbereich, welche sie durch institutionelle und insbesondere ökonomische Entwicklungen im Umfeld tendenziell bedroht sehen. Die Bemühungen der Krankenhausmanager um Gesamtperspektive und institutionelle Integration widerspricht ihrem Selbstverständnis des professionell begründeten Autonomie-Anspruchs. Ihrer Führungsaufgabe möchten sie nachkommen, indem sie ein entwicklungsförderliches Umfeld, Freiräume zur professionellen Emanzipation und sich selber als Vorbild zur Verfügung stellen, die Weitervermittlung von Erfahrung und Wissenschaft betreiben und organisieren, und indem sie sich bemühen, über fürsorgliche Beziehungen die für die Entwicklung erforderliche Sicherheit und Rückendeckung zu gewährleisten. Sie führen sehr stark über ihre Person und nicht über Strukturen und formale Instrumente. Dies erfordert ein klares persönliches Profil, dessen Durchsetzung auch Abgrenzung bedeutet und der Nähe zu den Mitarbeitenden im Wege stehen kann.

7 Herausforderungen

Was ist die Bedeutung der Unterschiede dieser beiden Führungsverständnisse? Auffallend ist zunächst, welchen prominenten Platz Erfahrungen und Episoden mit Chefärzten in den Erzählungen und Geschichten der Krankenhausmanager einnehmen. Anders verhält sich das bei den Chefärzten. In ihren Erzählungen kommen Krankenhausmanager wenig bis kaum vor. Hier ist ein Ungleichgewicht der Wahrnehmung festzustellen. Die geringe Erwähnung von Krankenhausmanagern heißt dabei keineswegs, dass diese von den Chefärzten nicht akzeptiert wären. Diese orientierten sich jedoch an anderen Figuren und Erfahrungen, die für sie höhere Relevanzen beanspruchen.

Während die Krankenhausmanager auch im Vergleich mit anderen Berufsgruppen in auffallender Weise auf Beziehungsgestaltung setzen und die Integration der verschiedenen Subsysteme und Perspektiven im Krankenhaus anstreben, sind die Ärzte eher an professioneller Eigenständigkeit interessiert. Sie erleben sich als eingegrenzt durch ein aus ihrer Sicht überreguliertes System, das ihnen professionell wesentlich erscheinende Freiheitsgrade nimmt. Beziehungsaspekte treten da in den Hintergrund, die professionelle Sache steht im Vordergrund. Umgekehrt ist für die Krankenhausmanager zentral, Beziehungsdimensionen – Wertschätzung, Glaubwürdigkeit, Vertrauen etc. – zu verfolgen und zu leben. Während also die einen für ihre Sache kämpfen und ihre Persönlichkeit zur Geltung bringen, ringen die anderen um Beziehungsqualitäten und ihre Integrationsaufgabe. Hier stehen sich, etwas zugespitzt, zwei »Modelle« gegenüber: der Arzt, der sich eine gewisse Unangepasstheit zubilligt (»kantig ist«) und der Krankenhausmanager, der stärker an den Erwartungen der anderen orientiert ist und sich selbst entsprechend »regulieren« muss. Zeigen Chefärzte gerne mal Linien und Kanten, exponieren sich persönlich und schrecken auch vor unangenehmen Entscheiden nicht zurück, so sind die Krankenhausmanager wesentlich »politischer« orientiert, indem sie ihren Einfluss vor allem in bewusster Einrechnung und Abwägung der Chancen und Möglichkeiten gegebener Akteurs- und Netzwerkskonstellationen gestalten.

Man kann annehmen, dass hier im Sinne unterschiedlicher Funktionalitäten Komplementaritäten gegeben sind. Gleichzeitig zeigen sich einige potenzielle Stolpersteine, die in dieser Diversität der Perspektiven enthalten sind. Mit Stolpersteinen sind Potenziale des Missverstehens bzw. des Aneinander-Vorbei-Agierens mit den entsprechenden Chancen in Konflikte zu geraten gemeint, so wie wir es auch allgemein aus interkulturellen Kontakten kennen. Man »liest« sich falsch, missversteht sich, rechnet sich das zu, beginnt sich abzuwerten und läuft in Gefahr, in dysfunktionale Schleifen einzutreten.

Mit diesen Unterschieden leben Krankenhäuser seit geraumer Zeit. Solange die verschiedenen Welten einander wenig in die Quere geraten, ist das relativ unproblematisch. Diffiziler wird es, wenn sich prononcierte Fragen der gemeinsamen Positionierung oder der Optimierung oder der Ressourcenverteilung stellen und die Unterschiede stärker aufeinanderzuprallen beginnen. Was wären dann günstigere Optionen oder produktive Möglichkeiten?

8 Produktive Möglichkeiten

Optionen ergeben sich auf mindestens drei unterschiedlichen Ebenen; zudem können sie auf Vernetzung im Inneren oder nach außen gerichtet sein.

Auf der Ebene des Krankenhauses:
Gemeinsame Vorstellungen entwickeln als Alternative zum potenziell konflikthaft eskalierenden Auseinanderdriften. Kultur- und Führungswelt-Differenzen sind durch strukturelle Lösungen nicht aus der Welt zu schaffen. Notwendig sind prozesshafte Formen des Austauschs, der Bewusstwerdung und Reflexion der jeweiligen handlungsleitenden Kontexte sowie der Gewinnung gemeinsamer Ziele und Erfolge. Im konkreten Krankenhausgeschehen stellen sich dazu einige Fragen: Wie werden solche gemeinsamen Vorstellungen gewonnen? In welchen Räumen und zu welchen Gelegenheiten werden ein anregender Austausch über Führungsvorstellungen und Führungsstrategien gepflegt und Erfolge evaluiert? Welches Management-Development und welche Arbeitsformen können all dies unterstützen?

Auf der Ebene Krankenhausmanager:
Explizites Wissen über erforderliche Kompetenzen erzeugen. Das setzt einerseits Klarheit über Anforderungsprofile bei der sich wandelnden Funktion von Krankenhausmanagern und andererseits Bewusstheit in Verwaltungs- und Stiftungsräten oder auch Gesundheitsdirektionen zu den Anforderungen sowie zum konstitutiven Spannungsverhältnis zwischen »Beziehungsarbeit« und »Durchsetzung« voraus. Heute wird hier eine Fülle falscher Hoffnungen gehegt und gepflegt. In konkreten Situationen ist beispielsweise zu fragen, wie bei der Rekrutierung und Besetzung von Krankenhausmanagement-Funktionen nach solchen Kompetenzen gesucht, wie und wo diese gewonnen und trainiert und auf welche Weise beobachtet werden?

Auf der Ebene Chefärzte:
Lokales Denken überwinden, indem etwa bedacht wird, was Chefärzte dazu verleiten kann, stärker auf klinikübergreifende, krankenhausweite Zusammenhänge Bezug zu nehmen, welche Weiterbildungen dafür hilfreich sein können, was und vor allem wie dazu gelehrt und gelernt werden müsste, wie ein erfahrenes Krankenhausmanagement Chefärzten positiv unterstützend zur Seite stehen kann (und diese das annehmen können …) und schließlich auch, welche Anreiz-Systeme dies unterstützen können?
Entwicklungen in der Medizin aufgreifen, denn die Führungswelten der Chefärzte werden stark durch die Entwicklungen innerhalb der Medizin beeinflusst und (mit-)gestaltet. Zu beobachten ist zum Beispiel wie in bestimmten Disziplinen stärker teamorientierte Formen der klinischen Arbeit entstanden sind und entstehen. Die Frage ist, wie weit die Ärzteschaft (aber auch die anderen Berufsgruppen) den unterschiedlichen Führungsanforderungen bewusst begegnet und solche Fragen thematisiert.

In der Vernetzung nach innen?
Das Forschungsprojekt richtete sich gänzlich auf krankenhausinterne Verhältnisse bzw. befragte Führungsverständnisse zweier interner Gruppen. Die Ergebnisse zeigen die Unterschiede der beiden Gruppen auch hinsichtlich Führung. Diese reihen sich in das von Glouberman und Mintzberg (2001) vorgeschlagene Konzept des Kreuzes des Spitals. Wie alle kraftvollen Kulturunterschiede schließen sie gelingende Kooperation nicht aus, lassen aber erahnen, welche Hindernisse als auch welche Potenziale für Nicht-Gelingen von Kooperation hier schlummern. Dies keineswegs aus Gründen einer Gegnerschaft, sondern resultierend aus unterschiedlicher Orientierung. Für Krankenhausmanager und Chefärzte wird es sich in jedem Fall lohnen, wenn sie sich mit den hier erkundeten handlungsleitenden Denkweisen vertraut machen und lernen, diese in ihrer möglichen Komplementarität wertzuschätzen, statt diese als Grundlage eines Machtkampfes und der Ab- und Ausgrenzung einzusetzen.

In der Vernetzung nach außen?
Glouberman und Mintzberg beanspruchen mit ihrem Kreuz nicht nur Aussagen zum Krankenhaus, sondern auch über das Funktionieren des Gesundheitssystems als Ganzes machen zu können. Sie hieven dazu das Kreuz auf die Systemebene und setzen »Cure« mit dem stationären Akutbereich, »Care« mit Grundversorgung, Rehabilitation etc., »Control« mit Krankenkassen, Versicherungen etc. und »Community« mit Staat, Politik etc. gleich.
Und tatsächlich sind zwischen den so beschriebenen Subsystemen des Gesundheitswesens analoge Kulturunterschiede und Grundhaltungen festzustellen wie für das Krankenhaus dargelegt: Krankenhäuser beispielsweise sind entlang medizinischer (Sub-)Spezialitäten konfigurierte Einrichtungen zur Behandlung von Patienten mit akuter Krankheit oder akutem Schub eines chronischen Leidens. Care enthält eine Vielzahl unterschiedlicher Einrichtungen und Professionales (Grundversorger, Rehabilitationseinrichtungen, spitalexterne Pflege etc.), welche sich aber alle vor allem den Betreuungsprozessen widmen und vieles rund um den Patienten koordinieren. Man kann wohl

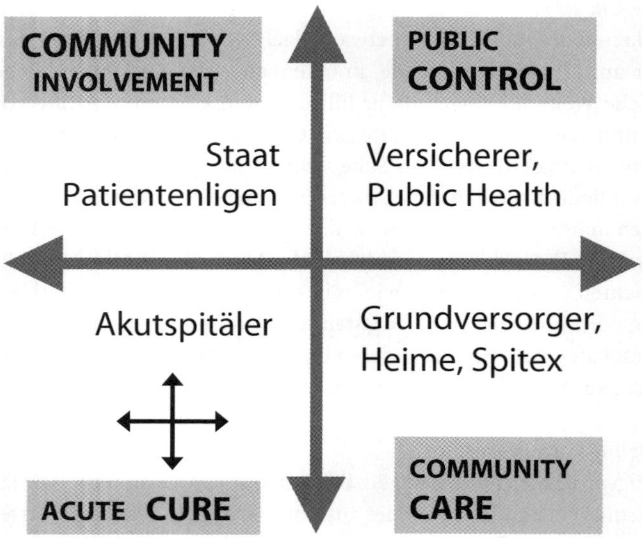

Abb. 16: Differenzierte Subsysteme im Gesundheitssystem

davon ausgehen, dass eine Reihe der Erfahrungen von Netzwerken (Ärztenetze, HMOs, Case Management etc.), die solche Systemgrenzen überbrücken, Referenzwerte dafür abgeben können. Auch hier gelten zunächst »einfach« Kulturunterschiede, zum Beispiel zwischen Spezialisten und Hausarzt oder zwischen Krankenhaus und Nachsorge-Einrichtung, die professionell unproblematisch sind, solange sie nicht die relevanten Einflusssphären und Identitäten der Beteiligten tangieren. Wenn Letzteres der Fall ist, dann darf erwartet werden, dass es zu ähnlichen Abgrenzungs- oder Abstoßungsgefahren kommt, wie innerhalb des Krankenhauses. Diese Gefahren werden insbesondere dort drohen – und sorgsam zu »managen« sein – wo Verengungen und Verschiebungen im beschriebenen Sinne zu erwarten sind. Vielleicht sprechen dafür genau jene Erfahrungen, die die teilweise (zu) geringe oder (zu) langsame Weiterentwicklung von Vernetzung(-sleistungen) beschreiben, wie beispielsweise die zögerliche und u. a. von Ärzteseite in Deutschland heftig opponierte Ausweitung von Ärztenetzen im ambulanten Bereich. In jedem Fall jedoch zeigen diese Überlegungen, dass eine differenzierte Gesamtsteuerung der Gesundheitssysteme nicht – wie in vielen politischen Diskussionen üblich – auf die Frage staatliche (hierarchische) Kontrolle oder wettbewerbliche Steuerung reduziert werden kann. Weder ausschließlich staatliche Organe noch der alleinige Wettbewerb (unter Leistungsanbietenden) werden erreichen, gleichzeitig Unnötiges zu verhindern und Notwendiges auch solidarisch zu ermöglichen. Eine differenzierte Steuerung auf Systemebene setzt – in Analogie zum einzelnen Krankenhaus – Vertrautheit mit den hier beschriebenen Verschiedenheiten voraus und die Bereitschaft, diese in ihrer möglichen Komplementarität wertzuschätzen, statt diese als Grundlage eines Machtkampfes und der Ab- und Ausgrenzung einzusetzen.

Literaturverzeichnis

Amelung, V.E. (2007): Managed Care. Neue Wege im Gesundheitsmanagement. 4. Aufl. Wiesbaden.

Atun, R.A. (2003): Doctors and managers need to speak a common language. In: British Medical Journal 326, S. 655.

Baecker, D. (2003): Organisation und Management. Frankfurt a.M.

Berchtold, P./Michel-Alder, E. (2003): Die Umarmung des Hippokrates: Systemintegration im Gesundheitswesen. Basel.

Boos, L. (2004): Soziales Dilemma und die Organisation des Krankenhauses. Die Aufgaben des Spitalmanagements. Bern.

Davies, H.T.O./Harrison, S. (2003): Trends in doctor-manager relationships. In: British Medical Journal 326, S. 646–649.

Davies, H.T.O./Nutley, S.M./Mannion, R. (2000): Organisational culture and quality of health care. In: Quality in Health Care 9, S. 111–119.

Degeling, P./Maxwell, S./Kennedy, J./Coyle, B. (2003): Medicine, management, and modernisation: A ‚danse macabre'? In: British Medical Journal 326, S. 649–652.

Doolin, B. (2001): Doctors as managers. New public management in a New Zealand hospital. In: Public Management Review 3 (2), S. 231–254.

Edwards, N./Kornacki, M.J./Silversin, J. (2002): Unhappy doctors: What are the causes and what can be done? In: British Medical Journal 324, S. 835–838.

Glouberman, S./Mintzberg, H. (2001): Managing the care of health and the cure of disease – Part I: Differentiation. In: Health Care Management Review. Winter 2001, S. 56–69.

Juhasz, E. (2004): Unternehmensberatung im Krankenhaus. Eine qualitative Untersuchung. Unveröffentlichte Dissertation, Universität Basel.

Lozeau, D./Langley, A./Denis, J.-L. (2002): The corruption of managerial techniques by organizations. In: Human Relations 55 (5), S. 537–564.

Mintzberg, H. (1998): Covert leadership: Notes on managing professionals. In: Harvard Business Review 76 (6), S. 140–147.

Mintzberg, H. (1991): Mintzberg über Management. Führung und Organisation. Mythos und Realität. Wiesbaden.

Müller, W.R. (2005): Die Führungsbücher selber schreiben. In: Resch, D./Dey, P./Kluge, A./Steyaert, C. (Hrsg.): Organisationspsychologie als Dialog. Lengerich, S. 113–121.

Schmitz, C. (2004): Managing professionals / professionals managing. Unveröffentlichter Projektbericht. Zürich.

Vogd, W. (2002): Professionalisierungsschub oder Auflösung ärztlicher Autonomie: die Bedeutung von Evidence Based Medicine und der neuen funktionalen Eliten in der Medizin aus system- und interaktionstheoretischer Perspektive. In: Zeitschrift für Soziologie 31 (4), S. 294–315.

Wiechmann, M. (2003): Manged care. Grundlagen, internationale Erfahrungen und Umsetzung im deutschen Gesundheitssystem. Wiesbaden.

Johannes Rüegg-Stürm, Harald Tuckermann, Silke Bucher, Jürgen Merz und Widar von Arx

Management komplexer Wertschöpfungsprozesse im Gesundheitswesen: Vernetzung beginnt in der Organisation

Zusammenfassung

In diesem Beitrag wird gezeigt, warum eine intensive Auseinandersetzung mit Vernetzung immer wichtiger wird. Anhand ausgewählter Beispiele aus der Praxis werden Herausforderungen, aber auch erfolgreiche Praktiken der Vernetzung analysiert und illustriert. Den nachfolgenden Überlegungen liegt die These zugrunde, dass Healthcare-Organisationen gut beraten sind, in einem ersten Schritt zunächst einmal im geschützten Binnenkontext tragfähige Praktiken der Vernetzung zu erlernen, bevor anspruchsvollere kooperative Arrangements im interorganisationalen Kontext realisiert werden können.

1 Ausdifferenzierung als Entwicklungstreiber der modernen Gesellschaft und des Gesundheitswesens

Das Gesundheitswesen ist wie die gesamte gesellschaftliche und wirtschaftliche Entwicklung durch einen beispiellosen Ausdifferenzierungsprozess gekennzeichnet. Dank Spezialisierung und guter Zusammenarbeit sind in modernen Gesellschaften Möglichkeiten entstanden, die durch einzelne Personen nie zu realisieren gewesen wären. Spezialisierung schafft aber nicht nur Innovationspotentiale, sondern kann über Lerneffekte auch zu Qualitäts- und Effizienzgewinnen führen.

Solche Gewinne können jedoch nur realisiert werden, wenn es in einem Wertschöpfungsprozess gelingt, die produzierten Teilleistungen geschickt zu integrieren. Mit zunehmender Ausdifferenzierung wächst auch der Bedarf an Integration. Integration bedingt eine tragfähige Vernetzung, d. h. die *Entwicklung neuartiger Koppelungsformen und Koppelungsmuster* der beteiligten Wertschöpfungsbereiche, sei es in intraorganisationaler oder interorganisationaler Hinsicht (Mintzberg 1997; Badura/Feuerstein 1994; Sydow 2006). Dabei sind zwei Formen einer solchen Koppelung zu unterscheiden: Koppelung von *Aktivitäten* als Ergebnis entsprechender Routinisierungsprozesse der Wertschöpfungsaktivitäten und Koppelung über *Beziehungen* der Akteure, welche diese Wertschöpfungsaktivitäten vollziehen (Simon 2004).

Bezogen auf das Gesundheitsweisen zeigt sich der Ausdifferenzierungsprozess in der Schweiz zum Beispiel darin, dass es inzwischen 45 unterschiedliche medizinische Fachgesellschaften gibt. Jede dieser Fachgesellschaften konzentriert sich auf bestimmte Krankheiten, ist Ausdruck einer eigenständigen Professionsgemeinschaft mit einer eigenständigen wissenschaftlichen Institutionalisierung (Fachsprache, Lehrstühle, Konferenzen, Kommunikationsmedien, Qualitätsstandards usw.) und verkörpert eine eigenständige Professionsidentität mit einer eigenen Interessenvertretung. Ähnliche Ausdifferenzierungserscheinungen, verbunden mit einer Akademisierung, sind zunehmend auch im Bereich der Pflege zu beobachten.

Der bisher verlaufene Ausdifferenzierungsprozess im Gesundheitswesen war aber im Unterschied zur allgemeinen Entwicklung der Wirtschaft durch eine Besonderheit gekennzeichnet. Es gab bis vor kurzem kaum Restriktionen im Bereich der verfügbaren Ressourcen. Ob Hausarzt oder Zentrumskrankenhaus: die Anbieter von Gesundheitsleistungen haben den entstandenen Aufwand weitgehend unbesehen weiter verrechnen können. Diese Praktik wurde über lange Zeit durch vier Prämissen legitimiert:

- Erstens wird der Gesundheit (ähnlich der persönlichen Integrität) der Charakter eines gesellschaftlich erstrebenswerten und zu schützenden quasi-öffentlichen Guts (»Volksgesundheit«) zugestanden.
- Demzufolge ist es zweitens politisch opportun bzw. geboten, dieses Gut mit Hilfe einer öffentlichen oder zumindest staatlich reglementierten Finanzierung bereitzustellen, damit niemand aufgrund eines unverschuldeten Mangels an Kaufkraft von diesen Leistungen ausgeschlossen wird.
- Drittens erbringen die Anbieter aufgrund ihrer Professionalität, ihres ärztlichen Ethos und ihres Idealismus quasi »naturgesetzlich« eine optimale Wertschöpfung für den Patienten.
- Weil viertens der Leistungserfolg bzw. die Wirkung ärztlichen Handelns prinzipiell ungewiss ist (u. a. abhängig von der natürlichen Krankheitsdynamik und vom Verhalten des Patienten), wird Leistung nicht nach ihrer erzielten Wirkung entschädigt, sondern nach dem dafür erforderlichen Aufwand.

Diese über lange Zeit als fraglos gültig akzeptierten Prämissen werden heute zunehmend in Frage gestellt und kontrovers diskutiert.

Ad 1): Gesundheit kann *kaum positiv definiert* werden. Daraus ergibt sich in Bezug auf Leistungen der Krankheitsbewältigung ein praktisch unbegrenzter Angebots- und Konsumraum. In der Tat stehen wir auf medizinischer Seite geradezu einer Angebotsexplosion gegenüber: Erstens wissen wir immer mehr über Krankheiten. Die Menschen sind kaum kränker als früher, aber wir bemerken dies dank neuartiger Krankheitsbilder und feinerer Diagnosemethoden früher und differenzierter. Zweitens nehmen aufgrund der Forschung die Therapiemöglichkeiten stark zu, was ihre Vielfalt, aber auch ihren Kostenaufwand betrifft. Drittens werden unternehmerisch neue Handlungsfelder geschaffen, die im Grenzbereich zwischen Gesundheit und Krankheit liegen, zum Beispiel Schönheitschirurgie oder ganz allgemein Gesundheitsvorsorge.

Ad 2): Diese Angebotssteigerung führt zu einem *explosiv wachsenden Ressourcenbedarf* im Kontext begrenzter staatlicher Mittel. Es öffnet sich eine Schere zwischen medizinisch Machbarem und ökonomisch Verkraftbarem.

Ad 3): Auch ärztliches und pflegerisches Handeln ist nicht ausschließlich idealistisch motiviert, sondern durch ökonomische und andere Anreize mit beeinflusst (Domenighetti/Casabianca 1997; Vogd, 2006). Allerdings ist nicht ohne weiteres zu definieren und noch weniger eindeutig zu messen, was gute, effektive und effiziente medizinische und pflegerische Praxis beinhaltet (vgl. Boos 2001; Kayser/Schwefing 1998). Was hingegen in *verallgemeinerbarer Weise* beobachtbar und messbar ist, sind »critical incidents«, d. h. Probleme der Patientensicherheit, die aus offensichtlichen Fehlbeurteilungen und Fehlhandlungen resultieren.

Ad 4): Mit Hilfe *evidenzbasierter Medizin* wird klarer zu definieren versucht, worin bei einem bestimmten Krankheitsbild eine professionelle, an neuesten wissenschaftlichen Untersuchungen ausgerichtete Behandlung bestehen muss. Solche Bestrebungen dienen als Grundlage für die Definition von Fallpauschalen.

Vor dem Hintergrund dieser vier kontroversen Herausforderungen wird die Vernetzungsdebatte im Gesundheitswesen geführt. Durch eine bessere Vernetzung autonomer Anbieter erhofft man sich eine Effizienzsteigerung. Unnötige Mehrfachuntersuchungen sollen reduziert, Notfalldienste besser koordiniert und Behandlungen fallschweregerecht dort erbracht werden, wo sie ein Minimum an Kosten verursachen – zum Beispiel eine Schnittwundenbehandlung beim Hausarzt anstatt im Krankenhaus. Darüber hinaus zielt die angestrebte Vernetzung auf eine Qualitätssteigerung für Patientinnen und Patienten. Arbeitsteilig ausdifferenzierte Wertschöpfung soll systematisch zugunsten einer optimalen Patientenbehandlung gebündelt werden. Gerade dieser Aspekt gewinnt zunehmend an Bedeutung. Denn einerseits sind insbesondere komplexere Krankheiten nicht einzelnen medizinischen oder pflegerischen Disziplinen zuzuordnen. Sie halten sich definitionsgemäß nicht an historisch gewachsene Disziplinengrenzen. Andererseits tritt genau dies um so eher ein, je weiter die fachliche Ausdifferenzierung voranschreitet. Je stärker also die fachliche Ausdifferenzierung fortschreitet, desto wichtiger werden angemessene Formen der Vernetzung und ein angemessener intra- und interorganisationaler Vernetzungsgrad (Schreyögg 2003, S. 156).

Im Folgenden wird am Beispiel ausgewählter Fallbeispiele gezeigt, warum eine intensive Auseinandersetzung mit Vernetzung immer wichtiger wird und worin Herausforderungen, aber auch erfolgreiche Praktiken der Vernetzung bestehen. Den nachfolgenden Überlegungen liegt die These zugrunde, dass Healthcare-Organisationen gut beraten sind, in einem ersten Schritt zunächst einmal im geschützten Binnenkontext tragfähige Praktiken der Vernetzung zu erlernen, bevor anspruchsvollere kooperative Arrangements im interorganisationalen Kontext realisiert werden können.

2 Grundlegende Herausforderungen wirksamer Vernetzung und Integration

Mit Vernetzung ist eine *Form kooperativer Praxis* gemeint, die nicht zu einer Auflösung der kooperierenden Einheiten, seien dies Abteilungen, Bereiche, Kliniken oder ganze Krankenhäuser, führt. Es geht vielmehr um die gemeinschaftliche Entwicklung tragfähiger Formen einer nachhaltigen strukturellen Koppelung (Luhmann 2002, S. 118 ff.) und um die Gewährleistung von Handlungs- und Entscheidungsfähigkeit in gemeinsamen organisationalen Handlungskontexten. Hierzu sind partnerschaftliche Formen der *Öffnung* der eigenen Denk-, Kommunikations- und Handlungspraxis für andere Handlungslogiken und Referenzsysteme erforderlich.

Unter einem Referenzsystem (oder Relevanzsystem) verstehen wir ein Netz an professionsspezifischen, fraglos als richtig und gültig vorausgesetzten Annahmen, Prämissen, Konventionen (Gomez/Jones 2000), Entscheidungskriterien, Handlungsmaßstäben und Sinnschemata, was ein professionelles, sinnvolles, normales, zulässiges, gutes und erstrebenswertes Handeln und Entscheiden betrifft. Die *professionsspezifischen* Referenzen und Handlungslogiken ermöglichen es den Akteuren einer Profession, speziell in Kontexten von *Ungewissheit* und *Ambiguität*, die in besonderer Weise den Behandlungsalltag eines Krankenhauses prägen, zeitgerecht kooperativ handeln und entscheiden zu können (Rüegg-Stürm/Grand 2007).

Wenn es nun zu einer Kooperation und Vernetzung unterschiedlicher Professionen oder Subprofessionen kommt, treffen mindestens zwei unterschiedliche Referenzsysteme, Handlungslogiken und damit auch »Praxiswelten« aufeinander. *Vernetzung als kompetente verlässliche kooperative Praxis* setzt demzufolge die Bereitschaft voraus, das jeweils andere Referenzsystem kennen zu lernen und nachvollziehen zu können, *ohne*

- dieses andere Referenzsystem selbst vollständig übernehmen zu müssen und
- ohne das eigene gegen das andere Referenzsystem auszuspielen und das andere geringer zu schätzen.

Ein solcher partieller Öffnungs- und Lernprozess bedeutet für alle Beteiligten eine ernsthafte Herausforderung:

- Erstens *destabilisiert* und gefährdet er die eigene Praxis insofern, als die *Kontingenz* der eigenen Praxis erkennbar wird. Die eigene Vorgehensweise zur Bewältigung des Alltags könnte *auch anders* gestaltet werden. Aus der Kontingenzerfahrung resultiert ein gewisser Verlust an Eindeutigkeit und Sicherheit.
- Zweitens können auch die *Positionen* derjenigen Personen (z.B. Chefärzte) destabilisiert werden, die in besonderer Weise mit der Stabilisierung dieser Referenzsysteme und Handlungslogiken betraut sind. Neuartige strukturelle Koppelungen nach außen haben Rückwirkungen auf gewachsene strukturelle Koppelungen im Inneren und umgekehrt.
- Drittens gefährdet Vernetzung potentiell die *Professionsidentität*, weil zum einen die Grenzen der Professionsautonomie über die wechselseitigen Bezüge mit anderen

Professionen sichtbar werden und zum anderen die angesprochene Destabilisierung auch die als unhinterfragbar geltenden Annahmen der eigenen Praxis erfassen kann.

- Viertens ermöglichen Formen kooperativer Praxis Einblicke in Nachbargebiete und Partnerinstitutionen – mit all ihren Sonnen- *und* Schattenseiten. *Transparenz* ist besonders in Wettbewerbskontexten ambivalent. Man sieht, was der Andere kann, aber auch was er nicht kann. Umgekehrt kann dies auch der Andere bei einem selbst beobachten.
- Fünftens schafft kooperative Praxis (über strukturelle Koppelungen) nicht nur neue Möglichkeiten, sondern auch *Restriktionen* und *Verbindlichkeiten* (Bate 2000). Dispositionsfreiheiten werden eingeschränkt, knappe Ressourcen wie Geld und Zeit müssen mit anderen geteilt werden.

Das Management gelingender Vernetzung ist daher eine hoch anspruchsvolle *strategische Herausforderung.* Es geht darum, einen *Minimalbestand* an geteiltem Hintergrundwissen, an geteilten Referenzen und Selbstverständlichkeiten zu entwickeln, auf die man sich nahezu blind verlassen können muss. Erfolgreiche Vernetzung manifestiert sich in verlässlichen Kooperationsmustern mit minimalen Transaktionskosten, eröffnet Innovationspotenziale und ermöglicht Effizienz- und Qualitätsgewinne in der Gesundheitsversorgung. All dies kann bei zunehmendem Wettbewerb im Gesundheitswesen nachhaltige Wettbewerbsvorteile begründen und zu wachsenden Erlösen und Gewinnen führen.

Die *Kernthese dieses Beitrags* besteht darin, dass eine tragfähige, *externe* Vernetzung von Anbietern von Gesundheitsleistungen eng damit zusammenhängt, inwieweit es den beteiligten Partnern zunächst einmal im *Innenverhältnis* gelingt, mit dem Ziel einer optimalen, konsequent patientenzentrierten Versorgung ein tragfähiges *Repertoire an Praktiken* zur internen Vernetzung der Wertschöpfung zu entwickeln.

Dieser Fokus auf die intraorganisationale Perspektive nimmt die auf unseren Beobachtungen basierende Erkenntnis auf, dass in Krankenhäusern traditionell die (meistens bilaterale) Interaktion zwischen Patient und Arzt oder Patient und Pflegefachperson im Blickpunkt steht. Demgegenüber wird der Voraussetzungsreichtum gelingender Behandlungsarbeit, d. h. die Herstellung eines förderlichen Handlungskontexts, tendenziell ausgeblendet (vgl. folgenden Abschnitt sowie Tuckermann/Rüegg-Stürm 2007). Mit anderen Worten: unmittelbar patientenzentrierte *Interaktion,* und *nicht hierarchische Organisation* stehen im Fokus der Aufmerksamkeit ärztlichen und pflegerischen Handelns.

Im Arbeitsalltag der Beteiligten zeigt sich, dass sich bereits gelebte Vernetzung vornehmlich an Herausforderungen der *fachlichen Professionalisierung* orientiert. Beispiele wären (intraorganisational) die Einrichtung von interprofessionellen Tumor Boards oder (interorganisational) die Entwicklung von professionsbezogenen Netzwerken, wie einem Kardiologie- oder Onkologienetzwerk. Dabei werden tradierte Alltagspraktiken aus der interaktionalen Behandlungsarbeit angewendet. Während sich diese Praktiken bei der unmittelbaren Behandlungsarbeit als funktional erweisen, ist bei Herausforderungen einer optimalen organisationalen Vernetzung der Wertschöpfung zu beobachten, dass mit diesen Praktiken in den wenigsten Fällen das für eine wirksame Vernetzung erforderliche gemeinsam geteilte Hintergrundwissen entwickelt werden kann.

Es stellt sich somit die Frage, wie im Gesundheitswesen interorganisationale Vernetzungen geschaffen werden können? Diese Frage ist zentral, denn hierzu stehen aufgrund der Eigenheiten der Alltagsarbeit traditionell lediglich solche Praktiken (des Organisierens und Führens) zur Verfügung, die sich zwar im *interaktionalen Behandlungskontext* durchaus bewähren. Diese Praktiken versetzen einen aber kaum in die Lage, in einem erweiterten kooperativen Handlungskontext die impliziten organisationalen Handlungsvoraussetzungen gelingender Behandlungsarbeit wirksam weiterzuentwickeln.

Eine tragfähige interorganisationale Vernetzung dürfte somit wesentlich davon abhängen, inwiefern es Krankenhäusern gelingt, das hierzu erforderliche Repertoire an Praktiken *erst einmal im vergleichsweise gut geschützten Binnenkontext,* d. h. intraorganisational zu entwickeln. Zu diesen Vernetzungspraktiken gehört beispielsweise, den fortlaufenden Alltag gemeinschaftlich so zu unterbrechen, dass eine Beobachtung des eigenen Alltags möglich wird, ohne zu riskieren, dass dabei die weiterhin zu erbringende Alltagswertschöpfung gefährdet wird. Wesentliche Herausforderung ist dabei, die bislang tendenziell marginalisierte Dimension des Organisierens und Führens zwischen den Beteiligten in den Fokus der Aufmerksamkeit zu schieben (Rüegg-Stürm/Tuckermann 2008).

Durch geeignete Formen einer gemeinschaftlichen Selbstbeobachtung typischer Interaktionsmuster und deren impliziter Voraussetzungen gelingt es idealerweise, gemeinsame Referenzen und ein geteiltes Hintergrundwissen zu entwickeln. Welche Herausforderungen dabei gezielt angegangen und bewältigt werden müssen, steht im Zentrum der folgenden Abschnitte. Sie zeigen, wie Praktiken der intraorganisationalen Vernetzung sukzessive entwickelt werden können und weshalb die Fähigkeit zur Selbstbeobachtung der eigenen Alltagspraktiken über eine gezielte Strukturierung der Kommunikation auch eine zentrale Voraussetzung für die gelingende Vernetzung zwischen Organisationen darstellen dürfte.

3 Grundlegende Herausforderungen der intraorganisationalen Vernetzung von Krankenhäusern

Die Ausdifferenzierung der medizinischen Professionen spiegelt sich auch in der Organisation von Krankenhäusern wider. Der Aufbau von Kliniken und Abteilungen orientiert sich unmittelbar an den Praxiswelten, d. h. Denk-, Diskurs- und Handlungsformen, der verantwortlichen fachlichen Professionen (Medizin, Pflege, Finanzen und Logistik) und deren Subprofessionen.

Kurz zusammengefasst besteht eine Praxiswelt aus unserer Sicht aus einem *spezifischen Repertoire mobilisierbarer Praktiken* (Orlikowski 2000; Feldmann 2000; Reckwik 2002; Schatzki et al. 2001; Knorr-Cetina 1999; Rüegg-Stürm 2008b). Eine Praktik, wie zum Beispiel die Erhebung einer Diagnose, wird durch drei zentrale, wechselseitig aufeinander bezogene Elemente konstituiert:

- durch ein – wie bereits beschrieben – spezifisches System aufeinander bezogener *Referenzen* und *Handlungslogiken*. Diese verkörpern das relevante *Hintergrundwissen*, das es den Akteuren erlaubt, auch unter Ungewissheit, Ambiguität und Unübersichtlichkeit zeitgerecht handeln und entscheiden zu können.
- durch *Materialisierungen,* die dieses Hintergrundwissen einschließlich der Personen stützen und autorisieren. Zu diesen Materialisierungen gehören Stellen (wie z. B. diejenige eines Chefarztes), alle Arten von Reglementen, Standards, Schemata, Vorschriften, dann Kommunikationsmedien wie Piepser, PDA, Mail sowie alle Arten von räumlichen und örtlichen Festlegungen, die (im Sinne von Giddens 1984) eine ermöglichende, aber auch einschränkende Funktion auf das Handeln und Entscheiden der Menschen im fraglichen Praxiskontext ausüben.
- durch die beobachtbare Handlungspraxis in Form routinisierter *Interaktionsmuster.* Routinisierte Interaktionsmuster sind als wiederholt ähnlich ablaufende Handlungsketten oder Handlungsnetze zu verstehen, an denen mehrere Akteure beteiligt sind und in denen ein klar identifizierbares Ergebnis erzeugt werden soll, zum Beispiel eine Diagnose oder ein Entscheid. Der Begriff Interaktion bezieht sich auf die Kooperation zwischen *Personen* (d. h. Mitarbeitenden, Patienten, Angehörigen), Abteilungen und Kliniken, auf die Interaktion zwischen *Personen und Problemstellungen,* auf die Interaktion zwischen *Personen und technischen Hilfsmitteln* sowie auf die Interaktion zwischen *technischen Hilfsmitteln und Problemstellungen.*

Was kennzeichnet und prägt nun die Praxiswelt eines Krankenhauses ganz allgemein?

Im Zentrum – und über die professionsbezogenen Eigenheiten hinaus – steht die Arbeit an und mit Patientinnen und Patienten (vgl. Tuckermann/Rüegg-Stürm 2007). Diese Arbeit ist ein hochkomplexes Beziehungs- und Kommunikationsgeschehen. Mit Hilfe diagnostischer und therapeutischer Interventionen muss im Rahmen eines evolutionären Erkenntnisgewinnungsprozesses möglichst rasch und fehlerfrei ein robustes Krankheitsbild (re-)konstruiert werden. Robust ist ein Krankheitsbild dann, wenn es stabil und überzeugend ist, d. h. wenn die anfängliche Ungewissheit und Ambiguität im Behandlungsprozess erfolgreich absorbiert werden konnte (Rüegg-Stürm 2008).

Der mit dieser Form von Praxis verbundene, außerordentlich starke Wahrnehmungsfokus auf die *unmittelbare Interaktion* zwischen Patient und Ärztin bzw. zwischen Patientin und Pflegefachperson (vgl. hierzu Abb. 17) hat einen Preis: Er lenkt von den *Handlungsbedingungen* ab, die professionelle Praxis in einem hoch arbeitsteiligen, technologieintensiven Behandlungskontext überhaupt erst möglich machen.

Deshalb kommt der *Voraussetzungsreichtum* moderner medizinischer Praxis selten in den Blick, er wird tendenziell ausgeblendet. Und wenn er in den Blick kommt, dann wird er stark vereinfachend auf Personen zugerechnet. Im Krankenhausalltag dominieren *personalisierende Erklärungsmuster.* Wenn etwas schief läuft, wird vielfach unvermittelt nach den Personen gesucht, die Fehler gemacht haben. Selbstverständlich sind an problematischen Begebenheiten immer auch Personen beteiligt. Aber ihr Handeln

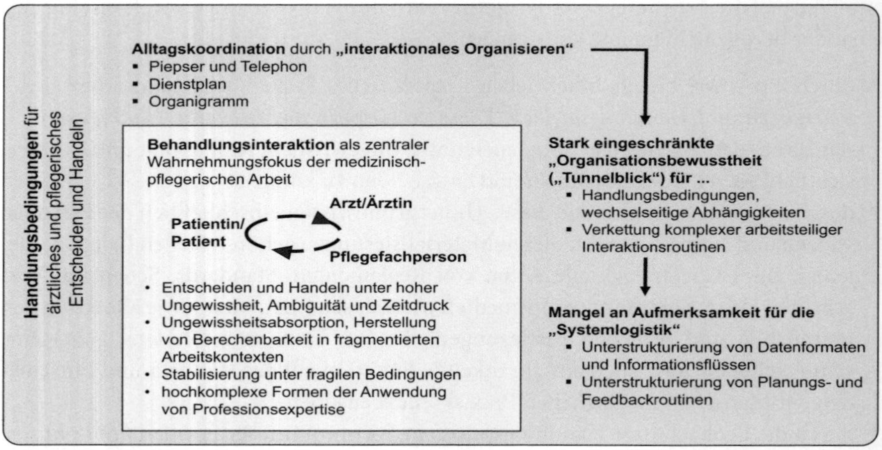

Abb. 17: Wahrnehmungsfokus medizinisch-pflegerischer Arbeit im Kontext komplexer Handlungsbedingungen

kann gerade in einem derart komplexen Handlungskontext nicht isoliert betrachtet werden, denn deren Einfluss ist lediglich *eines* von mehreren relevanten Elementen des für eine professionelle arbeitsteilige Praxis erforderlichen Repertoires an mobilisierbaren Praktiken.

Diese Problematik betrifft Ärztinnen und Ärzte noch viel stärker als Pflegefachpersonen. Diese sind, so Degeling et al. (2003), ungleich intensiver – oft selbstorganisierend und improvisierend – mit der Herstellung guter Handlungsbedingungen befasst.

Bei ihrer Berufswahl entscheiden sich Ärztinnen und Ärzte, »Medizin zu betreiben«. Ihre Welt ist die Welt exzellenter medizinischer Therapie zum Wohle der Patientinnen und Patienten, und Therapie ist ein personales Geschehen in der unmittelbaren Interaktion zwischen Patient und Arzt. Dieses Selbstverständnis wird zum einen bereits in der medizinischen Ausbildung inszeniert und zum anderen durch behandlungszentrierte finanzielle Anreizsysteme in Krankenhäusern gestützt.

Grundsätzlich können in der Handlungspraxis eines Krankenhauses folgende zwei Kontexte mit entsprechenden Aufgabenfeldern unterschieden werden. Im unmittelbaren *Behandlungskontext* findet in Form von diagnostischen und therapeutischen Aktivitäten Wertschöpfung für den Patienten statt. Um diese professionell zu erbringen, werden viele koordinative Vorleistungen im Sinne der Bereitstellung von personaler Expertise, Daten, Instrumenten, technischen Geräten, Räumen, Transportmitteln und dergleichen mehr benötigt. Die Bereitstellung dieser Leistungen könnte man unter dem Begriff »Systemlogistik« zusammenfassen. Diese Bereitstellungsleistung findet nicht im Behandlungskontext, sondern im *Systemkontext* statt. Dementsprechend ergeben sich auch unterschiedliche Managementaufgaben (Rüegg-Stürm 2008a):

- Um die dem Behandlungskontext inhärente Ungewissheit und Ambiguität bewältigen zu können, bedarf es seitens Ärzteschaft und Pflege der *Fachführung.* Fachführung beruht auf der professionsspezifischen Fachexpertise und steht traditionell in der Aufmerksamkeit gelingender Krankenhausarbeit.

- Für eine erfolgreiche Systemlogistik bedarf es demgegenüber einer sorgfältigen *Systemführung.* Diese bezieht sich auf die Organisation, d. h. auf das Zusammenspiel derjenigen Praktiken in einem Krankenhaus, über welche geeignete *Bedingungen* für gelingende Fachführung fortlaufend, zeitnah und spezifisch für die jeweilige Patienteninteraktion sichergestellt werden.

Diese Überlegungen lassen sich wie folgt zusammenfassen. Eine erste zentrale Aufgabe der Stärkung intraorganisationaler Kooperationsfähigkeit besteht im Verdeutlichen des *Voraussetzungsreichtums* des eigenen Handelns und Entscheidens. Eine zweite Aufgabe besteht in der Einführung der *Unterscheidung zwischen Fachführung* und *Systemführung.* So leicht diese Differenzierung in Behandlungs- und Systemkontext, in Fachführung und Systemführung auf Papier formuliert ist, so anspruchsvoll ist ihre operative Realisierung im Arbeitsalltag.

Wie lässt sich diese operative Realisierung bewerkstelligen? Wie gelingt es einem Krankenhaus, die Funktion der Systemführung zu entwickeln, ohne dabei die Fachführung abzuwerten oder gar zu vernachlässigen? Mit Hilfe welcher Praktiken kann die Aufmerksamkeit der Organisation auf die Systemführung verstärkt werden, um daraus gute Voraussetzungen für eine tragfähige intra- und interorganisationale Vernetzung zu schaffen?

Diese Fragen werden in den folgenden Abschnitten anhand konkreter »Episoden« der Krankenhausentwicklung adressiert.

4 Episoden gelingender und misslingender Vernetzung in Krankenhäusern

Der empirische Forschungskontext der folgenden Ausführungen umfasst zwei Universitätskrankenhäuser, ein großes Zentrumskrankenhaus und zwei regionale Krankenhäuser. Zur Erhebung empirischer Daten wurden in einem Team von sechs Forschenden folgende methodischen Verfahren eingesetzt: Dokumentenanalysen, qualitative Einzelinterviews, teilnehmende (aber nicht intervenierende) Beobachtungen und ethnographische Verfahren (»Leben« auf einer Station, »Shadowing« von Führungskräften aus Medizin, Pflege und Verwaltung). Alle Aktivitäten vor Ort wurden in Teams von mindestens zwei Personen durchgeführt. Interviews wurden aufgenommen und transkribiert, wobei Aussagen im Schweizer Dialekt in Schriftsprache übersetzt wurden. Die Transkripte wurden wie die gesammelten Dokumente inhaltsanalytisch ausgewertet. Beobachtungen wurden fortlaufend detailliert protokolliert und mit Hilfe einer systematischen Hypothesenbildung analysiert. Parallel dazu wurden Forschungstagebücher eingesetzt. Diese Triangulation von Forschungsmethoden ermöglichte umfassende, multiperspektivische Einblicke in die tatsächliche Arbeits- und Managementpraxis dieser Krankenhäuser (Langley 1999; Pettigrew 1990). Auf dieser Grundlage wurden umfangreiche Einzelfallstudien erstellt, die in Feedbackworkshops an die Beteiligten zurückgespiegelt und gemeinsam mit diesen aufgearbeitet wurden. Insgesamt folgte die Forschung den Prinzipien einer Lernpartnerschaft, in deren Zentrum handlungsentlastete Reflexionsräume mit dem Ziel standen, wechselseitig Lern- und Entwicklungsprozesse anzustoßen.

4.1 Ausgangslage

Alle an der empirischen Forschung beteiligten Krankenhäuser sind von ihrem Aufbau her als *multidivisionale Organisationen* zu begreifen. Die einzelnen Fachkliniken (Medizin, Chirurgie, Gynäkologie usw.) operieren grundsätzlich als voll integrierte, autonome, professionszentrierte Einheiten. Der Pflegedienst ist meistens quer zu diesen Einheiten über das gesamte Krankenhaus hinweg als eigenständiger Bereich organisiert. Diagnostik- und Laborbereiche gelten als wichtige Dienstleister. Die Krankenhausleitung nimmt im Wesentlichen eine ausgleichende, aber nicht steuernde Rolle ein und verantwortet allgemeine Bereitschaftsleistungen (Hotellerie, Facility Management, Bereitstellung von Budgets) (Mintzberg 1980).

Die zurzeit beobachtbaren Vernetzungsanstrengungen zielen stets in eine oder mehrere der folgenden Stoßrichtungen:

- *Qualitätsverbesserungen* für die Patienten (z. B. Tumor Boards);
- Ausweitung des diagnostischen und therapeutischen *Möglichkeitsraums,* was medizinisch-pflegerische Machbarkeit betrifft (z. B. Palliativleistungen);
- *Effizienzsteigerungen* für das Krankenhaus (bessere Nutzung gemeinsamer Infrastrukturen, Reduktion von Mehrfachuntersuchungen und anderer Redundanzen).

Im Vordergrund der bisherigen Anstrengungen der untersuchten Krankenhäuser standen im Allgemeinen die ersten beiden Aspekte. Dabei sind Vernetzungsformen realisiert worden, welche die Kooperation im Bereich der *Fachführung,* d. h. die interdisziplinäre Bearbeitung hoch spezifischer Problemstellungen im unmittelbaren Behandlungskontext, zum Gegenstand haben (vgl. hierzu die beiden linken Quadranten in Abb. 18). Diese Kooperationen umfassen sowohl Formen intraorganisationaler Vernetzung, zum Beispiel die Bildung von Tumor Boards, als auch Formen interorganisationaler Vernetzung, zum Beispiel die Formierung eines überregionalen Onkologienetzwerks.

Im Zentrum solcher Anstrengungen steht die Bearbeitung von *Fachfragen* konkreter Einzelfälle (Krankheitsbilder, Patienten). Kaum im Fokus von Vernetzungsanstrengungen steht dagegen die gemeinschaftliche Entwicklung förderlicher *Handlungsbedingungen* für professionsübergreifende Kooperation, sei es im intra- oder interorganisationalen Kontext, d. h. die Systemperspektive (vgl. hierzu die beiden rechten Quadranten in Abb. 18).

Im Folgenden werden Episoden präsentiert, die strategische Initiativen im Bereich der Systemführung zum Gegenstand haben, d. h. aus einer Systemperspektive auf die Entwicklung von Handlungsbedingungen abzielen, die einer erfolgreichen Vernetzung förderlich sind.

intra-organisational	bilaterales, interaktionales Zusammenbringen von Experten für die jeweilige Patientensituation Beispiele: Konsil, Tumor Board, interdisziplinäres Team	Zusammenbringen von Experten für die jeweilige organisationale Problemstellung Beispiel: fachübergreifendes Board bei der Umsetzung des Arbeitsgesetzes, Steuerungsgruppe einer strat. Initiative
	↓ *Übertragung professionaler Alltagspraxis*	↓ *Übertragung organisationaler Alltagspraxis*
inter-organisational	bilaterales, interaktionales Zusammenbringen von Experten für die jeweilige Patientensituation, meist innerhalb einer Profession über Organisationsgrenzen hinweg Beispiel: Onkologie-Netzwerk	Zusammenbringen von Experten für die Gestaltung von Kooperationsbeziehungen zwischen Organisationen im Gesundheitswesen Beispiel: integriertes Versorgungsnetzwerk

Abb. 18: Vernetzungsmatrix

Konkret werden in jeder Episode zwei Fragen beleuchtet:

- Was heißt überhaupt Vernetzung im entsprechenden Handlungskontext? In welchen Praktiken kommt Vernetzung zum Ausdruck bzw. sollte zum Ausdruck kommen?
- Wie, d. h. mit welchen Praktiken, ist versucht worden, Vernetzung zu entwickeln und zu fördern? Wie sind solche Praktiken entstanden?

4.2 Vernetzung im Kontext einer fachlich bedingten organisationalen Ausdifferenzierung

In einer großen und medizinisch international führenden Klinik eines Universitätskrankenhauses zeigte sich in den vergangenen Jahren immer deutlicher, dass aufgrund der fortschreitenden professionsbezogenen Spezialisierung eine Ausdifferenzierung der Klinik in verschiedene Fachbereiche unerlässlich wurde. Der Klinikleitung war es allerdings ein Anliegen, dass eine solche Fachbereichsbildung nicht zu »Königreichen im Königreich« führen sollte. Zudem sollte zweitens der Aufbau redundanter fachbereichsspezifischer Infrastrukturen vermieden werden.

In einem ersten Schritt war geplant, die Fachbereichsbildung primär durch Definition einer neuen Organisationsstruktur zu realisieren. Es zeigte sich rasch, dass sowohl die Vernetzungsziele als auch eine größere Anzahl wichtiger und dringender Verbesserungspotenziale, was Patientenbetreuung und Arbeitsstress betrifft, auf diese Weise nicht wirksam würden bearbeitet werden können. Es wurde deutlich, dass ohne eine Analyse und Optimierung der alltäglichen routinisierten Arbeits- und Kooperationsmuster die angestrebten Ziele nicht erreicht werden konnten.

Im Folgenden soll vor allem auf zwei Aspekte der im Anschluss gestarteten Optimierungsinitiative eingegangen werden: auf die sachbezogene Vernetzung (Kopplung) von Aktivitäten sowie auf die kulturelle Vernetzung (Kopplung) über Beziehungen (1) sowie auf die übergeordnete Steuerung der Initiative (2).

(1) Die Analyse und Optimierung alltäglicher, routinisierter Arbeits- und Kooperationsmuster nahm ihren Ausgangspunkt in einer sorgfältigen *Rekonstruktion* der bestehenden Behandlungsabläufe innerhalb der Klinik – und zwar mit den und durch die an diesen Prozessen beteiligten Personen: In Interviews wurden Ärzte, Pflegefachpersonen, Vertreter der »administrativen Bereiche« (z. B. Bettendisposition, IT, Sekretariate) und Vertreter anderer Kliniken um die Beschreibung ihres jeweiligen Arbeitsablaufs im Zusammenhang mit dem interessierenden Patientenpfad gebeten. Die Beschreibungen wurden über eine Software für die Interviewten gut sichtbar und mit Hilfe einfacher Symbole und Farben unmittelbar visualisiert. Im Anschluss wurden die aus den Interviews gewonnenen Einzelsichten auf den Behandlungsprozess zu einem gesamthaften Prozessplan integriert und auf großflächigen Darstellungen ausgedruckt. In einem Workshop mit allen Beteiligten stellten sich die Mitarbeitenden diesen Gesamtprozess gegenseitig vor, identifizierten dringende Verbesserungspotenziale und leiteten entsprechende Veränderungsmaßnahmen ab.

Die spätere Realisation der Maßnahmen zur anvisierten Optimierung und Hebung von Verbesserungspotenzialen trug zu einer verbesserten Kopplung der Aktivitäten bei. Die gemeinschaftliche Form der Bearbeitung prägender Alltagsherausforderungen hatte auch auf der Beziehungsebene nachhaltig positive Wirkungen: Ärzte, Pflegende, Mitarbeitende der Administration und Partner anderer Bereiche erhielten erstmals ein gesamthaftes Bild von ihrer Einbindung in einen gemeinsamen, professions-, abteilungs- und klinikübergreifenden Prozess. Sie konnten damit nicht nur ihre eigene alltägliche Arbeit in den Gesamtzusammenhang der Wertschöpfung für die Patienten einordnen. Dank der Betrachtung über Bereichsgrenzen und Schnittstellen hinweg gelangten auch die Auswirkungen der eigenen Arbeit auf Mitarbeitende anderer Organisationsbereiche gut nachvollziehbar in den Blick.

So manches Alltagsproblem, für das zuvor mitunter noch regelmäßig einzelne Personen verantwortlich gemacht wurden, entpuppte sich nun als eine in vielfältige Arbeitsbeziehungen eingebettete, durch komplexe Abhängigkeiten geprägte Herausforderung. In der alltäglichen Zusammenarbeit führte dies zu einem größeren Verständnis füreinander und zu einer höheren Kooperationsbereitschaft, wie verschiedene Mitarbeitende berichteten, zum Beispiel:

> »… dass die Pflege gemerkt hat: Ja halt, die Ärzte haben noch anderes zu tun, die haben noch eine Sprechstunde. Die haben das vorher schon auch gewusst, aber das Verständnis ist noch größer geworden … Es gibt jetzt auch vielleicht ein Telefonat weniger, es wird auch ein wenig Geduld eingeräumt. Es werden Sachen vorbereitet, wo es früher unwahrscheinlich war, dass es gemacht wird. Dieses Entgegenkommen ist einfach sehr groß geworden.« (Ein Assistenzarzt)

Die engere und friktionsfreiere Vernetzung der Mitarbeitenden in der Klinik untereinander wurde auch anderweitig wahrgenommen. So äußerte sich ein Mitglied der Krankenhausleitung:

»Etwas Positives an dem Projekt war auch, dass es den Zusammenhalt in der Klinik gestärkt hat. Ärzte und Pflege sind jetzt viel gemeinschaftlicher unterwegs.«

(2) Unterstützt, begleitet und aktiv mitbearbeitet wurden die oben skizzierten Veränderungs- und Optimierungsanstrengungen durch eine für diese Initiative verantwortliche Steuerungsgruppe. Diese arbeitete in einem achtsam gestalteten, räumlich-zeitlich-sozialen Wandelkontext, der als solcher wiederum charakteristische Vernetzungswirkungen ermöglichte:

- Für die Entwicklungsarbeit wurden jeweils spezifische Zeitfenster reserviert und nicht, wie häufig anzutreffen, alltagsfachliche Zusammenkünfte wie beispielsweise Rapporte, Visiten oder Teammeetings »umfunktioniert«. Für diese Zeit galt denn auch, die Zuständigkeit für das alltägliche Geschehen auf ein Minimum zu reduzieren, Piepser an andere Fachpersonen abzugeben und Ähnliches. Dies erlaubte ein gemeinschaftliches Arbeiten ohne den sonst vorherrschenden unmittelbaren Handlungsdruck des Alltags.
- Für die Arbeit der Steuerungsgruppe wurde eigens ein Projektraum hergerichtet. Dort konnten relativ störungsfrei Workshops und Besprechungen abgehalten werden. Dokumente und Visualisierungen (z. B. die großflächigen Prozesspläne und eine Vielzahl von Mindmaps an den Wänden) wurden dort über die gesamte Dauer des Entwicklungsprozesses für den jederzeitigen Zugriff zur Verfügung gestellt. Über den Projektraum und die damit einhergehende räumliche Trennung vom Alltag wurde zusätzlich die ganz andere Art von Problemstellung markiert, die in diesem Rahmen zu bearbeiten war. In dem hier vorgestellten Fall hatte dieser Effekt noch eine ganz spezielle Note: Der Projektraum lag im obersten Stock eines alten, nicht mehr für den Alltagsbetrieb verwendeten Nebengebäudes der projektführenden Klinik. Während der Meetings warf man damit also nicht nur inhaltlich, sondern auch räumlich einen Blick auf den Alltag.
- Um die im Rahmen des Projekts zu optimierende Vernetzung im Alltag zu ermöglichen, waren bereits in der verantwortlichen Steuerungsgruppe alle am »Gesamtgeschehen« beteiligten Disziplinen vertreten, das heißt Vertreter der Ärzteschaft, der Pflege, der Sekretariate wie auch der Informationstechnologie. Auch fanden verschiedene Hierarchieebenen Einsatz in der Steuerungsgruppe. Ziel war es, die Perspektiven möglichst aller »Praxiswelten« und Ebenen mit einzubeziehen und damit eine friktionsfreie Vernetzung im Alltag zu fördern. Einem Rückfall in hierarchische Interaktionsmuster während der Entwicklungsarbeit wurde entgegengewirkt, indem regelmäßig ein externer Coach an diesen Sitzungen teilnahm. Er wirkte bei Bedarf moderierend auf eine konstruktive, ausgeglichene Interaktionsdynamik und ganz allgemein auf die Einhaltung von vereinbarten Spielregeln hin. Ein Teilnehmer der Projektgruppe erinnerte sich:

»Wichtig war, dass wir einfach auch Leute von außen hatten. Wenn man sich einmal so festgefahren hat oder sehr unterschiedliche Meinungen hatte, dass man dann auch gerade neutral eingegriffen hat ... Ja, denn sonst habe ich das Gefühl, entsteht so das Machtgefälle – das natürlich so ist in der Klinik – auch in solchen Sitzungen.«

Die Schaffung dieser Plattformen entsprach für die Beteiligten einer *Unterbrechung* des Alltagsgeschehens. Man stieg temporär aus dem Alltagsgeschehen aus und lernte zusammen mit Gleichgesinnten reflektierend die eigene Alltagswirklichkeit und Alltagspraxis aus einem zumindest partiell handlungsentlasteten Blickwinkel auf eine neuartige Weise kennen. Neuartig waren dabei folgende drei Aspekte:

- Erstens lernten die Beteiligten die Vernetzung und komplexe Abhängigkeit von Problemen und Handlungsabläufen kennen und die *impliziten* Bilder, Prämissen, Erwartungen und Rollen, welche die beteiligten Akteure in diesem Prozess entwickelt hatten. Die Beteiligten erschlossen sich auf diese Weise das Hintergrundwissen, das die alltäglichen Handlungsabläufe begleitete, strukturierte und stützte.
- Zweitens lernten die Beteiligten *über den Einzelfall hinaus* kennen, welche Probleme eine *systematische Ursache* hatten, wiederholt und mehr oder weniger regelmäßig auftraten – und die hierfür tatsächlich verantwortlichen Gründe. Beispiele für solche Probleme waren das Suchen von Diagnosedaten, von Krankengeschichten, das Verschieben von Terminen oder unnötige Mehrfachuntersuchungen.
- Drittens lernten die Beteiligten auch die Sprach- und Argumentationswelten ihrer Kooperationspartner kennen. Dabei wirkte die Repräsentation der visualisierten Patientenpfade wie eine »*Organisationssprache*« (von Krogh/Roos 1995). Diese neutrale Bezugsbasis ermöglichte in den laufenden Auseinandersetzungen der Prozessoptimierung eine Sprachentwicklung, die sich – zurück im klinischen Alltag – als äußerst hilfreich erwies. Bestehende und neuartige Begriffe konnten mit gemeinsam erarbeiteten Sinngehalten belegt werden. Der daraus resultierende Effekt war bereits während der Projektarbeit zu spüren: So konnte ein Meeting, für das fünf Stunden eingeplant war, zum Erstaunen der Teilnehmenden bereits nach der halben Zeit beendet werden. Lange Diskussionen aufgrund von Verständnisschwierigkeiten waren ausgeblieben.

Insgesamt schufen die drei skizzierten Aspekte eine neuartige Verständigungsgrundlage, d. h. ein *neues Referenzsystem* mit einem gewissen *Gefühl* für die gemeinsame Verantwortung für das Ganze. Dies stärkte die Zusammengehörigkeit der Klinik, senkte die Wahrscheinlichkeit von Missverständnissen und ermöglichte eine Verständigung über Themen, welche die einzelne Profession, Abteilung oder Klinik überschritten, woraus sich im Vernetzungskontext der neuen Fachbereiche ein friktionsfreieres und schnelleres Arbeiten ergab.

Entscheidend für diese Wirkungen war die *gezielte Gestaltung des Kontexts*, in dem die neuartigen Kooperationsmuster im Sinne von Vernetzungspraktiken entwickelt werden konnten. Auf diese Weise wurde die Arbeit an der Bildung und Vernetzung von Fachbereichen zu einem »*Prototypen« der zukünftigen Alltagspraxis*, in dem die Kooperation und Vernetzung in einem lern- und revisionsfreundlichen Entwicklungsprozess »pilotiert« und eingeübt werden konnte.

4.3 Bereichsübergreifende Zusammenarbeit in einem »Board«

Eines der Krankenhäuser stand vor der Herausforderung, dass fortan auch Assistenzärztinnen und -ärzte dem Arbeitsgesetz unterstellt wurden. Dies hatte mehrere Einschränkungen der ärztlichen Tätigkeit zur Folge. So durfte die wöchentliche Arbeitszeit nicht mehr als 50 Stunden betragen. Die Anzahl möglicher Dienste am Stück und die Dauer der Dienste wurden deutlich eingeschränkt. Damit wurde die Arbeitszeit der Assistenzärztinnen und -ärzte zu einer *knappen Ressource* und rückte so in den Fokus der Aufmerksamkeit. Bisher spielte diese Größe im beruflichen Alltag sowohl bei Chefärzten als auch bei jungen Medizinern nur eine untergeordnete Rolle.

Die Art und Weise zur Handhabung solcher Einschränkungen folgte in der Vergangenheit dem Muster, neue Stellen zu schaffen. Der Personaldienst erhob den entsprechenden Bedarf, mit dem Ergebnis, dass etwa 30 % zusätzliche Assistenzarztstellen einzurichten gewesen wären. Im Unterschied zu früher war dies allerdings nicht mehr finanzierbar.

Das Krankenhaus musste nun einen alternativen Weg finden, mit dieser neuen gesetzlichen Auflage und dem drohenden Ressourcenengpass umzugehen. Die Direktion des Krankenhauses war überzeugt, dass entsprechende Optimierungspotenziale vorhanden waren, durch deren Ausschöpfung die Ressourcenverknappung aufgefangen werden könnte. Eine solche Optimierung setzte allerdings eine intensive Auseinandersetzung mit den Organisations- und Führungspraktiken in den einzelnen Kliniken voraus. Wie aber sollte das eigene Organisieren und Führen in die Aufmerksamkeit der einzelnen Fachbereiche, Kliniken und der Gesamtorganisation gebracht werden?

Die Direktion entschied sich, eine interdisziplinäre und interprofessionelle Arbeitsgemeinschaft aus anerkannten Vertretern aller wichtigen Bereiche, Professionen und Hierarchieebenen (Medizin, Pflege, Verwaltung, Ober- und Assistenzärzte) zu formieren, um gemeinsam die Herausforderungen einer Realisierung der neuen gesetzlichen Vorgaben bearbeiten zu lassen und die Kliniken bei der Umsetzungsarbeit zu unterstützen. Diese Arbeitsgemeinschaft wurde in Anlehnung an bereits bestehende interprofessionelle Kooperationsplattformen (z. B. Tumor Boards) *Board* genannt. Dies erwies sich als außerordentlich geschickter Schachzug, denn damit wurden positive Erfahrungen aus der erfolgreichen Zusammenarbeit im medizinischen Alltag assoziiert, die jetzt in einem völlig neuartigen Arbeitskontext, nämlich bei der gemeinsamen Bearbeitung von Organisations- und Führungsherausforderungen positiv referenziert und mobilisiert werden konnten.

Zur Unterstützung des Boards wurde darüber hinaus eine allparteiliche externe Person angestellt, die eine Moderationsrolle in den Boardsitzungen übernahm und die administrativen Aufgaben (Protokoll, Informationsbeschaffung und -aufbereitung) erledigte. Im Rahmen von regelmäßigen Boardsitzungen wurde die Umsetzung weiter vorangetrieben.

Ein Board als Austauschplattform jenseits von Alltag und Hierarchie

Die bereits eingangs beschriebenen Bemühungen einer Umsetzung durch die Instruktionen des Personaldienstes hätte eine Umsetzung begleitend zum regulären Alltagsbetrieb erfordert. In einem solchen Fall hätte jeder Fachbereich für sich alleine eine Lösung entwickelt. Durch das Board wurde nun ein *geschützter Raum* geschaffen, in dem die Mitglieder unterschiedlicher Bereiche auf gleicher Augenhöhe gemeinsam Lösungen erarbeiten konnten:

> »Also das geht über diese verschiedenen Hierarchiestufen hinweg. Ich glaube dieser Ansatz muss es sein. Dass man gleichberechtigt spricht, wenn es um so Organisationsthemen geht, weil jeder seine Erfahrung irgendwie einbringen muss.« (Mitglied des Boards)

Durch das Board wurde ein Raum geschaffen, in dem die fachliche Hierarchie ausgeblendet und die Organisationsperspektive eingeblendet wurde. Gemeinsam konnten kreative Lösungen ersonnen und gegenseitig der Umgang mit den Herausforderungen beobachtet werden. Da Vertreter aus den betroffenen Bereichen anwesend waren, konnte eine Übertragbarkeit der erarbeiteten Lösungen und Empfehlungen in die Alltagswirklichkeit der unterschiedlichen Berufsgruppen sichergestellt werden. Obwohl jede Klinik darauf bestand, dass es ihre Eigenheiten und Besonderheiten nicht zuließe, einzelne Lösungen unbesehen auf andere Kliniken zu übertragen, konnte durch den gemeinsamen Austausch das eigene Problem und die eigene Lösung aus anderen Perspektiven interpretiert und hinterfragt werden.

> »Ja es war immer spannend zu hören, wie es die anderen machen. Wir haben einfach mal gestartet mit einem relativ engen Blickwinkel. Und dann dadurch, dass wir von den Problemen der anderen gehört haben, da hat man auf einmal gedacht: Ja, das habe ich bisher überhaupt nicht als Problem angeschaut – ist es vielleicht auch eines bei uns? Man hat dadurch einfach Inputs erhalten, um den eigenen Weg noch einmal zu überdenken und noch ein wenig zu analysieren und allenfalls zu korrigieren.« (Umsetzungsbeauftragter einer Klinik)

Ein zentrales Thema der Systemführung (gesetzeskonforme Arbeitszeiten) wurde auf diese Weise aus einem Fachbereich (Personal) in das Gesamtsystem (Board mit betroffenen Personen) überführt.

Vertretung des eigenen Fachbereichs im Kontext der Gesamtorganisation

Eine kritische Herausforderung der Board-Arbeit war die Beantragung von Mitteln für Stellen und Projekte, die eine Umsetzung des Arbeitsgesetzes ermöglichen sollten. Die Antragsstellung wurde durch das Board zentralisiert und vereinheitlicht. Bisher wurden die Stellen stets *bilateral* im direkten Kontakt zwischen Direktion und Fachbereich beantragt und entschieden. Für die Direktion bedeutete dies eine Informationsasymmetrie, da ein solcher Stellenantrag in den allermeisten Fällen auf den ersten Blick nachvollziehbar erschien. Durch die Einrichtung eines Boards mussten die Antragssteller nicht nur ihrer eigene Stelle begründen, sondern diese zusätzlich *in Relation zu den anderen Stel-*

len rechtfertigen, also gegenüber einem Teil der Organisation (den Mitgliedern des Boards). Dieser erhöhte Legitimationsdruck führte gegenüber den ursprünglichen Anträgen bereits zu einem Rückgang der beantragten Stellen um die Hälfte.

Gleichzeitig konnten die einzelnen Mitglieder des Boards Empfehlungen aussprechen, welche Stellen aus ihrer Sicht prioritär erschienen. Dadurch konnte sich die Direktion ein besseres Bild des tatsächlich vorhandenen Bedarfs machen, was die Informationsasymmetrie zwischen Direktion und Fachbereichen minderte.

Dies alles war keineswegs selbstverständlich, denn mehrere Boardmitglieder fürchteten zu Beginn der Arbeit im Board negative Konsequenzen in der Zusammenarbeit mit Kollegen, falls bestimmte Anträge nicht bewilligt würden.

Neutrale Moderation und hohe Strukturierung

Ein weiterer Erfolgsfaktor in der Bearbeitung von Fragen der Systemführung zeigte sich an der Notwendigkeit allparteilicher Moderation und Strukturierung – ganz besonders, als es um die Diskussion von Optimierungspotenzialen in den einzelnen Bereichen und Kliniken ging. Zum einen lassen sich die Mitarbeitenden eines Fachbereichs nicht gerne von Anderen sagen, was man besser machen kann. Zum anderen spielen Themen, die sich mit der Systemführung beschäftigen, im eigenen Handeln eher eine untergeordnete Rolle. Die folgenden Zitate veranschaulichen dies:

> »Wir Ärzte, und der Großteil des Boards waren ja Ärzte. Wir sind ja alle Individualisten und meinen, wir können es besser als der andere, und da ist man natürlich nicht so offen für Ratschläge aus den anderen Bereichen.« (Umsetzungsbeauftragter)

> »Also, dass da jemand Externes ist, der nicht voreingenommen ist, das ist schon sehr gut. Schließlich glaubt man dem dann eher mal und hat nicht das Gefühl, der will nur meinen Bereich schlechtmachen. Und man selber denkt, aber dem seiner ist nicht mit unserem vergleichbar.« (Mitglied des Boards)

> »Also ich finde gut, dass da jemand war, der die ganze Strukturarbeit gemacht hat. Protokolle, Einladungen, Termine koordinieren. Das ist aufwendig, und das ist viel Arbeit. Und wenn das irgendjemand nebenher macht, dann ist er schnell durch seinen eigenen Alltag überfordert. ... Man hatte einen strukturierten Ablauf, und alle richteten sich danach, ansonsten ist das Risiko groß, dass es im Sand verläuft.« (Mitglied des Boards)

Es ist demnach nicht ausreichend, wenn lediglich die entsprechenden Personen gemeinsam am Tisch sitzen und sich austauschen. Dabei besteht die Gefahr, dass es zu einem allgemeinen Austausch ohne Ziel und Sinnhorizont kommt. Um dies zu vermeiden, ist ein Mindestmaß an moderierender und administrativer Strukturierung der Arbeitstreffen erforderlich. Diese Aufgaben wurden von einer externen Person übernommen, um die Board-Mitglieder zu disziplinieren und zeitlich zu entlasten.

Zusammenfassend wurde mit dem Board eine Kommunikationsplattform geschaffen, auf der einmal nicht medizinische, sondern Managementprobleme der einzelnen Bereiche im Gesamtkontext des Krankenhauses bearbeitet wurden.

Durch eine gezielte Strukturierung der Kommunikation gelang eine als konstruktiv wahrgenommene Unterbrechung des Alltags, durch die eine gemeinsame und systematische Auseinandersetzung mit knappen Ressourcen und bereichsübergreifenden Optimierungspotenzialen möglich wurde. Das Board fungierte als »Tüftelplattform« und ermöglichte eine Selbstbeobachtung abseits des enorm fordernden Alltags. Gleichzeitig konnte man über die Mauern des eigenen Bereichs hinaus in die »Gärtchen der Anderen« blicken, ohne negative Konsequenzen fürchten zu müssen. Die Individualität des eigenen Gartens wurde durch das Board nicht außer Frage gestellt. Gefördert wurden aber ein Lernen von anderen und die Reflexion des eigenen Handelns.

Durch die Vertretung des eigenen Fachbereichs auf Ebene der Gesamtorganisation wurde die Fachbereichsperspektive zurückgestellt und die Systemperspektive gestärkt, die eine Einschätzung des eigenen Problem- und Lösungsbeitrags zum Gesamtsystem ermöglichte. Durch die Vereinbarung strukturierender Spielregeln erfuhr das Board viel Prozesssicherheit, um selektive Entscheidungen zu treffen.

4.4 Vernetzung zweier Pflegebereiche im Kontext eines Krankenhausverbundes

Die folgende Episode beleuchtet die Vernetzung zweier Pflegebereiche bei der Bildung eines Krankenhausverbundes, die auf die Realisierung von Rationalisierungs- und Qualitätsgewinnen ausgerichtet war. Dies erforderte vor allem in einem der beiden Pflegebereiche sowohl fachliche als auch organisatorische Veränderungen (vgl. Tuckermann 2007). Fachlich ging es vor allem um die Einführung und Angleichung entsprechender Standards. Aus Organisationssicht hatte der Wandelprozess zum Ziel, die Führungsarbeit und die Kommunikationsstrukturen auf den Ebenen von Stations- und Pflegleitung zu stärken. Trotz Ressourcenverknappungen konnte zwar der Pflegebetrieb noch aufrechterhalten werden. Jedoch sank zunehmend die Möglichkeit, mit der fortlaufend erforderlichen Wissensentwicklung Schritt zu halten. Die Kritik an der pflegerischen Arbeit häufte sich, die Mitarbeitenden waren vermehrt überlastet, und häufiges Improvisieren untergrub einen halbwegs berechenbaren Arbeitsalltag. Die erforderlichen Abstimmungen zwischen den Stationen und mit anderen Bereichen verlagerten sich unmerklich auf informelle Netzwerke. Der traditionell der Ärzteschaft hierarchisch unterstellte Pflegebereich wurde zunehmend unführbar.

Nebst Investitionen, der Schaffung neuer Stellen und Personalwechseln musste zur Stärkung der Führung und zur tragfähigen Integration der Pflegebereiche intensiv an einer Neugestaltung der Zusammenarbeit gearbeitet werden. Dies betraf zum einen Kooperationspraktiken innerhalb der Pflege zwischen den Stationen und zum anderen die Vernetzung mit den Kliniken und den so genannten Unterstützungsbereichen (wie Küche, Wäscherei, technischem Dienst). Die Entwicklung einer tragfähigen intraorganisationalen Vernetzung zugunsten einer qualitativ hochwertigen patientenzentrierten Versorgung gelang über drei miteinander verwobene Praktiken: (1) Strukturierung von Kommunikationsplattformen, (2) Einladen von Gästen vor der Einführung organisationaler Veränderungen und (3) Ausdifferenzierung der Weisungsbefugnis mit der Ärzteschaft.

(1) Ein wesentliches Moment gelingender Entwicklung von Führung und der Stabilisierung der Organisation bestand im systematischen Aufbau neuer und in der Optimierung vorhandener kommunikativer Plattformen (Meetings, Rapporte, regelmäßige Gespräche): Innerhalb des Pflegebereichs wurde ein morgendlicher Rapport eingerichtet, an dem sich Vertreter aller Stationen über Besonderheiten der zurückliegenden Nacht, über die jeweilige Auslastung und über Möglichkeiten gegenseitigen Aushelfens austauschen konnten. Auf Leitungsebene wurden wöchentliche Einzelgespräche zwischen Stations- und Pflegeleitung eingerichtet, um aktuelle Fragen zur *Leitung der Stationen* zu besprechen. Monatlich fand darüber hinaus ein Treffen von Pflegeleitung mit allen Stationsleitungen statt, in dem fachliche *und führungsbezogene* Themen des Gesamtbereichs Pflege bearbeitet wurden. Neben dieser Strukturierung von internen Kommunikationsplattformen wurden zudem regelmäßige Treffen zwischen Pflegeleitung und Kliniken vereinbart, um zeitnah und systematisch Fragen zur Gestaltung der Zusammenarbeit zu klären.

Durch diese vielfältigen Anstrengungen zur Strukturierung von Kommunikation konnten sowohl Herausforderungen der internen Vernetzung als auch der Kooperation mit anderen Bereichen fortlaufend abgearbeitet werden. Dies schuf eine Form von Öffentlichkeit zu Fragen der Zusammenarbeit und Aufgabenverteilung, die ohne derartige Plattformen auf der persönlichen Ebene informeller Netzwerke verblieben wären. Die Einrichtung und der Aufbau von Kommunikationsplattformen war sowohl Teil der Entwicklung intraorganisationaler Vernetzung als auch Teil des Ergebnisses eines solchen Prozesses. Ein wesentliches Erfolgsmoment bestand aus unserer Sicht darin, dass der Wandelprozess selbst, d. h. die Form der »Inszenierung« des Wandels, das angestrebte Ergebnis für die Beteiligten erfahrbar werden ließ. Diese Kongruenz zwischen Prozess und Ergebnis erlaubte es den Beteiligten, die Entwicklunganstrengungen als Übungsraum für eine veränderte Alltagsorganisation zu nutzen (vgl. Buschor 1996; Rüegg-Stürm 2001).

(2) An den monatlichen Pflegeleitungstreffen konnten Kliniken und Unterstützungsbereiche teilnehmen. Dabei wurde zum Beispiel deutlich, dass verschobene Dienstzeiten des Früh-, Spät- und Nachtdienstes eine bessere Arbeitsverteilung zwischen den drei Schichten ermöglichten. Diese Umstellung zog jedoch eine zehnminütige Verschiebung der Essenszeiten nach sich. Anstatt dass die Pflegeleitung nunmehr alleine mit der Leitung der Küche verhandelte, wurde die Küchenleitung in das regelmäßige Treffen von Stations- und Pflegeleitung eingeladen. Den Beteiligten aus der Pflege wurde dadurch deutlich, was ihr Vorhaben für die Küche bedeutete. In Hinblick auf eine gelingende Vernetzung erlaubte es dieser direkte Einbezug anderer Bereiche, die Auswirkungen der eigenen Entscheidungen auf andere Bereiche des Krankenhauses rasch zu erkennen und auf dieser Grundlage systematisch eine für *alle* Beteiligten angemessene Lösung zu erarbeiten.

Der Einbezug anderer Perspektiven hilft der Pflege, eine Form der Selbstbeobachtung zu praktizieren, bei welcher der Beobachtungskontext nicht auf den eigenen Bereich beschränkt ist, sondern in Richtung einer breiteren Perspektive auf andere Bereiche der Organisation erweitert wird. Der Einbezug von Gästen findet dabei nicht nur situativ und auf Initiative der Pflege statt. Die Krankenhausleitung sowie alle Abteilungen erhalten sowohl die Tagesordnungspunkte kommender wie auch die Protokolle zurückliegender Sitzungen und können *sich selbst* zu den monatlichen Leitungstreffen der Pflege einladen. Durch diese Form der Strukturierung von organisationaler Kommunikation können Beteiligte anderer Bereiche frühzeitig und systematisch in die eigene Entwicklungsarbeit einbezogen werden. Dies verringert erstens Überraschungen für die Kooperationspartner der Pflege. Zweitens sichert diese Praktik, dass pflegeinterne Maßnahmen stärker in den Kontext der Gesamtorganisation eingebettet und legitimiert werden.

(3) Eng verwoben mit der Strukturierung von Kommunikation und dem Einbezug von anderen Bereichen in den Wandel der Pflegeorganisation war die Entwicklung der Zusammenarbeit mit einigen Kliniken. Die Professionalisierung von Pflegestandards, Führung und Kommunikation transportierte gleichsam eine höhere Eigenständigkeit der Pflege gegenüber der Ärzteschaft. Zwar ist die Pflege nach wie vor bei fachlichen Fragen individueller Patientenbetreuung (Behandlungspflege) an die Weisung von Ärzten gebunden. Demgegenüber ist die Pflege bei Fragen interner Weiterbildung, Organisation des Stationsbetriebs, Leitung des Pflegebereichs oder Strukturierung des Tagesablaufs weitgehend autonom. Diese Unterscheidung zwischen fachlicher Abhängigkeit und organisationaler Unabhängigkeit – und damit eine hochselektive Form produktiver Vernetzung – war als Veränderung in der Zusammenarbeit mit einigen Klinikvertretern aber erst zu entwickeln. Entscheidend war hierbei erstens ein regelmäßiger Austausch zu Fragen der interprofessionellen Zusammenarbeit zwischen Pflege- und Klinikleitung. Zweitens wurden die Pflegestationen angehalten, keine organisationalen Weisungen von Ärzten mehr entgegenzunehmen, sondern die Ärzte vielmehr an die Pflegeleitung zu verweisen. Dadurch wurden Stationsmitarbeitende zunehmend von solchen Anfragen entlastet, was wiederum den Pflegebereich zu stabilisieren half. Abgesehen von der quantitativen Abnahme derartiger Einflussversuche gelang es der Pflegeleitung mit der Zeit, sich als zentrale Anlaufstelle für die interprofessionelle Zusammenarbeit zu positionieren. Dies wiederum erlaubte eine systematische und auf den *Pflegebereich insgesamt abgestimmte* Entwicklung der Zusammenarbeit mit den jeweiligen Kliniken – anstelle fragmentierter suboptimaler Lösungen.

4.5 Bildung organzentrierter Behandlungszentren

Ein Universitätskrankenhaus sah sich vor der Herausforderung, dass sein breites medizinisches Angebot aufgrund des zunehmenden Kosten- und Qualitätsdrucks nicht mehr finanzierbar war. Das Haus drohte mittelfristig in ein »Mittelmaß« zurückzufallen. Die Krankenhausleitung entschied, für das spitzenmedizinische Angebot eine *Schwerpunktstrategie* einzuschlagen. Dazu wurde die Bildung von *Behandlungszentren* beschlossen. Die Idee war, durch die *Integration der relevanten Spezialisten* um eine spezifische Krankheit (z. B. Tumorzentrum) oder ein spezifisches Organ (z. B. Herzzentrum) die Qualität, Innovation und Effizienz der Behandlung zu verbessern. Als Behandlungszentren wurden solche Gebiete ausgesucht, die sich durch eine hohe *Marktattraktivität* auszeichneten. Diese ergab sich entweder aus einem großen Patientenvolumen oder aus einer guten Wettbewerbsposition, die in einer starken Spezialisierung begründet war.

Im spezifischen Fall wurde die Integration aller am »Knochen« tätigen Chirurgen in das *Zentrum für Knochenchirurgie* angestrebt. Die vereinigten Orthopäden, Traumatologen, Hand- und Neurochirurgen sollten in drei interdisziplinäre Teams integriert werden. Jedes Team sollte sich auf die Behandlung eines spezifischen Segments (z. B. der oberen Extremität) des Bewegungsapparates spezialisieren. Nahezu vollständig integriert und von einem vierten Team betreut werden sollte die chirurgische Notfallstation. Im Folgenden gehen wir auf Praktiken bei der Realisierung dieser anspruchsvollen Initiative ein.

Wenn die Struktur ohne eine Betrachtung der Kultur implementiert wird

Die Verantwortlichen der Initiative standen vor folgender Führungsherausforderung: Die Krankenhausleitung wollte das Zentrum für Knochenchirurgie unbedingt realisieren. Aber aus früher gescheiterten Versuchen war aufgrund der Neuverteilung der Patientenströme ein erhebliches Widerstandspotenzial und eine große Komplexität der Entscheidungsfindung zu erwarten. Entsprechend waren die Praktiken der Aushandlung des Behandlungszentrums von einer Form der Mitwirkung geprägt, die potenzielle Widerstände eher vermied als ansprach.

Eine erste Praktik ist das *Bilden mehrerer Arbeitsgruppen* bei gleichzeitigem *Heraushalten der Chefärzte* in der Erarbeitungsphase einer Initiative. Bei der untersuchten Initiative galt es, einen konfliktgeladenen Start zu vermeiden und den Zeitaufwand für die Chefärzte zu minimieren. Vor allem sollte der Alltag kaum unterbrochen werden, da die Chirurgen sensibel auf eine mögliche Reduktion der eigenen Operationszahlen reagieren. In der Folge fanden weder ein sorgfältiges »Sensemaking« (Weiche 1995) noch eine systematische und übergreifende Absprache zwischen den letztlich bestimmenden Chefärzten statt. Die Entwicklungsarbeit in den Arbeitsgruppen wurde hauptsächlich vom Projektleiter vorgenommen. Die beteiligten Mitarbeitenden hatten das Gefühl, einfach ihr Wissen abzuliefern, ohne Anrecht auf Teilhabe am Projektverlauf. In der Konsequenz entwickelte sich der Projektleiter zur alleinigen »Verbindungsstation« zwischen den involvierten Gruppen, während die Wahrnehmung von Verantwortung für die Initiative durch die Mitglieder der Arbeitsgruppen bescheiden blieb. Der Projektleiter lokalisierte das Problem darin, »*… dass wir einen Mangel an Managementkapazität haben. Die Expertengruppen kommen unvorbereitet zu Sitzungen, und tauschen eher Vorurteile aus und weniger gut reflektierte Argumente.*«

In der Folge nahm der Projektleiter die finale Ausarbeitung der Initiative wieder an sich, erarbeitete auf der Grundlage persönlicher Fachlektüre den Vorschlag einer »Hypertext-Organisation« (Nonaka/Takeuchi 1995) und legte dieses innovative Organisationsmodell den leitenden Chirurgen und der Krankenhausleitung zur Entscheidung vor. Während die Krankenhausleitung zustimmte, wuchs der Widerstand bei den Chirurgen, je mehr ihre Aufmerksamkeit für die Initiative stieg. Entsprechend viel Zeit nahm die Ausformulierung eines Reglements in Anspruch, mit dem zentrale Organisationsfragen wie die Definition von Führungsfunktionen, hierarchischen Unterstellungen und Einstellungsprozessen geklärt werden sollten. Trotz dieser Klärungsanstrengungen drohte ein Scheitern. Der Projektleitung gelang es mit Hilfe der folgenden Maßnahme, die Zustimmung der Chirurgen zu sichern: Alle sechs leitenden Ärzte wurden zu Chefärzten berufen. Allerdings verblieb der Plan, auf den man sich einigen konnte, auf einer relativ abstrakten Ebene.

Die Entwicklungsdynamik lässt sich wie folgt charakterisieren. Während der Inhalt der Initiative innovativ ist, scheint der *Stil der Bearbeitung* dem traditionellen Alltagshandeln zu entsprechen. Die Führung der Initiative ist *»personalisiert«*. Es finden praktisch keine Abstimmungsprozesse mit den letztlich Betroffenen statt. Die Verhandlung über die Zustimmung verläuft *bilateral*. Der Projektleiter führt mit jedem Exponent Einzelgespräche. Dadurch wird in Kauf genommen, dass die Initiative je nach Standpunkt und Zugehörigkeit zu einem Arbeitskontext *unterschiedlich verstanden* wird. Die leitenden Ärzte sehen ihre Ernennung zum Chefarzt als Symbol der schon lange verlangten persönlichen Autonomie. Sie schätzen die Spezialisierungsvorteile für die chirurgische Fachentwicklung. Für die Krankenhausleitung bleibt es dagegen eine weitgehend ökonomisch motivierte Initiative.

Diese Praktik der *»kreativen Zweideutigkeit«* lässt die interpretativen Inkonsistenzen unbearbeitet im Raum stehen. Es bleibt weitgehend unklar, was diese Initiative für die Kultur der Zusammenarbeit und für das Handeln des Einzelnen in Zukunft genau heißen dürfte.

Für die tatsächliche Einführung des neuen Organisationsmodells gab der Projektleiter die Führung an einen Chirurgen ab, den zukünftigen Leiter des Behandlungszentrums. Er hätte gerne noch einen »Business Plan« erarbeitet, in dem viele Detailfragen zu klären gewesen wären. Am Schluss reichte die Zeit dazu nicht mehr aus.

Die Umsetzung des neuen Organisationsmodells mit den Teams für drei Körperregionen fand statt, indem am Morgen der Bildung des neuen Behandlungszentrums einige zentrale Fragen wie die Organisation der Rapporte, die Teamgröße, die Nachtdienste sowie die Aufteilung des Personals auf die Bettenstation, den Operationssaal und die Sprechstunden neu definiert wurden. Aufgrund der lediglich rudimentären Feinplanung entstanden allerdings sehr viele Unklarheiten. Diese schwierige Lage in den ersten Tagen bewältigten die Chirurgen mit Hilfe der Praktiken der *Selbstorganisation*, der *Notfallroutinen* sowie einem ernormen Zeiteinsatz.

Selbstorganisation funktionierte so, dass jeder Assistenzarzt seine Patienten »an die Hand nahm« und vorbei an allen Problemen des Systems durch den Behandlungsprozess steuerte. Notfallroutinen kamen dort zum Einsatz, wo Entscheide gefällt oder im Team gearbeitet werden musste. Der Chirurg mit der meisten Erfahrung übernahm die Führung und verteilte Aufgaben und das Personal. Weil diese Feuerwehrübungen viel Zeit beanspruchten, konnte die Organisation nur funktionieren, weil die Chirurgen eine enorme Einsatzbereitschaft zeigten.

Die Folge dieses Vorgehens war, dass das neue Organisationsmodell, wie es grob definiert worden war, bereits ab dem Einführungszeitpunkt durch die Selbstorganisation und die Notfallroutinen *übersteuert* wurde. Das neue Organisationsmodell konnte sich nicht im Alltag stabilisieren und beweisen.

Für alle recht überraschend zeigte sich aber in den nächsten zwei Monaten folgende Entwicklung: Aus den *drei Teams* wurden in zwei Monaten *fünf »Extremitäten-Detail-Teams«*. Anscheinend waren die Chefärzte nicht bereit, auf ihre traditionelle Praktik, dass jeder *sein eigenes Gebiet braucht*, zu verzichten. Die Alltagsorganisation formierte sich auch im neuen Behandlungszentrum um die *Chefarztpersönlichkeiten* herum und nicht um die neugebildeten körperregionen-zentrierten Teams. Korrespondierend wollten die Chirurgen *ihr ganzes Potenzial* nutzen und mehr als nur diejenigen Patienten behandeln, die aufgrund der Diagnose ihrem Team zugerechnet wurden.

In einer ersten Einschätzung kommentierte ein Assistenzarzt die neue Situation mit »ähnlich, aber einfach komplizierter als zuvor«.

Denn es kam nur Monate nach Einführung des Behandlungszentrums zu einem Rückfall in die alte Alltagswirklichkeit und die alten Strukturen.

Strukturfragen spielen dennoch eine Rolle

Das Behandlungszentrum verfügte dank ihrem *Leiter* und dem *Leitungsgremium* über einen *zentralen Ort der Steuerung*. Bisher hatte jeder Chefarzt in seinem Bereich relativ unkoordiniert eigene Forschungsprojekte oder Ausbildungspläne definiert. Jetzt geschahen solche Festlegungen zentral für das ganze Zentrum mit klar verteilten Verantwortlichkeiten. Durch die gemeinsame Führung herrschte nunmehr ein höherer Grad an Transparenz bezüglich der Ressourcenbelastung einzelner Teams, was eine effizientere Allokation ermöglichte. Abmachungen im Leitungsgremium wurden von den betroffenen Chefärzten eher umgesetzt, da sie sich ihren gleichgestellten Kollegen gegenüber rechenschaftspflichtig fühlten.

Das Behandlungszentrum implizierte eine *Integration der Verantwortlichkeit* für den Patienten vom Eintritt bis zum Austritt und damit die Motivation, die *Notfallstation als Koordinationsdrehscheibe* aufzuwerten. Für kurze Warte- und Durchlaufzeiten ist es entscheidend, dass Patienten unverzüglich dem richtigen Pfad zugewiesen werden. Dazu diente die eingeführte Innovation der »*Prozesstriage*«. Sie sorgte dafür, dass »einfache« Patienten einem Standardprozess zugewiesen werden, um ausreichend Ressourcen für aufwendige, multidisziplinäre Diagnosen und Behandlungen von komplexen Fällen bereitzustellen. Dazu gehörte die Einführung der Funktion eines *koordinierenden Oberarztes*, der die Tagesplanung des Operationssaals, die Organisation von Konsilien, das Management von Polytrauma-Patienten übernahm und als Ansprechpartner für interne und externe Ärzte fungierte. In der Nacht übernahm er für alle chirurgischen Abteilungen den Wachdienst und sparte so Ressourcen ein. Wichtig war, dass dieser Chirurg nicht operierte, sondern auf der Drehscheibe Notfallstation immer über die gleiche Nummer erreichbar war.

Ein dritter Vorteil, der aus den Problemen in der Einführungsphase erwuchs, war die *Emanzipation der Administration* im Behandlungszentrum. Anstatt »irgendwie« von einem einzelnen Chefarzt geführt zu werden, bekam die Administration eine eigene Führung und wurde ein eigenes Team. Die positiven Folgen zeigten sich rasch, denn ein Krankenhaus ist heute nicht nur »Behandlung und Pflege«, sondern vor allem auch ein *informationsverarbeitendes System*. Diese Tätigkeiten haben bis heute zu wenig Aufmerksamkeit genossen. Im besagten Fall haben sich durch das Standardisieren und Zentralisieren von Archiven, Formularen, Eintritts- und Austrittsprozessen und einer vereinheitlichten Planungssoftware für die Dienst- und Sprechstundenplanung große Qualitätsunterschiede erreichen lassen. Eine sorgfältige Führung dieser Aufgabe über größere Organisationseinheiten hinweg hat die Transparenz und Verlässlichkeit administrativer Prozesse erhöht und damit die *Suchkosten* gesenkt. Dabei handelte es sich nicht um eine fachliche, sondern um eine administrative Vernetzung, die aber die fachliche Kooperation wesentlich erleichterte.

Zusammenfassend demonstriert diese Episode, dass Strukturen zwar wichtig sind, aber vor allem das *Ergebnis* neuer Interaktionspraktiken (Giddens 1984) verkörpern. Strukturen sind das *Gerinnungsmuster* neuer Praktiken der Führung und Zusammenarbeit, der Arbeitsteilung und neuer Referenzen »was wichtig ist«. Implementiert man eine neue Struktur, ohne vorgängig sorgfältig die Mikro-Ebene bearbeitet zu haben, besteht die Gefahr, dass erstens die Ungewissheit in der Einführungsphase »was das alles heißt« groß ist. Zweitens tendiert die Organisation, dann in traditionelle Muster zurückzufallen, wenn sie dadurch die erzeugte Ungewissheit bewältigen kann.

Integration und Vernetzung sind somit nur dann realisierbar, wenn sie sich *konkret* am gewachsenen Alltag und an seinen Herausforderungen orientieren. Prozesse müssen so definiert werden, dass sie auf die Frage »Welcher Schritt erfolgt als nächster?« eine Antwort zu geben vermögen.

Abstrakte Konzepte, Organisationsmodelle oder Strukturdesigns wie die »Hypertext-Organisation« bergen – wie diese Episode zu zeigen versuchte – zum einen das Risiko, dass sie überhaupt nicht oder dann anders als im Sinne ihrer Protagonisten verstanden werden. Zum anderen besteht das Risiko, dass aufgrund der Abstraktheit solcher Konzepte der Ressourcenbedarf für die Realisation falsch eingeschätzt und zu wenig Mittel für ihre Einführung bereitgestellt werden. Der Managementfokus sollte daher vor allem anfänglich viel stärker auf die erforderliche Kontextklärung, d. h. auf die *Voraussetzungen konstruktiver Wandelarbeit,* gerichtet werden. Gelingt es dabei, in einem ersten Schritt sinnvoll gestaltete Patientenprozesse zu spezifizieren, kann in einem zweiten Schritt ungleich einfacher eine gemeinschaftlich sorgfältig bedachte, veränderte Struktur eingeführt werden, die dann das Neue besser zu stützen vermag. Mit anderen Worten scheint es sinnvoll, so viel wie möglich von der neuen »Arbeitsform«, die diese Struktur unterstützen soll, vorwegzunehmen und zu überlegen, wie die neue Ordnung stabilisiert werden kann. Wie so etwas gelingen kann, ist das Thema der folgenden Schlussbetrachtung.

5 Praktiken zur Entwicklung intraorganisationaler Vernetzung

Die empirischen Episoden hatten unterschiedliche Facetten zum Thema, wie in Krankenhäusern eine patientenzentrierte intraorganisationale Vernetzung im Sinne einer systematischen *Reintegration* ausdifferenzierter Fachbereiche und Professionen entwickelt und optimiert werden kann.

Bei der Entwicklung von Praktiken zur intraorganisationalen Vernetzung geht es insgesamt darum, *Varietät zu bewältigen.* Diese Varietät ergibt sich aus der massiven Wissensentwicklung, in deren Zuge sich die Professionen immer weiter ausdifferenzieren, und aus der *wachsenden Zahl an Behandlungsoptionen.* Gleichzeitig aber sind die menschlichen Leiden prinzipiell unteilbar geblieben. Dies und reduzierte Ressourcen führen zur Notwendigkeit der *Vernetzung autonomer Teilbereiche* im Krankenhaus. Dabei gilt aber nicht die Regel, dass *mehr* notwendigerweise immer auch *besser* ist.

Vielmehr bedeutet ein sorgfältiger Umgang mit Varietät und Optionen, sich auch darüber Gedanken zu machen, wo *keine Vernetzung* stattfinden soll. Wie vorgängig in den Episoden angedeutet, verursacht Vernetzung auch Schwierigkeiten, Arbeitsbelastung und Stress, weil man sich koordinieren, abstimmen, Rechenschaft ablegen muss und vieles mehr. Der Alltag in Spitälern ist aufgrund der hochgradigen Arbeitsteiligkeit bereits vernetzt, aber die Frage ist: Welche Vernetzungen, an welchen Stellen, zwischen wem, zu welchen Themen, unter Einsatz welcher Ressourcen und welcher zeitlichen Rhythmik sind für eine bessere Wertschöpfung *wirklich notwendig und sinnvoll?* Dieselben Fragen stellen sich in interorganisationaler Hinsicht beim Aufbau einer integrierten Versorgung.

Die skizzierten Episoden lassen den Schluss zu, dass eine tragfähige Vernetzung auf einer Reihe von organisationalen Praktiken aufbaut, die sich wechselseitig voraussetzen und stützen. Diese Praktiken müssen durch die beteiligten Akteure vielerorts in einem hoch anspruchsvollen Lernprozess erst einmal experimentell entwickelt werden – und zwar unausweichlich aufbauend auf denjenigen Praktiken, die im jeweils gewachsenen Repertoire von organisationalen Praktiken bereits »verfügbar« sind.

Es ergeben sich fünf Schlussfolgerungen zur Entwicklung intraorganisationaler Vernetzung als notwendiger Voraussetzung interorganisationaler Kooperation:

Erstens geht es bei der Entwicklung intraorganisationaler Vernetzung darum, dass die beteiligten Akteure im Sinne einer hilfreichen *Selbstbeobachtung* und Selbsterkenntnis in Erfahrung bringen können, was genau das gewachsene Entscheiden und Handeln mit seinen Sonnen- und Schattenseiten kennzeichnet. Ziel einer solchen Selbstbeobachtung ist es auszuloten, wie die unterschiedlichen Handlungs- und Entscheidungswelten im Kontext der angestrebten Vernetzung wirkungsvoll zusammenspielen könnten. Dies ist aus zwei Gründen eine große Herausforderung: Erstens ist das arbeitsteilige Entscheiden und Handeln in Organisationen etwas höchst Flüchtiges und besonders im arbeitsteiligen Zusammenwirken etwas schwer Beobachtbares und Greifbares. Ereignisse und Handlungen vergehen schon im Entstehen (Luhmann 1984). Zweitens sind diejenigen

Akteure, die sich in allererster Linie dafür interessieren (müssten), untrennbar in die kontinuierliche Produktion von Entscheidungen und Handlungen verstrickt.

Strukturierte Selbstbeobachtung kann, wie die Episoden zeigten, im Krankenhauskontext insbesondere durch drei Elemente unterstützt werden:

- durch *Visualisierungspraktiken* (Episode Vernetzung als Folge von Ausdifferenzierung, s. Abschnitt 4.2),
- durch den *Einblick in andere Fachgebiete* (Episode bereichsübergreifende Zusammenarbeit in einem Board, s. Abschnitt 4.3) und
- durch ein *Drehen der Blickrichtung* mittels des gezielten Einbezugs von Repräsentanten anderer Fachbereiche (Episode Vernetzung zweier Pflegebereiche, s. Abschnitt 4.4).

Hierzu ist übergreifend eine *Unterbrechung* des Alltags erforderlich. Diese Unterbrechung dient dazu, den weitgehend selbstverständlichen routinisierten Vollzug arbeitsteiliger Wertschöpfungsprozesse sozusagen von außen kritisch in den Blick zu bekommen, um im Bedarfsfall gezielt weiter entwickeln zu können. Zentral ist die Entwicklung von *Selbstbeobachtungsfähigkeit* in der Organisation. In Krankenhäusern ist dieser Aspekt besonders wichtig, weil genau dort diese Fähigkeit wenig entwickelt ist. Die Unterbrechung des Alltags muss deshalb *gut strukturiert* und in einem *schützenden Rahmen* stattfinden. Mit dieser Forderung nach Schutz ist zweierlei gemeint: Zum einen ist die Vernetzungsarbeit vor dem Alltag zu schützen. Wenn die Beteiligten (aus guten oder gut gemeinten Gründen) in Abständen von zehn Minuten jeweils kurz operativ beansprucht werden, kann kein gemeinsames, kreatives Entwickeln und Lernen stattfinden. Zum anderen ist auch der Alltag zu schützen. Über die Bereitstellung zusätzlicher Ressourcen und andere Vorkehrungen muss die Betreuung der Patienten auch während der Abwesenheit der entsprechenden Ärztinnen, Ärzte und Pflegefachpersonen sichergestellt sein. Nur wenn dies der Fall ist, können sich die teilnehmenden Ärztinnen, Ärzte und Pflegefachpersonen voll auf die Arbeit an organisationaler Innovation konzentrieren, und dabei frei vom unmittelbaren Aufgabendruck offen und kreativ Neues entwickeln.

Dabei soll die geschützte Unterbrechung des Alltags für die Beteiligten Bedingungen schaffen, in denen es gelingt, typische *Muster* im organisationalen Entscheiden und Handeln entdecken zu können, d. h. all das, was *systematisch* gut oder weniger gut läuft. Im Vordergrund steht eine Rekonstruktion des *Normalfalls.* Dies steht im Gegensatz zur Alltagspraxis in einem Krankenhaus, die stark auf die Bewältigung des *Ausnahmefalls* fokussiert. Gerade weil die Arbeit mit den einzelnen Patientinnen und Patienten oft als sehr individuell und vereinnahmend erlebt wird und sich auf die Abarbeitung von *Unerwartetem* aller Art konzentriert, ist es besonders wichtig, Distanz gewinnen zu können. Aus der Distanz kann ein kritischer Blick auf all das gewonnen werden, was systematisch, d. h. in achtzig und mehr Prozenten der Fälle, normalerweise problematisch vonstatten geht und besser gemacht werden könnte (Weick/Sutcliffe 2001).

Diese selbstbeobachtende »Entdeckungsreise« kann allerdings *nicht stellvertretend* geleistet werden, z. B. durch einen Qualitätsmanager. Diese Reise dient der Entwicklung *gemeinsam geteilter Bilder,* einer *gemeinsamen Sprache* und eines *gemeinsamen Wissens* über das »Funktionieren« der interessierenden Arbeitswelten und über entsprechende Optimierungsmöglichkeiten. Dabei ist die engagierte Mitwirkung aller Beteiligten und Entscheidungsträger unerlässlich. Es geht dabei um nichts weniger als um die diskursive Verfertigung eines gemeinsamen, implizit wirksamen Hintergrundwissens, bestehend aus Konventionen, Referenzen und Werten, die definieren, was außer Streit gestellt werden soll und im alltäglichen Handeln und Entscheiden fraglos als normal, vernünftig, professionell, erstrebenswert und legitim vorausgesetzt werden darf.

Schließlich bedeutet die Unterbrechung des Alltags die Schaffung spezifischer Kommunikationsräume oder *Kommunikationsplattformen* für die diskursive Verfertigung neuen Hintergrundwissens und einer neuen Praxis. Praktiken zur intraorganisationalen Vernetzung lassen sich nur *diskursiv,* das heißt im respektvollen wechselseitigen Austausch der an der Alltagspraxis Beteiligten entwickeln. Dieser Austausch ist Nukleus und Ausdruck wachsender Vernetzung. Etwas eigenartig formuliert: Vernetzung kann *nur durch Vernetzung* entwickelt werden. Vernetzung ist daher gleichermaßen Prozess *und* Ergebnis. Bezugnehmend auf *Mary Follett Parker (1927) über Selbstorganisationsprozesse in Organisationen* spitzt Emil Walter-Busch (1996, S. 152 f.) diese These wie folgt zu:

> Eine Organisationseinheit ist kein Produkt und keine Entität, ja nicht einmal das Resultat vernetzender Aktivitäten: »Ganzheiten, Einheiten sind immer Prozesse, keine Produkte.« Sie sind »nicht das Resultat vernetzender Aktivitäten (›interweaving‹), sondern sie *sind* das Vernetzen (Follett 1927, S. 167). Um dies einzusehen, bedarf es einer konsequent prozeßorientierten Denkweise:
>
> »Integrierende Unternehmungsführung (›busineß unifying‹) muss als ein Prozeß, nicht als ein Produkt verstanden werden. Wir sollten prozessual denken lernen. Ich glaube, daß dies essentiell ist, wenn man wirtschaftliche Organisationen verstehen möchte … Es ist dieselbe Aktivität, die gleichzeitig das Ganze und dessen Teile macht. Nie ›fügen wir Teile zusammen‹, selbst dann nicht, wenn wir dies zu tun glauben. Wir beobachten das Zusammenspiel von Teilen, und die Weise, wie sie wechselseitig interagieren, ist das Ganze« (Follett 1927, S. 168).

Aus einem solchen Blickwinkel betrachtet ist der Entwicklungsprozess einer vernetzten Versorgung stets die *Vorwegnahme* zukünftiger Alltagspraxis und damit selbstähnlich zum zukünftigen kooperativen Vollzug der Alltagsarbeit. *Selbstähnlichkeit* meint, dass die Art und Weise, *wie* an der Thematik intraorganisationaler Vernetzung gearbeitet wird, bereits ein Teil dessen ist, wie intraorganisationale Vernetzung zukünftig praktiziert werden soll. In diesem Sinne stellt der Entwicklungsprozess einen prozessualen Prototypen dar, der kongruent zum angestrebten Ergebnis intraorganisationaler Vernetzung sein muss (Buschor 1996).

Vernetzung innerhalb einer komplexen Organisation wie einem Krankenhaus ist eine hoch anspruchsvolle Aufgabe. Die Herausforderungen, die sich mit dieser Aufgabe ergeben, haben wir skizziert und gleichzeitig verdeutlicht, warum Vernetzung trotzdem erforderlich erscheint. Letztlich bedeutet Vernetzung, neben der Fach- auch die Systemperspektive verstärkt in den Blick zu nehmen. Erst über diesen Weg können durch Krankenhäuser Fähigkeiten entwickelt werden, bereichs- und organisationsübergreifend nachhaltig gute Voraussetzungen für eine gelingende Behandlungsarbeit zu schaffen. Allerdings wirken vielerorts die pekuniären Vergütungs- und Anreizsysteme gegen die verstärkte Wahrnehmung von Verantwortung für die Systemperspektive, was Bestrebungen in Richtung einer integrierten patientenzentrierten Versorgung nicht besonders unterstützt.

Nichtsdestoweniger: Wenn Ärztinnen und Ärzte, Pflegende sowie Therapierende stets besser ihre Patientinnen und Patienten pflegen, behandeln und therapieren möchten, dann müssen sie sich verstärkt um den *Voraussetzungsreichtum* ihrer Arbeit kümmern. Dass dieses Kümmern etwas anderes ist als einfach nur zu sparen, hat dieser Beitrag zu zeigen versucht. Denn die von Reformern geforderte Effizienzsteigerung mit Hilfe einer integrierten Versorgung kann nicht realisiert werden ohne eine Stärkung der Perspektive von *Organisation als komplexer vernetzter Alltagspraxis* durch die Beteiligten – und genau dies verstehen wir unter Management. Ansonsten verschlimmern Mittelkürzungen die teilweise bereits prekäre Lage unseres Gesundheitswesens.

Literaturverzeichnis

Badura, B./Feuerstein, G. (1994): Systemgestaltung im Gesundheitswesen. Weinheim und München.

Bate, P. (2000): Changing the culture of a hospital: From hierarchy to networked community. In: Public Administration 78 (3), S. 485–512.

Boos, L. (2001): Soziales Dilemma und die Organisation des Krankenhauses. Die Aufgaben des Spitalmanagements. Muri.

Buschor, F. (1996): Baustellen in einer Unternehmung. Das Problem unternehmerischen Wandels jenseits von Restrukturierungen – Resultate einer empirischen Untersuchung. Bern.

Degeling, P./Maxwell, S./Kennedy, J./Coyle, B. (2003): Medicine, management, and modernisation: A »danse macabre«? In: British Journal of Medicine 326 (22), S. 649–652.

Domenighetti, G./Casabianca, A. (1997): Rate of hysterectomy is lower among female doctors and lawyers' wives. In: British Medical Journal 314 (7091), S. 1417.

Follett, M.P. (1927): The psychology of control; … of consent and participation; … of conciliation and arbitration; leader and expert. In: Metcalf, H. (Hrsg.): The psychological foundations of Management. Chicago, S. 156–243.

Giddens, A. (1984): The constitution of society. Outline to the theory of structuration. Cambridge.

Gomez, P.-Y./Jones, B.C. (2000): Conventions: An interpretation of deep structure in organizations. In: Organization Science 11 (6), S. 696–708.

Kanter, R.M. (1983): The change masters: innovation and entrepreneurship in the American corporation. New York.

Kayser, B./Schwefing, B. (1998): Managed Care und HMOs. Bern.

Knorr-Cetina, K. (1999): Epistemic cultures: How the sciences make knowledge. Boston.

Krogh, G. von/Roos, J. (1995): Organisational epistemology. London.

Langley, A. (1999): Strategies for theorizing from process data. In: Academy of Management Review 24 (4), S. 691–710.

Luhmann, N. (1984): Soziale Systeme: Grundriß einer allgemeinen Theorie. Frankfurt a.M.

Luhmann, N. (2002): Einführung in die Systemtheorie. Heidelberg.

Mintzberg, H. (1980): Structure in 5's: A synthesis of the research in organizational design. In: Management Science 26 (3), S. 322–241.

Mintzberg, H. (1997): Toward healthier hospitals. In: Health Care Management Review 22 (4), S. 9–18.
Nonaka, I./Takeuchi, H. (1995): The knowledge creating company. New York.
Pettigrew, A. (1990): Longitudinal field research on change: Theory and practice. In: Organization Science 1 (3), S. 267–292.
Rüegg-Stürm, J. (2001): Organisation und organisationaler Wandel: eine theoretische Erkundung aus konstruktivistischer Sicht. Wiesbaden.
Rüegg-Stürm, J. (2008a): Führung ist nicht gleich Führung. In: Schweizerische Ärztezeitschrift 89 (im Druck).
Rüegg-Stürm, J. (2008b): Das neue St. Galler Management-Modell. 3. vollständig überarbeitete Auflage. Bern (in Vorbereitung).
Rüegg-Stürm, J. (Hrsg.)(2008): Integrierendes Management – Aufbruch oder Abbruch im Gesundheitswesen? Praktiken strategischen Wandels für eine unternehmerische Krankenhausentwicklung. Berlin (in Vorbereitung).
Rüegg-Stürm, J./Grand, S. (2007): Handlung und Reflexion in Managementpraxis und Managementforschung: Konturen einer kreativen Beziehung. In: Eberle, T./Hoidn, S./Sikavica, K. (Hrsg.): Fokus Organisation – Sozialwissenschaftliche Perspektiven und Analysen. Konstanz, S. 188–205.
Rüegg-Stürm, J./Tuckermann, H. (2008): Warum immer mehr Administration? Wege aus der Administrationsfalle. In: Schweizerische Ärztezeitung 89 (7), S. 271–275.
Schatzki, T.R./Knorr-Cetina, K./von Savigny, E. (2001): The practice turn in contemporary theory. London.
Schreyögg, G. (2003): Organisation – Grundlagen moderner Organisationsgestaltung. 4. Aufl. Wiesbaden.
Simon, F. (2004): Gemeinsam sind wir blöd? Die Intelligenz von Unternehmen, Managern und Märkten. Heidelberg.
Sydow, J. (2006): Unternehmensvernetzung – Implikationen für Organisation und Arbeit. In: Vollmer, A. (Hrsg.): Kooperatives Handeln zwischen Kontinuität und Brüchen in neuen Tätigkeitssystemen. Lengerich, S. 260–272.
Tuckermann, H. (2007): Organisationaler Wandel als Entfaltung von Paradoxien – systemtheoretische Rekonstruktion einer Krankenhausfusion. St. Gallen.
Tuckermann, H./Rüegg-Stürm, J. (2007): Sind Spitäler Wandelresistent? In: Schweizerische Ärztezeitung 88 (45), S. 1895–1899.
Vogd, W. (2006): Die Organisation Krankenhaus im Wandel. Eine dokumentarische Evaluation aus Sicht der ärztlichen Akteure. Bern.
Walter-Busch, E. (1996): Organisationstheorien von Weber bis Weick. Amsterdam.
Weick, K.E./Sutcliffe, K.M. (2001): Managing the unexpected. San Francisco.

Jonas Schreyögg

Mobilisierung von Netzwerkressourcen in einem vertikal integrierten Gesundheitsnetzwerk – Das Beispiel der US-Veteran Health Administration

Zusammenfassung

Während lose vertikale Gesundheitsnetzwerke mittlerweile in vielen Ländern existieren, sind vollintegrierte Gesundheitsnetzwerke, die Versicherungs- und Leistungserbringerfunktion vereinen, eher selten. In den USA gibt es einige Gesundheitskonzerne, die vollintegrierte interne Gesundheitsnetzwerke strategisch führen. Ein Beispiel eines solchen Gesundheitskonzerns ist die US-Veteran Health Administration (VHA), die als eigenständiges Unternehmen arbeitet. Die VHA initiierte in den 90er Jahren einen umfangreichen Prozess zur Mobilisierung von Netzwerkressourcen, um im Ergebnis ein effizientes und qualitativ gutes internes Gesundheitsnetzwerk zu schaffen. Der Beitrag beschreibt die Struktur des internen Gesundheitsnetzwerks der VHA und analysiert den Prozess zur Mobilisierung von Netzwerkressourcen bzw. dessen Wirkungen. Abschließend werden Implikationen der VHA-Organisation für Netzwerklösungen im deutschen Gesundheitswesen erörtert.

1 Einführung

Empirische Studien aus den USA belegen, dass Vernetzung die Effizienz bzw. den Erfolg von Unternehmen im Gesundheitswesen erhöhen kann. Insbesondere für den Fall horizontal integrierter Krankenhausnetzwerke wurde in diversen Studien gezeigt, dass in Netzwerken organisierte Unternehmen mit hoher Wahrscheinlichkeit effizienter bzw. erfolgreicher sind (Connor et al. 1998; Bazzoli et al. 2000; Rosko 2001; Rosko/Proenca 2005). Bei vertikal integrierten Netzwerken ist jedoch eine derartige Fragestellung wesentlich komplexer, da vertikale Netzwerkformen mehr Heterogenität aufweisen und somit weniger vergleichbar sind. Während lose vertikale Gesundheitsnetzwerke mittlerweile in vielen Ländern existieren, sind vollintegrierte Gesundheitsnetzwerke, die Versicherungs- und Leistungserbringerfunktion vereinen, eher selten. In den USA gibt es jedoch einige Gesundheitskonzerne, die vollintegrierte interne Gesundheitsnetzwerke strategisch führen. Dabei werden in der Literatur sowie in der öffentlichen Diskussion insbesondere die »Kaiser Parmanente« und die »Veteran Health Administration« als Beispiele für solche Konzerne hervorgehoben. In diesem Beitrag soll insbesondere auf die US-Veteran Health Administration (VHA) rekurriert werden.

Der Beitrag stellt nach einer kurzen Einleitung in Abschnitt 2 aus theoretischer Sicht die Motivation für eine vertikale Integration von Gesundheitsdienstleistungen und ihre Probleme dar. Der nächste Abschnitt 3 beschreibt den Status Quo und die Probleme, die eine Reorganisation der VHA notwendig gemacht haben. Abschnitt 4 skizziert die Maßnahmen, die zur Mobilisierung von Netzwerkressourcen im Rahmen der VHA-Reorganisation ergriffen wurden. Abschliessend werden mögliche Implikationen der VHA-Organisation für Netzwerklösungen im deutschen Gesundheitswesen erörtert.

2 Vertikale Integration und Netzwerkbildung

Der Begriff der Integration weicht im Kontext des Gesundheitswesens von seiner klassischen betriebswirtschaftlichen Definition ab. Integration bezieht sich nicht nur auf die organisatorische Verzahnung von Organisationen, sondern wird als Leistungssektoren übergreifende und interdisziplinär fachübergreifende Versorgung verstanden. Eine Integration erfordert Kooperation, Koordination, Kommunikation und Informationstransfer zwischen verschiedenen Akteuren unterschiedlicher Sektoren bzw. Wertschöpfungsstufen. Daher setzt eine Integration grundsätzlich eine Form der Netzwerkbildung voraus, die in der von Bott (1957) geprägten Terminologie eher lose, zum Beispiel im Sinne einer Kooptation, d. h. mit einer geringen sozialen Kontrolle (loose-knit network), bis hin zu einer engen Kooperation mit hoher sozialer Kontrolle (close-knit network) erfolgen kann (Schreyögg et al. 2006). Es wurde sowohl im Gesundheitswesen als auch in anderen Kontexten gezeigt, dass eine hohe Netzwerkdichte, trotz der damit verbundenen Risiken, die Performanz der Netzwerkteilnehmer u. a. durch die Diffusion von Expertenwissen und die Förderung komplementärer Fähigkeiten erhöhen kann (Ahuja 2000; Alter 1990).

Eine Netzwerkbildung zwischen Akteuren innerhalb eines Sektors, zum Beispiel zwischen Krankenhäusern, ist im Gesundheitswesen seit langem üblich. Dabei können die beteiligten Partner Netzwerkressourcen mobilisieren, d. h. sie erhalten durch das Netzwerk Ressourcen, über die sie einzeln nicht verfügen können. Walker et al. (1997) setzen diese mobilisierten Netzwerkressourcen mit sozialem Kapital gleich, das in finanzielle oder technologische Vorteile transformiert werden und sich positiv auf die Performanz auswirken kann. Gulati (1999) hingegen sieht die mobilisierten Netzwerkressourcen nur als »enabling condition« für zukünftige Kooperationen. Im Folgenden soll die Mobilisierung von Netzwerkressourcen im Sinne von Walker et al. verstanden werden. Häufig münden mobilisierte Netzwerkressourcen in eine gestiegene Verhandlungsmacht oder in eine Erweiterung des Leistungsspektrums durch gemeinsame Angebote. Es existieren zahlreiche Forschungsarbeiten, die eine höhere relative Performanz von in horizontalen Netzwerken beteiligten Unternehmen des Gesundheitswesens aufzeigen (Connor et al. 1998; Bazzoli et al. 2000; Rosko 2001; Rosko/Proenca 2005).

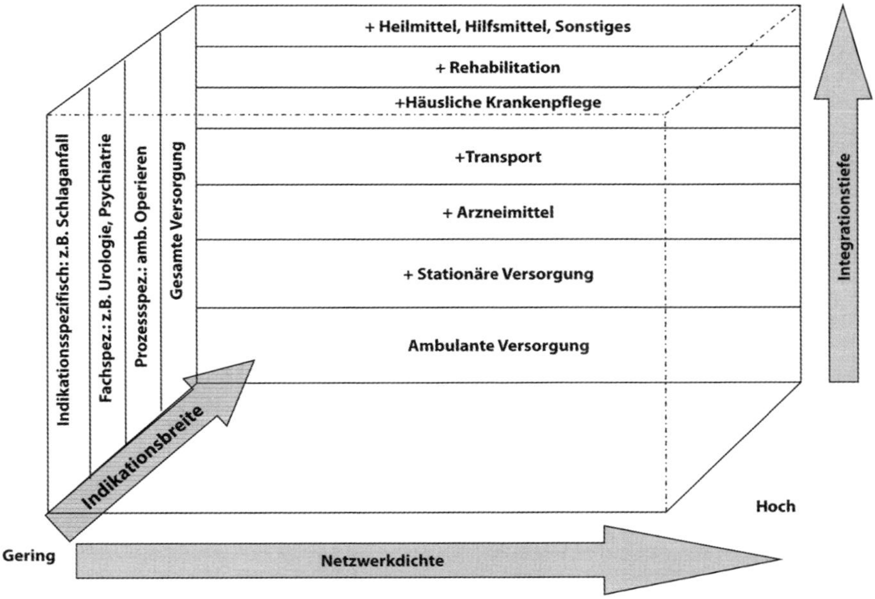

Abb. 19: Dimensionen einer Netzwerkbildung im Gesundheitswesen (Quelle: In Anlehnung an Schreyögg et al. (2006, S. 114))

Eine Netzwerkbildung über mehrere Wertschöpfungsebenen, d. h. mit einer höheren Integrationstiefe, ist deutlich seltener, komplexer zu organisieren und auch eine Performanzmessung dieser Netzwerkform ist deutlich anspruchsvoller zu bewerkstelligen (Carey 2000). Im Gesundheitswesen sowie in anderen Märkten erfolgt eine vertikale Netzwerkbildung häufig durch formale Vertragsbeziehungen, zum Beispiel durch einen Vergütungsvertrag für bestimmte Funktionsbereiche. Diese Form des Netzwerks bietet den Vorteil, dass die Marktakteure dem offenen Wettbewerb ausgesetzt sind und sich somit ohne weiteres ein Marktpreis bilden kann. Ein Problem dieser Netzwerkform ist jedoch, dass durch die Fragmentierung der Versorgungsprozesse eine Steuerung erschwert wird. Die Akteure des Netzwerks erhalten zumeist nur ein unvollständiges Abbild der Versorgungsprozesse, deren Kosten und Outcomes. Die Wirksamkeit des Netzwerks wird somit erheblich geschwächt. Die Steuerung wird zudem durch mögliche Reibungsverluste bei der Abstimmung unter den Netzwerkpartnern aufgrund differenter Organisationskulturen etc. erschwert. Ein vollständig vertikal integriertes Netzwerk, d. h. eine Organisation, die alle Sektoren im Sinne eines internen Netzwerks vereint, löst diese Probleme weitgehend auf, indem es eine Planung und Steuerung aus einem Guss ermöglicht. Der Begriff des internen Netzwerks wurde vor allem von Miles/Snow (1992) geprägt. Im Unterschied zu einem externen Netzwerk werden alle Netzwerkpartner eines internen Netzwerks als Teil eines Konzerns strategisch geführt. Ein internes Netzwerk bedingt deshalb, dass ein sogenannter interner Markt gebildet wird, der ähnlich den Marktmechanismen des externen Marktes funktioniert. Ein internes Netzwerk kann gleichzeitig auch Mitglied eines externen Netzwerks sein (Miles/Snow 1992).

Abbildung 19 verdeutlicht die Dimensionen einer Netzwerkbildung im Gesundheitswesen. Neben den Dimensionen Integrationstiefe und Netzwerkdichte wird hier die Indikationsbreite als dritte Dimension eingeführt. Die Indikationsbreite kann von einer indikationsspezifischen bis hin zu einer indikationsübergreifenden bzw. die gesamte Versorgung übergreifenden Lösung reichen. Eine indikationsspezifische Lösung erfordert in der Regel weniger Abstimmung unter den Netzwerkpartnern als eine indikationsübergreifende Lösung (Schreyögg et al. 2005).

3 Ein vollständig vertikal integriertes Gesundheitsnetzwerk unter dem Dach der Veteran Health Administration

Die VHA wurde nach dem Zweiten Weltkrieg mit dem Ziel gegründet, Kriegsveteranen eine kostengünstige und qualitativ hochwertige Gesundheitsversorgung zu gewährleisten. Durch die Integration aller Leistungen unter einem Dach versprach man sich eine reibungslose Versorgung aus einer Hand (Kizer 1999). Über die Jahre entwickelte sich die VHA zum größten vertikal integrierten internen Gesundheitsnetzwerk der USA. Alle Gesundheitsleistungen vom Hausarzt über Krankenhäuser bis hin zur Rehaklinik sowie die Versicherungsfunktion sind bei der VHA unter einem Dach vereint, d. h. die Integrationstiefe, sowie die Netzwerkdichte sind hoch, und die Versorgung erfolgt indikationsübergreifend. Die VHA steht zwar unter öffentlicher Aufsicht, hat aber die rechtliche Stellung eines selbständigen Unternehmens und ist auch dementsprechend organisiert. Zum internen Netzwerk gehören 1300 Einrichtungen, bestehend aus Krankenhäusern, Pflege- und Rehabilitationseinrichtungen, ambulanten Einrichtungen etc., die über die gesamten USA verteilt sind. Bis heute werden nur Veteranen und deren Angehörige dort behandelt. Ungefähr 30 Millionen US-Amerikaner sind Veteranen; von diesen haben ca. 12 Millionen Anspruch auf eine Versorgung durch die VHA, weil ihr Gesundheitszustand in irgendeiner Form durch den Kriegsdienst beeinträchtigst ist; und sechs bis sieben Millionen Patienten nehmen die VHA tatsächlich jährlich in Anspruch. Durch die gesetzlich festgelegte Patientenpopulation ist das interne Netzwerk der VHA nur in geringem Maße einem externen Wettbewerb bzw. einem sogenannten »Netzwerkwettbewerb« (Gomes-Casseres 1996) ausgesetzt. Veteranen können zwar im Notfall, zum Beispiel im Falle eines Herzinfarktes, Einrichtungen anderer Organisationen oder Netzwerke aufsuchen, machen jedoch, insbesondere aus Angst vor Qualitätsmängeln, nur selten davon Gebrauch.

Obwohl die VHA bereits seit ihrem Bestehen als internes Netzwerk organisiert war, wurde dieser potenzielle Vorteil durch ineffektive Steuerungsmechanismen nicht genutzt. Anfang der neunziger Jahre wurde die VHA von verschiedenen Kommissionen evaluiert und es stellte sich heraus, dass die Versorgung erhebliche Mängel aufwies

(General Accounting Office 1991; Mission Commission 1991). Im Zentrum der Kritik standen unter anderem die folgenden Punkte:

- zu starke Fokussierung auf stationäre Aufenthalte und ambulante Spezialisten, die zu unkoordinierten Versorgungsprozessen führte,
- fehlende Kommunikation der Netzwerkmitglieder untereinander,
- Mängel und starke Variation der Versorgungsqualität,
- unabhängige und konkurrierende Krankenhäuser, die kaum kooperierten und somit das Netzwerk nicht nutzten,
- sehr komplexes System der Vergütung, das nicht notwendige Krankenhauseinweisungen induzierte,
- zentralisierte und hierarchische Managementstrukturen, die Entscheidungsprozesse verlangsamten und Innovationen unterdrückten,
- Entscheidungen über Ressourcenallokation innerhalb des Netzwerks wurden zu oft von politischen Erwägungen beeinflusst, die somit den Unternehmergeist schwächten.

Im Vergleich zu anderen Subsystemen des nationalen Gesundheitssystems in den USA galt die VHA Anfang der 90er Jahre als das ineffizienteste und qualitativ schlechteste Subsystem. Als Folge wurde erheblich politischer Druck auf die VHA ausgeübt. Die Führung der VHA sollte einen überzeugenden Plan zur Transformation vorlegen, da andernfalls die Zerschlagung dieser drohte. Die Versorgung der Veteranen wäre in diesem Falle durch andere staatliche Subsysteme, wie das Medicare-Programm, das der Versorgung von Personen über 65 dient, und Medicaid, das der Versorgung von Einkommensschwachen dient, fortgesetzt worden. Nach einem Konsens zwischen Politik und der VHA-Führung wurden die ersten Schritte zur Reorganisation der VHA Anfang des Jahres 1995 umgesetzt. Bereits im Jahre 1997 wurden die ersten Erfolge der Transformation in Bezug auf die Qualität der Versorgung sichtbar. Seit einigen Jahren schneidet das System sogar bei diversen Vergleichen mit privaten sowie öffentlichen Leistungserbringern in Bezug auf Versorgungsqualität und Effizienz regelmäßig am besten ab (Kizer 1999; Asch et al. 2004; Khuri et al. 2002; Oliver 2007).

4 Die Reorganisation der Veteran Health Administration

Diesen Erfolg hat die VHA einer Reorganisation zu verdanken, die neben einer charismatischen Führung insbesondere durch eine Mobilisierung von Netzwerkressourcen gekennzeichnet war (Oliver 2007). Die neue Struktur des internen Netzwerks der VHA ist in Abbildung 20 dargestellt. Es wurden 23 sogenannte »VISNs« (Veterans Integrated Service Networks) geschaffen, die untereinander in einem internen Netzwerk stehen, und von der VHA Konzernführung strategisch geführt werden. Jede VISN besteht aus 7–10 Krankenhäusern, 25–30 ambulanten Kliniken, 4–7 Pflegeheimen und vielen anderen Serviceeinrichtungen an unterschiedlichen Standorten. Die VISNs sowie der

Gesamtkonzern sind in ein externes Netzwerk eingebunden und unterhalten jeweils Netzwerkbeziehungen u. a. zu Zulieferern und Forschungseinrichtungen. Die vormals primär von Wettbewerb dominierte Beziehung der Einrichtungen d. h. Krankenhäuser, Pflegeheime etc., sollte zugunsten einer fruchtbaren Symbiose von Wettbewerb und Kooperation zwischen den VISNs weichen. In den folgenden Abschnitten seien die wichtigsten Maßnahmen der Reorganisation skizziert.

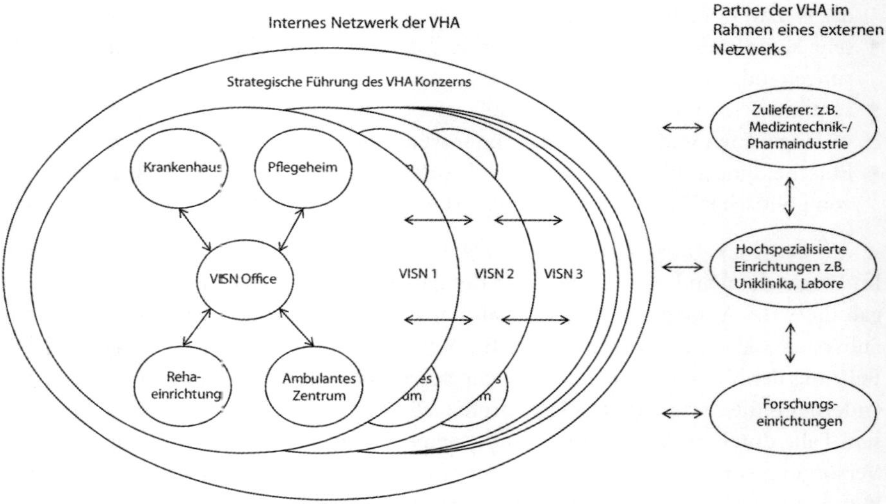

Abb. 20: Die Struktur des internen Netzwerks der VHA

4.1 Reorganisation der Versorgungsprozesse

Ein Hauptmotiv der Gründung von VISNs war die Schaffung einer engeren Kooperation zwischen den zu den VISN gehörenden Einrichtungen (Krankenhäusern, Pflegeheimen etc.) und somit die Bereitstellung koordinierter Versorgungsprozesse. Um eine Domänenüberlappung als Motiv für Wettbewerb unter den Einrichtungen der VISNs zu reduzieren, wurden redundante Einrichtungen innerhalb der VISNs geschlossen und eine Spezialisierung der Standorte explizit gefördert. Um die Fokussierung auf stationäre Aufenthalte und ambulante Spezialisten zu reduzieren, sollten alle Patienten über die Jahre in einer Hausarztabteilung in einer der vielen ambulanten Kliniken eingeschrieben sein. Entsprechend der Grundidee von Managed Care (Enthoven 1993) sollten die Hausärzte eine optimale Abstimmung der Versorgungsprozesse gewährleisten. Man versprach sich von der Hausarztzentrierung, dass die Qualität steigt und die Kosten sinken.

Carey (2000) untersuchte die Implikationen dieser Maßnahme auf die Kosten mit Individualdaten, d. h. Kosten pro Patient, aus dem Jahre 1997, d. h. zwei bis drei Jahre nach Einführung dieser Maßnahme. Derartige Untersuchungen sind allgemein sehr selten, da sie eine Kontrollgruppe erfordern, die nicht in einer hausarztzentrierten Versorgung behandelt wurde. Zugleich erfordert eine derartige Untersuchung einen sehr großen Datensatz, der sich für eine Multilevel-Methodik eignet. Beides war im Falle der VHA gegeben, da nicht in allen VISNs in den ersten zwei bis drei Jahren die Umstellung auf eine hausarztzentrierte Versorgung erfolgte und die VHA über sehr viele Patienten verfügt. Die Untersuchung zeigte, dass die Kostenunterschiede zwischen Hausarztzentrierung und Nicht-Hausarztzentrierung minimal waren und die beabsichtigte Kostensenkung ausblieb. Die insgesamt deutliche Kostensenkung der VHA, bei gleichzeitig gestiegener Qualität, im Jahre 1997 im Vergleich zu den Jahren vor 1995, musste offensichtlich andere Ursachen haben.

4.2 Neuordnung des finanziellen Rahmens

Ein wichtiges Element der Reorganisation war die Entwicklung einer unternehmerischen Verantwortung auf mehreren Ebenen durch eine Neuordnung der Finanzierung und den damit verbundenen Anreizen. Während die VHA traditionell den Status einer öffentlichen Verwaltungseinrichtung inne hatte und mögliche Budgetüberschüsse an den Staat zurückzahlen musste, änderte sich dies grundlegend. Seit 1997 wird die VHA als eigenständiges Unternehmen geführt, das vom Verteidigungsministerium ein definiertes Budget erhält und darüber hinaus Zuzahlungen von den Veteranen erheben kann. Die VHA kann weitgehend selbst über die Ressourcenallokation entscheiden und kann Budgetüberschüsse, analog zu Non-for-profit Organisationen, reinvestieren (Carey/Burgess 2000).

Als weiteres Element der finanziellen Neuordnung wurde jeder VISN ein Netzwerkbudget zugewiesen, das nach einer für alle transparenten Case-mix-Formel auf Grundlage des Schweregrades der behandelten Patienten berechnet wird und unter den Mitarbeitern der VHA hohe Akzeptanz genießt (Yaisawarng/Burgess 2006). Die VISNs stehen somit untereinander in einem fairen Wettbewerb hinsichtlich ihrer Effizienz, obwohl es aufgrund der regionalen Aufteilung kaum Wettbewerb um Patienten gibt. Die Qualität tritt als Wettbewerbsparameter im Rahmen eines ständigen Benchmarking unter den VISNs hinzu.

Obwohl alle VISNs unter dem Dach der VHA vereint sind, werden sie innerhalb des Netzwerks wie eigenständige Unternehmen behandelt und die Mitarbeiter identifizieren sich mit ihrem regionalen Netzwerk. Die Bildung von Subkulturen in diesen regionalen Netzwerken wird bewusst zugelassen, solange definierte Qualitätsstandards eingehalten werden. Beispielsweise kann jede VISN eigenständig entscheiden, nach welchen Kriterien die Gelder aus dem Netzwerkbudget intern auf die Einrichtungen alloziiert werden. Einige VISNs verwenden Diagnosis Related Groups zur internen Allokation, während andere ihren Krankenhäusern ein historisch gewachsenes Budget zur Verfügung stellen. Die Führung der VISNs kann auch über die Organisationsstruktur der Einrichtungen und über die Art und Weise der Zusammenarbeit zwischen den Organisationen zu einem hohen Grad selbst entscheiden. So sind einige VISN sehr medizinisch geprägt mit einem starken formellen Einfluss von Qualitätsmanagern und Medical Review Boards, während andere eher auf allgemeine medizinische Guidelines der VHA Zentrale setzen und die kaufmännische Perspektive betonen.

4.3 Informationstechnische Vernetzung

Zwar verfügten viele Einrichtungen vor der Reorganisation über ein IT-System. Ein Austausch zwischen den Einrichtungen wurde jedoch häufig durch eine fehlende Kompatibilität der Systeme erschwert. Daher war die horizontale und vertikale Verbindung der Leistungserbringer innerhalb und zwischen den regionalen Netzwerken eine weitere wichtige Komponente der Umstrukturierung. Es wurde ein beispielloses Datenbanksystem implementiert, das in erster Linie Ärzten und dem administrativen Management zur medizinischen und kaufmännischen Steuerung dient (Evans et al. 2006).

Der kaufmännische Teil des Datenbanksystems gilt weltweit als wegweisend, da VHA-weit die Kosten pro Fall und Patient nach einem standardisierten Kostenrechnungssystem erfasst werden d. h. die Kosten sind den Fällen bzw. Patienten direkt zurechenbar und VHA-weit vergleichbar. Dieses System erlaubt somit ein sehr differenziertes Abbild einzelner Versorgungsprozesse (Carey/Burgess 2000). Der medizinische Teil des Datenbanksystems enthält nicht nur Diagnosen und Prozeduren, sondern auch sehr detaillierte klinische Informationen, sodass u. a. Chartreviews auf Knopfdruck ermöglicht werden. Beide Teile des Systems werden gemeinsam intensiv für die Versorgungsplanung und -steuerung genutzt. Sowohl in der VHA Zentrale als auch auf der VISN-Ebene werden Versorgungsdefizite und Ineffizienzen identifiziert und versucht, durch Interventionen zu beheben (Evans et al. 2006).

4.4 Integration von Forschung und Ausbildung

Nahezu alle klinischen und administrativen Daten dieses Datenbanksystems, das durch die vertikale Integration besonders umfassend und vollständig ist und daher für eine Vielzahl von Fragestellungen interessant ist, sind für Forscher (auch VHA-Externe) zugänglich. Der öffentliche Zugang hatte zur Folge, dass eine Vielzahl von Studien, insbesondere zu klinischen und wirtschaftlichen Sachverhalten, mit VHA-Daten publiziert wurden, die der VHA wiederum konkrete Hinweise zu einer Verbesserung ihrer Versorgungsprozesse lieferten. Die Einrichtung VHA-eigener Forschungszentren und Zentren für Forschungstransfer (http://www.research.va.gov/programs/) Ende der neunziger Jahre verstärkte diese Tendenz. So wurde beispielsweise auch ein Forschungszentrum eingerichtet, das regelmäßig Untersuchungen zu Mitarbeiter- und Patientenzufriedenheit durchführt, deren Ergebnisse Effizienzmaßen und Outcomes gegenübergestellt werden.

Es wurde nicht nur erkannt, dass eine Forschungsförderung zur Optimierung der Versorgungsprozesse beiträgt, sondern dass auch Kooperationen mit universitären Einrichtungen qualitätsfördernd sein können. Nach systematischer Planung von Kooperationen arbeitet die VHA mittlerweile mit 1200 Universitäten und anderen Bildungsträgern zusammen. Neben gemeinsamen Forschungsprojekten sind die VHA Einrichtungen mittlerweile ein fester Bestandteil der universitären Ausbildung von Medizinern und anderen Berufsgruppen. Mehr als zwei Drittel der Mediziner, die in den USA jährlich ihr Examen abschließen, haben einen Teil ihrer Ausbildung in der VHA absolviert (Kizer 1999).

5 Implikationen der VHA Reorganisation für Gesundheitsnetzwerke in Deutschland

Auch die Strukturen der Netzwerke im deutschen Gesundheitswesen weisen häufig ähnliche Probleme wie die VHA vor der Reorganisation auf. Zwar wurden in den letzten Jahren umfangreiche gesetzliche Regelungen geschaffen, die eine Netzwerkbildung erleichterten. Folglich bildete sich eine Reihe von losen externen Netzwerken aus Krankenhäusern, Arztpraxen, Rehakliniken etc., die in vielen Fällen jedoch primär aus Vergütungsgründen existieren. Der Nachweis eines Mehrwertes für Patienten oder eine verbesserte Ressourcenallokation durch eine kosteneffektivere Versorgung durch diese Netzwerke wurde bislang nur selten erbracht. Ähnlich wie das im Falle des internen Netzwerks der VHA vor der Reorganisation existieren viele externe Netzwerke in Deutschland formal, nutzen ihre Netzwerkressourcen aber nicht ausreichend.

Diese Problematik hat diverse Ursachen. Netzwerke nutzen ihre Netzwerkressourcen nicht, weil die Netzwerke bzw. ihre Mitglieder bislang noch zu wenige Handlungsspielräume haben, um sich im Wettbewerb zu differenzieren. Dies sei an einem Beispiel verdeutlicht. Krankenkassen sind sehr um die Gründung von Versorgungsnetzwerken bemüht, die in der Regel indikationsspezifisch erfolgt, zum Beispiel für die spezialisierte Behandlung von chronischem Rückenschmerz. Um eine Region mit ausreichend Versicherten mit dieser konkreten Indikation auszuwählen und Potenzial für Effizienz- und Qualitätssteigerung zu identifizieren, bedarf es einer komplexen Nutzung von Routinedaten der Krankenkassen, die hochspezialisiertes Personal mit gesundheitsökonomischen bzw. epidemiologischen Kenntnissen erfordert. Da Krankenkassen jedoch einer Verwaltungskostendeckelung unterliegen, haben sie keinen ausreichenden finanziellen Spielraum, um in Personal zu investieren, das diese Funktion im erforderlichen Umfang ausüben könnte (Schreyögg et al. 2005; Schlösser/Schreyögg 2005; Schlösser et al. 2005). Mehr unternehmerische Freiheit, die bei der VHA-Reorganisation eine zentrale Rolle spielte, würde mit großer Wahrscheinlichkeit auch hier eine erhebliche Mobilisierung von Netzwerkressourcen bewirken.

Gleichzeitig könnten Gesundheitsnetzwerke in Deutschland die vorhandenen Spielräume noch mehr nutzen. In Bezug auf eine informationstechnische Vernetzung werden sich in den nächsten Jahren u. a. durch die geplante Einführung der elektronischen Gesundheitskarte Entwicklungen ergeben, die eine Nutzung von Netzwerkressourcen erleichtert. Vor dem Hintergrund der VHA-Erfahrungen erscheint es darüber hinaus notwendig, eine umfangreiche Netzwerkdatenbank mit klinischen und administrativen Daten als Herzstück des Netzwerks aufzubauen. Während diese informationstechnische Vernetzung für Netzwerke in anderen Branchen selbstverständlich ist, fehlt diese paradoxerweise in vielen Gesundheitsnetzwerken, wo sie eigentlich besonders essenziell für die Steuerung ist. Solche Netzwerke, die eine solide Datengrundlage haben, jedoch nicht über ausreichend finanzielle Ressourcen verfügen, um eine systematische Versorgungsplanung mit diesen Daten durchzuführen, könnten einen Teil der Daten, analog zur VHA, anonymisiert, d. h. ohne Möglichkeit der Patientenidentifikation, für Forschungszwecke allgemein zugänglich machen. Auch die Verhandlung von Netzwerkbudgets ist im derzeit gegebenen gesetzlichen Rahmen möglich, wird jedoch zu selten genutzt.

Ein vertikal integriertes internes Netzwerk nach dem Vorbild der VHA ist sicherlich nicht das Patentrezept, aber sie stellt eine von vielen Möglichkeiten dar, um Netzwerkressourcen zu mobilisieren. Auch wenn ein vertikal integriertes internes Netzwerk derzeit, aufgrund der rechtlichen Stellung der Krankenkassen als Körperschaften des öffentlichen Rechts, nicht möglich ist, so kann das Beispiel als Zukunftsszenario dienen. In einem geänderten ordnungspolitischen Rahmen, zum Beispiel einem Kassenwettbewerb mit gemeinnütziger oder privater Rechtsform der Kassen, könnten Krankenkassen die vollständige vertikale Integration als ein Mittel der Differenzierung im Wettbewerb nutzen. Grundsätzlich sollte es jedoch dem von Gomes-Casseres (1996) skizzierten Netzwerkwettbewerb vorbehalten sein, die effizienteste Netzwerkform zu selektieren. Sobald die gesetzlichen Voraussetzungen geschaffen sind, sollte dieser Netzwerkwettbewerb auch im deutschen Gesundheitswesen keine Utopie mehr sein.

Literaturverzeichnis

Ahuja, G. (2000): Collaboration networks, structural holes and innovation: A longitudinal study. In: Administrative Science Quarterly 10, S. 425–455.

Alter, C. (1990): An exploratory study of conflict and coordination in interorganizational service delivery systems. In: Academy of Management Journal 33, S. 478–502.

Asch, S.M./McGlynn, E.A./Hogan, M./Hayward, R.A./Shekelle, P./Rubenstein, L./Keesey, J./Adams, J./Kerr, E.A. (2004): Comparison of quality of care for patients in the veterans health administration and patients in a national sample. In: Annals of Internal Medicine 141, S. 938–945.

Bazzoli, G./Chan, B./Shortell, S./D'Aunno, T. (2000): The financial performance of hospitals belonging to health networks and systems. In: Inquiry 37, S. 234–252.

Bott, E. (1957): Family and social network. London und Tavistock.

Carey, K. (2000): A multi-level modeling approach to analysis of patient costs under managed care. In: Health Economics 9, S. 435–446.

Carey, K./ Burgess, J. (2000): Hospital costing: Experience from the VHA. In: Financial Accountability & Management 16, S. 289–308.

Connor, R./Feldman, R./Dowd, B. (1998): The effects of market concentration and horizontal mergers on hospital costs and prices. In: International Journal of Economics and Business 5, S. 159–180.

Enthoven, A.C. (1993): History and principles of managed competition. In: Health Affairs 12, S. 24–48.

Evans, D.C./Nichol, P./Perlin, J.B. (2006): Effect of the implementation of an enterprise-wide electronic health record on productivity in the veterans health administration. In: Health Economics, Policy and Law 1, S. 163–169.

General Accounting Office (1991): VA health care: Exploring options to improve veterans' access to VA facilities (Report GAO/HEHS-9652). Washington, DC.

Gomes-Casseres, B. (1996): The alliance revolution: The new shape of business rivalry. Cambridge, Mass.

Gulati, R. (1999): Network location and learning: The influence of network resources and firm capabilities on alliance formation. In: Strategic Management Journal 20, S. 397–420.

Khuri, S.F./Daley, J./Henderson, W.G. (2002): The comparative assessment and improvement of quality of surgical care in the department of veterans affairs. In: Archives of Surgery 137, S. 20–27.

Kizer, K.W. (1999): The »New VA«: A national laboratory for health care quality management. In: American Journal of Medical Quality 14, S. 3–20.

Miles, R.E./Snow, C.C. (1992): Causes of failure in network organizations. In: California Management Review 34, S. 53–72.

Misson Commission (1991): Report of the commission on the future structure of veterans health care. Washington, DC.

Oliver, A. (2007): The veteran health administration: An American success story? In: The Milbank Quarterly 85, S. 5–35.

Rosko, M. (2001): Impact of HMO penetration and other environmental factors on hospital X-inefficiency. In: Medical Care Research and Review 58, S. 430–454.

Rosko, M./Proenca, J. (2005): Impact of network and system use on hospital X-inefficiency. In: Health Care Management Review 30, S. 69–79.

Schlösser, R./Schreyögg, J. (2005): Die Balanced Scorecard als Kennzahlensystem für Krankenkassen. In: Zeitschrift für die Gesamte Versicherungswissenschaft 94, S. 323–345.

Schlösser, R./Schreyögg, J./Busse, R. (2006): Modellierung des Kapitalwertes von Disease Management-Programmen unter Anwendung der Monte-Carlo-Simulation. In: Zeitschrift für öffentliche und gemeinwirtschaftliche Unternehmen 29, S. 276-301.

Schreyögg, J./Plate, A./Busse, R. (2005): Identifizierung geeigneter Versichertengruppen für die integrierte Versorgung anhand von GKV-Routinedaten. In: Gesundheitsökonomie und Qualitätsmanagement 10, S. 349–355.

Schreyögg, J./Weinbrenner, S./Busse, R. (2006): Leistungsmanagement in Netzwerken der integrierten Versorgung. In: Busse, R/Schreyögg, J./Gericke, C.A.A. (Hrsg.): Management im Gesundheitswesen. Berlin, S. 106–122.

Walker, G./Kogut, B./Shan, W. (1997): Social capital, structural holes and the formation of an industry network. In: Organization Science 8, S. 109–125.

Yaisawarng, S./Burgess, J.F. (2006): Performance-based budgeting in the public sector: An illustration from the VA health care system. In: Health Economics 15, S. 295–310.

Achim Siegel, Ulrich Stößel, Detlev Geßner, Reinhold Knittel, Franziska Beckebans, Helmut Hildebrandt, Christopher Hermann, Alf Trojan und Holger Pfaff

Kooperation und Wettbewerb im integrierten Versorgungssystem »Gesundes Kinzigtal«

Zusammenfassung

Im südbadischen Kinzigtal wird seit Ende 2005 ein populationsbezogenes integriertes Versorgungssystem erprobt. Hauptziel ist eine im Vergleich zur Regelversorgung ökonomischere Gesundheitsversorgung, die der Regelversorgung in Hinsicht auf die Versorgungsqualität zumindest nicht unterlegen ist. In diesem Beitrag werden die vertraglichen, ökonomischen und organisatorischen Grundzüge des Integrierten Versorgungssystems Gesundes Kinzigtal erläutert; dabei wird dieses System als Netzwerk im Sinne der neueren Netzwerktheorie interpretiert. Da der finanzielle Erfolgsindikator des integrierten Versorgungssystems sich nach der Höhe der Einsparungen bemisst, die pro Versicherten im Vergleich zur Regelversorgung erzielt werden (Einsparcontracting), steht das System »Gesundes Kinzigtal« unmittelbar im Wettbewerb mit der umgebenden Regelversorgung. Die vertraglichen Grundlagen dieses Wettbewerbs wurden von den Initiatoren des integrierten Versorgungssystems so gestaltet, dass die eingeschriebenen Versicherten auf Dauer einzig mit einer höheren Versorgungsqualität gewonnen werden können – Anreize zu einer Unterversorgung oder einer Risikoselektion durch die Versorger sollten gezielt vermieden werden.

1 Einleitung

Integrierte Gesundheitsversorgungssysteme verfolgen den Anspruch, die Schnittstellenprobleme der traditionellen, in verschiedene Sektoren gegliederten Versorgungspraxis zu überwinden und insgesamt ökonomischer zu wirtschaften. Eine zentrale Rolle spielt dabei die bessere Kooperation von Leistungserbringern über Sektorengrenzen hinweg. Integrierte Versorgungsverträge werden seit 2004 gemäß dem GKV-Modernisierungsgesetz (GMG) durch eine Anschubfinanzierung aus Mitteln der Regelversorgung finanziell gefördert. Dabei sind nicht nur solche Verträge zu fördern, die sich auf einzelne – d. h. auf eine oder wenige – Indikationen beziehen. Gefördert werden sollen gerade auch sog. populationsbezogene integrierte Versorgungssysteme, die prinzipiell für alle – oder fast alle – Indikationen einer definierten Population gelten (daher auch Integrierte Vollversorgungslösungen genannt).

Die am längsten erprobten Vorbilder solcher populationsbezogenen integrierten Versorgungsmodelle gibt es in den USA und – innerhalb Europas – in der Schweiz in Gestalt des Managed Care (vgl. Preuß et al. 2002; Berchtold/Hess 2006; Jakobs/Schulze 2006; Amelung 2007). In den klassischen Managed-Care-Systemen wurden bzw. werden jedoch Finanzierungs- und Vergütungssysteme praktiziert, die im Kontext eines intensiven Wettbewerbs der Krankenversicherer und starker wirtschaftlicher Interessen der Versorger (Ärzte und/oder Managementgesellschaften) problematische Auswirkungen haben können: Zum einen wird eine Risikoselektion durch die im Wettbewerb stehenden Krankenversicherer (und der von ihnen beauftragten Versorger) begünstigt. Dies gilt vor allem, sofern zwischen den Versicherern kein funktionstüchtiger morbiditätsorientierter Risikostrukturausgleich institutionalisiert ist. Zum anderen entstehen für die Leistungserbringer Handlungsanreize, die eine Unterversorgung mit bestimmten medizinischen Leistungen zur Folge haben können, sofern die Versorgung durch Kopfpauschalen (capitation) vergütet wird (vgl. Ellis 1998; Dalzell 2002; Schell/Lauterbach 2002; Jakobs/Schulze 2006; Heinrich/König 2006). Werden die Vergütungen auf Jahresbasis neu verhandelt, so entsteht eine Tendenz zur rigorosen Preisminimierung ohne Rücksicht auf die langfristige Wirtschaftlichkeit quer über die Sektoren hinweg (vgl. Porter/Teisberg 2006). Komplementär zu Tendenzen zur Risikoselektion und relativen Unterversorgung entstehen in klassischen Managed-Care-Systemen Anreize bei den Versorgern, relativ gesunde Personen auch mit nicht eindeutig indizierten Leistungen als Klienten zu gewinnen, sodass unter diesem Patientenklientel eine Tendenz zur Überversorgung in Gang gesetzt wird (vgl. z. B. Ellis 1998, S. 550).

Im südbadischen Kinzigtal wird seit Ende des Jahres 2005 ein populationsbezogenes integriertes Versorgungssystem erprobt (Hermann et al. 2006; Seiler 2007). Die Konstrukteure des Netzes haben dabei versucht, den Versorgungsvertrag so zu gestalten, dass die drei problematischen Tendenzen älterer Managed-Care-Systeme – Risikoselektion, Unterversorgung älterer oder relativ kranker Patienten, Übersorgung relativ gesunder Patienten – gar nicht erst aufkommen: Handlungsanreize, welche unweigerlich zu jenen Tendenzen führen, sollten möglichst vermieden werden.

Im Folgenden sollen die vertraglichen und ökonomischen Grundzüge des integrierten Versorgungssystems »Gesundes Kinzigtal« so erläutert werden, dass nachvollziehbar wird, wie sich dessen globale Ziele in handlungsrelevante Parameter für die Leistungserbringer übersetzen. Dabei wird das integrierte Versorgungssystem als Netzwerk im Sinne der neueren Netzwerktheorie interpretiert. Anschließend soll herausgearbeitet werden, durch welche Mechanismen der Wettbewerb des integrierten Versorgungssystems mit der Regelversorgung dazu führt (bzw. führen soll), dass im System »Gesundes Kinzigtal« die drei beschriebenen problematischen Tendenzen älterer Managed-Care-Systeme vermieden werden. Erste empirische Ergebnisse sollen insbesondere ein Urteil darüber ermöglichen, ob im integrierten Versorgungssystem »Gesundes Kinzigtal« eine Tendenz zur Risikoselektion vermieden wird.

2 Das integrierte Versorgungssystem »Gesundes Kinzigtal« – sektorenübergreifende Versorgungssteuerung im Rahmen eines Netzwerks

2.1 Grundmerkmale und Ziele des integrierten Versorgungssystems »Gesundes Kinzigtal«

Im Einzugsgebiet des integrierten Versorgungssystems »Gesundes Kinzigtal« leben insgesamt etwa 60 000 Menschen.

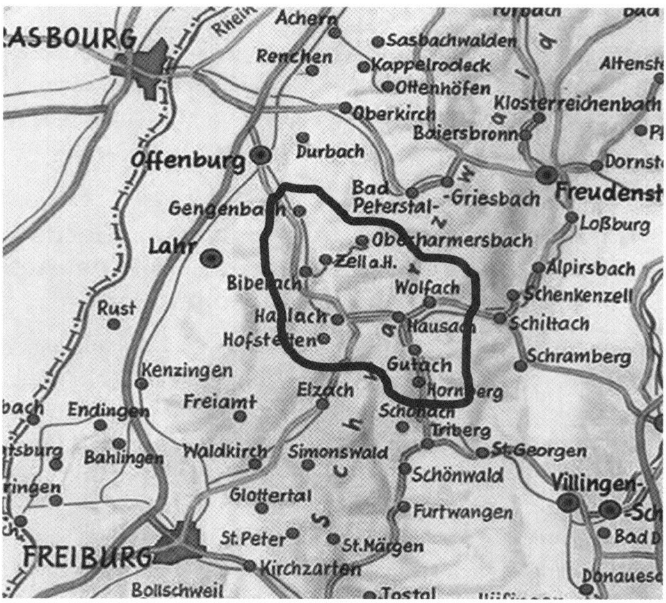

Abb. 21: Einzugsgebiet der integrierten Versorgung »Gesundes Kinzigtal«

Etwas mehr als die Hälfte davon – nämlich 32 000 – sind bei der AOK Baden-Württemberg oder der LKK Baden-Württemberg (Landwirtschaftliche Krankenkasse) krankenversichert. Diese 32 000 Personen haben seit dem 1. Juli 2006 die Gelegenheit, sich in die integrierte Versorgung einzuschreiben. Der Versorgungsvertrag zwischen AOK Baden-Württemberg und LKK Baden-Württemberg mit der Managementgesellschaft »Gesundes Kinzigtal GmbH« läuft bis ins Jahr 2015; nach dem Auslaufen der Anschubfinanzierung am 30.06.2007 hat der Versorgungsvertrag also eine weitere Laufzeit von acht Jahren. Die Gesundes Kinzigtal GmbH ist ein regionales Versorgungsunternehmen und fungiert als Managementgesellschaft für Integrierte Versorgung nach den §§ 140a ff. SGB V. Die Managementgesellschaft organisiert im Kinzigtal die Gesundheitsversorgung bei allen Indikationen mit Ausnahme des zahnmedizinischen Bereichs. Die finanziellen Ergebnisse des Vertrags werden in Form eines Einsparcontractings ermittelt: Die Referenzgröße, gegenüber der die Einsparungen erzielt werden sollen, sind die normalerweise – d. h. unter Bedingungen der Regelversorgung – zu erwartenden Versorgungskosten aller Kinzigtal-Versicherten (genauer hierzu Hermann et al. 2006, S. 12, 15). Der finanzielle Erfolgsindikator des integrierten Versorgungssystems ist also – vereinfacht ausgedrückt – das Ausmaß der Einsparungen gegenüber der Regelversorgung. Der ökonomische Wettbewerb des integrierten Versorgungssystems mit der Regelversorgung bildet sich gleichsam im finanziellen Erfolgsindikator der IV-Managementgesellschaft ab.

Ziel der Gesundes Kinzigtal GmbH ist also eine ökonomischere Gesundheitsversorgung im Kinzigtal. Dies soll erreicht werden durch:

a. eine bessere Schnittstellenorganisation zwischen den Sektoren und eine optimierte Behandlungskette, d. h. eine effizientere Kooperation über Sektorengrenzen hinweg,
b. eine Verringerung der Morbidität vor allem in Bezug auf chronische Krankheiten,
c. günstigere Konditionen beim Einkauf externer Produkte (z. B. Pharma).

2.2 Das integrierte Versorgungssystem »Gesundes Kinzigtal« als Netzwerk und die Rolle der beteiligten Organisationen und Institutionen

Im Rahmen neuerer theoretischer Ansätze der Netzwerkforschung (vgl. z. B. Windeler 2005) werden Netzwerke als Sozialsysteme einer bestimmten Art definiert: Netzwerke bestehen aus sozialen Beziehungen und Interaktionen, die von mehreren – d. h. mehr als zwei – Organisationen mit Blick auf den zwischen ihnen bestehenden dauerhaften Beziehungszusammenhang koordiniert werden. Die beteiligten Organisationen bleiben dabei selbständig (zur Definition vgl. Windeler 2005, S. 224).

So gesehen sind am integrierten Versorgungssystem »Gesundes Kinzigtal« verschiedene Organisationen beteiligt: Neben der Gesundes Kinzigtal GmbH (Managementgesellschaft für integrierte Versorgung) sind die beiden Krankenkassen AOK und LKK beteiligt. Innerhalb der Gesundes Kinzigtal GmbH lassen sich zudem die Geschäftsführung im engeren Sinne und der Ärztliche Beirat unterscheiden. Die Zusammenarbeit zwischen den beteiligten Organisationen und Professionen hat dabei auch zur Etablierung verschiedener Institutionen geführt.

2.2.1 Die Geschäftsführung der Managementgesellschaft als Netzwerkkoordinator im engeren Sinn

Um die in Abschnitt 2.1 genannten Ziele zu erreichen, tätigt die Managementgesellschaft zum einen materielle Investitionen: Sie vergütet zusätzlich zu den üblichen Leistungsvergütungen der Kassenärztlichen Vereinigung – welche weiterhin in Kraft sind – bestimmte Steuerungs- und substituierende Leistungen der Ärzte wie zum Beispiel Gesundheitschecks, Fallkonferenzen, Pharmamanagement- und Case-Managementleistungen oder präventive Leistungen bei Patienten, die ein erhöhtes Risiko für chronische Krankheiten haben (genauer hierzu Hermann et al. 2006, S. 14 ff.). Im Jahr 2006 summierten sich die Vergütungen der Managementgesellschaft für den Zusatz-Input der Ärzte auf 206 570 €. Einschließlich der Anrechnung der kostenlosen Bereitstellung von Praxis-EDV-Leistungen und zusätzlicher Hardware für die Praxen (hier in Höhe der Abschreibung gerechnet) entstand ein Volumen von 309 386 € an Zusatzleistung an die angeschlossenen 43 Ärzte. Bei Berücksichtigung aller geldwerten Vorteile ist im Schnitt für die aktiven Partnerärzte mit ca. 15 000 € pro Jahr zu rechnen.

Die Managementgesellschaft organisiert zum anderen »Intelligenz«-Investitionen: Sie nutzt einerseits das Know-how der Ärzte bei der Optimierung therapeutischer Prozesse und andererseits das gesundheitsökonomische Know-how des System-Managements und dessen Partner (OptiMedis AG). Für die operative Steuerung wendet die Managementgesellschaft neben Regressionsrechnungen und Clusteranalyseverfahren u. a. auch die Technik des »predictive modelling« an; die Datenbasis hierfür setzt sich aus den Behandlungsdaten der Netzärzte im Kinzigtal sowie den GKV-Routinedaten für die eingeschriebenen Versicherten zusammen und im Weiteren aus den pseudonymisierten GKV-Routinedaten der nicht-eingeschriebenen Versicherten (vgl. genauer hierzu Hermann et al. 2006, S. 16 f.; zur Technik des »predictive modelling« vgl. Cousins/Liu 2003; Schreyögg et al. 2005). Damit die Behandlungsdaten der Ärzte überhaupt gesammelt werden konnten, mussten zuvor die Praxen informationstechnisch vernetzt werden – bereits dies war eine enorme organisatorische Herausforderung in der Anfangsphase des Netzes (vgl. Preuß 2007). Auf Grundlage dieser Daten kann die Managementgesellschaft effektive und effiziente Präventions- und Gesundheitskonzepte für ausgewählte Indikationen entwickeln; sobald die entsprechenden Präventions- und Behandlungsangebote mit den Leistungspartnern (d. h. vor allem mit Ärzten) und den Krankenkassen abgestimmt sind, können sie den betroffenen Patienten angeboten werden.

Diese Koordinationstätigkeit wird maßgeblich von der Geschäftsführung der Managementgesellschaft geleistet. Die Geschäftsführung kann daher auch als Netzwerkkoordinator im engeren Sinn angesehen werden. Dabei steuert die Geschäftsführung das Netzwerk nicht hierarchisch, sondern vielmehr heterarchisch; dies wird in den folgenden Abschnitten verdeutlicht.

2.2.2 Das »Medizinische Qualitätsnetz Kinzigtal« und die Rolle des Ärztlichen Beirats

Da das Ärztenetz im Kinzigtal (MQNK – Medizinisches Qualitätsnetz Kinzigtal) zu zwei Dritteln an der Gesundes Kinzigtal GmbH beteiligt ist, sind die Netzärzte indirekt über ihre Mitgliedschaft in dem Ärztenetzverein auch am Ergebnis des Einsparcontractings beteiligt. Insofern haben die Ärzte neben der kurzfristig wirksamen Zusatzvergütung auch ein langfristiges Interesse an einem positiven finanziellen Ergebnis des integrierten Versorgungssystems. Die erwirtschafteten Ergebnisse (Überschüsse) können prinzipiell reinvestiert oder an die Beteiligten ausgeschüttet werden. Die Höhe derartiger Ausschüttungen an den einzelnen Arzt ist dabei nur zu einem Teil abhängig von dessen individueller Einsparungsleistung, um keine problematischen Anreize für eine Mangelversorgung aufkommen zu lassen. Die Balancierung erfolgt in einem gemeinsamen professionell-ethischen Diskurs innerhalb des Ärztenetzes sowie bei der Abfassung von Behandlungsleitlinien in den jeweiligen Projektgruppen und zwischen Managementgesellschaft und Leistungspartnern.

Entsprechend dem Grundsatz einer vertrauensvollen Zusammenarbeit im Netzwerk werden keine Entscheidungen gegen den Willen der Leistungserbringer durchgesetzt. Der Geschäftsführung der Managementgesellschaft gleichgestellt ist daher der Ärztliche Beirat; mit drei Mitgliedern sowie drei Stellvertretern (paritätisch besetzt durch Haus- und Fachärzte) verkörpert der Ärztliche Beirat die medizinische Kompetenz der Gesundes Kinzigtal GmbH. Jede Entscheidung der Geschäftsführung, die medizinische Kompetenz erfordert, wird nur mit Zustimmung des Ärztlichen Beirats gefällt.

Neben der institutionalisierten Entscheidungsbeteiligung der Netzärzte in Gestalt des Ärztlichen Beirats werden sämtliche dem Netz angeschlossenen Leistungserbringer in einer sog. Generalversammlung über besonders weitreichende Entscheidungen informiert und konsultiert. Diese Generalversammlung findet einmal im Jahr statt.

2.2.3 Die »Charta der Patientenrechte« und der Patientenbeirat als institutionelle Verkörperungen einer stärkeren Patientenbeteiligung

Der kooperativ-partnerschaftliche Grundsatz soll sich in der Beziehung zwischen Arzt/Psychotherapeut und Patient fortsetzen. Der Patient wird verstärkt in den therapeutischen Entscheidungsprozess mit einbezogen und soll so eine aktive Rolle im therapeutischen Prozess einnehmen. Zu diesem Zweck werden zum Beispiel Gesundheitszielvereinbarungen zwischen Arzt/Psychotherapeut und Patient abgeschlossen, die die Motivation und Eigenverantwortung der Patienten erhöhen und deren gesundheitsfördernde Ressourcen aktivieren sollen. Die Managementgesellschaft erwartet sich durch die verstärkte Patientenbeteiligung eine deutliche Steigerung der Compliance der Patienten sowie einen Zielführungs- und Strukturierungeffekt der ärztlichen Therapie, der sich dann in einer verbesserten Patientengesundheit und in geringeren Krankheitskosten auswirkt. Seinen institutionellen Ausdruck findet der Grundsatz der Patientenbeteiligung zum einen in der »Charta der Patientenrechte«, die in den Qualitätsvereinbarungen verankert ist, welche zwischen Leistungserbringern und Managementgesellschaft geschlossen wurden. Zum anderen gewähren ein eigens für das integrierte Versorgungssystem geschaffener Patientenbeirat als Berater der Managementgesellschaft und ein/e Ombudsmann/Ombudsfrau den Patienten Mitsprachemöglichkeiten auch auf der Ebene förmlich institutionalisierter Interaktionsbeziehungen im Netzwerk.

2.2.4 Die Rolle der Krankenkassen

Während also die Geschäftsführung der Managementgesellschaft die operative Steuerung des Versorgungssystems koordiniert, kommt die Rolle des generellen Kostenträgers nach wie vor den beteiligten Krankenkassen zu. Neu ist die virtuelle Beteiligung der Managementgesellschaft an dieser Rolle. Sofern das Einsparcontracting zu einer positiven Bilanz führt, werden die Ergebnisse zu vorab vereinbarten Anteilen zwischen Krankenkassen und Managementgesellschaft geteilt. Da die Ergebnisse erst zum Ende des folgenden Jahres auf das Vorjahr valide berechnet werden können, einigten sich die Partner auf ein Abschlagsverfahren, das unterjährig der Managementgesellschaft die Liquidität sicherstellt, mit der Abrechnung dann aber »hart« ausgeglichen wird.

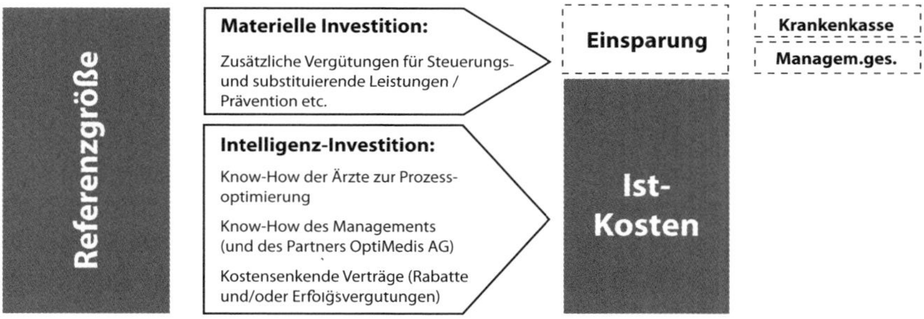

Abb. 22: Vertragsökonomie des integrierten Versorgungssystems »Gesundes Kinzigtal«

Der langfristig angelegte integrierte Versorgungsvertrag zwischen der Gesundes Kinzigtal GmbH und der AOK Baden-Württemberg sowie der LKK Baden-Württemberg erfordert von allen Beteiligten ein zunehmend auf vertrauensvolle Kooperation ausgerichtetes Verhältnis. So ist es ein erklärtes Ziel des Vertrages, Bürokratie- und Kontrollaufwände zwischen den Leistungspartnern und den Krankenkassen zu reduzieren. Zu einer stärkeren Kooperation gehören ebenso der »kleine Dienstweg« zwischen den Vertragspartnern als auch gemeinsame Arbeitsgruppen zu bestimmten Themen und Aufgaben der Versorgung. Diese münden dann in der Ausarbeitung von Guidelines und Pathways, welche idealerweise ohne zusätzliche Prüfung – oder jedenfalls mit vermindertem Prüfungsaufwand – zur Abrechnung genutzt werden können. Weiterreichende und grundsätzliche Themen zwischen Managementgesellschaft und Krankenkassen werden durch den sog. Lenkungsrat abgestimmt und beschlossen. Dieses Gremium ist paritätisch mit Vertretern der Kassen und Vertretern der Gesundes Kinzigtal GmbH besetzt und tagt mindestens zweimal im Jahr.

In netzwerktheoretischer Hinsicht lässt sich resümieren, dass die beteiligten Organisationen und Professionen (Ärzte und weitere Leistungserbringer) sich in ihrem Handeln und Selbstverständnis wechselseitig beeinflussen; dies erleichtert – wie es für Netzwerke typisch ist – die Reproduktion eines dauerhaften Beziehungszusammenhangs, der weder auf hierarchischer Kontrolle noch auf marktförmiger Koordination der beteiligten Einheiten beruht (vgl. Windeler 2005 sowie die Einleitung zum vorliegenden Sammelband).

2.3 Evaluation der Netzwerkaktivitäten

Inwieweit die Netzaktivitäten zu einer im Vergleich mit der Regelversorgung höheren ökonomischen Effizienz führen, wird in Gestalt des oben (Abschnitt 2.1) beschriebenen finanziellen Erfolgsindikators evaluiert. Das Ziel einer langfristig ökonomischeren Versorgung soll gerade nicht auf Kosten der Versorgungsqualität erreicht werden, also unter Ausschluss von Unter- oder Fehlversorgung. Aus diesem Grund wurde zwischen den Vertragspartnern Einigkeit darin erzielt, dass die Gesundes Kinzigtal GmbH unabhängige wissenschaftliche Institute mit der Evaluation wesentlicher Aspekte der Versorgungsqualität beauftragt und die beteiligten Krankenkassen eine Stichprobe von Routinedaten für diese Evaluation zur Verfügung stellen. Die Evaluation ist in verschiedene Module gegliedert und wird von der Abteilung für Medizinische Soziologie an der Universität Freiburg koordiniert. Durchgeführt werden die einzelnen Evaluationsprojekte in der Regel von jeweils verschiedenen, auf dem jeweiligen Themengebiet spezialisierten Forschungsinstituten.

In einem ersten Evaluationsmodul wird die Entscheidungsbeteiligung der Patienten am therapeutischen Prozess erhoben, zudem wird die Veränderung der Patientenzufriedenheit über mehrere Jahre hinweg untersucht (Längsschnitt-Vergleich der Zufriedenheit eingeschriebener und nicht-eingeschriebener Versicherter im Kinzigtal mit Versicherten aus einer Vergleichsregion). In einem zweiten Modul wird auf Grundlage der verfügbaren Routinedaten der beteiligten Krankenkassen untersucht, inwiefern es Indizien für eine – im Zeitverlauf zu- oder abnehmende – Über-, Unter- oder Fehlversorgung bei einzelnen Indikationen gibt (Vergleich Region Kinzigtal mit einer für ganz Baden-Württemberg repräsentativen Zufallsstichprobe). In weiteren Evaluationsmodulen werden Effektivität und ökonomische Effizienz einzelner Präventions- und Behandlungsprogramme erforscht. Schließlich soll auch eine Prozessevaluation aus Sicht der Leistungserbringer durchgeführt werden, und ein regelmäßiges Coaching ausgewählter Entscheidungsträger des Netzwerks soll zur Optimierung der Interaktionen und sozialen Beziehungen im Netzwerk beitragen.

3 Vermeidung von Risikoselektion durch gezielte Setzung von Anreizen einerseits und Wettbewerb zwischen integrierter Versorgung und Regelversorgung andererseits

Die Details des Versorgungsvertrags wurden absichtlich so gestaltet, dass eventuelle Einsparungen gegenüber der Regelversorgung nicht durch Maßnahmen erzielt werden, die soziale und gesundheitliche Ungleichheit fördern bzw. verstärken. Insbesondere wurde darauf geachtet, dass es keine Anreize für Risikoselektion durch die Managementgesellschaft oder für das Aufschieben medizinisch notwendiger Leistungen für die Versicherten gibt:

i. Die Einschreibung in das System der integrierten Versorgung ist für die Versicherten freiwillig. Eingeschriebene Patienten erhalten kostenlose Zusatzleistungen (Gesundheitschecks; Präventionsleistungen etc.); es gibt jedoch keine finanziellen Anreize für eine Einschreibung zum Beispiel im Sinne eines ermäßigten Krankenkassenbeitrags. Allein die LKK erlässt ihren Mitgliedern, die sich in die integrierte Versorgung einschreiben, die vierteljährliche Praxisgebühr, und zwar aufgrund einer allgemeinen Satzungsbestimmung, die für alle integrierten Versorgungslösungen gilt, die durch die LKK vereinbart werden.
ii. Die freie Arzt- und Krankenhauswahl bleibt für alle Versicherten erhalten.

Bereits diese beiden Regelungen führen dazu, dass Ärzte und Managementgesellschaft die Versicherten einzig mit der höheren Qualität an Präventions- und Versorgungsmaßnahmen für eine Einschreibung gewinnen können. Hingegen wäre eine Strategie, Kosteneinsparungen durch Unterversorgung – zum Beispiel durch das Aufschieben notwendiger medizinischer Leistungen – zu erzielen, ökonomisch sinnlos, denn die eingeschriebenen Versicherten würden in diesem Fall entweder wieder aus der integrierten Versorgung austreten oder in Folgezeiträumen an anderer Stelle diese Leistungen einholen. In diesem Sinne muss das integrierte Versorgungssystem das Ziel verfolgen, die Patienten mit einer besseren Versorgungsqualität und besseren präventiven Leistungen – also mit einem höheren Gesundheitsnutzen – zu überzeugen. Die Freiwilligkeit der Einschreibung und die Wahlfreiheit der Versicherten zwischen verschiedenen Leistungserbringern und zwischen beiden Systemen sollen also verhindern, dass das integrierte Versorgungssystem im Wettbewerb mit der Regelversorgung ohne Rücksicht auf die Versorgungsqualität einem einseitigen ökonomischen Interesse unterliegt.

iii. Die Messlatte, d. h. die entscheidende Variable für den finanziellen Erfolg sind nicht die Durchschnittskosten der Eingeschriebenen, sondern die Durchschnittskosten aller AOK- und LKK-Versicherten im Einzugsgebiet.

Diese Regelung sollte zusammen mit den bereits genannten zu einer Art »umgekehrten Risikoselektion« führen: Da die Kosten *aller* Versicherten im Kinzigtal den entscheidenden Erfolgsindikator bilden und nicht die Kosten einer irgendwie bevorzugt auswählbaren Klientel, hat die Managementgesellschaft den Anreiz, unter der *Gesamtheit* der Versicherten möglichst viel an Kosten einzusparen. Die Einsparmöglichkeiten – und damit Effizienzerhöhungspotenziale – sind in der Regel bei denjenigen Versicherten am größten, die die höchsten Ausgaben verursachen. Bei denjenigen Versicherten hingegen, die keine oder kaum Kosten verursachen, kann auch wenig oder gar nichts eingespart werden. Letztere sind also für die Managementgesellschaft relativ »uninteressant«, d. h. sie sind gerade nicht die bevorzugten Klienten des integrierten Versorgungssystems. Da hier aber tendenziell Hochrisiko- und Hochkostenpatienten die bevorzugte Klientel bilden, sollte im integrierten Versorgungssystem somit eine »umgekehrte Risikoselektion«

greifen – also eine Umkehrung des berüchtigten »Rosinenpickens« kompetitiver Versicherer in traditionellen Managed-Care-Systemen.

Für die Funktionsweise des integrierten Versorgungssystems im Kinzigtal und insbesondere für das Ziel der Vermeidung einer Risikoselektion spielt der Wettbewerb mit der Regelversorgung also eine große Rolle. Die Regelversorgung existiert nämlich nicht nur außerhalb des Einzugsgebiets der integrierten Versorgung fort, sondern sie besteht auch innerhalb der Grenzen des Einzugsgebiets der integrierten Versorgung im Kinzigtal in nicht zu vernachlässigender Größenordnung weiter: Knapp 40 % der niedergelassenen Ärzte im Kinzigtal sind nicht ans integrierte Versorgungssystem angeschlossen, und bislang sind lediglich rund 2000 von insgesamt 32 000 Versicherten im Einzugsgebiet in die integrierte Versorgung eingeschrieben (Januar 2008). Der Fortbestand der Regelversorgung gewährleistet für die Versicherten eine echte Wahlfreiheit. Förmliche Wettbewerbsprozesse existieren also in erster Linie zwischen den an der Gesundes Kinzigtal GmbH Beteiligten und den nicht zum Netzwerk gehörenden Leistungserbringern und Organisationen sowie den die Versorgungsregion umgebenden Versorgungsgebieten. Netzwerkintern hingegen sind bislang keine formellen Wettbewerbsmechanismen institutionalisiert.

4 Alter und GKV-Ausgabenprofil der eingeschriebenen Mitglieder der Integrierten Versorgung Gesundes Kinzigtal – eine »umgekehrte Risikoselektion«

Im Kontext eines Wettbewerbs zwischen integrierter Versorgung und Regelversorgung sollte es aufgrund der oben beschriebenen Regelungen theoretisch zu einer Art »umgekehrten Risikoselektion« kommen. Wenn dieses Kalkül aufgehen soll, müsste sich das anhand der Daten der eingeschriebenen im Vergleich zu den nicht-eingeschriebenen Versicherten zeigen lassen. Alle folgenden Angaben berücksichtigen den Einschreibestatus der Versicherten am 31.05.2007 (Stichtag der Datenerhebung): Zu diesem Zeitpunkt waren 1439 Personen eingeschrieben, 28 466 Versicherte waren nicht eingeschrieben.

4.1 Altersverteilung eingeschriebener und nicht-eingeschriebener Versicherter

In Bezug auf das Alter beispielsweise – das als einer der wichtigsten sozialstrukturellen Marker hinsichtlich eines »guten« oder »schlechten« Risikos gilt – müsste sich zeigen lassen, dass in der Gruppe der eingeschriebenen Versicherten Ältere überproportional vertreten sind.

Betrachtet man die Altersverteilung bei den eingeschriebenen im Vergleich zu den nicht-eingeschriebenen Versicherten, so zeigt sich zunächst ein deutlich höheres Durchschnittsalter bei den Eingeschriebenen: Es beträgt 58,0 Jahre, während die nicht-eingeschriebenen Versicherten im Durchschnitt 42,5 Jahre alt sind. Sieht man sich die Altersverteilung (Alter gruppiert in 5-Jahres-Intervallen) in den beiden Gruppen an, kann man das unterschiedliche Verteilungsmuster bereits auf den ersten Blick gut erkennen.

Nicht-Eingeschriebene:
Mittel: 42,5 J. (n=28466)

Alter 2006

Mittelwerte	42,46; 0
Ausprägung	**Prozentuale Werte**
bis 5 Jahre	4,43
bis 10 Jahre	5,23
bis 15 Jahre	5,83
bis 20 Jahre	6,63
bis 25 Jahre	6,08
bis 30 Jahre	5,30
bis 35 Jahre	5,04
bis 40 Jahre	7,03
bis 45 Jahre	8,07
bis 50 Jahre	7,17
bis 55 Jahre	6,22
bis 60 Jahre	5,33
bis 65 Jahre	4,18
bis 70 Jahre	6,92
bis 75 Jahre	5,71
bis 80 Jahre	4,65
bis 85 Jahre	3,35
bis 90 Jahre	1,77
bis 95 Jahre	0,79
bis 100 Jahre	0,26
100 und älter	0,02
unbekannt	0,00

Eingeschriebene:
Mittel: 58,0 J. (n=1439)

Alter 2006

Mittelwerte	58,01; 0
Ausprägung	**Prozentuale Werte**
bis 5 Jahre	0,42
bis 10 Jahre	1,18
bis 15 Jahre	2,15
bis 20 Jahre	0,90
bis 25 Jahre	2,36
bis 30 Jahre	2,02
bis 35 Jahre	2,29
bis 40 Jahre	5,00
bis 45 Jahre	6,60
bis 50 Jahre	7,37
bis 55 Jahre	7,16
bis 60 Jahre	9,38
bis 65 Jahre	7,37
bis 70 Jahre	11,81
bis 75 Jahre	13,27
bis 80 Jahre	11,26
bis 85 Jahre	6,46
bis 90 Jahre	2,43
bis 95 Jahre	0,56
bis 100 Jahre	0,00
100 und älter	0,00
unbekannt	0,00

Abb. 23: Altersverteilung der Versicherten nach Einschreibestatus (Stichtag 31.05.07)

4.2 Geschlechterverteilung, Anteil der Rentenbezieher und jährliche GKV-Ausgaben pro Person

Unter den eingeschriebenen Versicherten ist der Anteil der Frauen merklich höher als bei den Nicht-Eingeschriebenen: Während der Anteil weiblicher nicht-eingeschriebener Versicherter mit 51,9 % dem Anteil der Frauen in der Gesamtbevölkerung entspricht, liegt er in der Gruppe der eingeschriebenen Versicherten mit 57,5 % deutlich höher.

Wie aufgrund der unterschiedlichen Altersverteilung bei Eingeschriebenen und Nicht-Eingeschriebenen zu erwarten, gibt es in der Gruppe der eingeschriebenen Versicherten auch einen wesentlich höheren Anteil an Rentnern – nämlich 50 % – als unter den Nicht-Eingeschriebenen (26,1 %).

Bereits das höhere Durchschnittsalter und der höhere Rentneranteil unter den eingeschriebenen Versicherten lassen vermuten, dass der Einschreibestatus in der Tat eine »umgekehrte Risikoselektion« widerspiegelt. Das wird bestätigt, wenn man zusätzlich die jährlichen GKV-Ausgaben pro Versicherten betrachtet: Diese sind mit 2772 € in der Gruppe der Eingeschriebenen gut 1000 höher als bei den Nicht-Eingeschriebenen, wo pro Person rund 1718 € ausgegeben werden.

	Nicht-Eingeschriebene (N = 28.466)	Eingeschriebene (n = 1.439)
Frauenanteil	51,9 %	57,5 %
Anteil Rentner	26,1 %	50,0 %
GKV-Ausgaben p.P. 2006	1.718,14 €	2.772,26 €

Abb. 24: Kennziffern für Eingeschriebene und Nicht-Eingeschriebene

Die eingeschriebenen Versicherten verursachen also jährliche GKV-Ausgaben, die durchschnittlich um mehr als 60 % über den GKV-Ausgaben für die nicht-eingeschriebenen Versicherten liegen – hier hat tatsächlich eine »umgekehrte Risikoselektion« stattgefunden; das Kalkül der Träger des integrierten Versorgungsprojekts ist in dieser Hinsicht bisher aufgegangen.

5 Fazit

Das Integrierte Versorgungssystem Gesundes Kinzigtal kann – im Sinne der neueren Netzwerktheorie – als Netzwerk interpretiert werden, das mit seinen überwiegend heterarchischen Steuerungsmechanismen im Wettbewerb mit der Regelversorgung steht. Im Hinblick auf das Thema »Risikoselektion« im Integrierten Versorgungssystem Gesundes Kinzigtal kann festgehalten werden: Es ist der Gesundes Kinzigtal GmbH und dem beteiligten Ärztenetz bisher gut gelungen, vor allem ältere Versicherte und Rentner zur Einschreibung zu motivieren. Dies spiegelt sich in den höheren jährlichen GKV-Ausgaben pro Versicherten in der Gruppe der Eingeschriebenen (im Vergleich zu den Nicht-Eingeschriebenen) wider. Die jährlichen Ausgaben für die Eingeschriebenen liegen gut 60 % höher als die jährlichen Ausgaben für die Nicht-Eingeschriebenen. In Bezug auf den Einschreibestatus in das integrierte Versorgungssystem findet somit eine »umgekehrte Risikoselektion« statt. Im System »Gesundes Kinzigtal« wird die Risikoselektion vom Kopf auf die Füße gestellt.

Literaturverzeichnis

Amelung, V.E. (2007): Managed Care. Frankfurt a.M.

Berchthold, P./Hess, K. (2006): Evidenz für Managed Care. Europäische Literaturanalyse unter besonderer Berücksichtigung der Schweiz: Wirkung von Versorgungssteuerung auf Qualität und Kosteneffektivität. Neuchatel.

Cousins, M.S./Liu, Y. (2003): Cost savings for a preferred provider organization population with multi-condition disease management: Evaluating program impact using predictive modeling with a control group. In: Disease Management 6 (4), S. 207–216.

Dalzell, M. (2002): Has capitation weathered the storm? In: Managed Care, July, S. 18–26.

Ellis, R.P. (1998): Creaming, skimping, and dumping: Provider competition on the intensive and extensive margins. In: Journal of Health Economics 17, S. 537–555.

Heinrich, S./König, H.H. (2006): Vergütungssysteme in der integrierten Versorgung – Auswahlkriterien, Kalkulation und Einsatzmöglichkeiten. In: Gesundheits- und Sozialpolitik 1–2, S. 20–29.

Hermann, C./Hildebrandt, H./Richter-Reichhelm, M./Schwartz, F.W./Witzenrath, W. (2006): Das Modell »Gesundes Kinzigtal«. Managementgesellschaft organisiert Integrierte Versorgung einer definierten Population auf Basis eines Einsparcontractings. In: Gesundheits- und Sozialpolitik 5–6, S. 11–29.

Jakobs, K./Schulze, S. (2006): Managed Care und integrierte Versorgung in den USA – Erfahrungen und Lehren für die Diskussion in Deutschland. In: Klauber, J./Robra, B.-P./Schellschmidt, H.: Krankenhaus-Report 2005. Schwerpunkt: Wege zur Integration. Stuttgart, S. 81–97.

Porter, M.E./Teisberg, E.O. (2006): Redefining health care: Creating value-based competition on results. Boston.

Preuß, K.-J./Räbiger, J./Sommer, J.H. (Hrsg.)(2002): Managed Care. Evaluation und Performance-Measurement integrierter Versorgungsmodelle. Stand der Entwicklung in der EU, der Schweiz und den USA. Stuttgart.

Preuß, S. (2007): Projekt Gesundes Kinzigtal: Plattformübergreifende IT-Lösung. In: Deutsches Ärzteblatt 104 (5), S. A 284.

Schell, H./Lauterbach, K.W. (2002): Evaluation, Benchmarking, Qualitätsmanagement und Zertifizierung als Instrumente für eine evidenzbasierte Gesundheitspolitik. In: Preuß, K.-J./Räbiger, J./Sommer, J.H. (Hrsg.): Managed Care. Evaluation und Performance-Measurement integrierter Versorgungsmodelle. Stand der Entwicklung in der EU, der Schweiz und den USA. Stuttgart, S. 37–42.

Seiler, R. (2007): Die Schwarzwaldformel – das Modell »Gesundes Kinzigtal«. In: Weatherly, J.N./Seiler, R./Meyer-Lutterloh, K./Schmid, E./Lägel, R./Amelung, V.E.: Leuchtturmprojekte Integrierter Versorgung und Medizinischer Versorgungszentren. Innovative Modelle in der Praxis. Berlin, S. 139–149.

Schreyögg, J./Plate, A./Busse, R. (2005): Identifizierung geeigneter Versichertengruppen für die integrierte Versorgung mit Hilfe von GKV-Routinedaten. In: Gesundheitsökonomie und Qualitätsmanagement 10, S. 349–355.

Weatherly, J.N./Seiler, R./Meyer-Lutterloh, K./Schmid, E./Lägel, R./Amelung, V.E. (2007): Leuchtturmprojekte Integrierter Versorgung und Medizinischer Versorgungszentren. Innovative Modelle in der Praxis. Berlin.

Windeler, A. (2005): Netzwerktheorien: Vor einer relationalen Wende? In: Zentes, J./Swoboda, B./Morschett, D. (Hrgs.): Kooperationen, Allianzen und Netzwerke. Grundlagen – Ansätze – Perspektiven. 2. Aufl. Wiesbaden, S. 211–233.

Rainer Zeichhardt und Hanswerner Voss

Integrierte Gesundheitsversorgung im Spannungsfeld von Hierarchie, Kooperation und Wettbewerb – Der Netzwerkfall UGOM

Zusammenfassung

Der in diesem Beitrag diskutierte Fall, das Unternehmen Gesundheit Oberpfalz Mitte (UGOM), ist ein Beispiel für die Umsetzung der Idee einer integrierten Gesundheitsversorgung – und zwar sowohl im medizinischen Sinne einer fachgruppen- und sektorübergreifenden Vollversorgung von Patienten der Region Oberpfalz Mitte als auch im organisationstheoretischen Sinne einer spezifischen Organisationsform. UGOM weist in einem engeren Sinne als Gesundheits*unternehmen* (GmbH und Co. KG) Elemente der Hierarchie und Konzentration auf, ist in einem weiteren Sinne aber vielmehr als strategisches Gesundheits*netzwerk* zu bezeichnen. Auf beiden Analyseebenen sind kooperative und wettbewerbliche Elemente präsent. Dies zeigt sich insbesondere bei der strukturationstheoretisch informierten Betrachtung medizinischer Behandlungspfade, die bei UGOM sowohl Ergebnis als auch Medium von Kooperation und Wettbewerb sind. Die Gegenüberstellung der Vor- und Nachteile der UGOM-spezifischen Organisationsform aus Perspektive der Patienten, Gesellschafter und Netzwerkakteure deutet darauf hin, dass in Gänze die Vorteile überwiegen, weshalb UGOM im Feld als ein Benchmark und Pilotmodell der integrierten Versorgung bis hin zu einer Vergütung nach einem populationsorientierten Capitation-Modell gesehen wird.

1 Einleitung

Das deutsche Gesundheitssystem ist derzeit durch massive Reformbemühungen geprägt. Ein grundlegender Wandel liegt in einer zunehmenden Verknüpfung der medizinischen und ökonomischen Systemlogiken. So ist mittlerweile weitgehend akzeptiert, dass medizinische und ökonomische Zieldimensionen in einem komplementären Verhältnis zueinanderstehen (statt in einem konkurrierenden oder gar antinomen) – und zwar in der Erkenntnis, dass sich über eine Verbesserung der Qualität der Patientenversorgung die Ökonomie des Gesundheitswesens verbessern lässt und vice versa.

Aufgrund dessen werden durch neuartige Organisationskonzepte Effizienzpotenziale in der Gesundheitsversorgung zu erschließen und zu nutzen versucht (vgl. dazu Mühlbacher 2002; Kirchgeorg/Coldewey 2003; Weatherly et al. 2007). In diesem Zusammenhang fällt immer wieder der populäre Begriff »integrierte Versorgung«. Diese Begrifflichkeit ist zunächst jedoch unscharf (vgl. dazu Amelung et al. 2006, S. 15 ff.). Während »Integration« in der Gesundheitsliteratur als Chiffre für eine ganzheitliche Leistungserbringung aller am Gesundheitswesen beteiligter Akteure verwendet wird und damit implizit auf sektor- und fachübergreifende Kooperationselemente abstellt, wird der Terminus in der Management- und Organisationsforschung primär im Hierarchiekontext gebraucht (eine Unternehmung wird z. B. im Zuge einer Fusion in die Hierarchie eines anderen »integriert«).

Der in diesem Beitrag vorzustellende und zu diskutierende Fall – das Unternehmen Gesundheit Oberpfalz Mitte (UGOM) – ist ein plastisches Beispiel für eine mögliche Umsetzung der Idee einer »integrierten« Gesundheitsversorgung – und zwar im doppelten Sinne: zum einen im Sinne einer fachgruppen- und sektorübergreifenden Vollversorgung von Patienten in der Region Oberpfalz Mitte und zum anderen im Sinne eines spezifischen Organisationskonzepts der Gesundheitsversorgung im Spannungsfeld zwischen Markt und Hierarchie (Sydow 1992).

Im Folgenden wird zunächst die Organisationsform von UGOM dargestellt. Dabei werden die marktlichen wie hierarchischen Elemente extrahiert, und es wird gezeigt, dass Kooperation und Wettbewerb auf verschiedenen Akteursebenen mit unterschiedlichen Vor- und Nachteilen evident sind. Eine zentrale Kooperationspraktik wird dabei aus einer strukturationstheoretischen Perspektive näher diskutiert: die medizinischen Behandlungspfade. Abschließend wird deutlich, dass in Gänze für die UGOM-Akteure die Vorteile überwiegen, sodass mittlerweile das UGOM-Konzept als Benchmark bei der Gründung weiterer Gesundheitsunternehmen und -netzwerke in Deutschland zugrunde gelegt wurde und in Zukunft noch wird.

2 UGOM – eine kurze Skizze

Das Unternehmen Gesundheit Oberpfalz Mitte wurde im Jahre 2002 auf Initiative von 42 Ärzten des Ärzteverbundes Oberpfalz Mitte e. V. mit der *Zielsetzung* gegründet, die Qualität der Gesundheitsversorgung von Patienten in der Region zu verbessern und ökonomischer zu gestalten. 42 der 174 Ärzte des eingetragenen Vereins Ärzteverbund Oberpfalz Mitte haben sich mit der Gründung von UGOM entschlossen, im Rahmen einer verbindlichen Gesellschaftsstruktur, der Rechtsform einer GmbH, die im Folgejahr zu einer GmbH und Co. KG umstrukturiert wurde, eine regionale, integrierte, fachgruppen- und sektorübergreifende Gesundheitsvollversorgung aufzubauen mit dem Ziel der Übernahme von Budgetverantwortung (Vergütung nach einem Capitation-Modell). Seit der Gründung wurden weitere Gesellschafter aufgenommen. Heute firmieren fast 90 Allgemein- und Fachärzte, drei Kliniken, ein ambulantes Operations- sowie ein Gesundheitszentrum (MVZ) in der Region Oberpfalz Mitte als Gesellschafter von UGOM. Zudem hat die UGOM GmbH & Co. KG mit verschiedenen Akteuren außerhalb des Gesellschafterkreises Kooperationsbeziehungen aufgenommen. Zentraler Partner ist die Krankenkasse »AOK Bayern – Die Gesundheitskasse« mit ihren Patienten in der Region Amberg/Sulzbach-Rosenberg. Ferner unterhält UGOM Kooperationsbeziehungen mit dem Lehrstuhl für Gesundheitsmanagement der Universität Erlangen-Nürnberg, verschiedenen Arzneimittelexperten, Praxisverwaltungs-Software-Unternehmen, Datawarehouse-Experten, Evaluationsspezialisten, Webdesignern und Medienunternehmen.

Zwischen den beteiligten Akteuren lassen sich unterschiedliche Beziehungen entlang der – auf den Prozess der Patientenbehandlung von der Prävention bis zur abgeschlossenen Rehabilitation spezifizierten – Wertschöpfungskette (Porter 1985) differenzieren. Horizontale Beziehungen bestehen zwischen Ärzten gleicher Fachrichtungen zum Beispiel in der Zusammenarbeit in Qualitätszirkeln, vertikale Beziehungen zwischen Arztpraxen verschiedener Fachrichtungen, Klinikärzten und nicht-ärztlichen Fachgruppen im Gesundheitswesen im Rahmen von Fallkonferenzen. Es lassen sich aber auch laterale Beziehungen zwischen UGOM und Unternehmen außerhalb der unmittelbar an der Behandlung der Patienten beteiligten Akteure ausmachen (wie z. B. zu IT-Experten).

Allein die bisherigen Ausführungen zeigen, dass im Sinne eines medizinischen Begriffsverständnisses bei UGOM eindeutig von einem »integrierten« Versorgungskonzept gesprochen werden kann, da durch verschiedene Akteure entlang der Wertschöpfungskette (Behandlungspfade) sämtliche Leistungen abgedeckt werden und somit eine fachgruppen- und sektorübergreifende Gesundheitsvollversorgung der Patienten in dieser Region gewährleistet wird. Aus Sicht eines organisationstheoretischen Begriffsverständnisses ist dies jedoch diffiziler. Bereits nach dieser kurzen Skizze wird deutlich, dass UGOM eine besondere Organisationsform aufweist, die im Folgenden genauer analysiert wird.

3 Spezifizierung der Organisationsform von UGOM

3.1 UGOM als Netzwerk-Unternehmen Gesundheit

Wird im engeren Sinne (i. e. S.) auf die UGOM GmbH und Co. KG fokussiert, so lässt sich zunächst festhalten, dass es sich im wahrsten Sinne des Wortes um ein *Unternehmen* Gesundheit in der Oberpfalz Mitte handelt, das fast 90 Ärzte, drei Kliniken, ein ambulantes Operationszentrum und ein Medizinisches Versorgungszentrum (MVZ) als Gesellschafter unter einem Dach »integriert«. UGOM ist eine Einheitsgesellschaft, d. h. die Kommanditisten der KG sind gleichzeitig Eigentümer des haftenden Komplementärs der GmbH. Aufgrund der rechtsformspezifischen Organe (Geschäftsführung, Aufsichtsrat und Gesellschafter) weist UGOM damit deutliche hierarchische Elemente auf, wobei wesentliche Entscheidungen (z. B. Einführung von medizinischen Behandlungspfaden) nicht durch Anweisungen, sondern nach der Erarbeitung in interdisziplinär zusammengesetzten, indikationsfokussierten Kompetenzgruppen durch Beschlüsse in der Gesellschafterversammlung durchgesetzt werden. Die Gesellschafterstruktur schafft für die beteiligten Akteure von UGOM i.e.S. eine im Gesellschaftsvertrag definierte Verbindlichkeit, nach außen behalten alle Akteure jedoch sowohl ihre rechtliche als auch wirtschaftliche Selbständigkeit bei, sodass jeder Gesellschafter weiterhin autonom auf dem Gesundheitsmarkt agieren kann.

3.2 UGOM als strategisches Gesundheitsnetzwerk

Bei Einbezug der externen Kooperationspartner und damit bei Betrachtung von UGOM in einem weiteren Sinne (i. w. S.) werden Spezifika einer *Netzwerkorganisation* deutlich (vgl. Sydow 1992, 2006). So lässt sich festhalten, dass die Akteure der Region Oberpfalz verschiedene Dienstleitungen in enger Kooperation mit anderen Unternehmen wahrnehmen und erbringen. Die UGOM GmbH und Co. KG übernimmt beispielsweise die Dienstleistungen am Patienten von der AOK Bayern (u. a. Vorsorgeprogramme) und »quasi-externalisiert« (Sydow 1992) diverse Funktionsbereiche wie zum Beispiel die IT-Leistungen an MCS PieData GmbH in Dorsten, die Speicherung von anonymisierten Patientendaten in einer Hochsicherheitsumgebung bei InsightHealth, die Evaluation von Verordnungsdaten an Schellen & Partner in Düsseldorf, die Evaluation von anonymisierten Patientenkarrieren und Datamining an die Panoratio GmbH in München.

UGOM i. w. S. vereint bei genauerer Betrachtung sowohl Merkmale regionaler als auch strategischer Netzwerke (vgl. Sydow 2006, S. 393 ff.). So deuten zum Beispiel die zahlreichen kleineren und mittleren Organisationen mit räumlicher Konzentration in der Oberpfalz auf eine *regionale Netzwerkstruktur*, die langfristigen stabilen vertraglich geregelten Beziehungen zwischen Organisationen unterschiedlicher Größe (Arztpraxen, Kliniken, MVZ, Krankenkasse) sowie die formalen Vertragsstrukturen dagegen auf eine *strategische Netzwerkstruktur* hin. Ein Indiz für ein strategisches Netzwerk wäre die Existenz eines *fokalen Akteurs* bzw. einer strategischen Führerschaft. In der Region Oberpfalz kommt der UGOM GmbH & Co. KG eindeutig eine solche Position zu. Schließlich werden über das UGOM-Management (Geschäftsführung und Aufsichtsrat), aber auch über die Gesellschafterversammlungen, in besonderem Maße Art und Inhalt der strategischen Marktausrichtung, der Vertragsgestaltung und der interorganisationalen Beziehungen bestimmt.

Es lassen sich ferner weitere wichtige Akteure ausmachen. So kommt der AOK Bayern eine bedeutende Stellung zu, da sie als Entwicklungs- und Vertragspartner von UGOM ihre Versicherten entsprechend informiert und motiviert hat, aktiv an der eigenen Gesundheitsgestaltung durch die Einschreibung als UGOM-Netzpatient mitzuwirken. Wie unten noch deutlich wird, kommt auch den Patienten durchaus eine einflussreiche Position zu, da jeder einzelne Netzpatient bei UGOM via der Zusammenstellung seines individuellen Gesundheitsnetzes maßgeblich über die konkrete Ausgestaltung der Kooperationsbeziehungen bei UGOM entscheidet. Dasselbe gilt für die Betreuungsärzte, die die weitere Koordination innerhalb der individuellen Gesundheitsnetze übernehmen.

Zusammenfassend lässt sich festhalten, dass UGOM durch eine spezifische Organisationsform gekennzeichnet ist, die i. e. S. als Gesundheitsunternehmen Elemente der Hierarchie und Konzentration aufweist, i. w. S. aber gleichzeitig als strategisches Gesundheitsnetzwerk bezeichnet werden kann (s. Abb. 25). Im Folgenden wird gezeigt, dass dabei sowohl nach innen als auch nach außen Kooperative und wettbewerbliche Elemente relevant sind.

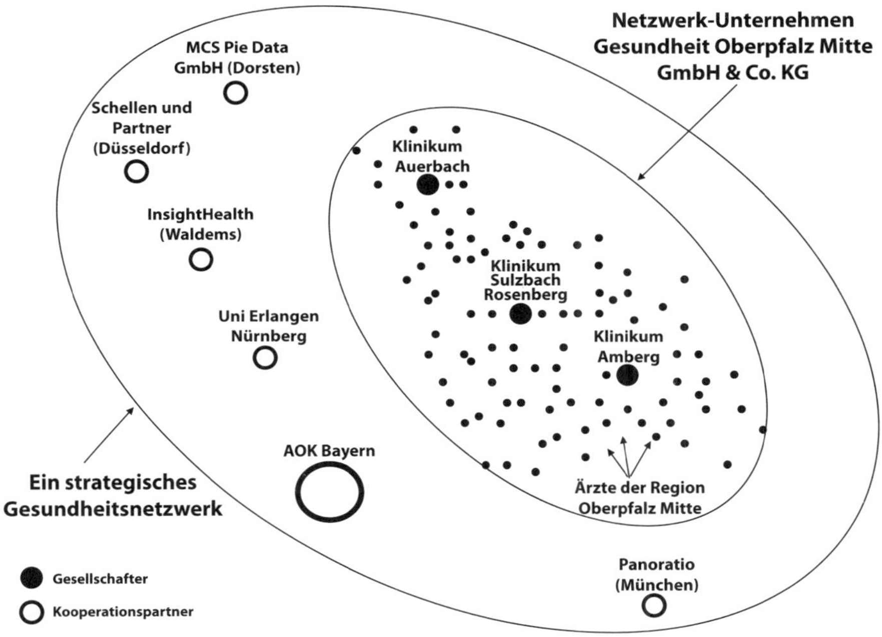

Abb. 25: Das UGOM und Kooperationspartner

4 Das UGOM-Versorgungskonzept im Spannungsfeld zwischen Kooperation und Wettbewerb

UGOM wurde 2002 mit der *Zielsetzung* gegründet, die Qualität der Gesundheitsversorgung von Patienten in der Region zu verbessern und ökonomischer zu gestalten. Zentrale Vision von UGOM ist es, nicht an Krankheit, sondern durch Gesundheit der Patienten Geld zu verdienen. Der Gründung von UGOM liegen demnach zwei (gemäß obiger Annahme komplementäre) Ziele zugrunde (vgl. Voss/Amelung 2007, S. 151): ein gesundheitsspezifisches bzw. medizinisch-ethisches sowie ein ökonomisches Ziel. Das Erste wird operationalisiert als *Effektivität* der Versorgung, das Zweite wird operationalisiert als *Effizienz* der Versorgung.[31]

Für die Umsetzung der Idee einer fachgruppen- und sektorübergreifenden Gesundheitsvollversorgung und das Erreichen dieser Ziele wurde eine *Konzeption integrierter Versorgung* entwickelt, mit dem Ziel der Übernahme von Budgetverantwortung, d. h. der Vergütung nach einem Capitation-Modell (vgl. Voss/Amelung 2007). Dabei erhält UGOM in der Endausbaustufe für die beteiligten Patienten in Anlehnung an die Normerlöse des Risikostrukturausgleichs eine Kopfpauschale pro Jahr, die innerhalb des Unternehmens Gesundheit nach von der Gesellschafterversammlung beschlossenen Kriterien den einzelnen Gesellschaftern zugeordnet wird. Die Übernahme des Morbiditätsrisikos durch das Unternehmen wird dann durch eine Rückversicherung abgedeckt.

4.1 Kooperationselemente

Ein wesentlicher Eckpfeiler der Konzeption integrierter Versorgung wird in der Kooperation *aller* an UGOM beteiligten Akteure gesehen (vgl. Voss/Amelung 2007, S. 154 ff.). Kooperation findet dabei auf verschiedenen Ebenen statt: sowohl UGOM-intern zwischen den Gesellschaftern als auch im Netzwerk zwischen UGOM und externen Partnern.

Kooperationsbeziehungen der Akteure innerhalb der UGOM GmbH & Co. KG werden über den Gesellschaftsvertrag geregelt. So besteht ein wesentlicher verbindlicher Vertragsbestandteil darin, dass sich alle Gesellschafter nach DIN EN ISO 9001 zertifizieren lassen und aktiv an der Entwicklung, Einführung und Evaluationsbeurteilung der Behandlungspfade für bestimmte Indikationen mitwirken und sich im Rahmen ärztlichen Handelns darauf verbindlich beziehen. Die in Anlehnung an die indikationsspezifischen Leitlinien der jeweiligen medizinischen Fachgesellschaften entwickelten Behandlungspfade, die initial für die zehn teuersten Indikationen (Diabetes, Hypertonie, Herzinsuffizienz, Koronare Herzkrankheit, Rückenschmerz/Schmerz [vgl. dazu das Beispiel im Anhang], Mammacarcinom, Onkologie, Asthma COPD, Schlaganfall, Depression) entwickelt werden, sind für die Ausgestaltung der UGOM-internen Kooperationsbeziehungen von zweifacher Bedeutung: Zum einen sind sie das Resultat einer kooperativen Entwicklung von in verschiedenen Kompetenzgruppen zusammengeschlossenen UGOM-Akteuren; zum anderen definieren sie die Ausgestaltung der potenziellen Kooperationsbeziehungen der Akteure (primär UGOM-intern aber auch extern) entlang der Wertschöpfungskette, da sie Behandlungsinhalte und Schnittstellen fixieren, wie und von wem Patienten bei bestimmten Krankheitsbildern von der Diagnose bis zur Nachsorge zu behandeln sind (vgl. dazu ausführlich Abschnitt 4.3).

31 Bewertungsmaßstab des Ersten ist das Ergebnis der Behandlung für den Patienten, des Zweiten der Aufwand an Zeit und materiellen Ressourcen von Patienten und Leistungserbringern für Kommunikation, Koordination und Durchführung der einzelnen Diagnose- und Behandlungsschritte, sowie für Medikamente, medizinisches Gerät und Räumlichkeiten.

Die Kooperation von UGOM mit externen Netzwerkpartnern wird explizit über Kooperationsverträge geregelt. So hat beispielsweise die UGOM GmbH & Co. KG mit der AOK Bayern einen Vertrag über Maßnahmen zur Optimierung der Versorgungsqualität durch Aufbau und Betrieb vernetzter, integrierter Versorgungsstrukturen von Praxen, komplementären Einrichtungen und der stationären Versorgung im Rahmen eines Strukturvertrages nach § 140a SGB V abgeschlossen (s. Anhang).

Zentrales Medium der Kooperation *aller* an UGOM beteiligten Akteure (Gesellschafter und Kooperationspartner) ist die elektronische Kommunikationsinfrastruktur, in die die UGOM-Gesellschafter vorab aus eigenen Mitteln investiert haben. Mit erfolgreichem Nachweis der Funktionsfähigkeit an der ersten vollelektronischen DMP Dokumentation für Diabetes mit automatischer Plausibilitäts- und Vollständigkeitsprüfung war die AOK bereit, die Verträge nach § 140a SGB V mit UGOM abzuschließen und den weiteren Ausbau der Infrastruktur und die Unternehmensleitstelle mit der Geschäftsführung aus dem sog. 1 %-Budget zu finanzieren. Dieses Budget setzt sich zusammen aus einer 1 %igen Kürzung des ambulanten und stationären Budgets und ist gesetzlich für den Aufbau regionaler Integrationsversorgungsprojekte vorgesehen.

Als Kommunikationsplattform dient im Übrigen das COMDOX Programm, das die Daten über sichere ISDN-Verbindung innerhalb der jeweiligen patientenspezifischen Gesundheitsteams automatisch transferiert sowie der Onlineauftritt unter www.ugom.de, wo sich alle UGOM-Akteure per Passwort einloggen, und miteinander in Kontakt treten können. Wesentlicher Bestandteil der virtuellen Kommunikation ist die elektronische Patientenakte, in der die Behandlungsdaten zusammenlaufen und gespeichert werden und für Evaluationszwecke aufbereitet werden können. Alle Gesellschafter übertragen regelmäßig einen definierten Datensatz patientenspezifisch anonymisiert auf einen Hochsicherheitsserver. Dabei sind keine Rückschlüsse auf die Individualität eines Patienten möglich, es können aber Falldaten zu einer Patientenkarriere fachgruppen- und sektorübergreifend zusammengeführt werden. Daten lassen sich quartalsweise vergleichen, sodass sich die medizinisch-gesundheitliche Entwicklung (outcome) evaluieren lässt (die Effektivität der Versorgung) ebenso wie sich Veränderungen in Euro insgesamt, nach Herstellern und innerhalb der Hersteller nach Medikamenten ausweisen lassen (Effizienz der Versorgung). Diese Auswertung ist monatlich für UGOM gesamt und für jede Praxis abrufbar. Mit der umfassenden gesundheitsökonomischen Evaluation der Daten sind externe Kooperationspartner betraut, wie zum Beispiel der Lehrstuhl für Gesundheitsmanagement der Universität Erlangen-Nürnberg.

Eine besondere Bedeutung für die Ausgestaltung der Kooperationsbeziehungen bei UGOM kommt den *Netzpatienten* zu, da sich jeder einzelne Patient aus all den UGOM-Akteuren selbst sein individuelles Gesundheitsnetz, bestehend aus einem Betreuungsarzt, weiteren Fachärzten und einer Klinik zusammenstellen kann. Die individuelle Auswahl von UGOM-Akteuren durch den Patienten entscheidet damit de facto über die konkrete Ausgestaltung der Kooperationsbeziehungen der Akteure innerhalb des UGOM-Zusammenschlusses. Da es mittlerweile insgesamt über 14 000 akkreditierte Netzpatienten gibt, existieren aufgrund der Kombinationsmöglichkeiten ausgewählter

Akteure ebenso viele kleine Gesundheitsnetze. In jedem individuellen Gesundheitsnetz gibt es einen Betreuungsarzt als zentralen Kontaktpartner (typischerweise der Arzt, mit dem der Patient den intensivsten Kontakt hat), der über die elektronische Patientenakte Einblick in alle relevanten Informationen hat und die weitere Koordination des individuellen Gesundheitsnetzes übernimmt (s. Abb. 26).

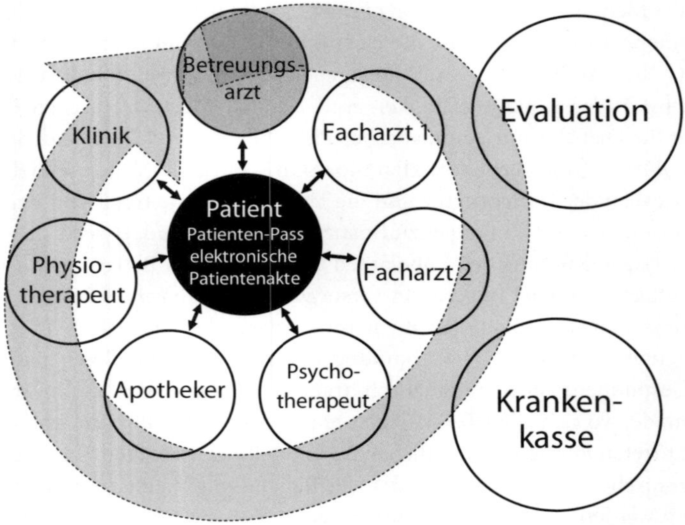

Abb. 26: Der Patient im Zentrum des strategischen Gesundheitsnetzwerkes – eines von 14 000 individuellen Gesundheitsnetzen

4.2 Wettbewerbselemente

Zunächst ist festzuhalten, dass Wettbewerb zwischen medizinischen Akteuren in der Region Oberpfalz Mitte durch die UGOM-Versorgungskonzeption zunächst begrenzt wird, schließlich werden potenzielle Konkurrenten um Dienstleistungen am Patienten wie zum Beispiel Ärzte gleicher Fachrichtungen und Kliniken im Unternehmen Gesundheit als Gesellschafter integriert bzw. externe Akteure (z. B. die AOK Bayern) als Kooperationspartner gebunden. In beiden Fällen wird statt Wettbewerb eher Verbindlichkeit als Grundlage für die Zusammenarbeit geschaffen. Dennoch sind sowohl intern im Unternehmen Gesundheit als auch im strategischen Gesundheitsnetzwerk und in der gesamten Region Oberpfalz Mitte Wettbewerbselemente präsent.

Selbst wenn UGOM-interner Wettbewerb seitens der Gesellschafter nicht spürbar wahrgenommen wird, wird Wettbewerb durch die Gesellschafterstruktur sowie das Versorgungskonzept implizit institutionalisiert. So lassen sich deutlich medizinisch-qualitative und ökonomisch-quantitative Anreize ausmachen: Vergütungen werden leistungsorientiert den Gesellschaftern zugeordnet (Anzahl angeworbener Netzpatienten als Betreuungsarzt, sowie bestimmte ärztliche Leistungen wie z. B. die jährliche

Präventionsuntersuchung). Die Beteiligung von UGOM an den nachgewiesenen Einsparungen nach Berechnungen der AOK folgt Kriterien, die in der Gesellschafterversammlung entschieden werden. Aktueller Stand ist die Entwicklung eines virtuellen kombinierten Budgets aus den eigenen Daten. Daraus wird berechnet, ob sich die Vergütung nach einem RSA-orientierten Capitation-Modell ökonomisch positiv für die Gesellschafter auswirkt. In der Diskussion für die Zuordnung der Capitation-Vergütung sind für den Anfang nach der Umstellung folgende Kriterien: Basis ist ein Prozentsatz des bisherigen durchschnittlichen Praxisumsatzes der letzten zwei Jahre. Bewertungskriterien sind dann

1. eine mindestens 80 %ige Compliance mit der Pharmakotherapieleitlinie von UGOM,
2. eine Arzt-spezifische Beurteilung durch eine Patientenbefragung von neutraler Stelle,
3. eine Peer-to-Peer-Beurteilung der Qualität der medizinischen Kommunikation nach e-bay-Verfahren.

Um an dem für das Netz zur Verfügung stehenden Budget zu partizipieren, ist es also notwendig, dass die Gesellschafter effizient und effektiv Performance aufweisen, die über diese dreistufige Bewertung evaluiert wird. Während die erste Anforderung die Notwendigkeit einer Kooperation zum Beispiel über Behandlungspfade impliziert, bergen die beiden anderen Anforderungen ein erhebliches Potenzial für UGOM-internen Wettbewerb, schließlich werden die Ärzte motiviert sein, sowohl die Patienten durch eine hohe Qualität in der Behandlung zufrieden zu stellen als auch den Kollegen fachliche Kompetenz zu signalisieren. In diesem Zusammenhang kommt vor allem der transparenten Kommunikationsinfrastruktur eine wettbewerbsfördernde Funktion zu. So könnte Patientenzufriedenheit und Patientenvertrauen implizit über die Anzahl und Qualität der Netzbeziehungen einzelner Ärzte signalisiert werden, d. h. in wie vielen individuellen Patientennetzen ein Arzt eingebunden ist oder gar als Betreuungsarzt ausgewählt wurde. Die transparente Dokumentation ist ferner vor dem Hintergrund einer Beurteilung durch die anderen Kollegen von Bedeutung, da das Handeln der Ärzte (z. B. auch Fehldiagnosen) für Kollegen potenziell erkennbar, sozial kontrollierbar und ggf. sanktionierbar ist. Insgesamt bergen die zurzeit diskutierten Anforderungen an die interne Budgetverteilung deutliches Potenzial für netzwerkinternen Wettbewerb.

UGOM schafft aber auch extern auf dem Gesundheitsmarkt der Region Oberpfalz Mitte eine besondere Wettbewerbssituation. Die UGOM GmbH & Co. KG verfügt mittlerweile über einen Marktanteil von 42 % der Ärzte und 65 % der Patienten in der Region und tritt damit mit einer erheblichen Marktmacht auf. UGOM kann Preisvorteile der Kooperation an die eingetragenen Netzpatienten im Rahmen der Verträge mit der AOK weitergeben (z. B. eine um 75 % ermäßigte Praxisgebühr), ein breites Dienstleistungsangebot offerieren sowie in der Region als Marke auf dem Gesundheitsmarkt auftreten. Für Akteure, die nicht Gesellschafter oder Kooperationspartner von UGOM sind, bedeutet dies eine wahrnehmbar verschärfte Wettbewerbssituation. So lassen sich in letzter Zeit vermehrt seitens UGOM-externer Akteure Abwerbungsversuche von UGOM-Netzpatienten ausmachen.

Ein weiteres Feld für Wettbewerb in der Region ergibt sich im Zusammenhang mit der Aufnahme neuer Gesellschafter. Das Unternehmen Gesundheit funktioniert nur dann optimal, wenn sich die Gesellschafter kennen (natürliche Mengenbegrenzung!), miteinander können (fachliche *und* menschliche Akzeptanz!) und miteinander wollen (Akzeptanz und Umsetzung gemeinsam verabschiedeter Ziele!). Gerade erstes Kriterium ist bei zunehmender Anzahl von Gesellschaftern schwierig. UGOM hat mittlerweile eine kritische Größe erreicht, sodass derzeit kaum weitere Gesellschafter aufgenommen werden. Da viele Ärzte der Region weiterhin Interesse haben, bei UGOM als Gesellschafter einzusteigen, herrscht Wettbewerb um knappe freie Plätze, die UGOM derzeit nur gezielt mit Akteuren besetzt, die das Leistungsspektrum (z. B. Ärzte bestimmter Fachrichtungen) komplettieren.

4.3 Medizinische Behandlungspfade – eine Kooperationspraktik bei UGOM strukturationstheoretisch betrachtet

Bei UGOM sind die oben schon erwähnten Behandlungspfade für Kooperation – implizit aber auch für Wettbewerb – von besonderer Relevanz. Diese Praktik soll an dieser Stelle aus einer strukturationstheoretischen Netzwerkperspektive etwas näher betrachtet werden (vgl. Giddens 1984; Sydow/Windeler 1998; Windeler 2001). Aus dieser Perspektive werden Strukturen entweder als Regeln oder als Ressourcen berücksichtigt, auf die sich die Akteure im Rahmen der Kooperation beziehen und dabei reproduzieren oder aber verändern. Die im Netzwerk existierenden *Regeln* ermöglichen und begrenzen die Kommunikation, die Zuschreibung von Bedeutung sowie die Sanktionierung von Verhalten der Akteure, die *Ressourcen* ermöglichen und begrenzen die Ausübung von Macht, wobei es allerdings deutlich auf das Zusammenwirken von Regeln und Ressourcen ankommt. Unter Kooperationsgesichtspunkten ist vor allem der reflexive Strukturationsprozess der Behandlungspfade bei UGOM von Bedeutung – und zwar in doppelter Hinsicht: Behandlungspfade stellen sowohl ein *Medium* für Kooperation gleichzeitig aber auch im Sinne reproduzierter oder veränderter Strukturen ein *Ergebnis* von Kooperation dar. Dies gilt es im Folgenden zu zeigen und zwar bezogen auf die Entwicklung von Behandlungspfaden; deren Anwendung und Reproduktion. Im Übrigen spiegeln sich in ihnen auch einige Elemente des oben skizzierte Spannungsverhältnisses von Kooperation *und* Wettbewerb.

Entwicklung von Behandlungspfaden

Die Entwicklung von Behandlungspfaden erfolgt durch sogenannte Kompetenzgruppen, die sich aus UGOM-internen (aber auch externen) Experten verschiedener medizinischer Fachgebiete zusammensetzen. Ziel der Kompetenzgruppen ist es, an den Leitlinien der jeweiligen medizinischen Fachgesellschaften orientiert zu einer bestimmten Indikation einen auf die Region Oberpfalz Mitte spezifizierten und evidenzbasierten Ablauf der Behandlung eines Patienten von der Diagnose bis zur Nachsorge zu entwickeln (s. dazu im Anhang das Beispiel eines Behandlungspfades für die Indikation »Rückenschmerz«). Im Rahmen dessen werden Schnittstellen und die optimale Verzahnung von medizinischen Akteuren des ambulanten und stationären Sektors definiert. Die quartalsmäßig stattfindenden Kompetenzgruppentreffen sind damit ein *Medium* für Kooperation, schließlich wirken in diesem Kontext verschiedene Experten gemeinsam an der Entwicklung von Behandlungspfaden mit. Die im Rahmen der Kompetenzgruppentreffen entwickelten Vorschläge für Behandlungspfade sind wiederum ein *Ergebnis* von Kooperation, weil dort für das ärztliche Handeln der UGOM-Akteure Regeln als auch Ressourcen strukturell verankert werden. Ein Behandlungspfad schreibt bestimmten Aktivitäten Sinn zu (z. B. die im Gesellschaftervertrag und in Kodizes fixierte grundlegende Idee der integrierten, Fachgruppen und Sektorgrenzen überschreitenden Versorgung), er legitimiert Handlungen (z. B. auf Basis der Leitlinien der Fachgesellschaften sowie die Ausrichtung der Behandlung anhand medizinischer und ökonomischer Zielsetzungen) und eröffnet Sanktionspotenzial (z. B. wenn UGOM-Akteure sich nicht an den Standardisierungsvorhaben beteiligen oder diese umgehen). Die Entwicklung von Behandlungspfaden ist ferner vor dem Hintergrund der Ressourcendimension von Bedeutung, da hier die Zielvereinbarungen fixiert werden und eine Aufgabenzuordnung erfolgt. So besteht ein wesentlicher Bestandteil des Gesellschaftervertrages darin, dass sich alle Gesellschafter im Rahmen ihres ärztlichen Handelns verbindlich auf die evidenzbasierten, letztlich in der Gesellschafterversammlung als verbindlich verabschiedeten Behandlungspfade beziehen *müssen*. Da in den Behandlungspfaden die formale Festschreibung erfolgt, welche medizinischen Fachbereiche an der Behandlung von Patienten beteiligt bzw. ausgeschlossen werden, wird damit strukturell auch festgehalten, welche Akteure überhaupt in der Folge medizinisch handeln können. (Bezogen auf das Beispiel im Anhang werden hier die Grundsatzentscheidungen gefällt, dass bei der Diagnose und/oder Therapie von Rückenschmerzen eine Kooperation von Radiologie, Labor, Orthopädie, Neurologie, Neurochirurgie, Psychologie und Physiotherapie notwendig ist.) Wenn eine medizinische Fachgruppe nicht in einen Behandlungspfad aufgenommen wird, ist damit für die Akteure dieser Fachgruppe das ärztliche Handeln bei UGOM zumindest im Rahmen der Behandlung eben dieser Indikation in Zukunft ausgeschlossen. Die Kompetenzgruppen haben damit grundsätzlich eine indikationsspezifische Führungsfunktion für die Zuordnung von Aufgaben innerhalb des Behandlungspfades, denn hier können die beteiligten Experten maßgeblich die Entscheidung über die Ausgestaltung potenzieller Kooperationsbeziehungen zwischen Ärzten verschiedener Fachrichtungen vorbereiten. Die endgültige Entscheidung wird dann in der Gesellschafterversammlung getroffen. Damit es in diesem Zusammenhang vor allem um Anwendung medizinischen *Experten*wissens (statt z. B. um mikropolitisches oder rein ökonomisch motiviertes Handeln) geht, werden die Teilnehmer der Kompetenzgruppen durch den UGOM-Aufsichtsrat direkt angesprochen und vorgeschlagen, danach aber von der Gesellschafterversammlung bestätigt.

Jeder Vorschlag für einen Behandlungspfad bedarf – wie bereits erwähnt – der Verabschiedung in der Gesellschafterversammlung. Damit kann jeder Gesellschafter prinzipiell intervenierend eingreifen und ggf. durch bessere Argumente oder Hinweise auf entsprechende klinische Studien Expertenqualifikation und Führungsqualitäten zeigen. Damit kann sichergestellt werden, dass manipulative Ansätze oder eine unter medizinischen und ökonomischen Gesichtspunkten nicht gerechtfertigte Zuordnung von Funktionen zu bestimmten Fachgruppen ausgeschlossen werden. Alle UGOM-Akteure können sich damit als Gestalter des Behandlungspfades betrachten, was sich als mentaler Trigger wesentlich erfolgreicher erweist als alle denkbaren »Sanktionsmaßnahmen«.

Anwendung von Behandlungspfaden

Sind die Behandlungspfade durch die Gesellschafterversammlung verabschiedet worden, werden sie durch die UGOM-Akteure verbindlich angewendet und stellen damit selbst wieder ein *Medium* für Kooperation dar. Schließlich ist dort konkret fixiert, welche UGOM-Akteure bestimmter Fachrichtungen in welcher Reihenfolge im Rahmen der Behandlung eines Patienten zusammenarbeiten und über die elektronische Infrastruktur miteinander kommunizieren. (Bezogen auf das Beispiel im Anhang werden nun konkret der Radiologe X, Neurochirurg Y und Physiotherapeut Z in den Behandlungspfad des Patienten P aufgenommen.)

Der Behandlungspfad legitimiert ärztliches Handeln, aber beschränkt es auch in besonderem Maße, da von den evidenzbasierten Abläufen abweichendes Verhalten transparent und sanktionierbar wird. Wie in Abschnitt 4.2 dargestellt wurde, sollen Ärzte beispielsweise von der Beteiligung an Einsparergebnissen des Unternehmens ausgeschlossen werden, wenn sie nicht zum Beispiel mindestens 80 % Compliance mit der UGOM-Pharmakotherapieleitlinie zeigen, die ja ein Teil der gemeinsam verabschiedeten Behandlungspfade ist. Die Aufnahme als Facharzt in spezifische Behandlungspfade ist für die UGOM-Akteure aus zwei Gründen relevant: zum einen zur Definition der eigenen Rolle im Unternehmen Gesundheit und zum anderen unter ökonomischen Gesichtspunkten. Der Erfolg der Behandlungspfade zeigt sich einerseits hinsichtlich der Behandlungsqualität bei den Patienten und kann damit auch nach außen marketingmäßig kommuniziert werden, wodurch neue Patienten motiviert werden, Leistungen des Unternehmens Gesundheit in Anspruch zu nehmen; andererseits ökonomisch im betriebswirtschaftlichen Ergebnis des Unternehmens, an dem alle Gesellschafter entsprechend ihren Beiträgen partizipieren. An dieser Stelle kommt dem medizinischen *Experten*wissen erneut eine besondere Bedeutung zu. Alle Ärzte werden bemüht sein, eine hohe Qualität der Behandlung zu gewährleisten, Fehler (z. B. Fehldiagnosen) zu vermeiden und sich eine Reputation aufzubauen, um im Rahmen der Peer-to-Peer-Beurteilung aber vor allem im Rahmen der Evaluation durch die Patienten positiv bewertet zu werden, denn letztendlich entscheidet jeder einzelne Netzpatient darüber, welche Ärzte konkret in »seinem« Behandlungspfad zum Einsatz kommen. Der Patient verfügt daher mit der Zusammensetzung seines individuellen

Gesundheitsteams (s. noch einmal Abb. 26) ebenso über Macht- und Sanktionspotenzial.

Aktualisierung und Weiterentwicklung von Behandlungspfaden

Die Verlaufsdaten werden fachgruppen- und sektorübergreifend anonymisiert als Patientenkarrieren indikationsspezifisch für die jeweiligen Behandlungspfade evaluiert und anschließend werden die Ergebnisse und Erfahrungen in Qualitätszirkeln diskutiert. Die Qualitätszirkel sind damit wiederum ein bedeutsames *Medium* für Kooperation, da die Experten in diesem Kontext gemeinsam die Behandlungspfade kritisch prüfen und ggf. aktualisieren und weiterentwickeln. Die im Rahmen der Qualitätszirkel modifizierten Behandlungspfade sind umgekehrt erneutes *Ergebnis* von Kooperation, die in Folge dann wieder durch die UGOM-Akteure angewendet und im strukturationstheoretischen Sinne »reproduziert« (d. h. ggf. eben auch transformiert) werden. In Abbildung 27 sind die wesentlichen Kooperationselemente des reflexiven Strukturationsprozesses mit Fokus auf die (i) Entwicklung und (ii) Anwendung von Behandlungspfaden zusammengefasst.

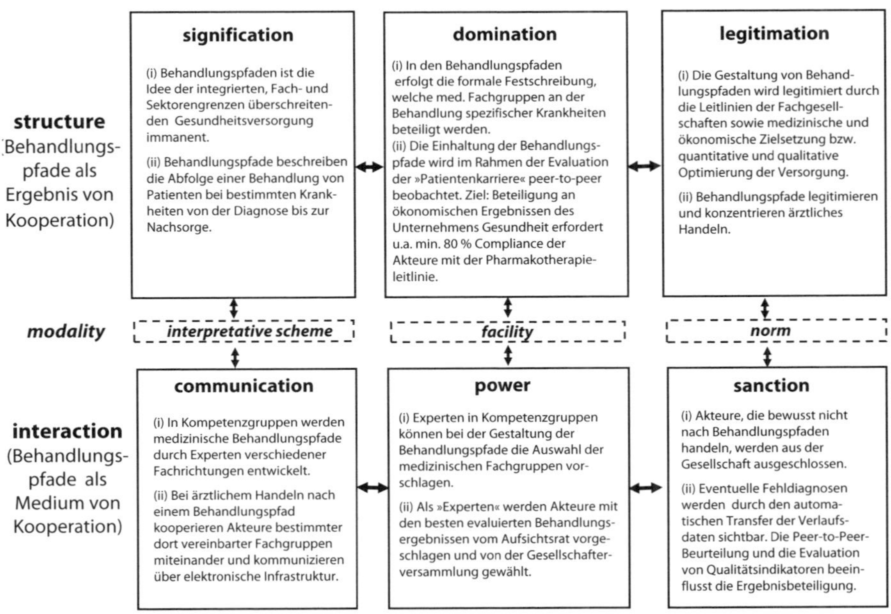

Abb. 27: Der reflexive Strukturationsprozess von Behandlungspfaden (in Anlehnung an Giddens 1984, S. 29)

5 Vor- und Nachteile der UGOM-spezifischen Organisationsform aus Perspektive verschiedener Akteursebenen

Jede Organisationsform ist grundsätzlich ambivalent und weist charakteristische Vor- und Nachteile auf. Das zeigt sich allein schon bei der Gegenüberstellung von einfachen divisionalen und funktionalen Organisationsstrukturen (vgl. z. B. Schreyögg 1999, S. 143) und umso mehr bei komplexen hybriden Organisationsformen (vgl. Sydow 2006, S. 401 ff.). Im Folgenden sollen nun die Vor- und Nachteile der UGOM-spezifischen Organisationsform für die verschiedenen Akteursgruppen gegenübergestellt werden.

Vor- und Nachteile aus Sicht der Patienten

Eine Mitgliedschaft bei UGOM bringt für Patienten diverse *Vorteile*. Durch die Möglichkeit der Zusammenstellung eines individuellen Gesundheitsnetzes kann der Patient aktiv an der Gestaltung seiner Behandlung mitwirken. Die Abdeckung der gesamten Wertschöpfungskette gewährleistet eine aufeinander abgestimmte Behandlung verschiedener Spezialisten, wodurch sich beispielsweise auch Doppeluntersuchungen und -diagnosen vermeiden lassen. Ferner kann der Netzpatient aufgrund der zertifizierten UGOM-Gesellschafter einen hohen Qualitätsstandard erwarten. Die transparente Dokumentation und der regelmäßige Kontakt des Gesundheitsteams innerhalb des Informationsnetzes stellen sicher, dass Patienten abgestimmte und sinnvolle Medikationen und Behandlungsmaßnahmen verordnet bekommen und alle Ärzte ihres Vertrauens umfassend informiert sind. Durch automatischen Abgleich der Medikamentenverordnung mit der Amis-Datenbank lassen sich unerwünschte Wechselwirkungen oder gar Contraindikationen vermeiden. Das ist im übrigen Gesundheitswesen nicht der Fall: Laut statistischem Bundesamt sterben sogar in Deutschland mehr Menschen an unabgestimmter Medikation als an Verkehrsunfällen.

Dem Patienten werden darüber hinaus diverse Serviceleistungen angeboten. Hierzu zählen unter anderem die Minimierung von Wartezeiten durch unmittelbare Terminabsprache bei notwendigen Überweisungen zum Facharzt, die Teilnahme an Gesundheitsvorsorgeprogrammen (regelmäßige Gesundheitschecks) der AOK Bayern oder der UGOM »Gesundheitspass«, der alle wichtigen diagnostischen und therapeutischen Informationen sowie Notfalldaten enthält.

Der Patient ist aber weiterhin frei bei seiner Arztwahl und kann jederzeit auch kurzfristig zu netzexternen Ärzten wechseln. Ein möglicher *Nachteil* besteht jedoch darin, dass seine elektronische Patientenakte und die darin enthaltenen Daten nicht an externe Akteure exportiert werden können. Ferner können Patienten anderer Krankenkassen sich zurzeit noch nicht als Netzpatient bei UGOM akkreditieren lassen, was zukünftig aber vermehrt möglich sein wird. Die evidenzbasierte Gesundheitsversorgung anhand der Behandlungspfade, die potenziell nachteilig als »Behandlung von der Stange« empfunden werden könnte, stellt für die Netzpatienten kein Problem dar. Dies scheint eher ein konfliktäres Thema auf Seiten der Ärzte zu sein.

Vor- und Nachteile aus Sicht der Gesellschafter

Aus Sicht der UGOM-Gesellschafter liegen mögliche *Vorteile* vor allem in der abgestimmten, erfolgreichen medizinischen Behandlung der Patienten bei gleichzeitigen Kosteneinsparungen und Synergieeffekten begründet. Diese lassen sich zukünftig noch deutlicher erzielen durch die gemeinsame Nutzung von Infrastruktur (einheitliches Kommunikationssystem, qualifizierte Mitarbeiter, teure medizinische Geräte und Räume), gemeinsamen Einkauf von Praxis- und Sprechstundenbedarf, Beteiligung an nachgewiesenen Einsparungen in der Übergangszeit zum Capitation-Modell (z. B. Auswirkungen der Rabattverträge zwischen Krankenkasse und Pharmaunternehmen) sowie durch die Optimierung von bürokratischen Prozessen im Rahmen der strukturierten medizinischen Dokumentation (z. B. durch Behandlungspfade, elektronische Patientenakte). Darüber hinaus werden neue Ertragsquellen generiert: So lassen sich die im Zuge der Evaluation ohnehin erhobenen Falldaten (»Patientenkarrieren«) gezielt in Form von Versorgungsforschungsstudien für Pharmahersteller bei der Arzneimittelentwicklung vermarkten. Auch wenn in diesen Bereichen schon erste positive Ergebnisse erzielt wurden, lässt sich für die Zukunft noch erhebliches ökonomisches Potenzial ausmachen.

Für die Gesellschafter ist ferner die Möglichkeit einer Außendarstellung als UGOM-Mitglied von Vorteil, da die Erfüllung bestimmter Standards und Qualitätsmerkmale (z. B. DIN EN ISO 9001: 2000 Zertifizierungen) werbewirksam kommuniziert werden kann.

Dem stehen auf der anderen Seite mögliche *Nachteile/Herausforderungen* gegenüber, die insbesondere seitens der meisten UGOM-Gesellschafter in einer Kollision mit dem bisherigen Selbstverständnis als Ärzte gründen könnten (vgl. Ortmann/Schnelle 2000, S. 217). Gerade die veränderten Anforderungen, nämlich als Teamplayer fungieren und in Kooperationsdimensionen denken und handeln zu müssen, impliziert eine nicht unerhebliche Veränderung zu dem klassischen ärzte-typischen, primär auf das medizinische Spezialgebiet fokussierte Denken und Handeln. Hinzu kommt die zunehmende Komplexität, da die Orientierung an einer medizinisch-ethischen Zieldimension (Effektivität) um eine ökonomische Zieldimension (Effizienz) ergänzt wird. Auch die bei UGOM institutionalisierten Standardisierungen sind nicht frei von Spannungspotenzial. So könnten sich manche Ärzte durch die Behandlungspfade in ihrer Diagnose- und Therapiefreiheit eingeschränkt oder durch die transparente Dokumentation im Rahmen der einheitlichen Kommunikationsinfrastruktur implizit in ihrem Handeln kontrolliert fühlen. Grundsätzlich könnte auch die GmbH-Struktur seitens der Ärzte, die noch nicht Gesellschafter sind, als Problemfeld angesehen werden. Um bei UGOM i. e. S. mitwirken zu können, müssen Ärzte Gesellschafter werden. Das Erwerben von Gesellschafteranteilen ist zunächst mit einer finanziellen Vorleistung verbunden, die zusätzlich zu den üblichen Investitionen in den Aufbau einer Praxis hinzukommen.

Diese Nachteile scheinen jedoch bei UGOM praktisch kaum relevant zu sein. So spricht die rapide Zunahme der Gesellschafter (Verdopplung seit Gründung im Jahre

2002) dafür, dass die Vorteile (Verbundvorteile, Qualitätssicherung, etc.) für die Ärzte eindeutig dominieren.

Vor- und Nachteile aus Sicht der Netzwerkakteure

Auf der Ebene des strategischen Netzwerkes lassen sich ebenso Vor- und Nachteile extrahieren (vgl. Sydow 2006, S. 402). Ein wesentlicher *Kooperationsvorteil* besteht in dem Zugang zu schwer erreichbaren Ressourcen: Aus Sicht von UGOM ist hier beispielsweise der breite Patientenstamm der AOK zu nennen, der durch die AOK entsprechend informiert und motiviert wird; seitens der Arzneimittelkommission besteht die Möglichkeit eines Zugangs zu den umfassenden Diagnose- und Verordnungsstatistiken von UGOM, und die Qualitätszirkelakteure haben die Gelegenheit einer Evaluation der anonymisierten Datenbestände der Netzpatienten (»Patientenkarrieren«), die ausschließlich von den die jeweiligen Patienten behandelnden und von ihnen entsprechend autorisierten Ärzten reidentifiziert werden können. Ferner lassen sich durch eine einheitliche Kommunikationsinfrastruktur Koordinationskosten bei allen Beteiligten senken (allein die Portokostensenkung beträgt bis zu 50 € pro Tag und Arzt). Von besonderer Relevanz sind die Möglichkeiten eines interorganisationalen Lernens sowie der dadurch gegebenenfalls erfolgenden Entwicklung »kooperativer Kernkompetenzen« (Duschek 1998). Dies zeigt sich im Netzwerk insbesondere bei der Erarbeitung der evidenzbasierten medizinischen Behandlungspfade und durch den Wissensaustausch von verschiedenen Experten im Rahmen von Kompetenzgruppentreffen, Qualitätszirkeln und Fallkonferenzen.

Kooperationsnachteile entstehen erst, wenn die Größe des Gesundheitsunternehmens die *persönlichen* Kontakte der Gesellschafter untereinander nicht mehr praktikabel macht. Dann wird eine strategische Steuerung des Gesundheitsunternehmens und auch des Netzwerks durch zu hohe Komplexität nicht mehr praktikabel. Mit dem Auf- und Ausbau von Facharztzentren und gemeinsam genutzten Personalpools könnte es auch zu Personalfreisetzungen kommen, ebenso wie bei einer Auslagerung bzw. Quasi-Externalisierung bestimmter Arbeiten und einem weiteren Ausbau der virtuellen Kommunikationsinfrastruktur.

Grundsätzlich lässt sich jedoch zusammenfassend festhalten, dass in Gänze die Vorteile die Nachteile bei weitem überwiegen. Zudem sind erste Ansätze eines gezielten *Netzwerkmanagements* (vgl. Sydow 2006, S. 406 ff.) auszumachen, um die Chancen einer Kooperation zu nutzen und die Risiken – nicht zuletzt durch eine zunehmend reflexive Gestaltung der Wettbewerbskomponente – zu minimieren. Das Netzwerkmanagement erfolgt primär durch die Geschäftsführung der UGOM GmbH und Co. KG, aber auch die Personen im Aufsichtrat übernehmen wichtige Managementaufgaben wie zum Beispiel die des »boundary spannings« und »networkings«.

Konkrete Rahmenbedingungen sind unter anderem die klar definierte kritische »natürliche« Größe von UGOM, quasi als Sicherheitsgrenze, um einer strukturellen Trägheit durch immer mehr Akteure und Redundanzen entgegenzuwirken. Ein wesentliches Element liegt ferner in der Entwicklung einer UGOM-spezifischen Kultur, die sich zum einen in der Vision und, davon abgeleitet, in »weichen« Elementen wie Verhaltensrichtlinien und Kodizes manifestiert. Erleichtert hat den Aufbau des Unternehmens Gesundheit, dass der Kern aus den Ärzten des Ärzteverbundes Oberpfalz Mitte besteht und damit eine zu großen Teilen vor Gründung von UGOM bereits gewachsene Kultur zugrunde liegt.

6 Zusammenfassung und Ausblick: UGOM als Pilot für Gesundheitsnetzwerke in Deutschland

Zusammenfassend lässt sich festhalten, dass der in diesem Beitrag diskutierte Fall, das Unternehmen Gesundheit Oberpfalz Mitte (UGOM), ein Beispiel für eine mögliche Umsetzung der Idee einer integrierten Gesundheitsversorgung im Netzwerk ist – und zwar sowohl im medizinischen Sinne einer fachgruppen- und sektorübergreifenden Gesundheitsvollversorgung als auch im organisationstheoretischen Sinne eines innovativen Organisationskonzepts im Spannungsfeld zwischen Hierarchie, Kooperation und Wettbewerb.

Der Fall UGOM wird daher mittlerweile im Feld auch als Benchmark und Pilotmodell der integrierten Versorgung bis zu einer Vergütung nach einem populationsorientierten Capitation-Modell gesehen. Oberpfalz Mitte kann insofern als ein Testmarkt gelten, da diese Region laut statistischem Bundesamt demographische Rahmenbedingungen aufweist, die den Durchschnitt der Versichertenstruktur Deutschlands widerspiegeln. Bisher sind auf Basis des erfolgreich erprobten UGOM-Konzepts acht weitere Gesundheitsunternehmen und strategische Gesundheitsnetzwerke in Deutschland bei der Gründung unterstützt worden, zum Beispiel Mainarzt, DonauMed, Iprogema, PNL PraxisNetz La(a)bertal, Flensburger Unternehmen Gesundheit FLUG, Unternehmen Gesundheit Oberland, SoliMED, Unternehmen Gesundheit Mittelbaden.

Zu den in diesen Beispielen erfolgreich übertragenen UGOM-Bausteinen gehören die elektronische Kommunikationsinfrastruktur, die Gesellschafter- und Vertragsstruktur sowie der interne organisatorische Aufbau.

Aktuell ist mit *AmedO Initiative Gesundheit GmbH* eine neue Gesellschaft ins Leben gerufen worden, welche die nach dem UGOM-Konzept entstandenen Gesundheitsunternehmen und -netzwerke unterstützend berät. Hierzu gehören zum Beispiel die Bereiche Versorgungsforschung mit Datawarehouse und Dataminingfunktionen, Vertragsentwicklungen und -abschlüsse mit Krankenkassen sowie die Implementierung des CareEngine-Konzeptes von ActiveHealthManagement Inc. (New York) nach Deutschland.

Abschließend sei darauf hingewiesen, dass der weitere flächendeckende Erfolg des UGOM-Konzepts auch von zukünftigen Entwicklungen politisch-rechtlicher Rahmenbedingungen abhängt. Hierzu gehören allgemein unter anderem die einzelnen Etappen der Gesundheitsreform (vgl. dazu www.die-gesundheitsreform.de) oder auch konkret zum Beispiel die Notwendigkeit, dass strukturierte medizinische Daten unterschiedlicher Praxisverwaltungssysteme datenschutzrechtlich akzeptabel miteinander kommunizieren können, da so potenzielle Gesundheitsunternehmen einen erheblichen Aufwand an Investitionen in Geld und Zeit sparen könnten. Die dafür relevanten Schnittstellen sollten als Voraussetzung für die Zulassung durch die Kassenärztliche Bundesvereinigung offen und stabil gehalten werden. Der aktuelle EBM (Einheitlicher Berwertungs-Maßstab) 2008 für ärztliche Leistungen ist für eine wissenschaftlich qualifizierte Evaluation der durch den Arzt empfohlenen therapeutischen Maßnahmen nicht aussagefähig. Alternativ könnte der CPT (Current Procedural Terminology) 2008 der Amerikaner Vorbild sein, der wesentlich präziser und nachvollziehbarer die ärztliche Leistung beschreibt.

Mit der Übertragung der medizinischen Expertendatenbank (CareEngine) von ActiveHealthManagement Inc. (New York) auf deutsche Rahmenbedingungen lässt sich das hier geschilderte Modell noch wesentlich verbessern. Durch Spiegelung der Verlaufsdaten eines Patienten an dieser Expertendatenbank kann bei Überschreiten von bestimmten Risikogrenzen (beispielsweise bei der jährlichen Präventionsuntersuchung) zum frühestmöglichen Zeitpunkt erkannt werden, ob sich der Patient auf eine bestimmte Krankheit hin bewegt. Er kann dann benachrichtigt und rechtzeitig richtig behandelt werden (vorausschauende Gesundheitsgestaltung). Durch Spiegelung eben dieser Verlaufsdaten an den aktuellen, evidenzbasierten Behandlungsleitlinien der Fachgesellschaften kann der Arzt auch in komplizierten, multimorbiden Fällen Behandlungshinweise erhalten und die Qualitätszirkel bei der Aktualisierung und Weiterentwicklung der Behandlungspfade unterstützen. Eine erste auf die AOK Bayern spezifizierte Untersuchung deutet darauf hin, dass die AOK Bayern bei einer Compliance ihrer Versicherten von 25 %–50 % zwischen 15 und 30 Mio. US Dollar jeden Monat sparen könnte (Walter 2006). Nach Klärung der für den Einsatz in Deutschland relevanten datenschutzrechtlichen Rahmenbedingungen soll diese medizinische Expertendatenbank nun nach Deutschland übertragen werden, sodass sich darüber weitere erhebliche Effizienz- und Effektivitätspotentiale einer integrierten Versorgung generieren lassen.

Literaturverzeichnis

Amelung, V.E./Meyer-Lutterloh, K./Schmid, E./Seiler, R./Weatherly, J.N. (2006): Integrierte Versorgung und Medizinische Versorgungszentren. Von der Idee zur Umsetzung. Berlin.

Duschek, S. (1998): Kooperative Kernkompetenzen – Zum Management einzigartiger Netzwerkressourcen. In: Zeitschrift Führung+Organisation 67 (4), S. 220–236. Wiederabgedruckt in: Ortmann, G./Sydow, J. (Hrsg.)(2001): Strategie und Strukturation. Wiesbaden, S. 173–189.

Giddens, A. (1984): The constitution of society. Cambridge.

Kirchgeorg, M./Coldewey, B. (2003): Netzwerkstrategien zur Profilierung von Gesundheitsdienstleistungen. In: Bruhn, M./Stauss, B. (Hrsg.): Dienstleistungsnetzwerke. Wiesbaden, S. 565–592.

Mühlbacher, A. (2002): Integrierte Versorgung – Management und Organisation, Bern etc.

Ortmann, G./Schnelle, W. (2000): Medizinische Qualitätsnetze – Steuerung und Selbststeuerung. In: Sydow, J./Windeler, A. (Hrsg.): Steuerung von Netzwerken – Konzepte und Praktiken. Opladen und Wiesbaden, S. 206–233.

Porter, M.E. (1985): Competitive advantage. New York.

Schreyögg, G. (1999): Organisation – Grundlagen moderner Organisationsgestaltung. Wiesbaden.
Sydow, J. (1992): Strategische Netzwerke. Wiesbaden.
Sydow, J. (2006): Management von Netzwerkorganisationen – Zum Stand der Forschung. In: Sydow, J. (Hrsg.): Management von Netzwerkorganisationen. 4. Aufl. Wiesbaden, S. 385–469.
Sydow, J./Windeler, A. (1998): Organizing and evaluating interfirm networks – A structurationist perspective on network processes and effectiveness. In: Organization Science 9 (3), S. 265–284.
Voss, H./Amelung, V.E. (2007): Capitation umsetzen – UGOM Unternehmen Gesundheit Oberpfalz Mitte. In: Weatherly, J.N./Seiler, R./Meyer-Lutterloh, K./Schmid, E./Lägel, R./Amelung, V.E. (Hrsg.): Leuchtturmprojekte Integrierter Versorgung und Medizinischer Versorgungszentren – Innovative Modelle der Praxis. Berlin, S. 151–162.
Walter, S. (2006): Technology-driven health management and risk matrices. Diplomarbeit am Lehrstuhl für Gesundheitsmanagement der Friedrich-Alexander-Universität Erlangen-Nürnberg.
Weatherly, J.N./Seiler, R./Meyer-Lutterloh, K./Schmid, E./Lägel, R./Amelung, V.E. (Hrsg.)(2007): Leuchtturmprojekte Integrierter Versorgung und Medizinischer Versorgungszentren – Innovative Modelle der Praxis. Berlin.
Windeler, A. (2001): Unternehmungsnetzwerke. Wiesbaden.

Anhang 1 zum Beitrag:

Vertragselemente einer integrierten Versorgungskonzeption zwischen UGOM und Krankenkasse nach § 140a SGB V
UGOM und die Krankenkasse einigen sich auf folgende Versorgungsziele, die im Einzelnen als Module und Instrumente der optimierten Versorgungsstruktur und des optimierten Qualitätsmanagements definiert werden.
A) Module der optimierten Versorgungsstruktur
1. Die Entwicklung von Behandlungspfaden zur Prophylaxe, Diagnostik und Therapie häufiger chronischer Krankheiten mit ergänzenden, praxisnahen Dokumentationsstandards als Teil der Qualitätssicherung im Sinne der evidence based medicine zur Beurteilung der Prozess- und Ergebnisqualität.
2. Die Betreuungsarztkonzeption Die Versicherten der Krankenkasse können sich aus den Netzärzten ihren »Betreuungsarzt« wählen. Er kann sowohl Allgemeinarzt / Hausarzt als auch Facharzt oder Klinikarzt sein – je nach Wahl des Versicherten und der Schwere und dem akuten oder chronischen Charakter seiner Krankheit. Der »Betreuungsarzt« koordiniert die Versorgung des Patienten und steuert seine Versorgung innerhalb und außerhalb des Ärztenetzes.
3. Intensivierung der ärztlichen Kommunikation Durch die Intensivierung der ärztlichen Kommunikation in der ambulanten und stationären Versorgung unter Nutzung moderner Kommunikationsmedien (ISDN-Anschlüsse, EDV-Systeme, z.Zt. PieData PDE TOP, Datenfernübertragung) sollen unwirtschaftliche diagnostische und therapeutische Leistungen vermieden und der Patient auf der seiner Krankheit entsprechenden Versorgungsebene behandelt werden.
4. Interkollegiale Informationsvernetzung Die Informationsvernetzung hat folgende Ziele: a) Koordination und Beschleunigung der Informationsflüsse zwischen den Netzärzten b) Archivierung der medizinisch relevanten Daten und verbesserter Zugriff auf diese für berechtigte Ärzte c) Bereitstellung anonymisierter Daten für eine Evaluierung und Disease-Management d) Nutzung telemedizinischer Möglichkeiten zur Patientenversorgung e) Bereitstellung von Informationen über Leistungsangebote der stationären Behandlungs- und Pflegeeinrichtungen, der komplementären Dienste (z. B. medizinisch-physikalische Leistungen) und der ambulanten alternativen Versorgungsstrukturen und der Präventionsprogramme der Krankenkasse in geeigneter Form f) Bereitstellung von Behandlungspfaden g) Bereitstellung aktueller Informationen (insbesondere über Dienstbereitschaften, besondere Leistungsmerkmale und Schwerpunkte der Netzärzte) in geeigneter Form.
5. Einbindung komplementärer Dienste Auf der Basis von innovativen vertraglichen Vereinbarungen sollen komplementäre Dienstleistungen (z. B. ambulante Pflegedienste, stationäre Kurzzeitpflege, medizinisch physikalische Leistungen) in das Versorgungsmanagement der Netzärzte des Unternehmens Gesundheit aufgenommen werden. Dadurch soll der Patient solange wie medizinisch möglich in seiner häuslichen Umgebung belassen werden.
6. Zweitmeinung Um die fachgerechte Versorgung der Patienten auf der für sie medizinisch notwendigen Versorgungsebene sicherzustellen, soll in Zweifelsfällen eine Zweitmeinung, insbesondere vor einer Krankenhauseinweisung, eingeholt werden, soweit dies medizinisch sinnvoll ist.

7. Intensivierung der vertragsärztlichen Präsenz (Bereitschaftspraxen)

8. Sektorenübergreifende Kooperation

Durch eine intensivere, sektorenübergreifende Kooperation zwischen den Netzärzten des Unternehmens Gesundheit im ambulanten und stationären Bereich sollen die einzelnen Versorgungsabläufe zu einer multidisziplinären Versorgungskette zusammengefasst werden (s. Behandlungspfade). Zur Unterstützung der stationären Diagnostik und Therapie, der Vermeidung von Doppeluntersuchungen und der Verkürzung der Verweildauer steht der behandelnde niedergelassene Netzarzt mit dem Klinik-Netzarzt im Rahmen des vom Patienten ausgewählten auf ihn zugeschnittenen »Individuellen Gesundheitsteams« in einem engen Abstimmungsprozess. Im Rahmen dieses Abstimmungsprozesses werden alle für die stationäre Behandlung bedeutsamen Unterlagen hinsichtlich Anamnese, Diagnostik und ambulanter Therapie elektronisch übermittelt und eingebunden. Die medizinisch notwendigen Daten sind in der elektronischen Patientenakte dokumentiert. Die Klinikärzte berücksichtigen diese Informationen und die Daten aus der elektronischen Patientenakte bei ihrer Entscheidung. Die verbesserte Qualität der integrierten ambulanten und stationären ärztlichen Versorgung wird daher insbesondere durch folgende Instrumente erzielt:

a) Aufbau eines patientenindividuellen Gesundheitsteams, das in Abstimmung mit dem Patienten automatisch alle relevanten Eintragungen in der elektronischen Patientenakte in sicherer Kommunikation per ISDN unter Beachtung der Datenschutzrichtlinien erhält. Das bedeutet: Institutionalisierung und Standardisierung der Kommunikation zwischen den Netzärzten, mit dem Ziel, die prä-, peri- und poststationäre Behandlungsphase des Patienten abzustimmen sowie die stationäre Behandlung des Patienten optimal vorzubereiten.
b) Der Dokumentation von Patientendaten in der elektronischen Patientenakte im ambulanten Bereich entspricht eine Dokumentation in einer geeigneten kompatiblen elektronischen Patientenakte im stationären Bereich. Beide Patientenakten sind über einen Kommunikationsserver im stationären Bereich im Zeitraum zwischen Einweisung und Entlassung in automatischer Kommunikation miteinander verbunden.
c) Bei Einweisungen durch den Rettungsdienst bzw. bei Selbsteinweisung oder bei Aufnahme durch die Notfallambulanz erfolgt eine elektronische Benachrichtigung des Betreuungsarztes durch die Netzklinik.
d) Entsprechend den in den Behandlungspfaden festgelegten Kompetenzgruppenempfehlungen erfolgt die enge Abstimmung der Netzärzte im stationären und ambulanten Bereich durch die darin beschriebenen strukturierten Informationen.
e) Der behandelnde Netzarzt unterrichtet die weiterbehandelnden Ärzte elektronisch zum frühestmöglichen Zeitpunkt über die beabsichtigte Einweisung in die stationäre Versorgung oder bei der Entlassung des Patienten aus der stationären Versorgung, um eine ausreichende Vorbereitungszeit für das anschließende Versorgungsmanagement zu gewährleisten.
f) Mit der Einweisung in die Klinik erfolgt zeitgleich die in den Behandlungspfaden definierte elektronische Information für den weiterbehandelnden Klinikarzt (Diagnose, der Einweisungsgrund, Angaben zur bisherigen medikamentösen Therapie mit Information über den Wirkstoffnamen und die gewählte Dosierung, der gewählten Dosierungsform der Arzneimittel sowie etwa benötigte Hilfsmittel). Mit der Entlassung erfolgt entsprechend der elektronisch übersandte tagesgleiche vorläufige Entlassungsbericht (Diagnose, der Entlassungsgrund, Therapieangaben mit Information über den Wirkstoffnamen und die gewählte Dosierung der im Krankenhaus gewählten Dosierungsform der Arzneimittel sowie die benötigten Hilfsmittel, angezeigte Rehabilitationsmaßnahmen sowie die Beurteilung der Arbeitsfähigkeit) und unverzüglich danach ein abschließender ärztlicher Entlassungsbericht.

9. Einbindung der Krankenhausapotheke und Kooperation mit öffentlichen Apotheken

10. Förderung der Prävention

Durch die Entwicklung und Umsetzung neuer Beratungsformen in der Gesundheitsförderung und Prävention sowie in der Geriatrie im Zusammenwirken von Netzärzten, Patienten und der Krankenkasse, eröffnen sich neue Chancen, die gesundheitliche Betreuung der Versicherten zu verbessern.

B) Instrumente eines optimierten Qualitätsmanagements

1. Qualitätszirkel

Die Netzärzte des Unternehmens Gesundheit nehmen regelmäßig an fachgebundenen und fachübergreifenden Qualitätszirkel-Sitzungen teil.

2. Kompetenzgruppen

Die Kompetenzgruppen arbeiten an folgenden Themen:

a) Verbesserung der Zusammenarbeit der teilnehmenden Ärzte untereinander, mit komplementären Einrichtungen, stationären Einrichtungen und nicht-medizinischen Heilberufen
b) Verbesserung der Compliance der Patienten
c) Weiterentwicklung einer EDV-kompatiblen Standardisierung der ärztlichen Kommunikation
d) Verbesserung der Transparenz in der Arzneimittelverordnung und Erarbeitung von Kriterien für eine qualitätsorientierte und wirtschaftliche Arzneimitteltherapie unter Berücksichtigung der eigenen Behandlungspfade
e) Bewertung und Erweiterung von Indikationen und Verfahren für die Einholung einer Zweitmeinung
f) Anpassung, Umsetzung und Weiterentwicklung von eigenen Behandlungspfaden einschließlich praxisnaher Dokumentationsstandards.

3. Umsetzung und Dokumentation der Behandlungspfade

Ein wesentliches Instrument des Qualitätsmanagements ist die Dokumentation und Evaluation der Prozess- und Ergebnisqualität.

4. Elektronische Patientenakte

Aus der elektronischen Patientenakte kann ein Patientenbegleitbrief und ein Patientenpass ausgedruckt werden. Er dient zur Intensivierung der Kommunikation zwischen Patienten und den an der Patientenbehandlung beteiligten Ärzten. Die vom Patienten ausgewählten behandelnden Netzärzte haben nach der Freigabe durch den Patienten die jeweils aktuelle vollständige Patientenakte durch automatische Replizierung der Einträge zwischen allen beteiligten Ärzten. Geplant ist darüber hinaus für akkreditierte Netzpatienten eine webbasierte, lebensbegleitende Gesundheitsakte (LifeSensor). Diese Gesundheitsakte soll über eine patientenspezifische ISDN-ComModNr. in das individuelle Gesundheitsnetz des Patienten eingebunden werden. Damit soll der Patient Vitaldaten (z. B. Gewicht, Blutdruck etc.), die er selbst erfasst, automatisch in seine Patientenakte seines Betreuungsarztes übertragen lassen können und damit ebenso in die Patientenakten seines Gesundheitsteams. Umgekehrt sollen Einträge der behandelnden Ärzte in seiner Patientenakte automatisch in die Gesundheitsakte des Patienten übertragen werden. Die elektronische Gesundheitsakte des Patienten soll auf diese Weise den Patientenpass ersetzen.

5. Optimierung der Arzneimittelverordnung

Auf der Basis der Regeln des aktuellen Verordnungsreports kann mit Hilfe des sog. »Pharmaoptimizers« aus dem Dataminingtool von Panoratio das evidenzbasierte Einsparpotenzial für jeden einzelnen Gesellschafter bis auf das einzelne Medikament herunter identifiziert werden und darüber hinaus zur Vorbereitung von »Rabattverträgen« nach § 130a SGB V herangezogen werden.

Anhang 2 zum Beitrag:

Behandlungspfad zur Indikation »Rückenschmerz«
(UGOM-Kompetenzgruppe Rückenschmerz, Leitung Dr. Arthur Balogh)

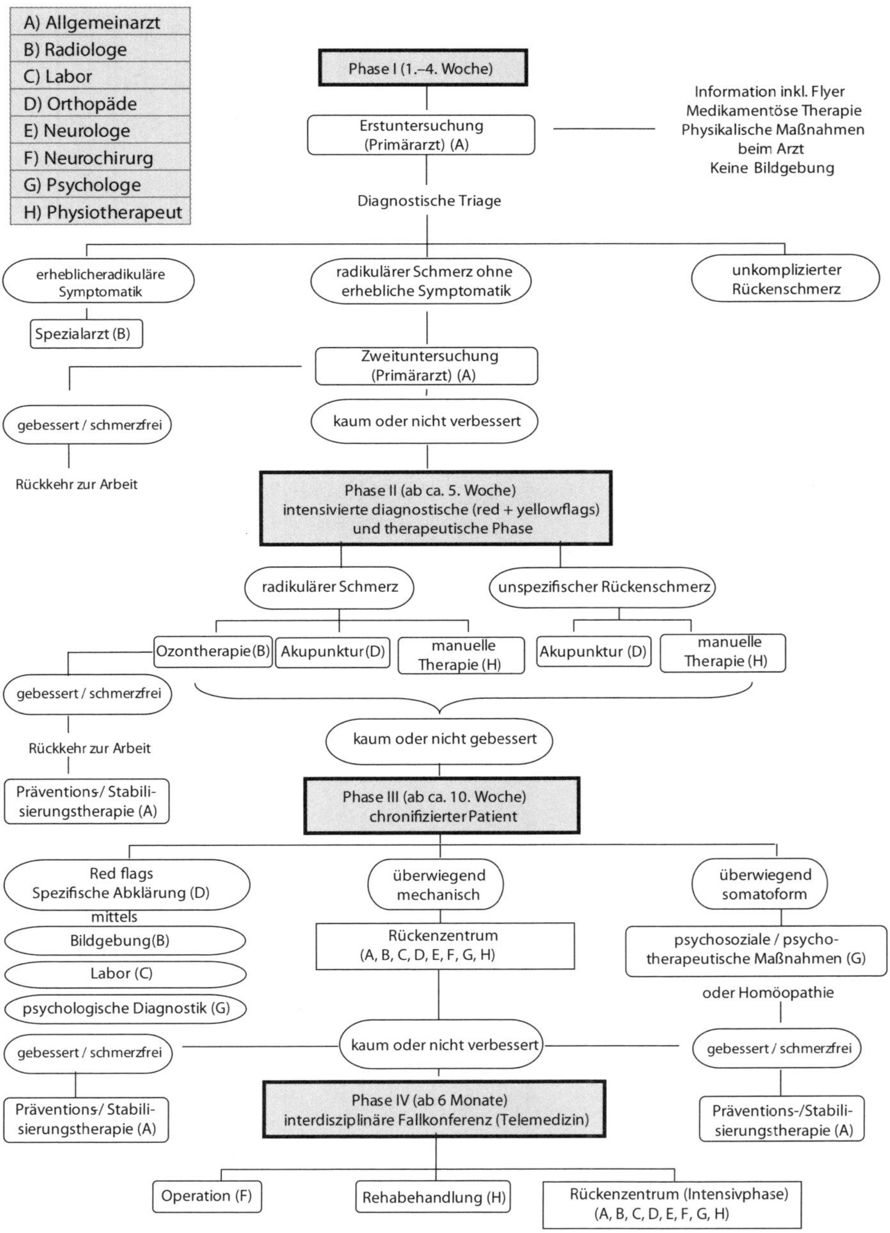

Ulrike Burkhardt, Stephan Burla und Stefan Osswald

Kooperation in ambivalenten Strukturen – Ein kardiologisches Netzwerk in der Schweiz[32]

Zusammenfassung

Der vorliegende Buchbeitrag befasst sich mit einem klinikübergreifenden Netzwerk kardiologischer Fachärzte. Um ein alltags- und realitätsnahes Bild der praktizierten Netzwerkbeziehungen zu erhalten, wurden mittels narrativer Interviews die Selbst- und Realitätsverständnisse der Netzwerkakteure analysiert. Die Herstellung und Aufrechterhaltung von Kooperation, Verbindlichkeit und Autonomie sowie der Umgang mit potenziellen Konkurrenzbeziehungen stand dabei im Vordergrund. Das Selbstverständnis der Netzwerkakteure spannt sich zwischen den Ansprüchen von Autonomie und Loyalität auf. Eine sich hieraus ergebende ambivalente Beziehungsqualität manifestiert sich im Interaktionsmodus der freiwilligen (Un)Verbindlichkeit. Die organisationale Unschärfe des Netzwerkes wird institutionalisiert und Interaktionen in Wettbewerbsfeldern vermieden. Dies steht im Kontrast zur klinischen Arbeitswelt, welche traditionellerweise durch hierarchische Prinzipien und politische Angebotsplanung geprägt ist.

1 Das HerzWeb als kardiologisches Netzwerk in der Schweiz

In der Schweiz findet überkantonale Vernetzung im stationären Bereich weitgehend unbeachtet von gesundheitspolitischen und -ökonomischen Diskussionen auch auf Initiative und Ebene einzelner Fachabteilungen statt. Aufgrund der Einheit von Fach- und Leitungskarrieren im Krankenhaus (Grossmann et al. 1997) spielt sich diese Form der Zusammenarbeit unter Federführung medizinischer Professionals ab (Abbott 1988). Im Unterschied zu gesundheitspolitisch forcierten Zusammenarbeitsformen scheint diese Art der Vernetzung primär auf einer von Versicherern oder politischen Instanzen los-

32 Unser Dank gilt allen Teilnehmern der Studie sowie Prof. em. Werner Müller, Abteilung Organisation, Führung und Personal, Wirtschaftswissenschaftliches Zentrum, Universität Basel und der Forschungsgruppe für Spitalmanagement, Institut für Chirurgische Forschung und Spitalmanagement, am Universitätsspital Basel.

gelösten Selbstorganisation der ärztlichen Klinikleitungen zu basieren. Das kardiologische Kliniknetzwerk HerzWeb[33] ist hierfür ein Beispiel.

Das HerzWeb agiert innerhalb bestimmter Merkmale und Herausforderungen des Schweizer Gesundheitswesens und der »modernen Kardiologie« (Meier 2006):[34] In der Schweiz unterliegt die stationäre Angebotsgestaltung den kantonalen Behörden, die mittels der Spitalplanung Zuordnungsentscheide treffen (Vatter 2003, S. 159). Jeder der 26 Kantone ist verpflichtet, seine Krankenhauskapazitäten auf den eigenen Bedarf auszurichten. Nicht-Zusatzversicherte können nur im Notfall oder mit Bewilligung ihres Kantonsarztes in einem anderen als ihrem Wohnsitzkanton versorgt werden (European Observatory on Health Care Systems 2000). Nicht nur für die Spitzenmedizin, sondern auch für die epidemiologisch bedeutsame Breitenmedizin[35] ist diese politisch definierte Begrenzung der Einzugsgebiete und damit der potenziellen Patienten problematisch. Das gilt auch für die Kardiologie, welche sich in den letzten zwei Jahrzehnten zu einer hoch technisierten Disziplin mit eigenem Facharzttitel entwickelt hat[36] und nun mit dieser Ressourcenknappheit und dem daraus resultierenden Wettbewerb um Patienten und Investitionen konfrontiert ist.

Vor diesem Hintergrund ist das HerzWeb für die Netzwerkforschung ein interessantes Studienobjekt. Erstens stellt diese Form der geplanten klinikübergreifenden, fachmedizinisch definierten, von Klinikern initiierten und betriebenen, horizontalen Vernetzung eine bisher wenig diskutierte Ausnahme innerhalb der überwiegend von außen forcierten Kooperationsformen dar. Zweitens wurde diese Form in der bisherigen empirischen Forschung zu Organisationsmodellen der Vernetzung verschiedener Leistungsanbieter im Gesundheitswesen vernachlässigt. Drittens zeigt der von uns untersuchte Fall, dass die Einschätzung, das ärztliche Selbstverständnis würde aufgrund der Vermeidung von Kooperations- und Konkurrenzbeziehungen einer Gründung und fortlaufenden Existenz von Ärztenetzwerken entgegenstehen (vgl. hierzu für den niedergelassenen Bereich Ortmann/Schnelle 2000, S. 220), zumindest für die klinikübergreifende Zusammenarbeit angezweifelt werden kann. Für den Krankenhaussektor, der bisher durch Prinzipien der hierarchischen Integration und politischen Angebotsplanung

33 Jegliche Namen von Kantonen, Institutionen und Personen wurden zur Wahrung der Anonymität mit Pseudonymen versehen. Bei Personen und Positionen wurden durchgängig männliche Pseudonyme verwendet.

34 Die Kardiologie umfasst das Teilgebiet der Inneren Medizin, welches sich mit der Erkrankung des Herzens und der Herzgefäße befasst.

35 So gehören zum Beispiel Krankheiten des Kreislaufssystems in Industrienationen zu den häufigsten Krankheitsbildern und Todesursachen (WHO 2005, S. 38 f.; Meier 2006).

36 Ursächlich hierfür ist neben der epidemiologischen Bedeutung des kardiologischen Wirkungsfeldes insbesondere der medizin-technische Fortschritt, der auf dem Gebiet der invasiven Kardiologie sowie Rhythmologie neue Diagnose- und Therapieformen ermöglicht hat und teilweise für die Stagnation kardiochirurgischer Eingriffe verantwortlich gemacht werden kann (z. B. Gummert et al. 2007).

geprägt ist (Dressler 2000, S. 57), stellen sich demnach die Fragen, wie Kliniker aufgrund ihres Selbst- und Realitätsverständnisses

- Kooperation herstellen und aufrechterhalten,
- Verbindlichkeit und Autonomie erzeugen und
- mit Konkurrenz umgehen.

Diese Fragen sind zur Beurteilung der Handlungsfähigkeit und des Aktionsraums eines Kliniknetzwerks dann als essenziell einzustufen, wenn einem systemisch-konstruktionistischen Organisationsverständnis gefolgt wird (Gergen 1994). Das soziale System »Netzwerkorganisation« konstituiert sich folglich relational und rekursiv aus dem Zusammenspiel der praktizierten Sinnzusammenhänge, Legitimationen, den daraus ableitbaren Handlungsressourcen sowie deren Bezugnahme auf individuelle Kontexte, in die die Netzwerkorganisation eingebettet ist (Giddens 1984; Windeler 2001, S. 28).

2 Die Methoden der qualitativen Fallstudie

Die HerzWeb-Studie setzt bei der Beschreibung der Netzwerkorganisation an der Historie des Beziehungsgeflechtes (Staber 2007, S. 276 f.) bzw. der systemeigenen »Reziprozitätsmoral der Kooperationspartner« (Göbel et al. 2007, S. 163) an. Damit wird der aktuellen Forderung nach einer an den relational konstruierten Beziehungszusammenhängen und -qualitäten ansetzenden Beschreibung der *praktizierten* Netzwerkorganisation entsprochen (vgl. etwa Giddens 1984, S. 25; Dequech 2003, S. 462 f.; Jansen 2003, S. 278; Ohlemacher 2004, S. 147; Sydow 2006, S. 343; Provan et al. 2007, S. 503 ff., S. 511). Sollen die *theoretischen* Netzwerkverständnisse (s. hierzu den einleitenden Beitrag von Volker E. Amelung, Jörg Sydow und Arnold Windeler in diesem Band) durch ein *empirisches* Verständnis ergänzt werden, das an den Sinn-, Herrschafts- und Legitimationskonstruktionen der Netzwerkakteure ansetzt, bedarf es einer Forschungsstrategie, die eine offene Herangehensweise ermöglicht und auf einer Theorie basiert, welche sozialkonstruktivistische Elemente mit einem rekursiven Verständnis von Handlung und Struktur verbindet.

Diesen Anforderungen wird innerhalb einer qualitativen Fallstudie entsprochen, welche bei den Wirklichkeitskonstruktionen (Berger/Luckmann 1969) der Netzwerkmitglieder ansetzt. Anhand der Strukturationstheorie (Giddens 1984) kann aufgezeigt werden, welche dahinterstehenden institutionellen Strukturen die Netzwerkorganisation laufend erschaffen und vice versa.

Entsprechend wurde das narrative Interview als Zugangsmethode gewählt. Zusätzlich wurden Dokumente als »institutionalisierte Spuren« (Wolff 2000, S. 503) vergangener Handlungen herangezogen. Dieses Vorgehen dient der Ermittlung von thematischen Zusammenhängen, die aus Interviewtensicht relevant sind und erkundet so deren diskursives Strukturwissen. Hierzu lassen narrative Interviews (Schütze 1983) die Befragten möglichst »ungestört« zu Wort kommen; die Interviewer stellen eine themennahe und die Narration fördernde Einstiegsfrage und versuchen, den thematischen Verlauf des Interviews möglichst wenig zu beeinflussen.

Die in der Fallstudie verwendete Einstiegsfrage lautete wie folgt:

> »Als Mitglied des HerzWebs erleben Sie Zusammenarbeit zwischen verschiedenen kardiologischen Kliniken. Wenn Sie die letzten sechs Jahre der Zusammenarbeit im HerzWeb vor Ihrem inneren Auge Revue passieren lassen, welche Bilder, Gedanken oder Episoden kommen Ihnen dabei in den Sinn?«

Es wurden zwölf narrative Interviews mit den jeweiligen Leitern/Stellvertretern der Netzwerkkliniken geführt und transkribiert.[37] Die Analyse erfolgte zunächst einzeln und anschließend in einer validierenden Gruppenauswertung. Ziel war es zunächst, frei von (sozial-)theoretischen Konzepten oder Kategorien, Kernthemen der Interviewpartner zu rekonstruieren (vgl. Müller/Endrissat 2005 oder Leithäuser/Volmberg 1988).[38] Später wurde aus den individuellen Themen ein gemeinsames Netzwerkverständnis der Akteure herausgearbeitet.

3 Das HerzWeb im Spiegel der Gründungsdokumente

Im Jahr 2000 hat sich das HerzWeb auf Initiative einer kardiologischen Universitätsklinik als regional begrenzte[39], »freiwillige Interessengemeinschaft der Fachärzte für Herzkreislauferkrankungen« formiert. Es umfasst elf kardiologische/medizinische Kliniken[40] unterschiedlichster Versorgungsstufen[41] und kantonaler Zugehörigkeit (s. Abb. 28 für eine Darstellung der Mitglieder). Die Mitgliedschaft steht regionalen Kliniken oder Institutionen offen, die sich mit Herz-Kreislauferkrankungen befassen. Wei-

---

37 Die Interviews dauerten zwischen 30 und 90 Minuten und wurden großteils zwischen März und August 2007 geführt. Eines der zwölf Interviews konnte nicht in die textgeleitete Auswertung einfliessen, da einer Aufnahme des Gesprächs nicht zugestimmt wurde. In der Universitätsklinik Lichtung wurden zwei Leitende Ärzte interviewt.

38 Zu den Mitgliedern der Auswertungsgruppe gehörten Kultur-, Wirtschafts- und Sozialwissenschaftler, die aufgrund zum Teil anderer Forschungsschwerpunkte frei von netzwerk- und strukturationstheoretischem Wissen waren und dadurch bei der Formulierung von Themen korrigierend einwirken konnten – sollte zu vorschnell kategorial gedacht worden sein. An dieser Stelle möchten wir allen Teilnehmern der Auswertungsgruppe für ihre Unterstützung herzlich danken.

39 Die geographische Nähe der Mitglieder spielt für die Wahl des Referenzspitals aufgrund der häufig dringlichen Behandlungsindikation von Herz-Kreislauferkrankungen oftmals eine entscheidende Rolle.

40 Zu einem späteren Zeitpunkt trat zusätzlich eine deutsche, grenznahe Klinik dem Netzwerk bei.

41 Einen Überblick stationärer Versorgungsstufen bietet das Schweizer Bundesamt für Statistik (2006, S. 4 ff.).

tere Ein- und Ausschlusskriterien wurden nicht formuliert.[42] Mit der Intention, als Interessengemeinschaft höchstens moralisch, nicht aber rechtlich bindend und damit unabhängig von der Zustimmung gesundheitspolitischer Instanzen zu sein, wurde eine Vereinsstruktur mit Stiftung gewählt.

Folgende Netzwerkziele wurden formuliert:

- »Erhaltung eines höchstmöglichen Standards des Leistungsangebotes,
- optimale Nutzung aller im HerzWeb vorhandenen Ressourcen,
- Optimierung der Kosteneffektivität,
- Förderung der Innovation in Klinik und Forschung,
- größtmögliche Zufriedenheit von PatientInnen und zuweisenden Ärzten/Spitälern.«

Die angestrebte Verbesserung der medizinischen Dienstleitung, Lehre und Forschung ist sowohl seitens der ärztlichen Profession als auch gesellschaftlich mehr als erwünscht – und damit auf den ersten Blick wenig konfliktträchtig. Diese Ziele sollen unter »Wahrung der jeweiligen Krankenhaus- und Praxisinteressen« sowie »gegenseitiger Information« und Koordination über geplante Initiativen und Investitionen verfolgt und nach außen einheitlich vertreten werden. Wie, durch wen und mit welchem Ressourceneinsatz diese Ziele erreicht und nach welchen Kriterien evaluiert werden sollen, wurde nicht konkretisiert.

Die HerzWeb-»Führung« obliegt – unter Leitung eines Vertreters der Universitätsklinik – dem Vorstand. Zusätzlich wurde das Entscheidungsgremium »HerzWeb-Konferenz« etabliert, welches den Vorstand wählt und an diesen Führungsaufgaben delegiert. Was »Führung« heißt und über welche Kompetenzen der Vorstand, neben seiner Vertretungsfunktion nach außen und der Leitung der HerzWeb-Konferenz, verfügt, wurde genauso wenig formuliert wie der Entscheidungsmodus der HerzWeb-Konferenz.

Die Zusammenarbeit wurde als »freiwillig«, »gegenseitig« und »autonom« festgelegt. Der formale Umgang mit Wettbewerb und Kooperation zeichnet sich damit durch Auslassungen und Relativierungen aus. Es entsteht ein formaler Spielraum, in dem durch die Handlungspraxis der Akteure die Bestimmung und Ausgestaltung des Interaktionsmodus und damit des Netzwerkes möglich wird. Aus klassisch betriebswirtschaftlicher Sicht ist es erstaunlich, dass dieses Netzwerk trotz aller organisatorischer Unschärfen gelebt wird. Die bis dato achtjährige Existenz des HerzWebs verweist entsprechend auf organisationales Problemlösungspotenzial und Anpassungsvermögen. Die interaktionsleitenden Regeln zur Sicherung der Zusammenarbeit sind offenbar implizit. Diesem Phänomen der geringen formellen Fixierung, den dahinter liegenden Deutungsmustern, Verpflichtungen und Ressourcen sowie deren Auswirkung auf den Umgang mit Konkurrenz- und Kooperationsbeziehungen widmet sich der folgende Abschnitt.

---

42 Zwar umfasst das HerzWeb formal auch Niedergelassene der Region, in der Praxis stellt es jedoch eher eine Zusammenarbeit von Klinikärzten dar. Dies zeigte sich sowohl in den Interviews als auch in einem Gespräch mit dem Präsident der Fachgruppe für Kardiologie der Kantone *Lichtung* und *Schöne Flur*.

4 Das HerzWeb in den Schilderungen seiner Mitglieder

Um aufzuzeigen, wie das HerzWeb trotz (oder eher mit) seiner marginalen formalen Organisation funktioniert, werden im Folgenden die Selbstverständnisse der Akteure sowie ihre Deutung von Beziehungen und Interaktionssituationen dargestellt. Dabei wird sichtbar, wie die Akteure das HerzWeb als Wirklichkeit fortlaufend konstruieren und Strukturen in Form von Deutungsschemata, Machtmitteln und Sanktionen in die Handlungssituationen des HerzWebs hineinholen.

Die Darstellung der ersten Interviewergebnisse ist in drei Abschnitte gegliedert. In den ersten beiden werden die HerzWeb-typischen Themen »Zentrum und Peripherie« (4.1) sowie »Grenzen und Verbindungen« (4.2) vorgestellt. Beide Themenbereiche eröffnen einen Zugang zu den im Netzwerk angewandten Normen und autoritativen Ressourcen. Diese sind für den Umgang mit Kooperation und Konkurrenz im Netzwerk prägend (4.3).

4.1 Die Bedeutung von »Zentrum« und »Peripherie«

Das Selbstverständnis der Mitglieder basiert im Wesentlichen auf einer Differenzierung in Peripherie- und Zentrumsspitäler. Damit ist nicht nur die in der Schweiz übliche Unterscheidung von Universitäts- und Kantonsspitälern auf der einen und Regionalspitälern auf der anderen Seite gemeint, sondern eine facettenreiche Positionierung und (Selbst-)Einschätzung der Mitglieder im Netzwerk: Die gegenseitige Beurteilung der eigenen Wertigkeit, der Fähigkeit, unabhängig von anderen agieren und sich in das HerzWeb einbringen zu können sowie die Definition relevanter Beziehungen und damit primärer Interaktionspartner sind Zuschreibungen, die aus diesem vielschichtigen Verständnis resultieren. Dies kommt in der folgenden Aussage eines Interviewpartners zum Ausdruck:

> »Wir sind halt ein peripheres, nicht kleines, aber peripheres Spital und das [die Universitätsklinik] ist unser Referenzzentrum. Das hat eine gewisse Einseitigkeit. […] Wir sind auf der anderen Seite Kunden, die Zulieferer sind, und darum nicht unwichtig, und das gibt eine gewisse Gegenseitigkeit, das ist ganz klar.«[43]

Mit Zentrum ist die einzige Universitätsklinik des HerzWebs gemeint. Diese wird mit Bezug auf ihr kantonal beschränktes Einzugsgebiet, ihre »randständige, metropolitane« Position, deren »Schwerpunkt eigentlich ausserhalb der Landesgrenzen liegt«, eher als »Randzentrum«, als »Zentrum ohne Hinterland« und nicht als »große Spinne mitten im Netz« gesehen. Sie selbst beansprucht für sich »akademische Leadership« und ist daher

43 Auf die Angabe der Interviewten-Pseudonyme wurde bewusst verzichtet, um die Zuordnung einzelner Aussagen zueinander und damit die Wahrscheinlichkeit der Identifikation von Personen zu reduzieren. Die Zitate wurden für eine bessere Lesbarkeit zum Teil standardsprachlich angepasst.

auf hinreichende Fallzahlen und damit auf die Zuführung von Patienten durch »periphere Spitäler« angewiesen. Der Wunschgedanke, den politisch gesetzten Leistungsauftrag unabhängig von anderen Akteuren ausführen zu können, bzw. »der Traum, dass wir alles auch mit unseren eigenen Händen machen, der ist ausgeträumt.« Neben dieser Abhängigkeit suggerierenden Einschätzung heißt Zentrum zu sein aber auch, sich durch besonders fundiertes Fachwissen, technologieintensive kardiologische Angebote und zusätzliche Ressourcen wie »manpower« oder »Zeit« von »peripheren Spitälern« zu unterscheiden.

Die periphere Position eines Akteurs wird – wie die des Zentrums, nur mit umgekehrten Vorzeichen – ebenfalls an dessen fachlich-akademischer Stellung und geographischer Nähe zum Zentrumsspital festgemacht. Peripher zu sein bedeutet allerdings nicht, untergeordnet und weniger wichtig zu sein. Die ambivalente Rolle peripherer Spitäler als abhängige Kunden mit Zuweisungsfunktion wird durchaus betont:

> »D.h., wir sind eigentlich eine Triagestation, die dafür sorgt, dass Leute, die etwas Komplexes, Schwieriges haben […], so schnell wie möglich ins Zentrum kommen. Das ist die eigentliche Wechselwirkung, die es zwischen peripheren Spitälern und Zentrumsspitälern braucht.«

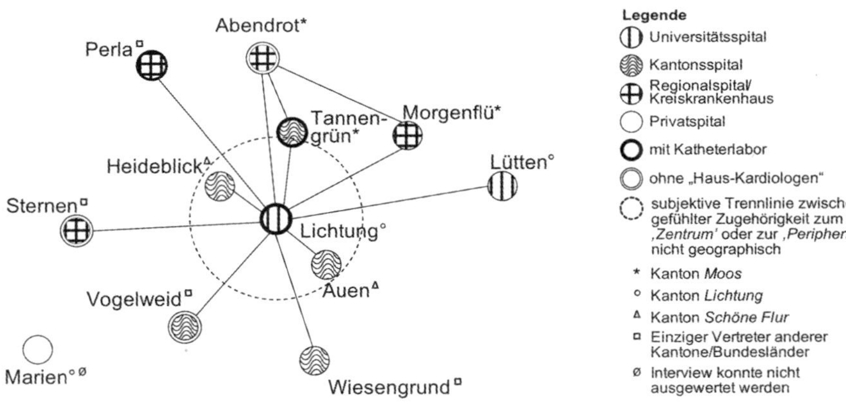

Abb. 28: Die Netzwerkstruktur des HerzWebs (verfremdete Namen)

Durch diese Aufteilung in Peripherie- und Zentrumsspitäler manifestiert sich das Netzwerk in bilateralen Beziehungen und Interaktionen und mündet in eine sternförmige Netzwerkstruktur (Abb. 28). Direkte Interaktionen zwischen peripheren Mitgliedern scheinen weniger relevant. Ein Interviewpartner begründet auch dies mit fachlichen Argumenten:

> »Kontakt zu anderen HerzWeb-Partnern [als dem der Universitätsklinik] haben wir sehr wenig. Ich sehe keinen Grund, warum ich mich mit Tannengrün kurzschließen sollte. Ich sehe keinen Grund, warum ich mit Wiesengrund irgendetwas diskutieren sollte. Ich erwarte da nicht wesentlich mehr Fachwissen.«

Innerhalb der bilateralen Beziehungen entfalten sich unterschiedliche Engagements, welche einer Übertragung respektive Übernahme von Führung dienen. Interessanterweise werden die unterschiedlichen Engagements durch professionelle Verantwortung legitimiert; während die Mitglieder der Universitätsklinik hieraus einen freiwilligen, nebenamtlichen und regen Einsatz für »etwas Gutes« ableiten und einfordern, verweisen periphere Spitäler auf ihre fachlich bedingte, notwendige Zurückhaltung.

Ein Mitglied der Universitätsklinik thematisiert die individuelle Verantwortung des Einzelnen, sich für etwas Neues – wie das HerzWeb – einzusetzen, selbst wenn andere Partner nicht das gleiche Engagement aufbringen. Hierbei gebraucht er die Metapher von einem Stein, der ein Bachbett hinunterrollt:

> »[…] bis sie im Meer landen, sind sie ein geschliffener Kiesel. Dann ist das Leben vorbei. Und an jeder Ecke, an der sie sich rund schleifen, hinterlassen sie eine Delle im Bachbett. Also eine Wirkung. Und ich glaube, sie leben umso effizienter, nicht je geschliffener sie unten rauskommen, sondern je mehr sie wirklich das Bachbett mitgeformt haben. […] das ist das, was im Netzwerk so viel Energie verbraucht. Sie tun einen Faktor 10 mehr rein und zurückkommt [ein] klein wenig […]. Aber wenn sie [es] nicht gemacht hätten, wären sie noch dort, wo sie gestern waren. Das ist dann die kleine Ecke, die der Stein im Bach hinterlässt.«

Ein anderes Mitglied betont, dass jedes der Mitglieder aufgrund seines ärztlichen Selbstverständnisses daran interessiert sei, sich freiwillig und nebenamtlich in das Netzwerk einzubringen. Dies gelte insbesondere für die Universitätsklinik:

> »[…] jeder hat die Aufgabe, den Strick in die gleiche Richtung zu ziehen. Das setzen wir im Prinzip voraus […]. Das ist niemand, den wir zu etwas bringen müssen, sondern der ist interessiert an der Sache, der ist interessiert an der Qualität und der will etwas Gutes machen […]. Das ist [ein] Milizsystem, das ist einfach noch zusätzlich. […] Ich meine, es ist schlussendlich in unserem und ich glaube auch im Interesse von jedem anderen, der in dem Netzwerk mitmacht, dass er da dabei ist […]. Und ich meine, bei uns hier sowieso [mit Bezug auf die Universitätsklinik].«

Periphere Spitäler beschreiben sich dagegen eher als »abwartendes Mitglied«:

> »Ich war einfach von Anfang an dabei, aber nicht als zentraler Player, sondern einfach als wohlwollender Mitwirkender […]. Mein Anteil an der Sache ist, dass ich die Guidelines [Behandlungsrichtlinien] übernommen habe […]. Also mein Beitrag zu den Guidelines sind gewisse kritische Einwände, aber ich werde sicher keine Guideline redigieren. Ich selbst werde sicher nicht der Redaktor oder der Herausgeber einer Guideline sein. […] ich bin nicht der, der sagt: ›das müsst ihr so, so, so schreiben‹.«

> »[…] ich warte, ob eine Einladung kommt und dann bin ich happy. Aber ich empfinde es nicht so, dass von mir erwartet wird, dass ich speziell aktiv werde […]. Auch weil ich als ›Nicht-Kardiologe‹ nicht so fest mit diesen Leuten in Kontakt bin.«

Bemerkenswert an der Differenzierung in Zentrum und Peripherie ist, dass die Akteure ihre Rolle aus dem Bezug auf das Gegenüber definieren und damit mehr einen Aspekt der Beziehung als eine Akteurseigenschaft darstellen (Jansen 2003, S. 54). Interessanterweise ist sowohl die Rollenaufteilung als auch die Interaktionsausrichtung und -ausgestaltung professionell legitimiert. Teil dieser Professionalität, wie sie bereits in den formulierten Netzwerkzielen zum Ausdruck kommt, ist die Einsicht in die Existenz gegenseitiger Abhängigkeiten bei der Erbringung einer professionellen Leistung. Als allokative Ressourcen werden im HerzWeb Fachwissen, -qualifikation, -kontakte, -personal, Patienten(daten) und ein gemeinsames Patientenkollektiv gehandelt. Als autoritative Ressourcen treten im Themenbereich »Zentrum und Peripherie« besonders das Ausmaß und die Transparenz von Engagements und Verbindlichkeit hervor; mit wem, wann und wie intensiv interagiert wird.

4.2 »Unverrückbare Grenzen« und »Natürliche Verbindungen«

Die Beziehungen der HerzWeb-Mitglieder sind in einen politischen und institutionellen Kontext eingebettet, den die Akteure bei ihrer Leistungserbringung als starr und interaktionslimitierend erleben. Daneben wird die Bedeutung »natürlicher Verbindungen« hervorgehoben, dank derer solche »unverrückbaren Grenzen« umgangen werden können. Dieser ausweichende Umgang mit Grenzen, mittels einer durch Loyalität und Selbstverständlichkeit geprägten »natürlichen« Beziehungsqualität, ist für die Strukturation von Konkurrenz- und Kooperationsbeziehungen, wie sich später zeigen wird, wesentlich.

Interaktionslimitierend werden zunächst die politisch-administrativen Strukturen des Schweizer Gesundheitswesens erlebt. Sie erschweren insbesondere eine Interaktion über den Austausch von Patienten:

> »Die größte Herausforderung ist die Struktur unseres Gesundheitswesens [lacht]. Es ist ja so kompliziert und obliegt der Hoheit von jedem Kanton – der kann machen, was er will. Und über die Kantonsgrenzen hinweg etwas Vernünftiges zu machen, ist die größte Herausforderung.«

Neben diesen greifbaren Grenzen werden in den Interviews auch gleichsam soziale Grenzen der Zusammenarbeit sichtbar. Einzelnen Häusern und Kantonen werden Partialinteressen, Sicherheitsdenken, Verlustängste und Passivität zugeschrieben und sowohl dem medizinisch als auch ökonomisch Sinnvollen gegenübergestellt. Im folgenden Zitat kommt dies indirekt zum Ausdruck:

> »Wenn ich mit einem Netzwerk komme, das Strukturen zusammenlegt, das Effizienz steigert, das Luft ablässt, weiß jeder: irgendwo rationalisieren wir das. D.h. dann vielleicht: ›bei mir kürzt man eine Stelle‹ etc. Und so lange das Geld und die Mittel dazu vorhanden sind und von oben kein direktiver Druck kommt, das umzusetzen, so lange wird man sich nicht einigen müssen. D.h. so lange wir nicht unter Existenzdruck stehen, uns aus ganz wichtigen fachlichen Gründen einigen zu müssen, so lange wird da jeder die Luft drin lassen und das ist absolut tödlich für ein Netzwerk.«

Hinzu kommt die Besorgnis eines Autonomieverlusts, in Form des »Instrumentalisiert-Werdens«, der Befürchtung vom »Zentrumsspital« »geschluckt zu werden« oder »das Gesicht zu verlieren«. Solche sozialen Grenzen bilden Hindernisse für eine auf Gegenseitigkeit beruhende verbindliche Zusammenarbeit.

Auffallend dabei ist, dass sowohl die expliziten als auch die weniger expliziten Grenzen als »unverrückbar« im Sinne von unantastbar beschrieben werden. Bemerkenswert ist also nicht unbedingt, dass diese Strukturen in den Interviews fortlaufend thematisiert werden – sie sind im Schweizer Gesundheitswesen quasi allgegenwärtig. Bezeichnend ist vielmehr die Einschätzung, wie mit ihnen umzugehen ist:

»[...] es gibt einfach gewisse Voids, da können sie reinstecken, was sie wollen – sie können das nicht verwirklichen. Diesen Berg müssen sie nehmen. Sie können da nicht einen Tunnel durchbauen. Sie können nicht drüber steigen. Sie müssen akzeptieren, dass sie um den [Berg] herumgehen müssen.«

Nach acht Jahren HerzWeb sind die Mitglieder von der ursprünglichen Vorstellung, »die Landschaft neu ausrollen zu können« abgerückt und konstatieren, dass die vielfältigen Grenzen »nicht gestört« oder gar »gesprengt« werden sollen. Dieses Vorgehen käme einer »Kriegserklärung« gleich und könnte die Existenz des HerzWebs gefährden. Die Missachtung dieses unterschwelligen Gebots zur gegenseitigen Wahrung von Grenzen, zum Beispiel durch die Explizierung von Mitgliederinteressen im Zuge der Erreichung bestimmter Netzwerkziele, wird negativ mit Streit und Auseinandersetzung assoziiert, wie ein Mitglied schmunzelnd anführt:

»Das liegt eben sehr viel mehr an strukturellen Fragen, welche das HerzWeb gar nicht interferieren kann und auch nicht soll – sonst würde es gar nicht existieren. Das sind eben Partialinteressen von den einzelnen Häusern, da geht es um ganz viele Sachen, die lieber nicht im HerzWeb diskutiert werden, sonst hätten wir ja Streit.«

Dass trotz dieser Grenzen Zusammenarbeit stattfindet, kann auf die als »natürliche Verbindung« beschriebene Beziehungsqualität zurückgeführt werden. Die Selbstverständlichkeit dieser Beziehung basiert auf persönlichen Kontakten, einer gemeinsamen Ausbildung, einem früheren Vorgesetzten-Mitarbeiter-Verhältnis und/oder einem gegenseitigen Kennen und Verstehen. Hierzu gehört eine gemeinsame »kardiologische Schule« und damit die Verwendung einer »ähnlichen Sprache«. Diese Natürlichkeit fördert Gegenseitigkeit, Verlässlichkeit, Akzeptanz und Wertschätzung und ermöglicht eine schnelle, unkomplizierte fachliche Zusammenarbeit »über Grenzen hinweg«:

»Heute Morgen hat mich zum Beispiel der Spiegel [Chefarzt der Universitätsklinik] angerufen – es ging um eine gemeinsame Studie. Und es war einfach klar, der konnte mich auf ganz direktem Weg anfunken – [...] Notfallfunk wie ich dazu immer sage. Meine Sekretärin weiß dann: zack, zack, das muss jetzt durch. Da muss ja nicht lange rumgemacht werden oder lamentiert werden oder gesucht werden. Und je mehr Druck im System ist, desto mehr sind sie dankbar und auch angewiesen, dass Strukturen in einer Selbstverständlichkeit laufen und in einer Sicherheit der gegenseitigen Akzeptanz.«

Ergebnis und Medium dieser Beziehungsqualität ist ein gerade bei den peripheren Kliniken tief verankertes Loyalitätsbewusstsein:

»Wir sind ja relativ weit weg von Lichtung und eigentlich eine Region, die eher auf das Unispital Waldingen [kein Mitglied des HerzWebs] den Blick wenden würde. Aber erstens bin ich in Lichtung aufgewachsen und habe dort auch meine Ausbildung gemacht. Insofern war das eine natürliche Verbindung von mir. [...] und die Kaderleute in Lichtung sind natürlich gute Freunde von mir, also liegt [das] auf der Hand, dass wir mitmachen werden. [...] uns ist völlig klar, dass wir da [beim HerzWeb] mithelfen.«

Selbst wenn keine aktuelle oder ehemalige »natürliche Verbindung« besteht, entsteht aufgrund der Integration gemeinsamer »natürlicher Verbündeter« zumindest kein Loyalitätsdilemma:

»Und für mich war auch schön, weil unser Referenzspital ist eigentlich das Kantonsspital Tannengrün, dass das auch in diesem HerzWeb drin ist. Da ist es dann auch nicht zu einem Konflikt gekommen, insofern ist das sehr positiv gewesen.«

Die HerzWeb-Koordination, wie sie durch die Erzählungen der Mitglieder zum Ausdruck kommt, konstituiert sich in einem balancierten Wechselspiel zwischen der gegenseitigen Akzeptanz und Achtung politischer und kognitiver Grenzen auf der einen und einem durch Loyalität legitimierten Umgehen derselben auf der anderen Seite. Diese Beziehungsqualität ist demnach eine entscheidende Grundlage für die Ausgestaltung und Intensität der Zusammenarbeit.

4.3 Der Umgang mit Konkurrenz und Kooperation

Zu Beginn des Beitrages wurde darauf verwiesen, dass das ärztliche Selbstverständnis den in einem Netzwerk unterschwellig existenten Konkurrenz- und Kooperationsbeziehungen ausweichen und der Netzwerkentstehung entgegenstehen könnte. Der Fall des HerzWebs zeigt, dass langjährige Zusammenarbeit zwischen Klinikärzten durchaus möglich ist und diese *gerade* auf einem professionell legitimierten Selbstverständnis beruht.

Interessanterweise scheint entgegen Ortmann und Schnelle (2000) die Vermeidungsstrategie bei der Konstitution des HerzWebs eher ermöglichend: Die Struktur und die Steuerungsmodalitäten des HerzWeb sind Ergebnis (und Medium) eines Verbindlichkeit und Konkurrenz vermeidenden Balanceaktes zwischen dem »Gebot der Grenzwahrung« – die Autonomie und den Status Quo betreffend – und dem »Gebot des selbstverständlichen Teilnehmens«. Wobei der Loyalität nur entsprochen werden kann, sofern die Autonomie gewährleistet ist. Mit diesem Vorgang geht ad hoc eine Aushandlung von Verbindlichkeit und Einsatzbereitschaft sowie die Übertragung respektive Übernahme von Führungsaufgaben einher.[44]

Durch die semiotische Unterscheidung in Zentrums- und Peripheriespitäler wird eine fachlich legitimierte Hierarchisierung und Strukturierung der Interaktionsbeziehungen vollzogen. Gleichzeitig wird durch Unterlassung der expliziten Thematisierung von Konkurrenz diese erst ermöglicht (im Unterschied zur Negierung oder »Weg-

44 Wobei hier Führung keinesfalls als Bestandteil einer hierarchischen Struktur verstanden wird, sondern vielmehr als ausführende und administrative Funktion: ‚Es braucht eine Führung – wie alles. Jemand, der die Arbeit macht'.

definition« von Konkurrenz, wie in dem von Lerch et al. 2007 beschriebenen Fall). Den HerzWeb-Initiatoren schien dies bereits in der Planungsphase von Bedeutung:

> »Wir wollten auch sehr bewusst Organigramme und Kästchen von Anfang an raushalten. Wenn sie ein Netzwerk auf freiwilliger Basis machen müssen […] und wenn sie dann mit starken Organigrammen kommen, dann hieven sie unnötig rote Flaggen. Dann sagen die: ›jetzt will der dann da der Chef sein‹ und so. Also wir haben bewusst low-profile eine Form gewählt, die über weite Bereiche floating ist, aber gleichzeitig einen Vorteil bietet: sich sehr spezifisch anpassen zu können, um sozusagen über gute Kompromisse die anderen [Mitglieder] auf freiwilliger Basis zu motivieren […]. Deshalb haben wir es uns verkniffen, irgendwelche Funktionen und Organigramme allzu sehr einzusetzen.«

Damit ist das auf ambivalenten und impliziten Prinzipien basierende System, retrospektiv betrachtet, erstaunlich stabil:

> »[Das HerzWeb ist] ein weiterer Ausdruck [des bisherigen] institutionalisierten, regelmäßigen Kontaktes, auf ganz fachlicher, aber auch persönlicher Ebene.«

5 Das HerzWeb: Kooperation durch (Un-)Verbindlichkeit

Die Kooperation und damit die Begegnung mit Abhängigkeiten im HerzWeb spielt sich in einer Art Fließgleichgewicht zwischen Autonomie und Loyalität ab. Beide Interaktionsgebote werden professionell legitimiert. Daraus ergibt sich eine ambivalente Beziehungsqualität: Verbindlichkeit und Führung könnten jederzeit situativ ausgehandelt werden – selbst wenn diese Möglichkeit in der Praxis nicht in Anspruch genommen wird. Damit setzt sich die formal-organisatorische Unschärfe, die sich bereits in der Konstitution des HerzWeb gezeigt hat, im Interaktionsmodus zwischen den Mitgliedern fort. Das HerzWeb entzieht sich somit der hierarchischen und politischen Kontrolle des Gesundheitssystems und baut auf das professionelle Verständnis der Akteure. Die Zusammenarbeit wirkt trotz der persönlichen Beziehungen und der mittlerweile mehrjährigen gemeinsamen Praxis fallweise und ad hoc, was den Beteiligten jederzeit ermöglicht, Themen, bei denen sie in Konkurrenz stehen oder geraten würden, unausgesprochen wegzulassen.

Zu diesem Muster passt, dass sich das HerzWeb bisher primär in der Erarbeitung und klinikspezifischen Anwendung von Behandlungsrichtlinien etablieren konnte. Hier sind die Regeln, wer daran wie intensiv mitarbeitet und wie genau sie umzusetzen sind, aus der fachlichen Kompetenz und dem akademischen Grad der Mitglieder ableitbar. Die Anwendung im medizinischen Einzelfall liegt in der Verantwortung des behandelnden Arztes.

Im Hinblick auf die bei der Gründung formulierten Ziele erscheint das Thema Richtlinien als Aktionsraum des Netzwerks relativ bescheiden. Bedenkt man die Schwierigkeiten, die sich einer politisch forcierten, offiziellen Abstimmung solcher Richtlinien über mehrere Kliniken in verschiedenen Kantonen entgegenstellen würden, dann offenbart sich eine bemerkenswerte Koordinationsleistung des HerzWeb. Diese dient nicht nur der Festlegung kardiologischer Verfahren, sondern auch dem Wissensaustausch und der Pflege einer gemeinsamen Sprache. Davon profitieren insbesondere Häuser, deren kardiologische Anbindung vor Beitritt zum HerzWeb marginal war. Dies fördert wiederum die professionell begründete Loyalität, was als Gegengewicht zur eigentlich priorisierten Autonomie für die Kooperationsbereitschaft im HerzWeb entscheidend ist.

Literaturverzeichnis

Abbott, A. (1988): The system of professions: An essay on the division of expert Labour. Chicago.

Berger, P.L./Luckmann, T. (1969): Die gesellschaftliche Konstruktion der Wirklichkeit. Eine Theorie der Wissenssoziologie. Frankfurt a.M.

Dequech, D. (2003): Cognitive and cultural embeddedness: Combining institutional economics and economic sociology. In: Journal of Economic Issues 37 (2), S. 461–532.

Dressler, M. (2000): Kooperationen von Krankenhäusern. Eine Fallstudie von Kooperationsprojekten. Berlin.

European Observatory on Health Care Systems (2000): Health care systems in transition: Switzerland. Copenhagen.

Gergen, K.J. (1994): Realities and relationships: Soundings in social construction. Cambridge.

Giddens, A. (1984): The constitution of society. Outlines of the theory of structuration. Cambridge.

Göbel, M./Ortmann, G./Weber, C. (2007): Reziprozität. Kooperation zwischen Nutzen und Pflicht. In: Schreyögg, G./Sydow, J. (Hrsg.): Managementforschung 17. Wiesbaden, S. 161–205.

Grossmann, R./Pellert, A./Gotwald, V. (1997): Krankenhaus, Schule, Universität. Charakteristika und Optimierungspotentiale. In: Grossmann, R. (Hrsg.): Besser, billiger, mehr. Zur Reform der Expertenorganisation Krankenhaus, Schule, Universität. Wien, S. 24–35.

Gummert, J.F./Funkat, A./Beckmann, A./Schiller, W./Hekmat, K./Ernst, M./Krian, A. (2007): Cardiac surgery in Germany during 2006: A report on behalf of the German society for thoracic and cardiovascular surgery. In: The Thoracic and Cardiovascular Surgeon 55 (6), S. 343–350.

Jansen, D. (2003): Einführung in die Netzwerkanalyse. 2. Aufl. Opladen.

Leithäuser, T./Volmberg, B. (1988): Psychoanalyse in der Sozialforschung. Wiesbaden.

Lerch, F./Sydow, J./Wilhelm, M. (2007): Wenn Wettbewerber zu Kooperationspartnern (gemacht) werden. In: Schreyögg, G./Sydow, J. (Hrsg.): Managementforschung 17. Wiesbaden, S. 207–255.

Meier, B. (2006): Moderne Kardiologie – eine Gesamtschau. In: Schweizerische Ärztezeitung 87 (15/16), S. 669–673.

Müller, W.R./Endrissat, N. (2005): Leadership research made in Switzerland: Unlocking the established leadership view. Paper Presented at the 21st EGOS Colloquium. Berlin.

Ohlemacher, T. (2004): Die Beobachtung sozialer Bewegung: Eine Annäherung von Netzwerkanalyse und Systemtheorie. In: Moser, S. (Hrsg.): Konstruktivistisch Forschen. Methodologie, Methoden, Beispiele. Wiesbaden, S. 145–171.

Ortmann, G./Schnelle, W. (2000): Medizinische Qualitätsnetze – Steuerung und Selbststeuerung. In: Sydow, J./Windeler, A. (Hrsg.): Steuerung von Netzwerken. Konzepte und Praktiken. Wiesbaden, S. 206–233.

Provan, K.G./Fish, A./Sydow, J. (2007): Interorganizational networks at the network level: A review of the empirical literature on whole networks. In: Journal of Management 33, S. 479–516.

Schütze, F. (1983): Biographieforschung und narratives Interview. In: Neue Praxis 13, S. 283–293.

Schweizer Bundesamt für Statistik (2006): Krankenhaustypologie. Neuchâtel.

Staber, U. (2007): Sleeping with the Enemy, oder Vorsicht vor falschen Freunden? Sozioökonomische Überlegungen zum Dilemma der Coopetition. In: Schreyögg, G./Sydow, J. (Hrsg.): Managementforschung 17. Wiesbaden, S. 257–285.

Sydow, J. (2006): Management von Netzwerkorganisationen – Zum Stand der Forschung. In: Sydow, J. (Hrsg.): Management von Netzwerkorganisationen. 4. Aufl. Wiesbaden, S. 387–472.

Vatter, A. (2003): Strukturen, Prozesse und Inhalte der schweizerischen Gesundheitspolitik. In: Zenger, C.A./Jung, T. (Hrsg.): Management im Gesundheitswesen und in der Gesundheitspolitik. Kontext – Normen – Perspektiven. Bern, S. 155–181.

WHO (2005): Preventing Chronic Diseases: A Vital Investment. Genf.

Windeler, A. (2001): Unternehmungsnetzwerke. Konstitution und Strukturation. Wiesbaden.

Wolff, S. (2000): Dokumenten- und Aktenanalyse. In: Flick, U./von Kardorff, E./Steinke, I. (Hrsg.): Qualitative Forschung: Ein Handbuch. Reinbek bei Hamburg, S. 502–514.

Ansgar Klemann

Erfolgsfaktoren von Kooperationen zwischen Krankenhäusern und Rehabilitationseinrichtungen

Zusammenfassung

Leistungserbringer der Akutversorgung und der medizinischen Rehabilitation werden in einem zunehmend wettbewerbsintensiven Markt mit immer höheren Anforderungen konfrontiert. Effizienzeinbußen in der Gesundheitsversorgung durch eine mangelnde Koordination der Beteiligten sind daher in Zukunft nicht mehr tragbar. Neben der Zusammenarbeit von ambulanter und stationärer Gesundheitsversorgung ergibt sich zwangsläufig die Suche nach innovativen Versorgungsformen bzw. strategischen Möglichkeiten zu einer engeren Verzahnung von akutstationärer Versorgung und medizinischer Rehabilitation. Somit werden der Aufbau sektorenübergreifender Strukturen und das Management von bereits initialisierten Kooperationen für die Leistungserbringer im Gesundheitswesen immer wichtiger. Aufgrund der Anzahl der zu berücksichtigenden Elemente, der vielfältigen Beziehungen zwischen den Elementen sowie der Dynamik des Gesundheitswesens sind diese Handlungsfelder als sehr komplexe Prozesse anzusehen. Eine frühzeitige Ermittlung, Beurteilung und Realisation von kooperationsbedingten Erfolgsfaktoren sowie die Beantwortung der Frage, welche Aspekte den Erfolg einer sektorübergreifenden Zusammenarbeit langfristig beeinflussen, haben infolgedessen für die unternehmerische Praxis eine enorme Bedeutung.

1 Problemstellung

Im gesundheitspolitischen Geschehen in Deutschland werden seit über 30 Jahren wiederholt Stichwörter wie »Kooperation«, »Integration«, »Vernetzung« oder »Schnittstellenmanagement« diskutiert. Dabei wird konstatiert und beklagt, dass gerade sektorübergreifende Kooperationsbeziehungen viel zu selten eingegangen werden, obwohl stets unstrittig war, dass die Kooperation im Gesundheitswesen ein wesentliches Element zur Steigerung der Effektivität und Effizienz darstellt. Intensiviert wurde die Diskussion in der jüngsten Vergangenheit insbesondere durch die Einführung der Diagnosis Related Groups (DRG) im Akutbereich und der von politischer Seite forcierten Etablierung der Integrierten Versorgung (IV).

Hinsichtlich der Einführung der DRG zeigen Erfahrungen in anderen Ländern und inzwischen auch in Deutschland, dass der frühestmögliche Entlassungszeitpunkt aus dem Akuthaus, insbesondere bei einer unmittelbaren Weiterverlegung in die Rehabilitation, zunehmend kritisch hinterfragt wird (Eiff et al. 2007, S. 9 ff.). Infolgedessen waren dokumentierte Probleme bei der Patientenentlassung in Fällen, bei denen der Übergang in andere Versorgungsbereiche nicht zufrieden stellend gelöst wurde, Anlass für die Bundesregierung, mit dem GKV-Wettbewerbsstärkungsgesetz (GKV-WSG) einen neuen § 11 Abs. 4 SGB V einzuführen. Dieser beinhaltet einen Rechtsanspruch des Versicherten auf ein Versorgungsmanagement zur Lösung von Problemen beim Übergang in die verschiedenen Versorgungsbereiche, wobei die betroffenen Leistungserbringer mit Unterstützung der Kostenträger für eine sachgerechte Anschlussversorgung sorgen müssen. In die gleiche Richtung weist die Integrierte Versorgung gemäß §§ 140 a bis d SGB V, durch die eine sektorübergreifende Medizin vorangetrieben und der Abbau bestehender Ineffizienzen sowie eine Verbesserung der Versorgungsqualität bei sinkenden Kosten erreicht werden soll (Breuer et al. 2005, S. 7).

Vor diesem Hintergrund sehen sich die Leistungserbringer der Akutversorgung und der medizinischen Rehabilitation einem zunehmend wettbewerbsintensiven Markt mit immer höheren Anforderungen konfrontiert. Effizienzeinbußen in der Gesundheitsversorgung durch eine mangelnde Koordination der Beteiligten sind daher nicht mehr tragbar. Neben der intensiveren Zusammenarbeit von ambulanter und stationärer Gesundheitsversorgung ergibt sich zwangsläufig die Suche nach innovativen Versorgungsformen bzw. strategischen Möglichkeiten zu einer engeren Verzahnung von akutstationärer Versorgung und medizinischer Rehabilitation. Dementsprechend stehen in Zukunft nicht nur Krankenhäuser bzw. nur Reha-Einrichtungen untereinander im Wettbewerb, sondern die Konkurrenz wird sich zunehmend zwischen vertikal integrierten Leistungsketten und Versorgungsnetzwerken abspielen. In diesem Fall dominiert die kooperative Zusammenarbeit den Wettbewerb.

Somit werden der Aufbau sektorenübergreifender Strukturen und das Management von bereits initialisierten Kooperationen für die Leistungserbringer im Gesundheitswesen immer wichtiger. Eine frühzeitige Ermittlung, Beurteilung und Realisation von kooperationsbedingten Erfolgsfaktoren sowie die Beantwortung der Frage, welche Aspekte den Erfolg einer sektorübergreifenden Zusammenarbeit langfristig beeinflussen, haben infolgedessen für die unternehmerische Praxis eine enorme Bedeutung.

2 Systematik des Managements sektorübergreifender Kooperationen

Während die Kooperationsliteratur im Allgemeinen durch eine fokussierte Betrachtung auf einen bestimmten Kooperationstyp geprägt ist, bedingt die Analyse von Kooperationen zwischen Krankenhäusern und Rehabilitationseinrichtungen eine Offenheit bezüglich der verschiedenen Kooperationsformen und deren Ausprägungen. Bereits Mitte der 90er Jahre stellte Bruckenberger (1996, S. 158 f.) fest, dass durch eine zunehmende Kooperationsneigung die Zusammenarbeit zwischen Krankenhäusern und Rehabilitationseinrichtungen in unterschiedlichen Ausgestaltungsformen zugenommen hat. Dabei wurde sowohl in den medizinischen Bereichen als auch im Bereich der medizin-technischen Leistungen eine intensivere Zusammenarbeit als im Verwaltungs- und Versorgungsbereich deutlich. Auch Dreßler (2000, S. 211) stellte im Rahmen seiner empirischen Untersuchungen fest, dass bei vertikalen Kooperationen schwerpunktmäßig die medizinischen Bereiche betroffen sind. Dementsprechend werden die Kooperationsaktivitäten im medizinischen Bereich, welche die Patientenbehandlung direkt betreffen und damit Kernkompetenzcharakter besitzen, im Mittelpunkt der folgenden Ausführungen stehen.

Die strategische Relevanz einer sektorübergreifenden Zusammenarbeit sowie das dynamische Wettbewerbsumfeld im Gesundheitswesen erfordern, dass sich die beteiligten Leistungserbringer bei der Planung und Durchführung von Kooperationsprojekten von einer systematischen Vorgehensweise im Sinne eines professionellen Kooperationsmanagements leiten lassen (Wiesinger 2005, S. 57 f.). Dabei ist aufgrund der großen Bedeutung der medizinischen Aspekte, neben der Verwaltung insbesondere das medizinische Personal einzubeziehen.

Im Hinblick auf das Kooperationsmanagement ist eine Erweiterung der Managementfunktionen notwendig, da sich die Aufgaben nicht mehr nur auf die Ebene der Einzelunternehmung beziehen, sondern vielmehr eine Koordination bzw. Einigung mit dem jeweiligen Partner erforderlich machen. So müssen die primär auf das Innere der Unternehmung gerichteten Managementfunktionen (Planung, Organisation, Personaleinsatz und -führung, Kontrolle) um eine beziehungsspezifische Ebene, im Sinne eines kooperationsbezogenen Managementsystems, ergänzt werden.

Im Folgenden wird der Fokus auf ein prozessorientiertes Kooperationsmanagement gelegt. Zum einen, da sich die Strukturperspektive nicht für die Analyse einer zielbezogenen Gestaltung des Kooperationsprozesses eignet und zum anderen, da ein Vorteil der prozessorientierten Sichtweise darin besteht, dass nicht nur das Ergebnis der Kooperation, sondern vielmehr diejenigen Kräfte, die zu diesem Ergebnis geführt haben, im Mittelpunkt der Betrachtungen stehen. Zur ganzheitlichen Darstellung eines prozessorientierten Kooperationsmanagements bietet sich die Form des Lebenszyklusmodells an. Lebenszyklusmodelle beschreiben Kooperationen unterteilt in mehrere Phasen als die sequenzielle Folge von Problemen, den daraus resultierenden Aufgaben für die Kooperationspartner und den notwendigen Handlungen zur Lösung der Probleme.

In der Literatur existieren verschiedene Phasenmodelle zwischenbetrieblicher Kooperationen, die sich je nach Betrachtungsschwerpunkt in Anzahl und Umfang der betrachteten Phasen unterscheiden (Killich 2004, S. 13 f.). In dieser Arbeit wird zur systematischen und ganzheitlichen Darstellung des Kooperationsmanagements in Anlehnung an Killich und Luczak (2003, S. 13 ff.) ein Lebenszyklusmodell gewählt, das in die vier Entwicklungsphasen Initiierung, Formierung, Durchführung und Auflösung unterteilt ist (s. Abb. 29).

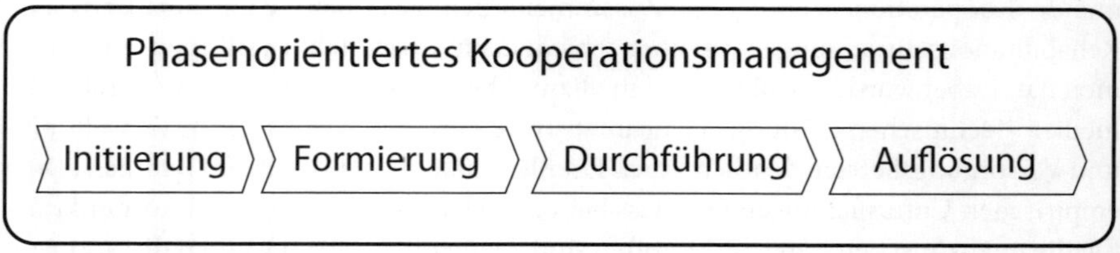

Abb. 29: Phasenmodell des Kooperationsmanagements

Bei der gewählten Unterteilung ist zu bedenken, dass die Phasen nicht zwingend sequenziell durchlaufen werden, sondern dass vielmehr Überlappungen, Rückkopplungen und Wiederholungen einzelner Phasen oder Abschnitte vorkommen oder sogar notwendig sind (Fuchs 1999, S. 106). Als nachteilig erweist sich daher, dass innerhalb eines solchen Rahmens phasenübergreifende Aspekte des Kooperationsmanagements schwer zu erörtern sind und eine grundlegende Diskussion dieser Aspekte nur mit Überschneidungen zwischen den einzelnen Phasen möglich ist.

Vorteile der phasenbezogenen Betrachtung ergeben sich zum einen aus der Tatsache, dass sich die Einflussstärke der Erfolgsfaktoren im Zeitverlauf ändert und zum anderen, dass eine genaue Identifikation phasenspezifischer Probleme und Ziele aus Sicht des Managements erfolgen kann (Trommsdorff/Wilpert 1991, S. 54). Außerdem kann auf diese Weise berücksichtigt werden, dass sich auch die Beziehungen zwischen den Partnern im Zeitverlauf ändern können, bspw. wenn durch eine längerfristige Interaktion eine völlig neue Qualität der Partnerbeziehung entsteht. Aufgrund dieser Vorteile eignet sich die Systematisierung für die in der Regel strategisch ausgerichteten Akut-Reha-Kooperationen, die sich in dem dynamischen Umfeld des deutschen Gesundheitswesens bewegen.

3 Erfolgsorientiertes Management sektor-übergreifender Kooperationen

3.1 Operationalisierung des Kooperationserfolgs

Übergeordnetes Ziel und damit zentrales Anliegen des Managements der beteiligten Unternehmen ist die Sicherstellung des Kooperationserfolgs. Ist schon die Erfolgsbeurteilung einzelner Unternehmen von zahlreichen Schwierigkeiten gekennzeichnet, so gilt dies noch in viel höherem Maße für kooperative Vereinbarungen zwischen mehreren Unternehmen. Hinzu kommt, dass sich Unterschiede bei der Erfolgsbeurteilung von Kooperationen zwischen Krankenhäusern und Rehabilitationseinrichtungen vor dem Hintergrund verschiedener Perspektiven ergeben, da insbesondere im Gesundheitswesen die Anspruchsgruppen oft divergierende Interessen verfolgen (Helmig 2005, S. 158 f.).

- Die *Träger der Leistungserbringer* sprechen bei einer unternehmensübergreifenden Zusammenarbeit von einem Erfolg, wenn der Bedarf der Bevölkerung an stationären Krankenhausleistungen in Kombination mit rehabilitativen Leistungen zu niedrigeren Kosten bei möglichst steigendem Qualitätsniveau im Vergleich zum individuellen Vorgehen gedeckt werden kann.
- Die beteiligten *Mitarbeiter* der Leistungserbringer werden auch in Kooperationssituationen ihre eigenen beruflichen und persönlichen Ziele verwirklichen wollen, die sich bspw. in einer gewissen Arbeitsplatzsicherheit, einem bestimmten Lohnniveau oder einer ansprechenden Arbeitsatmosphäre manifestieren. Sie werden den Erfolg mit einer steigenden Arbeits- bzw. Mitarbeiterzufriedenheit gleichstellen.
- *Die Patienten* werden den Erfolg einer Kooperation mit einer Verbesserung ihres Gesundheitszustandes bzw. mit einer hervorragenden weil besser koordinierten medizinischen Versorgung und einer damit einhergehenden höheren Patientenzufriedenheit gleichsetzen.
- Das Interesse der *Kostenträger* ist, dass im Rahmen von Kooperationen in der Patientenversorgung nur die notwendigen sowie sinnvollen Leistungen am und für den Patienten erbracht werden und dies auf möglichst kostengünstigem Weg geschieht.

Da bisher keine umfassende Konzeptionalisierung des Erfolgs – insbesondere nichtprivatwirtschaftlich geführter Unternehmen – existiert, wird im Folgenden primär die Sichtweise des Managements der Leistungserbringer eingenommen. Diese befinden sich im Spannungsfeld zwischen Einrichtungsträgern, Mitarbeitern, Patienten, Kostenträgern sowie den politischen Rahmenbedingungen und haben einen nicht unerheblichen Einfluss auf den Kooperationserfolg. Das heißt, nur wenn die Leistungen sektorübergreifender Kooperationen von den Patienten angenommen, von den Kostenträgern akzeptiert und von den Mitarbeitern getragen werden, werden sie erfolgreich sein.

Grundsätzlich sollte sich die Erfolgsbeurteilung von Kooperationen nicht auf das (quantitative) Kooperationsergebnis beschränken, sondern insbesondere an den abstrakteren Ebenen des Prozesserfolges und der Erfolgspotenziale ansetzen (Pankau 2002, S. 190). Die Operationalisierung der überwiegend qualitativen Kriterien in geeignete messbare Kriterien sowie deren tatsächliche Messung gestaltet sich allerdings schwierig, da die Kriterien nur begrenzt objektiv zu erfassen und damit nur eingeschränkt messbar sind.

Zusammenfassend geben die in Abbildung 30 angeführten Erfolgskriterien und -indikatoren eine Vorstellung davon, wie Kooperationen hinsichtlich ihres Erfolges beurteilt werden können.

Erfolgskriterien		Erfolgsindikatoren
1. Ergebniserfolg	Wirtschaftlichkeit und Qualität des Leistungsangebots, Kompetenzerweiterung, Know-how-Erwerb, Patientenzufriedenheit, etc.	Gewinn, Rentabilität, Marktanteil, Ausmaß der Qualitätsverbesserung, Grad der Patientenzufriedenheit, Behandlungsquote, Ausmaß der Ressourcen-/Kompetenzerweiterung etc.
2. Prozesserfolg	Kooperationsbeziehung, Prozessqualität,Kommunikation, Konfliktfreiheit, gegenseitiges Lernen, Know-how-Anwendung, etc.	gegenseitige Akzeptanz, Häufigkeit und Umfang der Kontakte und Konflikte, Anzahl gemeinsam entwickelter Behandlungspfade, Zeitvorteile (Übergangszeit), Zuweisungsquote, Lerngeschwindigkeit, etc.
3. Erfolgspotenzial	Entwicklung der Mitarbeiterpotenziale (Lernchancen), gemeinsame Ressourcennutzung, Handlungsoptionen, Synergiepotenziale, etc.	Anzahl gemeinsamer Qualitätszirkel und Fortbildungsangebote, Ausbildung/Erfahrung/Verhalten der einbezogenen Mitarbeiter, Mittelausstattung, Art und Ausmaß der potenziell zu nutzenden/transferierenden Ressourcen/Kompetenzen, etc.

Abb. 30: Beispiele möglicher Erfolgskriterien und -indikatoren

3.2 Erfolgsfaktoren sektorübergreifender Kooperationen

Nach der näheren Bestimmung des Kooperationserfolgs stellt sich die Frage, von welchen Einflussfaktoren der Erfolg sektorübergreifender Kooperationen abhängt. Vor allem jene Faktoren sind interessant, die durch das Kooperationsmanagement positiv beeinflusst und gestaltet werden können, um die notwendigen Erfolgsvoraussetzungen zu schaffen und die genannten Erfolgskriterien zu erfüllen. Dahinter steht die Überzeugung, dass Erfolge durch eine begrenzte Zahl von Einflussfaktoren erklärbar sind und die Ausrichtung an erfolgskritischen Faktoren für das Management eine komplexitätsreduzierende Wirkung hat (Kraege 1997, S. 76 f.). Bei kooperationsbezogenen Erfolgsfaktoren stehen nicht wie bei den kritischen Erfolgsfaktoren eines Unternehmens bspw. Differenzierungsmerkmale gegenüber der Konkurrenz im Mittelpunkt, sondern vielmehr liegt der Fokus auf dem »Funktionieren« der Zusammenarbeit (Peters/Waterman 1984, S. 32).

Im Folgenden werden die kooperationsbedingten Faktoren identifiziert und analysiert, die maßgeblich für den Erfolg bzw. Misserfolg von sektorübergreifenden Kooperationen verantwortlich sind. Mit dem Kooperationsumfeld, dem Kooperationspartner, der Kooperationsbereitschaft und der Kooperationsfähigkeit werden zunächst jene Erfolgsfaktoren diskutiert, die zum einen den Prozesserfolg und zum anderen das Erfolgspotenzial von Kooperationen determinieren (Pankau 2002, S. 191 ff.; Herbst 2002, S. 77 ff.). Daraus abgeleitet wird die Notwendigkeit eines an den Erfolgsfaktoren orientierten Managements, dessen Aufgabe es ist, Erfolgspotenziale aufzubauen und zu entwickeln (s. Abb. 31).

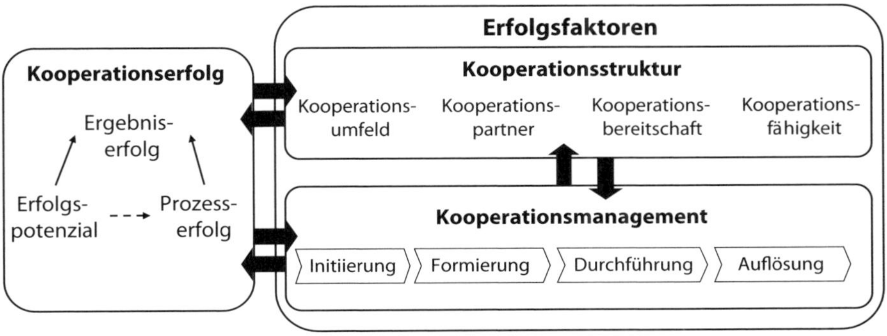

Abb. 31: Determinanten des Kooperationserfolgs

3.2.1 Einflüsse aus dem Kooperationsumfeld

Anforderungen durch politische und rechtliche Rahmenbedingungen sowie der Einfluss politischer Instanzen können für geplante Kooperationsvorhaben wie auch für bestehende Partnerschaften von entscheidender Bedeutung sein. Das ökonomische Umfeld, das technologische Niveau sowie soziokulturelle Einflüsse bilden in diesem Zusammenhang weitere Erfolgskriterien ab (Porter 1999, S. 33 f.; Schäper 1997, S. 109 f.). Eine Einflussnahme auf das Kooperationsumfeld ist nur begrenzt möglich und wirkt im positiven sowie im negativen Sinn als externe Einflussgröße.

Das politisch-rechtliche Kooperationsumfeld ist bei Kooperationen im Gesundheitswesen von besonderer Bedeutung. Auf der einen Seite ist die sektorale Trennung im deutschen Gesundheitswesen grundlegend, die auf der anderen Seite durch Bemühungen der Politik überwunden werden soll. Dementsprechend werden durch derartige Bemühungen die Handlungsspielräume der Kooperationspartner erweitert, indem neue Organisationsformen mit neuen Vergütungssystemen zur Überwindung der sektoralen Differenzen gefördert werden. Diese Tendenzen in Richtung sektorübergreifender Kooperationen werden zudem durch die Entwicklungen in den jeweiligen Sektoren, bspw. im soziodemografischen Bereich oder dem Gebiet der Medizintechnologie, unterstützt, da die Leistungsanbieter ihre Wettbewerbsposition nur durch Anpassungen ihres Leistungsportfolios halten und eventuell ausbauen können. Von der Kundenseite forcieren nicht nur die Kostenträger sektorübergreifende Vernetzungstendenzen, sondern ebenso die Patienten, die durch sektorübergreifende Behandlungsprozesse an einer besseren Versorgungsqualität partizipieren möchten.

3.2.2 Leistungsfähigkeit der Kooperationspartner

Im Gegensatz zu den umfeldbezogenen Variablen lassen sich die partnerbezogenen Variablen teilweise von einer Organisation selbst beeinflussen. Dazu zählen die Quantität und die Qualität der bestehenden Kontakte zu potenziellen Partnern sowie die wahrgenommene Attraktivität einer Organisation für andere Organisationen (Pankau 2002, S. 196). Kenntnisse bezüglich der individuellen Fähigkeiten eines potenziellen Partners, dessen spezifischen Kompetenzen und Qualitätsniveaus sowie eine bessere Berechenbarkeit lassen einen reibungsloseren Kooperationsauftakt vermuten, als die Zusammenarbeit mit völlig unbekannten Partnern. Dementsprechend sind langjährige Beziehungen und fundamentale Kenntnisse über einen potenziellen Kooperationspartner als wichtige Voraussetzung für eine erfolgreiche Kooperation anzusehen (Herbst 2002, S. 78 ff.).

Zwischen Akut- und Reha-Einrichtungen ist eine bereits vor Kooperation bestehende Zusammenarbeit in Form der Zuweisung von Krankenhauspatienten in die Anschlussrehabilitation wahrscheinlich. Aufgrund der dabei notwendigen Kommunikation, bspw. zwischen den zuständigen Medizinern oder dem Sozialdienst, bestehen in der Regel Kenntnisse über die Arbeitsweisen und Fähigkeiten des jeweiligen Partners.

Im Hinblick auf kulturelle Differenzen, die bspw. aufgrund unterschiedlicher Trägerstrukturen der Kooperationspartner entstehen können, ist ein kulturbewusstes Kooperationsmanagement zu etablieren, das nicht auf einer Kulturadaption, sondern vielmehr auf einem Kulturpluralismus basiert. So ist bspw. die Erarbeitung eines Leitbildes entlang einer Kooperationsleitlinie zweckmäßiger, die durch die Zielperspektiven der Kooperation selbst beschrieben wird (Dammer 2005, S. 44). Damit wird offenkundig, dass der Notwendigkeit eines Strategie-, Struktur- und Kulturfits zwischen den Partnern keine Allgemeingültigkeit zukommt. Nicht die Kompatibilität als solches stellt den Erfolgsfaktor dar, sondern der offene Umgang mit bestehenden Divergenzen (Rasche 1994, S. 268 ff.).

3.2.3 Bestehende Kooperationsbereitschaft

Jede Kooperation bedarf einer grundsätzlichen Bereitschaft der beteiligten Unternehmen zur Zusammenarbeit. Darunter ist die unabhängig von einem konkreten Kooperationsprojekt gegebene Motivation der Partner zu verstehen, eine Zusammenarbeit als Handlungsalternative zu erwägen und gegebenenfalls auch zu realisieren (Ringle 2004, S. 155). Die Kooperationsbereitschaft macht sich an der Anzahl der Entscheidungsträger mit hoher Kooperationsmotivation (Quantitativer Aspekt) sowie der Höhe der Motivation der Entscheidungsträger (Qualitativer Aspekt) fest (Herbst 2002, S. 83). Sie setzt eine langfristige strategische Denkweise sowie eine grundsätzliche Veränderungs- und Innovationsbereitschaft bei den beteiligten Akteuren voraus.

Bezogen auf die wechselseitig zwischen den Partnern stattfindenden Lernprozesse ist die sogenannte Lernentschlossenheit beispielhaft hervorzuheben. Darunter ist der Antrieb zur ständigen Lernbereitschaft und Internalisierung komplementärer Fähigkeiten und Kompetenzen zu verstehen (Rasche 1994, S. 262). Aufgrund der in der Regel unterschiedlichen und oft komplementären Ressourcenausstattung sollte bei sektorübergreifenden Kooperationen die Lernbereitschaft besonders hoch sein. Ein Mindestmaß an gegenseitigem Vertrauen ist dabei stets die Grundvoraussetzung.

Bei Kooperationen zwischen Krankenhäusern und Rehabilitationseinrichtungen sollte es im Vergleich zu horizontalen Kooperationen leichter sein, Vertrauen zu etablieren, da die Beteiligten nicht in unmittelbarer Konkurrenz zueinander stehen. Die Möglichkeit für Krankenhäuser, ein eigenes Reha-Angebot aufzubauen und dabei auf einen kooperationsinduzierten Know-how-Zuwachs zurückzugreifen, kann allerdings der Anlass für Misstrauen auf Seiten des Rehabilitationsanbieters sein. Ebenso können frühzeitige Verlegungen der Patienten seitens der Krankenhäuser in einem nicht abgesprochenen Maße bzw. in einem eventuell noch nicht ausreichend rehabilitationsfähigem Zustand den Vertrauensaufbau stören. In diesem Zusammenhang sollten die in der Regel komplementären Individualziele der Partner und eine unternehmensübergreifende gemeinsame Zieldefinition für die Kooperation vertrauensfördernd wirken.

3.2.4 Wachsende Kooperationsfähigkeit

Die Kooperationsfähigkeit, auch Kooperationskompetenz genannt, findet bei der Betrachtung kooperativer Austauschbeziehungen zunehmend Berücksichtigung (Ringle 2004, S. 153 ff.; Pankau 2002, S. 194 ff.; Herbst 2002, S. 81 f.). Grundsätzlich wird darunter ein Bündel von organisationalen Fähigkeiten verstanden, die eine enge Interaktion mit dem Partner erleichtern sowie die Gefahr opportunistischen Verhaltens bzw. unerwünschten Know-how-Abflusses reduzieren. Dementsprechend können die Fähigkeiten, eine Kooperation zu initiieren, sie erfolgreich zu führen oder auch nur als Partner darin zu partizipieren ebenso wie ein vertrauensförderndes Verhalten als nachhaltige Wettbewerbsvorteile interpretiert werden. Die Kooperationserfahrung aus anderen Kooperationsprojekten ist daher als wichtiger Indikator für die Kooperationsfähigkeit zu werten.

Bei der sektorübergreifenden Zusammenarbeit zwischen Gesundheitsversorgern ist es von Bedeutung, dass die direkt Beteiligten, also insbesondere die Ärzte und Pflegekräfte, die Arbeitsprozesse des jeweiligen Kooperationspartners nachvollziehen können. Es ist notwendig, dass eine gegenseitige Aufklärung bspw. über neue Operationsmethoden von der Akutseite bzw. über neue Therapiemethoden von der Reha-Seite erfolgt. Dementsprechend ist das Vorhandensein einer internen Wissensbasis die Voraussetzung für die Beurteilung und Integration von externem Wissen (Herbst 2002, S. 30 f.).

3.2.5 Erfolgsorientiertes Kooperationsmanagement

Im Rahmen der bisherigen erfolgsfaktororientierten Untersuchungen wurde deutlich, dass die Analyse der Wechselbeziehungen innerhalb der Kooperation sowie das Verhalten der Partner an den Schnittstellen von zentraler Bedeutung ist. Das heißt, zur Realisierung von Erfolgen ist eine aktive Einflussnahme aller Beteiligten in Form eines Kooperationsmanagements unbedingt notwendig, das den grundlegenden Rahmen des Kooperationsgeschehens festlegt (Deike 2006, S. 32). Wesentliche Anknüpfungspunkte für ein erfolgsorientiertes Management sektorübergreifender Kooperationen stellen die bisher erläuterten Erfolgsfaktoren dar.

Während in den meisten Studien zur Erfolgsfaktorenforschung lediglich die Eigenschaften der agierenden Einheiten sowie die Merkmale der Situation berücksichtigt werden, ist bei der Analyse des Kooperationsmanagementprozesses auch auf Probleme einzugehen, die sich speziell aus der Wechselwirkung unterschiedlicher betrieblicher, organisationaler, kultureller und marktbezogener Interaktionsmuster ergeben. So können durch ein geeignetes Kooperationsmanagement viele der in der Kooperation liegenden Hemmnisse beseitigt oder zumindest neutralisiert werden, indem bspw. Vertrauensdefizite durch die behutsame Gestaltung der Annäherung zwischen potenziellen Partnern ausgeglichen werden. Entsprechend ist das Wissen um strukturelle Determinanten der Entstehung und des Erfolgs von Kooperationen nutzlos, solange ein Kooperationsmanagement nicht davon Gebrauch macht.

3.3 Phasenorientiertes Management sektorübergreifender Kooperationen

Im Folgenden werden aufbauend auf den bisherigen Ergebnissen die Gestaltungsmöglichkeiten des Kooperationsmanagements aufgezeigt. Vor dem Hintergrund der vorgestellten Systematik zum Management von Kooperationen werden die vier Entwicklungsphasen der Kooperation (Initiierung, Formierung, Durchführung und Auflösung) mit ihren typischen Managementfunktionen – also hinsichtlich ihrer Aufgaben und Ziele aber auch bezüglich möglicher Problembereiche – aus der Perspektive der Leistungserbringer analysiert (Klemann 2007, S. 201 ff.). Dabei ist zu berücksichtigen, dass der Idealtypus einer zwischenbetrieblichen Kooperation dargestellt wird (s. Abb. 32). Das heißt, in der Praxis werden die Phasen in der Regel nicht vollständig durchlaufen, sodass nicht alle angeführten Aspekte für jede Kooperation relevant sind.

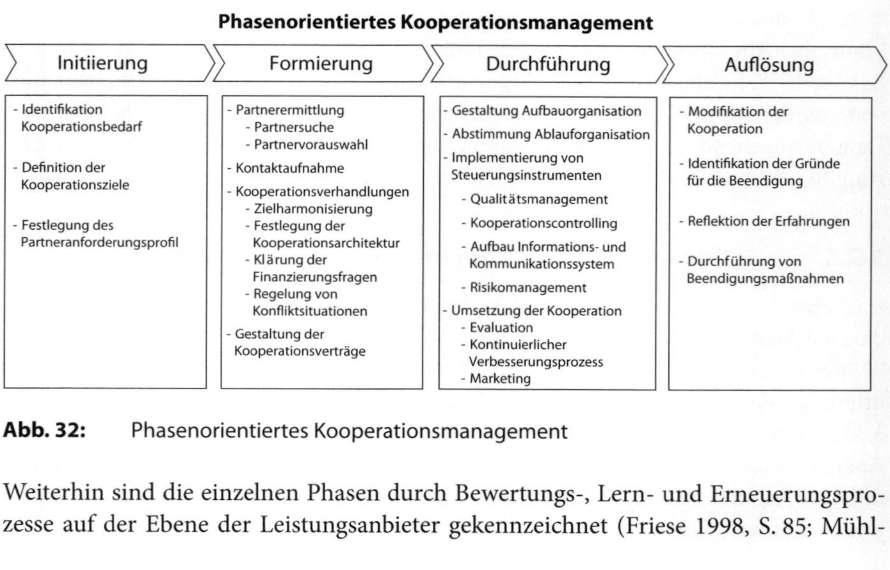

Abb. 32: Phasenorientiertes Kooperationsmanagement

Weiterhin sind die einzelnen Phasen durch Bewertungs-, Lern- und Erneuerungsprozesse auf der Ebene der Leistungsanbieter gekennzeichnet (Friese 1998, S. 85; Mühlbacher 2004, S. 100). Somit handelt es sich um einen dynamischen Prozess, in dem kontinuierliche und situative Veränderungen akzeptiert werden müssen, die laufende Anpassungen erforderlich machen. Demzufolge hat die Standardisierung von Kooperationen durch die Definition von Phasen dort ihre Grenzen, wo die Kommunikation und Interaktion mit dem potenziellen Partner beginnt, da es dadurch zu unerwarteten Änderungen im Kooperationsablauf kommen kann (Schuh et al. 2005, S. 149 f.). Jede Kooperation muss daher speziell auf die situativen und individuellen Bedürfnisse der Beteiligten zugeschnitten und im Verlauf der Kooperation fortgeschrieben werden, was ein Patentrezept für die Gestaltung einer erfolgreichen Kooperation ausschließt (Rautenstrauch et al. 2003, S. 100 f.).

3.3.1 Initiierung

Der Ausgangspunkt der Initiierung von zwischenbetrieblichen Kooperationen ist die strategische Ausrichtung des eigenen Unternehmens. Gerade die Veränderungen im Wettbewerbsumfeld der Leistungserbringer im Gesundheitswesen führen dazu, dass diese ihre Ist-Situation analysieren und zukünftige Strategien und Ziele neu ausrichten bzw. entsprechend anpassen. Die Strategieentwicklung schließt aufwendige unternehmensexterne und -interne Analysen von Prozessen und Strukturen ein, wobei die Identifikation von Kooperationsfeldern nur eine Möglichkeit darstellt, diesen Aufwand zu rechtfertigen (Killich/Luczak 2003, S. 15). So können Änderungen der Rahmenbedingungen, welche die Kosten- oder Ertragssituation verschlechtern, oder der Wille, die Qualität der Versorgungsprozesse zu verbessern, Ausgangspunkte einer Kooperation sein (Mühlbacher 2002, S. 166).

Im Hinblick auf die weiteren Phasen sind klar definierte Ziele besonders wichtig und beugen späteren Konflikten während des Kooperationsprozesses vor. Ausgehend von den eigenen Kooperationszielen, ist unternehmensintern die Frage zu beantworten, welche Aufgabenteilung innerhalb der Kooperation gewählt bzw. welche Anteile in Eigen- und welche in Fremdleistung erbracht werden sollen. Auf diese Weise kann ein grobes Anforderungsprofil an den potenziellen Partner ermittelt werden, welches bei der späteren Partnersuche von erheblicher Bedeutung ist. Dabei ist der Einbezug der durch die zukünftige Kooperation betroffenen Fachbereiche erforderlich, damit einerseits die Erfahrungen und Fachkenntnisse der Mitarbeiter berücksichtigt werden und andererseits deren Verantwortungsgefühl und Engagement bezüglich der Kooperation gesteigert werden (Rautenstrauch et al. 2003, S. 104 ff.).

3.3.2 Formierung

Eine besondere Bedeutung in der Formierungsphase hat die Partnerermittlung, die auf dem erstellten Anforderungsprofil basiert und mit einer abschließenden Auswahl des Partners endet. Weil das Scheitern vieler Kooperationen darauf zurückzuführen ist, dass innerhalb der Such-, Analyse- und Bewertungsphase des Partners entscheidende Fehler gemacht werden, ist unter Berücksichtigung der Kooperationsziele eine systematische

Vorgehensweise anzustreben. Eine Bewertung der infrage kommenden zukünftigen Partner kann anhand des zu realisierenden Kooperationsnutzens erfolgen, wobei sich zur methodischen Unterstützung bspw. Punktbewertungsverfahren (Scoring-Modelle) anbieten (Friese 1998, S. 97 f.).

Nach der Kandidatenauswahl erfolgt innerhalb der Formierungsphase die Abstimmung der Ziele und Inhalte der Kooperation zwischen den potenziell beteiligten Leistungserbringern in verschiedenen Gesprächs- und Verhandlungsschritten, die letztlich mit dem Abschluss von Kooperationsvereinbarungen bzw. -verträgen enden. Die Einsicht in unternehmensinterne Daten (soweit erforderlich) und eine detaillierte Untersuchung der betroffenen Unternehmensbereiche geschieht parallel zu den Gesprächen, nachdem ein gewisses Vertrauensverhältnis aufgebaut worden ist (Staudt et al. 1992, S. 106). Dabei bedingt das Kooperationsvorhaben und insbesondere die Kontaktaufnahme zu potenziellen Partnern auch die Offenlegung der eigenen strategischen Ausrichtung zumindest in Teilbereichen, sodass im Vorfeld unternehmensintern zu klären ist, welche Informationen weitergegeben werden sollen bzw. können.

Das eigentliche Ziel der Kooperationsverhandlungen ist die Festlegung eines für die Partnerschaft adäquaten Rechts-, Vertrags- und Koordinationsgefüges. Das heißt, wenn die Kooperationsarchitektur mit ihren strategischen Elementen, wie der Verflechtungsintensität oder der Aufgabenorganisation, festgelegt ist, sollte die konkrete Ausgestaltung der zwischenbetrieblichen Zusammenarbeit als Ergebnis des Verhandlungsprozesses in einem oder mehreren Verträgen fixiert werden (Merschbächer 2000, S. 157; Grabow/Remmeke 2005, S. 355).

3.3.3 Durchführung

In der Phase der Durchführung geht es um die Gestaltung einer geeigneten Aufbau- und Ablauforganisation für das Kooperationsprojekt sowie um die eigentliche Kooperationsumsetzung. Zur erfolgreichen Gestaltung der Kooperation empfiehlt es sich, entweder einen gemeinsamen Kooperationsmanager zu benennen oder ein Kooperationsprojektteam – auch mit verantwortlichen Mitarbeitern der verschiedenen Berufsgruppen (Mediziner, Pflegekräfte und Therapeuten) des betroffenen Unternehmensbereichs – zu bilden (Mellewigt 2003, S. 101). Diese Instanz ist für die Koordination der Zusammenarbeit verantwortlich und übernimmt die Führungsfunktion im Sinne der zielgerichteten Steuerung der Kooperationsaktivitäten und ist daher mit den notwendigen Entscheidungsbefugnissen auszustatten (Rautenstrauch et al. 2003, S. 120).

Ein Schwerpunkt der Gestaltungsphase liegt in der Prozessorganisation. Das heißt, die Prozesse der Leistungsanbieter, die von der Zusammenarbeit betroffen sind, müssen identifiziert werden und zu einem übergreifenden Prozesssystem der Kooperation aggregiert werden (Gohs 2005, S. 181). Zur laufenden Steuerung der Kooperation ist der Aufbau geeigneter Managementsysteme anzustreben (Braun/Güssow 2006, S. 79). Die Kooperationspartner müssen zu diesem Zweck eine kooperative Infrastruktur hinsichtlich eines koordinierten Controllings und Qualitätsmanagements sowie einer gemeinsamen Informations- und Kommunikationsinfrastruktur entwerfen. Zudem sollten kooperationsbezogene Maßnahmen zum Risikomanagement entwickelt werden (Klemann 2007, S. 246). Erst mit der Umsetzung werden wertschöpfende Prozesse innerhalb der Kooperation realisiert und koordinierte sektorübergreifende Leistungsprozesse der Gesundheitsversorgung durchgeführt. Dabei zeigt sich, ob die vorbereitenden Aktivitäten der bisherigen Phasen sowie die eingeleiteten Gestaltungsmaßnahmen zum Kooperationserfolg führen.

Langfristig ist es für den gemeinsamen Erfolg wichtig, ein Wachstum des Kooperationsprojektes zu fördern, denn letztlich gilt es für unternehmensübergreifende Projekte im Rahmen der Gesundheitsversorgung, möglichst viele Patienten für sich zu gewinnen bzw. sie in ihrer Wahl zu bestätigen. Besonders bei Modellen der Integrierten Versorgung müssen Patienten gezielt von den beteiligten Leistungserbringern informiert werden, damit sie sich für die Einschreibung in das Projekt entscheiden. Sind die Kostenträger nicht direkt in die Kooperationsaktivitäten eingebunden, sollte durch angemessene Maßnahmen deren Unterstützung für die Weiterentwicklung der Kooperation gewonnen werden.

3.3.4 Auflösung

Obwohl im Rahmen der vorliegenden Ausführungen von einer strategischen, also langfristigen Kooperation zwischen Akut- und Reha-Einrichtungen ausgegangen wird, sollte die Entscheidung über die Zukunft der Zusammenarbeit auf Basis von Kontrollen der kooperationsbezogenen Zielerreichungsgrade getroffen werden. Denn es können Ereignisse eintreten, die zu einer vorzeitigen Kooperationsauflösung führen.

Für den Fall, dass die Kooperation ausschließlich auf einem Vertragsgefüge basiert, reichen zur Beendigung der Kooperation die vertragsgemäße Kündigung sowie die Auflösung der kooperationsbezogenen Interaktionskanäle für den Vollzug aus. In der Praxis verlaufen Kooperationen häufig im Sand, sodass keine strukturierte »Auflösungsphase« stattfindet oder sich diese nur auf Teilbereiche des Kooperationsprojektes beschränkt (Killich/Luczak 2003, S. 22).

4 Empirische Analyse ausgewählter Akut-Reha-Kooperationen

Nachdem die bisherige Analyse der Kooperationsbeziehungen zwischen Akut- und Rehabilitationsanbietern und deren Erfolgsfaktoren primär auf Basis von theoretischen Erkenntnissen, Plausibilitätsüberlegungen sowie situationsspezifischem Wissen erfolgte, richten sich die folgenden Ausführungen auf reale Ausprägungen sektorübergreifender Kooperationen im Gesundheitswesen, indem drei ausgewählte Kooperationen systematisch untersucht werden.

4.1 Auswahl der Kooperationsprojekte

Eine adäquate Auswahl der zu untersuchenden Kooperationen ist die notwendige Voraussetzung für die spätere Ableitung empirisch fundierter Aussagen. Als notwendiges Kriterium wurde in der Auswahlphase die strategische Relevanz des Kooperationsprojektes für die beteiligten Unternehmen eingesetzt. Das heißt, die beteiligten Unternehmen sollten im Rahmen ihrer Informationspolitik, also durch Pressemitteilungen, Informationsbroschüren, Geschäftsberichte oder Internetauftritt, die sektorübergreifende Zusammenarbeit als Mittel zur strategischen Zielerreichung hervorheben. Zudem sollten im Betrachtungszeitraum die Kooperationsaktivitäten im betreffenden Bereich soweit fortgeschritten sein, dass fundierte Aussagen zur Umsetzungsphase und auch zum Erfolg der Zusammenarbeit zu erwarten waren. Darüber hinaus sollten die ausgewählten Praxisprojekte die Vielfalt möglicher Kooperationen an der Schnittstelle zwischen Akut- und Reha-Einrichtungen erfassen, sodass gezielt verschiedene Kooperationsformen mit unterschiedlicher Intensität und Ausgestaltung der Zusammenarbeit, aus unterschiedlichen medizinischen Fachdisziplinen, ausgewählt wurden.

Aufgrund der Unterschiede in der Ausgestaltung der Kooperationen sowie der betroffenen medizinischen Fachdisziplinen, die zudem die beim Übergang vom Akut- in den Reha-Bereich am häufigsten auftretenden Indikationsfelder repräsentieren, vermitteln die folgenden drei Kooperationsprojekte einen umfassenden Eindruck des breiten Spektrums realer Kooperationskonstellationen an der Schnittstelle zwischen Akut- und Reha-Bereich:

- *RehaNetz Freiburg*

Das »Regionale RehaNetz« wurde am 1. Juli 2003 vom Universitätsklinikum Freiburg (UKF) zusammen mit 13 Reha-Kliniken für fünf Indikationsgebiete (Orthopädie, Kardiologie, Neurologie, Onkologie und Geriatrie) gegründet (Enste et al. 2003, S. 929). Wesentlicher Gegenstand der Kooperation ist die vertrauensvolle Zusammenarbeit im Rahmen der Patientenversorgung.

- *Ingolstädter Kooperationsmodell*

Die Basis des Ingolstädter Kooperationsmodells bildet ein im Juni 2005 eröffneter Neubau eines Geriatrie- und Reha-Zentrums, das vom Klinikum Ingolstadt in Zusammenarbeit mit dem Geriatriezentrum Neuburg und dem Reha-Zentrum Bad Gögging direkt am Akuthaus errichtet wurde. Das Reha-Zentrum Ingolstadt bietet als Tochterunternehmen des Reha-Zentrums Bad Gögging seit der Eröffnung die stationäre Rehabilitation für orthopädische Anschlussheilbehandlungen und neurologische Rehabilitationsmaßnahmen an. Im Rahmen des Kooperationsmodells zwischen Reha-Zentrum und Klinikum Ingolstadt sollte zur Sicherstellung einer hochwertigen Versorgung nach der Akutentlassung ein ans Akuthaus eng angebundenes Rehabilitationsangebot geschaffen werden (Schneider 2005, S. 295 f.).

- *Integrierte Rehabilitation Offenbach*

Im Rahmen des Kooperationsmodells »Integrierte Rehabilitation« wurde in Zusammenarbeit zwischen der Klinikum Offenbach GmbH und dem neuro-orthopädischen MediClin-Reha-Zentrum Bad Orb am Standort Offenbach – auf Basis der Integrierten Versorgung gemäß §§ 140 a bis d SGB V – ein Kompetenzzentrum zur Akut- und Reha-Versorgung von Schlaganfallpatienten entwickelt und aufgebaut. Nach Abschluss der Akutbehandlung in der neurologischen Abteilung des Klinikums beginnt in Räumlichkeiten des Klinikums die stationäre Rehabilitation, bevor die Patienten bei Bedarf zur weiteren rehabilitativen Behandlung nach Bad Orb übergeleitet werden (Wandschneider/Hessel 2006, S. 538 f.; Wandschneider et al. 2005, S. 41).

4.2 Erkenntnisse der empirischen Analyse im Überblick

Hinsichtlich der Erfolgsfaktoren bzw. -voraussetzungen des Kooperationsumfelds, der Leistungsfähigkeit der Kooperationspartner, der bestehenden Kooperationsbereitschaft sowie der wachsenden Kooperationsfähigkeit kann festgehalten werden, dass diese in allen Fallstudien vorhanden waren. Da sich die Fallstudien durch die einbezogenen Indikationsgebiete, die speziellen regionalen Gegebenheiten sowie die strukturellen Eigenschaften der beteiligten Leistungserbringer unterscheiden, ist zu berücksichtigen, dass jeweils individuelle Aspekte die einzelnen Erfolgsvoraussetzungen beeinflussen.

Auffällig sind die Einschränkungen hinsichtlich der Leistungsfähigkeit bzw. der Kooperationsfähigkeit der Reha-Partner sowie der Kooperationsbereitschaft der Akutseite im RehaNetz Freiburg. Diese sind primär auf die Komplexität, die durch die große Partnerzahl auf Akut- (bezogen auf die beteiligten Klinikabteilungen) und Reha-Seite verursacht wird, zurückzuführen. Durch Mitspracherechte der Kostenträger bei der Auswahl der Reha-Partner konnte dem erstellten Anforderungsprofil nicht in allen Fällen entsprochen werden, sodass dadurch die Leistungsfähigkeit der Kooperationspartner sowie deren Kooperationsfähigkeit beeinträchtigt wurde.

Die Notwendigkeit eines erfolgsorientierten Kooperationsmanagements wurde von allen Beteiligten der analysierten Kooperationsmodelle erkannt, sodass stets ein strukturiertes Vorgehen im Rahmen der Kooperationsgestaltung gewählt wurde.

4.3 Erkenntnisse aus den Kooperationsmanagementprozessen

Die Rolle des aktiven Kooperationsinitiators lag in allen drei Praxisbeispielen beim Akuthaus, weshalb die fallstudienübergreifende Auswertung des Kooperationsmanagementprozesses primär aus der Sicht der Akutpartner erfolgt. Da sich alle analysierten Kooperationen noch in Betrieb befinden, sind empirische Aussagen zur Auflösungsphase nicht möglich.

- *Erkenntnisse bei der Kooperationsinitiierung und -formierung*

Im Vorlauf zur Kooperationsanbahnung wurde lediglich beim Ingolstädter Modell der sektorübergreifende Kooperationsbedarf durch ein Strategiegutachten einer externen Beratung identifiziert. In den beiden anderen Fällen basierte die Entscheidung auf unternehmensinternen Analysen. Während im Modell Integrierte Rehabilitation eine Partnersuche aufgrund der frühen Festlegung auf einen vertrauten Reha-Partner nicht erforderlich war, wurde in den beiden anderen Fällen aufbauend auf den Kooperationszielen von einem Projektteam ein Anforderungsprofil für die Partnersuche erarbeitet.

Die eigentliche Partnersuche wurde im Ingolstädter Modell bewusst breit, also auch überregional, angelegt, während beim RehaNetz Freiburg ausschließlich Reha-Anbieter der Region in den gesuchten Indikationsfeldern mit einer definierten Mindestgröße kontaktiert wurden.

Innerhalb der Kooperationsverhandlungen konnten die Akutpartner bei der Zielharmonisierung sowie bei der Diskussion der zukünftigen Kooperationsarchitektur aufgrund ihrer starken Verhandlungsposition ihre Wunschkonfiguration gegen die Kandidaten der Reha-Seite in der Regel durchsetzen. Entsprechend basiert die letztendliche Vertragsgestaltung primär auf den Vorstellungen der Akutseite.

- *Erkenntnisse bei der Kooperationsdurchführung*

Die in der Formierungsphase getroffenen Vereinbarungen zur personellen Ausgestaltung der Kooperation wurden in der Durchführungsphase oft erst mit zeitlicher Verzögerung eingerichtet. In zwei Fällen wurde eine Koordinatorstelle in Vollzeit eingerichtet, die aufgrund ihrer medizinischen bzw. pflegerischen Ausbildung in der Lage ist, eine patientenorientierte Ablaufsteuerung der Behandlungsprozesse übergreifend zu koordinieren. Im Ingolstädter Kooperationsmodell übernimmt die ärztliche Leitung nach Absprache mit den verantwortlichen Verwaltungsinstanzen auf der Partnerebene diese Koordinationsfunktion.

Darüber hinaus hat sich in allen Kooperationsmodellen die Festlegung von Ansprechpartnern auf den hierarchisch tiefer angesiedelten Ebenen der Partnerorganisationen für kooperationsbedingte Fragen und Probleme bei der wechselseitigen Kommunikation und auch bei der Lösung von Konflikten als vorteilhaft erwiesen. Die Einrichtung kooperationsbegleitender Arbeitsgruppen, die Durchführung von Personalaustauschprogrammen und Maßnahmen zum Wissensmanagement wurden bisher nur ansatzweise initiiert, stellten sich aber als positiv hinsichtlich einer verbesserten Kommunikation zwischen den Beteiligten sowie eines größeren gegenseitigen Vertrauens heraus.

Grundsätzlich wurde in allen Fallbeispielen basierend auf Leistungsanalysen auf der Partnerebene eine Ablaufplanung für die von der Kooperation betroffenen Prozesse durchgeführt. Zu diesem Zweck werden in allen analysierten Modellen Behandlungspfade entwickelt, die sich bisher primär auf die jeweilige Partnerebene konzentrieren. Vollständige sektorübergreifende Pfade werden nur in Ansätzen genutzt. In diesem Zusammenhang wird der Bestimmung der optimalen Übergangspunkte zwischen den

Leistungserbringern (Schnittstellen) besondere Aufmerksamkeit geschenkt, indem in Einzelfällen versucht wird, den Übergangsstatus anhand bestimmter Charakteristika wie bspw. medizinischen Scores zu definieren.

Eine Implementierung von eigenständigen Steuerungsinstrumenten im Rahmen eines Kooperationscontrollings oder einer sektorübergreifenden Qualitätssicherung hat in keinem der Praxismodelle stattgefunden. Zwar werden kooperationsbezogene Controllingaufgaben vereinzelt von dem jeweiligen Koordinator übernommen, jedoch wird das eigentliche Controlling ebenso wie die kaufmännische Führung der Kooperation sektorintern von den zuständigen Abteilungen auf Partnerebene erledigt.

Gleiches gilt für das Qualitätsmanagement, für das in keinem Kooperationsmodell ein ausgeprägter sektorübergreifender Ansatz verfolgt wird. Die diesbezüglichen Aktivitäten konzentrieren sich auf die Abstimmungsprozesse in sektorübergreifenden Arbeitsgruppen und Qualitätszirkeln, indem dort Probleme der Kooperation thematisiert oder sektorübergreifende Behandlungspfade diskutiert werden. In diesem Zusammenhang ist zu berücksichtigen, dass die Einrichtung eigener Instanzen in Form eines übergeordneten Kooperationscontrollings bzw. Qualitätsmanagements aufgrund der Dimension sektorübergreifender Kooperationen oft nicht zweckmäßig ist. Vielmehr bietet sich die Zuweisung entsprechender Aufgaben auf vorhandene Kooperationsinstanzen und -gremien an.

In allen Praxisbeispielen wurde die besondere Bedeutung einer funktionierenden elektronischen Vernetzung zwischen den Partnern bzw. der Einsatz sektorübergreifender Informations- und Kommunikationstechnologien erkannt, mit der unter anderem auch eine engere Zusammenarbeit im Controlling und im Qualitätsmanagement gefördert werden soll. Derzeit befindet sich die elektronische Vernetzung in allen untersuchten Modellen in einem entwicklungsfähigen Zustand, da Medienbrüche bzw. fehlende EDV-technische Zugriffsmöglichkeiten eine durchgängige elektronische Dokumentation der übergreifenden Behandlungsprozesse verhindern. Eine Weiterentwicklung in diesem Bereich wurde von allen befragten Experten als Voraussetzung für den langfristigen Erfolg der Zusammenarbeit gesehen.

4.4 Erkenntnisse zum Kooperationserfolg

Mit der Kooperation besteht in den untersuchten Modellen ein wesentlicher Vorteil für den Akutbereich darin, dass zunehmend zeitnahe und abgesicherte Verlegungen möglich sind. In diesem Zusammenhang leisten insbesondere die Entwicklung und der Einsatz von Behandlungspfaden einen Beitrag zur Qualitätsverbesserung. Mögliche Kosteneinsparungen sind den Kooperationskosten, die für die Koordination anfallen und selbst zu tragen sind, gegenüberzustellen. Bessere Kapazitätsauslastungen mit positiver Wirkung auf die Erlössituation werden zum einen durch Vereinbarungen zu Rückverlegungen von den Reha-Partnern zum Akutpartner im Kernbereich der Patientenbehandlung erreicht, zum anderen in medizinischen und nicht-medizinischen Sekundär- und Tertiärbereichen, in denen die Akutseite den oder die Partner mitversorgt. Darüber hinaus ist durch eine gesteigerte Versorgungsqualität im Rahmen einer innovativen Vorgehensweise von einem Marketingeffekt auszugehen, der sich nicht nur positiv auf die Außendarstellung auswirkt, sondern zudem das Patienteninteresse bzw. das Interesse der Kostenträger steigert, Behandlungsangebote – nicht nur im Kooperationsbereich – in Anspruch zu nehmen. Insgesamt resultiert aus der Kooperation für die Akutseite in allen Praxisbeispielen eine bessere Wettbewerbsposition.

Die Reha-Seite profitiert in den Beispielfällen von einem gesicherten und in der Regel höheren Patientenzufluss aus dem Partnerkrankenhaus, wobei aus den zunehmenden zeitnahen Übernahmen der Patienten in Einzelfällen Aufwandssteigerungen resultieren können. Qualitätsverbesserungen sowie Kosteneinsparungen sind einerseits durch die bessere Abstimmung der primären Leistungsprozesse und andererseits durch die teilweise enge Anbindung an die Sekundärprozesse des Akuthauses möglich. Reputationseffekte, resultierend aus einer funktionierenden sektorübergreifenden Kooperation, werden von fast allen Reha-Partnern angenommen.

Aus Patientensicht lässt der durchgängig abgestimmte Behandlungsprozess in den Fallstudien eine gesteigerte Behandlungsqualität erwarten, da Doppeluntersuchungen oder unnötige Wartezeiten eher vermieden werden. Im Rahmen der untersuchten bilateralen Kooperationen kann dem Patienten durch die enge Anbindung des Reha-Zentrums an das Akuthaus zudem die Sicherheit gegeben werden, im Bedarfsfall durch eine schnelle Akutintervention versorgt zu werden. In allen Kooperationen ist eine effektivere Behandlung möglich, die in der Regel zu einer Verkürzung der Gesamtbehandlungsdauer führt und den Patienten im IV-Modell in Offenbach darüber hinaus finanzielle Vorteile bringt. Als Gegenleistung für den finanziellen Vorteil kann der Verzicht auf das Wunsch- bzw. Wahlrecht interpretiert werden, da der Behandlungsverlauf im IV-Modell vordefiniert ist. Allerdings wird dem Patienten dies vor der Einschreibung ausführlich kommuniziert.

Die festgestellte Versorgungsverbesserung führt zu besseren Langzeitergebnissen sowie einer höheren Kundenzufriedenheit (Weatherly et al. 2007, S. 3 ff.). Nachhaltig dürfte sich das vor allem in der Schlaganfallversorgung auswirken, da in diesem Bereich in Zukunft mit einem stark steigenden Versorgungsbedarf zu rechnen ist (RKI 2006, S. 27). Finanzielle Vorteile ergeben sich für die Kostenträger lediglich durch die IV-Einbindung des Offenbacher Modells, solange die Vergütungsvorteile nicht durch übernommene Kooperationskosten überkompensiert werden. Als nachteilig kann von der Kostenträgerseite empfunden werden, dass sie ihre Steuerungshoheit hinsichtlich des Rehabilitationsortes ihrer Kunden nur noch eingeschränkt wahrnehmen können.

Insgesamt ist festzuhalten, dass trotz fehlender datenbasierter Auswertungen zu qualitativen und kostenmäßigen Veränderungen bei den ausgewählten Praxisbeispielen und unabhängig von der gewählten Beurteilungsperspektive ein Kooperationserfolg feststellbar ist. Dies wird dadurch bekräftigt, dass alle Kooperationen in Zukunft weitergeführt und intensiviert werden sollen.

5 Fazit

Im Rahmen der vorliegenden Ausführungen wurde aufgezeigt, dass eine sektorübergreifende Zusammenarbeit zunehmend als Möglichkeit gesehen wird, die Koordinationsdefizite an der Schnittstelle zwischen Akutversorgung und medizinischer Rehabilitation zu überwinden. Die Ausgestaltung der Zusammenarbeit ist vielfältig und richtet sich primär an den verfolgten Zielen der Partner aus. Die Teilnahme an integrierten Versorgungsmodellen kann ein wesentlicher Bestandteil des Kooperationsrahmens sein. Sie ist aber nicht zwingend notwendig.

Die vorliegenden theoretisch-konzeptionellen Empfehlungen geben, ergänzt um die empirischen Erkenntnisse, den an sektorübergreifenden Kooperationsprozessen beteiligten Akteuren eine ganzheitliche Orientierung zur erfolgreichen Gestaltung des Managementprozesses. Durch die systematisch erarbeiteten Empfehlungen wurde ein Gestaltungsrahmen entwickelt, der die Komplexität von Kooperationsbeziehungen reduziert und die Erfolgswahrscheinlichkeit der Zusammenarbeit an der Schnittstelle von Akutversorgung und medizinischer Rehabilitation erhöht.

Somit wird dem Anspruch einer zunehmenden Intensivierung der Zusammenarbeit entlang der Wertschöpfungskette in zweckmäßiger Weise gefolgt, indem die Leistungserbringer auf den Wettbewerb zwischen Leistungsketten bzw. Versorgungsnetzwerken im Gesundheitswesen durch eine Optimierung ihrer Kooperationsaktivitäten besser vorbereitet werden. Allerdings muss den Akteuren stets bewusst sein, dass durch die sektorübergreifende Zusammenarbeit das Spannungsfeld von Kooperation und Konkurrenz zwischen den Mitgliedern verschiedener Leistungsketten oder Netzwerken erhöht und die Wettbewerbssituation jedes Einzelnen um eine zusätzliche Ebene ergänzt wird.

Literaturverzeichnis

Braun, G.E./Güssow, J. (2006): Integrierte Versorgungsstrukturen und Gesundheitsnetzwerke als innovative Ansätze im deutschen Gesundheitswesen. In: Braun, G.E./Schulz-Nieswandt, F. (Hrsg.): Liberalisierung im Gesundheitswesen – Einrichtungen des Gesundheitswesens zwischen Wettbewerb und Regulierung. Baden-Baden, S. 65–93.

Breuer, R./Ekkernkamp, A./Richter, D./Zanders, H.-C. (2005): Integrierte Gesundheitsversorgung: Wie fit sind Kostenträger und Leistungserbringer. München.

Bruckenberger, E. (1996): Kooperation zwischen den Leistungsanbietern im Gesundheitswesen. In: das Krankenhaus, Ausgabe 4/1996, S. 155–160.

Dammer, I. (2005): Gelingende Kooperation (Effizienz). In: Becker, T./Dammer, I./Howaldt, J./Killich, S./Loose, A. (Hrsg.): Netzwerkmanagement – Mit Kooperation zum Unternehmenserfolg. Berlin etc., S. 37–47.

Deike, A. (2006): Erfolg von Unternehmenskooperationen – Grundlagen und Perspektiven für die Bewertung strategischer Allianzen. Saarbrücken.

Dreßler, M. (2000): Kooperationen von Krankenhäusern: Eine Fallstudienanalyse von Kooperationsprojekten. Berlin.

Eiff, W. von/Klemann, A./Meyer, N. (2007): REDIA-Studie II – Auswirkungen der DRG-Einführung auf die medizinische Rehabilitation. Münster.

Enste, U./Jäckel, W./Ritzenthaler, J. (2003): Partner sorgfältig ausgewählt – Das Regionale Rehabilitationsnetz am Universitätsklinikum Freiburg. In: krankenhaus umschau (10), S. 929–932.

Friese, M. (1998): Kooperation als Wettbewerbsstrategie für Dienstleistungsunternehmen. Wiesbaden.

Fuchs, M. (1999): Integriertes Projektmanagement für den Aufbau und Betrieb von Kooperationen. Bern etc.

Gohs, B.M. (2005): Kooperationen und Netzwerke in der Gesundheitswirtschaft der Region Ostwestfalen-Lippe. Paderborn.

Grabow, J./Remmeke, A. (2005): Unternehmensbewertung und Due Diligence im Kooperations- und Fusionsprozess von Krankenhäusern. In: Eiff, W. von/Klemann, A. (Hrsg.): Unternehmensverbindungen – Strategisches Management von Kooperationen, Allianzen und Fusionen im Gesundheitswesen. 2. Aufl. Wegscheid, S. 327–363.

Helmig, B. (2005): Ökonomischer Erfolg in öffentlichen Krankenhäusern. Berlin.

Herbst, C. (2002): Interorganisationales Schnittstellenmanagement: ein Konzept zur Unterstützung des Managements von Transaktionen. Frankfurt a.M.

Killich, S. (2004): Kooperationspotenziale in bestehenden Netzwerken kleiner und mittelständischer Unternehmen der Automobilzulieferindustrie. Aachen.

Killich, S./Luczak, H. (2003): Unternehmenskooperation für kleine und mittelständische Unternehmen – Lösungen für die Praxis. Berlin etc.

Klemann, A. (2007): Management sektorübergreifender Kooperationen – Implikationen und Gestaltungsempfehlungen für erfolgreiche Kooperationen an der Schnittstelle von Akutversorgung und medizinischer Rehabilitation. Wegscheid.

Kraege, R. (1997): Controlling strategischer Unternehmenskooperationen – Aufgaben, Instrumente und Gestaltungsempfehlungen. München und Mering.

Mellewigt, T. (2003): Management von Strategischen Kooperationen – Eine ressourcen-orientierte Untersuchung in der Telekommunikationsbranche. Wiesbaden.

Merschbächer, G. (2000): Unternehmensübergreifende Kooperation. In: Eichhorn, P./Seelos, H.-J./ Schulenburg, J.-M. von der (Hrsg.): Krankenhausmanagement. München und Jena, S. 141–159.

Mühlbacher, A. (2002): Integrierte Versorgung – Management und Organisation. Bern.

Mühlbacher, A. (2004): Die Organisation der »virtuellen« Integration von Versorgungsleistungen durch Unternehmensnetzwerke der Integrierten Versorgung. In: Henke, K.-D./Rich, R.F./Stolte, H. (Hrsg.): Integrierte Versorgung und neue Vergütungsformen in Deutschland. Baden-Baden, S. 75–114.

Pankau, E. (2002): Sozial-Ökonomische Allianzen zwischen Profit- und Nonprofit-Organisationen. Wiesbaden.

Peters, T.J./Waterman, R.H. (1984): Auf der Suche nach Spitzenleistungen. Landsberg/Lech.

Porter, M.E. (1999): Wettbewerbsstrategie: Methoden zur Analyse von Branchen und Konkurrenten. 10. Aufl. Frankfurt a.M.

Rasche, C. (1994): Wettbewerbsvorteile durch Kernkompetenzen – Ein ressourcenorientierter Ansatz. Wiesbaden.

Rautenstrauch, T./Generotzky, L./Bigalke, T. (2003): Kooperationen und Netzwerke – Grundlagen und empirische Ergebnisse. Lohmar und Köln.

Ringle, C.M. (2004): Kooperation in Virtuellen Unternehmungen – Auswirkungen auf die strategischen Erfolgsfaktoren der Partnerunternehmen. Wiesbaden.

RKI – Robert Koch Institut (Hrsg.)(2006): Gesundheit in Deutschland – Gesundheitsberichterstattung in Deutschland. Berlin.

Schäper, C. (1997): Entstehung und Erfolg zwischenbetrieblicher Kooperation: Möglichkeiten öffentlicher Förderung. Wiesbaden.

Schneider, J. (2005): Akut und Reha unter einem Dach und aus einer Hand? In: f&w (03), S. 295–296.

Schuh, G./Friedli, T./Kurr, M.A. (2005): Kooperationsmanagement – Systematische Vorbereitung, Gezielter Auf- und Ausbau, Entscheidende Erfolgsfaktoren. München und Wien.

Staudt, E./Toberg, M./Linné, H./Bock, J./Thielemann, F. (1992): Kooperationshandbuch – Ein Leitfaden für die Praxis. Stuttgart und Düsseldorf.

Tjaden, G. (2003): Erfolgsfaktoren virtueller Unternehmen: Eine theoretische und empirische Untersuchung. Wiesbaden.

Trommsdorff, V./Wilpert, B. (1991): Deutsch-chinesische Joint Ventures – Wirtschaft, Recht, Kultur. Wiesbaden.

Wandschneider, U./Hessel, T. (2006): Zum Beispiel: MediClin – Ressourcen effektiv nutzen, formale Barrieren überwinden. In: f&w (05), S. 538–539.

Wandschneider, U./Schmidt, H.-U./Riehle, M.E./Müller, B./Schote, D./Geilfuß, M. (2005): Kooperationsmodell »Integrierte Rehabilitation« – Kompetenzzentrum für Schlaganfallpatienten am Klinikum Offenbach und Reha-Zentrum Bad Orb. In: f&w (01), S. 41–43.

Weatherly, J.N./Seiler, R./Meyer-Lutterloh, K./Schmid, E./Lägel, R./Amelung, V.E. (2007): Leuchtturmprojekte Integrierter Versorgung und Medizinischer Versorgungszentren – Innovative Modelle der Praxis. Berlin.

Wiesinger, H. (2005): Markt der Möglichkeiten. In: krankenhaus umschau (1), S. 57–58.

Kurt Promberger und Felix Piazolo

Franchising zur Sicherstellung effektiver Leistungserbringung im Gesundheitswesen

Zusammenfassung

Business Format Franchising hat in verschiedensten Branchen seine Fähigkeiten als leistungsorientierte und wissensbasierte Institutionslösung nachhaltig unter Beweis gestellt. In der vorliegenden Arbeit wird aufgezeigt, wie der Franchise-Gedanke dem Gesundheitswesen näher gebracht werden kann, unabhängig davon, ob die eigentliche Leistung von privaten oder öffentlichen Einrichtungen erbracht wird. Im Zuge dessen muss einerseits die Erfüllung der staatlichen Gewährleistungspflicht und andererseits eine ökonomisch sinnvolle Leistungserbringung bei gleichbleibender Qualität sichergestellt werden. Zugleich wird demonstriert, inwieweit institutionenökonomische Aspekte diesen Schritt unterstützen. In ausgewählten Segmenten des Gesundheitswesens kommt Franchising bereits erfolgreich zum Einsatz und es konnten erste Erfahrungen gesammelt werden. Dabei wird systembedingt die zentrale und dezentrale Know-how-Sicherstellung sowie eine interne Qualitätssicherung gewährleistet. Franchising bietet als hybride Organisationsform potenzielle Lösungsansätze zur Überwindung der durch die aktuellen europäischen soziodemografischen Rahmenbedingungen hervorgerufenen Herausforderungen, welche keine ineffiziente Leistungserbringung im Gesundheitswesen zulassen.

1 Einleitung

Ein, wie in den letzten Jahren mehrfach gefordertes, effizienteres und vor allem effektiveres Gesundheitswesen erfordert geeignete Strukturen und Prozesse. Die Rahmenbedingungen in Europa erlauben keine ineffiziente Leistungserbringung. Dabei liegt es vorwiegend nicht an der Leistungsbereitschaft der einzelnen Akteure, sondern an den bestehenden über die Jahrzehnte gewachsenen Vorgehensweisen und daraus resultierenden Institutionslähmungen. Die steigende Komplexität einzelner Fachbereiche kann außerdem zu einem Wissensdefizit führen. Mögliche Lösungsansätze bieten hybride Organisationsformen, welche gleichzeitig hierarchische und marktorientierte Komponenten zulassen.

Business Format Franchising (im Folgenden kurz als Franchising bezeichnet) hat in vielen Bereichen der Privatwirtschaft seine Fähigkeiten als leistungsorientierte und wissensbasierte Institutionslösung nachhaltig unter Beweis gestellt. In verschiedenen Segmenten des Gesundheitswesens kam Franchising bereits erfolgreich zum Einsatz und es konnten erste Erfahrungen gesammelt werden. Dabei bietet diese hybride Organisationsform gleichermaßen Möglichkeiten für öffentliche wie auch private Leistungserbringer im Gesundheitswesen. Im Rahmen des New Public Managements (Schedler/Proeller 2000, S. 5) und des Neuen Steuerungsmodells (BDVR 2002, S. 1 f.) sollen erfolgreiche Managementstrukturen aus der Privatwirtschaft von der öffentlichen Verwaltung übernommen bzw. adäquat eingeführt werden und überkommene Strukturen modifiziert werden (KGSt 1993, S. 15 ff.; Bals/Hack 2002). Im Zuge dessen muss einerseits die Erfüllung der staatlichen Gewährleistungspflicht und andererseits eine ökonomisch sinnvolle Leistungserbringung bei gleichbleibender Qualität sichergestellt werden. Diese Forderung gilt dementsprechend auch für das Gesundheitswesen, welches sehr starken staatlichen Regulierungen und politischen Einflüssen ausgesetzt ist.

Franchising ist eine vertikale Form der Kooperation rechtlich selbständiger Organisationen. Im Mittelpunkt steht die gleichförmige Bereitstellung eines Leistungsbündels, unabhängig vom zuständigen Leistungshersteller, Erfüllungsort und Erfüllungszeitpunkt. Die Standardisierung von Prozessen wie Leistungen, insbesondere auch von Dienstleistungen, ist für das Franchising eine Basis des Erfolgs. Beim Franchising geschieht die Standardisierung durch vertraglich fixierte Bestimmungen, innerhalb der öffentlichen Verwaltung und des Gesundheitswesens zudem durch gesetzlich definierte Vorgaben und Bedingungen. In den Franchisesystemzentralen und daran angeschlossenen Pilotbetrieben wird täglich neues Know-how für und mit den Franchisepartnern entwickelt, um im Wettbewerb bestehen zu können bzw. der Versorgungspflicht bestmöglich nachzukommen.

Vor allem durch Wettbewerb, Kooperationen und neu geschaffene Lieferanten- und Kundenbeziehungen lassen sich Effizienz- und Effektivitätsvorteile generieren (KWI 2002, S. 17 ff.). Franchising bietet originäre Eigenschaften, diesen Anforderungen nachzukommen. Konzepte und Prozesse werden nur einmal entwickelt, erprobt und auf die Partner transferiert. Durch einen nachhaltigen Feedbackmechanismus, dem Know-how-Kreislauf, fließen Erkenntnisse aus dem regionalen Systembetrieb wieder zur Franchisezentrale. Diese Organisationsform ist von Grund auf know-how- und leistungsorientiert. Picot und Wolff (1995) gelangen zur Erkenntnis, dass Franchising »im Rahmen eines institutionenökonomischen Gesamtkonzeptes als effiziente Organisationsform erklärt werden« kann (S. 223 ff.). Inwiefern das auch für die Vernetzung im Gesundheitswesen gilt, wird im Folgenden untersucht.

2 Franchising als effiziente Organisationsform zur Leistungserbringung

Die Effizienz und langfristige Erfolgsorientierung von Franchising als Organisationsform kann mit Hilfe der Institutionenökonomik beurteilt werden. Vorraussetzung dafür ist, dass Klarheit über die Merkmale der Organisationsform Franchising besteht. Typische Bestandteile von Franchisesystemen sind insbesondere die intensive Zusammenarbeit selbständiger Unternehmen, die stetige Know-how-Entwicklung sowie die strikt einheitlichen und eingehaltenen Systemstandards. Die Organisationsform Franchising auszeichnenden Merkmale sind in Tabelle 7 zusammengefasst.

Tab. 7: Charakteristische Merkmale von Franchisesystemen (in Anlehnung an Küster 2000, S. 15)

System-Merkmale	Franchisegeber-Merkmale	Franchisenehmer-Merkmale
Vertikale Kooperationsform unabhängiger Organisationen	Bereitstellung von Nutzungsrechten für Marken, Namen, Patenten und Informationen gegen Entgelt	Rechtliche und wirtschaftliche Selbständigkeit (Dispositionsfreiheit)
Langfristig orientierte vertragliche Bindung	Bereitstellung eines umfassenden Leistungspaketes und gewerblichen Know-hows	Nutzung von Marken, Namen und Patenten des Franchisegebers
Bilaterales Dauerschuldverhältnis zur Erfüllung des Systemzwecks	Bereitstellung eines bewährten Vermarktungs- und Organisationssystems	Zahlung einer einmaligen und/oder laufenden Franchisegebühr
Einheitliches Auftreten gegenüber dem Markt	Berechnung einer einmaligen und/oder laufenden Franchisegebühr	Einsatz von eigenen Ressourcen, wie Arbeitskraft und Kapital
Corporate Identity ähnlich einem Filialsystem	Umfassende Weisungs- und Kontrollrechte	Übernahme von Risiko
Arbeitsteiliges Leistungsprogramm	Verpflichtende laufende Systementwicklung	Pflicht zu systemkonformem Verhalten
Stetige Know-how-Generierung	Sicherstellung der Know-how-Übermittlung (Workshops, Schulungen etc.)	Empfänger technischer und betriebswirtschaftlicher Unterstützung
Gebietsschutz	Sicherstellung der Marktfähigkeit	Informationspflichten

Als allgemein gültige Beschreibung des Business Formats Franchising hat der Deutsche Franchise Verband (DFV) folgende Definition festgelegt: »Franchising ist ein Vertriebssystem, durch das Waren und/oder Dienstleistungen und/oder Technologien vermarktet werden. Es gründet sich auf eine enge und fortlaufende Zusammenarbeit rechtlich und finanziell selbständiger und unabhängiger Unternehmen, den Franchisegeber und seine Franchisenehmer. Der Franchisegeber gewährt seinen Franchisenehmern das Recht und legt ihnen gleichzeitig die Verpflichtung auf, ein Geschäft entsprechend seinem Konzept zu betreiben. Dieses Recht berechtigt und verpflichtet den Franchisenehmer, gegen ein direktes oder indirektes Entgelt im Rahmen und für die Dauer eines schriftlichen, zu diesem Zweck zwischen den Parteien abgeschlossenen Franchisevertrags bei laufender technischer und betriebswirtschaftlicher Unterstützung durch den Franchisegeber, den Systemnamen und/oder das Warenzeichen und/oder die Dienstleistungsmarke und/oder andere gewerbliche Schutz- oder Urheberrechte sowie das Know-how, die wirtschaftlichen und technischen Methoden und das Geschäftssystem des Franchisegebers zu nutzen« (DFV 2002, S. 171). Unabhängig von der erbrachten Leistung kann Franchising praktisch in allen Sektoren, in öffentlichen, privatwirtschaftlichen und gemeinnützigen Bereichen, eingesetzt werden: »Tout est franchisable« (Skaupy 1995, S. 46).

Die ökonomische Bewertung des Franchising erfolgt vor dem Hintergrund der Property-Rights-Theorie, der Transaktionskostentheorie und der Prinzipal-Agenten-Theorie. Die Neue Institutionenökonomik (Williamson 1990, 1991) bildet den übergeordneten theoretischen Rahmen für diese drei sich teils überschneidenden Theoriestränge (Küster 2000, S. 65). Im Gegensatz zur neoklassischen Mikroökonomik berücksichtigt die Neue Institutionenökonomik die Gegebenheiten der Märkte und Organisationen. Die Erklärungsansätze der Neuen Institutionenökonomik versuchen, auf Basis weitgehend festgelegter Annahmen, wie der individuellen Nutzenmaximierung und der begrenzten Rationalität, Klarheit über das Wesen, das Handeln, die Interdependenzen und die Auswirkungen von Organisationen zu schaffen (Picot et al. 2002, S. 54 f.).

Franchising kann dabei als eine besondere Ausprägung eines Netzwerks betrachtet werden (Wildhaber 2003, S. 39). Präzisiert ausgedrückt, ist Franchising ein Konstrukt kooperativer institutioneller Vertragsbeziehungen zwischen Markt und Hierarchie (Sydow 1994, S. 103). Je nach dem Grad der spezifischen Investitionen und der vertikalen Integration verändern sich die Transaktionskosten der Zusammenarbeit bzw. des Austausches.

Die Transaktionskostentheorie untersucht die Austauschbeziehungen zwischen verschiedenen Partnern. Im Zentrum steht dabei nicht der physische Güteraustausch, sondern die Übertragung der Verfügungsrechte (Tietzel 1981, S. 207 ff.; Picot et al. 2002, S. 68). Die Kosten dieser Transaktion gilt es zu minimieren. Darunter fallen vor allem Anbahnungs-, Vereinbarungs-, Abwicklungs-, Kontroll- und Anpassungskosten (Picot et al. 2002). Durch folgende Faktoren werden im Rahmen von Franchisesystemen komparative Kostenvorteile erzielt (Stein 1996, S. 22 f.; Kunkel 1994, S. 31 f.; Küster 2000, S. 71):

- Franchisenehmer verfügen über lokale Marktkenntnisse, welche gar nicht bzw. nur über extrem hohe Kosten übertragen werden können. Somit sinken Informations-, Marktbearbeitungs- und Verhandlungskosten.
- Franchisenehmer sind rechtlich selbständige Marktakteure. Daher entfallen Personal- und Lohnnebenkosten.
- Hohe spezifische Investitionen der Franchisenehmer binden diese an das System. Dadurch wird die fehlende Stabilität marktlicher Strukturen vermieden.

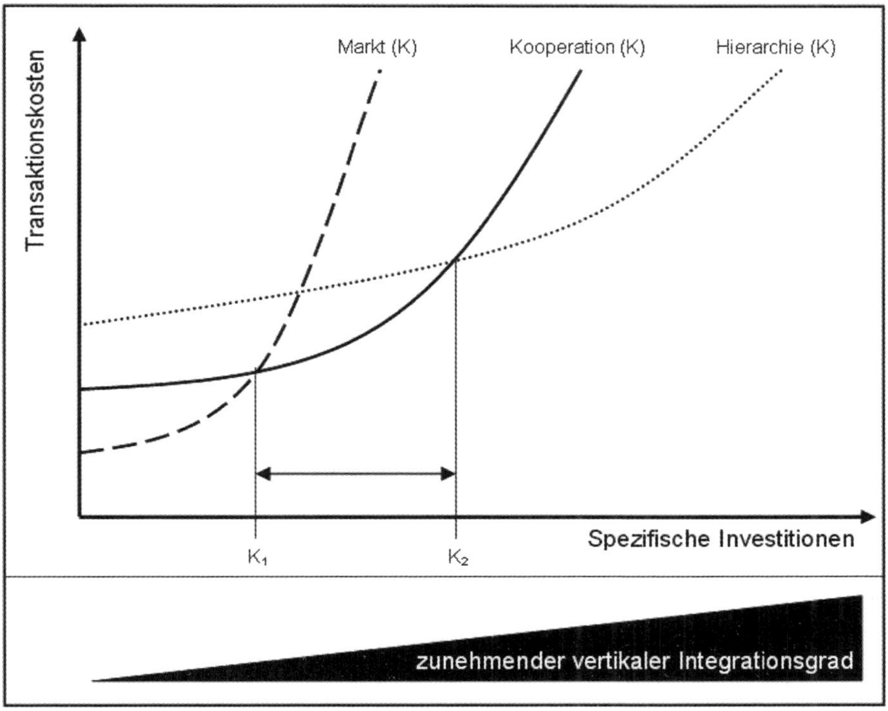

Abb. 33: Einordnung einer Kooperation nach transaktionskostentheoretischen Aspekten (in Anlehnung an Williamson 1991, S. 284)

- Der Franchisenehmer setzt Eigenkapital ein. Somit entfallen zu einem gewissen Grad die Investitions- und Kapitalkosten.
- Den Franchisenehmern wird Eigenmotivation unterstellt. Es wird der durch unzureichende Entlohnungsstrukturen angenommenen Neigung zu opportunistischem Verhalten entgegengesteuert. Kontrollkosten werden dadurch reduziert.

Zu einem beträchtlichen Teil handelt es sich dabei um Transaktionskosten. Im Ergebnis wird postuliert: »Franchise-Systeme bieten die Möglichkeit, die ökonomischen Effizienzziele durch marktliche Koordination sowie die notwendigen Kontrollziele durch entsprechende hierarchische und vertragliche Elemente zu verknüpfen« (Küster 2000, S. 72).

Vorteile erzielen Franchiseorganisationen, neben oben genannten Punkten, auch durch die Zentralisierung, das heißt durch Economies of Scale- und Economies-of-Scope-Effekte, und durch die Dezentralisierung, d. h. primär durch regionale Informationsvorteile (Picot/Wolff 1995, S. 230). Durch die Kooperation zweier selbständiger Unternehmungen (Franchisegeber/Franchisenehmer) mit dem Ziel der hochwertigen Leistungserbringung für Dritte entstehen multiple Principal-Agent-Beziehungen.

Principal-Agent-Beziehungen in Franchisetrukturen

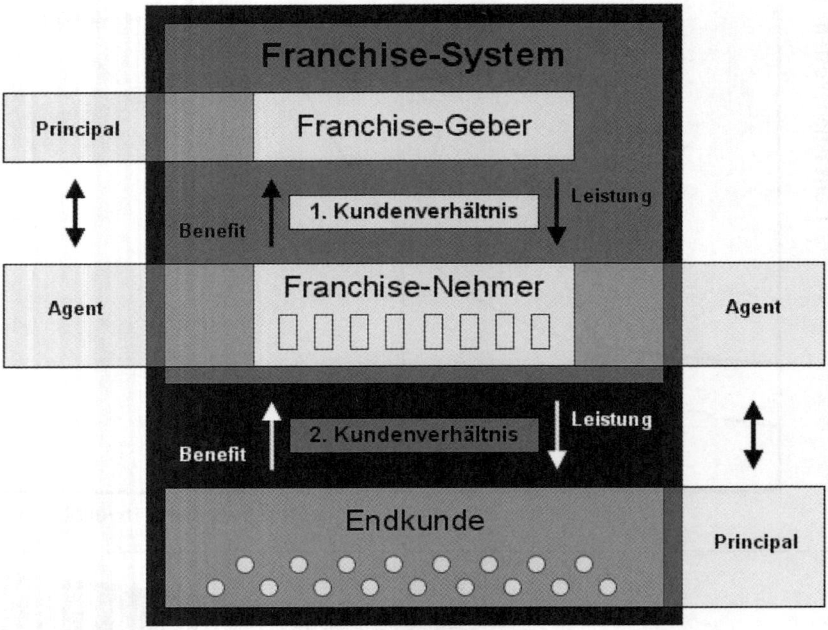

Abb. 34: Prinzipal-Agenten-Beziehungen in Franchisestrukturen (in Anlehnung an Promberger/Piazolo 2004, S. 19)

Die Prinzipal-Agenten-Theorie geht davon aus, dass zwischen den einzelnen Akteuren asymmetrische Informationsverteilungen zugunsten des Agenten existieren (Kunkel 1994, S. 20 f.). Ein Agent, hier der Franchisenehmer, kann diese Situation auf Kosten des Prinzipals zur eigenen Nutzenoptimierung missbrauchen. Im Interesse der Prinzipale sollte eine Organisationsform das systemkonforme und leistungsorientierte Verhalten der Agenten unterstützen. In diesem Zusammenhang können Kosten auf Seiten des Prinzipals (Kontrollkosten) und des Agenten (Signalkosten) sowie Wohlfahrtsverluste entstehen (Jensen/Meckling 1976). Das Informationsdefizit entsteht durch folgende Koordinations- und Motivationsprobleme: Adverse Selection, Moral Hazard und Hold Up (Picot et al. 2002, S. 88 f.).

Franchising bietet verschiedene, in Tabelle 8 zusammengestellte Steuerungswerkzeuge, um in diesem Problembereich entgegenzuwirken.

Der Franchisenehmer verfügt als Agent über verschieden gelagerte Informationsvorsprünge. Die Rolle des Endkunden als Prinzipal eines Franchisesystems wird in der Literatur selten genauer behandelt. Er ist von den negativen ökonomischen Effekten direkt betroffen, wie beispielsweise im Falle der Außenwirkung der Free-Rider-Problematik. Seine Erwartungen an einzelne Einrichtungen des Franchisesystems sind unabhängig vom Standort der Leistungserbringung. Der Endkunde hat ex ante keine Mög-

Tab. 8: Elemente von Franchisebeziehungen (Picot/Wolff 1995, S. 234)

Franchisenehmer	Franchisegeber	Wirkung des Instruments
Residualrechte am Gewinn	Residualrechte am Gewinn	Kurzfristiger Leistungsanreiz
Übertragung von Rechten am Betrieb bzw. von Lizenzrechten		Langfristige Interessensangleichung
Externer Wettbewerb (lokal)	Externer Wettbewerb (Gesamtsystem)	Langfristige Anreizgestaltung bzw. Interessensangleichung
Benchmarking, systeminterner Wettbewerb		Monitoring und Interessenangleichung
Kontrollrechte des Franchisegebers		Monitoring
Soziale Kontrolle durch andere Franchisenehmer		Monitoring und Interessenangleichung
	Franchisenehmerverbände	Monitoring und Interessenangleichung
Spezifische Investitionen (Geisel)	Spezifische Investitionen (Geisel)	Interessensangleichung/ Anreizsetzung
	Reputation (Geisel)	Interessensangleichung/ Anreizsetzung

lichkeit direkt zu erkennen, ob ein Franchisenehmer sich dies zu Nutze macht und seine Investitionen bzw. Leistungserbringungskosten im Verhältnis zu anderen Franchisenehmern reduziert. Durch die spezifischen Elemente der Franchisebeziehungen des Innenverhältnisses wird diesen Problematiken ebenfalls entgegengesteuert, da der Franchisegeber im Eigeninteresse kundenorientiert agiert.

Die Property-Rights-Theorie behandelt die Effekte von Verfügungsrechten auf die Allokation von Gütern (Küster 2000, S. 66). Die Verfügungsrechte können in vier Einzelrechte, das Recht ein Gut zu nutzen, ein Gut bzgl. Form und Substanz zu verändern, sich die Gewinne eines Gutes anzueignen bzw. die Pflicht, Verluste eines Gutes zu tragen und ein Gut bei Bedarf veräußern zu dürfen, unterteilt werden (Picot et al. 2002, S. 55 sowie die dort angegebene Literatur). Um eine effiziente Leistungserbringung zu gewährleisten, werden auf dezentralen Ebenen möglichst vollständige Verfügungsrechte garantiert. Die dezentrale unternehmerische Autonomie gewährleistet die optimale Nutzung des lokalen Wissens (Picot/Wolff 1995, S. 235). Franchising wird nach Lafontaine (1992, S. 270) vor allem dann anderen Vertriebsformen vorgezogen, wenn die lokal bedingten Erfolgsrisiken groß sind. Eine zentralisierte Steuerung birgt die Gefahr in sich, die regionale Bedarfsorientierung zu vernachlässigen. Durch die Einbindung lokalen Know-hows und der hohen lokalen Konzentration der Verfügungsrechte bei den selbständigen Franchisenehmern, ist Franchising eine auch aus dieser Theorieperspektive effiziente Alternative zu anderen Organisationsformen.

Im Ergebnis einer institutionenökonomischen Analyse gilt: »Die Effizienz von Franchising wird durch den kohärenten Einsatz komplementärer Vertragselemente bestimmt« (Picot/Wolff 1995, S. 240). Der Mix und adäquate Einsatz der Steuerungselemente, welche Franchisesystemen zur Verfügung stehen (s. Tab. 8), beeinflussen den Erfolg der Organisationsform im Praxiseinsatz. Inwieweit die zur Verfügung stehenden Steuerungselemente verwendet werden, um ökonomischen negativen Effekten entgegenzusteuern, wird von der Konstellation der internen Gegebenheiten und externen Faktoren auf das franchisegebende Unternehmen beeinflusst.

3 Franchising zur Sicherstellung einer effektiven Leistungserbringung im Gesundheitswesen

Der Kostendruck auf das Gesundheitswesen wird in den kommenden Jahren durch die demografische Entwicklung in Europa weiter ansteigen. Dabei wird es auch eine anhaltende Aufgabenkritik, Analyse des Aufgabengegenstands einer Gebietskörperschaft, im Rahmen der öffentlichen Verwaltung geben (Promberger 2002, S. 123; Reichard 1994, S. 39). Welche Aufgaben in Zukunft von der öffentlichen Verwaltung, von gemeinnützigen Einrichtungen und von privaten Akteuren wahrgenommen werden sollen, hängt von verschiedensten Faktoren ab und wird an dieser Stelle nicht weiter behandelt. Die Möglichkeit, Franchising im Gesundheitswesen als hybride Organisationsform einzusetzen, ist grundsätzlich unabhängig von der Rechtsform und Trägerform der beteiligten Organisationen. Eigengesellschaften der öffentlichen Verwaltung » – insbesondere die GmbH und AG – unterliegen dem Handelsrecht und agieren daher weitgehend unabhängig von der Trägerkörperschaft« (Promberger/Piazolo 2004, S. 34; Dovifat 2001, S. 14). Gleichermaßen werden keine Leistungsbereiche des Gesundheitswesens grundsätzlich ausgeschlossen. Je nach Spezifität und strategischer Relevanz des Leistungsbereichs können geeignete Trägerschaftsstrukturen innerhalb des Franchisemodells aufgebaut werden (Promberger/Piazolo 2004, S. 41 ff.). Je nach Leistungsart kommen den Gewährleistungsträgern, beispielsweise den Gebietskörperschaften, Krankenversicherungen oder Pflegeversicherungen, unterschiedliche Funktionen zu, wobei auch diese flexibel in Franchisestrukturen abgebildet werden können.

Bei effizienter Nutzung der zentralen und dezentralen Strukturen eines Franchisesystems in Verbindung mit einer wirkungsorientierten Steuerung können effektive Leistungspakete erbracht werden. Durch die bestehenden Strukturen und Regelwerke zur Leistungserbringung im Gesundheitswesen entwickeln sich Franchisesysteme in diesem Bereich nicht lediglich auf dem klassischem Weg, das heißt durch die Initiative einer einzelnen Person, bestehenden Personengruppe oder einer Unternehmung zur Franchise-Konzeption auf Basis einer erprobten Formel, sondern zudem durch den Zusammenschluss am Markt bereits tätiger unabhängiger Organisationen mit ähnlichen bzw. deckungsgleichen Aufgabengebieten. Durch die Zentralisierung ausgewählter Aktivitäten können verschiedene Ziele verfolgt werden. Dazu zählen beispielsweise die laufende Know-how-Sammlung, -Standardisierung und -Übertragung, das Benchmarking, das Data Warehousing bzw. Business Intelligence, die zentrale Qualitätssicherung, Beratungsaufgaben und die gesteigerte Außenwahrnehmung.

3.1 Franchisemodelle im Gesundheitswesen im Überblick

Seit Mitte der 90er Jahre wird verstärkt über den Einsatz von Franchising im Gesundheitswesen diskutiert (Schanze 2000; Fiebig 1998; Fäth 1996, S. 667 ff.; McIntyre/Gilbert 1999, S. 47; Southwick 2001). Im angloamerikanischen Raum hat sich die Organisationsform des Franchisings im Gesundheits- und vor allem im Sozialwesen bereits mit Erfolg etabliert (Schuhen 2001, S. 18; Kilee 2007, S. 35). In Deutschland spielt Franchising zwar bis dato noch eine eher untergeordnete Rolle, es wurden aber bereits erfolgreiche Projekte auf dem Gesundheitsmarkt umgesetzt.[45] Unabhängig von den einzelnen Leistungsbereichen kann Franchising als effiziente Organisationsform zur Leistungserbringung eingesetzt werden. Zur Veranschaulichung entwickelter Konzepte werden in der Folge drei aktuelle Franchisesysteme aus dem Gesundheitswesen kurz vorgestellt:

(1) TruDent Zahnärztliche Behandlungskonzepte AG (ehemals MacDent AG)
TruDent wurde 1998 als Franchisesystem, mit dem Ziel, ein e hochwertige zahnmedizinische Behandlung sicherzustellen, gegründet. Durch Kundenorientierung, Qualitätsstandards, standardisierte Untersuchung- und Behandlungsprozesse und ISO 9001:2000 Zertifizierung soll den Patienten, Versicherungen und Krankenkassen Sicherheit und Transparenz geboten werden (TruDent 2007). Symbolisch wird von jedem Franchisenehmer das Prüfsiegel TruDent getragen. Dem Kunden soll auf diese Weise offensichtlich dargestellt werden, dass er einen hohen Qualitätsstandard vom lokalen Leistungserbringer erwarten kann. Zum Leistungspaket des Franchisegebers gehört neben der stetigen Systementwicklung außerdem die Aushandlung von Sonderverträgen mit Krankenkassen. Dies kann als Alleinstellungsmerkmal des Systems betrachtet werden. Momentan befinden sich ca. 30 Franchisenehmer als Partner im TruDent-Netzwerk. Der weitere Ausbau des Netzes ist geplant.[46]

---

45 Zum Beispiel betreibt die Weyergans High Care AG (Cellulite-Behandlung) ein internationales Netzwerk mit über 120 Franchisenehmerstandorten. Die VDH Gesellschaft für Laboranalytik mbH ist seit 2005 Franchisegeber des Systems Z.I.R.M. (Zentrum für Impf- und Reisemedizin) und unterstützt medizinische Partner in Lübeck und München. Ebenfalls erfolgreich am Markt agiert die ENDOKRINOLOGIKUM Betriebsgesellschaft mbH. Sie betreut (Verwaltung, Know-how-Generierung, Markenbildung usw.) knapp zehn unabhängige medizinische Versorgungszentren (MVZ) als Partnernetzwerk.

46 Weitere Systeme, mit unterschiedlichen Zielen, im Bereich der zahnärztlichen Behandlung sind beispielsweise die McZahn AG und die smilecare GmbH. Auch Zulieferer der Branche, wie das Fachlaboratoriennetz Xental (Depita Holding AG), haben sich als Franchisesystem formiert.

(2) ALITA (Ambulante Langzeit-Intensivtherapie für Alkoholkranke)
ALITA wurde 1993 als umfassender Teil eines Forschungsprojekts am Max-Planck-Institut für experimentelle Medizin federführend von den Medizinern Ehrenreich und Krampe entwickelt (Krampe et al. 2005). Die erste Pilotstudie mit 180 Patienten wurde nach fast zehn Jahren erfolgreich abgeschlossen. Die bemerkenswerten international anerkannten Ergebnisse der Langzeittherapie (2 Jahre) – Senkung der Arbeitslosenrate von 58 % auf 22 % und Reduzierung der komorbiden psychiatrischen Störungen von 60 % auf 13 % (Krampe et al. 2005) – veranlassten die verantwortlichen Wissenschaftler, nach einer nachhaltigen Lösung zur Sicherstellung des breiten Einsatzes der erfolgreichen Therapiemethode zu suchen. »ALITA schließt eine breite Versorgungslücke«, ist methodisch standardisierbar und die Ergebnisse sind eindeutig messbar (Ehrenreich et al. 2004, S. A-2635). Franchising wird in diesem Zusammenhang von den Wissenschaftlern immer wieder als Lösungsvariante angedacht. Momentan arbeitet eine Schweizer Franchise-Beratungsfirma in enger Zusammenarbeit mit dem Schweizer Franchise-Verband ein Konzept für den eidgenössischen Markt aus. In Deutschland wurden vielfach Gespräche mit Versicherern und Krankenkassen geführt, jedoch stellt sich bezüglich der Kostenträgerschaft immer wieder ein Zuordnungsproblem. Eine Möglichkeit zur Umsetzung des Franchiseansatzes wird in der gesetzlich verankerten integrierten Versorgung gesehen, welche nach Kunze eine institutionsübergreifende Abrechnung ermöglichen könnte (Schröder 2007, S. 70 f.).

(3) MSKS Pflegeteam GbR
Mit dem Ziel, spezifische ambulante Pflege mit den Pflegeschwerpunkten Schlaganfall-, Port-, MS-Patienten sowie Sterbebegleitung anzubieten, wurde 2003 der erste Pflegeteam-Standort in Letter/Seetze eröffnet. Das Franchisesystem MSKS Pflegeteam wurde 2006 formal gegründet und ist momentan mit drei Franchisenehmern an vier Standorten aktiv. Ein weiterer zügiger Ausbau des Netzwerks ist geplant (MSKS 2007). Dieses Franchisesystem wurde nach den klassischen Franchiseprinzipien aufgesetzt: Der Franchisegeber ist der alleinige Konzeptführer und vervielfacht sein Konzept durch neu zu gründende Franchisenehmerbetriebe.[47]

Eine intensivere Betrachtung des am Markt erfolgreich etablierten Franchiseverbundes Clinotel Krankenhausverbund gemeinnützige GmbH zeigt die speziellen Einsatzmöglichkeiten von Franchising im Gesundheitswesen auf und bietet einen Einblick in den Mehrwert einer hybriden Organisationsform in diesem Sektor aus institutionenökonomischer Sicht.

47 Erwähnenswert ist an dieser Stelle auch das bereits 1990 gegründete Franchisesystem Pflegebüro Bahrenberg mit ca. 35 Standorten in Nordrhein-Westfalen, Niedersachsen und Schleswig-Holstein.

3.2 Beispiel Clinotel Krankenhausverbund gemeinnützige GmbH

Seit einigen Jahren sind in Deutschland gewinnorientierte, privatwirtschaftlich geführte Krankenhausketten expansiv aktiv. Basierend auf Skaleneffekten, überregionalen Benchmark Instrumenten sowie hohen Managementfähigkeiten agieren sie größtenteils betriebswirtschaftlich erfolgreich am Gesundheitsmarkt. Dabei nutzen sie nachhaltig die gegebenen Möglichkeiten einer Konzernstruktur. Die unzähligen öffentlichen und freigemeinnützigen Krankenhäuser agieren dagegen weitgehend autonom und nutzen kaum Verbundsvorteile (s. hierzu auch den Beitrag von *Lars Schweizer* und *Barbara Bernhard* in diesem Band). Der budgetäre und qualitative Druck im Gesundheitswesen verlangt jedoch eine stärkere Beachtung potenzieller Skaleneffekte und klare mehrwertorientierte Aktionen, um langfristig erfolgreich am Gesundheitsmarkt bestehen zu können.

Einen neuartigen und innovativen Weg sich den aktuellen und zukünftigen Anforderungen anzunehmen, haben 1999 fünf selbständige öffentliche bzw. freigemeinnützige Krankenhäuser eingeschlagen. Durch die Gründung einer gemeinsamen Tochtergesellschaft, der Clinotel Krankenhausverbund gemeinnützige GmbH, wurde eine zentrale Einrichtung zur Nutzung von Skaleneffekten und Koordinierung von Know-how geschaffen. Im Verbund mit mittlerweile 19 Mitgliedshäusern werden vor allem Qualitätssicherungsmaßnahmen, DRG-Kalkulationen, Benchmark-Analysen, Marketingmaßnahmen und Know-how-Transfer zentral unterstützt, durchgeführt bzw. gesteuert. Die Mitglieder, welche räumlich in keinerlei Konkurrenz zueinander stehen dürfen, sind über einen Franchisevertrag mit dem Krankenhausverbund miteinander vernetzt und haben sich gemeinsamen strategischen Zielen gegenüber verpflichtet. Im Unterschied zu klassischen Franchisesystemen, haben sich im Fall der Clinotel Krankenhausverbund gemeinnützige GmbH einzelne bereits bestehende Organisationen zu einem Netzwerk verbunden. Die Systemzentrale verfolgt dabei keine Gewinnerzielungsabsichten, sondern eher qualitative Ziele. Der Krankenhausverbund nutzt somit die offensichtlichen Vorteile einer Verbundstruktur, ohne die Selbständigkeit und das regionale Know-how der teilnehmenden Einrichtungen zu unterwandern (Runde 2002, S. 50 f.). »Das Markenzeichen Clinotel steht für einen Verbund, dem sich leistungsstarke, wirtschaftlich gesunde und innovative Krankenhäuser in ganz Deutschland anschließen, die ein gemeinsames Ziel verfolgen: Von den Besten lernen – zu den Besten gehören« (Clinotel 2007).

Der Aufbau einer Franchisestruktur ermöglicht es den beteiligten öffentlichen und freigemeinnützigen Krankenhäusern, einerseits die Wettbewerbsnachteile einer autonomen Marktteilnehmerschaft zu kompensieren, überregionales Wissen zu generieren und zu multiplizieren, sowie andererseits die Selbstständigkeit und Regionalität der einzelnen Einrichtungen zu gewährleisten.

Vor allem aber nutzt die Clinotel Krankenhausverbund gemeinnützige GmbH die positiven institutionenökonomischen Eigenschaften des Franchisings, welche in Abschnitt 2 vorgestellt wurden. Dabei bleiben die Vorteile aus der lokalen Marktkenntnis und dem regionalen Know-how der Franchisenehmer erhalten, ohne die organisatorische sowie rechtliche Eigenständigkeit der teilnehmenden Partner negativ zu beeinflussen. Gleichermaßen werden insbesondere Verwaltungsaufgaben zentralisiert, standardisiert und der Erkenntnisgewinn aus dem fortlaufenden Krankenhausbetrieb mit dem gesamten Netzwerk geteilt. Viele Leistungen der Systemzentrale unterliegen zudem positiven Economies-of-Scale- und Economies-of-Scope-Effekten, die ansonsten, wenn überhaupt möglich, lokal entwickelt und erbracht werden müssten. Der Krankenhausverbund ist aufgrund der besonderen internen Vermögensverhältnisse und verfügungsrechtlichen Struktur in der Lage, Kontroll- bzw. Signalkosten bezüglich der internen Prinzipal-Agenten-Beziehung zu reduzieren. Dies gelingt insbesondere durch die außergewöhnliche Trägerschaft des Franchisegebers. Jeder Franchisenehmer der Clinotel Krankenhausverbund gemeinnützige GmbH ist zugleich dessen Gesellschafter.

4 Resümee

Es wurde in dieser Arbeit aufgezeigt, wie der Franchise-Gedanke dem Gesundheitswesen näher gebracht werden kann, unabhängig davon, ob die eigentliche Leistung von privaten oder öffentlichen Einrichtungen erbracht wird. Zugleich wurde demonstriert, inwieweit institutionenökonomische Aspekte diesen Schritt unterstützen. Verschiedene Organisationen haben bereits die Leistungsfähigkeit der betrachteten Form im Gesundheits- und Sozialwesen national und international unter Beweis gestellt. Franchising ist im Wettbewerb zu anderen Organisationsformen konkurrenzfähig, da es systembedingt die zentrale und dezentrale Know-how-Sicherstellung sowie eine interne Qualitätssicherung gewährleistet. Gerade beim Franchising im Gesundheitswesen findet die Vernetzung nicht nur vertikal, sondern zunehmend auch horizontal statt. Dabei lässt sich Franchising als Organisationsform im Gesundheitswesen anwenden, unabhängig davon, ob die eigentliche Leistung von öffentlichen oder privaten Einrichtungen erbracht wird. Das »Clinotel-Konzept« demonstriert, wie Kooperationen intensiviert werden können, ohne die Selbständigkeit der Franchisenehmer zu unterwandern. Auch das neuartige gemeinschaftliche Gesellschafterkonstrukt, welches die Clinotel Krankenhausverbund gemeinnützige GmbH durch die Einbindung der Franchisenehmer umgesetzt hat, bietet im Gesundheitswesen gewisse Vorteile. Einerseits können auf diesem Weg Verbundsysteme in festgefahrene Strukturen und Branchenbereiche eingeführt werden, und andererseits können negative institutionenökonomische Effekte, wie beispielsweise interne Kontroll- und Signalkosten, reduziert werden.

Franchising bietet sich grundsätzlich in den unterschiedlichsten Bereichen des Gesundheitswesens an und unterstützt die oftmals geforderte Vernetzung der Leistungsakteure. Die Organisationsform des Franchisings kann äußerst flexibel in der Praxis eingesetzt werden, sofern die Grundvoraussetzungen für einen breiten Einsatz, die Marktfähigkeit, die Eigenständigkeit, die Multiplizierbarkeit, die Aktualisierbarkeit, die finanzielle Tragfähigkeit und das spezifische Know-how (Tietz 1987, S. 112) erfüllt werden. Das Ziel muss dabei nicht unbedingt eine Gewinnmaximierung, sondern kann eine

Nutzenmaximierung jeglicher Art sein. Die relevanten Kennzahlen und der gewünschte Output bzw. Outcome, sind je nach Einsatzbereich zu definieren. Der Grundsatz »tout est franchisable« (Skaupy 1995, S. 46) bleibt bei Wahrnehmung der gebotenen Gestaltungsfreiräume auch im Gesundheitswesen erhalten.

Literaturverzeichnis

Bals, H./Hack, H. (2002): Verwaltungsreform: Warum und Wie. Band 1 der Reihe »Die neue Kommunalverwaltung«. 2. Aufl. München.

BDVR (2002): Arbeitsgruppe »Neues Steuerungsmodell« des BDVR. www.verwaltungsrichtertag.de/dateien/steuerungsmodelle.pdf. 13.08.2003.

DFV (2002): Jahrbuch Franchising 2003 – Deutscher Franchise Verband e. V. Frankfurt a.M.

Clinotel (2007): Start. www.clinotel.de/index.htm. 13.11.2007.

Dovifat, A. (2001): Institutionelle Wahlmöglichkeiten und institutionelle Arrangements in der Praxis. Berlin. http://www.aww-brandenburg.de/leseproben/2-020-2402-1.pdf. 10.11.2007.

Ehrenreich, H./Krampe, H./Timner, W./Rusteberg, W./Mann, K./Croissant, B. (2004): Franchising im Gesundheitswesen – Kosteneffizienz durch Qualitätskontrolle. In: Deutsches Ärzteblatt 101. Ausgabe 39, S. A-2634, B-2219.

Fäth, M. (1996): Knotenpunkte. Care Company – Ein neues System für die häusliche Pflege und Betreuung. In: Häusliche Pflege Nr. 9. Hannover, S. 667–670.

Fiebig, M. (1998): Franchising im öffentlichen Sektor. Oldenburg.

Jensen, M./Meckling, W. (1976): Theory of the firm: Managerial behavior, agency costs and ownership structure. In: Journal of Financial Economics. Bd. 3. Rochester, S. 305–360.

KGSt (1993): Das Neue Steuerungsmodell. In: KGSt-Bericht Nr. 5/1993 (Kommunale Gemeinschaftsstelle für Verwaltungsvereinfachung). Köln.

Kilee, L. (2007): Social franchise. In: StiftungsWelt (1), S. 34–35.

Krampe, H./Stawicki, S./Wagner, T./Ribbe, K./El Kordi, A./Niehaus, S./Ehrenreich, H. (2005): ALITA – Ambulante Langzeit-Intensivtherapie für Alkoholkranke. In: Tätigkeitsbericht 2005 Max-Planck-Institut für experimentelle Medizin. Göttingen, S. 379–389.

Kunkel, M. (1994): Franchising und asymmetrische Informationen: Eine institutionenökonomische Untersuchung. Wiesbaden.

Küster, M. (2000): Opportunismus und Motivation in Franchise- und Vertragshändler-Systemen. Stuttgart.

KWI (2002): Konkurrieren statt Privatisieren. Kommunalwissenschaftliches Institut der Universität Potsdam. In: KWI-Arbeitsheft 3/2002. Potsdam.

Lafontaine, F. (1992): Agency theory and franchising: Some empirical results. In: RAND Journal of Economics 23, S. 263–283.

McIntyre, F./Gilbert, F. (1999): Market receptiveness to franchise systems in the health care industry. In: Journal of Applied Business Research 15, S. 47–54.

MSKS (2007): Geschichte. http://www.pflegeteam-lehrte.de, 10.11.2007.

Picot, A./Wolff, B. (1995): Franchising als effiziente Vertriebsform. In: Zeitschrift für betriebswirtschaftliche Forschung. Sonderheft 35/1995. Düsseldorf, S. 223–243.

Picot, A./Dietl, H./Franck, E. (2002): Organisation – eine ökonomische Perspektive. 3. Aufl. Stuttgart.

Promberger, K. (2002): Controlling in der öffentlichen Verwaltung. 2. Aufl. Wien.

Promberger, K./Piazolo, F. (2004): Franchise-Systeme in der öffentlichen Verwaltung. http://www.verwaltungsmanagement.at/602/uploads/working_paper_franchising1.pdf, 10.11.2007.

Reichard, C. (1994): Umdenken im Rathaus – Neue Steuerungsmodelle in der deutschen Kommunalverwaltung. Berlin.

Runde, A. (2002): Im Klinik-Verbund Stärke gewinnen und Autonomie wahren. In: f&w führen und wirtschaften im Krankenhaus (1), S. 50–52.

Schanze, E. (2000): Franchising im öffentlichen Sektor. In: Naschold, F./Budäus, D./Jann, W./Mezger, E./Oppen, M./Picot, A./Reichard, C./Schanze, E./Simon, N.: Leistungstiefe im öffentlichen Sektor. 2. Aufl. Berlin, S. 127–140.

Schedler, K./Proeller, I. (2000): New Public Management. Bern etc.

Schröder, T. (2007): Der harte Weg ins Trockene. In: MaxPlanckForschung (3), S. 66–71.

Schuhen, A. (2001): Bei anderen funktioniert es: Franchising im Gesundheits- und Sozialbereich. In: neue caritas (22), S. 18–21.

Skaupy, W. (1995): Franchising. 2. Aufl. München.

Southwick, K. (2001): McDocs for the Rich. In: Forbes Magazine 3 vom 08.06.2001, S. 80.

Stein, G. (1996): Franchisenetzwerke im Dienstleistungsbereich. Wiesbaden.

Sydow, J. (1994): Franchisingnetzwerke: Ökonomische Analyse einer Organisationsform der Dienstleistungsproduktion und -distribution. In: Zeitschrift für Betriebswirtschaft 64 (1), S. 95–113.

Tietz, B. (1987): Handbuch Franchising: Zukunftsstrategien für die Marktbearbeitung. Landsberg am Lech.

Tietzel, M. (1981): Die Ökonomie der Property Rights: Ein Überblick. In: Zeitschrift für Wirtschaftspolitik 30, S. 207–243.

TruDent (2007): Unser Konzept. http://www.macdent.de/index_main.php?unid=704&websiteid=trudent, 13.11.2007.

Wildhaber, C. (2003): Franchising als Wachstumsstrategie. In: Flohr, E./Frauenhuber, W./Liebscher, C./Wildhaber, C. (Hrsg.): Franchising – Die Königsklasse der Vertriebssysteme. 2. Aufl. München.

Williamson, O. (1990): Die ökonomischen Institutionen des Kapitalismus: Unternehmen, Märkte, Kooperationen. Tübingen.

Williamson, O. (1991): Comparative economic organization: The analysis of discrete structural alternatives. In: Administrative Science Quaterly 36, S. 269–296.

Ingo Bode

Multiple Vernetzung und disorganisierte Governance – Krankenkassen als Fokalakteure eines vermarktlichten Gesundheitswesens?

Zusammenfassung

Krankenkassen sind, was oft übersehen wird, zentrale Schaltstellen des deutschen Gesundheitssystems; und für die Analyse von Vernetzungsprozessen in diesem System erscheinen sie besonders deshalb interessant, weil sich an ihrer Entwicklung wesentliche Strukturveränderungen bei der Steuerung medizinischer Versorgungsprozesse ablesen lassen. Mit dem Wandel maßgeblicher institutioneller Rahmenbedingungen entwickeln sie sich zu Netzwerkakteuren neuen Typs, in deren Praxis sich die Konturen und Probleme der derzeit im Gesundheitswesen vorangetriebenen Modernisierungsagenda anschaulich manifestieren. Dieser Beitrag zeigt am Beispiel des nach wie vor größten Kassenkomplexes, dem der Allgemeinen Ortskrankenkasse(n) (AOK), wie sich ihre Rolle im Einzelnen verändert und welche Konsequenzen daraus (potenziell) erwachsen.

Dabei wird unterstellt, dass das deutsche Gesundheitswesen schon immer als Netzwerk zu begreifen war und es insofern mit Blick auf gegenwärtige Entwicklungen nur darum gehen kann, *Veränderungen* in diesem Netzwerk zu analysieren, vor allem in Bezug auf die der Vernetzung zugrunde liegende Rationalitätenvielfalt. Empirisch basiert der Beitrag auf Befunden einer qualitativen Fallstudie sowie auf einer das gesamte AOK-System umfassenden Bestandsaufnahme aktueller Vernetzungsinitiativen. Er argumentiert, dass wir es derzeit mit einer Doppelbewegung in Richtung mehr Integration (qua Kooperation) *und* mehr Segmentierung (qua Wettbewerb) zu tun haben, die für eine spezifische Form heterogener Koordination steht. Aus dieser Doppelbewegung ergeben sich neue Spielarten einer von Krankenkassen moderierten, zunehmend vermarktlichten ›Netzwerkgovernance‹, die sich als permanentes Nebeneinander von Innovation und Verzettelung darstellt und im Hinblick auf die dem Gesundheitssystem institutionell zugewiesenen Versorgungsfunktionen nicht folgenlos bleibt.

1 ›Netzwerkgovernance‹ in (sozial-)politisch gesteuerten Organisationsfeldern

Es ist ein Gemeinplatz der neueren Organisationstheorie, dass hochgradig institutionell regulierte Organisationsfelder im Hinblick auf die für sie grundlegenden Koordinationsmechanismen besondere Merkmale aufweisen (für viele: Scott/Meyer 1991). Das deutsche Gesundheitswesen stellt sich als ein solches Organisationsfeld dar – wobei es aus Einrichtungen besteht, die hinsichtlich ihres formalen Status auf einem Kontinuum von öffentlich-rechtlich bis gewerblich-privat angesiedelt sind. In der fachwissenschaftlichen Diskussion wird es allerdings zumeist als wohlfahrtsstaatlich administriertes System begriffen, sodass die Steuerungsdebatte auf Fragen des ›public management‹ fokussiert. Dabei dominiert international die Vorstellung, derzufolge institutionell regulierte Organisationsfelder einer Bewegung von »government« zu »governance« unterliegen (vgl. etwa Jann/Wegrich 2004 oder Radcliffe/Dent 2005). Unterstellt wird, dass sich Steuerungsprozesse vermehrt im Rahmen von *Netzwerken* vollziehen, welche bürokratisch-hierarchische Koordinationsmechanismen überlagern und in wachsendem Maße auch dort zur Geltung kommen, wo diese zwischenzeitlich von (quasi-)markttypischen Steuerungsformen abgelöst worden waren bzw. werden sollten.

Der Rekurs auf das Netzwerkparadigma folgt einem allgemeinen (wenngleich durchaus facettenreichen) Mainstream der organisationstheoretisch orientierten Sozial- und Wirtschaftswissenschaften (s. auch den Einleitungsbeitrag von *Volker E. Amelung, Jörg Sydow* und *Arnold Windeler* zu diesem Band). Vielfach wurde dabei behauptet, dass Netzwerksteuerung anderen Steuerungsformen evolutionär überlegen und deshalb auf dem Vormarsch sei. Nun ist dieses Paradigma gerade dort populär geworden, wo es um interorganisationale Beziehungen unter Wettbewerbsbedingungen geht – nämlich in der kapitalistisch strukturierten Marktökonomie. In der diesbezüglichen Literatur gelten Netzwerke als spezifische Beziehung zwischen erwerbswirtschaftlichen Akteuren, als »distinct form of coordinating economic activity« (Powell 1990, S. 301; s. auch Thompson 2003 und Windeler 2005). Für strategisch intelligente Organisationen, so wird hier häufig argumentiert, ist »network governance« (Jones et al. 1997) attraktiv, wenn sich damit langfristig Synergieeffekte (z. B. bei der Produktentwicklung und -vermarktung) erzielen und Interdependenzen festigende Austauschbeziehungen herstellen lassen. In spezifischen Organisationsfeldern, so die Beobachtung, orientieren Wirtschaftsakteure deshalb punktuell auf Kooperation statt Wettbewerb: Sie suchen gegenseitige Abstimmung, offenen Informationsaustausch und konsensuale Entscheidungsfindung – wobei soziale Kontrolle und Reputationseffekte integrationsstiftend wirken (sollen).

Das Aufgreifen des Netzwerkthemas für den Bereich sozialstaatlich regulierter, auf Gemeinwohlziele festgelegter Organisationsfelder ist von diesem Mainstream durchaus beeinflusst. Netzwerke, so wird verbreitet angenommen, erlauben gerade hier eine ›win-win‹-Synthese zwischen verschiedenen Akteurstypen bzw. Koordinationsmechanismen – nämlich in einer Konstellation, in der verschiedene Interventionslogiken (Erwerbsorientierung, Professionalität, Sozialausgleich etc.) komplex miteinander verwoben sind (vgl. Kooiman 2003; Perri 6 et al. 2006, S. 133 ff.). Wenn es um die Planung, Durchführung und Überwachung von Dienstleistungen im öffentlichen Interesse geht, gilt deshalb – von Randproblemen abgesehen (s. dazu z. B. Goldsmith/Eggers 2004) – ›Netzwerkgovernance‹ heute als Alternative zu, oder kongeniale Ergänzung von bürokratischem Management und Marktsteuerung.

Eine diesem Steuerungsmodus attestierte Kerneigenschaft ist *heterogene Koordination* – ein Begriff, der die Zusammenarbeit von Akteuren adressiert, die je verschiedenen (Mischungen von) Rationalitäten folgen und zugleich zur Realisierung eines bereichs- bzw. organisationsübergreifenden Versorgungsziels beitragen (sollen).[48] Nun ist heterogene Koordination *als solche* im deutschen Gesundheitswesen alles andere als neu. Gerade im Gesundheitssektor interagieren seit langem verschiedene Akteurstypen und Rationalitätsmuster in mehr oder weniger substanziell geregelter Form miteinander: Freiberufler, Industriekonzerne, selbstverwaltete gemeinnützige Körperschaften, staatliche Instanzen, assoziative Vereinigungen etc.. Interessant sind die *Gewichtungen* im Prozess heterogener Koordination. Der internationale Siegeszug von ›New Public Management‹ hat allerdings dafür gesorgt, dass *marktförmige Steuerungsmechanismen* mittlerweile als basale Komponente netzwerkartig koordinierter Versorgungssysteme im Gesundheitswesen betrachtet werden (s. Flood 2000 oder Kuhlmann 2006). Der ›spill-over‹ des Netzwerkparadigmas von der Erwerbswirtschaft hin zu sozialstaatlich administrierten Organisationsfeldern hat hier wohl seinen eigentlichen Ursprung. Bei der Betrachtung netzwerkförmiger Steuerungsprozesse in diesem Organisationsfeld geht es mithin einerseits darum zu eruieren, wie sich heterogene Koordination im Zuge von Vermarktlichungsprozessen konkret *verändert*. Andererseits interessiert, *mit welchen Folgen* das Nebeneinander unterschiedlicher Rationalitätsmuster neu austariert wird. Die Entwicklung des zusehends wettbewerblich regulierten Organisationsfelds der gesetzlichen Krankenkassen erweist sich dabei als passender Untersuchungsgegenstand.

2 Krankenkassen als Netzwerkakteure

In der Architektur der gesetzlichen Krankenversicherung bilden die derzeit etwa 220 Krankenkassen – als Körperschaften öffentlichen Rechts – in vielerlei Hinsicht ein Vollzugsorgan des Wohlfahrtsstaats. Die Konditionen, unter denen sie ihr Kerngeschäft – die Refinanzierung medizinischer Versorgungsleistungen – organisieren, sind in hohem Maße extern bestimmt (v. a. durch den sog. Leistungskatalog und diverse Bestimmungen hinsichtlich seiner Umsetzung). Andererseits gestalten sie – im Rahmen eines Selbstverwaltungsmandats – ihre Ressourcenbasis sowie wesentliche ihrer Opera-

48 Der Begriff der heterogenen Koordination ist affin zu dem Terminus der heterogenen *Kooperation*, der zuletzt vor allem in der Wissenschafts- und Technikforschung Verwendung gefunden hat und die Zusammenarbeit zwischen Vertretern unterschiedlicher Fachgebiete bzw. Wertegemeinschaften adressiert (Strübing et al. 2004).

tionen in Eigenregie. Seit Mitte der 1990er Jahre haben sich ihre Operationsbedingungen allerdings einschneidend gewandelt. Nachdem die Krankenkassen einem offenen Wettbewerb um Versicherte ausgesetzt wurden und zugleich mehr Freiheiten beim ›Einkauf‹ von Versorgungsleistungen erhielten, sahen sie sich veranlasst, ihre operativen Einheiten als ›Unternehmen mit Geschäftsverantwortung‹ aufzustellen. Gleichzeitig blieben sie in ihre ›alten‹ Bezugswelten eingebunden und auf ihre Rolle als quasi-staatliches Vollzugsorgan mit Gemeinwohlauftrag verpflichtet. Zudem kontrollieren die Kassen einen beträchtlichen Teil der für gesundheitspolitische Clearingprozesse erforderlichen Infrastruktur.

Vor diesem Hintergrund macht es Sinn, sich die verschiedenen Dimensionen zu vergegenwärtigen, in denen Krankenkassen heute *als Netzwerkakteure* agieren. Historisch basiert ihre Existenzgrundlage auf der Institutionalisierung assoziativ verfasster Selbsthilfeeinrichtungen durch die Bismarck'sche Sozialgesetzgebung. Die Bindung der Kassen an das System industrieller Beziehungen führte in das, was im deutschen Sprachgebrauch als *Sozialkorporatismus* bezeichnet wird (vgl. Schroeder 2006) – eine gebündelte Einflussnahme der organisierten Zivilgesellschaft auf die Ausgestaltung öffentlich regulierter Dienstleistungen nach bestimmten Gemeinwohlgesichtspunkten. In den Allgemeinen Ortskrankenkassen sowie den Betriebskrankenkassen (BKK), die zusammen mehr als die Hälfte aller Mitglieder der gesetzlichen Krankenversicherung stellen, sind die obersten Aufsichtsgremien paritätisch von Arbeitnehmer- und Arbeitgebervertretern besetzt. Während die Kassenselbstverwaltung mittlerweile nur noch grobe Richtungsentscheidungen trifft und das operative Geschäft hauptamtlichen Vorständen überlässt, bleibt sie für die strategische und gesundheitspolitische Positionierung eine wichtige Größe. Krankenkassen haben sich somit im 20. Jahrhundert zu quasi-öffentlichen Einrichtungen mit zivilgesellschaftlicher Einfärbung entwickelt – und erst auf dieser Grundlage dann *auch* zu marktorientierten Unternehmen.

Obwohl die Kassen im Verlaufe ihrer Geschichte vielfach als Transmissionsriemen staatlicher Entscheidungen dienten, blieben ihnen – im internationalen Vergleich durchaus bemerkenswerte – regulative Funktionen erhalten. In ihren Binnenverhältnissen sozialkorporatistisch gesteuert, wurden sie gleichzeitig zum integrativen Bestandteil dessen, was als *Gesundheitskorporatismus* bzw. unter dem Label »gemeinsame Selbstverwaltung« verhandelt wird. Im staatlichen Auftrag, aber nach Maßgabe eigener Expertise- und Strategiekompetenzen treffen sie bis heute mit (Verbände-)Vertretern von Ärzten, Krankenhäusern und anderen Gesundheitsdienstleistern Vereinbarungen über die Konditionen der Leistungserbringung. Indem sie (auf verschiedenen operativen Ebenen) simultan mit den oben genannten zivilgesellschaftlichen und politischen Stakeholdern, verschiedenen Leistungserbringern (bzw. ihren Verbänden) und individuellen Mitgliedern kommunizieren bzw. regulativ interagieren, betreiben sie Netzwerkmanagement bzw. ›network governance‹ par excellence – und zwar schon seit vielen Jahrzehnten.

Allerdings unterliegt diese(s) – im Zuge der Einführung eines offenen Kassenwettbewerbs und einer Neuausrichtung des Regulierungssystems (Gerlinger 2002) – durchaus markanten Veränderungen. So haben die Krankenkassen auf dem Weg »von der Krank-

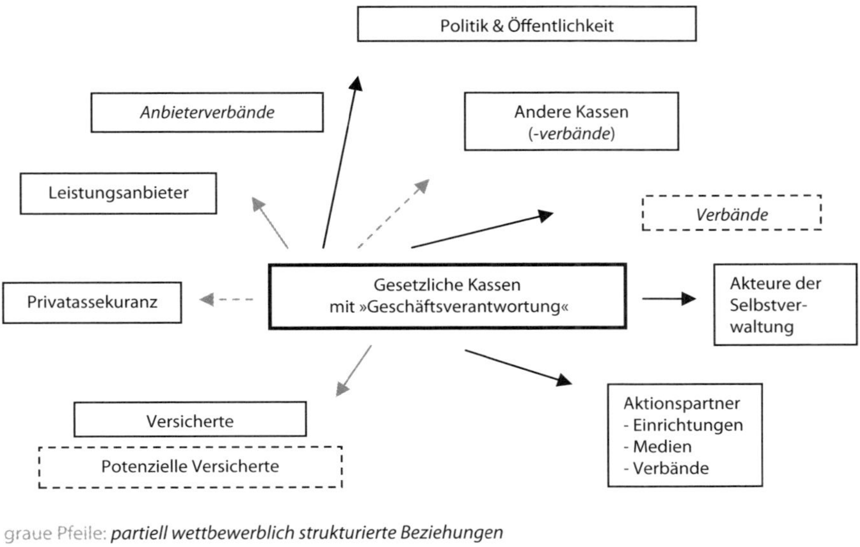

Abb. 35: Gesetzliche Krankenkassen als Netzwerkakteure und Multireferenten

heitsverwaltung zur Gesundheitsgestaltung« (Niedermeier 2001) Initiativen zur direkten (einzelvertraglichen) Ausgestaltung von Versorgungsprozessen ergriffen; erst im Rahmen von Modellprojekten, dann im Bereich der sog. Integrierten Versorgung und in den – mittlerweile gesetzlich institutionalisierten – ›Disease Management-Programmen‹. Damit haben sie sich – bzw. wurden ihnen[49] – neben den traditionellen Handlungsspielräumen bei der Krankheitsprävention neue Aktivitätsfelder erschlossen. Zugleich pluralisiert sich das Verhältnis zu ihren Mitgliedern. In ihren ›public health‹-Projekten sprechen die Kassen ihre Versicherten zwar nach wie vor als Gesundheitssubjekte mit Unterstützungs- und Informationsbedarf an; gleichzeitig aber wird – im Rahmen des Mitgliederwettbewerbs – das Verhältnis zu den (potenziellen) Versicherten als Kundenbeziehung ausgestaltet. Nachdem letztere zunächst auf Service- sowie vereinzelte ›on top‹-Versorgungsangebote begrenzt war, umfasst diese mittlerweile die Versicherungskonditionen selbst (das ausdifferenzierte Tarifgefüge)[50] sowie die Vermittlung

49 Es fällt nicht leicht, jenes dialektische Zusammenspiel von Politik und »Kasseneliten« zu rekonstruieren, das im Verlaufe der 1990er Jahre zur Delegation entsprechender Zuständigkeiten geführt hat. Betrachtet man die politische Soziologie des Organisationsfelds, so spricht indes vieles dafür, dass wesentliche Initiativen von Kassenfunktionären ausgegangen und dann im Ministerialsystem ‚verarbeitet' worden sind. Die bei den Kassen konzentrierte Fachexpertise, der Personalaustausch zwischen Kassenverbänden und dem Gesundheitsministerium sowie die lange Tradition korporatistisch organisierter Sozialpolitik in Deutschland erscheinen dabei die maßgeblichen (wenn auch zusehends erlahmende) Triebkräfte (s. dazu Trampusch 2006).

privater Zusatzpolicen in Kooperation mit gewerblichen Versicherungsunternehmen. Dadurch werden die Kassen endgültig »vom Einprodukt- zum Mehrproduktanbieter« (Popp 2003).

Somit erweisen sich die gesetzlichen Krankenkassen in Deutschland als bezüglich ihrer Operationsbedingungen und Rationalitätsmuster *hybride* Organisationen, die unter je spezifischen Vorzeichen mit unterschiedlichen Bezugsgruppen umgehen (vgl. Abb. 35): Individuen als Patienten und ›Kunden‹, gewinnwirtschaftliche Unternehmen, Verbände (mit diversen Funktionen) sowie Medien und Vertreter des politischen Systems. Sie organisieren mithin heterogene Koordination und moderieren dabei kooperative wie auch wettbewerbliche Beziehungen. So konkurrieren sie untereinander um Mitglieder, aber kooperieren – meist über ihre Verbände – in kassenübergreifenden (z. B. Präventions-)Projekten oder PR-Kampagnen sowie in der gemeinsamen Selbstverwaltung. Zudem schließen sie Einzel- *und* Kollektivverträge mit der Leistungserbringerseite ab. Im gegenwärtigen Regulierungssystem wirkt die einzelne Kassenorganisation, aber auch das Ensemble einer Kassenart, somit – salopp systemtheoretisch formuliert – als Multireferent, der verschiedene operative Codes nebeneinander führt und mitunter auch auf einen Nenner bringen muss (vgl. auch Bode 2003). Wie und mit welchen Folgen dies geschieht, soll nachfolgend am Beispiel der AOK näher beleuchtet werden.[51]

3 Die AOK in einem zunehmend vermarktlichten Gesundheitssystem

Seit Einführung des Mitgliederwettbewerbs steht das AOK-System mit seinen zumeist auf Länderebene, zunehmend aber auch länderübergreifend angesiedelten, operativen Einheiten unter erheblichem wirtschaftlichem Druck. In einem maßgeblich durch Beitragssatz(aufschlags)differenzen getriebenen Wettbewerb hat es fortwährend Mitgliederverluste zu verzeichnen,[52] wobei Personenkreise mit relativ höherer Morbidität eine geringere Wechselbereitschaft aufweisen; die daraus resultierende ungünstige Risikostruktur wird auch durch den gesetzlich institutionalisierten Lastenausgleich zwischen den Kassen nicht vollständig kompensiert. Die Reaktion der einzelnen Ortskrankenkassen darauf bestand in den vergangenen Jahren aus einer Kombination von administra-

50 Dabei geht es um Selbstbehalt und Beitragsrückzahlung als klassische Instrumente der privaten Krankenversicherung. Hinzu kommen Bonusprogramme, die günstigere Versicherungskonditionen für Personen vorsehen, welche sich um eine gesundheitsfördernde Lebensführung (Sport etc.) bemühen. Seit der Gesundheitsreform 2007 müssen alle Kassen zudem Hausarzttarife (mit einer Option auf die Erlassung von Praxisgebühren) anbieten.

51 Dies erfolgt im Rekurs auf Verlautbarungen der bzw. über die AOK in diversen Fachmedien, konkret einer Auswertung der AOK-Presseschau sowie weiterer gesundheitspolitischer Informationsmedien (Der gelbe Dienst, Dienst für Gesellschaftspolitik) für den Zeitraum Anfang 2004 bis Mitte 2007. Zu Befunden der Fallstudie vgl. Bode (2003, 2004 und 2005).

52 Die Mitgliederzahl sank zwischen 1995 und 2007 von 22,4 auf 17,8 Millionen Beitragszahler.

tiven Kostensenkungsmaßnahmen (Fusionen, Geschäftsstellenschließungen, Personalabbau, interne Zentralisierung), einer (wenigstens stellenweise) restriktiveren Leistungsgewährung sowie in veränderten vertragspolitischen, auch und gerade die Kooperation zwischen einzelnen Versorgungsbereichen betreffenden Strategien (s. u.). Zugleich wurden beim Versuch der Mitgliedergewinnung sowie in der »Haltearbeit« die in der Kassenlandschaft allgemein verbreiteten Marketinginstrumente eingesetzt, die sich auf Zielgruppen mit günstiger Risikostruktur konzentrierten sowie das Image der AOK als moderne »Gesundheitskasse« bewarben (z. B. durch den Betrieb medizinischer Call-Center oder von Internet-Foren für Jugendliche). Zuletzt umfasste dieses Repertoire auch den Einstieg in Wahl-, Bonus- und Selbstbehalttarife sowie den Handel mit Zusatzversicherungen.[53]

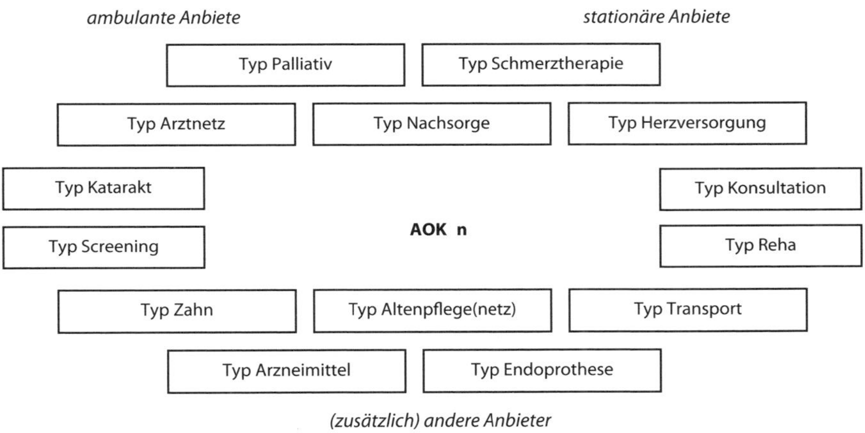

Abb. 36: Vertrags-Portfolio des AOK-Systems

Legende (Beispiele):

Typ Arzneimittel, AOK Brandenburg: »Hausarzt Plus« (Patientenbindung an Basisapotheke mit Rabatten und Serviceangeboten, Apothekerinformation bei Wechselwirkungsproblemen);

Typ Arztnetz (s. Text);

53 Die AOK Rheinland-Hamburg zum Beispiel vertreibt Policen für Reisen, Einbettzimmerunterbringung, Zweitmeinungs-Gutachten und homöopathische Ergänzungsbehandlung sowie, »Komfortleistungen« (bei Diagnose Krebs). Mitte 2007 hatte sie bereits 3300 Zusatzpolicen verkauft. Einschließlich der Sondertarife für gesetzlich Versicherte gab es zu diesem Zeitpunkt 55 verschiedene Versicherungsangebote bei der Kasse. Das entsprechende Aktivitätsspektrum der AOK wird im Weiteren ausgeblendet.

Typ Endoprothese: AOK-Rheinland/Hamburg: Netzverbund Endoprothetik Niederrhein (Kooperation von niedergelassenen Orthopäden und drei Mönchengladbacher Kliniken); Ähnliches in Schleswig-Holstein;
Typ Herzversorgung: AOK Rheinland/Hamburg: Integrierte Versorgung für Herzpatienten, mit Kliniken, Kardiologen und Allgemeinmedizinern (Handbuch, technische Ausrüstung im Rettungswagen);
Typ Katarakt: AOK Schleswig-Holstein, Vertrag mit ambulant operierenden Augenärzten (elf Gemeinschaftspraxen, Kataraktoperation, mit Wartezeitmaximum und ambulanter Nachbehandlung);
Typ Konsultation: AOK Niedersachen, Vertrag mit Medizinischer Hochschule Hannover (Brustkrebskonsultationen für Risikogruppen);
Typ Nachsorge: AOK Bayern: Vertrag mit gastroenterologischen Praxen und Klinikum zur Versorgung von Darmkrebspatienten (interdisziplinäre Konferenzen, standardisierte Patientendokumentation, Nachsorgekalender, Früherkennung bei Problemgruppen);
Typ Palliativ: AOK Sachsen: Palliativvertrag mit Klinik, Onkologen und Hausärzten; Ähnliches bei der AOK Mecklenburg-Vorpommern (Wismar) und in Wiesbaden (in Kooperation mit anderen Kassen);
Typ Pflege(netz): AOK Bayern, regionales Pilotprojekt (Verbund mit Hausärzten, Pflegeeinrichtungen, Klinik);
Typ Reha: AOK Rheinland-Pfalz: »Kombi-Reha«-Modellprojekt, mit Klinik und Ambulantem Rehazentrum zur Betreuung von Implantat-Patienten;
Typ Rheuma: AOK Schleswig-Holstein, Vertrag zur integrierten Versorgung für Rheumabehandlung (Koordinierungsstelle im Klinikum mit Dokumentationsaufgaben, Patientenpass, Wartezeitreduzierung);
Typ Schmerztherapie: AOK Sachsen, Vertrag zur integrierten Versorgung für Schmerzpatienten (mit teilstationärer Schmerztherapie in einer Klinik);
Typ Screening (s. Text);
Typ Transport: AOK Baden-Württemberg: Vertrag mit Taxiverband für Kollektivpatiententransporte;
Typ Zahn: AOK Bayern: »Claridentis«, Vertrag mit Zahnärztegruppe DENT-IV Grünwald, Einschreibemodell für integrierte Versorgung mit Zielgruppenorientierung (Spezialqualifikationen für Zahnärzte, Kooperation mit Gynäkologen und Kinderärzten).

Ein wesentliches Moment des sich unter diesen Bedingungen in den Länder-AOK herauskristallisierenden Organisationswandels war eine Neuordnung ihrer Umweltbeziehungen. Zwei zentrale Handlungsebenen sollen nachfolgend näher betrachtet werden: Selektives Kontrahieren und ›public health‹-Initiativen. Beide tragen mit zur neuen Qualität der ›Netzwerkgovernance‹ bei. Für die AOK ist *selektives Kontrahieren*, also der gezielte Einkauf von Versorgungsleistungen, *die* zentrale Strategie zur Erschließung von Wirtschaftlichkeitsreserven im eigenen Ressourcenhaushalt. Ihre öffentlichen Stellungnahmen enthalten regelmäßig Forderungen zum Ausbau entsprechender Optionen.

Diese sind derzeit (noch) im Wesentlichen begrenzt auf experimentelle Modellvorhaben, Maßnahmen zur Integrierten Versorgung sowie die seit 2004 durch den oben genannten Lasten-(bzw. Risikostruktur-)Ausgleich geförderten Disease-Management-Programme, welche standardisierte Behandlungsabläufe und -dokumentationen für spezifische Patientengruppen (z. B. Diabetes oder Herzkrankheiten) vorsehen.[54] Die Ausweitung entsprechender Optionen steht – aufgrund dekollektivierter Honorarregelungen – für eine Vermarktlichung von Anbieterstrukturen über den »eingespielten« (durch räumliche und Vertrauensfaktoren eingegrenzten) Patientenwettbewerb hinaus. Aus Kassensicht liegt das allgemeine Ziel dieser Einkaufsstrategie in der Senkung von Anbieterpreisen bei gleichzeitiger Qualitätssicherung. Teilweise geht es dabei auch um die Stärkung von Kooperationen zwischen Leistungserbringern über verschiedene Versorgungsstufen hinweg – allerdings meist begrenzt auf einzelne Mitgliederkollektive (z. B. chronisch Kranke einer Kasse in einer Region).

Art und Ausrichtung der entsprechenden Gehversuche im AOK-System werden aus Abbildung 36 ersichtlich, welches das Spektrum der in den letzten Jahren abgeschlossenen Vereinbarungen exemplarisch zeigt. Zuletzt lag ein zentraler Schwerpunkt auf dem Abschluss von Rabattverträgen mit Herstellern von Generika, in Verbindung mit einer Zuzahlungsermäßigung für Kassenmitglieder sowie (stellenweise) ›Verschreibe-Prämien‹ für Ärzte.[55] Vergleichbare Initiativen gibt es auch bei der Hilfsmittelversorgung sowie beim Krankentransport. Sehr viel länger schon arbeiten einzelne AOK an Einzelverträgen mit Krankenhäusern (denen bspw. Behandlungskontingente gegen Qualitätsgarantien zugesichert werden) und Ärztegruppen.[56] Bezüglich letzterer gibt es einige (durch Anschubfinanzierung subventionierte) Modellprojekte, so in Baden-Württemberg, wo eine Managementgesellschaft »Gesundes Kinzigtal« die Budgetverantwortung für (potenziell) 30000 AOK-Versicherte übernommen hat und Qualitätszirkel, Servicevereinbarungen mit Kliniken sowie Verträge mit Arzneiherstellern und Rettungsdiensten organisiert (s. auch den Beitrag von *Achim Siegel et al.* in diesem Band). Im gleichen Bundesland hat die AOK Ende 2007 die gesamte hausärztliche Versorgung ausgeschrieben, welche an der (sonst die Versorgung sicherstellenden) Kassenärztlichen Vereinigung vorbei im Rahmen eines Vertrags mit einer größeren Arztgruppe organisiert werden soll. In Rheinland-Pfalz wurde mit dem Hausärzteverband und Krankenhausvertretern eine »hausarztorientierte integrierte Versorgung« vereinbart, die auch eine

---

54 Im AOK-System waren Mitte 2007 ca. eine Million Patienten in Disease-Management-Programme eingeschrieben. Zum gleichen Zeitpunkt gab es in ganz Deutschland 3500 Verträge zur Integrierten Versorgung mit einem Vergütungsvolumen von gut 600 Millionen Euro und 4 Millionen Teilnehmern.

55 Rabattverträge sind seit Mai 2006 möglich. Die durch die AOK-Gemeinschaft im Sommer 2007 lancierte Ausschreibung von 83 Wirkstoffen (Umsatzvolumen: 27 Milliarden €) wurde vorerst auf dem Rechtsweg gestoppt. Anfang 2008 galten im AOK-Bereich Rabatte für 22 Wirkstoffe (Umsatz: 550 Millionen €).

56 Sonderverträge gibt es auch für die Versorgung mit nicht im Leistungskatalog enthaltenen Screening-Leistungen, etwa Hautkrebsvorsorge oder gesonderte Kleinkinduntersuchungen.

Patientenbetreuung durch »integrierte Gesundheits- und Krankenpflegekräfte« einschließt. Andere Kassen im AOK-System haben solche Projekte auf spezielle Pathologien ausgerichtet. Häufig korrespondiert selektives Kontrahieren im Kassenwettbewerb mit einer erweiterten – durchaus proaktiv gesteuerten, vom Radius her jedoch eingeschränkten – Kooperation unter ausgewählten Leistungsanbietern; die Kassen wollen dabei Innovationen im Versorgungssystem mit Effizienzgewinnen kombinieren.

Ähnliche, die Vernetzung fördernde Strategien finden sich auch in einem zweiten Handlungsfeld, indem es allerdings eher darum geht, den Gemeinwohlauftrag der Krankenkassen im Sinne eigener Organisationsziele zu (re-)interpretieren: dem der *Prävention bzw. Gesundheitsförderung* (public health). Bereits länger etablierte Projektdomänen sind die Ernährungsberatung, Gesundheitskurse, die Unterstützung von Selbsthilfe oder die betriebliche Gesundheitsförderung. Abbildung 37 zeigt, dass entsprechende Projekte häufig in Kooperation mit ausgewählten Partnern aus verschiedenen Präventions-Settings entwickelt und durchgeführt werden. Neuere Initiativen betreffen vor allem den Bereich Kinder und Jugend, in dem die AOK (und andere Kassen) als gemeinwohlorientierte Agenturen auftreten und in dieser Rolle Medienpartner und andere Multiplikatoren einbinden. Unverkennbar sind solche Initiativen mit Marketing- bzw. Distinktionsstrategien verknüpft – ein Phänomen, das bereits seit Langem problematisiert wird, jedoch an Bedeutung eher noch zu gewinnen scheint. Dabei sind zwar Projekte gefragt, die Problemgruppen bzw. »schlechte Risiken« fokussieren; allerdings greifen Kooperations- bzw. Vernetzungsinitiativen hier vom Ansatz her selektiv und nicht universell.

Dass das AOK-System heute proaktiv in das Gesundheitswesen eingreift und weniger denn je als bloß ›exekutierendes‹ Organ der Staatsadministration dient, zeigen nicht zuletzt ihre sozialpolitischen Initiativen.[57] Dabei spielt das Wissenschaftliche Institut der AOK (WIdO) eine bedeutsame Rolle: In der jüngeren Vergangenheit veröffentlichte das Institut Befunde zur Diskriminierung von Kassen- gegenüber Privatpatienten, zu den sozialen Folgen der Praxisgebühr sowie der Problematik ärztlicher (privat honorierter) »IGEL«-Leistungen. Das AOK-System verteidigt überdies (häufig in Aktionseinheit mit anderen Kassen) Solidarregelungen wie den Risikostrukturausgleich und die einkommensabhängig finanzierte Krankenversicherung als Ganzes. Damit handelt das AOK-System durchaus im eigenen Bestandsinteresse, aber immer auch gegen andersgerichtete, sozial »unsensiblere« Veränderungsinitiativen und im Sinne der klassischen Gemeinwohlverpflichtung. Gleichzeitig aber tritt man zunehmend ›marktradikaler‹ auf,

57 Dazu dienen nicht zuletzt regelmäßige Expertenforen sowie Fachveranstaltungen mit großer thematischer Spannbreite (Beispiele zwischen 2005 und 2007 sind das Symposium Krankenhaus und Patientenorientierung der AOK Niedersachen, die Schulsportkonferenz der AOK Hamburg, eine Veranstaltung zur Integrierten Versorgung der AOK Rheinland-Pfalz, ein Seminar der AOK Brandenburg zur PharmaKoTherapie, das Forum Klinikplanung der AOK Thüringen, eine Präventionskonferenz der AOK Bayern oder eine Tagung zum demografischen Wandel der AOK Sachsen).

so etwa mit Forderungen nach Preiswettbewerb im Krankenhaussektor und ›Konventialstrafen‹ für Leistungs- bzw. Verordnungsbudgets überschreitende Anbieter. Der darin zum Ausdruck kommende – neben die universalistische ›Sozialstaatsorientierung‹ tretende – Governance-Ansatz hat nun allerdings, wie abschließend gezeigt werden soll, gewisse Konsequenzen im Hinblick auf die Erfüllung des Versorgungsauftrags der Gesetzlichen Krankenversicherung.

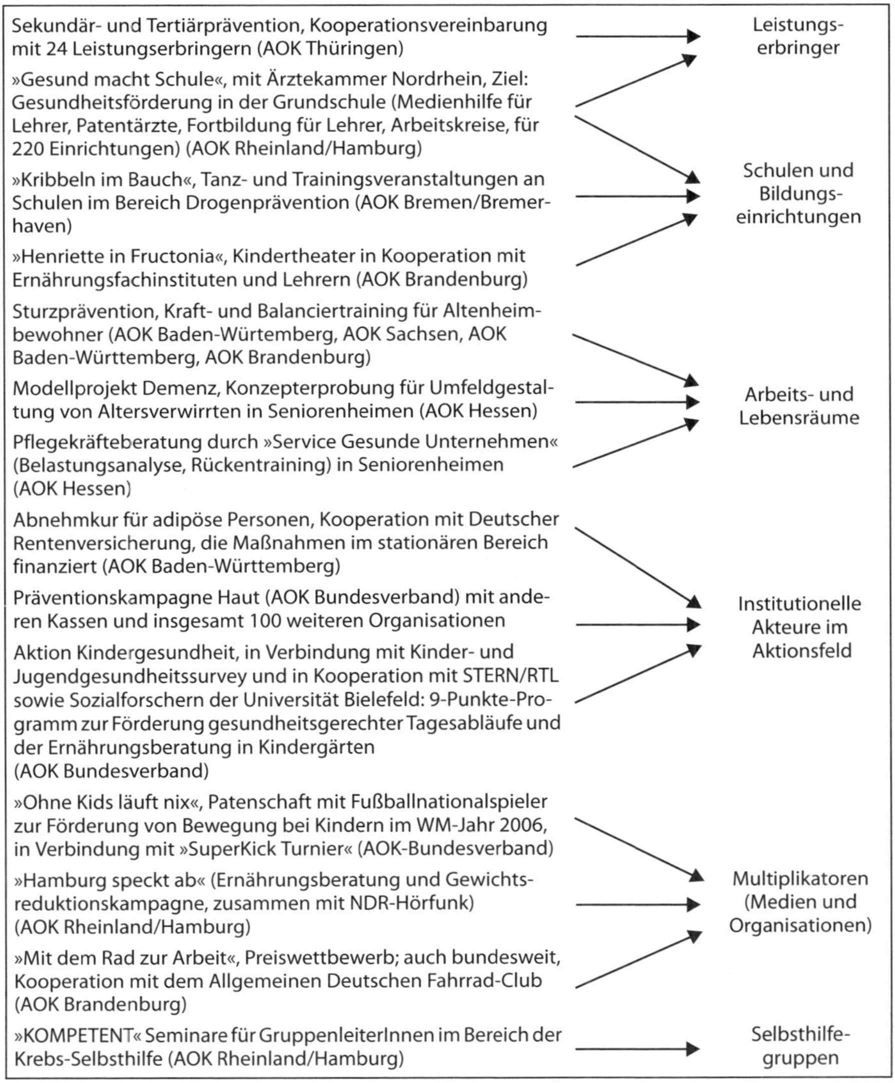

Abb. 37: Die AOK als vernetzter »public health«-Akteur (ausgewählte Beispiele)

4 Schlussfolgerungen

Die AOK war – als größte gesetzliche Kassenart Deutschlands – schon immer ein zentraler Netzwerkakteur im deutschen Gesundheitswesen. Sie gewährleistete eine Koordination heterogener (Akteurs-)Rationalitäten – ökonomische, zivilgesellschaftliche, medizinische – und verkoppelte dabei wesentliche Teilbereiche des Gesundheitswesens durch Verträge, Praxisprojekte und Öffentlichkeitsarbeit. Durch die Vermarktlichung des Organisationsfelds hat sich allerdings ihre Koordinationsfunktion bzw. die Netzwerkgovernance strukturell verändert. Einerseits gibt es mehr Kooperation im Versorgungsgeschehen, und zwar dort, wo Aussichten auf ›win-win‹-Situationen mit ausgewählten Partnern bestehen; andererseits werden kollektive Vereinbarungen (mit Anbieter- oder Kassenverbänden) tendenziell zurückgestellt; der Gesundheitskorporatismus erodiert. Zwar bedienen die Kassen ihre althergebrachten Vernetzungsfunktionen weiter, doch agieren sie jetzt zusätzlich als Marktakteure, d. h. als Einkäufer von Versorgungsleistungen und nach Maßgabe einer bereichsübergreifenden Marketinglogik. Die entsprechenden Spielräume sind derzeit noch eingeschränkt – doch das AOK-System arbeitet energieaufwändig daran, diese durch Pilotinitiativen und deren kommunikationspolitische »Ausbeutung« zu erweitern.

Insofern könnten die Kassen in Zukunft zu Fokalakteuren eines vermarktlichten und zugleich Kooperationen selektiv prämierenden Gesundheitswesens avancieren – also zu Agenturen, die domänenübergreifende Versorgungsprozesse aus einer Hand und zugleich parzelliert (vor)organisieren. Dabei sind Erwartungen an dem Gemeinwohlauftrag entsprechende Synergieeffekte nicht unrealistisch, zumal vor dem Hintergrund von Marktregulierungen wie dem Risikostrukturausgleich oder des institutionellen Schutzes der Kassen als Quasi-Oligopolisten (qua gesetzlicher Versicherungspflicht und Körperschaftsstatus). Die in zahlreichen Modellprojekten vorgetesteten und anschießend ausgerollten Disease-Management-Programme oder auch die Positionierung des Hausarztes als »gatekeeper« des (mehrgliedrigen) Versorgungsprozesses versprechen Qualtitätsgewinne insbesondere für chronisch Kranke, während Rabattverträge bei Gesundheitsproduktherstellern anfallende »windfall profits« abzuschöpfen vermögen.

Die von der AOK (und anderen Kassen) gegenwärtig verfolgte Marschroute neigt jedoch gleichzeitig dazu, Spannungen bzw. Inkonsistenzen zu erzeugen. Deutlich wird dies, wenn Marketing-Aktivitäten erkennbar Zielen der Gesundheitsförderung bzw. der bedarfsgerechten Patientenversorgung widersprechen: so etwa (besonders drastisch) im Fall eines Kundenbindungsinstruments der AOK Baden-Württemberg, das Kassenmitgliedern Preisnachlässe beim Besuch von Solarien sowie beim Erwerb bestimmter Fast-Food-Produkte einräumte[58] oder im Falle der AOK Hessen, die im Herbst 2006 mit einer Briefkampagne Mitglieder »indikationsblind« dazu aufforderte, ihre Medikation zu überdenken. Das auch mit dem Ziel verbesserter Kooperationsprozesse vorangetrie-

58 Aufgedeckt durch eine Fernsehsendung im Mai 2007 wurde das Programm eingestellt.

bene selektive Kontrahieren geht überdies potenziell einher mit einem erhöhten Wirtschaftlichkeitsdruck auf Anbieter, die ungeachtet eingebauter Qualitätssicherungsinstrumente mit Leistungsdefiziten reagieren können – so wie bei einem im Sommer 2007 bekannt gewordenen Fall im Bereich der AOK Berlin, die Kniegelenkpatienten einem selektiv kontrahierten stationären Vertragspartner zuwies, welcher serienweise falsche Prothesen einsetzte (was anschließend zur Vertragskündigung führte); die medizinische Rationalität überweisender Ärzte sowie Patientenpräferenzen waren hier als Steuerungskorrektiv ausgeschaltet. Allgemein können preis- bzw. marktgetriebene Vertragsstrategien Versorgungsziele auch in der Fläche gefährden – zum Beispiel durch Anreize zu ›blutigen Entlassungen‹ oder zur Unterversorgung ›nicht-wehrhafter‹ Patienten. Ähnliches gilt für die Public-Health-Funktion der Kassen: Kooperationsinitiativen müssen unter den bestehenden Bedingungen möglichst mit handfesten Vorteilen für die Partner (Unternehmen, Medien) einhergehen, was ihren Handlungsradius immer auch eingrenzt.

Unabhängig davon steht der gegenwärtig vorangetriebene Ansatz der ›Netzwerkgovernance‹ für einen *disorganisierten* Modus heterogener Koordination, denn er basiert systematisch auf diskretionären Abgrenzungen von Versorgungsprozessen in den Dimensionen Raum, Zeit und Zielgruppen. Bereits die Versicherungskonditionen sind zunehmend fluide. Zugleich erfolgt der für Generalisierungseffekte sorgende sozialkorporatistische Input in die Politik der Kassen nur mehr sporadisch. Im Versorgungsprozess werden – trotz vermehrter lokaler Kooperation – Gesundheitsdienstleistungen durch die Effekte des einzelvertraglichen Kontrahierens oder auch des marketingorientierten Präventionsansatzes (stärker) segmentiert. Das selektive Einkaufen auf der Basis beweglicher Marktkonditionen (Preise, Angebot, Anbieter) zieht eine volatile Organisation von Kooperationsprozessen mehr oder weniger automatisch nach sich. Der zunehmende Verzicht auf kollektive Regulierungen und das Aufgreifen ›marktkontingent‹ verfügbarer Kooperationsgelegenheiten bewirken, dass ›win-win‹-Allianzen nur für begrenzte Gruppen und Zeitpunkte hergestellt werden. Anders gewendet: Im kurzlebigen und vielgliedrigen Vertragsgeschehen besteht stets die Gefahr der Verzettelung. Dadurch jedoch bilden bzw. vertiefen sich (potenziell) Unterschiede bei der Patientenversorgung, je nach Kassenzugehörigkeit, Wohnort oder Bedarfszeitpunkt. Unter diesen Bedingungen spricht wenig dafür, dass die neuen Strategien *flächendeckende* Synergien hervorbringen und universellen Versorgungszielen entgegenstehende Rationalitätenkonflikte – Einkommensinteressen bei Anbietern versus Gemeinwohlorientierungen zivilgesellschaftlicher bzw. politischer ›stakeholder‹ versus medizinische Professionsnormen – entschärfen. Erfolge können immer wieder auftreten, lassen sich aber nur schwer verallgemeinern. Eine vermarktlichte ›Netzwerkgovernance‹ erzeugt *lokale* Innovationen, *selektive* Vernetzung, *temporäre* Bindungen, und neben Gewinnern auch *Verlierer* – kurzum: mehr Bewegung, aber auch mehr Ungleichheit im Versorgungssystem.

Literaturverzeichnis

Bode, I. (2003): Multireferenzialität und Marktorientierung? Krankenkassen als hybride Organisationen im Wandel. In: Zeitschrift für Soziologie 32 (5), S. 435–453.

Bode, I. (2004): Disorganisierter Wohlfahrtskapitalismus. Die Reorganisation des Sozialsektors in Deutschland, Frankreich und Großbritannien. Wiesbaden.

Bode, I. (2005): Soziale Innovation als Etikettenschwindel? Re-Organisationsstrategien von Krankenkassen zwischen Wunsch und Wirklichkeit. In: Aderhold, J./John, U. (Hrsg.): Innovation: Sozialwissenschaftliche Perspektiven. Konstanz, S. 173–190.

Flood, C. (2000): International health care reform. A legal, economic and political analysis. London.

Gerlinger, T. (2002): Vom korporatistischen zum wettbewerblichen Ordnungsmodell? Über Kontinuität und Wandel politischer Steuerung im Gesundheitswesen. In: Gellner, W./Schön, M. (Hrsg.): Paradigmenwechsel in der Gesundheitspolitik? Baden-Baden, S. 123–151.

Goldsmith, S./Eggers, W. (2004): Governing by network: The new shape of the public sector. Washington, DC.

Jann, W./Wegrich, K. (2004): Governance und Verwaltungspolitik. In: Benz, A. (Hrsg.): Governance – Regieren in komplexen Regelsystemen. Wiesbaden, S. 193–214.

Jones, C./Hesterly, W.S./Borgatti, S.P. (1997): A general theory of network governance. Exchange conditions and social mechanisms. In: Academy of Management Review 22 (4), S. 911–945.

Kooiman, J. (2003): Governing as governance. London.

Kuhlmann, E. (2006): Modernizing health care. Reinventing professions, the state and the public. Bristol.

Niedermeier, R. (2001): Von der Krankheitsverwaltung zur Gesundheitsgestaltung? Organisationale Lernprozesse in der Gesetzlichen Krankenversicherung. Bremerhaven.

Perri 6/Goodwin, N./Peck, E./Freeman, T. (2006): Managing networks of twenty-first century organisations. Basingstoke.

Popp, E. (2003): Vom Einprodukt- zum Mehrproduktanbieter. Die neuen Möglichkeiten der Gesetzlichen Krankenkassen. In: Gesundheits- und Sozialpolitik 57 (9–10), S. 10–17.

Powell, W.W. (1990): Neither market nor hierarchy: Network forms of organization. In: Staw, B.M./Cummings, L.L. (Hrsg.): Research in organizational behavior 12. Greenwich, Conn., S. 295–336.

Radcliffe, J./Dent, M. (2005): From new public management to the new governance? In: Policy & Politics 33 (4), S. 617–22.

Schroeder, W. (2006): Selbstverwaltungskorporatismus und neuer Sozialstaat. In: Zeitschrift für Sozialreform 52 (2), S. 253–271.

Scott, R.W./Meyer, J.W. (1991): The organization of societal sectors: Propositions and early evidence. In: Powell, W.W./DiMaggio, P.J. (Hrsg.): The new institutionalism in organizational analysis. Chicago, S. 108–140.

Strübing, J./Schulz-Schaeffer, I./Meister, M./Gläser, J. (2004): Heterogene Kooperation. In: Strübing, J./Schulz-Schaeffer, I./Meister, M./Gläser, J. (Hrsg.): Kooperation im Niemandsland. Neue Perspektiven auf Zusammenarbeit in Wissenschaft und Technik. Opladen, S. 7–24.

Thompson, G.F. (2003): Between hierarchies and markets: The logic and limits of network forms of organization. Oxford.

Trampusch, C. (2006): Status quo vadis? Die Pluralisierung und Liberalisierung der »Social-Politik« als Herausforderung für die politikwissenschaftliche und soziologische Sozialpolitikforschung. In: Zeitschrift für Sozialreform 52 (3), S. 299–323.

Windeler, A. (2005): Netzwerktheorien: Vor einer relationalen Wende? In: Zentes, J./Swoboda, B./Morschett, D. (Hrsg.): Kooperationen, Allianzen und Netzwerke. Grundlagen – Ansätze – Perspektiven. 2. Aufl. Wiesbaden, S. 211–233.

Britta Biendara, Andreas Kottmeier und Wolfgang Reuter

Die DKV Deutsche Krankenversicherung AG als Gestalter von vernetzten Versorgungsstrukturen

Zusammenfassung

Die Deutsche Krankenversicherung AG (DKV) steht für leistungsstarken und nachhaltigen Versicherungsschutz, umfassenden Gesundheitsservice und qualitativ hochwertige medizinische Versorgung aus einer Hand. Dies setzt sie mit ihrer strategischen Ausrichtung, dem »Unternehmen Gesundheit!®«, um. Das Unternehmen Gesundheit umfasst innovative Versorgungskonzepte, medizinische und pflegerische Einrichtungen sowie Ärztenetzwerke, welche die Qualität der Versorgung und damit auch nachhaltig die Lebensqualität ihrer Kunden verbessern. Als Europas größter privater Krankenversicherer hat die DKV die Möglichkeit auch Erfahrungen in Spanien zu sammeln, wo sie die komplette öffentliche Gesundheitsversorgung der Bevölkerung von Denia übernimmt. Die DKV trägt mit dem Unternehmen Gesundheit der zunehmenden Bedeutung vernetzter Versorgungsangebote Rechnung und leistet mit ihrem Engagement einen zukunftsweisenden Beitrag zur Gesundheitsversorgung.

1 Hintergrund und Rahmenbedingungen

Die DKV Deutsche Krankenversicherung AG ist Europas größte private Krankenversicherung und ein Unternehmen der ERGO Versicherungsgruppe. Im Jahre 2001 hat die DKV mit ihrer strategischen Neuausrichtung den Weg zu einem integrierten Gesundheitsdienstleister bestritten. Das Unternehmen Gesundheit!® steht für leistungsstarken Versicherungsschutz, umfassende Gesundheitsservices und qualitativ hochwertige medizinische Versorgung aus einer Hand mit der Zielsetzung, die Lebensqualität seiner Kunden nachhaltig zu verbessern. Mit der Entwicklung zum integrierten Gesundheitsdienstleister implementiert die DKV zunehmend Managed-Care-Elemente. Nach Kühn (1997) »… bedeutet ›Managed Care‹ zum einen die Anwendung von Managementprinzipien auf die medizinische Versorgung, besonders auf die ärztlichen und pflegerischen Tätigkeiten und das Inanspruchnahme-Verhalten der Patienten, zum anderen meint es die Integration der Funktionen Versicherung und Versorgung.« Amelung (2007) legt seinem Grundlagenwerk die Definition zugrunde: »Managed Care ist die Anwendung von Managementprinzipien, die zumindest partielle Integration der Leistungsfinanzierung und -erstellung sowie das selektive Kontrahieren der Leistungsfinanzierer mit ausgewählten Leistungserbringern. Ziel ist die effiziente Steuerung der Kosten und Qualität im Gesundheitswesen. Anhand dieser Definition können die in Europa umgesetzten Ansätze der DKV skizziert werden.

Tabelle 9 zeigt die wesentlichen Unterschiede zwischen traditionellen Krankenversicherungssystemen, Managed-Care-Modellen und somit den Handlungsrahmen der DKV im europäischen Kontext.

Tab. 9: Unterschiede von Managed-Care-Modellen gegenüber dem traditionellen System der Gesundheitsversorgung (eigene Darstellung in Anlehnung an Amelung und Schumacher (2007))

Traditionelles Krankenversicherungssystem	**Managed-Care-Modelle**
Freie Arztwahl	Einschränkung der Arztwahl
Aufnahme aller Ärzte (Kontrahierungspflicht)	Auswahl der Ärzte (selektive Kontrahierung)
Trennung von Finanzierung und Leistungserstellung	Integration von Finanzierung und Leistungserstellung
Morbiditätsrisiko (Kosten) liegt bei den Krankenversicherungen	Krankenversicherungen und Leistungserbringer teilen sich das Morbiditätsrisiko
Qualitätssicherung gering ausgeprägt	Umfassendes Qualitätsmanagement
Uneingeschränkte Therapiefreiheit	Guidelines
Geringe Präventionsorientierung	Hohe Präventionsorientierung

Das Morbiditätsrisiko ist jedoch aufgrund der rechtlichen Rahmenbedingungen in Deutschland nicht auf die Leistungserbringung übertragbar, was einer Integration von Leistungsfinanzierung und -erstellung streng genommen Rechnung tragen müsste. Im spanischen Gesundheitswesen ist die DKV eher den Managed-Care-Modellen zuzurechen, während sie im deutschen Gesundheitswesen die traditionelle Krankenversicherung repräsentiert. Grundlegend ist die nach den Allgemeinen Versicherungsbedingungen (AVB) eingeräumte freie Arztwahl für ihre Kunden. Daher obliegt es der Motivation des Versicherten, ob er an den Versorgungsmanagementaktivitäten der DKV teilnehmen möchte. Hier galt es, durch umfangreiche Serviceleistungen den Kunden den Mehrwert aufzuzeigen und sie von der hochwertigen medizinischen Versorgung zu überzeugen.

Auch die rechtlichen Rahmenbedingungen für Leistungserbringer sind derzeit für Managed Care in Deutschland noch eingeschränkt, sodass eine Einflussnahme auf Ausmaß und Qualität der Leistungserstellung (z. B. mittels Leitlinien) gemäß Definition nicht möglich ist. So bestand die große Herausforderung darin, Leistungserbringern innovative Versorgungs- und Qualitätskonzepte zur Vernetzung anzubieten, die beteiligten Institutionen und Prozesse aufeinander abzustimmen, dass ein optimales

Ergebnis zu erwarten sei (Sydow/Windeler 1994; Windeler 2001, S. 246 ff.; Sydow 2006).

2 Die Gesundheitsservices der DKV

Das Anspruchsverhalten der Versicherten hat sich in den letzten Jahren stark geändert. Neben einer zuverlässigen und schnellen Erstattung der Krankheitskosten, sind die Ansprüche an Qualität und Transparenz der Leistungserbringung stark gestiegen. Krankenversicherungen sind ein wichtiger Ansprechpartner zum Thema Gesundheit und Krankheit geworden. Um den veränderten Kundenwünschen und Rahmenbedingungen aktiv gerecht zu werden, bietet die DKV gemeinsam mit ihrem Tochterunternehmen ArztPartner Almeda AG umfangreiche Serviceleistungen an. Die ArztPartner almeda, Tochtergesellschaft der DKV seit 2001, bietet Gesundheitsprogramme und Dienstleistungen für chronisch kranke Menschen sowie Demand Management (Arzt-, Patienten- und Themen-Hotlines) als Komplettanbieter an.

2.1 Demand Management

Unter Demand Management versteht man die Bereitstellung von Informationen »on demand«, also auf Abruf, für die Versicherten. Hierbei handelt es sich neben Arzt- und Klinikdaten auch um Gesundheitsinformationen (z. B. Reisemedizin und Ernährungsberatung) sowie medizinische Beratung im Rahmen des Standesrechts. Durch fundierte Informationen und individuelle Beratung rund um das Thema Gesundheit werden die Versicherten in der Entscheidungsfindung unterstützt und ihre Eigenverantwortung gestärkt. Die Beratungsqualität des DKV-Gesundheitstelefons wird mehrmals pro Jahr aus medizinischer und Kundensicht extern geprüft. Regelmäßig sind mehr als 90 Prozent der Anrufer »sehr zufrieden« oder »zufrieden«. Aktuell wird der Service nach Schulnoten mit 1,5 bewertet.

2.2 Disease Management

Das Unternehmen Gesundheit! übernimmt die Verantwortung, chronisch Kranke besonders zu betreuen und deren Lebensqualität zu verbessern. Die telemedizinischen Gesundheitsprogramme von ArztPartner almeda sind evidenzbasiert und werden regelmäßig von hochrangigen Experten qualitätsgesichert. Belastende Verschlechterungen des Allgemeinzustandes, Anzahl und Dauer von Krankenhausaufenthalten und Spätschäden chronischer Erkrankungen werden verringert.

Ein Schwerpunkt der Betreuung durch einen kontinuierlich persönlichen Ansprechpartner liegt darin, unter ärztlicher Einbindung eine Änderung des Lebensstils bei den Patienten herbeizuführen. Individuelle Zielberichte und Auswertungen von Telemedizindaten geben den Teilnehmern und Leistungserbringern ein strukturiertes Feedback und sind zugleich ein Motivationsinstrument zur Verhaltensänderung. Derzeit bietet die DKV ihren Versicherten folgende Gesundheitsprogramme in folgenden Indikationsgebieten an:

- Herzinsuffizienz,
- Asthma/Chronisch obstruktive Lungenerkrankungen,
- Rückenleiden,
- Herz-Kreislauf,
- Diabetes mellitus.

Tabelle 10 zeigt die nachgewiesenen Verbesserungen in der klinischen Situation und Lebensqualität der Programmteilnehmer.

Tab. 10: Beispiele für medizinische Erfolge und hohe Teilnehmerzufriedenheit

Diabetes (Hochrisikogruppe)	• HbA1c –1,2 %gesHb • Systolischer Blutdruck –22mmHg • Gesamtcholesterin –60mg/dl
Herzinsuffizienz	• Verringerung der Symptomatik am Beispiel schwere Beinödeme um 79 % • Reduzierung der Krankenhausaufenthalte um 41 % • Verringerung der Anzahl Todesfälle um 46 %
Herz-Kreislauf	• Senkung Blutdruck von 145/90mmHg auf 135/84 mmHg • Verhaltensänderung bei 75 % der Teilnehmer • Mehr als 50 % der Teilnehmer sehen im persönlichen Coaching mit Motivations- und Complianceförderung die Hauptunterstützung
Asthma / COPD	• Verbesserung Selbstmanagement • Kenntnis persönlicher Peakflow-Bestwert steigt von 10 % auf 80 % • 70–80 % besuchten erstmals einen Lungenfacharzt • Verbesserung der Impfraten (Grippe um 30 %, Pneumokokken um 50 %)

In regelmäßigen Abständen evaluiert ArztPartner almeda die Zufriedenheit der Programmteilnehmer. Überdurchschnittlich zufriedene Versicherungsnehmer geben dem erfolgreichen Konzept Recht und bestätigen den Bedarf an zusätzlichen kundenorientierten Serviceleistungen: 95 % der befragten Versicherungsnehmer der DKV würden laut Zufriedenheitsbefragung die Gesundheitsprogramme Freunden und Bekannten weiterempfehlen.

3 Hochwertige medizinische Versorgung

Die DKV möchte die medizinische Versorgung in Deutschland aktiv mitgestalten. Hierzu hat sie umfassende Qualitätskonzepte entwickelt, die sie regional und überregional Leistungserbringern anbietet. So zeigt sie sich als Treiber neuer Versorgungsformen, womit sie sich vom Versicherer zum integrativen Versorger entwickelt. Hierbei möchte das Unternehmen Gesundheit! seinen Versicherten Gesundheitslösungen in sämtlichen Lebenslagen bieten. Ziel ist immer, den Kunden bei seinem persönlichen Gesundheitsmanagement zu unterstützen und ihm die bestmögliche medizinische Qualität bei optimaler Betreuung zukommen zu lassen.

3.1 Die Ärztenetzwerke der DKV

Die DKV hat bundesweit zwei Netzwerke ins Leben gerufen. Im zahnmedizinischen Bereich verfügt sie über Deutschlands größtes zahnärztliches Qualitätsnetzwerk. Im stationären Bereich steht das Best-Care-Expertennetzwerk für qualitativ gesicherte TOP-Medizin, die den Versicherten bei schwersten Erkrankungen zur Verfügung stehen.

3.1.1 Das zahnmedizinische Ärztenetz

Die goDentis – Gesellschaft für Innovation in der Zahnheilkunde GmbH, eine 100 %ige Tochtergesellschaft der DKV, ist das führende Franchiseunternehmen in der Dentalbranche. Mit ihren umfassenden und einzigartigen Qualitätskompendien im Bereich der Zahnprophylaxe und des Zahnersatzes konnte goDentis bereits über 350 Zahnarztpraxen mit über 800 behandelnden Zahnärzten bundesweit als Partner gewinnen. Hierdurch hat ca. die Hälfte der deutschen Bevölkerung die Möglichkeit, sich durch einen goDentis-Zahnarzt behandeln zu lassen. Darüber hinaus bietet die goDentis ihren Zahnärzten weitere Serviceleistungen, die den Zahnarzt im Bereich Fortbildung und Qualitätsmanagement unterstützen. Für das zahnmedizinische Qualitätsnetzwerk wurde speziell ein Produkt entwickelt. Der von der DKV gemeinsam mit der goDentis entwickelte Tarif Optident umfasst neben der Erstattung für Zahnprophylaxe umfangreiche Leistungen bei Zahnersatz, die die gesetzliche Regelversorgung komfortabel ergänzen. Dieser Tarif stellt erstmals eine enge Verbindung zwischen persönlicher Prophylaxe, zahnärztlichen Leistungen und Zahnersatz her. So beteiligt sich die DKV an den Kosten von zwei professionellen Zahnreinigungen im Jahr – und erhöht den Betrag nochmals wesentlich, wenn die Leistungen bei einem goDentis-Partner-Zahnarzt in Anspruch genommen werden. DKV-Versicherte erhalten umfangreiche Serviceleistungen, die den administrativen Aufwand rund um eine Zahnbehandlung reduzieren. So kann der Versicherte den goDentis-Zahnarzt beauftragen, den Heil- und Kostenplan direkt mit der Leistungsabteilung der DKV abzustimmen. Auf Wunsch kann der goDentis-Zahnarzt zudem die Rechnung für die Behandlung über einen Kooperationspartner direkt mit der DKV abrechnen. Hierdurch müssen die Kunden nicht mehr in Vorleistung treten und nur noch ihren tariflichen Eigenanteil zahlen.

3.1.2 Das Best Care Expertennetz

Seit April 2002 bietet die DKV ihren Kunden das Serviceprodukt Best Care an. Ab 2008 wird die Victoria Krankenversicherung als zweiter Anbieter von Krankenversicherungen im ERGO-Konzern das Produkt vertreiben. Die Kunden erhalten innerhalb von fünf Werktagen Zugang zu renommierten und anerkannten Experten für das spezifische Krankheitsbild.

Zu den Best-Care-Krankheitsbildern gehören die koronare Herzkrankheit mit Indikation zur Bypass-Operation, die operationsbedürftigen Herzklappenfehler, gefäßchirurgische Eingriffe, Bandscheibenvorfälle, Kreuzbandriss und die häufigsten Tumorerkrankungen. Bei Kindern sind alle Fehlbildungen und Krebserkrankungen versichert, die eine stationäre Krankenhausbehandlung notwendig machen, sowie Hauterkrankungen, Diabetes mellitus und Asthma. Die Best-Care-Experten sind über einen Kooperationsvertrag in ein kollegiales Netzwerk eingebunden, welches ähnlich einem Peer Review-Verfahren medizinisch-qualitative Standards im Sinne der evidenzbasierten Medizin festlegt und überprüft. Das Experten-Auswahlverfahren folgt im Wesentlichen externen Qualitätskriterien, zum Beispiel denen der Fachgesellschaften, der Selbsthilfeverbände und der Cochrane-Arbeitsgruppen. Die Validierung der Qualitätsstandards und deren Umsetzung steuert das jährlich zweimal tagende von allen Netzwerkteilnehmern gewählte Scientific Board.

Der Qualitätsnachweis wird durch die jährliche Erhebung von Qualitätsdaten und durch Kundenbefragungen, von einem unabhängigen Institut erbracht, geführt.

Zum Best-Care-Netzwerk haben derzeit etwa 120 000 Kunden der DKV, ihrer europäischen Tochtergesellschaften und Kooperationspartner Zugang. Bis 2008 werden etwa 100 Experten in das Netzwerk eingebunden sein.

3.2 Versorgungsangebote im regionalen Netzwerk

In zahlreichen Ballungsgebieten bietet das Unternehmen Gesundheit hochwertige ambulante, insbesondere pflegerische Versorgung an. Es ist aber nicht auszuschließen, dass die von der DKV ins Leben gerufenen miCura Pflegedienste und goMedus Gesundheitszentren bundesweit aktive, vernetzte Leistungserbringer werden. Vor allem die miCura Pflegedienste bestreiten derzeit diesen Weg.

miCura Pflegedienste

Die miCura Pflegedienste repräsentieren den Bereich der ambulanten pflegerischen Versorgung im Unternehmen Gesundheit. Bisher wurden neun miCura Pflegedienste in deutschen Großstädten gegründet. Mit über 400 Mitarbeitern und über 750 Pflegekunden zeichnen sich die Tochterunternehmen neben einer qualitativ hochwertigen Pflegeleistung vor allem durch die starke regionale Verzahnung aus. So basiert das Unternehmenskonzept auf einer fach- und sektorenübergreifenden Vernetzung mit Kliniken, Ärzten und Ärztenetzwerken. Für Klinik- und Ärztepartner ist miCura somit ein zentraler Baustein in der Versorgungskette, sowohl hinsichtlich der Unterstützung der klinischen Behandlung, als auch zur Sicherung des Ziels der ärztlichen Betreuung. An der Schnittstelle »Pflegeüberleitung« unterstützt miCura zahlreiche Leistungserbringer vor Ort. Die integrative Strategie der miCura baut die sektorale Abgrenzung ambulanter und stationärer Versorgung ab. Die Vorteile einer solchen Tätigkeit liegen auf der Hand:

Die Unterversorgung Pflegebedürftiger wird abgebaut, Verschiebebahnhöfe werden minimiert und Drehtüreffekte vermieden.

Zur Zielsetzung der miCura Pflegedienste gehört u. a.:

- Vermeidung bzw. Verkürzung einer Krankenhausaufnahme im Krankheitsfall,
- Unterstützung der medizinisch-pflegerischen Versorgung,
- Übernahme der pflegerischen Versorgung nach einem Krankenhausaufenthalt,
- Gewährleistung individueller und bedürfnisorientierter Dienstleistungen im häuslichen Umfeld der Pflegekunden,
- sinnvolle Verknüpfung der Pflegeleistungen mit den Angeboten anderer Gesundheitsdienstleister sowie
- Entwicklung von innovativen Versorgungsprodukten für Patienten und Leistungserbringer.

Die miCura Pflegedienste sind in den Städten Nürnberg, München, Dachau, Krefeld, Düsseldorf, Münster und Bremen vertreten. In Kürze werden in Berlin und München weitere Pflegedienste ans Netz gehen.

Die goMedus Gesundheitszentren

Für den Bereich der ambulanten medizinischen Versorgung hat die DKV die goMedus – Gesellschaft für Qualität in der Medizin mbH gegründet. Die goMedus hat sich zum Ziel gesetzt, in mehreren deutschen Großstädten privatmedizinische Gesundheitszentren nach einem innovativen Versorgungskonzept zu entwickeln. Die Idee der goMedus Gesundheitszentren resultiert aus der Schnittstellenproblematik in der interdisziplinären bzw. sektorübergreifenden Versorgung. Ziel ist es, die fragmentierten Versorgungsbereiche patientenorientiert zu koordinieren und Vorbeugung, Behandlung oder Beratung aus einer Hand anzubieten. So sieht das goMedus-Konzept vor, alle Leistungen verschiedener Fachbereiche sinnvoll aufeinander abzustimmen. Um den Bedürfnissen einer regionalen, integrativen Versorgung Rechnung zu tragen, werden die Fachrichtungen Innere Medizin/Kardiologie, Gynäkologie, Dermatologie, Orthopädie und Zahnmedizin als obligatorische Kerndisziplinen in jedes goMedus Gesundheitszentrum als selbstständige Praxen eingebunden. Erweitert werden die Fachgebiete anhand der epidemiologischen und soziodemographischen Gegebenheiten des jeweiligen Standortes. Im Oktober 2003 wurde in Köln das erste Gesundheitszentrum eröffnet.

An den ausgewählten Standorten entwickelt die goMedus GmbH die Immobilie, sorgt für den mieterspezifischen Ausbau und stattet die Immobilie mit Ausnahme der individuellen medizinischen Technik vollständig aus. Das synergetische und effiziente Raumkonzept der goMedus ermöglicht den Praxen, sich gemeinsame Nutzflächen, wie Funktionsbereich, gemeinsamer Empfang, Wartezimmer und Sozialräume für das Personal, zu teilen und ermöglicht eine erhebliche Kostenreduzierung für die Praxen.

Das Versorgungskonzept geht jedoch über ein klassisches Ärztehaus hinaus. Im laufenden Betrieb zeichnet sich die goMedus GmbH vor allem durch ihren Struktur- und Managementsupport (wie zum Beispiel Personalorganisation, Praxismanagement und

Außendarstellung) aus. Die Übernahme der Verwaltungstätigkeiten entlastet die Ärzte, sodass sie sich ihren Kernkompetenzen widmen können. Folglich haben die Mediziner mehr Zeit für den Patienten und ihre Fortbildung, was eine erhöhte Behandlungsqualität generiert. Gestützt wird dies durch ein fundiertes Netzwerk- und Qualitätsmanagement. Hierzu zählt die Entwicklung von Versorgungskonzepten und Weiterentwicklung der Integrierten Versorgung. Die konzeptionelle Ausrichtung der goMedus, Struktur- und Managementsupport sowie Patientenorientierung zu gewährleisten, wird durch die regelmäßigen Patientenzufriedenheitsbefragungen bestätigt. Die Patienten bescheinigen goMedus eine sehr hohe Zufriedenheit (95 %). Die Ärzte wurden anhand einer Schulnotenskala mit durchschnittlich 1,25 bewertet. 85 % der goMedus-Patienten würden goMedus weiterempfehlen. Nach dem Erfolg des ersten Gesundheitszentrums entwickelt die goMedus GmbH derzeit die Standorte Düsseldorf und Berlin.

4 Vernetzte Versorgung in Spanien: Das Projekt Denia

Als Europas größter privater Krankenversicherer hat die DKV die Möglichkeit, Managed-Care-Erfahrungen in anderen Gesundheitssystemen zu sammeln. Insbesondere die spanische Tochtergesellschaft DKV Seguros ist hier weit fortgeschritten. Die DKV Seguros mit Sitz in Saragossa ist seit 1998 im Besitz der DKV.

Ein zentrales Problem des steuerfinanzierten spanischen Gesundheitswesens ist die unzureichende Verwaltung und Organisation der Gesetzlichen Krankenversicherung. Die DKV kann durch die Einführung moderner Managementinstrumente, die nach Kühn (1997) wichtiger Bestandteil von Managed Care sind, die Versorgung der Patienten in ihrer Modellregion Denia verbessern.[59] Da die regionale Regierung von Valencia nicht die notwendigen Investitionen in einen Krankenhausneubau übernehmen und gleichzeitig Erfahrungen mit der Privatisierung des Betriebs der öffentlichen Gesundheitsversorgung sammeln wollte, hat sie in mehreren Pilotbezirken diese öffentlich ausgeschrieben.

Dieser Trend ist weltweit erkennbar. Die öffentliche Hand sucht zunehmend nach privaten Partnern, die langfristig Verantwortung für die Gesundheitsversorgung übernehmen. Nach der öffentlichen Ausschreibung für die Übernahme der kompletten öffentlichen Gesundheitsversorgung der Bevölkerung in Denia erhielt die DKV Seguros im Jahr 2005 die entsprechende Konzession. Die spanische Tochter der DKV Deutsche Krankenversicherung AG wird in der Region Denia von 2008 an für 15 Jahre die gesamte öffentliche Gesundheitsversorgung für etwa 200 000 Einwohner sowie für die Kurzzeittouristen und die Langzeit-Residenten sicherstellen. Die Umsetzung übernimmt die neu gegründete Betreibergesellschaft namens Marina Salud, an der neben der Mehrheits-

59 Denia liegt an der spanischen Mittelmeerküste in der Mitte zwischen Valencia und Alicante.

position der DKV Seguros zwei spanische Sparkassen beteiligt sind. Die Konzession umfasst die komplette öffentliche Gesundheitsversorgung der Bevölkerung von Denia.

Die sicherzustellende Versorgung entspricht genau dem staatlichen Leistungskatalog und erlaubt keine unabgestimmten Kürzungen oder gar Qualitätsverschlechterungen. Für die medizinische Versorgung der Einwohner in dieser Region Spaniens zahlt die Regionalverwaltung ab 2008 einen fest vereinbarten Betrag als eine Art Kopfpauschale. Die Höhe der Kopfpauschale wird jährlich an die allgemeine bzw. die gesundheitsbezogene Preisentwicklung angepasst. Davon muss die DKV nicht nur die erbrachten medizinischen Leistungen, sondern auch die Kapitalkosten für den Bau des Krankenhauses finanzieren.

Lassen sich Patienten aus Denia wegen eines zu knappen Angebots in einer Nachbarregion behandeln, so muss Marina Salud die Kosten erstatten. Umgekehrt kann Marina Salud einer Nachbarregion die Behandlung in Rechnung stellen, wenn sich ein Patient von dort in Denia behandeln lässt. Wegen der erwarteten höheren Effizienz räumt Marina Salud in diesem Fällen einen Rabatt von 15 % auf die normale Vergütung ein. Durch diese Konstruktion hat die DKV ein Interesse daran, den idealen Kurs zwischen der Scylla der Unterversorgung und der Charybdis der Überversorgung zu steuern. Nach Ablauf der 15 Jahre geht das Krankenhaus wieder in den Besitz der Region Valencia über. Marina Salud ist während der gesamten Laufzeit der Konzession Eigentümer des Hospitals. Damit ist das Modell Denia auch durch die Verbindung von Versicherungsrisiko und medizinischer Leistungserbringung ein typisches Managed-Care-Modell.

5 Fazit und Ausblick

Die DKV verbessert durch innovative Versorgungsmodelle, die geförderten medizinischen und pflegerischen Einrichtungen sowie Ärztenetzwerke die Qualität der Versorgung und damit auch nachhaltig die Lebensqualität ihrer Kunden. Durch dieses Engagement setzt sich die DKV gemeinsam mit ihren Tochterunternehmen dafür ein, dass eine qualitativ hochwertige, kontinuierliche Behandlung gewährleistet und die Behandlungsqualität gesteigert wird. Die DKV als Unternehmen Gesundheit leistet somit einen zukunftsweisenden Beitrag zum Gesundheitswesen. Die Mitgestaltung von Qualitätsstandards entfaltet ihre positive Auswirkung auf die medizinische Versorgung in Deutschland. Das Engagement in Denia ist ein sehr innovatives Projekt der DKV. Die daraus gewonnenen Erkenntnisse und Erfahrungen werden helfen, ähnliche Modelle auf andere Gesundheitssysteme zu übertragen. Diese neuen Versorgungskonzepte werden zukünftig auch in der Zusammenarbeit zwischen der DKV und ihren Kooperationspartnern immer mehr an Bedeutung gewinnen.

Literaturverzeichnis

Amelung, V.E. (2007): Managed Care – Neue Wege im Gesundheitsmanagement. 4. Aufl. Wiesbaden.

Kühn, H. (1997): Managed Care, Medizin zwischen kommerzieller Bürokratie und integrierter Versorgung. Am Beispiel USA. Berlin.

Sydow, J. (2006): Management von Netzwerkorganisationen – Zum Stand der Forschung. In: Sydow, J. (Hrsg.): Management von Netzwerkorganisationen. 4. Aufl. Wiesbaden, S. 373–473.

Sydow, J./Windeler, A. (1994): Über Netzwerke, virtuelle Integration und Interorganisationsbeziehungen. In: Sydow, J./Windler, A. (Hrsg.): Management interorganisationaler Beziehungen. Vertrauen, Kontrolle und Informationstechnik. Opladen, S. 1–21.

Windeler, A. (2001): Unternehmensnetzwerke. Konstitution und Strukturation. Wiesbaden.

Barbara Erbe, Christel Lauer und Sigrid Lange

Compliance Assistenten im Gesundheitswesen – Therapietreue von Patienten verbessern

Zusammenfassung

Vielfältige Studien haben in den letzten Jahren gezeigt, dass sich 30 % bis 50 % der Patienten nicht entsprechend den Therapieempfehlungen von Ärzten verhalten bzw. die Medikamente nicht in der vorgesehenen Menge und Häufigkeit einnehmen. Die Nicht-Einhaltung von Therapieempfehlungen (Non-Compliance) verursacht erhebliche Kosten im Gesundheitswesen. Ziel des Einsatzes von Compliance-Assistenten (Compass) in Einrichtungen der medizinischen Versorgung ist es, die Therapietreue insbesondere von älteren Patienten zu stärken. Übergeordnete Zielsetzung einer Weiterbildung zu Compliance-Assistenten ist der aufgeklärte und geschulte Patient, der aktiv Unterstützung sucht, sich an der Therapieumsetzung maßgeblich beteiligt und damit zu einem nachhaltigen Therapieerfolg beiträgt.

1 Therapietreue im Gesundheitswesen

Vielfältige Studien haben in den letzten Jahren gezeigt, dass sich 30 % bis 50 % der Patienten nicht entsprechend der Therapieempfehlungen von Ärzten verhalten bzw. die Medikamente nicht in der vorgesehenen Menge und Häufigkeit einnehmen. Die Nicht-Einhaltung von Therapieempfehlungen (Non-Compliance) verursacht neben der mangelnden Ausschöpfung der vorhandenen Potenziale erhebliche Kosten im Gesundheitswesen. Die direkten jährlichen Kosten der Non-Compliance, zum Beispiel durch Krankenhausaufenthalte, Notarzteinsätze und weggeworfene Medikamente, werden auf rund 5,4 Mrd. Euro geschätzt. Die indirekten Folgekosten durch Krankschreibungen bis hin zu vorzeitigen Todesfällen werden auf weitere 5 Mrd. Euro geschätzt (Volmer/Kielhorn 1998).

Betrachten wir darüber hinaus die demographische Entwicklung unserer Gesellschaft, zeigt sich, dass die Bevölkerungsstruktur in den kommenden Jahrzehnten einem grundlegenden Wandel unterworfen sein wird. Gleichzeitig wissen wir, dass die Compliance bei älteren Menschen zum Teil deutlich eingeschränkt ist.

Traditionell wird davon ausgegangen, dass der Patient mit seinem spezifischen Anliegen den Arzt konsultiert und aufgrund von dessen Fachkompetenz auch bereit ist, die

Therapieempfehlungen des Arztes zu befolgen und umzusetzen. Dem können jedoch, je nach Gesundheitskonzept und Krankheitsverständnis des Patienten, vielfältige Hürden und Hemmnisse im Wege stehen. Die Erkenntnis setzt sich immer mehr durch, und zahlreiche Studien belegen, dass der Patient oftmals nicht das tut, was der Arzt verordnet. Medikamente werden unregelmäßig oder gar nicht eingenommen, Therapien werden nur unzureichend oder gar nicht befolgt, und die vielfach notwendige Veränderung der Lebensweise wird nicht vorgenommen.

Übergeordnete Zielsetzung und Lösungsansatz, um diese Problemstellungen in den kommenden Jahren zu bearbeiten, ist der aufgeklärte und geschulte Patient, der aktiv Unterstützung sucht, sich an der Therapieumsetzung maßgeblich beteiligt und damit zu einem nachhaltigen Therapieerfolg beiträgt. Es gilt, das Ziel des »Empowerments« zu verfolgen, d. h., die Selbstverantwortung, die Gestaltungsspielräume und die Ressourcen der Patienten müssen stärker aktiviert und gefördert werden, um den Therapieerfolg nachhaltig zu verbessern. Voraussetzung dafür ist, dass sich das Kooperationsverhältnis zwischen Arzt und Patient deutlich verändert. Dieser »Selbstmanagement-Ansatz« bedeutet eine grundlegende Weiterentwicklung der bestehenden Strukturen und bewegt sich weg von der weitgehenden »Arztzentriertheit« hin zu einer stärkeren »Patientenzentrierung« (vgl. auch den Beitrag von *Cornelius Schubert* und *Werner Vogd* in diesem Band).

Gelingt es, insbesondere Patienten mit hohem Alter stärker an dem Gesundungsprozess zu beteiligen und damit eine höhere Therapietreue zu erreichen, bleibt die Selbständigkeit von Patienten deutlich länger erhalten.

Auch die Untersuchungen der Bundesvereinigung Deutscher Apothekerverbände (ABDA) von 1999 und 2005 zur pharmazeutischen Betreuung von Asthma-Patienten zeigen, dass die Aufklärung und die Beratung des Patienten über die Erkrankung, etwaige Auswirkungen auf Wohlbefinden und Lebensführung, Therapiemöglichkeiten sowie die Betreuung und enge Abstimmung der Umsetzung des Therapieplanes zu einer signifikanten Verbesserung des Gesundheitszustandes führen. Auch konnten die Selbstmanagementkompetenzen und -fähigkeiten sowie die relevanten Einstellungsfaktoren der Patienten für den Genesungsprozess deutlich verbessert werden (ABDA 2006).

Die Ärzte sind heutzutage allgemein in der Situation, zu wenig Zeit für die Patienten zu haben. Für die geforderte weitergehende Beratung und Begleitung im Rahmen einer stärkeren Patientenzentrierung stehen nur begrenzte Spielräume zur Verfügung. Ein Lösungsansatz liegt in der möglichen neuen Arbeitsteilung zwischen Ärzten und speziell geschultem Beratungs- und Betreuungspersonal für die Therapieumsetzung in Apotheken, Praxen, Krankenhäusern, Reha- und Kurkliniken, Altenheimen, Sozialstationen oder Krankenkassen. Für eine effektivere und effizientere gesundheitliche Leistungserbringung gilt es, neue Formen der Zusammenarbeit auf zwei Ebenen zu entwickeln. Ebene 1 beschreibt die Teamebene vor Ort, zum Beispiel auf einer Station des Krankenhauses, auf der eine Optimierung der Zuständigkeiten, der Befugnisse, der Aufgabenverteilung sowie der Kommunikation erreicht werden sollte. Ebene 2 beschreibt die Akteure der medizinischen Versorgung. Hier gilt es, die Vernetzung der unterschiedlichen Gesundheitsberufe auch über Institutionengrenzen, zum Beispiel zwischen ambulantem und stationärem Sektor, zu fördern und ebenso eine Optimierung der Zuständigkeiten, der Befugnisse, der Aufgabenverteilung sowie der Kommunikation zu erreichen (vgl. Abb. 38) (Sachverständigenrat zur Begutachtung der Entwicklung im Gesundheitswesen 2007).

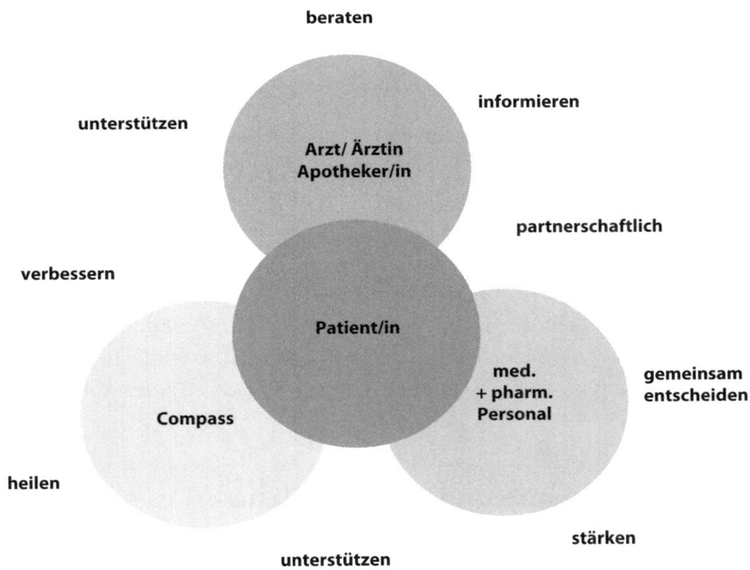

Abb. 38: Patientenzentrierung, Compliance Assistent (Compass) und Hilfesystem

Durch die Delegierung der Beratungsangebote und den Einsatz von Compliance-Assistenten (Compass) ist es möglich, Ärzte zeitlich zu entlasten, durch die größere Beteiligung der Patienten eine höhere Kundenzufriedenheit zu erreichen und durch die Einhaltung von Therapieempfehlungen insgesamt Therapiekosten einzusparen. Sollte es möglich sein, rund 20 % der direkten »Non-Compliance«-Kosten einzusparen, handelt es sich um eine jährliche Einsparung von rund 1 Mrd. Euro, die Einsparung der indirekten Kosten nicht eingerechnet.

Der Compass entlastet den Arzt durch ausführliche Erklärungen der Diagnose, der Medikamentierung und des Therapieplanes, beantwortet Patientenfragen und dokumentiert den Stand der Therapie. Gleichzeitig ist der Compass Ansprechpartner für den Patienten, zeigt die Chancen der Therapie auf, macht die Risiken eines Abbruchs deutlich und entwickelt mit dem Patienten einen verbindlichen Therapieumsetzungsplan sowie Medikamenten-Trainingsprogramme, um die Einnahme von Medikamenten durch Patienten-Schulungen sicherzustellen.

2 Gründe für mangelnde Therapietreue

Die Gründe für die mangelnde Therapietreue der Patienten lassen sich auf unterschiedlichen Ebenen finden. Drei grundlegende Kategorien werden dafür verantwortlich gemacht: das Patientenverhalten, Medikations- und Therapiepläne sowie das Arzt-Patienten-Verhältnis.

2.1 Der Patient

Einerseits ist die Non-Compliance im Patientenverhalten begründet. Viele Patienten haben schlechte Erfahrungen mit Behandlungen bzw. Therapien gemacht, sie haben geringe Erwartungen an den Behandlungserfolg, oder sie unterschätzen den Schweregrad ihrer Erkrankung. So wird in Studien angeführt, dass Patienten Medikamente nur bei Bedarf (z. B. akuten Schmerzen) einnehmen (42 %), dass Angst vor Nebenwirkungen besteht (38 %), dass Unverträglichkeit gegeben ist (25 %) oder eine fehlende Wahrnehmung der Wirksamkeit der Therapie besteht (23 %). Insbesondere bei Erkrankungen, die symptomarm verlaufen, wie etwa Bluthochdruck oder Diabetes, führen die subjektive Einschätzung und das Krankheitserleben vielfach zu einer Abkehr vom Therapieplan (BPI 2002).

2.2 Medikamente und Therapiepläne

Zum Zweiten liegen die Gründe auf der Ebene der Medikamente oder Therapiepläne. Insbesondere eine komplizierte und häufige Anwendung, ungünstige Einnahmezeitpunkte und Darreichungsformen, hohe Zusatzkosten für den Patienten oder spürbare Nebenwirkungen, beeinflussen das Patientenverhalten maßgeblich und führen zu einer schlechten Therapietreue. So zeigte sich in Studien, dass bei einer einmaligen täglichen Tabletteneinnahme die Compliance bei rund 80 % gelegen hat. Bei vier Dosen pro Tag sank die Compliance auf 60 % (Bloom 2001). Insbesondere multimorbide (mehrfacherkrankte) geriatrische Patienten weisen häufig aufgrund der Polymedikation häufig eine ausgeprägte Non-Compliance auf. Diese Patienten können den hohen Anforderungen, mehrmals am Tag verschiedene Arzneimittel in unterschiedlichen Darreichungsformen zu sich zu nehmen, nur bedingt gerecht werden.

2.3 Arzt-Patienten-Verhältnis

Zum Dritten liegen die Gründe im Arzt-Patienten-Verhältnis. Das Vertrauen zwischen Arzt und Patient wird von vielen Autoren als ein wesentlicher Faktor für die Motivation des Patienten angesehen, sich an der Therapie mit mehr oder weniger Engagement zu beteiligen (Petermann 2004). Weitere Gründe werden in der mangelnden Einsicht in die Therapie sowie der unzureichenden Beratung des Patienten gesehen (Bührlen 2003). Ein Aspekt dabei mag sicherlich der Zeitdruck sein, unter dem die behandelnden Ärzte stehen. Ein weiterer nicht zu vernachlässigender Punkt ist aber auch die nicht ausreichende Kommunikationsschulung der Ärzte. Bei älteren Patienten kommt hinzu, dass sich das Hörvermögen mit zunehmendem Alter mehrheitlich verschlechtert und damit das Kommunikationsvermögen beeinträchtigen kann. Untersuchungen zeigen, dass in der Altersgruppe der 61- bis 70-Jährigen 25 % mittelgradig und 18 % hochgradig schwerhörig sind. Bei noch älteren Personen steigen diese Anteile weiter an. Bei 71- bis 80-Jährigen liegt der Anteil der hochgradig Schwerhörigen bei 37 % (Hesse/Laubert 2005). Zudem wird von dem, was der Arzt sagt, ca. 90 % vergessen, und an das, was behalten wird, erinnern sich Patienten zu etwa 50 % falsch, sodass nur 5 % vom dem, was der Arzt sagt, beim Patienten ankommt (Götschi 2006). Nicht verstandene Therapieempfehlungen können letztendlich auch nicht befolgt werden.

3 Demographische Entwicklung und Compliance

Mit der alternden Gesellschaft gehen tief greifende gesellschaftliche Veränderungen einher. Das Statistische Bundesamt geht aufgrund der niedrigen Geburtenzahlen und der steigenden Lebenserwartung davon aus, dass im Jahr 2050 die Menschen im Alter von 58–63 Jahren die am stärksten besetzten Altersjahrgänge sein werden. Rund 37 % der Bevölkerung werden dann 60 Jahre und älter sein, und etwas mehr als 12 % werden 80 Jahre und älter sein. Heute leben 3,2 Millionen über 80-jährige Personen in Deutschland, im Jahr 2050 werden es rund 9,1 Millionen Personen sein; d. h., die Zahl der über 80-Jährigen wird sich in diesem Zeitraum verdreifachen (Statistisches Bundesamt 2003).

Laut der Berliner Altersstudie von 1997 nehmen die über 70-Jährigen durchschnittlich fünf Medikamente (Polymedikationen) ein. Zudem benötigen ältere Patienten aufgrund ihrer gesundheitlichen Voraussetzungen besonders viel Beratung und Unterstützung, um Therapieempfehlungen einzuhalten. Ein einmaliger Besuch in einer Praxis ist daher selten ausreichend.

Insbesondere ältere Menschen verstehen oftmals nicht die Bedeutung der Therapievorschläge oder aber sie vergessen diese sehr schnell wieder. Aus diesem Grund ist es wichtig, sich auf die besondere Lebenssituation älterer Menschen einzustellen, ausführliche Beratungsgespräche zu führen und die Therapieumsetzung stärker zu begleiten. Diese Aufgabe kann problemlos von Compliance-Assistenten als speziell geschultem medizinischem Personal übernommen werden.

Ältere Menschen erkranken häufiger und oftmals treten bei ihnen mehrere Erkrankungen gleichzeitig auf. Dies soll nicht bedeuten, dass wir immer älter werden und gleichzeitig auch immer kränker. Es ist vielmehr davon auszugehen, dass ein heute 65-Jähriger im Durchschnitt deutlich gesünder ist als noch vor zehn Jahren. Dennoch stellt die wachsende Anzahl von Personen mit multiplen Erkrankungen eine besondere Herausforderung an die Kooperation und Vernetzung der behandelnden Akteure mit dem Ziel einer interdisziplinär abgestimmten Behandlung dar (Kruse et al. 2003).

Untersuchungen zeigen, dass die Zahl der Erkrankungen zum Beispiel bei den 65-69-Jährigen bei durchschnittlich 5,7 Erkrankungen liegt. Bei den 80–84-Jährigen liegt die Zahl der Erkrankungen bereits bei durchschnittlich 8,4 Erkrankungen (Ev. Krankenhaus Elisabethenstift Darmstadt 2006).

Liegt eine Multimorbidität vor, geht damit in der Regel auch eine Polymedikation einher. Dies wiederum führt zu einer geringen Compliance. Je komplexer sich das Einnahmeregime von Medikamenten darstellt, je länger die Behandlungsdauer ist und mehr Medikamente parallel eingenommen werden, desto größer sind die Risikofaktoren für die Compliance. Dabei muss auch berücksichtigt werden, dass im Alter das Risiko der Verträglichkeit und der Nebenwirkungen deutlich erhöht ist (Pharmakokinetik, Pharmakodynamik).

Eine mangelnde Compliance bei geriatrischen Patienten kann sich darin äußern, dass Medikamente eigenmächtig abgesetzt oder stattdessen nicht verordnete Medikamente eingenommen werden (Selbstmedikation). Häufig treten aber auch Dosierungsfehler auf, wie etwa Unterdosierung oder ein falsches Timing der Einnahme (Betriebskrankenkasse Österreich NÖGKK 2001).

Verantwortlich für die mangelnde Compliance von alten Personen sind insbesondere die eingeschränkten kognitiven, motorischen und sensorischen Fähigkeiten (BN e. V. 2006). So ist etwa von einer verminderten Merkfähigkeit im Alter (z. B. bei Erklärungen der Therapie) oder von einer verminderten Sehkraft (z. B. beim Erkennen der Medikamentenpackung) auszugehen. Aber genauso treten eingeschränktes Hörvermögen auf (z. B. bei der Kommunikation mit dem Arzt), eine verminderte Geschicklichkeit und/oder Schluckstörungen (z. B. bei der Einnahme von Medikamenten), die geringe Informiertheit über die Erkrankungen und/oder Therapien (z. B. bei der Nichteinhaltung der Therapie), eine veränderte Medikamentenverträglichkeit bzw. eine andere Medikamentenwirkung als bei jüngeren Patienten.

Ein weiterer Aspekt der alternden Gesellschaft ist die finanzielle Herausforderung innerhalb der sozialen Sicherungssysteme und in diesem Zusammenhang des Gesundheitssystems. Bereits heute wird in Fachkreisen immer lauter über die Rationierung von Gesundheitsleistungen im Alter diskutiert. Die zahlenmäßig zurückgehenden jungen Generationen, die über ihre Beiträge in das umlagefinanzierte Gesundheitssystem das gesundheitliche Leistungsniveau mit sicherstellen müssen, werden diese Diskussion weiter forcieren. Noch ist nicht klar, nach welchen Kriterien die Gesundheitsleistungen in Zukunft verteilt werden könnten. Je länger eine Lösung der Problemstellungen verschoben wird, desto größer ist die Gefahr, dass gravierende Veränderungen auf die Patienten zukommen werden (Steinmann 2007).

Deutlich wird in dieser Diskussion, dass alle Anstrengungen unternommen werden müssen, um heute bestehende Leistungsreserven im Gesundheitswesen zu heben und damit die Kosteneffizienz deutlich zu verbessern.

Viele wissenschaftliche Untersuchungen haben gezeigt, dass es durch umfassendere Beratung und Einbindung von Patienten möglich ist, die Therapietreue deutlich zu verbessern und gleichzeitig auch die Patientenrolle zu verändern (Mühlbauer et al. 2004). Dabei gilt grundsätzlich, dass die Compliance der Patienten die notwendige Voraussetzung für den Therapieerfolg darstellt. Kann die Compliance zukünftig für die hohen Altersgruppen nicht verbessert werden, können auch Ziele, wie etwa die Erhaltung der

Selbständigkeit von Patienten, nicht in dem gewünschten Umfang realisiert werden. Die Bundesregierung hat im Dezember 2007 auch durch die »Richtlinie zu Verordnung spezialisierter ambulanter Palliativversorgung« deutlich gemacht, welch hohe Bedeutung der ambulanten Versorgung der Patienten zukommt und insbesondere noch zukommen wird (Gemeinsamer Bundesausschuss 2007).

Zentrale Voraussetzung einer Optimierung der bestehenden Patientenberatung in Arztpraxen, Krankenhäusern etc. ist der Einsatz von speziell geschultem Personal in der medizinischen und pharmazeutischen Versorgung. Zusätzliche Kompetenzen zur Beratung und Betreuung von älteren Patient/innen in der Therapieumsetzung können zum Beispiel über das hier vorgeschlagene Weiterbildungsangebot erworben werden. Bisher gibt es kein Konzept, das mit dem hier vorliegenden Weiterbildungsangebot des Compliance-Assistenten vergleichbar ist.

4 Einsatz von Compliance-Assistenten

Das Arzt-Patienten-Verhältnis und das Vertrauen in die Therapievorschläge des Arztes werden in der hier relevanten Literatur als zentraler Ansatzpunkt für die Verbesserung der Patienten-Compliance angesehen. Da Ärzte in der Regel über ein begrenztes Zeitbudget pro Patient verfügen, erscheint es sinnvoll, zeitintensive Beratung und Betreuungsleistungen an speziell ausgebildetes Personal zu delegieren. An der Schnittstelle zwischen Arzt und Patient übernimmt der Compliance-Assistent die Aufgabe, die Diagnose, die Medikamentierung und die Therapie immer wieder für den Patienten nachvollziehbar zu machen und sie dadurch für die Therapie zu gewinnen. Patientenfragen werden dadurch eingehender beantwortet, und der Therapiestand wird dokumentiert. Der Compass unterstützt den Patienten in der Umsetzung der Therapie, zeigt die Chancen der Therapie auf, macht auf die Risiken eines Therapieabbruchs aufmerksam und entwickelt gemeinsam mit dem Patienten einen Therapieumsetzungsplan. Der Compass ist damit zentraler Ansprechpartner in Sachen Therapieumsetzung für Patient, Arzt und Pflegepersonal, insbesondere auch bei chronischen Erkrankungen.

Einsatzfelder und Finanzierungsmöglichkeiten des Compliance-Assistenten
Wie kann man sich die Finanzierung des Compliance-Assistenten vorstellen? Aufgrund der Vielfältigkeit des Einsatzes der Compliance-Assistenten seien hier nur drei Beispiele genannt:

- Der Compliance-Assistent ist im Krankenhaus fest etabliert.
  Arbeitgeber und Kostenträger wären hier beispielsweise die Krankenhauskonzerne. Ein Compliance-Assistent ist zuständig für einen Fachbereich, zum Beispiel Chirurgie oder Pneumologie, etc. Er betreut hier intensiv die gesamte Abteilung, ist auf den der Abteilung zugehörigen Stationen tätig. D.h. er kümmert sich um neu aufgenommene Patienten, spricht mit ihnen die bei der Visite angesetzte Medikation sowie die täglich stattfindenden Untersuchungen durch, erklärt ihren Anteil an der Mitarbeit

zur Beschleunigung des Therapieprozesses, wird hinzugezogen bei Patienten, die mit dem Krankenhausablauf nicht zurechtkommen und ist insbesondere vor der Entlassung des Patienten zuständig, ihm das weitere Procedere zu erläutern. Hierzu gehören vor allem Verhaltensmaßnahmen im Zusammenhang mit der neu aufgetretenen Erkrankung, evtl. Rehabilitatsionsmaßnahmen, Anschlussbehandlungen wie Chemotherapie, Bestrahlung, Krebsnachsorge und Umgang mit der nun notwendigen Medikation.

- Der Compliance-Assistent ist im Medizinischen Versorgungszentrum fest etabliert. Arbeitgeber und Kostenträger wären hier die dem entsprechenden MVZ angehörigen Praxen.
  Der Compliance-Assistent ist während der Öffnungszeiten ständig vor Ort, um den Patienten die Untersuchungsgänge und Abläufe zu erläutern, Verständnis für die notwendigen Prozeduren zu schaffen und das Ergebnis der jeweiligen Untersuchungen sowie die daraus folgenden Therapiemaßnahmen und deren Umsetzung zu begleiten. Im Weiteren kann der Compliance-Assistent auch Ansprechpartner für die Patienten zwischen den Arztterminen sein.
- Der Compliance-Assistent ist in der Gemeinde fest etabliert.
  Arbeitgeber und Kostenträger wäre hier der zuständige Landkreis, bzw. Bezirk. Der Compliance-Assistent ist in der Nähe einer Gemeindeinstitution angesiedelt und erhält Aufträge zum Einsatz (Hausbesuche) bei Patienten, die mit der Diagnose, den therapeutischen Prozeduren und Verhaltensmaßnahmen nicht eigenverantwortlich umgehen können. Dieser Einsatz der Compliance-Assistenten wird über die niedergelassenen Ärzte angefordert.

Ein Krankenhauskonzern, ein Medizinisches Versorgungszentrum oder aber auch die Gemeinde oder der Bezirk werden durch den Einsatz des Compliance-Assistenten langfristig in hohem Maße einen deutlich erhöhten Zuspruch erfahren, da neben dem üblichen Service eine zusätzliche intensive Betreuung des Patienten stattfindet, d. h. eine Verbesserung der Leistung der Kostenträger verbunden mit einer gesundheitspolitisch deutlichen Kosteneinsparung durch zunehmend therapiebewusstes Verhalten der Patienten.

5 Anerkannte Weiterbildung zum Compass

Die bisherigen Beratungsprozesse, die in Einrichtungen der medizinischen und pharmazeutischen Versorgung stattfinden, sind in der Regel weder auf die Stärkung der Therapietreue ausgerichtet, noch berücksichtigen sie die besonderen Belange von älteren und alten Menschen. Deutlich ist auch, dass die Compliance von Patienten eingeschränkt ist, wenn sie in ihrem Auffassungsvermögen und ihrer Merkfähigkeit überfordert werden, wenn sie Angst vor Nebenwirkungen der Medikamente haben oder diese eintreten, wenn sie Vorbehalte gegen bestimmte Behandlungsformen haben, wenn massive Verhaltensänderungen verlangt werden oder die Therapie sehr komplex ist (Rönsberg 1993). Aus diesen Gründen wurde das spezifische Weiterbildungsangebot des Compass für medizinisches und pharmazeutisches Personal entwickelt, das die Optimierung der Beratungskompetenz mit der Zielrichtung Therapietreue zum Inhalt hat.

Diese Weiterbildung wird von der IHK Potsdam und der IHK Kassel zertifiziert. Sie bietet damit für die Teilnehmer/innen nicht nur eine deutliche Kompetenzsteigerung mit einer zukunftsweisenden Spezialisierung, sondern auch eine ausgezeichnete berufliche Weiterentwicklungsmöglichkeit. Seit 2007 besteht die Möglichkeit, die Qualifizierung »Compliance Assistent/in (IHK)« über eine Förderung durch die Agenturen für Arbeit (WeGebAU Programm) zu absolvieren.

Die Weiterbildung legt den inhaltlichen Schwerpunkt nicht auf medizinisches Wissen, darüber müssen die Teilnehmer der Weiterbildung (medizinisches Fachpersonal, Pflegepersonal, pharmazeutisches Fachpersonal) bereits verfügen. Die Weiterbildung setzt an den Beratungskompetenzen der Teilnehmer an. Sie lernen, eine wertschätzende, vertrauensvolle und Compliance fördernde Beziehung zu Patienten aufzubauen und Risikopatienten zu erkennen, die zu Hause nicht in der Lage sind, die Medikamente selbständig einzunehmen, aber auch, die Patienten zu unterstützen, den vorgeschlagenen Therapieempfehlungen zu folgen. Ferner lernen sie, die Patientensichtweise zu beachten und sie in die Entscheidungsfindung einzubeziehen, sie zur Selbstaktivierung in Richtung Gesundheitsmanagement und -förderung zu motivieren, Widerstände, Konflikte und Einwände der Patienten zu bearbeiten, transparente und verständliche Informationen zu Diagnose, Medikation und Therapie zu geben, verbindliche Absprachen zu treffen und einen Therapieplan bzw. Zielvereinbarungen umzusetzen. Ebenso gehören zur Weiterbildung der Einsatz moderner Informationstechniken, das Schnittstellenmanagement (s. Abb. 39), d. h. Informationen an Angehörige bzw. ambulante Pflege zu geben sowie eine effektive Kommunikation mit den behandelnden Ärzten zu führen (Schnittstellenmanagement bei mehreren behandelnden Ärzten unterschiedlicher Fachrichtung).

So können bspw. direkt im Anschluss an eine Medikamentenverordnung in der Arztpraxis oder im Krankenhaus ausführliche Gespräche über die Notwendigkeit der Medikamenteneinnahme, deren Wirkung und Dosierung geführt werden. Bei Risikopatienten kann eine Medikamentenschulung (z. B. Tabletten aus der Verpackung herauslösen, Tablette teilen, Tropfenanzahl auf Teelöffel zählen, vorgegebene Menge Saft in Messbecher füllen etc.) durchgeführt werden, damit die Patienten den Umgang mit dem Medikament direkt vor Ort lernen. Gleichzeitig können schriftliche Therapiepläne gemeinsam mit den Patienten ausgearbeitet und entsprechende Zielvereinbarungen getroffen werden, die in festzulegenden Intervallen gemeinsam von Patienten und Compliance-Assistent/innen überprüft werden. Eine Nicht-Einhaltung der Therapievorgaben oder aber die Nicht-Verträglichkeit der Medikamente muss automatisch zu einer Meldung bei dem behandelnden Arzt führen. Selbstverständlich beziehen sich die Aktivitäten der Compass nicht nur auf die Medikamenteneinnahme, sondern natürlich auch auf entscheidende Hinweise zur Lebensführung bzw. Verbesserung der aktuellen Situation.

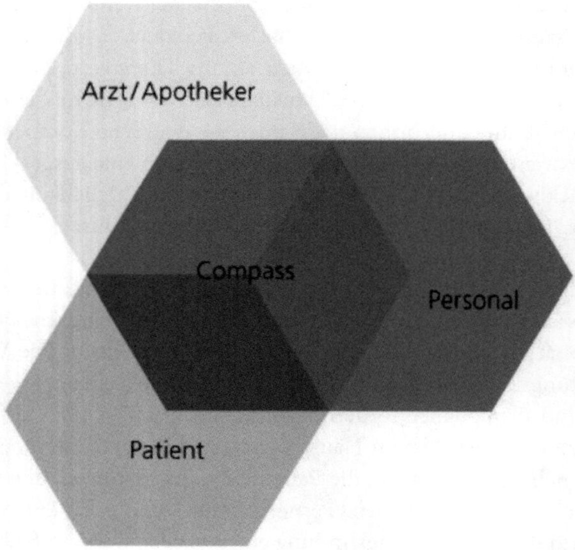

Abb. 39: Schnittstellenmanagement Compliance Assistent

5.1 Curriculum der Compass-Weiterbildung

Die Weiterbildung ist in sechs Phasen gegliedert, die zeitlich insgesamt ein Volumen von 365 Unterrichtsstunden, 48 Beratungsstunden, 10 Selbstlerngruppen und 48 Stunden Arbeit mit Selbsthilfegruppen beinhalten. Der inhaltliche Schwerpunkt der ersten Phase liegt auf der Kompetenzfeststellung jedes Teilnehmers. Auf die Ergebnisse dieser ersten Phase werden gezielt die Feinkonzepte der zweiten Phase zugeschnitten.

Phase II umfasst zehn dreitägige Module, in denen vor allem die Beratungs- und Betreuungskompetenz der Seminarteilnehmer teilnehmerorientiert aufgebaut und trainiert werden. Themen wie Methoden der therapieunterstützenden Gesprächsführung, Resilienz- und Copingforschung sowie Entwicklung von eigenverantwortlichem Handeln sind nur ein Ausschnitt der inhaltlichen Themen dieser Qualifizierungsphase. Weiterhin werden Grundlagen des Gesundheitssystems, der Vernetzung, des Rechts und des Einsatzes von Informations- und Kommunikationstechnologien vermittelt. Parallel zu diesen insgesamt 30 Seminartagen treffen sich die Teilnehmer zu begleiteten Selbstlerngruppen, in denen die im Seminar behandelten Themen vertiefend bearbeitet werden.

Um den Praxistransfer der Seminarinhalte zu erhöhen, werden zusätzlich Arbeitsgruppen mit Selbsthilfegruppen durchgeführt. Hier wird gezielt die Beratungsbesonderheit für spezielle Krankheitsbilder mit den Betroffenen gemeinsam erarbeitet.

In Phase III soll das theoretische Wissen in die Praxis implementiert werden. Die Seminarteilnehmer werden an ihrem Einsatzort bis zu sechs Monate mit einem Einzel- oder Teamcoach begleitet.

In der Phase IV schreibt der Teilnehmer eine Abschlussarbeit. Das Thema soll in der Transferphase entwickelt werden, zum Beispiel Möglichkeiten und Hindernisse der Implementierung dieses Konzeptes in die Praxis.

Phase V beinhaltet den Abschluss der Qualifizierung und besteht aus der Begutachtung, einem Abschlusskolloquium und endet mit einem von der IHK anerkannten Zertifikat.

5.2 Nutzen für die Weiterbildung

Das Seminarkonzept ist speziell so konzipiert, dass Menschen aller Altersgruppen Zugang zu ihren Lernstrukturen und Lernstärken finden können. Es baut auf den persönlichen Kompetenzen und Lernstärken der Teilnehmer auf. Auch Personen, die einen größeren zeitlichen Abstand zum theoretischen Lernen haben, finden hier wieder den Zugang zu ihren Lernstrukturen.

Ein weiterer Nutzen liegt in der Handlungsorientierung der Seminarumsetzung. Theoretisches Wissen wird in praktisches Tun umgesetzt, wodurch erworbene Lebens- und Berufserfahrung immer in die Umsetzung mit einfliessen kann.

In der Erarbeitung der Beratungskonzepte orientiert man sich an den Betroffenen. Beratungsleitfäden werden gemeinsam mit Selbsthilfegruppen ausgearbeitet; dieses erhöht den Transfer der Seminarergebnisse in die Praxis immens.

5.3 Zusätzliche Online-Lernunterstützung

Während der gesamten Weiterbildung erhalten die Teilnehmer Lernunterstützung im Rahmen eines Blended-Learning-Konzeptes (Kombination von Präsenzlernen und begleitendem Online-Lernen). Auf der Plattform werden aktuelle Zusatzinformationen zu den jeweiligen Modulen zur Verfügung gestellt. Es besteht ein begleiteter Chatroom, in dem die Teilnehmer miteinander kommunizieren können, Fragen an den Tutor formulieren können und entsprechende Antworten erhalten, die für alle Teilnehmer einsehbar sind. Nach den jeweiligen Präsenzseminaren werden begleitende Diskussionsforen eingerichtet, die eine Nachbereitung der Inhalte und Themen ermöglichen.

6 Fazit

Zusammenfassend lässt sich der Einsatz und Nutzen von Compliance-Assistenten für die Betroffenen in einer Verbesserung der Therapietreue der Patienten beschreiben, in einer Verbesserung der Betreuungssituation von alten Patienten im direkten medizinischen Umfeld und damit einer besseren Versorgung der Patienten. Gleichermaßen kann von einem verbesserten Dialog über die Therapieumsetzung zwischen Arzt und Patient und kürzere Rückmeldewege zum Arzt gesprochen werden, von einer Verbesserung des Gesundungsprozesses durch höhere Compliance sowie einer Stärkung der Motivation der Patienten. Der Patient wird insgesamt stärker beteiligt und übernimmt damit ein höheres Maß an Selbstverantwortung und Selbstmanagement. Gleichzeitig wird nicht nur die Lebensqualität von Patienten verbessert, sondern die gesamte Effektivität und Effizienz des Gesundheitswesens. Damit einher gehen Kosteneinsparungen im Gesundheitswesen und mögliche geringere Beitragszahlungen für den Patienten.

Literaturverzeichnis

ABDA – Bundesvereinigung Deutscher Apothekerverbände (2006): Pharmazeutische Betreuung von Kindern und Jugendlichen mit Asthma bronchiale und Gesundheitsberatung von Risikopersonen durch den Apotheker: Möglichkeiten und Grenzen. Abda-online.de. Internet Dokument www.abda-online.org/fileadmin/pdf/Fortbildung/Curr_Asthma_Jugendl_Vorbemerkung_05_11_29.pdf. Accessed 18.09.2006.

Betriebskrankenkasse Österreich NÖGKK (2001): Medikamenten-Compliance geriatrischer Patienten, Medizin. Abteilung des Hanusch-Krankenhauses Wien. St.Pölten. Top Tipps Nr. 3/2001.

Bloom, B.S. (2001): Daily regimen and compliance with treatment. In: British Medical Journal 30 (323), S. 647.

BN e. V. – Bundesverband Niere e. V. (2006): Projekt für ältere chronisch Nierenkranke Menschen. Internet Dokument www.cms.bundesverband-niere.de/index2.php?option=com_content&task=view&id. Accessed 19.09.2006.

BPI – Bundesverband der pharmazeutischen Industrie e. V. (2002): Pharma Daten 2002, bpi.de, Internet Document www.bpi.de/internet/download/pharmadaten_2002.pdf. Accessed 06.07.2006.

Bührlen, B. (2003): Verbesserung der Arzneimittelversorgung durch Steigerung der Compliance. Expertise für die Hans-Böckler-Stiftung. Fraunhofer ISI. Karlsruhe.

Ev. Krankenhaus Elisabethenstift Darmstadt (2006): Vortrag. Internet-Dokument www.krankenhaus-elisabethenstift.de/leistung/kliniken/Pharmakotherapie_im_Alter_web.ppt. Accessed 22.09.2006.

Gemeinsamer Bundesausschuss (2007): Richtlinie zur Verordnung spezialisierter ambulanter Palliativversorgung. Internet-Dokument www.g-ba.de/downloads/39-261-582/2007-12-20-SAPV-Neufassung.pdf. Accessed 15.01.2008.

Götschi, A.S. (2006): Vortrag auf der Berliner Gesundheitstagung 2006. Internet-Dokument http://www.geryshu.com/index2.php?option=com_content&do_pdf=1&id=181. Accessed 20.10.2007.

Hesse, G./Laubert, A. (2005): Hörminderung im Alter – Ausprägung und Lokalisation. In: Deutsches Ärzteblatt 102, Ausgabe 42 vom 21.10.2005. Internet-Dokument www.aerzteblatt.de/V4/archiv/artike.asp?id=48807. Accessed 20.09.2006.

Kruse, A./Knappe, E./Schul-Nieswandt, F./Schwarts, F.-W./Wilberts, J. (2003): Kostenentwicklung im Gesundheitswesen: Verursachen ältere Menschen höhere Gesundheitskosten? Heidelberg. Vgl. insb. Kapitel 1.2.

Mangiapane, S./Mühlig, S./Ihle, P./Schubert, I./Schulz, M. (2005): Resultate der Asthmastudie im KV-Bezirk Trier. Internet-Dokument. www.pharmazeutische-zeitung.de/fileadmin/pza/2005-02/pharm5.htm. Accessed 06.07.2006.

Mühlbauer, K./Schulz, M./Verheyen, F. (2004): Manuale zur pharmazeutischen Betreuung. Bd. 2: Asthma. 3. Aufl. Eschborn.

Petermann, F. (2004): Non-Compliance. Merkmale, Kosten und Konsequenzen. In: managed care 4/2004, S. 30–32.

Rönsberg, W. (1993): Compliance – Qualitätsmaßstab der Arzt-Patienten-Beziehung. In: Zeitung Allgemeinmedizin 69, S. 557–562.

Sachverständigenrat zur Begutachtung der Entwicklung im Gesundheitswesen. Gutachten 2007. Kooperation und Verantwortung – Voraussetzungen einer zielorientierten Gesundheitsversorgung. Vgl. insb. Kapitel 2.

Statistisches Bundesamt (2003): Bevölkerung Deutschlands bis 2050. Ergebnisse der 10. koordinierten Bevölkerungsvorausberechnung von 2003.

Steinmann, G. (2007): Kindermangel in Deutschland. Bevölkerungsökonomische Analysen und familienpolitische Lösungen. Frankfurt a.M.

Volmer, T./Kielhorn, A. (1998): Compliance und Gesundheitsökonomie. In: Petermann, F. (Hrsg.): Compliance und Selbstmanagement. Göttingen, S. 45–72.

Benjamin I. Behar und Reinhard Wichels

Einweisermanagement in Gesundheitsnetzwerken – Ein schmaler Grat zwischen Kooperation und Wettbewerb

Zusammenfassung

Auf die wachsenden Wirtschaftlichkeitszwänge im Zuge der DRG-Einführung haben die Krankenhäuser zumeist mit Kosteneinsparprogrammen reagiert. Längerfristig ist jedoch eine Verbreiterung der Erlösbasis durch Fallzahlsteigerungen unerlässlich, um die eigene Wettbewerbsfähigkeit abzusichern. Schlüssel zum Erfolg ist hier ein professionelles Management der niedergelassenen Ärzte. Strategisch bieten sich den Krankenhäusern unterschiedliche Optionen, durch organisationale Vernetzung die Patientenflüsse zu steuern. Insbesondere die vom Gesetzgeber forcierte Verzahnung des ambulanten und stationären Sektors erweitert die Möglichkeiten des Einweisermanagements. Dabei bewegen sich die Krankenhäuser auf einem zunehmend schmalen Grat zwischen Kooperation und Wettbewerb mit dem niedergelassenen Arzt. Eine Chancen-Risiken-Abwägung zeigt, dass ein marktlich organisiertes Einweisermanagement diesen Balanceakt erleichtern kann und ein noch vielfach verkanntes Erlöspotenzial besitzt.

1 Einweisermanagement – der Schlüssel zum Wachstum

Der Druck auf die deutschen Krankenhäuser, ihre Wirtschaftlichkeit nachhaltig zu verbessern, hat seit den 90er Jahren kontinuierlich zugenommen. Seit 1992 sahen sich die Krankenhäuser aufgrund der vom Gesetzgeber vorgenommenen Begrenzung des Pflegesatzbudgets (vgl. GSG 1992) erstmals gezwungen, anfallende Kostensteigerungen durch Rationalisierungen aufzufangen. Die schrittweise Einführung des pauschalierten Entgeltsystems (vgl. GKVRefG 1999) in Verbindung mit dem Fallpauschalengesetz (vgl. FPG 2002) hat die Gangart in den Folgejahren kontinuierlich weiter verschärft. Management und Träger haben hierauf als Konsequenz zunächst überwiegend mit schmerzhaften Kosteneinsparungen reagiert.

Eine grundlegende Veränderung brachte im Jahr 2005 die Verabschiedung des 2. Fallpauschalenänderungsgesetzes (vgl. 2. FPÄndG 2004) mit der Möglichkeit, durch gezielte Fallzahlausweitung erstmals nachhaltig Mehrerlöse zu erzielen. Bis zum Ende der Konvergenzphase können die Kliniken im ersten Jahr einer Fallzahlsteigerung zwar noch nicht mit den vollständigen Erlösen rechnen, sie bekommen lediglich einen gesetzlich fixierten Anteil der Mehrleistungen erlöst (vgl. KHEntG 2002, § 4 Abs. 4). Im Folgejahr sind die Krankenkassen jedoch nunmehr dazu angehalten, die zusätzlich geleisteten Fälle voll erlöswirksam in das Budget aufzunehmen. Erlössteigerungen auf Basis von Fallzahlausweitungen stellen somit ein probates Mittel zur Steigerung der Wirtschaftlichkeit dar.

Im Gegensatz etwa zu Unternehmen der Konsumgüterindustrie können Krankenhäuser die Nachfrage nach ihrem Produkt – Heilung – nicht einfach mit Push-Marketing-Aktivitäten branchenweit ausdehnen. Art und Anzahl der Krankenhausfälle sind in erster Linie soziodemografisch bestimmt. Daher bedeutet die Fallzahlsteigerung für die eine Klinik in aller Regel auch einen Fallzahlrückgang für andere Kliniken.

Analysiert man die Möglichkeiten zur Fallzahlsteigerung systematisch, so kann zunächst zwischen der Patientengewinnung aus dem ambulanten Sektor (Einweisungen) und der Verlegung von anderen stationären Einrichtungen (Zuweisungen) unterschieden werden. Zuweisungen sind im Vergleich zu den Einweisungen von nachgeordneter Erlösbedeutung (s. Abb. 40).

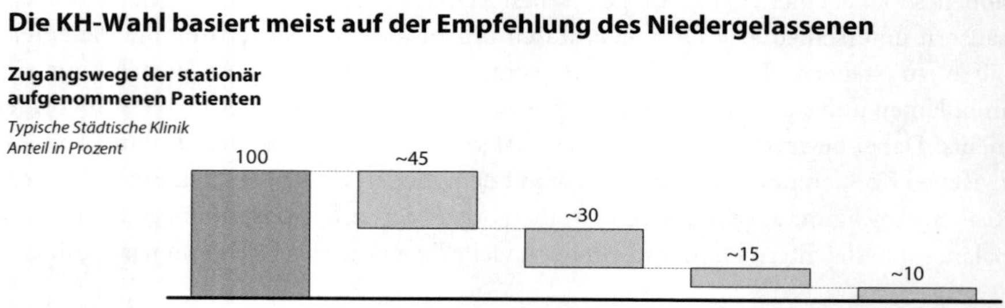

Zugangsweg	Alle stationären Aufnahmen	Elektive Einweisung von niedergelassenen Ärzten	»Selbsteinweiser« über Ambulanz/Nothilfe	Rettungswesen und Notfallversorgung	Verlegungen von anderen Häusern/Institutionen
Multiplikatorwirkung		• Mittel	• Niedrig	• Hoch	• Hoch
Beispiele für wichtigste Meinungsbildner		• Eigene Vorerfahrung • Meinungsführer in der Ärzteschaft	• Niedergelassene Ärzte • Bekannte • Presse	• Feuerwehren, Rettungsdienste • Notärzte • Krankentransportunternehmen	• Krankenhausärzte (Vorerfahrung)

Abb. 40: Zugangswege in die stationäre Versorgung von Krankenhäusern (Quelle: McKinsey & Company)

Es lassen sich im Prinzip vier Gatekeeper identifizieren, welche die Einweisungen von Patienten in den stationären Bereich eines Krankenhauses steuern: Notfallambulanz, Rettungsdienst und Privat- und Ermächtigungsambulanz sowie direkte Einweisungen von niedergelassenen Ärzten. Letztere stellen dabei mit Abstand den wichtigsten Zugangskanal dar: Schon heute sind Empfehlungen der Niedergelassenen im Durchschnitt für deutlich mehr als die Hälfte des Patientenaufkommens von Krankenhäusern ausschlaggebend (s. Abb. 40). Zu einem ähnlichen Ergebnis kam auch bereits die Forschungsgruppe Metrik (vgl. Zinn/Messner 2004).

Der Beziehungspflege sind Krankenhäuser in der Vergangenheit in deutlich unterschiedlichem Maße nachgekommen. Während erfolgreiche Häuser in der Regel auf eine ausgezeichnete Beziehung zu der Mehrzahl der Einweiser zurückgreifen konnten, haben wirtschaftlich schwächere Häuser hier häufig Defizite. Entsprechend wichtig ist es für Kliniken, die Beziehung zum »König Einweiser« optimal zu gestalten (Heiny 2007).

Mit der Erkenntnis des Gesetzgebers, dass die Verzahnung des ambulanten und stationären Sektors ein wichtiges Instrument zur Erhöhung der Versorgungsqualität und Verbesserung der Wirtschaftllichkeit darstellt, bieten sich neue Möglichkeiten des Einweisermanagements, z. B. die Nutzung von Medizinischen Versorgungszentren (MVZ). Auffällig ist jedoch, dass die Krankenhäuser von diesen Möglichkeiten nur zögerlich Gebrauch machen. Als ein möglicher Grund hierfür wird im Rahmen dieses Beitrags das Spannungsverhältnis von Kooperation und Konkurrenz in der Einweiserbeziehung (vgl. Zinn/Messner 2004, S. 196) diskutiert und dabei verschiedene Vernetzungsformen[60] hinsichtlich ihrer Chancen und Risiken bewertet. Bemerkenswerterweise werden die Möglichkeiten einer hierarchischen Koordination der Zusammenarbeit tendenziell über-, die Möglichkeiten einer marktlichen Koordination dagegen unterschätzt. Hierarchische Koordination ist gesellschaftsrechtlich gesichert und basiert damit auf formal legitimierten Beziehungen (vgl. Möllering et al. 2005, S. 316 f.). Die Mitglieder eher marktlich organisierter Netzwerke sind hingegen üblicherweise durch Ressourcenabhängigkeiten loser miteinander verbunden (vgl. Wirth/Sydow 2004, S. 130).

2 Vernetzungsformen zwischen Krankenhaus und niedergelassenem Arzt

Das Gesundheitssystem gilt als einer der am stärksten regulierten Wirtschaftsbereiche industrialisierter Länder (vgl. Zydrowomyslaw/Düring 1999, S. 65). In Deutschland resultieren aus der strikten Abgrenzung zwischen stationärem und ambulantem Sektor

---

60 Der Begriff Vernetzung zielt auf hybride Organisationsformen zwischen Markt und Hierarchie ab und umfasst für den weiteren Verlauf der Diskussion auch integrative Verbindungen. Somit öffnet sich Vernetzung der Hierarchie stärker als der Netzwerkbegriff, der für gewöhnlich als eine spezielle Ausprägung kooperativer Zusammenarbeit gilt (vgl. Sell 2002, S. 72). Netzwerk und Vernetzung sind somit voneinander zu trennen.

erhebliche Restriktionen für die Zusammenarbeit von Krankenhaus und einweisendem Arzt. Um die sektorale Dichotomie zu überwinden, hat der Gesetzgeber inzwischen eine Vielzahl von Initiativen ins Leben gerufen. So wurde es beispielsweise im Rahmen des Gesundheitsstrukturgesetzes (vgl. GSG 1992) den Krankenhäusern ermöglicht, ambulante Operationen (vgl. SGB V 1988, § 115b) durchzuführen, vor- und nachstationäre Leistungen (vgl. SGB V 1988, § 115a) zu erbringen oder auch niedergelassenen Ärzten Großgeräte zur Nutzung zu überlassen (vgl. SGB V 1988, § 122). Einige Jahre später wurde der Abschluss von integrierten Versorgungsverträgen für eine abgestimmte Behandlung von Patienten, über die Grenzen ambulanter, stationärer und Rehabilitationseinrichtungen hinweg, möglich (vgl. SGB V 1988, § 140a). Die Gründung von MVZ (vgl. SGB V 1988, § 95 Abs. 1) sowie eine weitere Ausdehnung der ambulanten Versorgungsmöglichkeiten von Krankenhäusern im Rahmen von Disease-Management-Programmen (vgl. SGB V 1988, § 116b, Abs. 1), bei hochspezialisierten Leistungen (vgl. SGB V 1988, § 116b, Abs. 2 bis 5) und im Falle regionaler Unterversorgung (vgl. SGB V 1988, § 116a) waren Ergebnisse des GKV-Modernisierungsgesetzes im Jahr 2003 (vgl. GMG 2003). Seit 2007 dürfen niedergelassene Ärzte sogar teilzeitig in einem Krankenhaus angestellt sein (vgl. VÄndG 2006 in Verbindung mit Ärzte-ZV 1957, § 20 Abs. 2).

Alle diese rechtlichen Novellierungen implizieren Vernetzungsformen, die es Krankenhäusern ermöglichen, ihre Beziehung zu den niedergelassenen Ärzten zu institutionalisieren. Sei es über Vertragskonstruktionen oder eigens durch die Etablierung einer Unternehmung, wie im Falle eines MVZ. Gleichzeitig treten die Kliniken jedoch, für den Markt leicht wahrnehmbar, in direkten Leistungswettbewerb mit den Einweisern und/oder beeinflussen indirekt die Marktstruktur im ambulanten Bereich. Krankenhäuser betreten somit einen schmalen Grat zwischen Kooperation und Wettbewerb.

Der Aufbau von losen Verbindungen an Stelle der vertraglich institutionellen Brückenschläge könnte das Risiko des Abbruchs von konkurrierenden Einweiserbeziehungen minimieren. Doch besitzen diese eher marktlich geprägten Beziehungen auch das Potenzial bzw. die Chance, die erwünschten Fallzahlsteigerungen herbeizuführen?

3 Chancen und Risiken in Abhängigkeit von der gewählten Vernetzungsform

Betrachtet man das Spektrum möglicher Formen der Zusammenarbeit von Krankenhaus und niedergelassenem Arzt als Kontinuum zwischen Hierarchie und Markt, stellen die beiden nachfolgend beschriebenen Beispiele Extrempunkte dar. Zunächst sollen die Konzeption sowie Stärken und Schwächen der Gründung eines MVZ eingehend diskutiert werden. Danach werden als grundsätzliche Alternative professionell gesteuerte, marktliche Koordinationsbeziehungen dargestellt.

3.1 Die Gründung eines MVZ ist kein Garant für Fallzahlsteigerungen im Krankenhaus

Die Vorfahren der MVZ sind auch die Polikliniken der ehemaligen DDR. Leitgedanke war damals wie heute das Angebot einer fachübergreifenden und dadurch medizinisch hochwertigen ambulanten Versorgung (vgl. Behnsen 2004). Darüber hinaus ist es der eindeutige Wille des Gesetzgebers, mit der Einführung von MVZs zur Überwindung der sektoralen Grenzen beizutragen, wenngleich eine solche Zusammenarbeit von niedergelassenen Ärzten (ambulanter Bereich) und Krankenhäusern (stationärer Bereich) nicht obligatorisch ist. Dem Gesetzestext (vgl. SGB V 1988, § 95 Abs. 1) ist nicht zu entnehmen, dass mehrere Personen oder gar eine sektorübergreifende Gruppe als Gründer auftreten müssen (vgl. Thomas 2005). So können Krankenhäuser ein MVZ allein oder in Kooperation mit niedergelassenen Ärzten betreiben.

Betriebswirtschaftliche Motive für die Gründung eines MVZ aus Sicht des Krankenhauses sind in erster Linie die Kostenoptimierung aufgrund einer erhöhten Auslastung der medizinischen Infrastruktur,[61] die Erschließung ambulanter Erlösquellen außerhalb des Krankenhausbudgets und die Bindung von Einweisern zur Sicherung oder gar Steigerung der stationären Fallzahlen. Diese Einweiserbindung lässt sich lediglich in einem sektorübergreifenden MVZ erzeugen, wohingegen das Verfolgen der anderen beiden Motive eine Beteiligung von niedergelassenen Ärzten nicht zwingend erfordert.

So eingängig und vielversprechend diese Chancen bei der Gründung eines MVZ erscheinen mögen, so zögerlich machen die Krankenhäuser von dieser Möglichkeit Gebrauch. Zum Ende des ersten Quartals 2008 waren zwar bereits 1.023 MVZ gegründet, jedoch nur ca. 363 (35 %) unter Beteiligung von Krankenhäusern als Träger (vgl. Kassenärztliche Vereinigung 2008). Bestenfalls 17 % der Krankenhäuser betreiben mithin ein MVZ.

Wesentlicher Grund dürften die problematischen Folgewirkungen für die regionale Wettbewerbssituation sein, die aus der Etablierung eines MVZ resultieren (vgl. auch Thomas 2005). Denn mit dem neuen ambulanten Leistungsangebot treten die Klinken direkt in Konkurrenz mit den Einweisern außerhalb des MVZ und beeinflussen zugleich indirekt das Kräfteverhältnis zwischen den niedergelassenen Ärzten.[62] Die einst vertikale Vernetzung wird mit der Ausweitung des Leistungsspektrums durch das Krankenhaus auf die Wertschöpfungsstufe des Einweisers zu einer horizontalen Beziehung.

Das hiermit verbundene Erlösrisiko fußt im Wesentlichen auf zwei für hierarchische Arrangements typischen Charakteristika: Die Kooperationsbeziehung über ein MVZ ist *exklusiv* und für alle Marktakteure *transparent*. Exklusiv bedeutet in diesem Zusammenhang, dass nur eine begrenzte Anzahl an niedergelassenen Ärzten in das MVZ einge-

---

61 Werden MVZ unter Beteiligung von Kliniken errichtet, befinden sich diese zumeist direkt auf dem Krankenhausgelände.

62 Mit dem Abschluss eines integrierten Versorgungsvertrags bietet das Krankenhaus beispielsweise nicht unbedingt selbst konkurrierende ambulante Leistungen an, stärkt jedoch die Position der niedergelassenen Vertragspartner erheblich.

bunden werden kann. Durchschnittlich sind nur etwa vier Ärzte in einem MVZ tätig (vgl. Kassenärztliche Vereinigung 2007). Durch die Selektion der Einweiser für diese enge Form der Zusammenarbeit entfernt sich das Krankenhaus automatisch von den übrigen Einweisern. Die Gefahr der Mindereinweisungen von Ärzten, die nicht in das MVZ eingebunden sind, ist zumeist höher als das Potenzial der »loyalen« MVZ-Ärzte. Dies lässt sich darüber erklären, dass Krankenhäuser oftmals Ärzte auswählen, mit denen sie schon vor der MVZ-Gründung die enge Zusammenarbeit gepflegt haben. Gerade diese Ärzte besitzen in der Regel nur wenig bis kein zusätzliches Einweisungspotenzial. So wäre es also eher vorteilhaft, Ärzte über ein MVZ an sich zu binden, die zuvor eine hohe Anzahl an Patienten in andere Krankenhäuser eingewiesen haben. Mit solch einem Schritt stellt man allerdings wiederum die Beziehung zu den traditionell starken Einweisern des Krankenhauses auf eine harte Probe. Folglich erscheint eine MVZ-Gründung mit der Absicht der Absicherung oder Steigerung stationärer Fallzahlen als ein nur schwer lösbares Dilemma. Eine Lösung stellt die Integration aller für ein Krankenhaus relevanten niedergelassenen Ärzte in einem MVZ dar. Dies ist jedoch nur für Kliniken in ländlichen Regionen mit einer niedrigen ambulanten Versorgungsdichte realisierbar.

3.2 Marktliche Kooperationsbeziehungen werden oftmals unterschätzt

Wettbewerbsrisiken, basierend auf Beziehungsexklusivität und Transparenz des Markteingriffs, können durch marktlich koordinierte Einweiserbeziehungen umgangen werden. Sie ermöglichen Kliniken nicht nur den Aufbau eines weitaus breiteren Beziehungsgeflechts, sondern die Zusammenarbeit mit dem einzelnen Einweiser kann auch individuell und diskret gestaltet werden.

In Anlehnung an den Netzwerkbegriff (vgl. Sydow 1992, S. 82) sind hier unter marktlicher Kooperation Formen der Zusammenarbeit zu verstehen, die auf relativ stabilen sozialen Beziehungen fußen und durch Reziprozität gekennzeichnet sind. Sie kommen ohne eine Legitimität durch privat- oder gesellschaftsrechtliche Verträge aus. Vor diesem Hintergrund liegt gleichzeitig der Verdacht nahe, dass es diesen Beziehungen unter Umständen an Verbindlichkeit für eine erfolgreiche Fallzahlsteuerung mangelt. So wird das Erlöspotenzial marktlicher Einweiserbeziehungen oftmals unterschätzt.

Die Praxis zeichnet jedoch ein deutlich anderes Bild. Jährliche Fallzahlsteigerungen von über 8 % lassen sich schon zwölf Monate nach Initiierung eines professionellen Einweiserbindungsprogramms durch das Krankenhaus realisieren und nachhaltig verstetigen (vgl. Wichels et al. 2007, S. 32). Professionelle Einweiserbindung führt von einer detaillierten *Marktanalyse* über die *Profilbildung* für einzelne Einweiser zur Ableitung eines effektiven und effizienten *Maßnahmenprogramms*.

Die Chefärzte eines Klinikums kennen zwar einen Großteil ihrer Einweiser mit Namen oder ggf. auch persönlich. Eine umfassende Kenntnis der Wettbewerbssituation besteht allerdings nur selten. Wichtiges Marktwissen, wie die Positionierung gegenüber konkurrierenden Krankenhäusern, die Fallzahlpotenziale einzelner Einweiser und das Einweisungsverhalten über Zeit, bleiben oftmals verborgen.

Nur eine klare Positionierung am Markt ermöglicht den Kliniken eine zielgerichtete und damit erfolgreiche Einweiseransprache. Hierzu muss das Krankenhaus in einem ersten Schritt seine Stärken, z. B. ein umfassendes Leistungsspektrum oder eine überragende Patientenorientierung im Behandlungsprozess, zunächst selbst kennen bzw. definieren, bevor Einweiser von diesen überzeugt werden können. Ein Haus der Supramaximalversorgung muss den niedergelassenen Kollegen andere Botschaften senden als ein Kreiskrankenhaus. Um eine möglichst differenzierende Position im Markt einzunehmen, ist im Rahmen der Profilbestimmung auch Kenntnis über die Positionierung der Konkurrenzkrankenhäuser zu erlangen. Für die Klassifizierung der Konkurrenten haben sich folgende Dimensionen im Praxistest als geeignet erwiesen: Breite des Leistungsspektrums, Komplexität der Diagnosen, Behandlungs- und Servicequalität, Produktivität und Kooperationsverhalten. Einige der Messparameter zur Bestimmung der Ausprägungsstärke einzelner Dimensionen sind öffentlich verfügbar. Die Varianz der DRG-Codes, der durchschnittliche Case-Mix-Index (CMI), Qualitätsparameter für ausgewählte Indikationen sowie Produktivitätskennzahlen wie behandelte Fälle je Mitarbeitergruppe sind BQS-Berichten und den strukturierten Qualitätsreports zu entnehmen. Mit dem Jahr 2004 wurden Krankenhäuser verpflichtet, zur externen, vergleichenden Qualitätssicherung Daten an die Bundesgeschäftsstelle für Qualitätssicherung (BQS) zu übermitteln (vgl. SGB V 1988, § 137a) sowie seit 2005 im Abstand von zwei Jahren strukturierte Qualitätsreports zu veröffentlichen (vgl. SGB V 1988, § 137 Abs. 1 Satz 3 Nr. 6). Um das Kooperationsverhalten zwischen den Leistungserbringern zu skalieren, lässt sich evaluieren, in welchem Maß die bereits beschriebenen gesetzlich forcierten Formen der Vernetzung, wie die Gründung eines MVZs oder der Abschluss integrierter Versorgungsverträge in Anspruch genommen werden. Darüber hinaus bietet der Angebotsumfang an Fortbildungs- und Informationsveranstaltungen, Hospitationen etc. einen weiteren Indikator. Neben diesen objektiven Vergleichsgrößen ist es letztendlich auch unerlässlich, die Einweiser nach ihrer subjektiven Wahrnehmung des Konkurrenzgefüges zu fragen.

Um das tatsächlich vorhandene Fallzahlpotenzial einschätzen zu können und dabei die eigene relative Position zu verstehen, lassen sich statistische Marktausschöpfungen auf der Ebene einzelner DRGs berechnen. Dabei bestimmen soziodemografische Faktoren das Marktvolumen, wie zum Beispiel das Alter der Bevölkerung im Aktionskreis der Klinik. Statt absoluter Fallzahlmengen für die einzelnen niedergelassenen Ärzte erhalten Kliniken die wichtige Information, welcher Einweiser welches Fallzahlsteigerungspotenzial besitzt und können so die für die Beziehungspflege vorhandenen Ressourcen effizient zuteilen. Darüber hinaus sind kontinuierlich Zeitreihen der absoluten Anzahl der Patientenaufnahmen je Einweiser zu analysieren, um im Fall einer Abweichung vom »normalen« Verhaltensmuster frühzeitig reagieren zu können. Bleiben z. B. Einweisungen eines starken Einweisers aus, kann der Ursache dafür im Dialog mit dem niedergelassenen Arzt schnell nachgegangen werden.

Auf Basis des Einweisungsverhaltens und des Fallzahlpotenzials ist eine erste Gruppierung der Einweiser möglich (vgl. Wichels et al. 2007). Über diese Segmentierung lassen sich Ansatzpunkte finden, um eine effiziente Ressourcenverteilung für das Beziehungsmanagement vorzunehmen, nicht jedoch inhaltliche Maßnahmen für die Gestaltung der Zusammenarbeit ableiten. Um echte Einweiserprofile zu bilden, sind als Auftakt strukturierte Interviews zu führen. Nur so gewinnt das Krankenhaus Verständnis für die Präferenzen, welche die Krankenhauswahl des niedergelassenen Arztes entscheidend beeinflussen. Neben der medizinischen Qualität ist in vielen Fällen eine offene und stetige Kommunikation für Einweiser entscheidungsrelevant.

Zur Optimierung der Kommunikation stehen Krankenhäusern verschiedene Maßnahmen zur Verfügung. McKinsey & Company haben eine Population von niedergelassenen Ärzten gefragt, welchen Nutzen diese einzelnen Maßnahmen zur Verbesserung der Kommunikation haben. Das Ergebnis, die Präferenzstruktur, wird unter Bezugnahme auf die Realisierbarkeit der einzelnen Maßnahmen in Abbildung 41 aufgezeigt. Persönliche Besuche des Niedergelassenen durch leitende Ärzte erhielten von den Einweisern die höchste Wertschätzung.

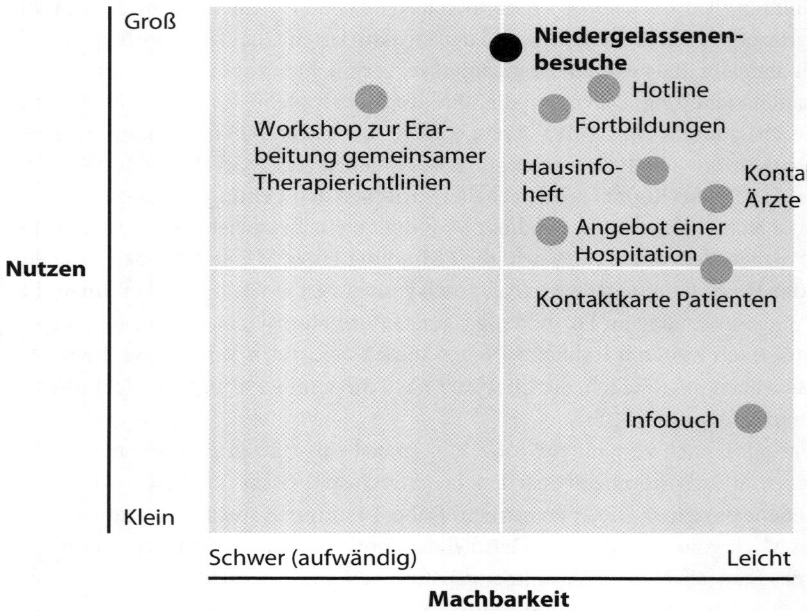

Abb. 41: Maßnahmenpriorisierung zur Einweiserbindung durch den Niedergelassenen (Quelle: McKinsey & Company, anonymisiertes Klientenbeispiel)

Ähnlich wie Banken jedes Kundengespräch dokumentieren, um Ansatzpunkte für zukünftige Vertriebsmaßnahmen zu finden, sind auch Krankenhäuser dazu angehalten, Informationen aus Kontakten mit den Einweisern kontinuierlich zu dokumentieren, zu systematisieren und für die Steigerung der Einweiserbindung gezielt in Maßnahmen zu überführen.

Zusammenfassend lässt sich festhalten, dass Krankenhäuser zum Zwecke des Fallzahlmanagement die gemeinhin unterschätzen Potenziale marktlicher Beziehungen erschließen und nicht immer sofort auf hierarchische Bindungsformen abzielen sollten. Warum einen besonders schmalen Grat zwischen Kooperation und Wettbewerb betreten, wenn das Ziel häufig auch über einen weitaus weniger riskanten Weg zu erreichen ist?

4 Ausblick: Patienten im Fokus des Kundenmanagements

Auch wenn bisher die Meinungsbildung des Patienten noch stark durch den niedergelassenen Arzt geprägt ist, müssen sich Krankenhäuser auf eine zunehmend aktive Rolle der Patienten vorbereiten. Der Patient möchte in die Entscheidungen des Behandlungsprozesses stärker eingebunden werden und gewinnt so für die Kliniken als Kunde an Bedeutung. Darüber hinaus tritt er sowohl dem Niedergelassenen als auch dem Klinikarzt mit steigendem Informationsgrad zunehmend selbstbewusst entgegen (vgl. Gellner 2006, S. 14).

Bisher unternehmen deutsche Krankenhäuser nur selten Anstrengungen, um eine Beziehung zum Patienten über seinen stationären Aufenthalt hinweg zu etablieren. Dies zeigt eine Studie des Commonwealth Fund (2005), bei der die Prozessqualität von Krankenhäusern in sechs Ländern verglichen wurde. Das Entlassmanagement deutscher Krankenhäuser schnitt dabei am schlechtesten ab. Mehr als die Hälfte der befragten Patienten bewerteten die Koordination bei der Entlassung als schlecht: Den Patienten fehlt häufig ein Kontakt für Fragen nach Entlassung, Anschlusstermine zur Vorstellung in der Ambulanz bleiben aus.

Einige wenige »fortschrittliche« Kliniken verfügen jedoch bereits über ein anspruchsvolles Kundenmanagement. So werden beispielsweise chronische Krankheitsbilder, die einer interdisziplinären Behandlung bedürfen, auch dementsprechend betreut (Überleitungsprinzip). Darüber hinaus ist es möglich, »Cross-Selling-Potenziale« zu erschließen, indem bereits in frühen Behandlungsphasen Bindungen zwischen Patienten und Fachabteilungen bzw. Experten hergestellt werden, die erst in einem späteren Stadium des Krankheitsverlaufs relevant werden.

Literaturverzeichnis

Behnsen, E. (2004): Medizinische Versorgungszentren – die Konzeption des Gesetzgebers. In: Das Krankenhaus 96 (8), S. 602–606.

Commonwealth Fund (2005): International Health Policy Survey 2005. New York.

Fallpauschalengesetz – Gesetz zur Einführung des diagnoseorientierten Fallpauschalensystems für Krankenhäuser (FPG) vom 23.4.2002 (BGBl. Teil I Nr. 27 S. 1412).

Gellner, W. (2006): Das Ende des klassischen Patienten? Gesundheitsreform zwischen Politik und Patienteninteresse – Eine Patiententypologie. In: Gellner, W./Wilhelm, A. (Hrsg.): Vom klassischen Patienten zum Entrepreneur? Baden-Baden, S. 9–17.

Gesetz zur Sicherung und Strukturverbesserung der gesetzlichen Krankenversicherung (GSG) vom 21.12.1992 (BGBl. Teil I Nr. 59 S. 2266).

GKV-Gesundheitsreformgesetz – Gesetz zur Reform der gesetzlichen Krankenversicherung ab dem Jahr 2000 (GKVRefG) vom 22.12.1999 (BGBl. Teil I S. 1999) mit Änderungen bis zum 15.2.2002.

GKV-Modernisierungsgesetz – Gesetz zur Modernisierung der gesetzlichen Krankenversicherung (GMG) vom 14.11.2003 (BGBl. Teil I Nr. 55 S. 2190) mit Änderungen bis zum 5.8.2004.

Heiny, L. (2007): Einweiser. In: Financial Times Deutschland. Sonderbeilage medbiz (6), S. 10–11.

Kassenärztliche Vereinigung (2008): Von der Idee zur bundesweiten Umsetzung. Entwicklung der Medizinischen Versorgungszentren. Berlin.

Krankenhausentgeltgesetz – Gesetz über die Entgelte für voll- und teilstationäre Krankenhausleistungen (KHEntG) vom 23.4.2002 (BGBl. Teil I S. 1412, 1422) mit Änderungen bis zum 26.3.2007.

Möllering, G./Behar, B.I./Sommer, F. (2005): Strategische Beschaffung in hybriden Organisationsformen: Konzerne und Netzwerke im Vergleich. In: Wirtschaftswissenschaftliches Studium 34 (6), S. 315–320.

Salfeld, R./Hehner, S./Wichels, R. (2007): Modernes Krankenhausmanagement – Konzepte und Lösungen. Berlin etc.

Sell, A. (2002): Internationale Unternehmenskooperationen. 2. Aufl. München und Wien.

Sozialgesetzbuch (SGB) Fünftes Buch (V) vom 20.12.1988 (BGBl. Teil I S. 2477) mit Änderungen bis zum 14.6.2007.

Sydow, J. (1992): Strategische Netzwerke. Wiesbaden.

Thomas, A. (2005): Wann lohnt sich ein MVZ? Konzeption des Gesetzgebers und betriebswirtschaftliche Implikationen aus Sicht der Krankenhäuser. In: Das Krankenhaus 97 (10), S. 865–872.

Vertragsarztrechtsänderungsgesetz (VÄndG) vom 22.12.2006 (BGBl. Teil I S. 3439).

Wichels, R./Behar, B.I./Salfeld, R. (2007): Wege zum professionellen Einweisermanagement. In: Chefärzte Brief. Sonderausgabe, S. 26–32.

Wirth, C./Sydow, J. (2004): Hierarchische Heterarchien – heterarchische Hierarchien. Zur Differenz von Konzern- und Netzwerksteuerung in der Fernsehproduktion. In: Sydow, J./Windeler, A. (Hrsg.): Organisation der Content-Produktion. Wiesbaden, S. 125–147.

Zinn, W./Messner, T. (2004): Wie müssen Krankenhäuser ihre Beziehung zu den niedergelassenen Ärzten in Zukunft gestalten? In: Das Krankenhaus 96 (3), S. 196–199.

Zulassungsverordnung für Vertragsärzte (Ärzte-ZV) vom 28.05.1957 (BGBl. Teil III Gliederungsnummer 8230–25) mit Änderungen bis zum 26.3.2007.

Zydrowomyslaw, N./Düring, W. (1999): Gesundheitsökonomie. 2. Aufl. München.

Joachim Kartte und Oliver Rong

Chancen für Universitätsklinika durch Vernetzung mit Leistungserbringern und industriellen Partnern

Zusammenfassung

Das Gesundheitswesen ist hoch spezialisiert und arbeitsteilig organisiert. Gegen die beherrschende sektorale Trennung setzte das GMG im Jahr 2004 die integrierte Versorgung. An dieser beteiligten sich Universitätsklinika zunächst nur zögerlich, inzwischen sind sie stark involviert. Da Universitätsklinika nicht nur die Krankenversorgung, sondern auch Forschung und Lehre als Auftrag haben, bietet sich eine Weiterentwicklung klassischer Versorgungskonzepte gemeinsam mit Partnern aus der Gesundheitsindustrie an – hierdurch entsteht ein Integriertes Innovationsnetzwerk. Dieses regionale Netzwerk hat mit den Universitätsklinika in der Region einen geborenen Netzwerkkoordinator, welcher die Partner unternehmerisch einbindet. Die im integrierten Innovationsnetzwerk gemeinsam mit Partnern entwickelten neuen Therapieverfahren, Diagnostikmöglichkeiten und IT-Anwendungen schaffen Wachstum und Beschäftigung im Gesundheitswesen. Hiervon können alle Beteiligten profitieren, vom Patienten über Krankenkassen bis zur Industrie und Universitätsklinika.

1 Ausgangssituation und Zielsetzung

Die Medizin hat sich insbesondere im vergangenen Jahrhundert fortlaufend spezialisiert und sich damit immer stärker in einzelne Fachgebiete mit sehr spezifischem Spektrum ausdifferenziert. Hierdurch konnten erhebliche Fortschritte bei der Diagnostik und der Therapie erreicht werden. Komplexere Krankheitsbilder und zunehmende chronische Erkrankungen erfordern ein Zusammenwirken von Ärzten verschiedener Fachdisziplinen. Exemplarisch ist dies schon in der Onkologie (interdisziplinäre Tumorboards), bei der gemeinsamen Behandlung von Durchblutungsstörungen in Gefäßzentren oder generell bei der Bildung von krankheitsbezogenen Zentren zu beobachten (Vetter 2005).

Seit dem GMG 2004 besteht für Leistungserbringer die Möglichkeit, mit Krankenkassen Verträge über eine verschiedene Leistungssektoren übergreifende Versorgung oder eine interdisziplinär-fachübergreifende Versorgung der Versicherten abzuschließen – die integrierte Versorgung nach §§ 140a ff SGB V. Die Universitätsklinika haben die Chancen der integrierten Versorgung zunächst nicht sehr offensiv genutzt. Dies hat verschiedene Ursachen, wie zum Beispiel das oftmalige Alleinstellungsmerkmal als Maximalversorger in der medizinischen Versorgungskette, das aus Sicht der Universitätsklinika das Abschließen von Verträgen mit den Krankenkassen nicht notwendigerweise erfordert.

Trotz dieser Spezifität werden aber auch Universitätsklinika ohne eine vom vorstationären (niedergelassene Ärzte) bis zum nachstationären Bereich (Pflege und Rehabilitation) durchgängig inhaltlich abgestimmte und kostenseitig optimierte Leistungserbringung ihre Position in einem zunehmend überregionalen Wettbewerb nicht halten können. Nur die aktive Vernetzung mit anderen Leistungserbringern und in letzter Konsequenz die Entwicklung von durchgängigen, gesamtprozessoptimierten Behandlungspfaden wird eine Absicherung der Markt- und insbesondere Kostenposition in der Zukunft ermöglichen. Die Universitätsklinika haben diese Herausforderung zwischenzeitlich erkannt und engagieren sich zunehmend in der integrierten Versorgung. Neben der Krankenversorgung dienen Universitätsklinika zusätzlich der Forschung und Lehre. In diesen Aufgabenfeldern wiederum bestehen aktuell in jedem Universitätsklinikum eine Vielzahl von Kooperationen mit Partnern aus dem wissenschaftlichen und nichtwissenschaftlichen (d. h. im wesentlichen industriellen) Bereich. Eine neue Qualität des Zusammenspiels aller an der Krankenversorgung sowie der Forschung und Lehre beteiligten Akteure könnte im Rahmen eines Gesundheitsnetzwerks erreicht werden.

Soll diese integrierte Versorgung mittels Netzwerken aus verschiedenen Leistungserbringern institutionalisiert und gelebt werden, müssen sich die Teilnehmer über die Organisationsproblematik von Netzwerken und Diskrepanzen zwischen gefordertem kollektivem Handeln und Partikularinteressen bewusst werden und diese systematisch durch Lösungsansätze bewältigen (Sydow 2006).

Der vorliegende Beitrag setzt sich mit der Fragestellung auseinander, welche Position Universitätsklinika in weiterentwickelten Kooperationsmodellen einnehmen können, welche Faktoren relevant für den Erfolg sind und welche Vorteile sich daraus für die jeweiligen Teilnehmer ergeben. Zu Beginn wird kurz die bereits oben aufgeführte Organisationsproblematik diskutiert. Anschließend werden aus Sicht der Universitätsklinika Kooperationsmöglichkeiten in den Bereichen Krankenversorgung sowie Forschung und Lehre aufgezählt. Darauf aufbauend wird die Position der Universitätsklinika im sogenannten integrierten Innovationsnetzwerk abgebildet und relevante Erfolgsfaktoren beim Aufbau eines solchen Netzwerks sowie dessen Vorteile ausgewiesen. Der Beitrag schließt mit einem allgemeinen Fazit und Ausblick, indem die relevanten Aspekte nochmals aufgeführt und in Beziehung zueinander gesetzt werden.

2 Organisationsproblematik und etablierte Kooperationsformen aus Sicht der Universitätsklinika

2.1 Organisationsproblematik

Bei Gesundheitsnetzwerken handelt es sich um Organisationsformen, die aus Individuen und Gruppen (singulärer Maximalversorger, Krankenhäuser anderer Versorgungsstufen, Zusammenschlüsse niedergelassener Ärzte/Ärztenetzwerke, Unternehmen aus Pharma und Medizintechnik etc.) bestehen und die spezifische Ziele anstreben wie zum Beispiel die Erbringung einer qualitativ hochwertigen medizinischen Versorgung. Diese Organisationsformen sind in der Regel auf Dauer angelegt und als nichtgeschlossene Systeme der Umwelt gegenüber offen (Hellmann 2001). Bei hierarchisch fokalen Gesundheitsnetzwerken erfolgt die Steuerung zum Beispiel über eine Universitätsklinik, die die Dissonanzen – resultierend aus dem Spannungsverhältnis zwischen Wettbewerb und Kooperation – harmonisieren muss.

Die Kooperationsforschung offeriert verschiedenste Ansätze zur Erklärung von Funktionsweisen und Gestaltungsempfehlungen für unterschiedliche Arten der Kooperationen. Neben industrieökonomischen, institutionenökonomischen, ressourcenabhängigkeits- und institutionentheoretischen Ansätzen werden unter anderem auch spieltheoretische Fragestellungen diskutiert (Raible/Leidl 2004). Abstrahiert man von der jeweiligen ansatzspezifischen Schwerpunktsetzung und begreift wirtschaftswissenschaftliche Forschung als praxeologisch ausgerichtet, deren Ziel die Ableitung von Handlungsmöglichkeiten ist, geht es im Kern immer darum, Effektivitäts- und Effizienzsteigerungen zu erreichen, um nachhaltige Wettbewerbsvorteile zu generieren (Kieser/Kubicek 1992). Bei jeglicher Art von Kooperation – auch bei Netzwerken – gilt es, die zwei Kernprobleme des Organisierens: das Koordinations- und Motivationsproblem, zu lösen (Picot et al. 1999).

Vor der Koordination sind die am besten geeigneten Teilnehmer des zu bildenden Netzwerks zu identifizieren sowie deren Kompetenzen/Stärken und Schwächen zu analysieren. Unter Zuhilfenahme von organisationspsychologischen Ansätzen können zukünftige Verhaltensweisen approximativ antizipiert und Anreizstrukturen so gesetzt werden, dass sie sich nicht nachteilig auswirken, sondern motivationsfördernd sind (v. Rosenstiel 2007). Das Netzwerkmanagement nimmt dann bei der Koordination die »Orchestrierung« der teilnehmenden Akteure vor, deren Aktionen produktiv ineinandergreifen und einen Mehrwert für alle Beteiligten im Vergleich zur Stand-alone-Lösung bieten sollen (Sydow/Windeler 1994; Sydow 2006).

Zur Koordination der Akteure ist ein zunehmender Steuerungsaufwand erforderlich, der tradierte Mechanismen von Führung und Steuerung an die Grenzen bringt. Für die Universitätsklinika ist diese Vernetzungsherausforderung dabei eine zweidimensionale: Denn neben der innerhalb des Geschäftssystems eines Universitätsklinikums noch einfach zu bewältigenden Herausforderung (interne Vernetzungsherausforderung) ist zudem ein Zusammenwirken mit den anderen Leistungserbringern über bzw. zwischen den verschiedenen Sektoren des Gesundheitswesens erforderlich und diese externen

Vernetzungsherausforderungen ergeben sich innerhalb der Hauptleistungen der Universitätsklinika: in der Krankenversorgung sowie in der Forschung und Lehre

2.2 Kooperationen in der Krankenversorgung

Die bis vor kurzem eher strikte Trennung von ambulanter und stationärer Versorgung wurde insbesondere durch das GKV-Modernisierungsgesetz des Jahres 2004 aufgelöst. Die danach möglichen Modelle der integrierten Versorgung (§§ 140a-d SGB V) erlauben heute auf einzelvertraglicher Ebene Vereinbarungen zwischen Krankenkassen und Leistungserbringern aller Versorgungsstufen (Ärzte, Krankenhäuser, Universitätsklinika, Apotheken etc.) bzw. Trägern Medizinischer Versorgungszentren (Managementgesellschaften). Die Bundesgeschäftsstelle Qualitätssicherung gGmbH (BQS) berichtet zum Stand 30.09.2007 über 4500 Verträge mit 5,6 Mio. Versicherten und 788 Mio. EUR Vergütungsvolumen. Dies entspricht gegenüber dem ersten Quartal 2005 einer Steigerung der Vertragsanzahl um 646 %, der Versichertenanzahl um 162 % und des Vergütungsvolumens von 209 %. Im gleichen Zeitraum nahm die Zahl der Krankenhäuser, die direkter Vertragspartner auf Leistungserbringerseite waren, von 205 auf 829, d. h. um 304 % zu. Damit sind fast 50 % der deutschen Krankenhäuser bereits Partner auf der Leistungserbringerseite (vergleiche Abb. 42).

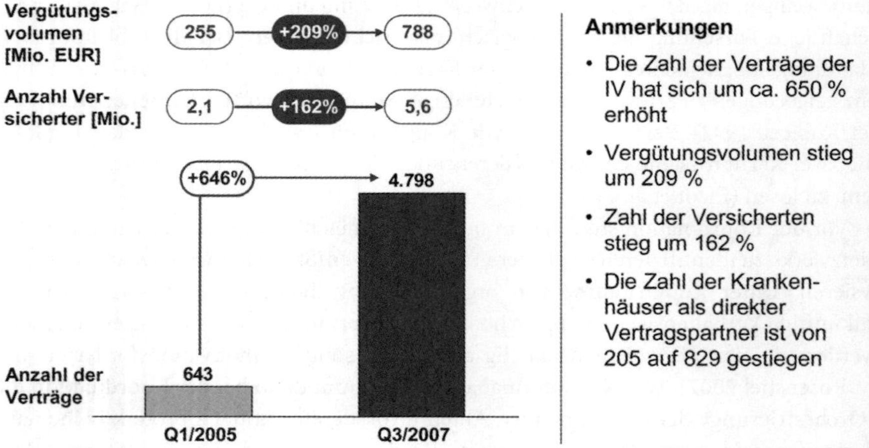

Abb. 42: Entwicklung der Anzahl der Verträge zur integrierten Versorgung
Quelle: BQS- Bundesgeschäftsstelle Qualitätssicherung gGmbH

Auch Universitätsklinika haben die Möglichkeit, durch integrierte Versorgung außerhalb des stationären Budgets wachsen zu können, zunehmend genutzt. Aufgrund der Binnenstruktur mit einem gegenüber anderen, nicht-universitären Krankenhäusern stärkerem Leistungsanteil im ambulanten Bereich (Hochschulambulanzen) bieten Universitätsklinika vernetzte Leistungen bereits im eigenen Geschäftssystem an. Vernetzungspartner sind daher schwerpunktmäßig andere Krankenhäuser und Leistungserbringer im Rehabilitations- und Pflegebereich. Treiber der Vernetzung sind die Krankenhäuser und Universitätsklinika, die durch die Vernetzung mit den anderen Leistungserbringern zusätzliche Erträge aus den Mitteln der Anschubfinanzierung außerhalb der Budgets der Krankenversorgung generieren können und gleichzeitig die bisherigen Kostenstrukturen optimieren können (z. B. durch eine nach der stationären Behandlung schnellere Überleitung in die Pflege oder die Reha-Maßnahme).

Parallel zu diesen gesetzlich normierten Kooperationen haben sich weitere Kooperationstypen etabliert. Hierzu gehören u. a. vertragliche Regelungen zwischen Krankenhäusern über gegenseitige Einweisungen von Patienten, die gemeinsame Nutzung von Medizintechnik (insb. Großgeräte), die Übernahme von Chefarztpositionen, die Erbringung von Diagnostikleistungen (Klinische Chemie, Virologie, Mikrobiologie, Pathologie und Bildgebung). Getrieben wird dies von den Krankenhäusern und Universitätsklinika, um Beiträge zur Verbesserung des Unternehmensergebnisses zu realisieren, aber auch, um die Position im Wettbewerb mit anderen Krankenhäusern nachhaltig abzusichern.

Neben den Kooperationen haben Universitätsklinika in den vergangenen Jahren auch begonnen, bestehende Geschäftssysteme durch Zukäufe bzw. gesellschaftsrechtliche Verflechtungen weiterzuentwickeln. Hierunter fällt der Erwerb von Krankenhäusern in der jeweiligen Region (UK Tübingen), die Errichtung von Medizinischen Versorgungszentren (z. B. Charité Universitätsmedizin Berlin) oder Aktivitäten im Reha- und Pflegebereich bzw. beim Aufbau von Lowcare-Kapazitäten (z. B. UK Schleswig - Holstein) – vgl. Abbildung 43.

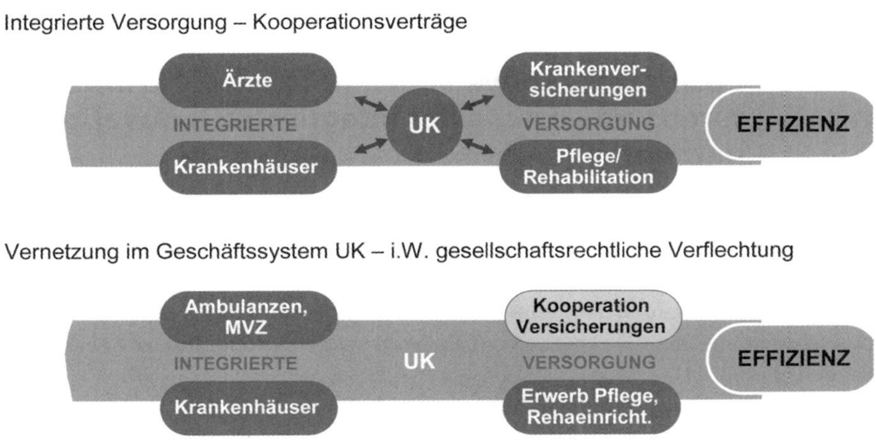

K: Universitätsklinikum

Abb. 43: Etablierte Kooperationen aus Sicht von Universitätsklinika (Quelle: Roland Berger)

Die bisher beschriebenen Kooperationsansätze beschränken sich auf die Krankenversorgung und sind stark getrieben durch das Ziel der Kostenoptimierung bzw. der Auslastungsverbesserung. Damit sind aber noch nicht alle Vorzüge des Geschäftssystems eines Universitätsklinikums – d. h. insbesondere die Stellung von Forschung und Lehre – aktiv genutzt worden.

2.3 Kooperationen in der Forschung und Lehre

In der Forschung und Lehre bestehen in jedem Universitätsklinikum eine Vielzahl von Kooperationen entlang der ausgewiesenen Forschungsschwerpunkte. Diese reichen von Kooperationen mit anderen Forschungseinrichtungen (Universitäten, Max-Planck-Institute, Einrichtungen der Fraunhofer-Gesellschaft oder der Helmholtz-Gemeinschaft, Bundesinstitute wie dem Robert Koch Institut), mit der Pharmaindustrie im Bereich von klinischen Studien (z.T. gesteuert über die Koordinierungszentren für Klinische Studien) über Kooperationen mit der Medizintechnik- und Medizinprodukteindustrie (Forschung, Entwicklung etc.) bis hin zu Kooperationen mit Ausgründungen und drittmittelgebenden Stiftungen.

Natürlich folgen Kooperationen in diesem Aktivitätsfeld zunächst allein dem Auftrag der Universitätsklinika, Forschung und Lehre zu betreiben. Eine noch stärkere Anwendungs- und Produktorientierung mit dem klaren Ziel der Vermarktung würde die Attraktivität für die Einwerbung von Drittmitteln und das Gewinnen von Kooperationspartnern aus der Industrie nachhaltig steigern und ist daher als sehr vorteilhaft zu bewerten. So könnten sogar weitere Mittel für den Ausbau der Grundlagenforschung eingeworben werden. Bisher folgen Kooperationen im Bereich Wissenschaft aber nicht dem eben beschriebenen ökonomischen Vermarktungsvorsatz, sondern dienen primär dem wissenschaftsgetriebenen Austausch mit anderen Forschern.

3 Position der Universitätsklinika sowie Erfolgsfaktoren und Vorteile des integrierten Innovationsnetzwerks

Die konsequente und logische Weiterentwicklung des bereits etablierten Modells der integrierten Versorgung wäre ein Netzwerk, in dem zusätzlich zu bisherigen Partnern aus dem Gesundheitswesen Forschungs- und Entwicklungspartner aus der Pharma-, der Medizintechnik- und der IT-Industrie gegebenenfalls mit weiteren Partnern eingebunden werden. Dieses Netzwerk kann als *Integriertes Innovationsnetzwerk* bezeichnet werden (s. Abb. 44).

Die Rolle des Netzwerkorganisators und -koordinators fällt dem Universitätsklinikum als dem Dreh- und Angelpunkt der Versorgung zu. Hierzu gehört die Ansprache von Kooperationspartnern, die Entwicklung/Vorgabe und Vereinbarung von Zielen für die Kooperation, das Nachhalten des Erreichens von Kooperationszielen etc.

Der Aufbau eines solchen Netzwerkes unter der Führung von Universitätsklinika kann nur gelingen, wenn folgende *Erfolgsfaktoren* erfüllt sind:

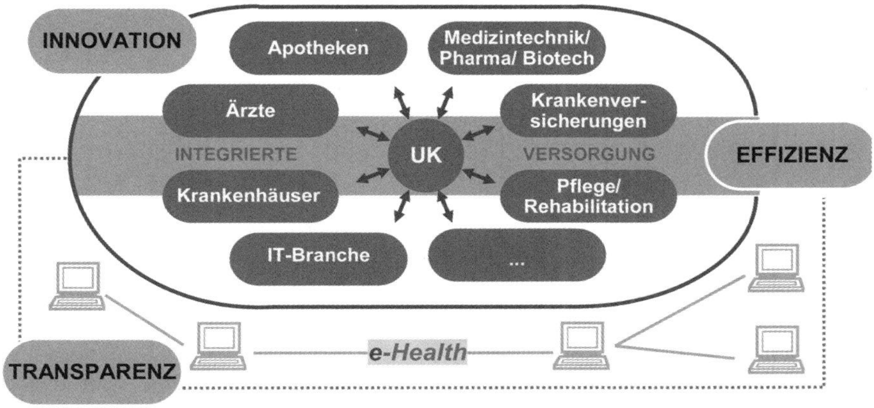

UK: Universitätsklinikum

Abb. 44: Weiterentwicklung etablierter Kooperationen aus Sicht von Universitätsklinika (Quelle: Roland Berger)

- *Unternehmerische Vision und Unternehmerisches Handeln* – Voraussetzung ist ein gemeinsames Verständnis auf Seiten der Universitätsklinika und der industriellen Partner. Im Kern bedeutet dies, dass vermarktungsfähige Produkte/Dienstleistungen entwickelt werden und unternehmerische Kosten- und Nutzenabwägungen getroffen werden; die Industriepartner müssen bereits heute alle ihre Aktivitäten unter Kosten-/Nutzenüberlegungen priorisieren. Diese Anforderung muss von allen Kooperationspartnern akzeptiert werden. An dem Fehlen dieses Erfolgsfaktors sind schon viele Versuche einer Kooperation von Universitätsklinika und der Industrie gescheitert.
- *Klare Zielvorgaben* – eine gemeinsame Aktivität in einem Netzwerk kann nur funktionieren, wenn die Ziele der Akteure transparent formuliert werden. Nur so besteht die Möglichkeit, laufend die Zielerreichung zu messen. Die Ziele sollten hierfür möglichst weit operationalisiert werden (z. B. Anzahl von neuen Produkten, Anzahl versorgter Patienten).
- *Steuerung und Management* – einer der Akteure muss die Rolle des Steuerkopfes und in diesem Sinne des Netzwerkintegrators übernehmen. Diese Rolle fällt nach der Einschätzung der Autoren den Universitätsklinika zu. Hierfür müssen sich die Universitätsklinika zusätzliches Management-Know-how zukaufen.
- *Verbindliche Ressourcenzuordnung* – alle beteiligten Partner müssen die notwendigen Ressourcen verbindlich zusagen und bereitstellen. Dies kann nur auf Basis von verbindlichen vertraglichen Vereinbarungen erfolgen.
- *Gesellschaftsrechtliche Verflechtung* – ein Netzwerk in der beschriebenen Form wird dann optimal entwickelt werden können, wenn die Akteure hierfür eine gemeinsame gesellschaftsrechtliche »Hülle« finden – eine gemeinsame Netzwerkgesellschaft.

Das Interesse der Universitätsklinika an der Übernahme der Koordinationsaufgabe liegt darin, dass aus der Forschung resultierende neue Anwendungen (Therapie und Diagnostik) den Patienten im Netzwerk verfügbar gemacht werden können. Hieraus – nämlich aus der Verfügbarkeit von State-of-the-art-Krankenversorgung – ergibt sich ein signifikanter Wettbewerbsvorteil für Universitätsklinika, der im zunehmenden Wettbewerb um den Patienten primär bei den Patienten selbst aber auch bei der Vereinbarung von innovativen (insbesondere präventionsgetriebenen) Versorgungsmodellen mit den Krankenkassen genutzt werden kann.

Neben der Medizintechnik- und Pharmaindustrie könnte auch die IT-Industrie von einem solchen Netzwerk profitieren. Denn für die sektorübergreifende Versorgung existieren derzeit nur in unzureichendem Umfang geeignete Anwendungen, sodass hier noch ein erheblicher Entwicklungsaufwand geleistet werden muss. Entsprechend der Bedürfnisse der Akteure aus Gesundheitswesen und Industrie müssen passgenaue IT-Lösungen zur Schaffung von Transparenz über die Leistungen und die Kosten sowie die Kommunikation der Akteure untereinander entwickelt werden. Hierbei kommt es auf die Vorgabe von verbindlichen Standards an, die nur einem starken Netzwerkkoordinator vorgegeben werden. Auch dies könnte durch die Universitätsklinika als Kern eines solchen Netzwerkes erfolgen.

Die Etablierung eines Integrierten Innovationsnetzwerkes bringt allen Beteiligten messbare Vorteile:

- *Dem Universitätsklinikum* – weil es seine Attraktivität im Wettbewerb durch neue Angebote mit regionalem und gegebenenfalls überregionalem Alleinstellungsmerkmal verbessert. Das Netzwerk wird Teil der Markenidentität, die hierdurch vor allem Impulse aus dem Bereich »Innovationsführerschaft« erhält.
- *Den leistungserbringenden nicht-universitären Partnern im Netzwerk* – weil diese vom Partner Universitätsklinikum profitieren und im Netzwerk durch die Attraktivität gegenüber anderen Angeboten mehr Fälle behandelt werden können.
- *Der (Gesundheits-)Industrie* – weil aus der Kooperation neue Produkte entwickelt werden, die Wachstumsmöglichkeiten eröffnen.
- *Den Krankenkassen* – weil Kosten und Qualität der Leistungserbringung gesteuert und optimalerweise sogar die Kosten gesenkt werden können.
- *Dem Patient* – weil er eine innovative Behandlungsform mit einem therapeutischen Mehrwert gegenüber alternativen Angeboten erhält.
- *Der Volkswirtschaft* – durch gemeinsam im Netzwerk entwickelte innovative Produkte und Dienstleistungen entstehen neue Arbeitsplätze und Wachstumsimpulse aus der Boombranche Gesundheitswirtschaft.

4 Fazit und Ausblick

Universitätsklinika haben sich nach einer gewissen Anlaufschwäche vermehrt an Modellen der integrierten Versorgung beteiligt. Die stetige Dynamik des Gesundheitswesens erfordert sowohl eine intensivere Vernetzung im Bereich der Krankenversorgung als auch im Bereich der Forschung und Lehre. Die mit der Netzwerkbildung zusammenhängenden Organisationsprobleme wurden kurz umrissen, Lösungsansätze mittels der in Abschnitt 3 aufgezeigten Erfolgsfaktoren präsentiert, die es einzuhalten gilt. Die Autoren sehen die Universitätsklinika als das »Zentralgestirn« in der Patientenversorgung in der Rolle des Treibers –, im Sinne eines Netzwerkorganisators die Koordination zwischen den Teilnehmern umzusetzen.

Deutlich wurde, dass die bereits etablierten Modelle der integrierten Versorgung entscheidend weiter entwickelt werden müssten. Denn neben einer effizienten Leistungserbringung steht bei diesem Kooperationsansatz die Generierung eines Innovations-Mehrwertes. Der Patient im Netzwerk würde dann nicht nur nach etablierten Behandlungsformen und -methoden behandelt werden, sondern erhielte eine State-of-the-art-Behandlung, die von den Akteuren im Netzwerk entwickelt wird und aus Sicht des Netzwerkes die Attraktivität des Netzwerkes für die Patienten steigert.

Die konsequente Weiterentwicklung etablierter Strukturen der integrierten Versorgung hin zu regionalen integrierten Innovationsnetzwerken ist sowohl eine Chance für die Universitätsklinika als auch für potenzielle Kooperationspartner aus der Gesundheitsindustrie im engen (Pharmaunternehmen, Medizintechnik) aber auch weiteren Sinne (IT-Industrie, Telekommunikation etc.). Die Universitätsklinika und die Partner aus der Industrie können in eine derartige Kooperation ihre Stärken (Universitätsklinika: Wissenschaft, Forschungs- und Entwicklungskompetenz, Patientenzugang; Industrie: Marketing und Produktentwicklungskompetenz) mit einbringen und wechselseitig profitieren. Die auf eine Effizienzsteigerung durch sektorübergreifende Vernetzung ausgelegte ursprüngliche integrierte Versorgung wird durch die Innovationskraft der Partner zum Feld für die Entwicklung von neuen, innovativen Produkten.

Die hierbei von den Partnern entwickelten und angewandten Produkte, Verfahren und Technologien können sukzessive auf weitere Netzwerke übertragen werden, sodass Impulse für Wachstum und letztendlich Beschäftigung innerhalb des wachsenden Gesundheitsbereichs gegeben werden. Damit kann das Gesundheitswesen seinem Charakter als »Jobmaschine« auf dem Weg zur Dienstleistungsgesellschaft noch stärker als bisher gerecht werden.

Literaturverzeichnis

Hellmann, W. (Hrsg.)(2001): Management von Gesundheitsnetzen – Theoretische und praktische Grundlagen für ein neues Berufsfeld. Stuttgart.

Kieser, A./Kubicek, H. (1992): Organisation. 3. Aufl. Berlin etc.

Picot, A./Dietl, H./Franck, E. (1999): Organisation. Eine ökonomische Perspektive. 2. Aufl. Stuttgart.

Raible, C./Leidl, R. (2004): Does co-operation research provide approaches to explain the changes in the German hospital market? In: Das Gesundheitswesen 66 (11), S. 707–715.

Rosenstiel, L.v. (2007): Grundlagen der Organisationspsychologie. 6. Aufl. Stuttgart.

Sydow, J. (2006): Management von Netzwerkorganisationen – Zum Stand der Forschung. In: Sydow, J. (Hrsg.): Management von Netzwerkorganisationen. 4. Aufl. Wiesbaden, S. 373–473.

Sydow, J./Windeler, A. (1994): Über Netzwerke, virtuelle Integration und Interorganisationsbeziehungen. In: Sydow, J./Windeler, A. (Hrsg.): Management interorganisationaler Beziehungen. Vertrauen, Kontrolle und Informationstechnik. Opladen, S. 1–21.

Vetter, U. (2005): Neuerkrankungsrate und Vorkommen chronischer Erkrankungen. In: Vetter, U./ Hoffmann, L. (Hrsg.): Leistungsmanagement im Krankenhaus: G-DRGs. Schritt für Schritt erfolgreich: Planen – Gestalten – Steuern. Heidelberg, S. 6–23.

Lars Schweizer und Barbara Bernhard

Strategische Optionen öffentlicher Krankenhäuser zwischen Markt und Hierarchie – Eine empirische Studie

Zusammenfassung

Ausgehend von den aktuellen Entwicklungen im deutschen Krankenhausmarkt, dem Rückgriff auf theoretisch-konzeptionelle Überlegungen sowie durch die Ergebnisse einer durchgeführten, explorativen Expertenbefragung analysiert der vorliegende Beitrag die Frage, welche (Organisations-)Strategien öffentlichen Krankenhäusern zur Verfügung stehen, um ihre Position im Gesundheitsmarkt zu verbessern. Es werden vier zentrale Strategien (Outsourcing, Public Private Partnership, Fusion & Akquisitionen und Privatisierung) identifiziert, die zur Generierung zusätzlicher Finanzierungsquellen oder zur Senkung der Kosten beitragen und gleichzeitig unterschiedliche Strategien im Spannungsfeld von Wettbewerb und Kooperation darstellen. Outsourcing und Public Private Partnership, als Netzwerkoptionen, tragen sowohl zur Kostensenkung als auch zur Finanzierung von Investitionen bei. Die formelle Privatisierung ebenso wie die materielle Privatisierung tragen vordergründig nicht zur Lösung der Probleme bei, legen aber den Grundstein für den Einsatz anderer Strategien. Die Alternative, die am meisten zur Kostensenkung und Investitionsfinanzierung beiträgt, ist die Akquisition eines öffentlichen Krankenhauses durch einen privaten Klinikkonzern. Bei der Wahl der Strategiealternative sollte allerdings die Versorgungsart, das Wettbewerbsumfeld und die finanzielle Situation der Krankenhäuser berücksichtigt werden, so dass im Ergebnis eine Koexistenz unterschiedlicher Strategien für den Krankenhausmarkt zu erwarten ist.

1 Probleme und Herausforderungen öffentlicher Krankenhäuser

Der deutsche Krankenhausmarkt konnte 2006 durch 30 Milliarden Euro Investitionsstau, 15 % Bettenabbau, einem Zwang zur Konsolidierung und Kliniksterben beschrieben werden und das trotz gleichzeitig immer steigender Ansprüche der Patienten. Die sich daraus ergebenden Probleme und Herausforderungen lassen sich in vier Bereiche einteilen: rechtliche Rahmenbedingungen, steigende Kosten, Investitionsstau und zunehmender Wettbewerb. Das Zusammenspiel dieser vier Bereiche führt dazu, dass sich öffentliche Krankenhäuser – ebenso wie das gesamte deutsche Gesundheitssystem (Amelung 2007) – massiven Finanzierungsproblemen gegenübersehen, denen sie durch entsprechende Strategien begegnen müssen. Was unterscheidet jedoch kommunale Krankenhäuser von den erfolgreicheren privaten Klinikkonzernen? Sehr oft sind es die effizienteren Strukturen und Prozesse, aber auch die Unabhängigkeit von der Politik. Vor allem die Vernetzung rückt hierbei immer stärker in den Vordergrund. Das strategische Netzwerk stellt hierbei eine auf die »Realisierung von Wettbewerbsvorteilen zielende, polyzentrische, gleichwohl von einer oder mehreren Unternehmungen strategisch geführten Organisationsform ökonomischer Aktivitäten zwischen Markt und Hierarchie dar« (Sydow 1992, S. 82). Unter Markt wird im Kontext des hier vorliegenden Beitrags die eher kompetitive und unter Hierarchie die kooperative Beziehung im Krankenhausmarkt verstanden. Aus Sicht der Netzwerktheorie stellt das Krankenhaus einen »Knoten« (Akteur) dar, der über »Kanten« (Beziehungen) mit anderen Akteuren des Gesundheitswesens in Verbindung steht. So kann zum Beispiel ein Krankenhaus (Knoten A) in einem Beschaffungsnetzwerk über eine Einkaufskooperation (Kante) mit dem Einkaufskooperationsanbieter (Knoten B) und anderen Krankenhäusern (Knoten C) vernetzt sein.

Der vorliegende Beitrag widmet sich den beiden folgenden Forschungsfragen: (1) Welche alternativen (Organisations-)Strategien haben öffentliche Krankenhäuser, um zusätzliche Finanzierungsquellen zu erschließen, Kosten zu senken und damit ihre Position im Gesundheitsmarkt zu verbessern? (2) Welche Vor- und Nachteile sind mit den jeweiligen Strategien verbunden? Diese beiden Fragen werden aus der Perspektive öffentlicher Krankenhäuser durch Rückgriff auf theoretisch-konzeptionelle Überlegungen ebenso wie durch die Ergebnisse einer durchgeführten, explorativen Expertenbefragung beantwortet. In einem ersten Schritt wurden zur Präzisierung der identifizierten Strategien vier Expertengespräche durchgeführt, die dann in einem zweiten Schritt um eine standardisierte Umfrage mit 99 Experten aus den Bereichen Unternehmensberatung, Gesundheitsjournalismus, Politik, Wissenschaft sowie Geschäftsführer öffentlicher/privater Krankenhäuser in Form eines Fragebogens ergänzt wurde. Zunächst wird jedoch der deutsche Krankenhausmarkt als notwendige Grundlage beschrieben.

2 Strategieoptionen öffentlicher Krankenhäuser im deutschen Krankenhausmarkt

2.1 Rahmenbedingungen des deutschen Krankenhausmarkts

Der größte Anteil der Gesundheitsausgaben in Deutschland entfiel im Jahr 2003 mit insgesamt 64,7 Mrd. Euro (26,9 Prozent) auf die Krankenhäuser[63] (Preusker 2006). Der Krankenhausmarkt mit seinen 2166 Kliniken (o.V. 2005a) gilt wegen seiner nicht ersetzbaren Leistungen als sehr zukunftssicher und umsatzstark (Praeckel et al. 2005). Auch seine Rolle als Arbeitgeber darf nicht unterschätzt werden. Im Jahr 2004 waren knapp 1,1 Millionen Personen in deutschen Krankenhäusern beschäftigt. Dennoch ist die Anzahl der Krankenhäuser seit 1995 um 7,3 Prozent zurückgegangen, die Bettenanzahl sogar um 8,3 Prozent, was ca. 67 Betten pro 1000 Einwohner entspricht (o.V. 2005a). Während die privaten Träger ihren Anteil jedoch von 1994 bis 2004 um 38,4 Prozent steigern konnten, büßten die Krankenhäuser in öffentlicher Trägerschaft im gleichen Zeitraum 21 Prozent ein. Auch in den nächsten Jahren soll der Bettenabbau um 15 bis 30 Prozent fortgesetzt werden (Bruckenberger et al. 2006).

Die steigenden Kosten und sinkenden Einnahmen, Investitionsstau und rechtliche Rahmenbedingungen führen dazu, dass Krankenhäuser zusätzliche Finanzierungsquellen generieren und Kosten senken müssen. Auch der bisherige, vor allem für öffentliche Krankenhäuser aufgrund der Gewährträgerhaftung eher günstige Bankkredit, wird in Zukunft durch die neue Eigenkapitalrichtlinie Basel II teurer werden (Heß 2005). Um das Ziel der Bedarfsdeckung medizinischer Versorgung weiterhin zu gewährleisten, müssen im nächsten Schritt Alternativstrategien in Bezug auf Finanzierungsquellen, Kosteneinsparungen und Erlössteigerungen gefunden werden.

2.2 Alternative Strategien öffentlicher Krankenhäuser

Die Identifikation alternativer Strategien im vorliegenden Beitrag erfolgte in einem ersten Schritt durch eine umfangreiche Literaturauswertung sowie eigene konzeptionelle Überlegungen. Diese wurden danach in einem zweiten Schritt durch vier Experteninterviews weiter verfeinert. Hierzu wurden Gespräche mit zwei Vertretern aus dem Bereich Unternehmensberatung im Gesundheitswesen, dem Geschäftsführer eines öffentlichen Krankenhauses sowie einem Vertreter aus dem Bayerischen Staatsministerium für Arbeit und Sozialordnung, Familie und Frauen geführt. Als Ergebnis wurden vier zentrale Strategien für öffentliche Krankenhäuser identifiziert: (1) Fusion & Akqui-

63 Im deutschen Krankenhausmarkt wird zwischen öffentlichen, freigemeinnützigen (kein erwerbswirtschaftlicher Zweck) und privaten (Betreibung zu Erwerbszwecken) Krankenhausträgern unterschieden (Henke et al. 2004). In diesem Beitrag liegt das Hauptaugenmerk auf den öffentlichen oder auch kommunalen Krankenhäusern in Deutschland, also jenen Kliniken, die mehrheitlich einem öffentlichen Träger gehören.

sitionen, (2) Outsourcing, (3) Public Private Partnership und (4) Privatisierung, die sich, wie in Abbildung 45 dargestellt, in den Kontext von Markt und Hierarchie einordnen lassen. Die Netzwerke – hier als Ergebnis von Outsourcing- und Public Private Partnership-Strategien – stehen hierbei zwischen Markt und Hierarchie, es werden dabei sowohl marktliche und hierarchische wie auch kompetitive und kooperative Elemente miteinander vereint (Sydow 1992). Dagegen wird die Privatisierung als marktorientierte Strategie mit niedrigem Hierarchiegrad eingeordnet, während die Fusion wie die Akquisition als hierarchieorientierte Strategie mit niedriger Marktorientierung aufgefasst wird.

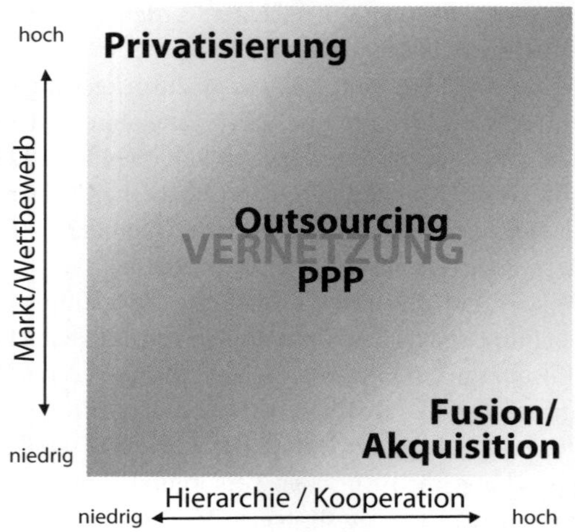

Abb. 45: Strategische Optionen öffentlicher Krankenhäuser im Koordinationskontext

2.2.1 Fusionen und Akquisitionen öffentlicher Krankenhäuser

In der deutschen Krankenhauslandschaft zeichnet sich ein Trend zur Fusion mehrerer kleiner Häuser einer Region zu einer GmbH und vor dem Hintergrund der Identifizierung »rentabler Kerne« damit auch eine Aufgabenzentralisierung bzw. -spezialisierung ab (Buestrich et al. 2005). Akquisitionen und Fusionen verlaufen im Krankenhausmarkt überwiegend horizontal, also zwischen mindestens zwei Kliniken (Harrison/McDowell 2005).[64] Diese Strategie ist eher zur Senkung von Kosten als für die Erschließung alter-

64 Die größte Fusion öffentlicher Krankenhäuser fand 2001 in Berlin mit der Gründung der Vivantes Netzwerk für Gesundheit GmbH statt. Die insgesamt neun beteiligten Kliniken erwirtschafteten 2004 einen Umsatz von 742,7 Mio. Euro mit insgesamt 10.653 Mitarbeitern. Der zweitgrößte kommunale Klinikverbund ist die Bremer Gesundheit Nord gGmbH, die durch eine Fusion von vier Krankenhäusern der Stadt Bremen im Jahr 2004 gegründet wurde und in einem Jahr einen aggregierten Umsatz von 428,5 Mio. Euro auswies (Glatzer 2004).

nativer Finanzierungsquellen geeignet und ist in Abbildung 45 als Kooperations- bzw. Hierarchielösung eingeordnet, d. h. der Wettbewerb wird durch Internalisierung ersetzt. Eine Studie von Connor und Feldman (1997) mit insgesamt 3500 Krankenhäusern (darunter 122 Fusionen) zeigt, dass der Kostensenkungseffekt etwa sieben bis zwölf Prozent beträgt. Die Personalkosten mit 65 Prozent der gesamten Krankenhauskosten können nach einer Studie von Lynk (1995) bei einer total integrierten Fusion um elf Prozent gesenkt werden.

Die Vorteile dieser Strategie zielen hauptsächlich auf das Problem der steigenden Kosten ab, sie tragen jedoch auch zur Lösung des Problems fehlender Investitionsmittel bei, da Kredite für Krankenhäuser wegen Basel II teurer werden. Durch eine Fusion oder Akquisition kann das Krankenhaus die Bank ggf. davon überzeugen, dass es seine Marktposition ausbaut und versucht, die Rentabilität zu steigern, was zu einem besseren Rating führen kann (Heß 2005). Politisch gesehen ist eine Fusion/Akquisition immer ein kritisches Thema, da es zu Widerständen der verschiedenen Stakeholder kommen kann. Ein weiterer Nachteil ist im hohen Integrationsaufwand und Integrationsrisiko zu sehen, welche durch die unterschiedlichen Ziele und Kulturen der Krankenhäuser zu begründen sind.

2.2.2 Outsourcing

Die erste der beiden Vernetzungsalternativen ist das Outsourcing. Die Frage nach dem »Selbermachen oder Kaufen« (Make or Buy) ist im Krankenhauswesen schon seit längerer Zeit aktuell (Jeschke/Hailer 1995); gewinnt derzeit trotzdem immer mehr Momentum bei kommunalen Krankenhäusern (Romano 2004). Dabei kann eine zeitliche Entwicklung beobachtet werden. Wo Anfang der Neunziger Jahre hauptsächlich Sekundärleistungen wie Wäscherei, Sterilisation und Gebäudemanagement ausgelagert wurden (Buestrich et al. 2005), geht der Trend heute zur Vergabe von Leistungen in den Bereichen Radiologie, Strahlentherapie sowie Innere Medizin und somit zu den patientennahen Bereichen (Preßler/Schemann 2000).

Die meisten Krankenhäuser wählen die Alternative des Outsourcings, um Einspar-, Erlös- und Qualitätssicherungsziele zu erreichen (Janssens/Mohaghegh 2005). Durch Outsourcing können Kosten zwischen zehn und 40 Prozent innerhalb von zwei bis fünf Jahren eingespart werden (Pelster/Thölking 2004). Zusätzliche Erlöse kann das Krankenhaus vor allem bei der Gründung eines Gemeinschaftsunternehmens erwirtschaften. Durch das Outsourcing hat das öffentliche Krankenhaus die Möglichkeit, sich auf sein Kerngeschäft, die medizinische Versorgung, zu konzentrieren[65] und somit die Qualität in diesen Bereichen zu erhöhen (Roberts 2001). Als wesentlicher Nachteil ist die Abhängigkeit des Krankenhauses vom Outsourcingpartner zu sehen. Die Auswahl eines geeigneten Partners und der permanente Informationsaustausch induzieren hohe Transaktionskosten. Bei dem Management eines solchen Netzwerks, das eine Vernetzungslösung zwischen Markt und Hierarchie darstellt, sind vor allem Vertrauen, Komplementarität und Koordination von Bedeutung – klare Ziele und Spielregeln sind unabdingbar (Tschudi/Gattiker 2006).

Eine besondere Variante des Outsourcings ist das Performance-Contracting, das eine Modernisierungs- und Optimierungsmaßnahme darstellt, welche die dauerhafte Senkung von Energie- und sonstigen Betriebskosten zur Folge hat (Brickmann 2000). Beim Performance-Contracting plant und finanziert der externe Partner, der Contractor, eine Maßnahme zur Senkung der Energiekosten und setzt sie zusammen mit dem Krankenhaus um. Die Kommune profitiert somit gemeinsam mit dem Contractor durch die Energieverbrauchsreduktion. Im Jahr 2005 griffen nach Schätzungen der Fachvereinigung Krankenhaustechnik ca. 20 Prozent aller deutschen Krankenhäuser auf diese Form des Outsourcings zurück (Thalmayr 2005). Auch das Outsourcing des Klinikmanagements in Form von Managementverträgen ist eine oft genutzte Kooperationsform (Goslich 2004). Sie ist dadurch charakterisiert, dass die Betriebsführung des Krankenhauses für einen bestimmten Zeitraum auf eine private Klinikgesellschaft übertragen wird, die Trägerschaft des Hauses jedoch bei der Kommune bleibt (Schwarz/Jendges 2001). Durch diesen Vertrag bekommt die Kommune über einen qualifizierten Manager Zugang zum Spezialwissen des privaten Klinikkonzerns und profitiert von Verbundvorteilen.

2.2.3 Public-Private-Partnership

Public-Private-Partnership (PPP) kommt ursprünglich aus dem Verkehrswesen und ist im Krankenhausbereich in Deutschland bisher kaum erprobt (o.V. 2004a). Wie beim Outsourcing ist diese Alternative durch Wettbewerb, wie auch Kooperation geprägt. Es handelt sich um eine vertikale Kooperation zwischen dem Krankenhaus als Auftraggeber und einem öffentlichen Auftragnehmer.[66] Hierbei sollen die Stärken beider Partner optimal eingesetzt und die verschiedenen Risiken von dem Partner mit dem höchsten Effizienzpotenzial getragen werden (Funke 2005). Dabei existieren mehrere Varianten der PPP-Vertragsgestaltung. In allen Modellen liegen die Planung, der Bau, der Betrieb und die Finanzierung beim Auftragnehmer und somit auch das Risiko.

---

65 Ein Beispiel für eine erfolgreiche Servicegesellschaft ist in der Organschaft zwischen der Zehnacker Berlin GmbH und dem deutschen Herzzentrum Berlin (DHZB) zu sehen (Krüchten 2002). Die Dienstleistungs-GmbH beinhaltet zum Beispiel Reinigungsdienste, Krankentransport, Wäsche, Waren- und Logistikdienste und das Service Center. Neben der Dienstleistungs-GmbH hat das DHZB 2002 als 100-prozentige Tochtergesellschaft die »German Heart Institute Berlin Service GmbH« (GHIB Services) gegründet, welche die Aufgaben IT-Services, Medizintechnik, Einkauf, Zentralarchiv, Postdienst, Transport und Hilfsdienst und Qualitätssicherung übernommen hat.

66 Als Beispiel für ein PPP-Inhabermodell kann der Neubau des ersten Kinderherztransplantationszentrums des Universitätsklinikums Gießen herangezogen werden (o.V. 2005b). Die privaten Auftragnehmer sind die Deutsche Anlagen-Leasing GmbH (DAL) und die Niederlassung Rhein-Main der Hochtief Construction AG. Die Investitionskosten des Projekts betragen insgesamt 7,5 Mio. Euro, basierend auf einem Vertrag mit einer Laufzeit von 28 Jahren. Es handelt sich hierbei um ein Inhabermodell, da die Uniklinik von Anfang an Eigentümerin der Immobilie ist, und Hochtief lediglich das Gebäude als Generalübernehmer plant und errichtet.

Mit dieser Organisationsform sind einige Vor- und Nachteile verbunden. Kosteneinsparungen ergeben sich u. a. aus der personellen Entlastung. Das Krankenhaus muss keine Mitarbeiter für die Planung des Baus freistellen oder neu einstellen, sondern übergibt diese Aufgaben komplett dem privaten Partner und kann sich auf seine Kernbereiche konzentrieren (Funke 2005). Dadurch, dass bei den Vertragsformen die Finanzierung des Gebäudes beim privaten Auftragnehmer liegt, spart das Krankenhaus Investitionsmittel. Der öffentliche Haushalt wird entlastet und die Vorhaben können schneller durchgesetzt und realisiert werden (o.V. 2003). Durch das Know-how des Privaten ist davon auszugehen, dass dieser die Aufgaben (Planung, Errichtung) kostengünstiger als die Kommune bzw. mehrere einzelne Anbieter vornehmen kann (Storz/Frank 2004). Die durchschnittlichen Effizienzvorteile durch PPP werden auf ca. zehn Prozent geschätzt (o.V. 2006). Die Nachteile von PPP sind hauptsächlich rechtlicher Natur. Oft werden die privaten Partner steuerlich durch die Körperschafts-, Gewerbe- und Umsatzsteuer belastet, da das Gebäude jetzt nicht mehr in öffentlicher Trägerschaft steht. Mit zusätzlichen Kosten sind auch die komplexe Vertrags- und Regelstruktur und die hohen Transaktionskosten von PPP verbunden, was dazu führt, dass sich PPP-Vorhaben erst ab einem Investitionsvolumen von 20 Mio. Euro für ein Krankenhaus zu rechnen scheinen (Alfen et al. 2005). Einer der größten Hinderungsgründe von PPP-Vorhaben ist häufig die Politik, da öffentliche Eigentümer und Betreiber Einflussverlust befürchten, wenn die Häuser nicht mehr ihnen gehören (Stimpel 2005). Daher ist es immer wichtig zu prüfen, ob die politische Hand auch hinter dem Projekt steht, da politische Auseinandersetzungen die Umsetzung von PPPs verzögern oder sogar verhindern können.

2.2.4 Privatisierung

Fast täglich wird in Fachzeitschriften und Tageszeitungen über Privatisierungen öffentlicher Krankenhäuser diskutiert, wobei zwischen der formellen und der materiellen Privatisierung unterschieden wird (Koppes 2000). Während bei der materiellen oder auch »echten« Privatisierung die Mehrheit der bisher staatlichen Organisation und Finanzierung des Krankenhauses von Privaten übernommen werden, ändert sich bei der formellen Privatisierung nichts an der Trägerschaft, sondern lediglich an der Rechtsform des Krankenhauses (Ennemann 2003). Es kommt dabei eine Vielzahl unterschiedlicher Rechtsformen in Betracht, wobei nur der Regiebetrieb, der Eigenbetrieb, die GmbH und die AG[67] bei öffentlichen Krankenhäusern vorzufinden sind. So gab es

67 In Deutschland gab es bis jetzt nur einen Träger, der die Rechtsform einer Aktiengesellschaft genutzt hat. Die dem Landkreis Dachau gehörende Kreisklinik Dachau-Indersdorf wurde im Jahr 2001 in eine Aktiengesellschaft namens Amper AG umgewandelt, deren Aktien zu 100 Prozent dem Landkreis gehören. Im Dezember 2004 wurde dieses Pilotprojekt jedoch beendet, indem die private Rhön-Klinikum AG 74,9 Prozent der Anteile der Amper AG übernahm. Weitaus populärer ist in Deutschland die Umwandlung von Eigen- oder Regiebetrieben in GmbH (o.V. 2004b).

in Bayern 2002 zum Beispiel 36 Regiebetriebe (31,3 Prozent), 35 Eigenbetriebe (30,4 Prozent), 30 GmbHs (26,1 Prozent) und eine AG (0,9 Prozent) (Diller 2001). 13 Krankenhäuser (11,3 Prozent) wurden als Kommunalunternehmen geführt, welches eine besondere Rechtsform darstellt, die es seit 1995 nur in Bayern gibt. Allerdings ist eine Rechtsformänderung wirtschaftlich nur erfolgreich, wenn der Einfluss der Politik wirklich zurückgeht.

Bei der »richtigen« bzw. materiellen Privatisierung erfolgt ein Eigentümerwechsel von der öffentlichen Hand in den privaten Besitz (Funke 2005). Diese Art der Privatisierung wird meistens dadurch umgesetzt, dass ein großer Klinikkonzern ein kommunales Krankenhaus aufkauft. Es gibt jedoch noch eine weitere Alternative: den Buyout.[68] Hinsichtlich der Privatisierung von Kliniken gehen die Meinungen stark auseinander. Wirtschaftswissenschaftler sind für eine Privatisierung, da der Staat ihrer Meinung nach für die Instabilität des Marktes und auftretende Krisen verantwortlich ist (Koppes 2000). Viele Befürworter der Privatisierung sehen in ihr den einzigen Ausweg aus der momentanen schlechten Finanzlage der Krankenhäuser. Die Gegner der Privatisierung befürchten jedoch, dass durch die Abgabe des Versorgungsauftrages des Staates das Gesundheitswesen ernsthaft in Gefahr gerät (Funke 2005). Die starke Orientierung an Profit und Wirtschaftlichkeit hätte langfristig eine negative Auswirkung auf die Leistungserstellung (Bruckenberger et al. 2006). Arbeitnehmervertreter befürchten durch eine Privatisierung einen erheblichen Stellenabbau. Ferner sind die steuerlichen Nachteile der Käufer ebenfalls ein Grund der Zurückhaltung von Geschäftsführern, eine Klinik zu kaufen. Auch wenn ein Buyout einige wesentliche Vorteile für ein Krankenhaus bieten kann, trägt dieser nicht wesentlich zur Lösung der Probleme öffentlicher Krankenhäuser bei, da weiterhin ein hoher Cash Flow-Bedarf vorliegt

Eine effizientere Variante der materiellen Privatisierung bezüglich Investitionsmittel und Kosten kann in der Akquisition durch einen privaten Klinikkonzern gesehen werden. Bei dieser Art der Privatisierung übernimmt eine private Klinikkette die Mehrheit der Trägerschaft des kommunalen Krankenhauses. Aktuell greifen immer mehr Kommunen auf diese Strategie zurück, um den öffentlichen Haushalt zu entlasten (Saure 2004). Vermehrt sind diese Akquisitionen in Deutschland seit Mitte bis Ende der 90er Jahre zu beobachten (Eiff 2005). Die erste Übernahme eines öffentlichen Krankenhauses mittels eines Klinikkonzerns fand 1984 zwischen der Stadt Hürth und Sana statt (Buse 2000).

68 Bislang gab es nur einen Employee Buyout (EBO) im öffentlichen Sektor: das Klinikum in Bad Doberan. Privater Träger des ehemals kommunalen Krankenhauses ist die Krankenhaus Bad Doberan GmbH, deren Gesellschafter 40 Mitarbeiter des Krankenhauses und die ITAG Holding AG & Co. KG Berlin sind (Heuer 2004). Ein Management Buyout (MBO) wurde bis dato in Deutschland noch bei keinem kommunalen Krankenhaus durchgeführt.

3 Empirische Untersuchung der Strategiealternativen öffentlicher Krankenhäuser

Das vorangehende Kapitel hat verdeutlicht, dass es »die« perfekte Strategie für öffentliche Krankenhäuser nicht gibt – jede hat ihre Vor- und Nachteile. Alle können gleichwohl zusätzliche Finanzierungsquellen erschließen und/oder Kosten einsparen. Um diese Erkenntnisse auf eine breitere Basis zu stellen, ist eine Expertenumfrage durchgeführt worden, welche die Frage klären soll, wann sich welche der vier strategischen Alternativen im Spannungsfeld von Wettbewerb und Kooperation am ehesten anbietet. Ziel dieser explorativ ausgerichteten Untersuchung ist es, den Wert einer Alternative für ein öffentliches Krankenhaus in bestimmten Situationen zu bestimmen. Dazu wurde eine standardisierte Umfrage mit 99 Experten aus den Bereichen Unternehmensberatung, Gesundheitsjournalismus, Politik, Wissenschaft sowie Geschäftsführer öffentlicher/privater Krankenhäuser in Form eines Fragebogens durchgeführt. Vor Versand der Fragebogen bekamen ihn acht Personen (Unternehmensberater, Psychologen, Wissenschaftler) als Pretest. Insgesamt wurden 44 Fragebögen zurückgesendet (Rücklauf von 44,44 %).

Als wesentliche Erkenntnis der Befragung konnte für das Problem der fehlenden Investitionsmittel und steigenden Kosten öffentlicher Krankenhäuser in Deutschland festgestellt werden, dass sich die Netzwerkalternative in Form eines Outsourcings bereits bei einem geringen Investitionsbedarf anbietet und auch ein sehr gutes Verhältnis zwischen Aufwand und Ertrag aufweist. Die anderen Alternativen sind bei Investitionen unter einer Million Euro weniger geeignet und haben auch kein so gutes Aufwand-Ertrags-Verhältnis. Laut der befragten Experten sind bei Kosteneinsparungen am ehesten die Alternativen des Outsourcing oder der Fusion/Akquisition anzuwenden. Dadurch, dass die Risiken bei Outsourcing gut abschätzbar sind, birgt diese Alternative keine hohe Gefahr des Scheiterns. Die Risiken bei der Fusion bzw. Akquisition hingegen sind nicht gut kalkulierbar, was dazu führt, dass hier eine hohe Gefahr des Scheiterns festgestellt wurde. Zusätzlich zu den Risiken und Gefahren ist die Fusion, und mit einigen Abstrichen auch die Akquisition, auch sehr komplex in der Umsetzung und benötigt, wie die anderen Alternativen auch, hohe personelle Ressourcen in der Planungsphase. Vor allem Krankenhäuser der Grund- und Regelversorgung in Gebieten mit einer hohen Wettbewerbsintensität sollten die Alternative der Fusion dennoch nutzen, um langfristig überleben zu können. Auch die anderen drei Alternativen können auf einem Markt mit hohem Wettbewerb sinnvoll eingesetzt werden, allerdings könnten sie in einem weniger reglementierten Krankenhausmarkt erfolgreicher sein. Insbesondere die Alternative der PPP wird als Zukunftsmodell betrachtet, da sie keine große Gefahr des Scheiterns birgt, vor allem langfristige Kosten optimiert und auch am ehesten vom medizinischen Personal akzeptiert wird.

Um eine endgültige Handlungsempfehlung für öffentliche Krankenhäuser abgeben zu können, erfolgt als Nächstes ein Abgleich der empirischen Ergebnisse mit den aus der Literatur gewonnnen Erkenntnissen.

4 Strategische Handlungsempfehlungen für öffentliche Krankenhäuser

In diesem Abschnitt werden die theoretischen Erkenntnisse mit den Ergebnissen der Expertenumfrage verglichen. Für die Gegenüberstellung wurden die Angaben aus der Literatur in das Fragebogenschema »übersetzt«. Bei der verwendeten Literatur handelt es sich um einen allgemeinen Literaturreview, der sowohl verschiedene theoretisch- als auch praxisorientierte Beiträge umfasst und nicht auf einem speziellen theoretischen Fundament aufbaut, was auch mit dem explorativen Charakter der Studie konsistent ist. Abbildung 46 vergleicht auf einer Skala von 1 (»stimme voll zu«) bis 5 (»stimme nicht zu«) die empirischen Ergebnisse der durchgeführten schriftlichen Befragung der 99 Experten, auf die im Folgenden Bezug genommen wird, mit den Ergebnissen und Bewertungen der Literaturauswertung.[69]

Diejenigen Fragen, die auf Basis der Literaturauswertung nicht beantwortet oder bewertet werden konnten, wurden in der Tabelle mit »k.A.« (»keine Angabe«) versehen. Die meisten Unterschiede bestehen bei der Alternative der materiellen Privatisierung. Nachdem dem Staat bei einer Privatisierung der Versorgungsauftrag entzogen wird, gibt es viele Gegner, die dadurch das Gesundheitssystem in Gefahr sehen. Die Experten sagen dennoch aus, dass die Privatisierung unbedenklich ist.

Auch bei Aussage 9 »…wird vom medizinischen Personal akzeptiert« sind unterschiedliche Ergebnisse zu konstatieren. Anhand der Literatur sollten bei einem Buyout die Mitarbeiter hinter der Strategie stehen, da diese das Krankenhaus übernehmen. Die Experten äußern dennoch, dass diese Alternative vom medizinischen Personal nicht akzeptiert wird. Diese Antwort ist eher auf den MBO als auf den EBO anzuwenden, da bei einem EBO u. a. die Ärzte Eigentümer des Krankenhauses werden und somit an Einfluss gewinnen. Auch die Risiken der materiellen Privatisierung werden unterschiedlich betrachtet. Nachdem die übernehmenden Manager oder auch Mitarbeiter das Unternehmen seit Jahren kennen, geht die Literaturmeinung davon aus, dass die Risken gut abschätzbar sind. Bei der Analyse der Umfrageergebnisse kommt jedoch heraus, dass die Experten der Aussage »Privatisierung birgt Risiken, die gut abschätzbar und kalkulierbar sind« nicht zustimmen.

Neben der Privatisierung besteht auch bei der Alternative des Outsourcings bei Aussage 4 »…ist sehr komplex in der Umsetzung« eine große Differenz. Laut den Erkenntnissen in der Literatur ist die Umsetzung dieser Strategie nicht sehr komplex. Jedoch stimmen die Krankenhäuser in öffentlicher Trägerschaft aufgrund ihrer Erfahrungen der Aussage »Outsourcing ist sehr komplex in der Umsetzung« zu.

69 Bei der Alternative PPP wurde zum Beispiel die erste Aussage des Fragebogens »die Strategie der PPP bietet sich schon bei einem geringen (< 1 Mio. €) Investitionsbedarf an« mit einer fünf für »stimme nicht zu« bewertet, da sich nach Alfen et al. (2005) PPP erst bei einem Investitionsbedarf von 20 Millionen Euro anbietet.

	Outsourcing		PPP		Fusion		Privatisierung	
	Theorie	Empirie	Theorie	Empirie	Theorie	Empirie	Theorie	Empirie
01. ... bietet sich schon bei einem geringen (< 1 Mio. €) Investitionsbedarf an.	**1**	**2**	**5**	**5**	k.A.	**5**	k.A.	**5**
02. ... hat ein sehr gutes Verhältnis zwischen Aufwand (Zeit, Personal etc.) und Ertrag.	**1**	**2**	k.A.	**3**	**4**	**3**	**4**	**3**
03. ... ist ethisch gesehen unbedenklich.	**2**	**2**	**2**	**1**	**2**	**1**	**4**	**1**
04. ... ist sehr komplex in der Umsetzung (Gesetze, Transaktionskosten etc.).	**5**	**2**	**1**	**2**	**2**	**1**	**2**	**2**
05. ... ist besonders geeignet für öffentliche Krankenhäuser der Maximalversorgung.	**5**	**3**	**3**	**3**	**4**	**3**	k.A.	**3 u. 5**
06. ... optimiert vor allem langfristige Kosten.	**2**	**2**	**1**	**2**	**2**	**2**	**4**	**2**
07. ... birgt eine hohe Gefahr des Scheiterns.	**2**	**3**	**2**	**4**	**2**	**4**	**2**	**3**
08. ... ist besonders geeignet für öffentliche Krankenhäuser der Grund- und Regelversorgung.	**3**	**3**	**3**	**3**	**2**	**2**	k.A.	**3**
09. ... wird vom medizinischen Personal akzeptiert.	k.A.	**4**	**2**	**3**	k.A.	**3**	**1**	**4**
10. ... bietet sich an für öffentliche Krankenhäuser in Regionen mit hoher Wettbewerbsintensität.	**1**	**2**	**1**	**2**	**1**	**1**	k.A.	**2**
11. ... hat ein großes Kosteneinsparungspotential.	**1**	**2**	**1**	**2**	**1**	**2**	**4**	**2 u. 4**
12. ... birgt Risiken die gut abschätzbar und kalkulierbar sind.	**4**	**2**	**4**	**2**	**4**	**4**	**1**	**4**
13. ... ist DAS Zukunftsmodell.	k.A.	3	k.A.	3	k.A.	3	k.A.	**3**
14. ... benötigt hohe personelle Ressourcen in der Planungsphase.	**4**	**2**	**4**	**2**	**2**	**1**	**2**	**2**
15. ... bedarf Anpassungen oder Änderungen der gesetzlichen Rahmenbedingungen.	**4**	**3**	**1**	**3**	**2**	**3**	k.A.	**3**
16. ... ist eine gute und realisierbare Alternative zu einem Bankkredit.	k.A.	**3**	**1**	**2**	**5**	**5**	**5**	**3 u. 5**
17. ... könnte in einem weniger reglementierten Krankenhausmarkt besser eingesetzt werden.	k.A.	**3**	**2**	**1**	**2**	**3**	k.A.	**1 u. 3**

Abb. 46: Gegenüberstellung der Ergebnisse aus Literatur und Empirie

Wird die Alternative PPP in Bezug auf Kostenreduzierung und Investitionsfinanzierung näher betrachtet, gilt es, die Fragen nach dem Scheitern und den personellen Ressourcen zu stellen. Nachdem sich PPP über viele Jahre erstreckt und eine große Abhängigkeit des Krankenhauses von dem Partner besteht, tendiert die Literatur zu der Aussage, dass PPP eine hohe Gefahr des Scheiterns birgt. Die Experten sind hingegen der Meinung, dass diese Aussage nicht zutrifft. Diese optimistische Einstellung begründet auch die Aussage der Experten, dass PPP ein Zukunftsmodell sein kann. Nachdem es aber noch keine langfristigen Erfahrungen mit diesem für den Krankenhausmarkt innovativen Modell gibt, wird sich dies erst in ein paar Jahren herausstellen.

Es finden sich auch viele Aussagen, die aufgrund der Literaturauswertung und den Schlussfolgerungen aus der empirischen Untersuchung vollkommen übereinstimmen. Der stärkste Konsens ist bei der Alternative der Fusion zu verzeichnen. Fusionen bieten sich vor allem für Krankenhäuser der Grund- und Regelversorgung an, da hierdurch Synergien zustande kommen, welche zur Kostenreduktion führen. Bei den Investitionen ist jedoch festzuhalten, dass eine Fusion oder Akquisition einen Bankkredit nicht ersetzt, sondern eher benötigt, da meistens kein neues Kapital dem Unternehmen zufließt. Hierbei stimmen Literatur und Experten vollkommen überein. Dies ist auch der Fall bei der Alternative der Privatisierung.

Auch bei Aussage 8 »...ist besonders geeignet für öffentliche Krankenhäuser der Grund- und Regelversorgung« liegt eine starke Übereinstimmung vor. Sowohl die Erkenntnisse aus der Literatur als auch die Empirie besagen, dass bei Outsourcing, PPP und der materiellen Privatisierung die Versorgungsart des Krankenhauses nicht relevant ist. Die Fusion/Akquisition ist eher für kleinere als für größere Krankenhäuser geeignet.

Abbildung 47 fasst die Ergebnisse der empirischen und theoretischen Analyse zur Eignung der vier verschiedenen Alternativen zusammen und gibt somit erste Handlungsempfehlungen ab. Ein öffentliches Krankenhaus in Deutschland kann damit Hinweise zur Ableitung einer geeigneten Strategie für seine Bedürfnisse finden. Handelt es sich zum Beispiel um ein Krankenhaus der Grund- und Regelversorgung in einem Gebiet mit hohem Wettbewerb, welches vor allem langfristige Kosten einsparen möchte, jedoch ausreichend Personal für die Planung hat, würde sich eine Fusion/Akquisition mit einem geeigneten Partner in der Umgebung empfehlen. Handelt es sich hingegen um ein Krankenhaus der Maximalversorgung, was eine größere Investition tätigen möchte, von der Bank jedoch keinen günstigen Kredit bekommt, kann die Alternative der PPP herangezogen werden.

Von der Alternative der materiellen Privatisierung ist am ehesten abzuraten, da sie von vielen Bedingungen wie ausreichenden Finanzierungsmitteln, qualifizierten Führungskräften und einer Umstrukturierung abhängt. Auch hat bis zum jetzigen Zeitpunkt – außer einem Employee Buyout noch kein Management Buyout (MBO) öffentlicher Krankenhäuser stattgefunden. Dennoch sollte auch diese Alternative nicht unbeachtet bleiben, da hierdurch vor allem die Unabhängigkeit von der Politik und der Zugang zum Kapitalmarkt erreicht werden können.

5 Fazit und Ausblick

Als Ergebnis dieser explorativen Studie kann festgestellt werden, dass es sicherlich kein Allheilmittel zur Verbesserung der wirtschaftlichen Lage öffentlicher Krankenhäuser in Deutschland gibt. Dennoch konnten bei der Beantwortung der ersten Forschungsfrage »Welche alternativen (Organisations-)Strategien haben öffentliche Krankenhäuser, um zusätzliche Finanzierungsquellen zu erschließen und Kosten zu senken und damit ihre

Fusion/Akquisition – Bietet sich nicht bei geringem Investitionsbedarf an. – Ist ethisch gesehen unbedenklich. – Ist sehr komplex in der Umsetzung. – Optimiert vor allem langfristige Kosten. – Ist besonders geeignet für öffentliche Krankenhäuser der Grund- und Regelversorgung. – Bietet sich an für öffentliche Krankenhäuser in Regionen mit hoher Wettbewerbsintensität. – Hat ein großes Kosteneinsparungspotenzial. – Benötigt hohe personelle Ressourcen in der Planungsphase. – Ist keine gute und realisierbare Alternative zu einem Bankkredit.	**Outsourcing** – Bietet sich schon bei geringem Investitionsbedarf an. – Hat ein sehr gutes Verhältnis zwischen Aufwand und Ertrag. – Ist ethisch gesehen unbedenklich. – Optimiert vor allem langfristige Kosten. – Birgt keine hohe Gefahr des Scheiterns. – Bietet sich an für öffentliche Krankenhäuser in Regionen mit hoher Wettbewerbsintensität. – Hat ein großes Kosteneinsparungspotenzial. – Könnte in einem weniger reglementierten Krankenhausmarkt besser eingesetzt werden.
Privatisierung – Bietet sich nicht bei geringem Investitionsbedarf an. – Ist sehr komplex in der Umsetzung. – Benötigt hohe personelle Ressourcen in der Planungsphase. – Ist keine gute und realisierbare Alternative zu einem Bankkredit. – Könnte in einem weniger reglementierten Krankenhausmarkt besser eingesetzt werden. – Ist nicht besonders geeignet für öffentliche Krankenhäuser der Maximalversorgung.	**PPP** – Bietet sich nicht bei geringem Investitionsbedarf an. – Ist ethisch gesehen unbedenklich. – Ist sehr komplex in der Umsetzung. – Optimiert vor allem langfristige Kosten. – Könnte in einem weniger reglementierten Krankenhausmarkt besser eingesetzt werden. – Ist eine gute und realisierbare Alternative zu einem Bankkredit.

Abb. 47: Charakteristika der vier Strategiealternativen öffentlicher Krankenhäuser

Position im Gesundheitsmarkt zu verbessern?« einige Strategien (Outsourcing, Public Private Partnership, Fusion & Akquisitionen und Privatisierung) gefunden werden, die bei der Generierung zusätzlicher Finanzierungsquellen helfen oder zur Senkung der Kosten beitragen und gleichzeitig unterschiedliche Strategien im Spannungsfeld von Wettbewerb und Kooperation darstellen.

Um die zweite Forschungsfrage »Welche Vor- und Nachteile sind mit den jeweiligen Strategien verbunden?« beantworten und somit eine Handlungsempfehlung für öffentliche Krankenhäuser geben zu können, wurde sowohl deduktiv aus der vorhandenen Literatur als auch induktiv durch eine Expertenumfrage versucht, anhand verschiedener Aussagen die Alternativen zu beurteilen. Bei der wirtschaftlichen Bewertung geht es hauptsächlich um die Frage, ob eine der genannten Alternativen zur Generierung zusätzlicher Finanzierungsquellen und Senkung der Kosten beiträgt. PPP und Outsourcing, als Netzwerkoptionen, tragen sowohl zur Kostensenkung als auch zur Finanzierung von Investitionen bei. Durch die Größenvorteile und Verbundeffekte können vor allem bei der Fusion erheblich Kosten reduziert werden, jedoch kommt kein zusätzliches Kapital für Investitionen in das neue Unternehmen. Sowohl die formelle Privatisierung als auch die materielle Privatisierung (MBO oder EBO) tragen vordergründig nicht zur Lösung der Probleme bei, legen aber den Grundstein für den Einsatz anderer Strategien. Durch die Loslösung von der Politik können wirtschaftliche Entscheidungen zugunsten des Krankenhauses getroffen werden. Die Alternative, die am meisten zur Kostensenkung und Investitionsfinanzierung beiträgt, ist die Akquisition eines öffentlichen Krankenhauses durch einen privaten Klinikkonzern. Aus rechtlicher Sicht besteht bei fast allen Alternativen noch erheblicher Handlungsbedarf. Laut Meinung der Experten ist vor allem bei der Alternative der PPP eine Anpassung oder Änderung der Gesetze notwendig. Auch Outsourcing, Fusion und die materielle Privatisierung könnten in einem weniger reglementierten Krankenhausmarkt erfolgreicher eingesetzt werden. Darüber hinaus sollten bei der Wahl der Strategiealternative die Versorgungsart, das Wettbewerbsumfeld und die finanzielle Situation der Krankenhäuser berücksichtigt werden. Es ist damit eine Koexistenz unterschiedlicher Strategien für den Krankenhausmarkt zu erwarten.

Literaturverzeichnis

Alfen, H.W./Buscher, F./Daube, D./Weidemann, A. (2005): Public Private Partnership im Krankenhausbereich. In: Das Krankenhaus 12, S. 1083–1088.

Amelung, V.E. (2007): Managed Care – Neue Wege im Gesundheitsmanagement. Wiesbaden.

Brickmann, U. (2000): Durch Performance Contracting Leistungen erhöht und Kosten minimiert. In: KMA 04/2000, S. 36.

Bruckenberger, E./Klaue, S./Schwintowski, H.-P. (2006): Krankenhausmärkte zwischen Regulierung und Wettbewerb. Berlin etc.

Buestrich, M./Finke, F./Latorre, F. (2005): Ökonomisierung der Gesundheitsverordnung: Möglichkeiten präventiver Arbeitsförderung im Klinikbereich. In: Gesundheits- und Sozialpolitik 3–4, S. 31–42.

Buse, H.R. (2000): Geeignete Rechtsformen für kommunale Krankenhäuser. Köln.

Connor, R.A./Feldman, R.D. (1997): Which types of hospital mergers save consumers money. In: Health Affairs 16 (6), S. 62–74.

Diller, W. (2001): Erfahrung mit den neuen Rechtsformen bei den kommunalen Krankenhäusern in Bayern. München.

Eiff, W.v. (2005): Erfolgsfaktoren für Unternehmensverbindungen im Gesundheitswesen. In: Eiff, W.v. (Hrsg.): Unternehmensverbindungen – Strategisches Management von Kooperationen, Allianzen und Fusionen im Gesundheitswesen. Bd. 1. 2. Aufl. Wegscheid, S. 17–54.

Ennemann, U. (2003): Wirtschaftliche Führung öffentlicher Krankenhäuser – Eine kritische Betrachtung der Public Private Partnership im deutschen Krankenhauswesen aus institutionenökonomischer Sicht. Paderborn.

Funke, D. (2005): Realisierbarkeit von Public Private Partnership Modellen im deutschen Krankenhaussektor. Weimar.

Glatzer, U. (2004): Neues Selbstbewusstsein. In: KMA 10/2004, S. 36.

Goslich, L. (2004): Nicht weit genug, aber doch zu weit. In: KMA 06/2004, S. 28.

Harrison, J.P./McDowell, G.M. (2005): A profile of US hospital mergers. In: Journal of Health Care Finance 31 (3), S. 15–24.

Henke, K.-D./Berhanu, S./Mackenthun, B. (2004): Die Zukunft der Gemeinnützigkeit von Krankenhäusern unter besonderer Berücksichtigung freigemeinnütziger Krankenhäuser. Berlin.
Heß, W. (2005): Krankenhäuser im Spannungsfeld zwischen Reformdruck und Finanznot. Working Paper Nr. 49 der Economic Research Allianz Group Dresdner Bank. Frankfurt a.M.
Heuer, C. (2004): Kartellamt – Kliniken unter Kontrolle. In: KMA 09/2004, S. 23.
Janssens, S.M./Mohaghegh, S. (2005): Outsourcing Versus in-House Provision of Sleep Diagnostic Services. In: Journal of American Academy of Business 6 (1), S. 336–342.
Jeschke, H.A./Hailer, B. (Hrsg.)(1995): Outsourcing im Klinikbereich. Kulmbach.
Koppes, M. (2000): Entscheidungstheoretische Analyse der Privatisierung. Lüneburg.
Krüchten, M.v. (2002): Höchstleistungen in allen Bereichen. In: KMA 03/2002, S. 60.
Lynk, W.J. (1995): The creation of economic efficiencies in hospital mergers. In: Journal of Health Economics 14 (5), S. 507–530.
O.V. (2003): Guidelines for successful public-private partnerships, Europäische Kommission. In: http://europa.eu.int/comm/regional_policy/sources/docgener/guides/PPPguide.htm (10.01.2006).
O.V. (2004a): Ergänzende/alternative Finanzierungsformen zur Krankenhausfinanzierung der Länderbericht der Arbeitsgruppe Krankenhauswesen der AOLG an die 14. Sitzung der Arbeitsgemeinschaft der Obersten Landesgesundheitsbehörden am 11./12. November 2004 in Berlin.
O.V. (2004b): Fördermittel bleiben knapp: Möglichkeiten und Grenzen der Aufnahme privaten Kapitals. In: f&w 04/2004, S. 35.
O.V. (2005a): Gesundheitswesen – Grunddaten der Krankenhäuser und Vorsorge- oder Rehabilitationseinrichtungen 2004. Statistisches Bundesamt. Fachserie 12. Reihe 6.1.1. Wiesbaden.
O.V. (2005b): Pressemitteilung Hochtief Construction AG, PPP: DAL und Hochtief realisieren in Gießen erstes Kinder-Herz-Transplantations-Zentrum vom 15.04.2005.
O.V. (2006): Pressemitteilung Nr. 346/2005, Bundesministerium für Verkehr, Bau und Stadtentwicklung. In: http://www.bmvbw.de/dokumente/,-937229/Pressemitteilung/ (09.01.2006).
Pelster, U./Thölking, P. (2004): Servicegesellschaften und Outsourcing. In: f&w 02/2004, S. 158–160.
Praeckel, P./Wittstock, M./Wybranietz, W. (2005): Die deutschen Akutkliniken im Spannungsfeld zwischen M&A und Privatisierung. In: Eiff, W.v. (Hrsg.): Unternehmensverbindungen – Strategisches Management von Kooperationen, Allianzen und Fusionen im Gesundheitswesen. Bd. 1. 2. Auflage. Wegscheid.
Preßler, R./Schemann, M. (2000): Outsourcing medizinischer Leistungsbereiche. In: f&w 02/2000, S. 168–170.
Preusker, U.K. (2006): Kompass Gesundheitsmarkt 2006. Heidelberg.
Roberts, V. (2001): Managing strategic outsourcing in the healthcare industry. In: Journal of Healthcare Management 46 (4), S. 239–250.
Romano, M. (2004): Outsourcing everything. In: Modern Healthcare 34 (14), S. 24–34.
Saure, C. (2004): Akquisitionsmanagement im Krankenhauswesen. Frankfurt a.M.
Schwarz, R./Jendges, T. (2001): Privatisierungstendenz im deutschen Krankenhauswesen. In: KMA 01/2001, S. 36.
Stimpel, R. (2005): Die Klinik als Immobilie. In: KMA 04/2005, S. 80.
Storz, M.A./Frank, M. (2004): Public Private Partnership im Hochbau. Erste Schritte: der PPP-Eignungstest. Leitfaden im Auftrag der PPP Task Force Nordrhein-Westfalen.
Sydow, J. (1992): Strategische Netzwerke. Wiesbaden.
Thalmayr, M. (2005): Gemeinsam Sparen. In: KMA 12/2005, S. 48.
Tschudi, O./Gattiker, A. (2006): Vernetzt einkaufen heisst besser einkaufen. In: Clinicum 5-06, S. 44–45.

John N. Weatherly

Berufsfeldübergreifende Kooperationen im Gesundheitswesen – Das Beispiel eines psychiatrischen Medizinischen Versorgungszentrums (MVZ)

Zusammenfassung

Die berufsfeldübergreifende Kooperation ist durch die indikations- oder populationsorientierte Integration der Behandlungsansätze unterschiedlicher Sektoren dringend geboten. Insbesondere in der Psychiatrie reichen die Hilfsangebote weit über das Gesundheitswesen selbst hinaus. Hier zeigt sich, dass eine konsequente Integration für den Behandlungs-und dauerhaften Versorgungserfolg überaus hilfreich ist. Am Beispiel eines psychiatrischen Medizinischen Versorgungs Zentrums im Netzwerk benachbarter Angebote stellt der Beitrag die Zusammenarbeit an sich, ihre spezifischen Risiken, aber auch ihre Chancen und Voraussetzungen dar. Ein Schwerpunkt ist die generelle Beschreibung der Effekte sowie der Einbettung und Verankerung von Kooperationen in die Unternehmensstrategie. Berufsfeldübergreifende Kooperationen mit mehreren und wechselnden Kooperationspartnern werden im deutschen Gesundheitswesen voraussichtlich die zukünftige Regel werden. Daher ist es vorteilhaft, Unternehmen und Mitarbeiter darauf frühzeitig einzustellen.

1 Einleitung

Kooperationen, Zusammenarbeit und Vernetzung sind in den letzten 70 Jahren des vergangenen Jahrhunderts aus dem Denken der Akteure des Gesundheitswesens gründlich verbannt worden. Durch strenge Beschränkungen der Sektoren auf ihre Kernbereiche und entsprechende Behandlungsverbote für Kliniken und kommunale soziale Dienste sollte einerseits eine Spezialisierung in der jeweiligen fachlichen Tiefe ermöglicht werden und andererseits jedes kommerzielle Überinteresse und -gewicht im Gesundheitswesen vermieden werden. Der Erfolg in qualitativer Hinsicht ist sicherlich bemerkenswert, andererseits entfernten sich die ablaufenden Behandlungsprozesse durch die Trennung innerhalb der Behandlungsketten und die sich daraus entwickelnde fachliche Spezialisierung immer weiter vom Patienten. Erhebliche zusätzliche Behandlungskosten und Friktionen waren ein Preis, den man bis zur Wiedervereinigung noch entrichten konnte und wollte. Auf dem aktuellen qualitativ-fachlichen Niveau muss jetzt wieder eine Neuvernetzung eintreten. Kooperationen sind daher seit dem Jahr 2000 durch die letzten Veränderungen im Rahmen der Gesundheitsreformen wieder zu strategischen Optionen in den Plänen der Akteure geworden, entsprechend dem geäußerten politischen Willen[70] aber nicht als Option, sondern als Pflicht. Integration ist das Gebot der Stunde, nicht nur in Form der Integrierten Versorgung nach § 140 ff. SGB V (dazu insb. Amelung/Janus 2005; Amelung et al. 2008; Weatherly et al. 2006), auch die Verschmelzung von Einzelpraxen zu Medizinischen Versorgungszentren (MVZ) oder Gemeinschaftspraxen bzw. Praxisgemeinschaften, die Reduktion der Zahl der Krankenkassen und die Integration verschiedener Kostenträger (wie z. B. Renten-, Pflege- und Unfallversicherungen) und ihrer Versicherungssysteme. Dabei kommt der berufsfeldübergreifenden Kooperation zunehmend große Bedeutung zu. Gleich zwei der im Einleitungsbeitrag zu diesem Band von *Volker E. Amelung, Jörg Sydow* und *Arnold Windeler* aufgezeigten Problemfelder werden in dem folgenden Beitrag berührt, nämlich der Umgang mit drohender Chronifizierung sowie mit psychischen Erkrankungen. In der Psychiatrie besteht bereits seit Längerem ein fachübergreifendes Behandlungsverständnis der beteiligten Ärzte wie auch des Pflegepersonals. Am konkreten Beispiel eines MVZ im Fachgebiet Psychiatrie werden insbesondere die Chancen der fachübergreifenden Kooperation beispielhaft aufgezeigt.

2 Berufsfeldübergreifende Kooperationen

Die berufsfeldübergreifende Kooperation beinhaltet – gerade im Gesundheitswesen, auch besondere Risiken.

2.1 Gesetzliche Vorgaben

Für die berufsfeldübergreifende Kooperation sind in den Berufsordnungen der Ärzte (hier im Weiteren kurz: MBO) Richtlinien und Grenzen gezogen. Gemäß § 30 MBO ist die fachübergreifende Kooperation von Ärzten mit Dritten so zu gestalten, dass die ärztliche Unabhängigkeit gewahrt bleibt und Verantwortungen innerhalb der Kooperation klar abgegrenzt werden. Eine gleichzeitige Untersuchung und Behandlung mit nichtmedizinischen Berufen ist untersagt. Ärztliche Unabhängigkeit bedeutet insbesondere, dass der Arzt seine Methoden und Verordnungen rein am Patientenwohl und nicht an finanziellen oder sonstigen Vorteilen und Parametern orientiert.[71] Die Vorschrift verbietet insbesondere unangemessene Entgelt- bzw. Vorteilsleistungen, deren Höhe nicht

70 Siehe Begründung zum Gesundheitsmodernisierungs-Gesetz i. d. F. BT-Drucksache 15/1525 vom 08.09.2003.

71 Ärztekammer Westfahlen Lippe »Wahrung der Ärztlichen Unabhängigkeit«, S. 1.

durch einen adäquaten Aufwand des Arztes gedeckt ist. Dieses bedeutet für die Kooperation zunächst, dass die Interessen und Methoden der anderen Kooperationspartner nicht so gestaltet sein dürfen, dass sie eine fachlich gebotene Handlung des Arztes hindern oder wesentlich erschweren.

Im Verhältnis zwischen verschiedenen Berufsgruppen ist auch die Steuerung der Patientenströme problematisch, sofern dadurch die freie Arzt- bzw. Therapeutenwahl beeinträchtigt wird. Lediglich im Rahmen der Integrierten Versorgung ist dieses Problemfeld ausgeschlossen, da hier dieses Recht des Patienten zumindest im Rahmen des IV-Vertrages aufgehoben ist.

Durch die Einführung des § 23b, Medizinische Kooperationsgemeinschaft, in die Musterberufsordnung wurde der äußere rechtliche Rahmen für die kooperative Zusammenarbeit in Form einer Kooperationspartnerschaft nach dem Partnerschafts-Gesetz gezogen. Die Auswahlliste an potenziellen Partnern ist umfassend, die Kooperation ist möglich mit:

- Zahnärzten/Zahnärztinnen,
- Psychologischen Psychotherapeuten/Psychotherapeutinnen, Kinder- und Jugendlichen-Psychotherapeuten/Psychotherapeutinnen, Diplompsychologen/Diplompsychologinnen,
- Klinischen Chemikern/Chemikerinnen, Ernährungswissenschaftlern/Ernährungswissenschaftlerinnen,
- anderen Naturwissenschaftlern/Naturwissenschaftlerinnen,
- Diplom-Sozialpädagogen/Diplom-Sozialpädagoginnen, Diplomsozialarbeiterinnen/Diplomsozialarbeitern, Diplom-Heilpädagogen/Diplom-Heilpädagoginnen,
- Diplom-Sportlehrern/Diplom-Sportlehrerinnen,
- Hebammen, Entbindungspflegern,
- Logopäden/Logopädinnen und Angehörigen gleichgestellter sprachtherapeutischer Berufe,
- Ergotherapeuten/Ergotherapeutinnen,
- Angehörigen der Berufe in der Physiotherapie,
- Medizinisch-technischen Assistenten/Assistentinnen,
- Angehörigen staatlich anerkannter Pflegeberufe,
- Diätassistenten/Diätassistentinnen.[72]

Die sonstigen gesetzlichen Vorgaben der MBO werden dadurch freilich nicht außer Kraft gesetzt, sondern sind einzuhalten. Heilpraktiker sind aus einer solchen Kooperationsgemeinschaft weiterhin ausgeschlossen. Apotheker haben eigene Standesrichtlinien, die die Zusammenarbeit mit Ärzten verbieten. Der Eintritt in eine solche Kooperationsgemeinschaft ist ankündigungsfähig und muss der Ärztekammer angezeigt werden. Auch die Patienten sind davon zu benachrichtigen. Einzelheiten in Bezug auf

72 Aufzählung entnommen: LÄK Baden Württemberg: Merkblatt Partnerschaftsgesellschaft Medizinische Kooperationsgemeinschaft Stand: April 2006.

die Medizinische Kooperationsgemeinschaft werden von den verschiedenen Ärztekammern geregelt und können im Rahmen dieses Beitrags nicht weiter behandelt werden.[73]

2.2 Fachliche Unterschiede

Denklogisch sind die fachlichen Übereinstimmungen und Gemeinsamkeiten bei der berufsfeldübergreifenden Kooperation geringer ausgeprägt als beispielsweise bei einer rein ärztlichen Kooperationsgemeinschaft. Die jeweiligen Methoden und Arbeitsweisen unterscheiden sich eventuell erheblich voneinander (z. B. die verschiedenen Formen der Psychotherapien) und bergen Risiken von Missverständnissen bis hin zur wechselseitigen Kontraproduktivität. Hier hat es sich bewährt, in der Zusammenarbeit Organisationsmethoden des Projektmanagements einzusetzen und die Arbeitsabläufe in Arbeitspakete aufzuteilen. Die Effekte und Ziele der Arbeitspakete im Verbund sind zwar exakt formuliert, das Wie der Erarbeitung und Umsetzung dieser Effekte wird jedoch lege artis des jeweiligen Berufsfeldes bestimmt. Hierbei sind jedoch unbedenkliche, potenziell kontraproduktive oder riskante Verfahren zwischen den Kooperationspartnern zu definieren sowie das Informationsmanagement bei deren Einsatz festzulegen. Gerade in der Psychiatrie ist für Patienten die erlebte Konsistenz und Widerspruchslosigkeit innerhalb des Therapieverbundes besonders wichtig. Überall dort, wo Patienten gegen ihren Willen zu einem günstigen Verhalten bewegt werden sollen, ist die Einheitlichkeit im Auftreten verschiedener Kontaktstellen des Kooperationsverbundes gegenüber dem Patienten eminent förderlich bzw. deren Fehlen entsprechend hinderlich. Entscheidend hierbei ist nicht die Sicht des Netzwerkes bzw. eines Teils davon, sondern die Sicht der Patienten.

2.3 Unterschiedliche Abrechnungsmodelle

Ein weiteres Hindernis, selbst innerhalb der Berufsfelder sind unterschiedliche Abrechnungsformen der einzelnen Teilnehmer. Deren Erlöse sollten innerhalb des Kooperationsverbundes leistungsbezogen umverteilt werden. Hier sind wiederum gesetzliche Vorgaben zu berücksichtigen, insbesondere muss darauf geachtet werden, dass bspw. Zuweisungsprämien mit dem ärztlichen Berufsrecht nicht zu vereinbaren sind. Weniger problematisch ist die Entgeltfrage bei Abschluss von Verträgen der Integrierten Versorgung und bei Medizinischen Kooperationsgemeinschaften, die als eigene Gesellschaft auftreten und eigene Vertragstypen ermöglichen.

Schließlich ist jedoch auch die Kooperation mit Teilnehmern möglich, die nicht freiberuflich, sondern im Rahmen ihres staatlichen Auftrages tätig werden. Auch hier sind im Rahmen des Verwaltungsvertragsrechts Konstellationen denkbar, in denen Gesundheitswesen und Daseinsvorsorge miteinander verzahnt werden können.

73 Entsprechende Unterlagen und Hinweise werden von den Ärztekammern angeboten.

2.4 Chancen

Chancen ergeben sich in allen denkbaren Aspekten einer Kooperation, je verschiedener die unterschiedlichen Ansatzpunkte der Kooperationspartner (bei grundsätzlich gleicher Zielrichtung) sind, desto größer ist auch die abstrakte Wahrscheinlichkeit, dass durch ihre Kombination positive Effekte erreicht werden. Durch die *zuarbeitende* Kooperation werden letztlich der Informationsfluss und die Abstimmung im Netzwerk gefördert. Die unterschiedlichen Ansatzpunkte der Teilnehmer ermöglichen eine vergrößerte Bandbreite der Handlungs- und Behandlungsalternativen. Bei der *konsultativen* Kooperation steht die Vergrößerung des Wissens und der Information im Vordergrund. Berufsfeldübergreifend können hier beispielsweise Therapieerfahrungen aus der Rehabilitation für die Kuration selbst fruchtbar gemacht werden. Die *teamartige* Kooperation verbindet die vorstehenden Vorteile zu einem dauerhaften Organisationskomplex mit wiederkehrenden Behandlungen und beschleunigt die Gewinnung von Erfahrungen sowie den Wissens- und Informationstransfer. Schließlich ist auch die *partizipative* Kooperation zu nennen, bei der Kooperationsteilnehmer oder beispielsweise der Patient in die Entscheidungsfindung und Verantwortungsübernahme mit eingebunden wird. Diese Chancen sollen nun im Einzelnen sowohl aus betriebswirtschaftlicher als auch versorgungspraktischer Hinsicht erörtert werden.

3 Berufsfeldübergreifende Kooperation in der Psychiatrie

Eine psychiatrische Erkrankung stellt nicht nur für den Erkrankten selbst, sondern auch für sein soziales Umfeld und seine Angehörigen bzw. Bezugspersonen eine schwerwiegende Belastung dar. Zusätzlich kann sich aus einer schwerwiegenden Erkrankung bei entstehender Selbst- und/oder Fremdgefährdung eine Gefahr für die öffentliche Sicherheit und Ordnung ergeben. Psychische Erkrankungen sind daher nicht nur ein Aufgabenfeld der Krankenversicherungen bzw. des Gesundheitssystems, sondern werden durch die Psychisch-Kranken-Gesetze der Bundesländer (zumeist PsychKG oder Unterbringungsgesetz – UBG) als Aufgabe den Kommunen zugewiesen.[74] Diese haben »durch rechtzeitige und umfassende Beratung und persönliche Betreuung sowie durch Vermittlung oder Durchführung geeigneter Maßnahmen, insbesondere von Behandlung, eine Unterbringung des psychisch Kranken entbehrlich zu machen (vorsorgende Hilfen) oder ihm nach der Unterbringung die Wiedereingliederung in die Gemeinschaft zu erleichtern und eine erneute Unterbringung zu verhüten (nachgehende Hilfen)«.[75] Die Kommunen nehmen diese Aufgabe zumeist durch den Sozialpsychiatrischen Dienst (SPsD) der Gesundheitsämter wahr. Die Aufgabe des SPsD ist es, diese Hilfen gerade

74 Die folgenden Ausführungen zum PsychKG beziehen sich auf das PsychKG des Landes Berlin i. d. F. vom 17.03.1994.

75 § 3 Abs.I PsychKG.

auch für Patienten, die nicht durch das gesetzliche oder private Gesundheitswesen betreut werden, bereitzustellen. Hilfen bei psychischen Erkrankungen werden auch von den Jugendämtern geleistet.[76] Neben dem Gesundheitssystem im engeren Sinne sind also auch kommunale Stellen mit ihren jeweiligen Eigeninteressen bei dem Umgang mit psychischen Erkrankungen involviert. Ebenso ist die Hilfe und Zuarbeit des Sozialpsychiatrischen Dienstes bei der Integration des Patienten in sein soziales Umfeld therapeutisch bedeutsam (zur Situation in GB und USA vgl. Amering 2002; zu sozialrechtlichen Aspekten in der Psychiatrie vgl. Fritze 2002).

Besonders im Bereich demenzieller Erkrankungen sind die Hausärzte der betroffenen Patienten sowie die Pflegedienste und Heimleitungen ebenfalls mit der Versorgung von Patienten betraut (vgl. Kaduszkiewicz/Bussche 2003).

Für Patienten mit schweren und häufig wiederkehrenden Krankheitsschüben ist es sehr schwierig, ihr soziales Umfeld und ihre Einbindung dauerhaft aufrechtzuerhalten. Ohne Einbindung in eine soziale Struktur aus Familienangehörigen und Freunden entfällt deren stabilisierende Funktion, die nicht nur für das Befinden des Patienten, sondern auch als Voraussetzung für die medizinische Behandlung (regelmäßige Arztbesuche, Erreichbarkeit) bedeutsam ist.[77] In der medizinischen Versorgung stellt sich bei solchen, sogenannten »Heavy User«-Patienten (Roick 2002; Frick/Frick 2008), das zusätzliche Problem ein, dass Patienten häufig zwischen den Stationen/Sektoren psychiatrische Klinik und ambulanter Versorgung »pendeln«, da die stationäre Versorgung einerseits Krankheitsschübe aufgrund mangelnder Patientenkooperation aufzufangen vermag und für Patienten mit geringer sozialer Einbindung häufig einen Rückzugsraum darstellen kann. Andererseits ist nach Entlassung aus der stationären Versorgung häufig keine nahtlos anschließende ambulante Behandlung oder Wohn- und Beschäftigungsmöglichkeiten vorhanden.

Für alle Beteiligten gilt, dass der für die engmaschige Versorgung solcher »Heavy User«-Patienten notwendige Aufwand aus eigener Kraft nicht leistbar ist, einerseits, weil die Versorgungsaufträge dazu nicht ausreichen (Klinik, SPsD), weil die Fachkompetenz nicht in entsprechendem Maße vorhanden ist (Heime, Hausärzte) oder weil andererseits die entsprechenden Vergütungen dazu nicht annähernd aufwandsdeckend sind (psychiatrischer Facharzt). Viele Erkrankungsschübe, für deren Bewältigung in letzter Konsequenz wieder ein Klinikaufenthalt notwendig ist, könnten vermieden werden, wenn rechtzeitig im Vorfeld entsprechend ärztlich interveniert würde (Wittmund 2005; Laupichler 2005). Gleiches gilt für das Problem der Chronifizierung einer psychischen Erkrankung, der durch eine nicht nur punktuelle sondern konsequente Behandlung entgegengewirkt wird.

Im Kern des hier beschriebenen Netzwerkes, das diese Probleme lösen will, befindet sich ein MVZ (zum Institut Medizinisches Versorgungszentrum vgl. Wigge 2004; Heß-

76 Diese Zuweisung erfolgt in § 2 SGB VIII.

77 Vgl. dazu auch die Handlungsempfehlungen im Psychiatrie-Bericht der Bundesrepublik Deutschland 2007, S. 99 f.

brügge 2007), innerhalb dessen neben Fachärzten der Psychiatrie und Neurologie auch Psychologen sowie Psycho-, Ergo,- und Soziotherapeuten (zur Soziotherapie vgl. Gemeinsamer Bundesausschuss 2007) arbeiten. Externe Partner sind psychiatrische Kliniken, Hausärzte, der SPsD sowie ein psychiatrischer Fachpflegedienst.

Die Aufgaben des MVZs liegen in der medizinischen Versorgung der Patienten. Diese beschränkt sich nicht auf die neurologische und psychiatrische fachärztliche Versorgung, sondern bindet regelmäßig auch die Soziotherapie mit ein, deren Ziel es ist, den Patienten die Wahrnehmung ihrer sozialen Rolle innerhalb ihrer Lebenssituation zu ermöglichen und motivierend im Sinne einer selbständigen Gestaltung dieser Lebensumstände (Empowerment) einzuwirken. In dieser Kooperation findet bereits auch der Grundgedanke des Patientencoachings (dazu Schmid et al. 2008) Anwendung.

Hier zeigt sich gut – wie sinnvoll und ökonomisch effizient – eine feldübergreifende Kooperation zum Wohle aller (Patient, Angehöriger, Gesellschaft, Arzt etc.) sein kann. Vermieden werden insbesondere Informationsbrüche, aber auch die noch viel zu wenig beachteten Verantwortungsbrüche.

4 Effekte von Kooperationen

Die nachfolgend aufgezeigten Effekte von Kooperationen sind zwar betriebswissenschaftliches »Allgemeingut«, ein Blick in die Praxis zeigt aber, dass die angestrebten Effekte einer geplanten Kooperation von den Initiatoren eher selten klar klassifiziert, exakt beschrieben und in ihre jeweilige Unternehmens- bzw. Organisationsstrategie eingepasst werden. Auf diese Weise werden jedoch potenziell Chancen von Kooperationen verpasst wie auch Risiken der Kooperationen bzw. für die eigene Organisation übersehen.

Eine Kooperation sollte selbstverständlich in die strategischen Vorstellungen und Pläne der kooperierenden Teilnehmer eingepasst werden (zu Kooperation und Strategie s. Picot et al. 2003). Das heißt, dass die Kooperation einem definierten strategischen Ziel bzw. einem gesetzlichen Auftrag des jeweiligen Kooperationspartners zuarbeiten muss. Wo ein Unternehmen die Qualitätsführerschaft (Porter 1999) anstrebt, können Kooperationen dadurch begründet werden, dass eine Kooperation durch bessere Absprachen mit anderen Sektoren beispielsweise die Kontrolle über Prozess- und Behandlungsketten und deren Reibungslosigkeit weiter ausbauen will. Unternehmen mit dem Ziel einer »Kostenführerschaft« (Porter 1999) dürften eher Ziele wie die Verbesserung von Einkaufskonditionen oder Zeitersparnisse beim Personal als strategisches Ziel der Kooperation in Betracht ziehen. Als Marktführer (im Bereich Qualitätsführer oder Kostenführer) ist für ein Unternehmen die Kenntnis der Marktgegebenheiten besonders wichtig, um ein realistisches Marktumfeld für die Planung zu erhalten, bei aller Innovation kostenträchtige Fehler möglichst zu vermeiden und das Risiko zu minimieren. Marktfolger, die sich darauf konzentrieren, Innovationen erst nach ihrer Bewährung am Markt, dann aber erheblich kostengünstiger als der Marktführer anzubieten, benötigen Kooperationen, um ihre Dienstleistungen einem möglichst großen Kundenstamm anbieten zu können und möglichst schnell eine große Marktmacht aufbauen zu können. Auch und gerade eine Differenzierungsstrategie (nach Mintzberg 1995) profitiert von Kooperationen, beispielsweise im Sinne des »Zukaufs« von Wissen.

Im vorliegenden Beispiel eines psychiatrischen MVZ dient die Kooperation zwischen den Partnern dazu, eine möglichst engmaschige und konsistente Betreuung und Behandlung der Patienten sicherzustellen und alle, auch kommunalen, Hilfen in Ansatz bringen zu können, damit der jeweilige Versorgungsauftrag umgesetzt und der eigene Therapiebeitrag überhaupt wirksam werden kann. Im beschriebenen Netzwerk erfolgte die Auswahl der Kooperationspartner (u. a. Kliniken, Haus- und Fachärzte, Apotheken, Pflegedienste, sonstige Therapeuten) aufgrund der Vorerfahrungen der Netzwerkpartner miteinander sowie durch das erlebte jeweilige Verständnis des gemeinsamen Versorgungsauftrages für psychiatrisch erkrankte Menschen. Die Effektivität des Kooperationsverbundes wird (unter anderem) gemessen an der Anzahl der notwendigen Klinikaufenthalte der teilnehmenden Patienten, an der qualitativen Verbesserung der Lebensumstände von Patienten und Angehörigen sowie der Vermeidung von Reibungspunkten und Ineffizienzen.

Ein angestrebtes Ziel von Kooperation sind die vielzitierten Synergieeffekte. In der Betriebswirtschaft werden dabei häufig Dichtevorteile, Verbund- bzw. Verkettungseffekte und Skalenerträge unterschieden (vgl. hierzu Linstädt/Hauser 2004).

4.1 Dichtevorteile

Dichtevorteile entstehen dadurch, dass die Abnehmer eines Gutes oder wie im hier zur Diskussion stehenden Fall einer Dienstleistung räumlich stark konzentriert sind. Durch die erhöhte Dichte vermindern sich die Ausbringungskosten des Produktes, da die Wege des Produktes bzw. des Transporteurs zum Kunden kürzer werden. Ein Beispiel von Dichtevorteilen ist, dass Patienten in einem MVZ mehrere Ärzte mit einer Fahrt aufsuchen können. Auch Pharmavertreter profitieren davon, zehn potenzielle Abnehmer in einem Hause vorzufinden, anstatt zehn Einzelpraxen anfahren zu müssen. In Kooperationsverträgen des Gesundheitswesens spielen die Dichtevorteile noch keine hervorgehobene Rolle.

Im psychiatrischen MVZ können die Patienten nicht nur ihre therapeutischen Angebote wahrnehmen, sondern auch Probleme mit der Medikation oder weitere fachärztliche Fragen klären. Darüber hinaus können sie auch Ergo-, Logo- und sonstige therapeutische Angebote wahrnehmen sowie zum Beispiel sozialarbeiterische Beratung bekommen. Abstimmungsfragen innerhalb der im MVZ vertretenen Berufsgruppen (Ärzte, Therapeuten, Pflegepersonal etc.) können untereinander – ohne Wartezeit für den Patienten – sofort geklärt werden.

4.2 Skalenerträge

Bedeutsamer sind Skalenerträge, die sich ergeben, indem ein Unternehmen seinen Ausstoß an Leistungen erhöhen kann und sich dadurch Einsparungen ergeben. Wenn mehrere Praxen beispielsweise ihre Geräteanschaffung aufeinander abstimmen und die wechselseitige Nutzung der Geräte vereinbaren, steigt für jeden Netzwerkteilnehmer der Nutzungsgrad dieser Geräte, womit sich (im Allgemeinen) eine höhere Rentabilität der Geräte ergibt. Ähnliche Effekte können sich auch in der gemeinsamen Nutzung eines Personalpools ergeben oder durch ein gemeinsames Termin- und Wiedervorstellungsmanagement, den gemeinsamen Einkauf von Materialien und bessere Preis- und Rabattkonditionen mit den Lieferanten. Auch wenn Skalenerträge im Kooperationsverbund eine Rolle spielen, ist ihre konkrete strategische Bedeutung eher zu vernachlässigen.

4.3 Verbundeffekte

Dies ist bei Verbundeffekten anders. Diese entstehen durch die Integration und Verbindung der Dienstleistungen zweier oder mehrerer Partner. Entsprechende Bündelungseffekte sind umso stärker, je höher der Bedarf der gemeinsamen Patienten für die Gesamtpalette des Angebotes ist. Ein Beispiel dafür sind Brückenteams in der Palliativmedizin, in denen Ärzte und Palliativpflegeschwestern ihre jeweiligen Aspekte der Pflege, Medikation und Behandlung von Patienten in die Beratung von Hausärzten und Angehörigen sowie die Arbeit mit Patienten in häuslicher Umgebung mit einbringen.

Weitere Beispiele finden sich dort, wo somatische und psychologisch/psychiatrische Krankheitseffekte ineinandergreifen und gleichberechtigt gezielt behandelt werden müssen. Opfer von Folter und Misshandlung leben sowohl mit somatischen als auch psychiatrisch zu behandelnden Folgen ihrer Misshandlungen, wobei die somatischen Folgen stets auch die Erinnerung an das Geschehen wachhalten und auch ein Stigma am eigenen Körper darstellen. Die somatische Behandlung ist hier ein wesentlicher Teil des Gesamtbehandlungskomplexes.

4.4 Verkettungseffekte

Die zurzeit bedeutendsten Effekte sind die Verkettungseffekte. Diese entstehen dadurch, dass in einer Prozesskette (Behandlungskette) mehrere Kettenglieder miteinander stärker verbunden werden. Wie wir sehen werden, sind entlang der Bruchstellen/Schnittstellen mehrere Effekte vorhanden, die sich wertmindernd bzw. risikoerhöhend auswirken können und deren Beseitigung im Interesse der Ökonomie, wie auch der Gesamtqualität der Prozesse, ein wichtiger Vorteil sein kann. Verkettungseffekte entstehen in der Praxis beispielsweise durch die Zusammenarbeit eines Krankenhauses mit einem Rehabilitationsanbieter und begleitenden Hausärzten. Dabei ist der indikationsbezogene Gesamtbehandlungsprozess die sachlich verbindende Einheit, die Versorgungsregion mit den dort vorhandenen Anbietern beschränkt allerdings (noch?) die Auswahl an möglichen Kooperationspartnern. Problematisch an solchen Kooperationen ist die sehr starke Bindung und Verantwortung der Kooperationspartner aneinander sowie gute Einblicksmöglichkeiten in Organisation und Abläufe der jeweiligen Kooperationspartner untereinander. Diese Form der Transparenz ist nicht jedem willkommen.

4.5 Informationsbrüche

Informationsbrüche tauchen dort auf, wo Informationen gar nicht, verfälscht oder nicht zur rechten Zeit in der Prozesskette weitergegeben werden. Der Informationsaustausch ist ein verhältnismäßig aufwendiger Prozess, weshalb er meistens auf das absolut notwendigste Minimum an Aufwand und Informationsinhalt reduziert wird. In den meisten Fällen wissen die Prozessbeteiligten nicht, welche Informationen für den Nachfolger in welcher Hinsicht hilfreich (ärztlich, pflegerisch, soziales Umfeld) sein können. Der Nachfolger weiß nicht, welche Informationen bereits beim Vorgänger vorhanden sind.

In der vorliegenden Konstellation sind Informationsbrüche auch deswegen problematisch, weil die Patienten häufig selbst nicht willens oder dazu in der Lage sind, relevante Informationen zur Kenntnis zu nehmen oder sie weiterzugeben. Dies betrifft nicht nur die Tatsache der Erkrankung selbst, sondern auch Veränderungen im Zustandsbild, die für die Vorhersage eventueller Krisen und eine rechtzeitige Anpassung der Medikation außerordentlich wichtig sind. Daher werden im Netzwerk monatlich und zusätzlich anlassbezogen entsprechende Informationen an einem »runden Tisch« ausgetauscht. Die Informationsbreite ist sehr groß, neben der Frage, welcher Patient verstärkt durch den SPsD beobachtet/betreut werden sollte, werden Fragen der Medikation wie beispielsweise die Zuverlässigkeit der Patienten bei Medikamenteneinnahmen oder der Zustand der Wohnungen behandelt. Quartalsweise findet ein weiteres Treffen unter Einbeziehung der Sozialhilfeträger und weiterer an der Versorgung Beteiligter (bspw. Heimleitungen, Selbsthilfegruppen) statt. Diese »Große Runde« dient vornehmlich dem persönlichen Kennenlernen und Etablieren von kurzen Wegen sowie zur Vorbereitung von weiteren erforderlichen Kooperationen.

Darüber hinaus kooperiert das MVZ mit den psychiatrischen Krankenhäusern der Umgebung in Bezug auf voraussichtliche Entlassungen von Patienten, indem die Kooperationspartner die anschließende ambulante Weiterbehandlung, aber auch den Einsatz von weiteren integrierenden Maßnahmen absprechen, sodass ein Patient nach einer Entlassung zielgerichtet weiterbehandelt werden kann. Die Vorstellung im MVZ erfolgt dazu meistens am Tag nach der Entlassung unter wechselseitiger Information der Klinik und des Versorgungszentrums.

Informationsbrüche bergen hohe Risiken, fehlende und verfälschte Informationen wirken sich negativ auf die Prozess- und Ergebnisqualität aus, die entsprechenden Maßnahmen müssen häufig zur Unzeit nachgeholt und/oder wiederholt werden, entsprechende deutliche Mehrkosten fallen im Gesamtbehandlungsprozess an. Das Vorhandensein von Informationsbrüchen ist für den Patienten selbst unverständlich und verstärkt gerade auch bei psychisch kranken Menschen das Misstrauen gegenüber seiner behandelnden Umgebung.

4.6 Verantwortungsbrüche

Ein weiterer Aspekt von Prozessketten ist offensichtlich so selbstverständlich, dass er in der Literatur kaum besprochen wird, obwohl er für einen Großteil der zuvor angesprochenen Effekte mit verantwortlich ist: der Verantwortungsbruch. Dieser entsteht dadurch, dass jeder Teilnehmer in der Prozesskette lediglich für seinen Teilbereich juristisch im straf- und zivilrechtlichen Sinne verantwortlich ist und diese Verantwortung zumindest in der Regelversorgung auch nicht partiell delegieren kann. Verantwortungsbruch bedeutet daher, dass jeder Prozessbeteiligte sich auf die für seinen Bereich notwendigen Belange konzentriert. Wo die Gesamtergebnisqualität aber von allen Beiträgen gleichzeitig abhängt, insbesondere wo mehrere Beiträge zu einem Gesamtergebnis erbracht werden, kommt es innerhalb der Gesamtprozesskette zu Verantwortungsverlagerungen. Hier ist jeder sich selbst der Nächste und delegiert Verantwortung, für die er nicht sofort individuell haftbar gemacht werden kann, an das »Behandlungskollektiv«. Folgendes Beispiel soll diesen Effekt verdeutlichen: Setzt ein Krankenhaus ein Implantat ein, so reicht seine Verantwortung bis zur Übergabe des Patienten an die Rehabilitation. Auch diese wird nur die unmittelbar relevanten Aufgaben und Verantwortungen übernehmen. Werden Klinik und Rehabilitation aber im Rahmen von IV-Erträgen zur Erreichung einer höheren Gesamtbehandlungsqualität verpflichtet, wird diese höhere Qualität zumeist auch erreicht, weil alle Kooperationspartner das optimale Funktionieren auch des jeweils anderen sich als Ziel zu eigen machen, entsprechende Zuarbeit leisten und die Verwertung dieser Zuarbeit durch den Kooperationspartner natürlich auch kontrollieren.

Das MVZ kooperiert ebenfalls mit an der Gesamtbehandlung beteiligten Hausärzten. Diese haben im Rahmen eines Vertrages der Integrierten Versorgung (Amelung/Janus 2005; Amelung et al. 2008) nach § 140 ff. SGB V die Möglichkeit, ihre Patienten vor einer eventuellen Einweisung in ein psychiatrisches Krankenhaus kurzfristig im MVZ vorzustellen und eine fachärztliche Zweitmeinung (second opinion) einzuholen. Im MVZ werden sowohl die ärztliche Diagnose als auch die Notwendigkeit der Einweisung selbst fachärztlich überprüft. Gegebenenfalls kann eine Einweisung vermieden werden, indem das MVZ die weitere Versorgung übernimmt und beispielsweise durch entsprechende Medikation Krisensituationen und Belastungsspitzen der Patienten abmildert. Den Patienten entsteht durch die Vorstellung im MVZ praktisch keine zusätzliche Wartezeit im Gegensatz zu einer Überweisung. Dem Einweisungsmanagement steht als Korrelat das bereits geschilderte Entlassungsmanagement in Zusammenarbeit mit den Kliniken gegenüber. Das MVZ dient dadurch auch im Verhältnis der einweisenden Hausärzte und der psychiatrischen Kliniken als Schnittstelle.

Die Verantwortungsverlagerung auf eine höhere gemeinsame Ebene ermöglicht also eine erheblich höhere Wertschöpfung, weil die gemeinsame Übernahme eines höheren Niveaus der Verantwortung auch den Anreiz für Tätigkeiten darstellt, deren Erfolg sich erst auf der nächsten Prozessstufe einstellt. Auch die juristische Verantwortung für einen jeweiligen Abschnitt der Prozesskette legt es nahe, diagnostische Maßnahmen sicherheitshalber beim geringsten Zweifel an den Diagnoseergebnissen des Prozessvorgängers komplett zu wiederholen. Eine, auch juristische, Verlagerung von Gesamt- und Teilverantwortlichkeiten würde es ermöglichen, Teilverantwortung auch an Teilprozessen statt lediglich an sektoralen Abschnitten anzuknüpfen und die Verantwortung wieder stärker an den eigentlichen Beitrag zur Gesamtprozesskette zu binden.

4.7 Realisierung von Verkettungseffekten und Vermeidung von Brüchen

Durch Eliminierung dieser Brüche in der Prozesskette wird eine Fülle positiver Effekte erreicht. Zum einen wird der Wert der Arbeit von Prozessvorgängern erhalten, indem deren Arbeitsergebnisse genutzt werden, solange sie Gültigkeit haben. Zum anderen muss kein zusätzlicher Aufwand betrieben werden, um solche Ergebnisse verfügbar zu halten (Medienbruch). Der zusätzliche Aufwand für die Wiederholung von Maßnahmen und die Gefahr von Kopierfehlern und Daten/-Informationsverlust entfällt. Der Gesamtprozessaufwand verringert sich erheblich. Der jeweilige Beitrag eines Leistungserbringers in der Wertschöpfungskette bleibt für alle transparent und ersichtlich, womit sich zwangsläufig auch die Qualität erhöht. Schlussendlich ist die Zufriedenheit von Leistungserbringern und Patienten höher, weil nicht mehr Aufwand erbracht werden muss, als individuell nötig ist. Diese Effekte betreffen insbesondere die indikationsbezogenen Projekte integrierter kooperativer Versorgung.

5 Ergebnis

Kooperationen können und werden für Verbesserungen in praktisch allen Bereichen des Gesundheitswesens sorgen. Insbesondere dort, wo Innovationen an zu geringen Umsätzen oder Gewinnmargen scheitern oder wo die stetige Belastung durch das Tagesgeschäft eine Neuorientierung verhindert, können im Wege der kooperativen Zusammenarbeit neue Möglichkeiten geschaffen werden, um in vielen kleinen Schritten Veränderungen und Entlastungen zu schaffen. Kooperationen bedürfen einer guten Vorbereitung, indem Kooperationszweck und die zu erreichenden Ziele vorab klar definiert und vereinbart werden. Eine solche Definition schützt auch vor (im Nachhinein) überzogenen oder unrealistischen Vorstellungen der Kooperationspartner.

Kooperationen wie das hier dargestellte Beispiel eines psychiatrischen MVZ verlangen von den Beteiligten auch das Erarbeiten und Umsetzen neuer Kenntnisse und Erfahrungen: Dazu zählt u. a. die Kompetenz, klare strategische Ziele und Vorgaben für den Betrieb der Praxis und der Kooperation zu setzen. Das Interesse und die Bereitschaft zur Kommunikation, um notwendige Absprachen regelmäßig und zeitnah zu treffen und die Kooperation zu beleben.

Kooperationen im Gesundheitswesen sollten durch den Gesetzgeber und die Organe der ärztlichen Selbstverwaltung deutlich mehr ermöglicht und aktiv gefördert werden. Die Möglichkeiten des gemeinsamen Marketings, der gezielten Information und Ansprache von Patienten auf neue und bessere Behandlungsmöglichkeiten befinden sich derzeit noch auf einem Niveau weit unterhalb dessen, was hilfreich und möglich wäre.

Kooperationen können Ausgangspunkt eines wachsenden Netzwerkes werden, mit dem Schritt für Schritt auch die regionale Versorgung großer Patientengruppen mit hoher Qualität und Effizienz sichergestellt werden kann. Ein solches Netzwerk ist wiederum ein idealer Partner für weitere regionale Anbieter des Gesundheitswesens. Ein »organisches« Wachstum entlang den Bedürfnissen der Patienten und getragen von den Zielen der Netzwerkpartner stellt dabei sicher, dass dieses Netzwerk Belastungen standhält und jedem Teilnehmer eine hohe zusätzliche Wertschöpfung sichert.

Zunehmend werden auch Firmen außerhalb des klassischen zentralen Kerns der Gesundheitsversorgung sich in Kooperation mit den Leistungserbringern im Gesundheitswesen verbinden. Hier seien Kooperationsbeispiele aus dem pharmazeutischen Bereich genannt, die über die Zurverfügungstellung klassischer Medikamente hinausgehen, indem zusätzlich Psychoedukation und Compliancestraining angeboten werden. Hier geht die herstellende Pharmaindustrie viel weiter in das Verantwortungsfeld – als bisher –, wo mit Abgabe des Medikaments der Handlungsprozess beendet war. Hier wird kooperativ Verantwortung mit in die Prozess- und Ergebnisebene übernommen. Ähnliches gilt auch für die Hilfsmittellieferanten, die nicht mehr nur die orthopädischen Hilfsmittel liefern, sondern Patienten den optimalen Umgang damit erklären bzw. sukzessive Praxisanpassung vornehmen und Patienten über längere Zeitträume individuell im Umgang damit betreuen. Auch hier werden sich die bisher vorhandenen, klaren nebeneinander existierenden Säulenstrukturen auflösen und verschmelzen, weil nur durch das Anbieten der gesamten Bandbreite um das Produkt in Zukunft ein zufriedenstellender Absatz für alle Beteiligten zu organisieren ist (on pack Lösungen). Die gemeinsame Mehrwertschöpfung beflügelt derzeit solche Kooperationen in vielen Bereichen immens.

Literaturverzeichnis

Amelung, V.E./Janus, K. (2005): Konzepte und Modelle zur Integrierten Versorgung im Spannungsfeld zwischen Management und Politik. In: Klauber, J./Robra, B.-P./Schellschmidt, H. (Hrsg.): Krankenhausreport 2005. Stuttgart und New York, S. 13–26.

Amelung, V.E./Meyer-Lutterloh, K./Schmid, E./Seiler, R./Weatherly, J. (2008): Integrierte Versorgung und Medizinische Versorgungszentren. Von der Idee zur Umsetzung. Schriftenreihe des Bundesverbandes Managed Care. 2. Aufl. Berlin.

Amering, M. (2002): Multiprofessionelle Behandlung fast ohne Bett – Beispiele aus Großbritannien und den USA. In: Schmidt-Zadel, R./Kunze, H. (Hrsg.): Mit und ohne Bett – Personenzentrierte Krankenhausbehandlung im Gmeindepsychiatrischen Verbund. Bonn, S. 242–258.

Arbeitsgruppe Psychiatrie der Obersten Landesgesundheitsbehörden im Auftrag der Gesundheitsministerkonferenz (2007): Psychiatrie in Deutschland – Strukturen, Leistungen, Perspektiven. 76. Sitzung. Beschluss vom 02./03.07.2003. Berlin.

Frick, U./Frick, H. (2008): Basisdaten stationärer psychiatrischer Behandlungen: Vertiefungsstudie »Heavy User«. Schweizerisches Gesundheitsobservatorium. Online-Publikation www.obsan.ch.

Fritze, J. (2002): Sozialrechtliche Rahmenbedingungen der Integrierten Versorgung in der Psychiatrie. In: Schmidt-Zadel, R./Kunze, H. (Hrsg.): Mit und ohne Bett – Personenzentrierte Krankenhausbehandlung im Gemeindepsychiatrischen Verbund. Bonn, S. 228–241.

Gemeinsamer Bundesausschuss (2007): Ursachen für die Umsetzungsproblematiken in der Soziotherapie. Bericht der Geschäftsführung im Auftrag des Unterausschusses Soziotherapie in der Fassung 9. August 2007.

Heßbrügge, G. (2007): Medizinische Versorgungszentren: Viel Lärm um nichts? In: Deutsches Ärzteblatt 102 (25), S. A–1830.

Kaduszkiewicz, H./van den Bussche, H. (2003): Die hausärztliche Versorgung von Patienten mit kognitiven Störungen und Demenz. In: psychoneuro 29 (6), S. 275–281.

Kassenärztliche Bundesvereinigung (2007): Medizinische Versorgungszentren aktuell. online-Statistiken. Zugriff 25. Oktober 2007.

Laupichler, K. (2005): Was trägt zur Chronifizierung psychisch Kranker bei? – Aus Sicht eines Psychiatrie-Erfahrenen. Tagungsdokumentation »Chronisch psychisch krank – chronisch schlecht versorgt?« vom 23.04.2005. FH Wiesbaden.

Lindstädt, H./Hauser, R. (2004): Strategische Wirkungsbereiche des Unternehmens. Spielräume und Integrationsgrenzen erkennen und gestalten. Wiesbaden.

Mintzberg, H. (1995): Die Strategische Planung. München.

Picot, A./Reichwald, R./Wigand, R.T. (2003): Die grenzenlose Unternehmung – Information, Organisation und Management. 5. Aufl. Wiesbaden.

Porter, M.E. (1999): Wettbewerbsstrategie. 10. Aufl. Frankfurt a.M. und New York.

Roick, C. (2002): Heavy User – geheimnisvolle Forschung. In: Psychiatrische Praxis 29 (7), S. 331–333.

Schmid, E./Weatherly, J.N./Meyer-Lutterloh, K./Seiler, R./Lägel, R. (2008): Patientencoaching, Gesundheitscoaching, Casemanagement-Methoden im Gesundheitsmanagement von morgen. Berlin.

Weatherly, J.N./Seiler, R./Schmid, E./Meyer-Lutterloh, K./Lägel, R./Amelung, V.E. (Hrsg.)(2006): Leuchtturmprojekte Integrierter Versorgung und Medizinischer Versorgungszentren. Innovative Modelle der Praxis. Schriftenreihe des Bundesverbandes Managed Care. Berlin.

Wigge, P. (2004): Medizinische Versorgungszentren nach dem GMG. In: MedR (3), S. 1–12.

Wittmund, B. (2005): Politische Vorgaben und deren Umsetzung: Kann ein effizientes Management einer psychiatrischen Abteilung trotz Arbeitszeitgesetz, Praxisgebühr und anderer Neuerungen gelingen? In: Psychiatrische Praxis 32, S. 153–154.

Konstantin Beck

Kritische Erfolgsfaktoren der Entwicklung von Health Maintenance Organization (HMO) und Hausarztmodellen in der Schweiz – Ein systematisierter Erfahrungsbericht

Zusammenfassung

Die führenden Schweizer Krankenversicherer verfügen zusammen mit den innovativen Ärztegruppierungen des Landes über 18 Jahre Erfahrung im Aufbau und Betreiben von Ärztenetzwerken. Im Laufe dieser Entwicklung konnten unterschiedliche Organisationsformen entwickelt und im Markt getestet werden. Nach Jahren chronischer Defizite und ungenügender Akzeptanz schälte sich eine Reihe von Netzwerken heraus, die den kritischen Erfolgsfaktoren auf allen Ebenen gerecht zu werden scheinen. Typischerweise sind es Netzwerke basierend auf Hausarztpraxen mit geringer Integrationstiefe entlang der Behandlungskette aber starker Integration innerhalb der beteiligten Praxen. Diese momentan vorherrschende Organisationsform lässt sich unter Anwendung der Human-Capital-Theory aus den in der Schweiz vorherrschenden Rahmenbedingungen ableiten. Im Folgenden werden jeweils Präferenzen (respektive Strategien), Handlungsoptionen und Rahmenbedingungen der drei wichtigsten Gruppen, Ärzte, Krankenversicherer und Versicherte dargestellt und abgeleitet, unter welchen Bedingungen es zur Netzwerkbildung kommt und wie diese Netzwerke erwartungsgemäß organisiert sein sollten respektive in der Praxis auch tatsächlich organisiert sind.

1 Einleitung

Seit mehr als anderthalb Dekaden sind in der sozialen Krankenversicherung der Schweiz als erstem Land Europas – und in Anlehnung an die Modelle der USA – HMO und Hausarztmodelle zugelassen. Das bedeutet für die Versicherten, dass ihnen Prämienrabatte gewährt werden dürfen, sobald sie sich in der ansonst weitgehend freien – nur auf das Kantonsgebiet beschränkten – Leistungserbringerwahl einschränken lassen. Akzeptieren sie die Auflage, zuerst immer einen von der Kasse bezeichneten Gatekeeper aufzusuchen und sich von diesem durch das Gesundheitswesen steuern zu lassen, gewährt ihnen die Kasse Prämienrabatte in der Höhe von 20 bis 25 Prozent. Auf der anderen Seite steht es den Kassen frei, mit Gruppen von Leistungserbringern Spezialregelungen in Abweichung von den sonst allgemein verbindlichen Einzelleistungstarifen zu treffen.

Diese zwei Formen freier Vertragsgestaltung, einmal bezüglich der Kunden, dann bezüglich der Leistungserbringer, öffnen den Raum zur Entwicklung unzähliger Formen integrierter Versorgung, die in der Schweiz vor allem unter dem Namen HMO oder Hausarztmodelle bekannt sind.[78] Die Formen unterschieden sich hinsichtlich des Integrationsgrads, der Trägerschaft des Netzwerks (Ärzte oder Krankenversicherer) als auch der Ausprägung hierarchischer Steuerungsformen. Obwohl die gesetzlichen Grundlagen dafür bereits 1990 in provisorischer Form und ab 1996 definitiv ins Krankenversicherungsgesetz eingeführt worden sind (KVG 43 & 62), verlief das Wachstum dieser Modelle lange Zeit äußerst schleppend (vgl. Finsterwald 2004). Gegen Ende der 90er Jahre schlitterten diese Produkte sogar vorübergehend in eine regelrechte Krise, um dann ab 2005 auf immer stärker werdenden Zuspruch zu stoßen. Diese schwerfällige Markteinführung widerspiegelt die schwierige Suche der beteiligten Akteure nach der geeigneten Organisations- und Finanzierungsform für diese neuartigen Versorgungs- und Behandlungsmodelle.

Die Entstehung und Typologie der Schweizer HMOs lässt sich anhand der Human-Capital-Theorie (Becker 1993) recht gut erklären. *Volker Amelung, Jörg Sydow* und *Arnold Windeler* weisen in ihrem Einleitungsbeitrag zu diesem Band zu Recht darauf hin, dass die Entwicklung dieser Modelle eines harten Stücks Netzwerkarbeit bedarf. Es bedarf also einer gehörigen Investition ins persönliche Humankapital bis Erfahrung und Wissen beisammen sind, die es für die erfolgreiche Steuerung eines Netzwerks braucht. Es ist daher zu erwarten, dass eher jüngere Ärzte diesen zusätzlichen Investitionsaufwand betreiben, da sich die Investition über mehrere zukünftige Arbeitsjahre abschreiben lässt, was bei den älteren Kollegen nicht der Fall ist. Jüngere Ärzte kontrollieren in der Regel ihre eigene Einzel- oder Gruppen-Praxis, während die Chefärzte von Spitälern und Kliniken in der Regel älter sind. Angesichts dieser Ausgangslage sind Netzwerkentwicklungen eher aus dem Kreis der freien Praxen zu erwarten. Integration der zuliefernden Ärzte durch Spitäler und Kliniken sind dagegen zumindest in der Anfangsphase weniger wahrscheinlich. Kommt dazu, dass die Handlungsautonomie des freiberuflichen Arztes in der Regel größer ist, als die des im Großbetrieb Spital eingebundenen medizinischen Kaders, insbesondere wenn das Spital staatlich geführt sein sollte. Anders sieht das Human-Kapital-Argument für den Krankenversicherer aus, denn hier handelt es sich um Unternehmen mit Mitarbeitern unterschiedlicher Altersgruppen. Auch wenn sich das Top Management als zu alt erachtet, um sich persönlich in innovative Prozesse einzuarbeiten, so kann es diese Wissens-Investition an das jüngere, mitt-

78 Wenn wir im Folgenden der Einfachheit halber stets von HMOs oder Netzwerken sprechen, sind die Hausarztmodelle jeweils mitgemeint. Ebenso wenig ist es als Einschränkung zu verstehen, wenn im Folgenden an Stelle von Leistungserbringern von Ärzten die Rede ist, da in 99 % der Schweizer HMOs die Vertragspartner der Kassen Ärzte sind.

lere Kader delegieren, oder auch Kader rekrutieren, dass diese Investition bereits im Rahmen seiner Berufsausbildung getätigt hat. Es ist von daher plausibel, dass auch Krankenversicherer zu den ersten gehörten, die Netzwerke aufgebaut haben. Aber auch den Versicherern fehlen die Mittel, um nachgelagerte Leistungserbringer zu integrieren. Es erstaunt nicht, dass sie daher anfänglich vollintegrierte, als Tochterunternehmen geführte HMO-Praxen am Markt eröffnet haben.

Das bestechende an den HMO-Modellen – und das sei für diesen Beitrag gleichzeitig als einschränkende Definition zu verstehen – sind die spezifischen Anreizverschiebungen, die sie bei den Ärzten auslösen. Ist es im weit verbreiteten Einzelleistungsvergütungs-System so, dass eine Überverarztung zu höherem Einkommen führt, während sich eine schlechte Behandlungsqualität nicht zwingend negativ auf das Einkommen auswirkt, zahlen sich bei den hier zu betrachtenden HMOs optimale medizinische Versorgung und gute Behandlungsqualität aus. Das liegt daran, dass die HMO-Ärzte pauschal und zum Voraus entschädigt werden und die nicht benötigten Mittel einbehalten können. Überverarztung schmälert dann lediglich die am Ende verbleibenden Gewinne, während eine suboptimale Versorgung den Gesundheitszustand des HMO-Patienten verschlechtert, was in den Folgeperioden zusätzliche Behandlungen mit sich bringt, die sich spätestens dann gewinnschmälernd für den behandelnden HMO-Arzt auswirken. Dadurch entsteht zumindest partielle Zielkongruenz zwischen Krankenversicherern und Ärzten im Bemühen um eine optimale und nicht maximale Versorgung der Patienten. Theoretisch können die Krankenversicherer auch durch vermehrte Kontrolle der Kosten die Effizienz steigern. Aber bereits Enthoven (1978) schildert eindrücklich und ausführlich, wie der systematische Informationsvorsprung der Ärzte zahlreiche Kostensparprogramme entweder in der Wirkung massiv schmälerte oder gar ins Leere laufen ließ. Vor diesem Hintergrund wird einsichtig, dass HMOs ein weit überlegener Ansatz zur Steigerung der Effizienz der Mittelverwendung im Gesundheitswesen sind, weil sich hier die Krankenversicherer einen der wichtigsten Akteure, die Ärzte, zu Verbündeten machen können.

Uns interessieren nun in diesem Zusammenhang die wichtigsten Erfolgsfaktoren, welche sich in den letzten 18 Jahren in der Schweiz als kritisch – im Sinne von erfolgsnotwendig – herausgestellt haben. Dabei gliedern wir die Diskussion folgendermaßen: Wir wenden uns in einem ersten Abschnitt der Perspektive der Ärzte, dann derjenigen der Krankenversicherer und schließlich den Versicherten zu. Dabei unterscheiden wir jeweils drei Aspekte: Die Präferenzen jeder Gruppe, die Handlungsoptionen und die für sie relevanten Rahmenbedingungen, wobei die Diskussion stets darauf abzielt zu zeigen, welche Präferenzen, Handlungsoptionen und Rahmenbedingungen HMO-fördernd respektive hemmend wirken. Dabei soll nicht der Fehler gemacht werden, die ideale Kombination von Präferenzen, Handlungsoptionen und Rahmenbedingungen abzuleiten, die so in der Realität des Gesundheitswesens sowieso nie gegeben sein wird. Vielmehr soll am Beispiel der Schweiz gezeigt werden, welche Kombinationen von Faktoren zumindest ausreichend waren, um der Managed-Care-Bewegung die entscheidenden Impulse zu geben. Abschließend ziehen wir die wichtigsten Schlussfolgerungen.

2 Die Ärzteschaft

2.1 Analysen der Präferenzen der Ärzte

Wir beginnen unsere Analyse mit der systematischen, wenngleich in keiner Weise abschließenden, Beschreibung der Präferenzen der Ärzte. Ärzte unterscheiden sich hinsichtlich ihrer Präferenz für Innovationen. Sind sie eher konservativ (und gemäß Human-Kapital-Theorie i. d. R. eher älter), werden sie schwieriger für neue Versorgungsmodelle zu gewinnen sein, als wenn sie Innovationen grundsätzlich offen gegenüberstehen. In einem erfolgreich agierenden Ärztenetzwerk finden sich Mediziner, welche eine gewisse Risikofreude an den Tag legen, Handlungsautonomie schätzen, Teamplayer sind und ein gewisses Maß an intrinsischer Motivation mitbringen. Vor allem ausgeprägte Risikoaversion, das zeigt die Erfahrung von 10 Jahren Verhandlungen, verzögert oder verhindert die Zusammenarbeit mit den Krankenversicherern im Rahmen der beschriebenen Modelle, geht doch die Zusammenarbeit bei den erfolgreichen Modellen stets einher mit einer gewissen limitierten Übernahme finanziellen Risikos durch die Ärzte.[79] Gemäß eigenen Angaben stellt die Furcht vor einer in absehbarer Zeit einsetzenden Verstaatlichung der ärztlichen Tätigkeit oder vor einer immer einschränkenderen Kontrolltätigkeit der Krankenversicherer eine wichtige Motivation zum Aufbau von Netzwerken der Pioniergeneration dar.

Schließlich bedarf es auch eines ausgeprägten Organisationstalents, wobei diese Fähigkeit auch auf dem Markt nachgefragt werden kann. Die wenigsten größeren Netzwerke der Schweiz kommen heute ohne von den Ärzten angestellten Betriebswirtschafter aus.

Tab. 11: Präferenzen der Ärzte

HMO fördernd	HMO hemmend
Präferiert Innovationen	Ist eher konservativ
Befürchtet Verstaatlichung	Ist politisch wenig sensibilisiert
Hohe intrinsische Motivation	Primär Einkommensansprüche
Schätzt Handlungsautonomie	Ist diesbezüglich indifferent
Ist eher risikofreudig	Ist stark risikoscheu
Besitzt organisatorisches Talent	Interessiert sich wenig für betriebswirtschaftliche Zusammenhänge
Ist Teamplayer	Ist Einzelkämpfer

79 Es soll nicht unerwähnt bleiben, dass es sowohl in der Schweiz wie zuvor in den USA zur Gründung von Pseudo-Modellen kam, in denen die Ärzte praktisch keine zusätzliche Verantwortung übernahmen, und deren Ziel einzig und allein darin bestand, die Ärzte in Kartellen zusammenzuschliessen um sich gegen das Aufkommen echter Managed Care-Modelle zu wehren. Eine detaillierte Beschreibung findet sich in Beck (2004) und Sommer (1999).

2.2 Handlungsoptionen der Ärzte

Sind die Präferenzen des Arztes mehr oder weniger gegeben, so besitzt er daneben Handlungsoptionen, die die Entstehung von Netzwerken fördern können, wobei nicht alle Optionen kurzfristig disponibel sind. Hat sich der Arzt für eine einsame Landpraxis entschieden, so schlagen die Organisationskosten der Netzbildung substantiell höher zu Buche als bei Stadt- oder Agglomerationsärzten.

Liegt der Auslastungsgrad einer Praxis eher hoch, so fördert das die Umwandlung in eine HMO. Im Laufe der 90er Jahre musste mehr als eine HMO-Praxis geschlossen werden, obwohl optimale Medizin betrieben wurde, weil mit der zu geringen Zahl an Patienten die Fixkosten ungedeckt blieben und der break even nicht überschritten werden konnten.

Je länger je mehr ist der elektronische Datenaustausch eine conditio sine qua non zur effizienten Netzwerkbildung. Managed Care mit HMOs bringt zusätzlichen Datenaustausch mit sich (z. B. die online Kontrolle und Freigabe von Rechnungen nachgelagerter Leistungserbringer durch den behandelnden Gatekeeper), die ohne technische Hilfe nicht bewältigt werden könnten. Selbstredend bilden Gruppenpraxen und bereits bestehende Vernetzungen (z. B. regionale Qualitätszirkel) einen vorteilhafteren Nucleus zur Bildung von Netzwerken als die isolierte Einzelpraxis. Wie bereits bei der Diskussion der Präferenzen vermerkt, setzt der Aufbau eines Netzwerks viel Unternehmergeist voraus. Aus diesem Grund scheint es nahe liegend, dass selbständige Unternehmer erfolgreicher im Markt agieren dürften als angestellte Ärzte. Der Blick auf den Schweizer Markt zeigt jedoch, dass sich zwei unterschiedliche Organisationsformen nachhaltig etablieren konnten. Zum einen die ärzteeigenen HMOs, daneben aber auch Modelle, die im Besitz von einzelnen Kassen oder Managed-Care-Organisationen sind, in denen die Ärzte als unselbständig erwerbende Lohnbezüger arbeiten. Wichtig für das HMO-Angebot eines führenden Krankenversicherers war Ende der 90er Jahre der gezielte Management buy out all ihrer Staff Model HMOs (HMOs mit angestellten Ärzten), der dazu führte, dass die über Jahre defizitären Praxen in kürzester Zeit und von mehr oder weniger denselben Ärzten nachhaltig aus den roten Zahlen geführt werden konnten.

Tab. 12: Betriebswirtschaftliche Handlungsoptionen der Ärzte

HMO fördernd	**HMO hemmend**
Stadtpraxis	Landpraxis
Hoher Auslastungsgrad der Praxis	Geringer Auslastungsgrad
Elektronischer Datenaustausch vorhanden	Manuelle Rechnungsstellung
Gruppenpraxis / Vernetzte Praxis	Einzelpraxis
Selbständiger Unternehmer	Angestellter
Optimale medizinische Versorgung	Überverarztung oder Unterversorgung

Ganz entscheidend für eine längerfristig erfolgreiche Zusammenarbeit des Ärztenetzwerks mit der Krankenversicherung ist der Wille, optimale medizinische Versorgung zu betreiben. Ärzte, welche mittels Überverarztung Einkommensmaximierung betreiben, können durch den Versicherer statistisch immer differenzierter und raffinierter identifiziert werden (vgl. von Rotz et al. 2008) und gehören damit zum Vornherein nicht zur Gruppe der erwünschten Vertragspartner.

2.3 Rahmenbedingungen aus Sicht der Ärzte

Neben Präferenzen und Handlungsoptionen gibt es auch mittelfristig unverrückbare Vorgaben, welche die Ärzte in ihr Kalkül einzubeziehen haben. Diese können die Schaffung von HMOs fördern oder hemmen. Ein wichtiger Faktor ist der sogenannte Kontrahierungszwang: Jeder in der Schweiz niedergelassene Arzt hat das Recht, zu Lasten der sozialen Krankenversicherung abzurechnen, wobei der Tarif auf Bundesebene definiert und innerhalb desselben Kantons für alle Ärzte (derselben Facharztgruppe) einheitlich festgelegt wird. Zwar besteht, wie beschrieben, seit 1990 das Recht, mit Gruppen von Ärzten davon abweichende Tarifverträge zu schließen, aber eine reichlich bemessene, staatlich garantierte Einzelleistungsvergütung schwächt einerseits die Verhandlungsposition der Krankenversicherer empfindlich, andererseits die Bereitschaft vieler Ärzte, Risiken zu übernehmen. Sind die Fee-for-Service-Ansätze jedoch knapp bemessen, so kann das die HMO-hemmende Wirkung des Kontrahierungszwangs neutralisieren. Mit der Einführung des neuen Einzelleistungstarifs Tarmed war zwar das politische Ziel verknüpft, die ökonomische Situation der Allgemeinpraktiker gegenüber derjenigen der Spezialisten zu verbessern. Dieses Ziel wurde nach einhelliger Meinung verfehlt, sodass heute die Bereitschaft zur Bildung von Netzwerken trotz garantiertem Einzelleistungstarif unter den Allgemeinpraktikern gestiegen ist. Ebenso wird die Kontrolltätigkeit der Krankenversicherer von den Ärzten als äußerst lästig empfunden. Da Ärzte, die sich zu einem Netz mit Pauschalentschädigung zusammenschließen, heute vom Verband der Krankenversicherer nicht mehr kontrolliert werden, da überschießende Kosten zu Gewinneinbußen der behandelnden HMO-Ärzten führen und darum nicht im Eigeninteresse dieser Ärzte sind, fördert die Zunahme von Leistungskontrollen indirekt die Netzbildung.

Tab. 13: Rahmenbedingungen der Ärzte

HMO fördernd	**HMO hemmend**
Vertragsfreiheit Kasse/Arzt	**Kontrahierungszwang**
Fee for service knapp bemessen	Fee for service reichlich bemessen
Viele Kontrollen durch Versicherer	Wenig Kontrollen der Versicherer
Faire Capitation	Capitation ungenau

Legende: Die aktuell gültigen Rahmenbedingungen sind fett hervorgehoben.

Die Übertragung eines Teils des finanziellen Risikos an die Netzärzte setzt die Fähigkeit voraus, faire Budgets berechnen zu können. Erst wenn die Ärzte Gewissheit haben, dass die Budgetvorgaben risiko- und morbiditätsgerecht sind, werden sie gewillt sein, sich auf neue Formen der finanziellen Zusammenarbeit mit den Krankenversicherern einzulassen. Insofern war die Entwicklung versicherungstechnischer Methoden zur HMO-Budgetierung eine notwendige (wenn auch nicht hinreichende) Bedingung für das Wachstum der HMO-Modelle der Schweiz (vgl. Beck 2004 und Beck/Käser 2007).

2.4 Fazit

Erwartungsgemäß waren es vorwiegend (wenn auch nicht ausschließlich) die jungen Ärzte, die sich im Rahmen der Einzelpraxen für HMOs und Netzwerke entschieden haben. Entsprechend dominiert der Netzwerktyp mit geringem Integrationsgrad während Netze, die neben den Hausärzten noch zahlreiche Spezialisten oder ganze Spitäler umfassen, sehr selten sind. Junge Hausärzte, die gemäß Human-Kapital-Theorie größere Offenheit gegenüber innovativen Organisationsformen aufweisen, verfügen nicht über den notwendigen direkten Einfluss, um Spitäler zur Integration zu bewegen. Es ist eher so, dass die Netzwerkbildung den Wettbewerb unter den nachgelagerten Leistungserbringern verstärkt hat. Da die Netzwerke mit gezielter Überweisungspolitik eine gewisse Marktmacht besitzen, können sie die nachgelagerten Stellen gegeneinander ausspielen und die Preise drücken. Auch bei den Medikamenten können HMOs aufgrund der großen Volumina Rabatte aushandeln, die einzelnen Praxen nie gewährt würden. Durch intelligentes Gatekeeping, das nicht nur den Zugang zum Gesundheitswesen abriegelt, sondern im Falle medizinisch induzierter Überweisungen die Patientin sinnvoll berät, werden die so entstandenen Netzwerke der von Amelung et al. (in ihrem Einleitungsbeitrag zu diesem Band) erhobenen Forderung nach optimaler Nutzung der zunehmenden Spezialisierung ebenfalls gerecht.

3 Die Krankenversicherer

3.1 Strategische Ausrichtung der Krankenversicherer

Bei der Betrachtung eines Krankenversicherer-Managements (Tab. 14) macht es nur hinsichtlich der Einstellung zum Risiko und zur Ethik im Geschäftsgebaren Sinn, von Präferenzen zu sprechen. Ansonsten sind Krankenversicherer Institutionen, die grundsätzliche Strategien wählen können und dann aufgrund der Strategie Handlungsoptionen wahrnehmen. Im vorliegenden Zusammenhang sind zwei Strategien entscheidend: die Wahl zwischen innovativer und konservativer Strategie sowie die Wahl zwischen Risikoselektion und Kostendämpfung.

Ist das Management risikoscheu, wird es kaum große Mengen an Ressourcen in das bis anhin unbekannte Pioniergebiet HMO investieren. Der Return on Investment ist erwiesenermaßen sehr unsicher und fällt, wenn überhaupt, sicher nicht kurzfristig an.

Innovationsfreudigkeit allein ist bei einem Krankenversicherer-Management eine zwar notwendige, aber nicht hinreichende Bedingung für die Entwicklung von HMO-Modellen. In der öffentlichen Diskussion wird den Krankenversicherern immer wieder der Vorwurf gemacht, dass sie die innovativen Chancen, die das KVG biete, nicht ausschöpfen würden, sodass das Wachstum der HMO-Modelle allzu bescheiden ausfalle. Wer so argumentiert übersieht, dass die Anreize im Markt so sind, dass sich Innovationen anderer Art viel stärker und sicherer lohnen als der Aufbau von Managed-Care-Modellen. Viele Versicherer sind daher äußerst innovativ im Bereich der Risikoselektion, d. h. beim Anwerben sogenannt guter Risiken und (weniger ausgeprägt) beim Abstoßen »teurer« Risiken.

Warum das so ist, soll kurz erläutert werden. In der sozialen Krankenversicherung zahlen alle Einwohner unabhängig vom Gesundheitszustand die gleiche Prämie. Damit werden chronisch kranke Personen automatisch zu Versicherten, die ihre Kosten vorhersehbar nicht decken werden, während gesunde Risiken positive Deckungsbeiträge abwerfen. Zwar gibt es einen Risiko(struktur)ausgleich, der den vorhersehbaren Risikounterschieden zwischen den Krankenversicherern Rechnung tragen sollte. In der im Gesetz implementierten Form dieses Risikoausgleichs, basierend einzig und allein auf Alters- und Geschlechtsstrukturunterschieden, wird er seiner Aufgabe nicht vollumfänglich gerecht. Die Formel alt gleich krank und jung gleich gesund stimmt angesichts AIDS-kranker Jugendlicher und joggender Rentner schon lange nicht mehr. Es existiert eine mehr als umfassende Literatur (vgl. van de Ven/Ellis 2000), die belegt, dass demographisch differenzierte Ausgleichsformeln den Anreiz zur Risikoselektion nicht ausreichend unterbinden.

Bringt aber erfolgreiche Risikoselektion in kürzerer Zeit, und verbunden mit weniger Risiko, höhere Deckungsbeiträge als die Investition in Kostendämpfungsmaßnahmen, dann ist es nichts als logisch, dass viele Krankenversicherer die (sichere) Risikoselektion der (unsicheren) HMO-Strategie vorziehen.

Entscheidend ist nun auch der Stellenwert der Ethik im Geschäftsgebaren eines jeden Krankenversicherers. Risikoselektion ist nicht nur von Gesetzes wegen verboten, sondern auch unfair gegenüber chronisch Kranken, denen der Zugang zu preiswerter Versicherungsdeckung verwehrt werden soll. Nicht zufällig weisen die beiden Krankenversicherer, welche im Bereich der HMO-Entwicklung zu den Pionieren gehören, eine explizite und im Markte nachweisbare ethische Politik aus. Die eine Kasse verzichtete seit Jahren auf die Einführung von sogenannten billigen Tochterkassen, die nur dazu da sind, teure und günstige Risiken besser auseinanderdividieren zu können.[80] Und das obwohl sie seit Jahren über die amtliche Bewilligung zur Eröffnung einer Tochterkasse

80 Der Gewinner auf dem Markt ist der Erfinder der sogenannten Billigkassen-Strategie. Diese basiert auf der gezielten Selektion von Risiken. Mit dieser Strategie gelang es diesem Versicherer, sich von einem der hinteren Plätze mit rund 200 000 Versicherten auf den 3. Platz mit viermal mehr Versicherten vorzuarbeiten.

verfügt. Der andere Pionier schwenkte zwar schließlich, aufgrund des Wettbewerbsdrucks, auf die Billigkassenstrategie ein, wendet diese aber sehr zurückhaltend an und setzt sich weiterhin mit seinem ganzen politischen Gewicht für eine Optimierung des Risikoausgleichs ein.

Für die Entwicklung von HMO-Modellen ist es daher entscheidend, dass nicht allzu risikoscheue, der Innovation verpflichtete Kassen auf dem Markt sind, deren ethische Grundhaltung die Ursache dafür ist, von der volkswirtschaftlich sinnlosen, legal nicht zulässigen aber betriebswirtschaftlich erfolgreichen Selektionsstrategie Abstand zu nehmen und dafür umso stärker den Ausbau echter Kostensparmodelle in Form von HMOs und Netzwerken zu fördern.

Tab. 14: Strategien der Kassen

HMO fördernd	**HMO hemmend**
Risikofreudig	Risikoscheu
Innovationen verpflichtet	Konservativ
Kostendämpfung	Risikoselektion
Einer Geschäftsethik verpflichtet	Vorwiegend dem Gewinnstreben verpflichtet

3.2 Die Handlungsoptionen der Krankenversicherer

Die Krankenversicherer verfügen über verschiedene Handlungsoptionen, die in diesem Abschnitt näher beleuchtet werden sollen. Es mag erstaunen, dass in Tabelle 15 der Ausbau der Kostenkontrolle als HMO-hemmend eingestuft wird, wo doch in Abschnitt 2.2 gesagt wurde, dass viele Kontrollen seitens der Krankenversicherer die Entstehung von HMOs fördern. Dieses scheinbare Paradox ist einfach aufzulösen: Befinden sich die Ärzte außerhalb von Managed-Care-Verträgen im traditionellen Einzelleistungstarif, führen intensivierte Wirtschaftlichkeitskontrollen seitens der Krankenversicherer dazu, dass der Anreiz der Ärzte, diesen Kontrollen ausweichen zu können, steigt (das haben wir oben beschrieben). Hat sich aber eine Gruppe von Ärzten zur Zusammenarbeit mit den Krankenversicherern entschlossen, dann wirken kontinuierliche Wirtschaftlichkeitskontrollen störend. Die Zusammenarbeit setzt Vertrauen der Krankenversicherung in die Leistungserbringer voraus.

Das ist ein Kulturwandel, der innerhalb der Kasse bewusst initiiert werden muss. Die Mitarbeiter in der Leistungsabrechnung kultivierten über die Jahre hinweg ein regelrechtes Feindbild der Leistungserbringer, sind die abrechnenden Einheiten doch immer wieder mit einzelnen, unwirtschaftlich arbeitenden oder gar betrügerisch Rechnung stellenden Ärzten konfrontiert. Diesen Mitarbeitern muss klar gemacht werden, dass HMO-Ärzte anders kontrolliert werden müssen, da die HMO ein Eigeninteresse an der Wirtschaftlichkeit ihrer Leistungserbringung hat, und parallele Wirtschaftlichkeitskontrollen durch den Krankenversicherer in der Regel vor allem atmosphärische Störungen zur Folge haben. HMO-Ärzte müssen als besondere Kundenkategorie wahrgenommen werden und nicht nur als Rechnungssteller. Dieser Kulturwandel bedingt gezielte Schulung der Kassenmitarbeiterinnen und Anpassungszeit, ist aber für das Funktionieren der Zusammenarbeit äußerst entscheidend.

Die Modelle ganz ohne Kontrolle gewähren zu lassen, wäre allerdings blauäugig. So eindeutig die Anreizänderung bei den HMO-Ärzten auch ausfällt, so entsteht gleichzeitig auch das Problem, dass die Ärzte durch Selektion der günstigeren Kunden ihrerseits Selektionsgewinne erwirtschaften können. Lehmann (2003) weist nach, dass etwa $^{1}/_{3}$ der Kostenvorteile in HMOs auf Selektion und $^{2}/_{3}$ auf den wirtschaftlicheren Behandlungsstil zurückzuführen seien.

Die Kassen haben nun zwei Möglichkeiten, die allfällige Selektionstätigkeit zu überwachen. Einerseits können sie mit gezielten Befragungen der aus den HMOs austretenden Versicherten allfällige Verdrängungstendenzen von teuren Risiken feststellen. Andererseits können sie mit der Entwicklung möglichst morbiditätsgerechter Kopfpauschalen die allenfalls anfallenden Selektionsgewinne reduzieren.[81] Aus diesem Grund wirkt die Investition in statistisches Wissen HMO fördernd, weil es die Entwicklung adäquater Kopfpauschalen ermöglicht. In der Schweiz lassen sich diesbezüglich drei Phasen unterscheiden. Während der 90er Jahre waren rein demographische Capitationmodelle vorherrschend, welche in aller Regel zu einer massiven Überbezahlung der HMOs führten und zu entsprechend roten Zahlen in diesem Versicherungszweig. Ende der 90er Jahre setzte eine Konsolidierungsphase ein, die mit der Umstellung auf grobe Risikoindikatoren einherging (gewisse Versicherer verwendeten Vorjahresspitaleintritte als Risikoindikator, andere die Höhe der vom Versicherten gewählten Kostenbeteiligung,[82] wieder andere die Kosten des Versichertenkollektivs vor Eintritt in die HMO). Seit zwei Jahren sind nun erstmals morbiditätsdifferenzierte Capitationmodelle zur Anwendung gelangt. Dabei werden gewisse chronische und teure Krankheiten aufgrund der verschriebenen spezifischen Medikamente identifiziert und besser entschädigt (Beck/Käser 2007 sowie Lamers/van Vliet 2003).

Die Beschreibung macht deutlich, dass derart spezifizierte Capitationmodelle sowie andere Aspekte der engeren Zusammenarbeit zwischen HMO-Ärzten und Krankenversicherern einen elektronischen Datenaustausch unumgänglich machen. Gewisse, in der Regel kleinere Kassen, sahen sich außerstande, für sich selber den dazu notwendigen

---

81 Daneben sei darauf hingewiesen, dass die HMOs selbst Qualitätslabels und Qualitätskontrollen implementiert haben, um den in den Medien und zu Beginn vor allem von den Arztkollegen häufig erhobenen Vorwurf, in der HMO werde Billigmedizin betrieben, Paroli bieten zu können.

82 Eine 100 %-ige Kostenbeteiligung an den ersten Fr. 300 pro Jahr ist in der Schweizer Krankenversicherung obligatorisch. Darüber hinaus können freiwillige Kostenbeteiligungen bis zu maximal Fr. 2500 gewählt werden. Es liegt auf der Hand, dass die Wahl einer hohen Kostenbeteiligung eine Aussage darüber macht, wie das Individuum seinen zukünftigen Gesundheitszustand einschätzt. Es sind vorwiegend die Gesünderen, welche die hohen Zuzahlungen wählen.

informatischen Standard zu entwickeln. Aus diesem Grund schlossen sie sich zu Interessengruppen zusammen und gründeten Managed-Care-Organisationen, die die Abwicklung der Zusammenarbeit mit den Ärzten für mehrere Kassen gleichzeitig durchführen konnten und damit economies of scale realisieren konnten. Dieses Gebilde wies zwei Schwachpunkte auf. Einerseits konnten sich die im Wettbewerb zu einander stehenden Versicherer nicht mehr über ihr HMO-Angebot differenzieren, weil sie die HMOs gemeinsam führten. Damit verloren diese Kassen einen der wenigen vorhandenen Wettbewerbsparameter. Andererseits stellte sich diesen Kassen das Principal-Agent-Problem. Es kommt nicht von ungefähr, dass die Ebene der Managed-Care-Organisationen kontinuierlichen Turbulenzen ausgesetzt war. In der Folge kam es teils zu Liquidationen und Rückführungen dieser Funktionen, beispielsweise zum Rückversicherer der kleineren Kassen. Ein Grund für den Restrukturierungsbedarf in der zweiten Hälfte der 90er Jahre war auch der, dass sowohl das Wachstum als auch die realisierbaren Einspareffekte der neuen Modelle erheblich überschätzt worden waren (vgl. Finsterwald 2004), sodass die implementierten Organisationsstrukturen in keiner Art und Weise der ökonomischen Potenz der jungen HMOs entsprachen.

Schließlich braucht es nicht nur Verträge mit Ärzten, sondern auch mit Versicherten. Diesen wurden die HMO-Modelle anfänglich vor allem als Prämiensparmodelle präsentiert. Das hatte zwei Nachteile: Den Modellen haftete zu Unrecht die Etikette der Billigmedizin an, obwohl die HMOs in der Startphase ihre Qualität wissenschaftlich prüfen lassen mussten und dabei nicht schlecht abschnitten, während der traditionelle Fee-for-Service-Markt keiner systematischen Prüfung unterzogen worden war (Bauer et al. 1998). Andererseits garantierten die neuen Modelle eine Begleitung des Versicherten durch das Gesundheitswesen, was in aller Regel die Behandlungsqualität steigert und die Anzahl unnötiger und belastender Mehrfachuntersuchungen reduziert.

Die Kunden entpuppten sich als wenig empfänglich für Billigmedizin, zumal diejenigen, denen die Qualität der medizinischen Behandlung egal war, die günstigeren Angebote mit hohen Zuzahlungen wählten und auf den Übertritt in die HMOs verzichteten (vgl. auch Abschnitt 4.2). Erst nach und nach setzt sich bei den Krankenversicherern die Erkenntnis durch, dass sie die HMO-Produkte als qualitätssteigernde Angebote positionieren sollten.

Tab. 15: Betriebswirtschaftliche Handlungsoptionen der Kassen

HMO fördernd	HMO hemmend
Ausbau der Qualitätskontrolle	Ausbau der Kostenkontrolle
Investition in statistisches Wissen	Kein Ausbau des statistischen Wissens
Elektronischer Datenaustausch vorhanden	Manuelle Rechnungserfassung
Positionierung der HMO als Qualitätsprodukt	Positionierung der HMO als Kostensparmodell

3.3 Rahmenbedingungen aus Sicht der Krankenversicherer

Inwiefern die Vertragsfreiheit und die knapp bemessenen Fee-for-Service-Taxpunkte sich HMO-fördernd auswirken, haben wir bereits im Abschnitt über die Ärzte ausgeführt. Ein entscheidender Unterschied zur Situation in Deutschland dürfte die sehr liberale Regulierung von HMO und Hausarztmodellen im KVG sein. Das Gesetz beschränkt sich darauf, die Zulässigkeit von Spezialverträgen mit den Leistungserbringern und den Versicherten zu definieren. Damit eröffnet sich für die Kassen wie für die Ärzte ein sehr breiter Gestaltungsfreiraum, der dann auch zur Entstehung von unterschiedlichsten Arten von Netzen mit unterschiedlichsten Finanzierungsformen geführt hat. Was von der Politik häufig als Wildwuchs wahrgenommen wird, ist in diesem Fall eine notwendige Entwicklung. HMOs waren vor 1990 weitgehend unbekannt. Ebenso wusste niemand, welches letztlich die optimale Organisationsform sein würde. Durch den in der Folge einsetzenden spontanen Selektionsprozess kristallisierten sich einige konkurrierende Formen heraus, die auf dem Markt bestehen konnten. Es ist mehr als fraglich, ob diese Organisationsformen am runden Tisch in Verhandlungen zwischen Kassen- und Ärzteverbänden in derselben Zeit hätten gefunden werden können. Zudem identifizieren sich heute sowohl Ärzte als auch Kassen mit den von ihnen entwickelten Modellen. Diese Form der Identifikation und damit der Freude am Erreichten ist undenkbar, wären die Modelle zentral von Bern diktiert worden.

Einzig bei den Rabattvorschriften wirken die zunehmend detaillierten Regulierungen HMO-hemmend. Es ist je nach Markt-Konstellation möglich, dass der gesamte Einspareffekt einer HMO durch den Risikoausgleich an die Konkurrenz umverteilt wird. Jedenfalls ist es so, dass der Risikoausgleich (aus technischer Sicht unnötigerweise) die Spareffekte einer HMO schmälert. Dazu kommen direkte Rabattvorschriften, welche verlangen, dass Versicherte mit eingeschränkter Arztwahl, über das dem Solidaritätserfordernis entsprechende Ausmaß hinaus, die Versicherten quersubventionieren müssen, welche keinerlei Einschränkungen auf sich nehmen.

HMO-fördernd wirkt sich zudem der vom Volk mehrmals bekräftigte Wille, den Wettbewerb in der sozialen Krankenversicherung beizubehalten und nicht zu einem Monopolsystem umzuschwenken.[83] Der Wettbewerbsdruck, so sehr er durch die Mängel im Risikoausgleich teilweise zu unerwünschter Risikoselektion führt, ist ein wichtiger Motor zur Entwicklung dieser Modelle. Die optimale Strategie eines Versicherers besteht zudem nicht darin, ausschließlich Selektion zu betreiben. Beck (2007) zeigt in einem theoretischen Modell, dass langfristig eine Kombination von HMO- und Selektionsstrategie optimal ist.

Hohe Preissensitivität fördert die Entwicklung der Modelle. Dabei zeigen sich die für die Schweiz charakteristischen regionalen Unterschiede. Vaterlaus et al. (2004) weisen anhand von Descrete-Choice-Experimenten nach, dass in der französischen Schweiz allgemein höhere Prämienrabatterwartungen vorhanden sind als in der deutschen

83 Letztmals in der Volksabstimmung vom 11. März 2007 mit einem deutlichen Ja-Stimmenanteil von 70 %.

Schweiz. Das erklärt, warum im Jahr 2006 in der Westschweiz ein einziges Modell existierte (und zwar in Genf, wo die Prämien Rekordhöhen erreichen), während in der deutschsprachigen Schweiz sämtliche Ballungszentren mehrere konkurrierende Netzwerke aufweisen.

Die Höhe der Spareffekte ist für den Erfolg der Modelle natürlich auch ausschlaggebend. Heute liegen die Prämienrabatte für Managed-Care-Modelle mit Pauschalentschädigungen zwischen 20 % und 25 %. Interne Kalkulationen eines führenden Schweizer Krankenversicherers zeigen allerdings (beispielsweise für das Jahr 2006), dass die risikogerechten HMO-Rabatte bis 50 % hoch ausfallen würden (und zwar untere Berücksichtigung der amtlich vorgeschriebenen Solidaritätserfordernisse). Die allzu restriktive Rabattregulierung seitens der Behörde verhindert jedoch die Weitergabe so hoher Rabatte. Dieselben Analysen zeigen auch, dass Kosteneinspareffekte über vier Jahre hinweg Nachhaltigkeit aufweisen und nicht nur dem stetigen Zustrom neuer gesunder Versicherter in die Modelle zu verdanken sind.

Tab. 16: Rahmenbedingungen der Kassen

HMO fördernd	HMO hemmend
Vertragsfreiheit Kasse/Arzt	**Kontrahierungszwang**
Fee for service knapp bemessen	Fee for service reichlich bemessen
Liberaler gesetzlicher Rahmen	Detailregulierung der Vertragsgestaltung
Liberale Prämienrabattgestaltung	**Restriktive Prämienrabattvorschriften**
Kassenwettbewerb	Monopol-Kasse
Risikogerechte Prämien	**Einheitsprämien**
Hohe Preissensitivität der Kunden	Geringe Preissensitivität der Kunden
Geringe Effekte der Risikoselektion	**Hohe Effekte der Risikoselektion**
Hohe Spareffekte der HMO	Geringe Spareffekte der HMO

Legende: Die aktuell gültigen Rahmenbedingungen sind fett hervorgehoben.

3.4 Fazit

Wie aufgrund der Human-Kapital-Theorie zu erwarten, waren auch die Krankenversicherer bei der Entwicklung der ersten HMOs aktiv beteiligt. Nach anfänglicher Dominanz stark integrierter Modelle, in denen die HMOs Tochtergesellschaften der Krankenversicherer und die Ärzte angestellte Lohnempfänger waren, setzte sich bald die unabhängige HMO-Praxis durch. Lediglich ein Versicherer setzt heute noch schwergewichtig auf die integrierte stark Variante und damit auf Kooperation, während andere bewusst den Wettbewerb unter den HMO-Anbietern förderten, auch um die Entstehung lokaler Monopolmärkte zu verhindern.

4 Die Versicherten

4.1 Die Präferenzen der Versicherten

Die wichtigen Präferenzen »Preiselastizität« und »Bewertung der Behandlungsqualität« wurden bereits oben abgehandelt. Unterschiedlich ist der Einfluss der Loyalität. Besteht hohe Loyalität in der Arzt-Patienten-Beziehung, so wirkt sich das hemmend auf das Wachstum neu gegründeter HMOs aus. Dort arbeiten (wie bereits dargelegt) zumeist junge Ärzte, die neu in den Markt eintreten und sich den Patientenstamm zuerst aufbauen müssen. Anders ist es bei Hausarztmodellen, die eine Vernetzung bereits bestehender Praxen von länger im Markt tätigen Ärzten darstellen. Hier wirkt hohe Loyalität HMO-fördernd, weil die Ärzte dann ihre eigenen Patienten mit ins Netz bringen. In den Hausarztmodellen finden sich auch ältere Ärzte, die jahrelang in großer Autonomie praktiziert haben. In der Regel handelt es sich dann im Vergleich zu den HMOs um weniger straff geführte Netzwerke, in denen die einzelnen Praxen schwächer integriert sind und die entsprechend geringere ökonomische Effekte aufweisen (was wiederum in Einklang mit der Human-Kapital-Theorie steht).

Wichtig ist andererseits auch die Loyalität zum Versicherer. Viele HMOs verloren ihre Kunden wegen der geringen Versicherungs-Loyalität und den kostengünstigen Konkurrenzangeboten. So offerierte beispielsweise in Basel Stadt ein selektionierender Billiganbieter eine Prämie für Volldeckung, welche tiefer war als die um den HMO-Rabatt reduzierte Prämie des HMO-Versicherers (das hatte auch damit zu tun, dass Prämien in den ersten fünf Jahren des Bestehens der HMO nie um mehr als 20 % reduziert werden durften, wie hoch die Einsparung auch immer ausfiel). In dieser Situation bröckelte die Versichertenloyalität verständlicherweise.

Offenheit für Neuerungen ist auch bei den Versicherten eine wichtige Voraussetzung. Ein eher konservatives zurückhaltendes Verhalten der Versicherer, der so genannte status quo bias, der in allen empirischen Analysen zu dieser Frage nachgewiesen werden konnte (vgl. Beck 2004 oder Lehmann 2003) verzögerte den HMO-Durchbruch merklich, entspricht jedoch wiederum dem Human-Kapital-Ansatz: Wer jahrelang in seine Arztbeziehung investiert hat, ist kaum bereit, diese Investition für einen 20 %igen Prämiennachlass auf Null abzuschreiben. Oder wer als betagter Mensch das komplizierte Gesundheitswesen zu Nutzen gelernt hat, scheut sich, auf ein anders funktionierendes System umzusteigen.

Tritt man in ein HMO-Modell ein, so gilt es nämlich, neue Regeln zu akzeptieren. Spezialisten und Spitäler dürfen nur nach Rücksprache mit dem HMO-Arzt aufgesucht werden, sonst sind die Kosten durch den Versicherten selber zu tragen. Die Bereitschaft, diese Regeln einzuhalten und die Fähigkeit, das neue Versorgungssystem als Patient zu verstehen, ist eine wichtige Voraussetzung dafür, dass die HMO funktioniert (in diesem Zusammenhang sind auch Sonderaufwendungen für Übersetzungen der HMO-Reglemente in alle wichtigen, vor Ort gesprochenen Sprachen zu sehen).

Tab. 17: Präferenzen der Kunden

HMO fördernd	HMO hemmend
Hohe Preiselastizität	Geringe Preiselastizität
Hohe Bewertung der Behandlungsqualität	Behandlungsqualität genießt geringen Stellenwert
Geringe Loyalität / Hohe Loyalität	
Offen für Neues	Konservativ
Hohe Bereitschaft zur Regeleinhaltung	Geringe Bereitschaft, die Regeln einzuhalten

4.2 Die Handlungsoptionen der Versicherten

In Bezug auf die HMO-Modelle reduzieren sich die Handlungsoptionen der Versicherten auf Beitritt oder Fernbleiben. So simpel das auf den ersten Blick erscheint, stellt die Art, wie diese Wahl vollzogen wird, selbst wiederum einen kritischen Erfolgsfaktor dar. So gereicht es beispielsweise einem nachhaltigen Wachstum zum Vorteil, wenn der Kunde selber den Beitrittsentscheid fällen muss. Im Gegensatz zur USA besteht das Einzelvertragsverhältnis zwischen Kunde und Kasse, der Arbeitgeber spielt kaum eine Rolle. In den USA konnten ganze Kollektive von Arbeitnehmern einer HMO zugewiesen werden mit dem Nebeneffekt, dass die so Versicherten den Beitrittsentscheid nicht wirklich im Wissen um die Konsequenzen fällten, die HMO als plötzlich überraschend auftauchende Einschränkung wahrnahmen und sich auch nur widerwillig den Regeln unterzogen. Die Erfahrungen in der Schweiz sind ähnlich. Dort wo gute Verkäufer mit dem Hinweis auf die Prämienersparung zahlreiche HMO-Versicherungen abschließen konnten, ergaben sich im Vollzug die geschilderten Probleme. Nur wenn die Versicherten im Bewusstsein der möglichen Konsequenzen den Beitrittsentscheid fällen, kann eine produktive Zusammenarbeit zwischen HMO-Arzt und HMO-Patientin beginnen.

Tab. 18: Handlungsoptionen der Kunden

HMO fördernd	HMO hemmend
Wahl des HMO-Vertrags	Wahl der traditionellen Deckung

4.3 Die Rahmenbedingungen aus Sicht der Kunden

Entscheidend für den Erfolg von HMO-Modellen ist die Möglichkeit, sowohl Kasse wie auch HMO-Modell frei wählen zu können. Dabei spielt auch und gerade die Freiheit des Wiederaustritts eine wichtige Rolle. Würde sich der Kunde mittelfristig binden, würde das die Bereitschaft, eine HMO zumindest einmal »auszuprobieren«, drastisch senken. Ganz abgesehen davon ist die Abstimmung mit den Füßen – d. h. der Austritt aus der HMO – das Machtmittel der Kunden, um gegen unzureichende Qualität protestieren zu können. Es wird zuweilen die Frage aufgeworfen, ob es nicht sinnvoller sei, die Kunden von Gesetzes wegen für mehrere Jahre an die HMO zu binden. Die praktische Erfahrung zeigt jedoch zweierlei: Einerseits sind es nur sehr wenige, die sich strategisch verhalten und kurz vor planbaren Operationen aus der HMO austreten um nachher wieder einzutreten um weiterhin in den Genuss des (im vorliegenden Fall ungerechtfertigten) Rabatts zu kommen. Andererseits ist es mit viel Mühe verbunden, Personen, die nicht in einer HMO bleiben wollen, zum Verbleib zu zwingen. Eine gewisse Kulanz gegenüber »schwierigen« Kunden spart unproduktive Energie und auch Kosten.

Der zweite entscheidende Aspekt ist die Wahrnehmung der HMO durch den Versicherten. Es wird bis jetzt beim Verkauf der Modelle noch viel zu sehr das Gewicht auf die Prämienreduktion und viel zu wenig auf den veränderten, und in der Regel kundenorientierten, Behandlungsstil gelegt. Die ganze neuartige Philosophie dieser Modelle ist den meisten Kunden (auch denen, die sich dafür interessieren würden) kaum bewusst. Hier ist es an den Krankenversicherern, das Image der HMO im Verkaufsgespräch mitzuprägen und gleichzeitig die Informationsbeschaffungskosten für den Update des Human Kapitals des Kunden zu senken. Gerade in der Westschweiz, wo das Wachstum dieser Modelle deutlich hinterher hinkt, wäre ein qualitätsfokusierter, informativer Marktauftritt sicher förderlich.

Tab. 19: Rahmenbedingungen der Kunden

HMO fördernd	**HMO hemmend**
Freie Kassenwahl/ freie Modellwahl	Eingeschränkte Kassenwahl/ Eingeschränkte Modellwahl
Wahrnehmung der HMO als Qualitätsmodell	Wahrnehmung der HMO als Rationierungsmodell

Legende: Die aktuell gültigen Rahmenbedingungen sind fett hervorgehoben.

5 Schlussfolgerungen

In dieser Arbeit ging es darum, die kritischen Erfolgsfaktoren für die Entwicklung von HMO- und Netzwerkmodellen in der Schweiz darzustellen. Dabei zeigte sich, dass auch nur teilweise optimale Rahmenbedingungen ausreichend für ein beeindruckendes und ökonomisch effektives Wachstum sein können. So entwickelte sich das Managed-Care-Angebot, obwohl die Krankenversicherer verpflichtet sind, jeden Arzt unter Vertrag zu nehmen und pro Einzelleistung zu vergüten, obwohl die Rabattvorschriften zu restriktiv sind und eine vollständige Weitergabe der Spareffekte an die Versicherten in Form von Prämienrabatten behindern und obwohl es generell so ist, dass als Folge eines ungenügenden Risikoausgleichs die Risikoselektion rascher stärkere Prämieneffekte zeitigt als der risikoreiche Aufbau von Kostensparmodellen.[84] Die verbleibende Gestaltungsfreiheit ist in diesem Teil der Sozialen Krankenversicherung erstaunlich groß, die Ärzte

84 Immerhin hat das Schweizer Parlament nach elf Jahren Diskussion am 21.12.2007 beschlossen auf das Jahr 2012 die Verzerrungen, die ein suboptimaler Risiko(struktur)ausgleich mit sich bringt, zu reduzieren.

innovationsfreudig genug und viele wichtige Kassen nicht nur auf die volkswirtschaftlich unsinnige Selektion fixiert, so dass Produkte realisiert werden konnten, welche von den Versicherten in zunehmenden Maße nachgefragt werden.

So steigerte sich das HMO-Portfeuille des führenden Sozialen Krankenversicherers innert der letzten 21 Monate um 170 %. Schweizweit ist mindestens einer von 40 Versicherten in einem sehr restriktiven Managed-Care-Modell. Nimmt man die weniger restriktiven Netzwerke (ohne Budgetverantwortung der Ärzte) dazu, so haben sich im Juni 2007 mindestens 20 % der Schweizer Einwohner für eine Einschränkung ihrer freien Arztwahl entschieden (Datenpool Santésuisse 2007)[85].

Die 90er Jahre stellen eine Phase anhaltender Defizite dar, die erst mit der Jahrhundertwende ihr Ende fand. Wiederum war es nicht die Politik, welche für bessere Rahmenbedingungen gesorgt hätte – was ohne weiteres immer noch möglich wäre –, sondern die im Markt tätigen Akteure, welche die betriebswirtschaftlichen Konsequenzen zogen. Zu unscharf berechnete Budgetvorgaben zusammen mit übermäßigen Netz-Verwaltungskosten hatten die roten Zahlen zu verantworten. Während die einen Versicherer ihre teuren Managed-Care-Organisationen liquidierten und diese Funktionen selber effizienter aufgleisten, sahen sich auch die den Strukturwandel überlebenden Managed-Care-Organisationen zu einschneidenden Restrukturierungsmaßnahmen gezwungen. Dazu kam die versicherungstechnische Weiterentwicklung der Budgetierung.

Nach diesem für viele Beteiligten dramatischen turn around setzte ein Wachstum finanziell gesunder, Effizienz steigernder Versicherungsangebote ein, die zunehmend Zuspruch finden. Diese Netzwerke entwickelten sich aus dem Marktsegment der Einzelpraxen. Sie sind eher straff geführt, weisen innerhalb der Netzmitglieder einen hohen Grad an Integration, bezogen auf die Behandlungskette jedoch eine geringe Inegrationstiefe auf. Vollintegrierte Versorgungsmodelle, die eine Kombination von Spitälern und Hausarztpraxen darstellen sind sehr selten. Vollintegration liegt eher bei einzelnen Versicherern vor, die die HMO-Praxen als Tochtergesellschaften führen. Aber auch hier stößt die Integration nachgelagerter Unternehmenseinheiten entlang der Behandlungskette rasch an Grenzen.

Der Gesetzgeber hatte Kassen und Ärzten den notwendigen Handlungsspielraum belassen, um in einem langwierigen trial und error Verfahren optimale Versicherungsprodukte zu entwickeln. Bleibt zu hoffen, dass dem weiter so sein wird.

85 Die einzige verfügbare Quelle weist allerdings methodische Mängel auf, die zu einer systematischen Unterschätzung der Anzahl Versicherten führt.

Literaturverzeichnis

Baur, R./Hunger, W./Kämpf, K./Stock, J. (1998): Evaluation neuer Formen der Krankenversicherung. Synthesebericht. In: Bundesamt für Sozialversicherung (Hrsg.): Beiträge zur sozialen Sicherheit. Bd. 1/98 (EDMZ). Bern.

Beck, K. (2004): Risiko Krankenversicherung – Risikomanagement in einem regulierten Krankenversicherungsmarkt. Bern.

Beck, K. (2007): Risk adjustment and its impact on selection and efficiency: Social health insurers' strategic decision-making. In: Schriften des CSS-Instituts für empirische Gesundheitsökonomie. www.css-institute.ch

Beck, K./Käser, U. (2007): Neue Capitationberechnung. In: Managed Care (1), S. 28–31.

Becker, G.S. (1993): Human Capital. Chicago.

Datenpool Santésuisse (2007): Elektronische Statistik erstellt von Santésuisse, dem Dachverband der Schweizer Krankenversicherer (www.santesuisse.ch).

Finsterwald, D. (2004): Managed Care – Pionierland Schweiz. Bern.

Enthoven, A.C. (1978): Consumer-choice health plan. In: The New England Journal of Medicine 298 (12), S. 650–658.

Lamers, L.M./van Vliet, R.C.J.A. (2003): Health-based risk adjustment: Improving the pharmacy-based cost group model to reduce gaming possibilities. In: European Journal of Health Economics 4, S. 107–114.

Lehmann, H.-J. (2003): Managed Care: Kosten senken mit alternativen Krankenversicherungsformen? – Eine empirische Analyse anhand Schweizer Krankenversicherungsdaten. Chur.

Sommer, J.H. (1999): Gesundheitssysteme zwischen Plan und Markt. Stuttgart.

Vaterlaus, S./Telser, H./Zweifel, P./Eugster, P. (2004): Was leistet unser Gesundheitswesen? Plaut Economics. www.plaut-economics.ch.

Van de Ven, W./Randall, P.E. (2000): Risk adjustment in competitive health plan markets. In: Newhouse, J.P./Culyer, A.J. (Hrsg.): Handbook of Health Economics. Amsterdam, S. 755–845.

Von Rotz, S./Kunze, U./Beck, K. (2008): Der Ärzteindex: Ein Instrument zur Beurteilung der Wirtschaftlichkeit von Grundversorgern. In: Gesundheitsökonomie & Qualitätsmanagement, Bd. 3/2008, 13. Jahrg., S. 142–148.

Autorenverzeichnis

Dr. **Volker Amelung** ist Professor für Gesundheitssystemforschung an derMedizinische Hochschule Hannover, Abt. Epidemiologie, Sozialmedizin und Gesundheitssystemforschung, Carl-Neubergstr. 1, D-30625 Hannover und Vorstandsvorsitzender des Bundesverband Managed Care e. V., Friedrichstr. 136, D-10117 Berlin. amelung@berlin.de

Dr. Dr. h.c. **H.-Jürgen Appelrath** ist Professor für Praktische Informatik an der Universität Oldenburg, seit 1991 Vorstand des Informatik-Instituts OFFIS mit aktuell mehr als 200 Mitarbeitern und als Beirat und Aufsichtsrat vielfältig in Wissenschaft und Wirtschaft engagiert. OFFIS, Escherweg 2, D-26121 Oldenburg. appelrath@offis.de

Lic.rer.pol. **Widar von Arx** ist Doktorand und wissenschaftlicher Mitarbeiter des Forschungsprogramms HealthCare Excellence am Institut für Betriebswirtschaftslehre der Universität St. Gallen. widar.vonarx@unisg.ch

Dr. **Konstantin Beck** ist Privatdozent an der Universität Zürich und Leiter des CSS Instituts für empirische Gesundheitsökonomie. www.css-institut.ch / konstantin.beck @css.ch

Franziska Beckebans ist Mitarbeiterin der OptiMedis AG, derzeit Projektkoordinatorin bei Gesundes Kinzigtal GmbH, Hauptstr. 7, D-77716 Haslach. fb@gesundes-kinzigtal.de

Dipl.-Kfm. **Benjamin I. Behar** ist Seniorberater bei McKinsey & Company und Doktorand am Institut für Management der Freien Universität Berlin. Benjamin_Behar@mckinsey.com

PD Dr. **Peter Berchtold** ist Geschäftsleiter des College für Management im Gesundheitswesen (College-M), Freiburgstrasse 41, CH-3010 Bern. peter.berchtold@college-m.ch

Dipl.-Kffr. **Barbara Bernhard** ist Financial Analysis Manager bei Procter & Gamble Pharmaceuticals Germany GmbH, Dr.-Otto-Röhm-Str. 2–4, D-64331 Weiterstadt. bernhard.b@pg.com

Dipl. Ges. Ök. **Britta Biendara** ist Referentin Strategisches Gesundheitsmanagement bei der Deutschen Krankenversicherung AG, Aachener Str. 300, D-50933 Köln. Britta.Biendara@dkv.com

PD Dr. **Ingo Bode** ist Privatdozent an der Universität Duisburg-Essen; derzeit Vertretung einer Professur für Soziologie an der Bergischen Universität Wuppertal, Gausstr. 20, D-42097 Wuppertal. bode@uni-duisburg.de

Dipl.-Kffr. **Silke Bucher** ist Doktorandin und wissenschaftliche Mitarbeiterin des Forschungsprogramms HealthCare Excellence am Institut für Betriebswirtschaftslehre der Universität St. Gallen. silke.bucher@unisg.ch

Dr. rer. pol. **Stephan Burla** ist Organisationsberater und Lehrbeauftragter am Wirtschaftswissenschaftlichem Zentrum WWZ der Universität Basel. s.burla@burla.ch

Dipl.-Verw.wiss. **Ulrike Burkhardt** ist Mitglied der Forschungsgruppe für Spitalmanagement, Institut für Chirurgische Forschung und Spitalmanagement, Universitätsspital Basel, Spitalstraße 26, CH-4031 Basel. burkhardt_ulkrike@web.de

Dr. **Peter Conrad** ist Professor für Personalmanagement an der Fakultät für Geistes- und Sozialwissenschaften der Helmut-Schmidt-Universität Hamburg, Holstenhofweg 85, D-22039 Hamburg. peter.conrad@hsu-hh.de

Claudia Diederichs ist Wissenschaftliche Mitarbeiterin am Institut für Epidemiologie, Sozialmedizin und Gesundheitssystemforschung und am Stiftungslehrstuhl »Prävention und Rehabilitation in der System- und Versorgungsforschung«, Institut für Epidemiologie, Sozialmedizin und

Gesundheitssystemforschung, Medizinische Hochschule Hannover, OE 5410, Carl-Neuberg-Str. 1, D-30623 Hannover. diederichs.claudia@mh-hannover.de

Barbara Erbe ist die Geschäftsführerin der hiba-impulse gmbh, Neue Kantstr. 10, D-14057 Berlin. erbe@hiba-impulse.de

Prof. Dr. rer. pol. **Raimund Geene** MPH ist tätig an der Hochschule Magdeburg-Stendal im Studiengang Angewandte Kindheitswissenschaften, Osterburger Straße 25, D-39576 Stendal. raimund.geene@hs-magdeburg.de

Dr. med. **Detlev Geßner** ist Mitglied im medizinischen Qualitätsnetz der Ärzteinitiative Kinzigtal e. V., Eisenbahnstr. 70, D-77756 Hausach. d.gessner@mqnk.de

Prof. Dr. **Stefan Greß** vertritt das Fachgebiet Versorgungsforschung und Gesundheitsökonomie im Fachbereich Pflege und Gesundheit der Hochschule Fulda. Marquardstr. 35, D-36039 Fulda. stefan.gress@hs-fulda.de

Dr. **Reinhold Haux** ist Professor für Medizinische Informatik im Department Informatik der Technischen Universität Braunschweig und Honorarprofessor für Medizinische Informatik an der Medizinischen Fakultät der Universität Heidelberg. Er ist zudem Geschäftsführender Direktor des Peter L. Reichertz Instituts für Medizinische Informatik der TU Braunschweig und der Medizinischen Hochschule Hannover. Für den Zeitraum 2007–2010 wurde er zum Präsidenten der International Medical Informatics Association (IMIA) gewählt. Peter L. Reichertz Institut für Medizinische Informatik der TU Braunschweig und der Medizinischen Hochschule Hannover, Mühlenpfordtstr. 23, D-38106 Braunschweig. reinhold.haux@plri.de

Nils Hellrung ist stellvertretender Leiter des BMBF-geförderten Forschungsprojektes »IT-basiertes Management integrierter Versorgungsnetzwerke« und wissenschaftlicher Angestellter am Peter L. Reichertz Institut für Medizinische Informatik der TU Braunschweig und der Medizinischen Hochschule Hannover, Mühlenpfordtstr. 23, D-38106 Braunschweig. nils.hellrung@plri.de

PD Dr. **Philipp Hessinger** ist derzeit Vertretungsprofessor im Fachbereich Sozialwissenschaften, Universität Osnabrück, Seminarstraße 33, D-49069 Osnabrück. philipp.hessinger@t-online.de

Helmut Hildebrandt ist Geschäftsführer der Gesundes Kinzigtal GmbH, Strickerweg 3d, D-77716 Haslach hh@gesundes-kinzigtal.de und Vorstand der Optimedis AG, Borsteler Chaussee 53, D-22453 Hamburg. hh@optimedis.de

Dr. **Christopher Hermann** ist stellv. Vorsitzender des Vorstands der AOK Baden-Württemberg, Heilbronner Str. 184, D-70191 Stuttgart. Dr.Christopher.Hermann@bw.aok.de

Dr. **Joachim Kartte** ist Partner bei Roland Berger Strategy Consultants und Leiter des Competence Center Pharma & Healthcare, Alt Moabit 101 b, D-10559 Berlin. joachim_kartte@de.rolandberger.com

Dr. rer. pol. **Ansgar Klemann** ist Referent Controlling/Finanz- und Rechnungswesen der St. Franziskus-Stiftung Münster, St. Mauritz-Freiheit 46, D-48145 Münster. klemann@st-franziskus-stiftung.de

Reinhold Knittel, Landwirtschaftliche Krankenkasse Baden-Württemberg, Vogelrainstr. 25, 70199 Stuttgart. reinhold.knittel@bw.lsv.de

Dr. **Andreas Kottmeier** ist Leiter des Bereichs Strategisches Gesundheitsmanagement bei der Deutschen Krankenversicherung AG, Aachener Str. 300, D-50933 Köln. andreas.kottmeier@dkv.com

Christoph Kowalski M.A. ist Wissenschaftlicher Mitarbeiter an der Abteilung Medizinische Soziologie, Institut und Poliklinik für Arbeitsmedizin, Sozialmedizin und Sozialhygiene der Universität zu Köln, Eupener Straße 129, D-50933 Köln. christoph.kowalski@uk-koeln.de

Dr. med. **Christel Lauer** ist Beraterin bei der hiba impulse GmbH, Neue Kantstr. 10, D-14057 Berlin. lauer@hiba-impulse.de

Sigrid Lange ist Wissenschaftliche Mitarbeiterin bei der hiba impulse GmbH, Neue Kantstr. 10, D-14057 Berlin. lange@hiba-impulse.de

Dipl.-Kfm. **Jürgen Merz** ist Doktorand und wissenschaftlicher Mitarbeiter des Forschungsprogramms HealthCare Excellence am Institut für Betriebswirtschaftslehre der Universität St. Gallen. juergen.merz@unisg.ch

Dr. **Oliver Ommen**, MPH, ist Wissenschaftlicher Mitarbeiter und wissenschaftlicher Koordinator im ZVFK – Zentrum für Versorgungsforschung Köln, Medizinische Fakultät der Universität zu Köln, Eupener Straße 129, D-50933 Köln. oliver.ommen@uk-koeln.de

Prof. Dr. med. **Stefan Osswald** ist Leitender Arzt Kardiologie, Universitätsspital Basel, Hebelstraße 32, CH-4031 Basel. osswalds@uhbs.ch

Dr. **Holger Pfaff** ist Professor für das Fach Medizinische Soziologie, Institut und Poliklinik für Arbeitsmedizin, Sozialmedizin und Sozialhygiene der Universität zu Köln und ZVFK – Zentrum für Versorgungsforschung Köln, Medizinische Fakultät der Universität zu Köln, Eupener Straße 129, D-50933 Köln. holger.pfaff@uk-koeln.de

Mag. **Felix Piazolo** ist wissenschaftlicher Mitarbeiter und Lehrbeauftragter am Institut für Strategisches Management, Marketing und Tourismus der Universität Innsbruck, Lehr- und Forschungsbereich für Verwaltungsmanagement, E-Government & Public Governance, Universitätsstraße 15, A-6020 Innsbruck. felix.piazolo@uibk.ac.at

Dr. **Kurt Promberger** ist Professor am Institut für Strategisches Management, Marketing und Tourismus der Universität Innsbruck, Lehr- und Forschungsbereich für Verwaltungsmanagement, E-Government & Public Governance, Universitätsstraße 15, A-6020 Innsbruck. kurt.promberger@uibk.ac.at

Dr. **Wolfgang Reuter** ist Leiter der Abteilung Medizinische Beratung der DKV Deutsche Krankenversicherung sowie der Victoria Krankenversicherung AG im Segment Gesundheit der ERGO Versicherungsgruppe, Aachener Str. 300, D-50933 Köln. wolfgang.reuter@dkv.com

Oliver Rong ist Partner bei Roland Berger Strategy Consultants im Competence Center Pharma & Healthcare, Alt Moabit 101 b, D-10559 Berlin. oliver_rong@de.rolandberger.com.

Prof. Dr. **Johannes Rüegg-Stürm** ist geschäftsführender Direktor des Instituts für Betriebswirtschaft der Universität St. Gallen, ordentlicher Professor für Organizational Behavior und Ko-Leiter des Forschungsprogramms HealthCare Excellence. johannes.rueegg@unisg.ch

Dr. **Christof Schmitz** ist Geschäftsleiter des College für Management im Gesundheitswesen (College-M), Freiburgstraße 41, CH-3010 Bern. cschmitz@corprag.ch

Dipl.-Vw. **Johannes Schoder** ist wissenschaftlicher Assistent am Sozialökonomisches Institut der Universität Zürich, Hottingerstr. 10, CH-8032 Zürich. johannes.schoder@soi.uzh.ch.

Dr. **Jonas Schreyögg** ist Juniorprofessor für Ökonomie und Management von Gesundheitstechnologien an der Fakultät für Wirtschaft und Management, Technische Universität Berlin, Straße des 17. Juni 135, D-10623 Berlin; zugleich ist er Research Associate am Center for Primary Care and Outcomes Research/Center for Health Policy, Stanford University, USA. jonas.schreyoegg@tu-berlin.de

Dr. **Cornelius Schubert** ist wissenschaftlicher Mitarbeiter im Fachgebiet Techniksoziologie, Institut für Soziologie, TU Berlin, Franklinstr. 28/29, D-10587 Berlin. cornelius.schubert@tu-berlin.de

Prof. Dr. med. **Friedrich Wilhelm Schwartz** ist Institutsdirektor am Institut für Epidemiologie, Sozialmedizin und Gesundheitssystemforschung, Medizinische Hochschule Hannover, OE 5410, Carl-Neuberg-Str. 1, D-30625 Hannover. schwartz.fw@mh-hannover.de

Dr. **Lars Schweizer** ist Professor für Management an der Johann-Wolfgang-Goethe-Universität Frankfurt, UBS-Stiftungsprofessur für Betriebswirtschaftslehre, Campus Bockenheim, Mertonstr. 17, D-60325 Frankfurt. l.schweizer@em.uni-frankfurt.de

Dr. **Achim Siegel** ist wissenschaftlichen Leiter der Evaluationskoordinierungsstelle Integrierte Versorgung (EKIV), Abt. für Medizinische Soziologie, Universität Freiburg i. Br., Hebelstr. 29, D-79104 Freiburg. achim.siegel@medsoz.uni-freiburg.de

Dr. **Ulrich Stößel** ist wissenschaftlicher Leiter der Evaluationskoordinierungsstelle Integrierte Versorgung (EKIV) Abt. für Medizinische Soziologie, Universität Freiburg i. Br., Hebelstr. 29. D-79104 Freiburg. ulrich.stoessel@medsoz.uni-freiburg.de

Prof. Dr. **Klaus Stegmüller** vertritt das Fachgebiet Gesundheits- und Pflegepolitik am Fachbereich Pflege und Gesundheit der Hochschule Fulda. Marquardstr. 35, D-36039 Fulda. stegmueller@hs-fulda.de

Dr. **Jörg Sydow** ist Professor für Betriebswirtschaftslehre, insb. Unternehmenskooperation, am Fachbereich Wirtschaftswissenschaft der Freien Universität Berlin, dort zurzeit auch Dekan und zudem Visiting Professor an der Strathclyde Business School. Institut für Management, Freie Universität Berlin, Boltzmannstr. 20, D-14195 Berlin. joerg.sydow@fu-berlin.de

Dr. **Wilfried Thoben** ist Bereichsleiter »IuK-Systeme im Gesundheitswesen« in OFFIS, Geschäftsführer der OFFIS CARE GmbH sowie Mitgründer und Vorstand der OFFIS-Ausgründung ICS-MED AG, OFFIS, Escherweg 2, D-26121 Oldenburg. thoben@offis.de

Prof. Dr. Dr. **Alf Trojan** ist Direktor des Institut für Medizin-Soziologie, Universitätsklinikum Hamburg-Eppendorf, Martinistr. 52, D-20246 Hamburg. trojan@uke.uni-hamburg.de

Dr. **Harald Tuckermann** ist Habilitand, Dozent und Ko-Leiter des Forschungsprogramms Health-Care Excellence am Institut für Betriebswirtschaftslehre der Universität St. Gallen, harald.tuckermann@unisg.ch

PD Dr. **Werner Vogd** ist Dozent an der Fakultät für das Studium fundamentale, Arbeitsbereich Soziologie der priv. Universität Witten Herdecke, Alfred-Herrenhausen-Str. 50, 58448 Witten und Privatdozent an der Freien Universität Berlin. vogl@zedat.fu-berlin.de

Dipl.-Ing. **Hanswerner Voss** ist Managing Partner der GCN Global Consulting Network HealthNet GbR und Mitgründer von UGOM, wo er bis Ende 2006 als geschäftsführender Gesellschafter tätig war; seit 2007 ist er strategischer Berater von UGOM. www.ugom.de, Englbergweg 63a, D-84036 Landshut. hanswerner.voss@gcn-healthnet.de

Dr. **John N. Weatherly** ist Geschäftsführer und Senior Management Trainer der NEWSTAND gGmbH Management Akademie Berlin sowie Leitender Geschäftsführer von VITA e. V. Berlin, Genter Straße 63, D-13353 Berlin. john.weatherly@newstand.de

Dr. **Reinhard Wichels** ist Arzt und Partner bei McKinsey & Company in München. Reinhard_Wichels@mckinsey.com.

Dr. **Arnold Windeler** ist Professor für Soziologie, Fachgebiet Organisationssoziologie, am Institut für Soziologie der Technischen Universität Berlin, Franklinstr. 28/29; FR 2–5, D-10587 Berlin. arnold.windeler@tu-berlin.de

Dipl.-Kfm. **Rainer Zeichhardt** ist wissenschaftlicher Mitarbeiter am Lehrstuhl Unternehmenskooperation, Institut für Management, Freie Universität Berlin, Boltzmannstr. 20, D-14195 Berlin und Mitglied der Forschungsgruppe »Unternehmungsnetzwerke« (www.network-research.net). rainer.zeichhardt@fu-berlin.de.

Dr. **Peter Zweifel** ist Professor für Volkswirtschaftslehre am Sozialökonomisches Institut der Universität Zürich sowie Mitherausgeber der Zeitschrift »International Journal of Health Care Finance and Economics«, Hottingerstr. 10, CH-8032 Zürich. pzweifel@soi.uzh.ch